José Abrantes

Geometria Analítica Aplicada

Teorias, estudos e práticas nos Espaços R^2 e R^3. Introdução ao Cálculo Vetorial Aplicado.

5ª EDIÇÃO

José Abrantes

Geometria Analítica Aplicada

Teorias, estudos e práticas nos Espaços R^2 e R^3. Introdução ao Cálculo Vetorial Aplicado.

5ª EDIÇÃO

EDITORA CIÊNCIA MODERNA

Geometria Analítica Aplicada – Teorias, estudos e práticas nos Espaços R^2 e R^3. Introdução ao Cálculo Vetorial Aplicado - 5ª Edição

Editor: Paulo André P. Marques
Produção Editorial: Dilene Sandes Pessanha
Capa: Daniel Jara
Diagramação: Daniel Jara
Copidesque: Equipe Ciência Moderna
Ilustrações: Patrícia Carvalho Szendrodi

FICHA CATALOGRAFICA

ABRANTES, José.

Geometria Analítica Aplicada – Teorias, estudos e práticas nos Espaços R^2 e R^3. Introdução ao Cálculo Vetorial Aplicado - 5ª Edição

Rio de Janeiro: Editora Ciência Moderna Ltda., 2019.

1. Geometria Analítica
I — Título

ISBN: 978-85-399-1069-4 CDD 516.3

Editora Ciência Moderna Ltda.
R. Alice Figueiredo, 46 – Riachuelo
Rio de Janeiro, RJ – Brasil CEP: 20.950-150
Tel: (21) 2201-6662/ Fax: (21) 2201-6896
E-MAIL: LCM@LCM.COM.BR
WWW.LCM.COM.BR

07/19

Sobre o autor

José Abrantes é carioca, nascido no bairro do Catete em 07 de fevereiro de 1951, e tem cidadania Portuguesa. Técnico de nível médio, em Máquinas e Motores (ETFCSF), engenheiro mecânico (UERJ), licenciado em Desenho (UCAM/AVM), licenciado em Matemática (UCAM/AVM), especialista (*lato sensu*) em docência do Ensino Fundamental e Médio (UCAM/AVM), especialista (*lato sensu*) em docência do Ensino Superior (FABES/ISEP), mestre, M.Sc. em tecnologia (CEFET/RJ) e doutor, D.Sc. em engenharia de produção (COPPE/UFRJ). Possuí pós-doutorado na área de Educação, pela faculdade de engenharia agrícola da Universidade Estadual de Campinas (FEAGRI/UNICAMP), pesquisando a interdisciplinaridade e pós-doutorado na faculdade de engenharia civil da Universidade Federal Fluminense (UFF), pesquisando a pedagogia/antropologia empresarial. Apresenta sete anos de experiência como projetista mecânico de nível médio (1970 a 1976), 22 anos (1977 a 1998) como engenheiro mecânico em cálculos, projetos, montagens, produção e manutenção de fábricas. Atuou como auxiliar de ensino, entre 1974 e 1975, em cursos técnicos, no atual CEFET/RJ. Atua continuamente como professor/educador desde 1998. Lecionou, entre 1999 e 2002, em cursos Técnicos de nível médio, na FAETEC. Entre 1998 e 2015, lecionou em cursos superiores de Engenharia e Administração, nas seguintes instituições: UniverCidade, UBM, USS, MSB, UNISUAM, FRASCE, UNIABEU e FTESM. É professor associado aposentado do Colégio de Aplicação Cap/Uerj, onde foi lotado (entre 2002 e 2015) no Departamento de Matemática e Desenho. É professor titular efetivo do Instituto de Matemática e Estatística da Uerj, lotado no Departamento de Geometria e Representação Gráfica, onde atua desde o ano de 2000.

Síntese do livro

Este é um livro de Matemática Aplicada, que atende, de forma objetiva e com exemplos práticos, à disciplina de Geometria Analítica, normalmente estudada nas áreas de: Arquitetura, Desenho Industrial (*Design*), Engenharias, Ciência da Computação, Academias Militares de formação de Oficiais e licenciaturas em Física, Matemática e Desenho. O autor tem larga experiência, tanto no magistério superior, nas áreas de Engenharia e Matemática, quanto na prática de cálculos relacionados às Engenharias Mecânica e de Produção, bem como em cálculos estruturais em geral. Principalmente baseado na sua vivência como educador, o autor tem plena consciência que são poucas as pessoas que têm a Inteligência Lógico-Matemática bem desenvolvida, especialmente no que se refere às abstrações Matemáticas. Este livro aborda a Geometria Analítica e o Cálculo Vetorial, nos Espaços R^2 e R^3, de forma prática e aplicada, objetivando a atender também aos alunos e profissionais que têm as dificuldades citadas. O livro tem mais de 830 imagens geométricas (gráficos e desenhos), mais de 170 exercícios detalhados e resolvidos e mais de 60 exercícios propostos, com respostas e orientações para a resolução. A Matemática Aplicada, especialmente a Geometria Analítica, como aqui detalhada, é fácil, bonita e útil.

Apresentação da Geometria Analítica Aplicada

Estudantes, e as pessoas em geral, entendem que engenheiros e outros profissionais da área chamada de "ciências exatas", especialmente os que trabalham com projetos e cálculos estruturais, passam horas resolvendo intrincadas fórmulas e problemas matemáticos, utilizando funções, limites, derivadas e o famoso e importante cálculo integral. Não é bem assim. Em verdade, por exemplo, engenheiros, arquitetos, *designers* e oficiais militares do corpo técnico, passam grande parte do seu tempo às voltas com raciocínios lógicos, fórmulas matemáticas específicas, interpretação espacial e básicas habilidades para entender e se expressarem por meio de gráficos, desenhos, esquemas e ou diagramas (habilidades pictóricas). Estes profissionais, em verdade, são resolvedores de problemas reais e práticos, bem como tomadores de decisão, buscando as soluções mais seguras, rápidas, econômicas e simples possíveis. Primeiro eles entendem o problema (raciocínio lógico), depois, mentalmente, vêem a solução (visão espacial) e rabiscam ou digitam alguns traços (habilidade gráfica ou pictórica), para finalmente buscar quais fórmulas, com seus algoritmos, são aplicáveis (operações matemáticas).

A Geometria Analítica Aplicada, como apresentada neste livro, procura exatamente isto, ajudar estudantes e profissionais a desenvolverem suas habilidades (ou Inteligências) Lógico-Matemática, Viso Espacial e Pictórica (ou gráfica). Estudantes e profissionais precisam que as diversas disciplinas do campo da Matemática façam exatamente isto: desenvolvimento de habilidades específicas. Muito antes do advento dos computadores, estes profissionais (por exemplo, o autor) faziam "cálculos", tanto com o uso de fórmulas específicas, quanto com o auxílio de desenhos, desenvolvidos em pranchetas por profissionais de nível médio. Já, há muitos anos, existem programas (*softwares*) que tanto executam os cálculos, quanto desenham com precisão. Isto não quer dizer que, os profissionais citados não mais precisam estudar aquelas várias disciplinas de Matemática, os famosos "Cálculos", tão temidos por tantos. Nada disso. Estes profissionais precisam continuar estudando disciplinas de base matemática, só que de forma aplicada e contextualizada. Não faz o menor sentido, especialmente nos cursos objeto deste livro, ensinar algo, especialmente de Matemática, sem que se explique de onde veio e onde se aplica. É como tomar um remédio qualquer, sem prescrição médica e sem estar doente.

Observa-se que, engenheiros, arquitetos, *designers*, oficiais militares do corpo técnico, profissionais da área de computação e professores licenciados em Física, Matemática e Desenho, não são cientistas nem matemáticos puros. Eles têm que aprender as disciplinas matemáticas específicas de suas áreas de atuação, de forma prática, objetiva e aplicada. Mas e se, ocorrer um problema onde se faz necessário um cálculo ou análise mais sofisticada, inclusive envolvendo conceitos de Matemática Pura? Neste caso, recorre-se a um consultor, especialista no assunto, normalmente com nível de mestrado ou doutorado em Matemática. Na prática profissional, em especial na engenharia, sempre foi assim.

A Geometria Analítica (G.A), além de ajudar a desenvolver a visão espacial, também melhora muito o raciocínio lógico-matemático e as habilidades pictóricas (ou gráficas). Este livro foi idealizado e escrito por um desenhista/projetista, engenheiro, professor/educador e pesquisador que, além da formação e prática didático/pedagógica, possui larga experiência prática profissional, tendo atuado muitos anos como engenheiro de projeto/cálculo, em mecânica, produção industrial, manutenção e montagem. O autor procurou ser o mais prático, objetivo e aplicado possível, sem deixar de detalhar os conceitos e fundamentos teóricos desta importante disciplina: A Geometria Analítica.

Agradecimentos, homenagem e epígrafe

Ao engenheiro, professor e doutor (D.Sc.), Renê Mendes Granado, tanto pela amizade, quanto por recomendações e exemplos práticos dos capítulos 11 e 12.

Ao engenheiro, professor e mestre (M.Sc.), Carlos Alexandre de Araújo, pela análise meticulosa do Capítulo 1.

À professora Patrícia Carvalho Szendrodi (M.Sc.), pela execução de diversos desenhos, em especial aqueles que interagem as Geometrias Descritiva e Analítica.

Ao professor e doutor (D.Sc.) Jaime Velasco Câmara da Silva, tanto pelo prefácio, quanto por sugestões e diversas correções.

A todos os meus alunos da UERJ, entre os anos 2017 e 2019, *campus* Maracanã, na disciplina Geometria Analítica e Cálculo Vetorial I, que muito contribuíram, tanto com ideias de novos exemplos, quanto na correção de alguns exercícios e exemplos práticos. Agradecimento especial aos alunos Felipe Ramos de Menezes e Luana Costa Silveira, que fizeram várias sugestões e correções em, praticamente, todos os capítulos. "Só erra quem faz". Muito obrigado a todos.

Rendo homenagem ao engenheiro civil e professor associado Paulo Sérgio Brunner Rabello, que faleceu no domingo, 16 de setembro de 2018. Éramos amigos e muito conversávamos sobre Geometria e a forma como se deve promover a Educação, especialmente quanto à prática do Desenho Geométrico, da Geometria Descritiva e do Desenho Técnico Projetivo. Descanse em paz meu amigo.

"A principal meta da educação é criar indivíduos que sejam capazes de fazer coisas novas, não simplesmente repetir o que outras gerações já fizeram. Indivíduos que sejam criadores, inventores, descobridores. A segunda meta da educação é formar mentes que estejam em condições de criticar, verificar e não aceitar tudo que a elas se propõe". (Jean William Fritz Piaget. 1896-1980).

Prefácio

A Geometria Analítica é um assunto de grande importância para a formação de profissionais das mais variadas áreas do conhecimento. Ela auxilia não só a outras disciplinas de cursos de Graduação, como o Cálculo, a Álgebra Linear e a Física, mas também atua no desenvolvimento da visão espacial dos alunos, uma habilidade pouco observada em boa parte das pessoas. Em geral, a maneira com a qual a disciplina é usualmente lecionada, principalmente para cursos de ciências exatas mais aplicadas, não auxilia no desenvolvimento de tal habilidade, pois foca-se muito mais na abstração matemática e na abordagem algébrica da matéria, do que em exemplos de ordem prática e concreta.

Este livro trata dos principais assuntos relativos à Geometria Analítica Plana e Espacial presentes em cursos de graduação em diversas áreas. Devido à carência de materiais didáticos que foquem no conteúdo de modo mais prático, seu diferencial é justamente uma abordagem objetiva e direta, levando o leitor à apreensão do tema de maneira mais dinâmica e efetiva, sem, no entanto, desconsiderar os fundamentos teóricos dos assuntos.

A grande quantidade de exemplos e exercícios, presentes neste texto, e que ilustram o conteúdo de modo concreto e aplicado a situações reais, faz com que os alunos de áreas como Engenharias (em suas mais diversas ênfases), Arquitetura e Desenho Industrial, por exemplo, enxerguem a Geometria Analítica como uma disciplina inteiramente integrada a seu ramo de estudos, e não desconectada das demais, como ocorre frequentemente. Essa forma de abordagem é fruto da grande experiência que o autor possui, não só como engenheiro calculista, profissão que exerceu durante vários anos, mas também como docente e educador em diversas instituições de ensino superior. Seu interesse no estudo das Inteligências Múltiplas (como a Viso Espacial, a Lógico Matemática, a Verbo Linguística, entre outras) traz a esta obra uma linguagem diferenciada e adequada aos alunos dos primeiros semestres de Graduação. Sempre preocupado com a didática e crítico à forma com a qual os graduandos obtêm sua formação, o autor produz constantemente materiais originais que os auxiliam em sua instrução e no desenvolvimento de algumas de suas habilidades específicas.

Jaime Velasco Câmara da Silva (D.Sc.)
Professor Adjunto do Departamento de Geometria e Representação Gráfica, do Instituto de Matemática e Estatística, da Universidade do Estado do Rio de Janeiro – IME/UERJ.

UNIDADE INTRODUTÓRIA:

O Raciocínio Lógico-Matemático, a Visão Espacial e as Habilidades Pictóricas.

As Matemáticas e as Geometrias. A interação entre as Geometrias Dinâmica e Analítica.

A Geometria Analítica e seu ensino/aprendizado.

O raciocínio lógico- matemático, a visão espacial e as habilidades pictóricas

A Matemática é fácil, bonita e útil! O problema está em como é ensinada/aprendida. Existem pessoas que têm dificuldades para aprender Matemática? Como ela deve ser ensinada?

Segundo a Teoria das Inteligências Múltiplas, proposta por Haward Gardner em 1983, todo ser humano é dotado de várias Inteligências, dentre as quais a lógico-matemática, a viso-espacial e a pictórica (ABRANTES e ABRANTES, 2009), importantíssimas para o exercício de diversas atividades profissionais e de pesquisa, especialmente as abordadas neste livro.

Na década de 1990, com os grandes avanços da neurobiologia, dentre outras coisas, verificou-se que, em geral, o ser humano herda entre 30% a 50% de sua capacidade de Inteligências, ou seja, já "nascemos" com no máximo 50% de nossa Inteligência, obviamente pela nossa genética. Isto significa que, se isto for realmente verdade (e parece que é), todo ser humano pode desenvolver, no mínimo, metade de sua futura Inteligência. (idem).

Outra coisa que se verificou foi que, embora ao longo dos anos soframos envelhecimento e perda de neurônios, com o estímulo constante, tanto físico, quanto mental, é possível não só manter, mas também "melhorar" várias Inteligências, especialmente às relacionadas ao comportamento pessoal e emotivo. Ou seja, é possível aprender até o último dia de vida, mesmo com idades acima dos 90 ou 100 anos! (idem).

Quando se fala em raciocínio lógico, em verdade fala-se na Inteligência lógico-matemática que, comprovadamente estão associadas e localizadas em determinada área do cérebro humano. Aliás, embora usemos nossos neurônios como um todo, a todo instante, grupos de Inteligências atuam mais em determinadas áreas.

A Inteligência lógico-matemática expressa a capacidade de calcular, quantificar, considerar proposições e hipóteses e realizar operações matemáticas, desde as mais simples, até as mais complexas. Também expressa a "sensibilidade a/e capacidade de discernir padrões lógicos ou numéricos; capacidade de lidar com longas cadeias de raciocínio" (ARMSTRONG, 2001, p. 16). O professor Celso Antunes (2000, p. 111) a define como: "Facilidade para o cálculo e para a percepção da geometria espacial. Prazer específico em resolver problemas embutidos em palavras cruzadas, charadas ou problemas lógicos como os tangram, dos jogos de gamão e xadrez". Tangram é um tipo de jogo, de origem oriental, onde pedaços de figuras geométricas como triângulos e quadrados, devem ser encaixados em determinadas posições. Gamão é um jogo de pequenas tábulas e dados. Segundo Campbell (2000, p. 52), a pessoa que tem a inteligência lógico-matemática bem desenvolvida, apresenta as seguintes características (uma ou várias):

1) Reconhece os objetos e sua função no ambiente; 2) Está familiarizada com os conceitos de quantidade, tempo, causa e efeito; 3) Usa símbolos abstratos para representar objetos e conceitos concretos; 4) Demonstra habilidade para a resolução de problemas lógicos; 5) Percebe padrões e relacionamentos; 6) Levanta e testa hipóteses; 7) Usa diversas habilidades matemáticas e têm boa percepção para informações na forma de gráficos; 8) Gosta de operações complexas como: cálculo, física, programação de computador, estatística e métodos de pesquisa quantitativos; 9) Pensa matematicamente; 10) Usa a tecnologia para resolver problemas matemáticos; 11) Expressa

interesse por áreas como: Engenharia, Arquitetura, Física, Química, Contabilidade, Direito, Matemática e Estatística e 12) Cria novos modelos ou pesquisa ciências exatas, incluindo a Matemática.

Diversos estudos mostram que, as pessoas que possuem essa Inteligência muito desenvolvida, têm algumas características específicas. Normalmente são pontuais e não admitem atrasos de qualquer espécie. São introspectivas, têm poucos amigos e preferem trabalhar de forma isolada.

A prática escolar do autor, confirmada por pesquisas aplicadas, mostra que as meninas são melhores no raciocínio lógico, enquanto os meninos operam melhor a Matemática. (ABRANTES e ABRANTES, 2009).

A Inteligência viso-espacial expressa a habilidade para pensar de maneira tridimensional (comprimento, largura e altura), além de perceber, criar e modificar imagens. Também expressa a capacidade em produzir e entender informações gráficas. É muito desenvolvida nas pessoas, por exemplo, que têm grande facilidade de localização espacial e geográfica. Com certeza, você já conheceu pessoas que têm dificuldades em encontrar o seu automóvel no estacionamento, após passar algum tempo no supermercado! E quanto àquelas que não conseguem encontrar a casa do amigo, mesmo estando com o endereço! O professor Celso Antunes (2000, p.111) a define como: "...capacidade de perceber o mundo visual com precisão, de efetuar transformações sobre as percepções, de imaginar movimento ou deslocamento interno entre as partes de uma configuração, ...". Segundo Campbell (2000, p. 103), a pessoa que tem a Inteligência viso-espacial bem desenvolvida, apresenta as seguintes características (uma ou várias):

1) Aprende através da visão e da observação, reconhece fisionomias, objetos, formas, cores, detalhes e cenas; 2) Têm grande senso de direção e localização; 3) Percebem e produzem imagens mentais. Pensam através de imagens. Usam imagens visuais, especialmente as cores, para recordar informações; 4) Entendem com facilidade gráficos, tabelas, mapas e diagramas; 5) Gostam de desenhar, rabiscar, pintar, esculpir, modelar e de reproduzir objetos e formas visíveis; 6) Gostam de construir "coisas" tridimensionais como, por exemplo, a dobradura em papel ou *Origami*, por mais complexas que sejam; 7) Vê as coisas de maneiras diferentes ou segundo um outro ângulo ou ponto de vista (costuma-se dizer que essas pessoas vêem o que as "normais" não conseguem ver); 8) Além dos padrões normais, percebe as sutilezas; 9) Tem facilidade para representação concreta ou visual da informação; 10) Tem facilidade para representações e abstrações; 11) Expressa interesse e aptidão para ser artista, fotógrafo, engenheiro, *designer*, crítico de arte, piloto e outras ocupações que exijam habilidades visuais e 12) Cria novas formas e expressões viso-espaciais ou obras de arte originais.

Após quase duas décadas lecionando Desenho Geométrico, Geometria Descritiva e Desenho Técnico, tanto na Educação Básica, quanto em cursos de Engenharia, o professor José Abrantes constatou que os rapazes têm melhor visão espacial que as moças, embora elas apresentem trabalhos com melhor limpeza e organização, características típicas de quem tem a Inteligência pictórica bem desenvolvida. (ABRANTES e ABRANTES, 2009).

O termo **pictórica** refere-se à pintura, traçados, desenhos. O professor Nilson José Machado, defendeu em 1994 o seu trabalho de Livre-Docência, na USP, onde complementando os conceitos de Gardner, propôs a existência da **Inteligência pictórica** formando um par complementar com a musical, ao lado dos outros três pares: inter/intrapessoal, corporal/espacial e linguística/lógico-matemática. Antunes (2000, p. 67) cita que Gardner não aceitou a proposta do professor Nilson, quando apresentado a ela em um seminário sobre Inteligências Múltiplas, em São Paulo.

A Inteligência pictórica pode ser identificada pela capacidade de expressão por meio do traço, sensibilidade para o movimento, beleza e expressão a desenhos e pinturas e pela autonomia em apanhar as cores da natureza e traduzi-las de várias formas. Essa capacidade pode ser expressa, tanto pela pintura clássica, quanto pelo desenho publicitário (ANTUNES, 2000, p. 68), bem como por caricaturas e traços humorísticos.

Giotto, Botticelli, Rafael, Leonardo da Vinci, Michelangelo, Maurício de Souza (o pai da Mônica e do Cebolinha), Ziraldo (o pai do Menino Maluquinho), Henfil (o pai dos Fradinhos), Salvador Dali, Pablo Picasso, Tarsila do Amaral, Cândido Portinari, Vincent van Gogh, Henri Matisse, Rembrandt van Rijn, Piet Mondrian, Claude Monet, Tomie Ohtake, Anita Mafaltti, Henri Matisse e Marc Chagall, são exemplos de pessoas famosas, dotadas de forte Inteligência pictórica.

Tanto na Educação Básica, quanto na Superior observa-se que as moças têm melhor Inteligência pictórica do que os rapazes. (ABRANTES e ABRANTES, 2009).

As Matemáticas

O que é Matemática? De forma ampla pode-se definir Matemática como a ciência do raciocínio lógico e abstrato, que estuda quantidades, medidas, espaços, estruturas, variações e estatísticas. Existe a Matemática Pura e a Aplicada. Também de forma ampla, a Matemática pode ser subdividida em três áreas: aritmética, álgebra e geometria.

A Aritmética estuda os números, suas propriedades, e as operações que se podem efetuar com eles. Frequentemente utilizadas na vida cotidiana, são quatro as suas operações: adição, multiplicação, subtração e divisão.

Álgebra é o ramo que estuda a manipulação formal de equações, operações matemáticas, polinômios e estruturas algébricas. A álgebra é um dos principais ramos da Matemática Pura, juntamente com a Geometria, Topologia, Análise e Teoria dos Números. O termo álgebra, na verdade, compreende um conjunto de diferentes ramos da Matemática, cada um com suas especificidades.

A Matemática Pura se dedica a profundas abstrações lógico-matemáticas, "aparentemente" sem aplicações. Já a Matemática Aplicada, como o próprio nome sugere, se dedica a aplicar as teorias desenvolvidas (pela Matemática Pura) a situações reais, tais como nas seguintes áreas: Estatística, Física, Engenharia, Medicina, Biologia, Computação, etc. Enquanto poucas pessoas têm suas percepções abstratas lógico-matemáticas altamente desenvolvidas (campo da Matemática Pura), todas as pessoas, até por intuição, usam a Matemática Aplicada simples diariamente, sendo que alguns profissionais, como por exemplo, os engenheiros usam "coisas" da Matemática Aplicada, com maior profundidade.

Existem pessoas que têm dificuldades para aprender Matemática? Sim, não apenas a observação por parte de professores, mas também estudos neurobiológicos indicam que algumas pessoas têm determinadas áreas cerebrais, em especial às relacionadas à Matemática, mais desenvolvidas que outras.

Como se deve ensinar a Matemática? Sempre explicando a origem dos conteúdos e, principalmente mostrando onde podem ser aplicados, tanto nas atividades profissionais, quanto na vida cotidiana. A Matemática é fácil, bonita e útil! O problema está em como é ensinada/aprendida.

As Geometrias

O que é Geometria? Quantas Geometrias existem? Geometria é uma palavra que resulta dos termos gregos *geo* (terra) e *métron* (medir), cujo significado em geral é designar propriedades relacionadas com a posição e forma de objetos no espaço. A Geometria é a área da Matemática que se dedica a questões relacionadas com forma, tamanho, posição relativa entre figuras ou propriedades do espaço, dividindo-se em várias subáreas, dependendo dos métodos utilizados para estudar os seus problemas.

Esse segmento da Matemática aborda as leis das figuras e as relações das medidas das superfícies e sólidos geométricos. São utilizadas relações de medidas como as amplitudes de ângulos, volumes de sólidos, comprimentos de linhas e áreas das superfícies.

Do ponto de vista acadêmico, especialmente quanto às disciplinas e seus conteúdos programáticos, podem ser citadas as seguintes Geometrias:

- Plana e Espacial; - Analítica; - Diferencial (incluindo a Geometria Simplética); - Com os números complexos; - Descritiva; - Esférica; - Euclidiana e não Euclidiana; - Dos Fractais; - Projetiva e Geometria Projetiva Ortogonal; - Trigonometria; - Topologia; - Álgebra Linear; - Geometria Dinâmica; - Geometria Afim; - Geometria Algébrica e a Geometria Artística ou Arte Geométrica.

A Geometria Analítica (G.A.)

Também chamada Geometria de Coordenadas e de Geometria Cartesiana, é o estudo da Geometria por meio de um sistema de coordenadas e dos princípios da Álgebra e da Análise. Sua importância está no fato de que estabelece uma correspondência entre equações algébricas e curvas geométricas.

Os estudos relacionados à Geometria Analítica datam do início do século XVII, quando René Descartes (1596-1650) relacionou a Álgebra com a Geometria, criando princípios matemáticos capazes de analisar por métodos geométricos as propriedades do ponto, da reta e da circunferência, determinando distâncias entre eles, localização e pontos de coordenadas.

Uma característica importante da Geometria Analítica se apresenta na definição de formas geométricas de modo numérico, extraindo dados informativos da representação. Com base nesses estudos, a Matemática passa a ser vista como uma disciplina capaz de explicar e demonstrar situações relacionadas ao espaço. As noções intuitivas de vetores começam a ser exploradas de forma contundente, na busca por resultados numéricos que expressem as ideias da união da Geometria com a Álgebra.

Os vetores constituem a base dos estudos do espaço vetorial, objetos que possuem as características relacionadas a tamanho, direção e sentido. Os vetores são muito utilizados na Física, e por consequência na Engenharia, como ferramenta auxiliar nos cálculos relacionados à cinemática vetorial, dinâmica, campo elétrico, distribuição de forças, cálculos de momentos fletores, análises estruturais, entre outros conteúdos relacionados.

Os cientistas Isaac Newton (1643-1727) e Gottfried Wilhelm Leibniz (1646-1716) realizaram muitos estudos sobre a Geometria Analítica, que serviu como base teórica e prática para o surgimento do Cálculo Diferencial e Integral.

A Geometria Dinâmica e alguns programas de computador (*softwares*) aplicados à Geometria Analítica

Desde a década de 1990 já foram desenvolvidos vários programas da chamada Geometria Dinâmica, que em palavras simples permite se desenhar em tela como se estivesse usando a régua e o compasso. Em 2019 os principais programas de Geometria Dinâmica eram: o *Cabri-Geometry* II e a versão plus (de origem francesa); o *The Geometers Sketchpad* – GSP (de origem americana) e o *Cinderella* (de origem alemã).

Também existiam o programa Tabulae, desenvolvido pela UFRJ, que vem sofrendo atualizações frequentes e o Geogebra (junção das palavras **Geo**metria e Á**lgebra**). O Geogebra é um aplicativo de matemática dinâmica que combina conceitos de geometria e álgebra. Sua distribuição é livre, nos termos da *General Public License*, e é escrito em linguagem Java, o que lhe permite estar disponível em várias plataformas. O Geogebra permite realizar construções geométricas com a utilização de pontos, retas, segmentos de reta, polígonos etc., assim como permite inserir funções e alterar todos esses objetos dinamicamente, após a construção estar finalizada.

Cabri-Géomètre é um programa que permite construir todas as figuras da geometria elementar que podem ser traçadas com a ajuda de uma régua e de um compasso. Uma vez construídas, as figuras podem se movimentar conservando as propriedades que lhes haviam sido atribuídas. Essa possibilidade de deformação permite o acesso rápido e contínuo a todos os casos, constituindo-se numa ferramenta rica de validação experimental de fatos geométricos.

O *Cabri-géomètre* tem outros aspectos que vão muito além da manipulação dinâmica e imediata das figuras. Ele permite visualisar lugares geométricos materializando a trajetória de um ponto escolhido enquanto que um outro ponto está sendo deslocado, respeitando as propriedades particulares da figura. Ele permite também medir distâncias, ângulos e observar a evolução em tempo real durante as modificações da figura.

O *software* interativo de geometria *Cinderella* foi escrito e desenvolvido por Jürgen Richter-Gebert e Ulrich Kortenkamp. Este *software* originou-se de versões pré-comerciais do NeXTSTEP(TM), num trabalho de junção por Jürgen Richter-Gebert e Henry Crapo.

O *Cinderella* possui tanto ferramentas de fácil uso e dinâmicas como também possui recursos avançados que exigem um conhecimento maior sobre suas funcionalidades. Ele permite construções geométricas simples e complexas, utilizando basicamente o mouse. Entretanto alguns dados podem ser introduzidos através do teclado. É um *software* de geometria dinâmica que permite a construção e manipulação de formas planas em geral, de cônicas e de fractais. Além da geometria Euclidiana, o *software* permite o trabalho com as geometrias hiperbólica e esférica.

O *Geometer's Sketchpad* surgiu em 1989, quando foi apresentada no *Smarthmore College* a sua primeira versão não comercial, e em 1995, foi divulgada a sua versão atual. Hoje em dia está disponível na internet a versão Java. Este *software* facilita uma abordagem dinâmica e interativa dos conteúdos, permitindo a visualização de diferentes possibilidades da mesma situação. Possibilita a construção de exercícios passo a passo, movimentando e animando os diversos elementos desenhados, permitindo diferentes posicionamentos e apresentando diversas variações que, a serem realizados nos suportes tradicionais, tornar-se-iam de resolução muito demorada. (De Campos, 2012, p.28).

O *SketchUp* é um programa para a criação de modelos em 3D, com excelentes características, extremamente versátil e muito fácil de usar. Está disponível em duas versões: a versão profissional, PRO, e a versão gratuita *Google SketchUp*, para uso privado, não comercial. É muito utilizado em Arquitetura, devido à sua facilidade de modelagem de estudos de formas e volumes tridimensionais, como também nas áreas do *Design*, Engenharia, Escultura, entre outras. Através deste *software*, criam-se facilmente estudos iniciais e desenhos tridimensionais, suprimindo assim muitas vezes a necessidade da execução de modelos ou maquetes tridimensionais. (De Campos, 2012, p.29).

O *software AutoSketch* disponibiliza um conjunto amplo de ferramentas que permitem a criação de desenhos de precisão. A interface é compatível com a *Microsoft Windows* e apresenta um ambiente de trabalho familiar, como também tutoriais de curta duração, que facilitam a utilização do programa rápida e eficientemente. Este *software* é utilizado em áreas profissionais como a Arquitetura, a Engenharia, a Ilustração, a Construção e o *Design*, e também por amadores, uma vez que é muito fácil de utilizar e cria rapidamente desenhos precisos e profissionais. (De Campos, 2012, p.31).

O *Poly*, é um programa *shareware*, que pode ser útil para mostrar aos alunos os poliedros regulares, convexos ou platônicos. Permite explorar e construir poliedros, a manipulação destes, rodando-os e abrindo as porções de planos que constituem as suas faces até ficarem numa superfície totalmente plana. *Stella* 4D, este *software* apresenta também os sólidos referidos anteriormente, e permite, ainda, entre outras possibilidades, ver a planificação destes, o seu dual e o composto entre este e o seu dual. (De Campos, 2012, p.33).

O *HyperCAL*^{3D} é um programa especialmente desenvolvido para o apoio ao ensino de Geometria Descritiva. Na versão 2.0 permite construir objetos sólidos facetados a partir de coordenadas de vértices e conectividades das faces. O *HyperCAL*^{3D} permite ao aluno visualizar em 3D o resultado de suas operações e, assim, verificar se atingiu os objetivos propostos nas atividades e a precisão dos procedimentos realizados. Com isto, os próprios alunos podem avaliar a qualidade do seu trabalho e, consequentemente, do seu aprendizado. (TEIXEIRA et all, 2010). Esse programa pode ser muito aplicado no estudo tridimensional, tanto das linhas cônicas, quanto das quádricas.

O aplicativo "Régua e Compasso", desenvolvido pelo professor René Grothmann da Universidade Católica de Berlim, na Alemanha, é um *software* de Geometria Dinâmica plana gratuito. Ele está escrito na linguagem Java, tem código aberto e roda em qualquer plataforma (Microsoft Windows©, Linux, Macintosh©, etc). Diferentemente do que ocorre com outros programas tradicionais tipo régua e o compasso, as construções feitas com o "Régua e Compasso" são dinâmicas e interativas. Uma vez feita a construção, pontos, retas e círculos podem ser deslocados na tela mantendo-se as relações geométricas (pertinência, paralelismo, etc.) previamente estabelecidas, permitindo assim que o usuário, ao invés de gastar o seu tempo com detalhes de construção repetitivos, se concentre na associação existente entre os objetos.

O programa "*Calques* 3D", desenvolvido pelo professor Nicolas van Labeke da Universidade de Edinburgh na Inglaterra, é outro *software* de Geometria Dinâmica espacial gratuito. *Curve Expert* é um programa que ajusta curvas, por exemplo, definidas por pontos, a partir de uma tabela de dados. DR *Geo* é um programa tipo régua e compasso, onde os desenhos geométricos são feitos a partir das suas propriedades, mantendo a estabilidade nos movimentos ou alterações dimensionais. *DOS Freeware*, programa de construção em geometria descritiva, que trabalha em um sistema projetivo; em 3D. Produzido por V.Teodoro e F.Clérigo, da Universidade Nova de Lisboa. *Geoplan*, Windows versão Demo, *software* de construção em geometria que trabalha os conceitos analíticos da Geometria em um Sistema de Coordenadas Cartesianas. Desenvolvido pelo *Centre de Recherche et d'Expérimentation pour l'Ensignement des Mathématiques CREEM. Wingeom, Windows Freeware, software* que permite construções geométricas bidimensionais e tridimensionais. *Construfig*3d é um *software* gráfico para construção de figuras tridimensionais, a partir de figuras geométricas bidimensionais.

A Geometria Analítica e o Desenho Técnico Projetivo auxiliado por computador

Além dos programas voltados para a Geometria Dinâmica, aplicados à Geometria Analítica, é possível usar, por exemplo, o programa AutoCAD© para Imagens geométricas e diversos cálculos da Geometria Analítica. Também se deve ressaltar que, para simplesmente desenhar (sem precisão 100%) pode-se usar o programa *Word*, da Microsoft, que possuí vários recursos na barra de ferramentas de desenho.

Desenho auxiliado por computador ou CAD (do inglês: *Computer Aided Design*) é o nome genérico de sistemas computacionais (*softwares*) utilizados pela engenharia, geologia, geografia, arquitetura e *design* para facilitar o projeto e Desenhos Técnico Projetivos. No caso do *design*, este pode estar ligado especificamente a todas as suas vertentes (produtos como vestuário, eletroeletrônicos, automobilísticos, etc.), de modo que os termos de cada especialidade são incorporados na interface de cada programa.

Estes sistemas (*softwares*) fornecem uma série de ferramentas para a construção de figuras geométricas planas (linhas, curvas, polígonos, etc.) ou mesmo objetos tridimensionais (cubos, esferas, etc.). Também disponibilizam ferramentas para relacionar essas figuras como, por exemplo, criar um arredondamento entre duas linhas ou extrair as formas de dois objetos tridimensionais para obter um terceiro.

Uma divisão básica entre os *softwares* CAD é feita com base na capacidade do programa em desenhar apenas em duas dimensões (2D) ou criar modelos tridimensionais (3D) também, sendo estes últimos subdivididos ainda em relação a que tecnologia usam como modelador 3D. Nos *softwares* pode haver intercâmbio entre o modelo 3D e o desenho 2D (por exemplo, o desenho 2D pode ser gerado automaticamente a partir do modelo 3D).

Já há muitos anos, existem máquinas operatrizes e dispositivos mecatrônicos que permitem a comunicação entre um arquivo de Desenho Técnico, tipo CAD, de forma a que, por exemplo, se desenvolva a planificação de um tronco de cone reto a ser fabricado em aço, pelos conceitos da Geometria Descritiva, permitindo o corte exato da planificação em chapas planas de aço de grandes dimensões. Nos capítulos 10 e 11, desse livro, são mostrados exemplos dessas planificações, que têm larga aplicação prática, especialmente nas áreas de caldeiraria e sistemas de tubulações e dutos.

Como se deve estudar Geometria Analítica: leitura digital ou impressa?

Segundo o educador Kevin Miller, dependendo do método empregado, a retenção da aprendizagem é de: 1) 5% em aula; 2) 10% com leitura; 3) 20% com audiovisual; 4) 30% com demonstração; 5) 50% com grupos de discussão; 6) 75% com a prática (aprender fazendo) e 7) 80% ao ensinar os outros (quanto mais se ensina, mais se aprende). A atividade docente tem que privilegiar a prática, ou melhor, tem que ir do concreto para o abstrato. Lembra-se mais e aprende-se mais, aquilo que se faz. Tente decorar a receita de um bolo. Por mais que você leia e decore, uma hora irá esquecer. Agora, além de ler, faça o bolo seguindo a receita: provavelmente não esquecerá. Após repetir a receita, duas a três vezes, certamente aprenderá e na sequência, certamente irá aperfeiçoar, melhorando o sabor. Assim deve ser com o estudo, não apenas da Geometria Analítica, mas de qualquer disciplina. Cuidado especial de ser dado à forma como se estuda. Mas afinal: leitura digital ou impressa?

Segundo o artigo, do professor Diego Prandino: "Por que seu cérebro prefere o papel", publicado em 16/05/2014, no número 256 da revista Mente e Cérebro, publicada pela Editora Segmento, a leitura em papel ou física apresenta as seguintes diferenças/vantagens, em relação à leitura digital:

Quando uma pessoa lê em um computador ou *tablet* ou *smartphone*, seu cérebro assume um estado de concentração menos aberto à aprendizagem, quando comparado à leitura em papel. O cérebro tende a associar esses aparelhos a instrumentos de trabalho (estresse) ou de diversão (lazer). A leitura em papel gera no leitor uma postura mais investigativa, de questionamento, inclusive possibilitando escrever observações e perguntas no papel que está sendo lido.

Segundo o professor Prandino, diversas pesquisas sugerem que a eficiência da leitura digital é prejudicada pela distorção causada no sentido de localização do texto. Além disso, a continuidade do texto eletrônico, sem troca de páginas perceptível ao cérebro, prejudica a memória de curto prazo.

A leitura digital causa mais esforço mental e físico. É comum a pessoa se incomodar com uma luz muito forte refletida na página branca de um livro. As telas eletrônicas, por mais foscas que sejam, são autoiluminadas, ou seja, emitem luz, de modo que a leitura prolongada pode causar dores de cabeça e fadiga ocular.

A leitura de um documento impresso, em papel, uma apostila ou um livro é muito simples: basta olhar para ele. Os documentos digitais, por outro lado, exigem um suporte tecnológico, tal como o computador, celular ou *tablet*, que, em geral, oferece pontos de distração ao leitor. É comum a pessoa estudar, na forma digital, um determinando assunto e, do nada, passa para outro, completamente diferente. Pronto, lá foi o foco. Segundo o professor Prandino, diversos experimentos demonstraram que a capacidade de concentração e de imersão é superior quanto o leitor se debruça sobre o papel, comparativamente a um meio de leitura digital.

Conclusão, a leitura digital não deve ser a única forma de se estudar, devendo ser complementada pela leitura impressa e, principalmente com o aluno fazendo resumos e exercícios, também em folhas de papel. Especial observação faz-se a respeito do estudo da Geometria Descritiva, recomendando-se a execução de desenhos, gráficos e figuras à mão livre sobre papel. Esta prática, além de melhorar a "memorização" de alguns detalhes geométricos, realça a habilidade de se expressar graficamente à mão livre, o que é fundamental para os profissionais objetos desse livro, quais sejam: arquitetos, engenheiros, *designers*, professores e profissionais civis e militares das áreas das ciências exatas.

O aprendizado da Geometria Analítica e a "Realidade Virtual"

Realidade Virtual é uma tecnologia de interface avançada entre um usuário e um sistema operacional. O objetivo dessa tecnologia é recriar ao máximo a sensação de realidade para um indivíduo, levando-o a adotar essa interação como uma de suas realidades temporais. Para isso, essa interação é realizada em tempo real, com o uso de técnicas e de equipamentos computacionais que ajudem na ampliação do sentimento de presença do usuário. Em termos práticos, trata-se de uma tecnologia capaz de enganar os sentidos de um usuário, por meio de um ambiente virtual, criado a partir de um sistema computacional. Ao induzir efeitos visuais, sonoros e até táteis, a Realidade Virtual permite a imersão completa em um ambiente simulado, com ou sem interação do usuário.

A criação de mundos virtuais está revolucionando a indústria dos jogos e do entretenimento, mas também pode criar aplicações muito interessantes em diversas áreas, como por exemplo, na Matemática, incluindo a Geometria Analítica. Quando da quinta edição desse livro, em 2019, já era possível imaginar que em alguns anos existirão programas de Realidade Virtual Aplicada, que em muito ajudarão ao ensino/aprendizagem da Geometria Analítica, especialmente para pessoas com dificuldades viso espaciais.

Sumário

CAPÍTULO 2

CAPÍTULO 3

CAPÍTULO 6

CAPÍTULO 7

CAPÍTULO 9

CAPÍTULO 12

UNIDADE I

A Geometria Analítica no Espaço Bidimensional (X, Y) ou Espaço R^2 A Geometria Analítica Plana

Ponto, reta e plano. Definições. Sistema de Coordenadas Cartesianas (x; y). Distâncias entre pontos. Sistema de Coordenadas Polares (r; θ)

Localização de um ponto

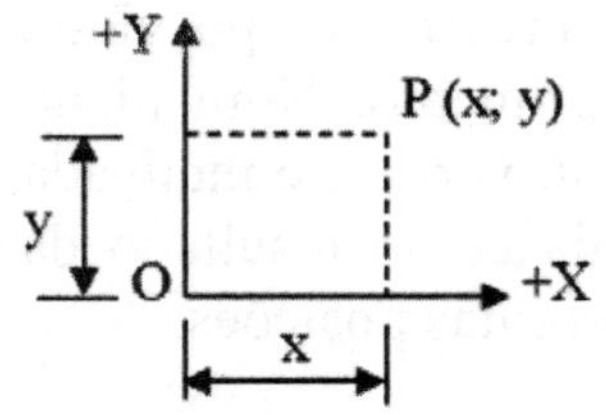

Distância entre pontos

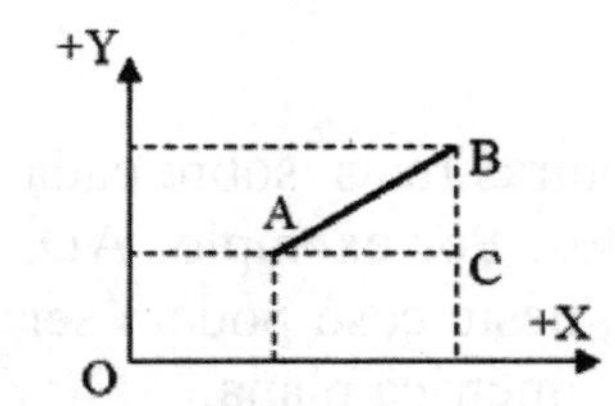

$A(x_A; y_A)$ $B(x_B; y_B)$

$AB^2 = AC^2 + BC^2$

$|\overline{AB}| = \sqrt{(x_B - x_A)^2 + (y_B - y_A)^2}$

***Há cerca de 400 anos**, René Descartes (1596-1650) idealizou uma forma de localizar pontos no espaço bidimensional (R^2), propondo um Sistema de Coordenadas, com dois eixos ortogonais (X; Y), possibilitando também valores positivos e negativos de Abscissas (x) e Ordenadas (y). Com o sistema de Coordenadas, chamado de Cartesiano, foi possível, não só o cálculo da distância entre pontos, em especial resolvendo problemas de polígonos, mas também permitindo e facilitando o estudo de diversas funções tais como: circulares, elípticas, parabólicas, hiperbólicas, trigonométricas, exponenciais, logarítmicas, etc. Os modernos braços robóticos industriais, que localizam e usinam furos em chapas planas, bem como a movimentação de peças no plano XY, utilizam programas baseados nos Sistemas de Coordenadas Cartesianas e Polares. Os parágrafos 1.13 e 1.14 apresentam outras aplicações práticas para esses Sistemas de Coordenadas.*

1.1 O ponto

Um ponto pode ser interpretado como o lugar geométrico da interseção de duas retas, tanto no Plano Bidimensional (X, Y), quanto no Tridimensional (X, Y, Z). Também se pode interpretar um ponto como a interseção de três planos. Como assim? Observe a figura abaixo (um Hexaedro ou Cubo) que, embora esteja representada na folha plana (X, Y), deste livro, dá a impressão de ser uma coisa sólida ou tridimensional (X, Y, Z).

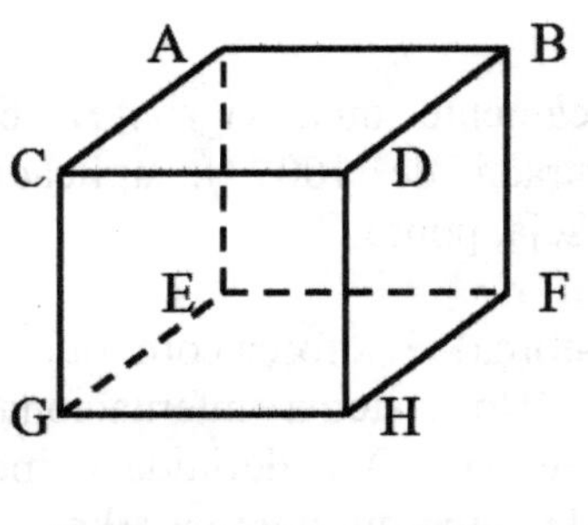

O Hexaedro ou Cubo

Nesta figura, cada um dos oito pontos: A, B, C, D, E, F, G, H, é o resultado da interseção de três planos.

Também deve ser observado que, estes oito pontos surgem do posicionamento de seis planos: ABCD, EFGH, ACGE, BDHF, ABEF e CDGH.

Considerando esta figura como um sólido, no caso um hexaedro ou cubo, cada ponto é chamado vértice. Este sólido lembra um dado de brincar, com números de um a seis, um em cada face ou plano

Imagine um ponto na folha desse livro? Esse ponto está num espaço bidimensional, pois o plano da folha só tem largura (X) e altura (Y). Imagine um ponto dentro de uma sala de aula? Este ponto está num espaço tridimensional (X, Y, Z), pois a sala tem volume, ou melhor: comprimento, largura e altura.

1.2 O que é um segmento de reta?

Segmento de reta é a linha que representa a menor distância entre dois pontos. Marque dois pontos em uma folha qualquer, una-os com uma régua; pronto, tem-se um segmento de reta. "A menor distância entre dois pontos é uma reta". Uma reta é a linha contínua que passa por dois pontos, no plano bidimensional (X, Y) ou no espaço tridimensional (X, Y, Z), representada por letra minúscula, é uma linha ilimitada unidimensional, ou seja, só possui comprimento. Num plano bidimensional (X, Y) uma reta pode se apresentar em três posições: horizontal, vertical e inclinada (para a esquerda ou para a direita). Uma reta também pode ser interpretada como resultado da interseção de dois planos. No espaço tridimensional uma Reta pode assumir infinitas posições.

Observando a figura do parágrafo 1.1, pode-se constatar que, os seis planos se interceptam, dois a dois, formando 12 retas! Quais são essas retas? AB, AC, AE, BD, BF, CD, CG, DH, EG, EF, FH e GH.

Ainda observando a figura do parágrafo 1.3, podem ser imaginadas muitas outras retas, sobre cada um dos planos, por exemplo, unindo dois pontos, ou melhor, vértices opostos. Por exemplo: AD, BC, CH, DG, etc. Em verdade estas novas retas, que unem vértices opostos, neste caso podem ser chamadas de diagonais, já que a cada quatro vértices formou-se uma figura geométrica plana.

Quando se consideram duas ou mais retas sobre um mesmo plano, elas podem ser paralelas, perpendiculares e inclinadas. Por exemplo, no cubo citado, no plano ABCD temos os seguintes casos: AB e CD, AC e BD são retas paralelas. AC é perpendicular a AB; CD é perpendicular a BD, etc. Ainda no plano ABCD, podemos imaginar as retas inclinadas: AD e BC. Considerando-se a Geometria dos poliedros, todas as retas citadas no cubo são chamadas de arestas.

É importante citar que, do ponto de vista puramente geométrico, os segmentos de retas AB e BA, em verdade são apenas um, ou seja, tanto faz o sentido em que se observa: de A para B ou de B para A. No capítulo 3, serão feitas considerações sobre um elemento chamado vetor, que simbolicamente é representado por um segmento de reta com uma seta na ponta, indicando o sentido. Apenas como ilustração introdutória, chama-se atenção à figura a seguir, sobre o conceito de vetores.

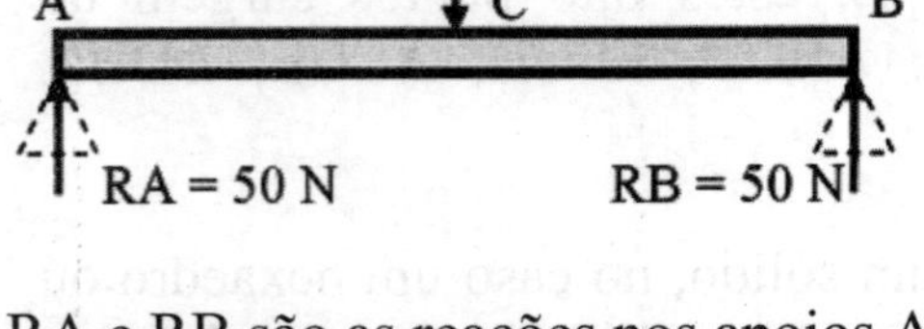

RA e RB são as reações nos apoios A e B.

Esta figura representa esquematicamente uma viga AB, bi apoiada, com uma força concentrada de 100 N, aplicada exatamente no meio do vão AB, ou seja, ponto C.

Por definição, o kgf (quilograma-força) é a força com que a Terra atrai uma massa de 1kg. *No sistema internacional de unidades, a unidade de força Newton (N) é definida como a força que comunica à massa de um quilograma (kg) a aceleração de um metro por segundo, por segundo ($1m/s^2$).

Do ponto de vista da Geometria, temos três segmentos de reta: F, RA e RB. Já pela Física, aplicada à Engenharia, temos três vetores, com módulos (no caso força) diferentes, sendo dois (RA e RB) para cima e um (F) para baixo. Do ponto de vista semântico, a distância entre dois pontos caracteriza-se como segmento de reta, ou seja, reta é uma coisa "infinita". Ainda existe a definição de semi reta, limitada somente num sentido, visto que possui início e não possui fim.

1.3 O que é um plano?

Um plano é um elemento geométrico infinito com duas dimensões. Essa folha, desse livro, é um exemplo prático de um plano, que também pode ser expresso das seguintes formas: duas retas definem um plano e três pontos não colineares (ou seja, não alinhados) definem um plano. Analisando o hexaedro do parágrafo 1.1, constata-se que, realmente, existem vários planos, que passam somente por uma reta. Ainda na figura do Hexaedro, confirma-se que, um plano (ACFH) passa apenas por duas retas.

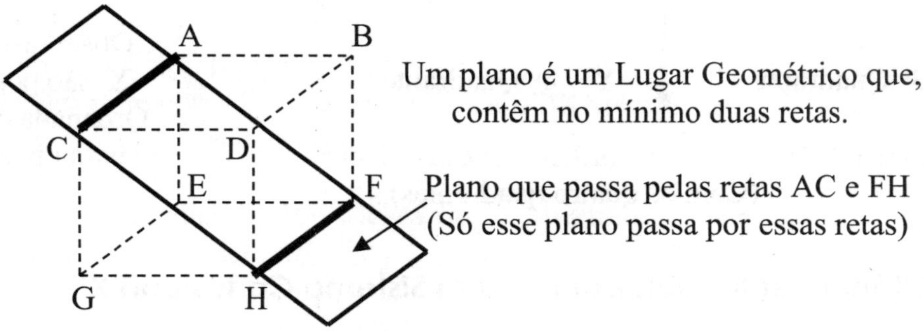

1.4 Sistema de Coordenadas Cartesianas: Abscissa (x) e Ordenada (y)

Um Sistema de Coordenadas Cartesianas corresponde a uma superfície plana bidimensional, ou seja, possui duas dimensões: comprimento (X) e largura (Y). É no plano (X, Y) que se formam e se estudam as figuras geométricas planas. Chama-se Sistema de Coordenadas Cartesianas ou Espaço Cartesiano, um esquema ou diagrama reticulado que localiza pontos num determinado plano com dimensões. As Coordenadas Cartesianas foram propostas pelo filósofo e matemático francês René Descartes (1596-1650) há cerca de 400 anos, sendo há muito um sistema usado na Geometria Analítica e na Geometria Descritiva para localizar um ponto em relação a dois (X, Y) ou três eixos (X, Y e Z). Foi a partir dos estudos de Descartes que Isaac Newton (1643-1727) e Gottfried Leibniz (1646-1716) desenvolveram o Cálculo Diferencial e Integral, bem como Gaspard Monge (1746-1818) aprofundou os estudos da Geometria Descritiva.

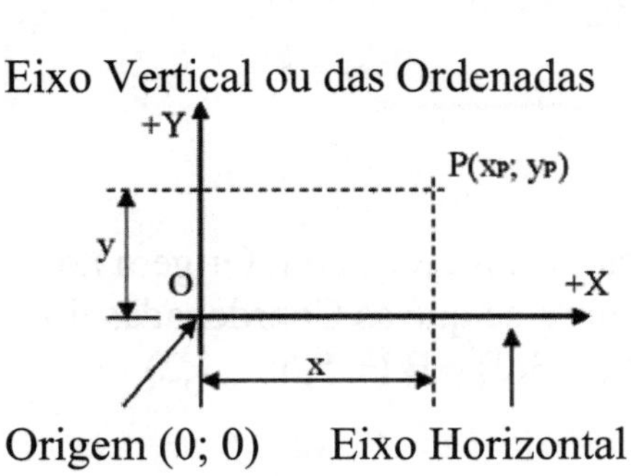

Observa-se que, a partir da Origem (O) ou ponto (0; 0), pode-se plotar ou definir a posição de um ponto, em função de suas distâncias em relação ao eixo X ou das Abscissas e eixo Y ou das Ordenadas. Dependendo da aplicação, por exemplo, na Engenharia, a unidade de medida pode ser expressa em milímetro, centímetro ou metro.

Na prática da Geometria Analítica, quando se tem a notação P (+ 5; + 2), significa que o ponto P está à direita e distante 5 Unidades de Medida (UM) do Eixo Y, ou seja, sua Abscissa é x = + 5, bem como está acima e distante 2 UM do Eixo X, ou seja, sua ordenada é y = + 2. A partir deste conceito, o espaço bidimensional (X, Y), pode ser imaginado como dividido em quatro partes, chamadas Quadrantes (numerados no sentido anti-horário), inclusive com coordenadas x e y assumindo valores negativos. A figura 1.1 mostra esse conceito, com os pontos A, E, J e H (valores na tabela 1.1), plotados, um em cada quadrante.

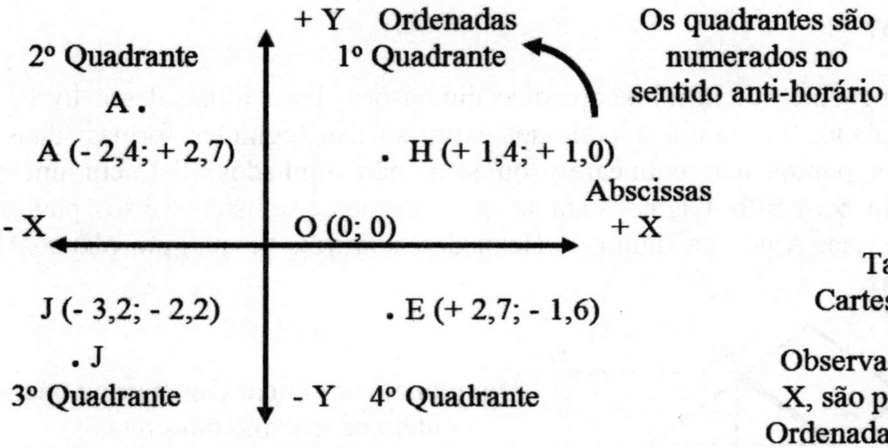

Figura 1.1: Sistema de Coordenadas Cartesianas (Com os quatro quadrantes)

	x	y
A	- 2,4	+ 2,7
E	+ 2,7	- 1,6
J	- 3,2	- 2,2
H	+ 1,4	+ 1,0

Tabela 1.1: Coordenadas Cartesianas de quatro pontos

Observa-se que Abscissas, eixo X, são positivas para a direita e Ordenadas, eixo Y, são positivas para cima, sendo negativas nos sentidos inversos.

1.5 Distância entre dois pontos num Sistema Cartesiano XY

Baseado no simples conceito de Coordenadas Cartesianas, muitas análises podem ser feitas, inclusive com aplicações práticas, como por exemplo, na fabricação de peças mecânicas. Imaginando a figura a seguir e, baseando-se no conceito exposto, vamos calcular a distância entre os pontos A e B, que são respectivamente os centros dos furos circular e quadrado. Deve ser esclarecido que, na prática, caso se tivesse que realizar estes furos, por exemplo, numa chapa metálica, com esta geometria, a máquina localizaria, através de comandos numéricos programáveis, cada centro, exatamente como programado e considerando um sistema de coordenadas, como será detalhado a seguir.

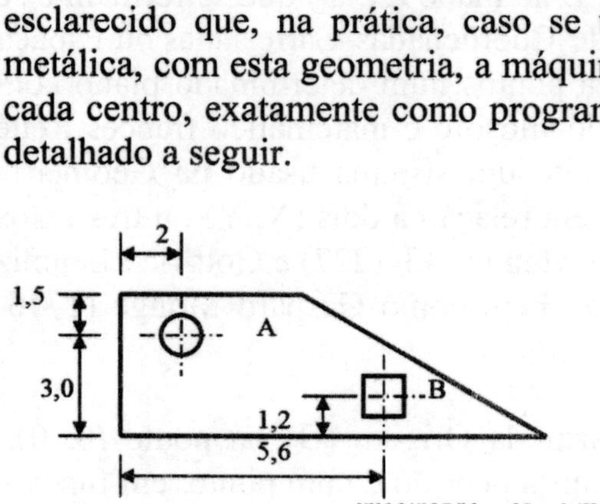

Desenho de uma peça, com medidas sem unidade definida.

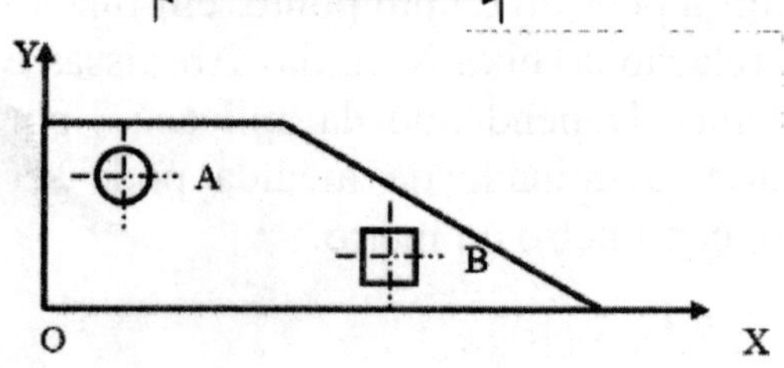

Imaginando os Eixos Cartesianos, com Origem no ponto O (0; 0), descobre-se que as Coordenadas dos pontos são: A (+ 2,0; + 3,0) e B (+ 5,6; + 1,2)

Analisando as diferenças entre as Coordenadas tem-se: $x_A - x_B = +3{,}6$ e $y_A - y_B = +1{,}8$. Disso resulta um triângulo retângulo ABC, onde a distância a ser calculada é a hipotenusa AB, sendo conhecidos os dois catetos. Pelo Teorema de Pitágoras acha-se AB.

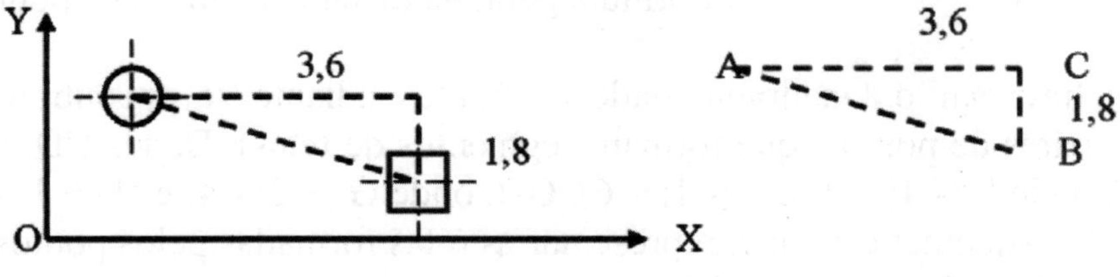

$AB = \sqrt{AC^2 + BC^2}$ $\qquad$ $AB = 4{,}0249$ UM

Observa-se que, na prática, tem que ser definida uma medida específica, por exemplo, centímetro. Ou seja, a distância entre os centros dos furos A e B é igual a 4,0249 centímetros ou 40, 249 milímetros, ou seja, 40 milímetros e 249 milésimos. Na prática da Engenharia Mecânica, existem instrumentos (por exemplo, os Micrômetros) que medem, com precisão, até milésimos de milímetro. Um milésimo de milímetro (10^{-3} mm) é chamado de Micron (μ): 1 μm = 10^{-6} m, ou seja: um milionésimo de metro. O plural de Mícron é Micra.

Já há anos que a precisão de medidas chegou à casa do bilionésimo de metro (10^{-9} m), com o denominado nanômetro ou nm. 1 nm = 10^{-9} m.

No espaço bidimensional (X, Y) ou espaço R^2, sempre que for preciso calcular a distância entre dois pontos, pode-se determinar o triângulo retângulo no interior do Plano Cartesiano, a partir das diferenças entre Abscissas e Ordenadas, para então ser utilizado o Teorema de Pitágoras (a distância é a hipotenusa). A fórmula adiante sintetiza a distância entre dois pontos A e B, independentemente de em qual quadrante ou posição estejam. O que importa é a diferença em módulo ou tamanho entre as coordenadas, não o sinal positivo ou negativo. Considerando os pontos, a seguir: A (x_A; y_A) e B (x_B; y_B), tem-se:

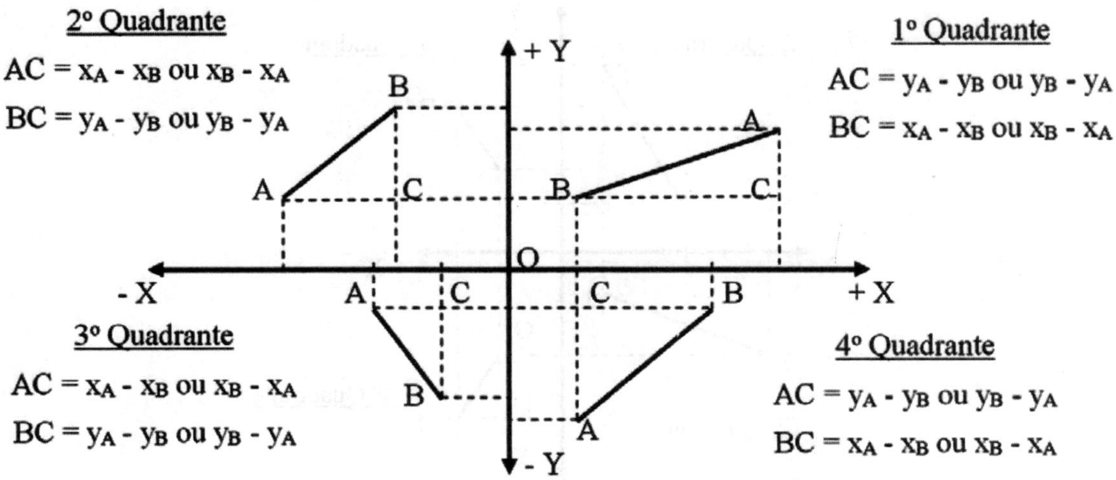

O travessão indica segmento .
Os traços verticais indicam módulo.

Esta fórmula se aplica, independentemente da posição, ou seja, sinais dos pontos (ver exercício 1.2).

$$\overline{|AB|} = \sqrt{(x_B - x_A)^2 + (y_B - y_A)^2} \Longleftarrow$$ Fórmula geral da distância entre dois pontos.

Exercício 1.1: 1) Informar o Quadrante onde os pontos adiante se encontram. 2) Calcular as distâncias entre os pares de pontos (que formam segmentos de retas). Dados CD, onde C (+ 2; + 3) e D (+ 3; + 5), EF, onde E (- 4; + 2) e F (- 1; + 6), GH, onde G (+ 2; - 4) e H (+ 3; - 7) e IJ, onde I (- 6; - 4) e J (-1; -1). 3) Esquematicamente, representar as retas formadas pelos pontos. Observa-se que não foi definida a unidade de medida ou UM.

1) Quadrantes:

CD estão no 1º Quadrante, já que Abscissas e Ordenadas são positivas.
EF estão no 2º Quadrante, já que Abscissas são negativas e Ordenadas são positivas.
GH estão no 4º Quadrante, já que Abscissas são positivas e Ordenadas são negativas.
IJ estão no 3º Quadrante, já que Abscissas e Ordenadas são negativas.

2) Distâncias entre os pontos (ver observação*)

$$\overline{|CD|} = \sqrt{(x_C - x_D)^2 + (y_C - y_D)^2}\ ;\ \overline{|CD|} = \sqrt{[+2 - (+3)]^2 + [+ 3 - (+5)]^2};\ \overline{|CD|} = \sqrt{5} = 2{,}2361$$

$$\overline{|EF|} = \sqrt{(x_E - x_F)^2 + (y_E - y_F)^2}\ ;\ \overline{|EF|} = \sqrt{[- 4 - (-1)]^2 + [+2 - (+6)]^2};\ \overline{|EF|} = \sqrt{25} = 5{,}0000$$

$$\overline{|GH|} = \sqrt{(x_G - x_H)^2 + (y_G - y_H)^2}\ ;\ \overline{|GH|} = \sqrt{[+2 - (+3)]^2 + [-4 - (-7)]^2}\ ;\overline{|GH|} = \sqrt{10} = 3{,}1623$$

$$\overline{|IJ|} = \sqrt{(x_I - x_H)^2 + (y_I - y_H)^2}\ ;\ \overline{|IJ|} = \sqrt{[-6 - (-1)]^2 + [-4 - (-1)]^2}\ ;\ \overline{|IJ|} = \sqrt{34} = 5{,}8309$$

3) Representação esquemática (Imagem Geométrica) das retas formadas pelos pontos.

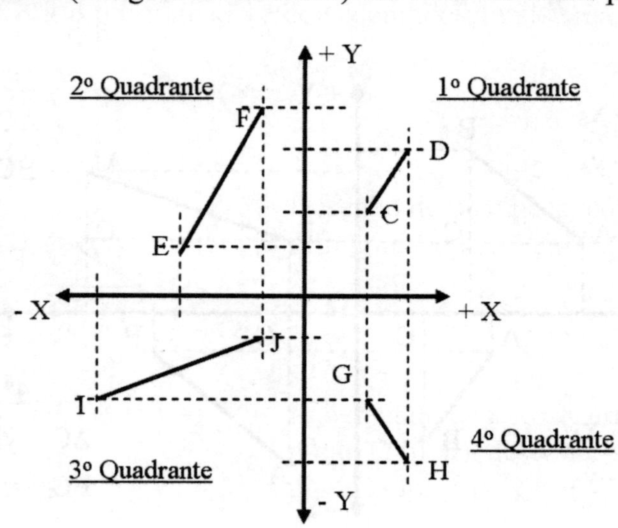

Exercício 1.2: calcular a distância entre os pontos K e L, onde K (- 3; + 4) e L (+ 2; - 6).

Pelas Coordenadas Cartesianas, vê-se que o ponto K está no 2º Quadrante e o ponto L está no 4º Quadrante. A solução é obtida, tanto com aplicação da fórmula, quanto com a Representação Gráfica dos pontos e a translação da Origem, criando-se os pontos K' e L'.

Cálculo da distância, com aplicação direta da fórmula:

$|\overline{KL}| = \sqrt{(x_K - x_L)^2 + (y_K - y_L)^2}$; $|\overline{KL}| = \sqrt{[(-3) - (+2)]^2 + [(+4) - (-6)]^2}$; $|\overline{KL}| = \sqrt{125} = 11{,}1803$.

***Observação**: na prática, especialmente em cálculos de Engenharia, omitem-se os sinais matemáticos de segmento e módulo.

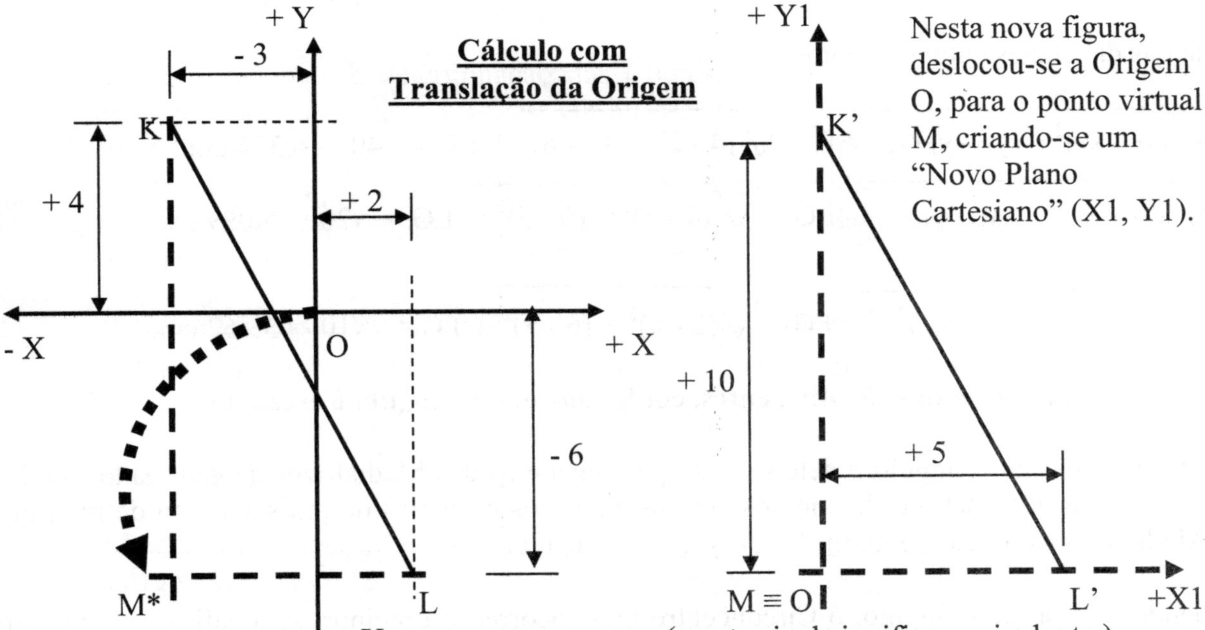

(≡ este sinal significa equivalente)

Ao se criar um "Novo Plano Cartesiano", nota-se que, em relação à nova Origem O (≡ M), as Coordenadas dos pontos passam a ser K' (0; + 10) e L' (+ 5; 0), ou seja:

$K'L' = \sqrt{(x_K - x_L)^2 + (y_K - y_L)^2}$; $K'L' = \sqrt{[0 - (+5)]^2 + (+10 - 0)^2}$; $K'L' = \sqrt{125} = 11{,}1803$

* Ao deslocamento da Origem, chama-se: Translação da Origem dos Eixos Cartesianos.

Exercício 1.3: Os pontos EFG, formam um triângulo. Dados: E (+4; 0), F (+2; +6) e G (+5; +5), pergunta-se: 1) Quanto aos lados, que tipo de triângulo é formado? 2) Calcular as Coordenadas Cartesianas do Circuncentro, ou seja, o centro da circunferência que passa pelos três vértices E, F, e G. Considerar medidas em centímetros (cm).

Inicialmente faz-se a Representação Gráfica (plotagem) dos três pontos, que estão no 1º Quadrante, já que Abscissas e Ordenadas são positivas.

Imagem Geométrica do triângulo

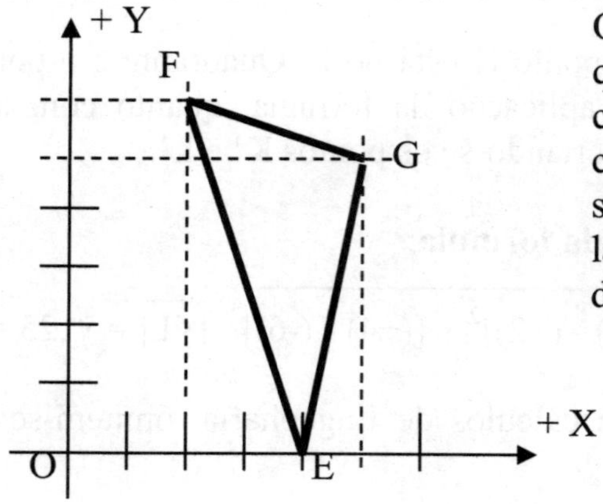

O formato gráfico do triângulo sugere que seja escaleno, ou seja, cada lado com um comprimento diferente. A confirmação analítica ou exata tem que ser feita, calculando-se o valor de cada lado. Esse cálculo é feito com a distância entre os pontos: EF, EG e FG.

$$\begin{cases} E\ (+4;\ 0) \\ F\ (+2;\ +6) \\ G\ (+5;\ +5) \end{cases}$$

Fórmula das distâncias entre os pontos:

$$EF = \sqrt{(x_E - x_F)^2 + (y_E - y_F)^2}\ ;\quad EF = \sqrt{(4 - 2)^2 + (0 - 6)^2};\quad EF = \sqrt{40} = 6{,}324 \text{ cm.}$$

$$EG = \sqrt{(x_E - x_G)^2 + (y_E - y_G)^2}\ ;\quad EG = \sqrt{(4 - 5)^2 + (0 - 5)^2}\ ;\quad EG = \sqrt{26} = 5{,}099 \text{ cm.}$$

$$FG = \sqrt{(x_F - x_G)^2 + (y_F - y_G)^2}\ ;\quad FG = \sqrt{(2 - 5)^2 + (6 - 5)^2}\ ;\quad FG = \sqrt{10} = 3{,}162 \text{ cm.}$$

⇨ **Como os lados são diferentes, confirma-se: o triângulo é escaleno.**

O Circuncentro de um triângulo é determinado pelo encontro das Mediatrizes de cada lado, sendo Mediatriz o Lugar Geométrico dos pontos equidistantes aos extremos de um segmento de reta, ou seja, a Mediatriz passa pelo ponto médio do segmento de reta.

Dependendo do tipo de triângulo, o Circuncentro pode ocorrer, ou melhor, se localizar, interna ou externamente, e até sobre um determinado lado. Triângulos equiláteros (três lados iguais) e isósceles (dois lados iguais), têm o Circuncentro no interior. Triângulos escalenos (os três lados são diferentes) têm o Circuncentro no exterior ou lado de fora do triângulo. Quando o triângulo é retângulo (ou seja, com um ângulo reto), o Circuncentro ocorre exatamente sobre o ponto médio da hipotenusa (que é o maior lado).

As figuras a seguir mostram uma aproximação gráfica, tanto do traçado das Mediatrizes dos três lados do triângulo, quanto da circunferência, que passa pelos três vértices. Observa-se que estas figuras apenas dão uma ideia visual, ou seja, sem precisão matemática. A verdadeira posição do Circuncentro e o traçado correto da circunferência só são possíveis, após o calculo analítico preciso, como será feito adiante.

Observa-se que existem aplicativos que determinam, de forma gráfica e exata, todas essas medidas e características, por exemplo os programas AutoCad©, GeoGebra e CABRI©.

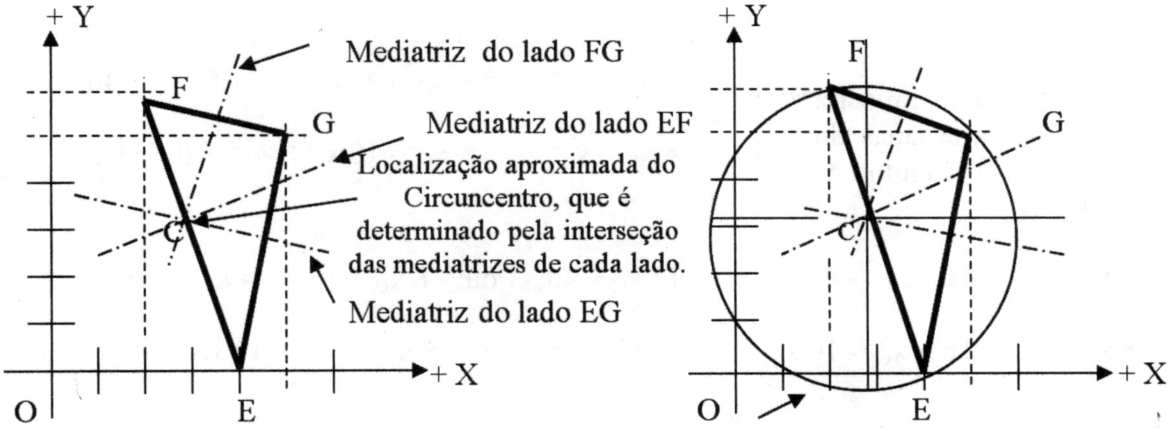

Circunferência que passa pelos três vértices, com centro em C (x_C; y_C).

A premissa básica para a determinação das Coordenadas Cartesianas do Circuncentro é que a distância entre este centro e os vértices tem que ser igual, ou seja: CE = CF = CG. Dessa forma determinam-se as três distâncias, sendo que as Coordenadas de C, aparecerão como incógnitas x e y. Em verdade será determinado um sistema de equações lineares, com três equações e duas incógnitas, cuja solução (valores de x e y) são os valores das Coordenadas Cartesianas de C. Sabendo que: E (+4; 0), F (+2; +6) e G (+5; +5), tem-se:

$$CE = \sqrt{(x_C - x_E)^2 + (y_C - y_E)^2}\ ; \qquad CE = \sqrt{(x_C - 4)^2 + (y_C - 0)^2}$$

$$CE = \sqrt{x_C^2 - 8\,x_C + 16 + y_C^2}\ ; \qquad CE^2 = x_C^2 - 8\,x_C + 16 + y_C^2$$

$$CF = \sqrt{(x_C - x_F)^2 + (y_C - y_F)^2}\ ; \qquad CF = \sqrt{(x_C - 2)^2 + (y_C - 6)^2};$$

$$CF = \sqrt{x_C^2 - 4\,x_C + 4 + y_C^2 - 12\,y_C + 36}\ ; \quad CF^2 = x_C^2 - 4\,x_C + 4 + y_C^2 - 12\,y_C + 36$$

$$CG = \sqrt{(x_C - x_G)^2 + (y_C - y_G)^2}\ ; \qquad CG = \sqrt{(x_C - 5)^2 + (y_C - 5)^2}\ ;$$

$$CG = \sqrt{x_C^2 - 10\,x_C + 25 + y_C^2 - 10\,y_C + 25}\ ; \quad CG^2 = x_C^2 - 10\,x_C + 25 + y_C^2 - 10\,y_C + 25$$

Este é o sistema com três equações e duas incógnitas: X_C e Y_C.

$$\begin{cases} CE^2 = x_C^2 - 8\,x_C + y_C^2 + 16 \\ CF^2 = x_C^2 - 4\,x_C + y_C^2 - 12\,y_C + 40 \\ CG^2 = x_C^2 - 10\,x_C + y_C^2 - 10\,y_C + 50 \end{cases}$$

Como as três distâncias são iguais, ou seja, CE = CF = CG, podemos definir um sistema de duas equações e duas incógnitas, fazendo: $CE^2 = CF^2$ e $CE^2 = CG^2$. O novo sistema de equações fica da seguinte forma:

A solução deste sistema, mostra as Coordenadas Cartesianas do Circuncentro do triângulo de vértices E, F e G.

$$\begin{cases} x_C^2 - 8\,x_C + y_C^2 + 16 = x_C^2 - 4\,x_C + y_C^2 - 12\,y_C + 40 \\ x_C^2 - 8\,x_C + y_C^2 + 16 = x_C^2 - 10\,x_C + y_C^2 - 10\,y_C + 50 \end{cases}$$

$$\begin{cases} x_C^2 - 8\,x_C + y_C^2 + 16 = x_C^2 - 4\,x_C + y_C^2 - 12\,y_C + 40; \quad \text{ou: } -8\,x_C + 16 = -4\,x_C - 12\,y_C + 40. \\ x_C^2 - 8\,x_C + y_C^2 + 16 = x_C^2 - 10\,x_C + y_C^2 - 10\,y_C + 50; \quad \text{ou: } -8\,x_C + 16 = -10\,x_C - 10\,y_C + 50. \end{cases}$$

$$\begin{cases} -8\,x_C + 16 = -4\,x_C - 12\,y_C + 40 \quad \Rightarrow \quad -4\,x_C + 12\,y_C - 24 = 0 \quad \Rightarrow \quad x_C = +3\,y_C - 6. \\ -8\,x_C + 16 = -10\,x_C - 10\,y_C + 50 \longleftarrow \text{Aqui substituindo } x_C = +3\,y_C - 6, \text{ tem-se:} \\ -8\,(3\,y_C - 6) + 16 = -10\,(3\,y_C - 6) - 10\,y_C + 50, \text{ que fatorado fica:} \end{cases}$$

$-24\,y_C + 48 + 16 = -30\,y_C + 60 - 10\,y_C + 50.$

$-24\,y_C + 40\,y_C = 46 \Rightarrow +16y_C = +46 \Rightarrow$ $\boxed{y_C = +2{,}875}$

Confirma-se que essas Coordenadas são positivas, pois o Circuncentro C está no 1º Quadrante.

Como $x_C = +3\,y_C - 6 \Rightarrow x_C = +3(+2{,}875) - 6 \Rightarrow$ $\boxed{x_C = +2{,}625}$

As Coordenadas Cartesianas do Circuncentro do triângulo EFG são: Abscissa $x_C = +2{,}625$ e Ordenada $y_C = +2{,}875$

O exercício 1.3 mostrou o cálculo analítico exato da posição de um ponto equidistante a três outros, no mesmo plano e que não sejam colineares. Na prática, esse problema pode ocorrer, por exemplo, quando uma rede de supermercados quer construir um depósito central, equidistante, ou seja, à mesma distância, em relação a três lojas localizadas em três municípios diferentes, com o objetivo de os caminhões de entrega percorrerem as mesmas distâncias.

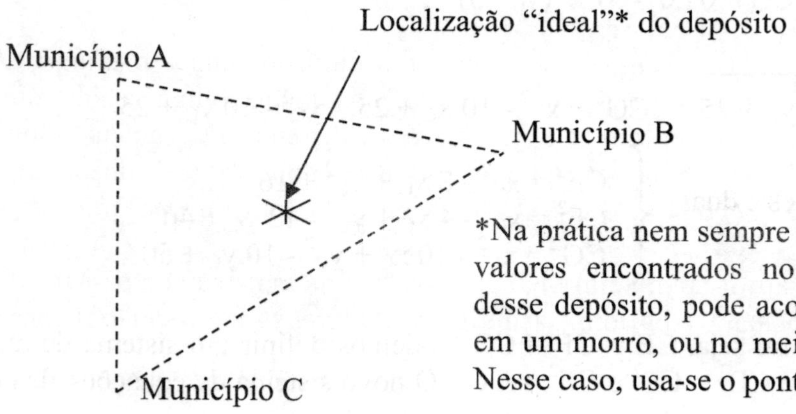

*Na prática nem sempre é possível usar exatamente os valores encontrados no cálculo analítico. No caso desse depósito, pode acontecer de o ponto "ideal" ser em um morro, ou no meio de um conjunto de prédios. Nesse caso, usa-se o ponto mais próximo possível.

1.6 Cálculo das Coordenadas Cartesianas do ponto médio de um segmento de reta

Dado um segmento de reta, existe uma linha (outra reta) que lhe é perpendicular e, quando passa pelo ponto médio do segmento, recebe o nome de Mediatriz. Do ponto de vista da Geometria, a Mediatriz é definida como "o lugar geométrico dos pontos equidistantes aos extremos de um segmento de reta". A figura a seguir mostra estes detalhes:

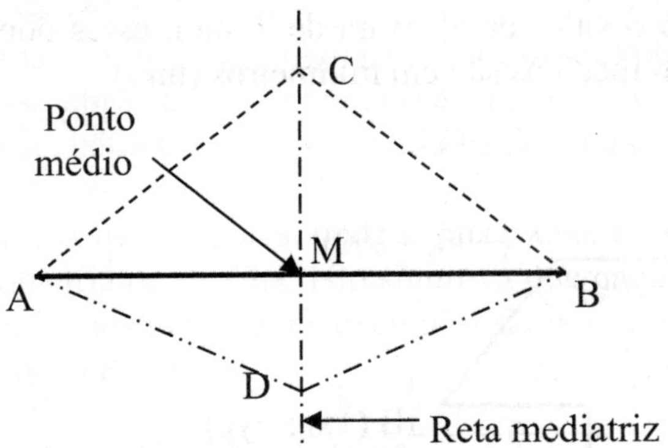

Se a reta que passa por C e D é a Mediatriz do segmento AB, então se pode afirmar:

AM = MB ⟹ M é o Ponto Médio de AB
CA = CB
DA = DB

CA = CB ≠ DA = DB

Considerando um segmento de reta AB, em um Sistema de Coordenadas Cartesianas, podemos analisar onde se situa o ponto médio (M) do segmento, utilizando a semelhança de triângulos, como a seguir mostrado.

$A\,(x_A;\,y_A)$; $B\,(x_B;\,y_B)$; $M\,(x_M;\,y_M)$

Nessa figura temos três triângulos semelhantes: AVB, AWM e MTB.

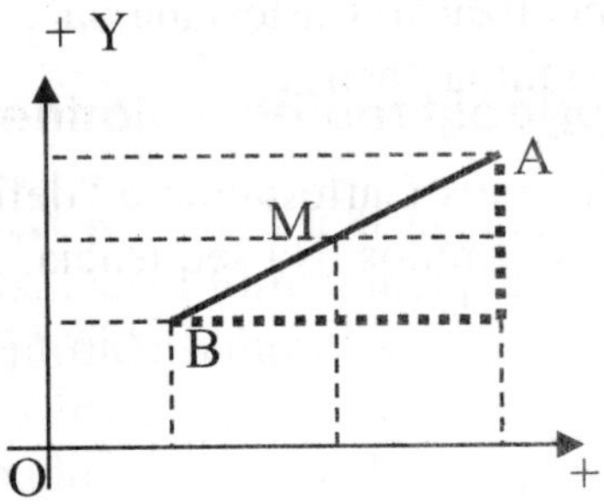

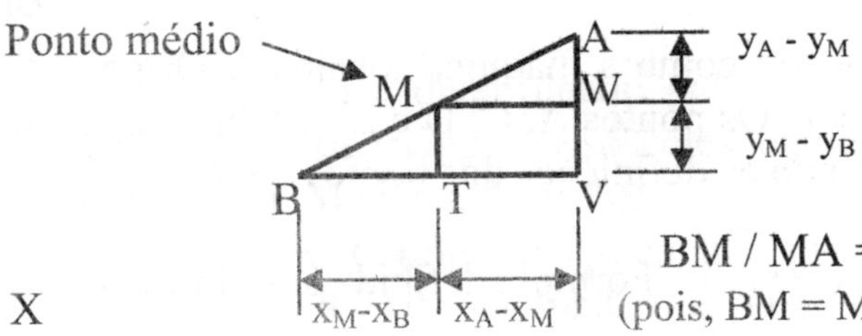

BM / MA = 1
(pois, BM = MA)

Baseando-se nas semelhanças entre os três triângulos ABV e MBT temos:

$$\frac{BM}{MA} = \frac{x_M - x_B}{x_A - x_M} \Rightarrow 1 = \frac{x_M - x_B}{x_A - x_M} \Rightarrow x_A - x_M = x_M - x_B \Rightarrow x_M = \frac{x_A + x_B}{2}$$

$$\frac{BM}{MA} = \frac{y_M - y_B}{y_A - y_M} \Rightarrow 1 = \frac{y_M - y_B}{y_A - y_M} \Rightarrow y_A - y_M = y_M - y_B \Rightarrow y_M = \frac{y_A + y_B}{2}$$

Conclusão: as Coordenadas Cartesianas do ponto médio (M) de um segmento AB são:

$$M_{AB} = \left(\frac{x_A + x_B}{2}\ ;\ \frac{y_A + y_B}{2}\right) \longleftarrow$$ **Fórmula para cálculo do ponto médio de um segmento de reta**

Exercício 1.4: uma indústria metalúrgica é especializada no corte de chapas de metais, utilizando máquinas que fazem o corte a partir de um sistema computadorizado e utilizando um sistema de Coordenadas Cartesianas, para marcação dos pontos de mudança de direção. Ou seja, a parte inteligente da máquina transforma as medidas do desenho técnico em Coordenadas de cada ponto. O programa também aceita e processa informações relacionadas a detalhes geométricos. A indústria recebeu o desenho técnico a seguir, com a informação de que o ponto B tem que ser localizado no ponto médio da face AC. "Pensando" como a máquina, determine as Coordenadas Cartesianas dos pontos F e G. Os pontos marcados com asteriscos (*), não precisam ter suas localizações definidas, já que, uma vez com a localização do ponto B e com o valor da abertura de 30mm, esses pontos "surgem" como consequência. Observa-se que, todas as medidas são em milímetros (mm).

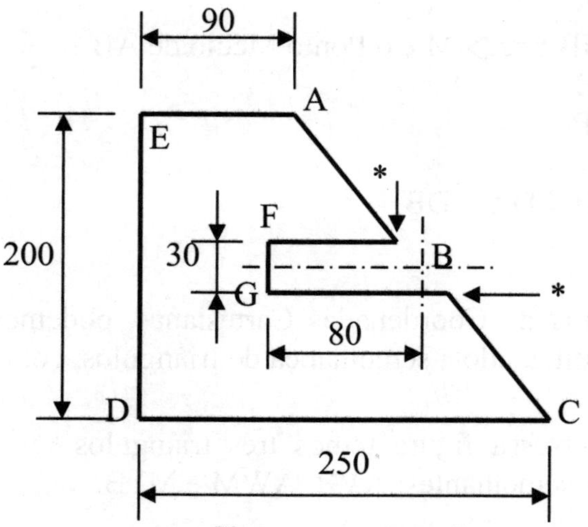

Chapa a ser cortada

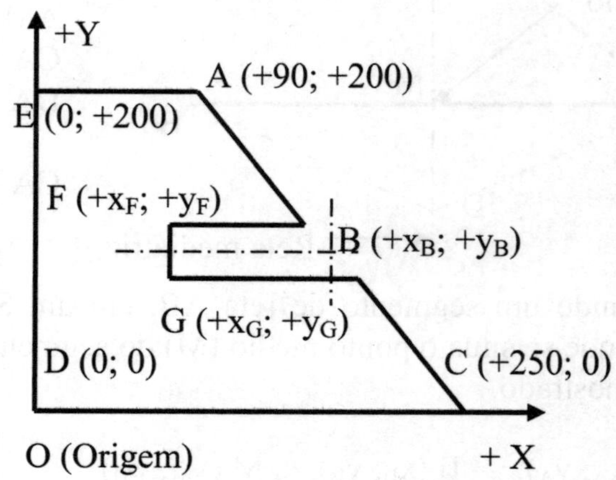

Chapa já com a localização Cartesiana ou como a máquina "pensa"

A figura à direita mostra como a máquina localiza a Origem dos Eixos Cartesianos e "define" as Coordenadas em X e Y. Os pontos A, C, D e E, são imediatamente definidos. Na sequência, define-se o ponto B, permitindo as definições dos pontos F e G.

$$B = \left(\frac{x_A + x_C}{2} ; \frac{y_A + y_C}{2} \right)$$ Fórmula definida anteriormente.

$$B = \left(\frac{90 + 250}{2} ; \frac{200 + 0}{2} \right) \Rightarrow B = (+170mm; +100mm).$$

$F = (x_B - 80 ; y_B + 15) \Rightarrow F = (170 - 80; 100 + 15) \Rightarrow F = (+ 90mm; + 115mm).$

$G = (x_B - 80 ; y_B - 15) \Rightarrow G = (170 - 80; 100 - 15) \Rightarrow G = (+ 90mm; + 85mm).$

1.7 Cálculo do Centroide, pelo conceito da distância entre pontos

Baricentro ou Centro de Gravidade ou Centro de Equilíbrio é uma característica importantíssima de figuras planas (e sólidos), sendo muito utilizada por engenheiros e arquitetos. A palavra "baricentro" é de origem grega (*bari* = peso) e designa o "centro dos pesos". Baricentro de um corpo é o ponto onde se considera a aplicação da força de gravidade de todo o corpo formado por um conjunto de partículas, ou seja, sua massa/peso. Esta massa/peso é atraída para o Centro da Terra. Baricentro, portanto, é o ponto onde podem ser equilibradas todas essas forças de atração. É neste ponto onde o objeto está em seu perfeito equilíbrio, não importando como seja virado ou girado ao redor desse ponto.

Já o Centroide ou Centro Geométrico de figuras planas ou de sólidos, não está relacionado à propriedades de massa, sendo um conceito relacionado apenas às características geométricas de figuras.

Se uma figura geométrica plana ou espacial possui um eixo ou plano de simetria, então o centroide situa-se obrigatoriamente nesse plano de simetria. Se existirem dois planos de simetria, o centroide situa-se, naturalmente, sobre a linha de interseção dos dois planos.

De forma bem simples, pode-se dizer que, a localização do Centroide de um corpo está relacionada à geometria da mesma. Isto significa que cada forma tem uma localização de Centroide. As figuras a seguir mostram alguns exemplos da posição do Centroide (Ponto G), em figuras planas, ou seja, no espaço R^2 (X, Y).

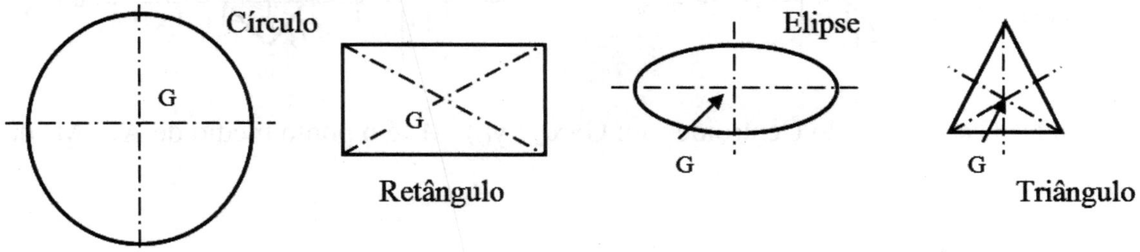

1.7.1 Centroide de um triângulo

No espaço R^2 (X, Y), o Centroide de um triângulo é determinado pelo encontro das suas três Medianas. Dessa forma, independentemente do tipo de triângulo (isósceles, equilátero ou escaleno), o seu Centroide sempre estará no interior da figura. Mediana é a linha que une o ponto médio de um lado ao vértice oposto. Ou seja, para se traçar ou definir uma mediana, primeiro tem que ser determinado o ponto médio (por onde passa a Mediatriz) do segmento ou lado.

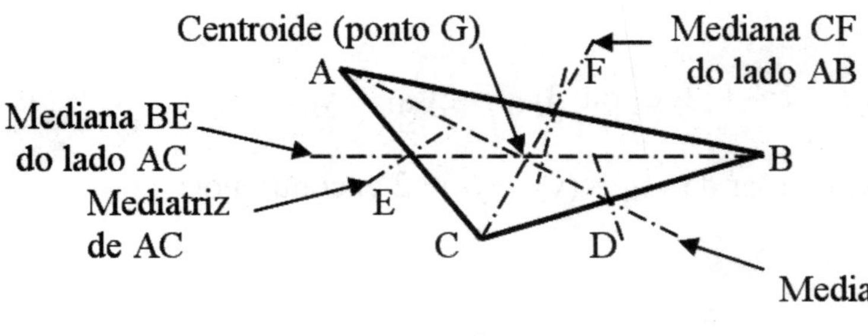

Observa-se que, nesse triângulo foram gerados sete pontos: três vértices (A, B, C), três pontos médios (D, E, F) e um Centroide (G).

As Medianas: AD, BE e CF, devido cruzamento com o Centroide, no ponto G, são divididas em dois segmentos, de forma que um é o dobro do outro. Dessa forma podemos escrever as seguintes relações:

$$\left.\begin{array}{l} AD = AG + GD \text{ e } AG = 2\,GD \text{, ou ainda } AD = 3\,GD \\ BE = BG + GE \text{ e } BG = 2\,GE \text{, ou ainda } BE = 3\,GE \\ CF = CG + GF \text{ e } CG = 2\,GF \text{, ou ainda } CF = 3\,GF \\ AG = 2/3 \text{ de } A \\ BG = 2/3 \text{ de } B \\ CG = 2/3 \text{ de } CF \end{array}\right.$$

Exercício 1.5: Sabendo que três pontos A, B e C, formam um triângulo, pede-se o cálculo das Coordenadas Cartesianas do seu Centroide. A (-2; +6), B (+3; -1) e C (+6; +2).

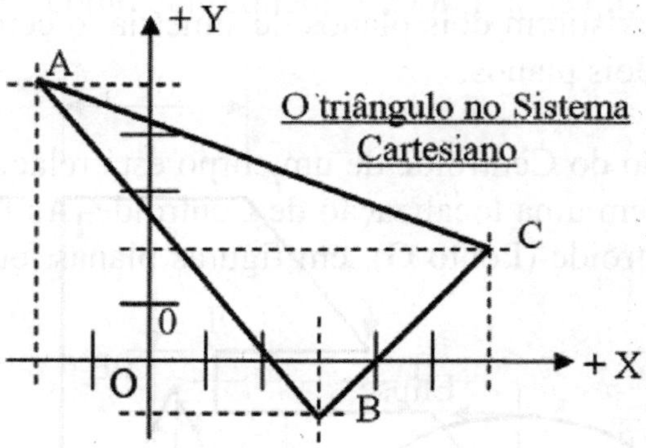

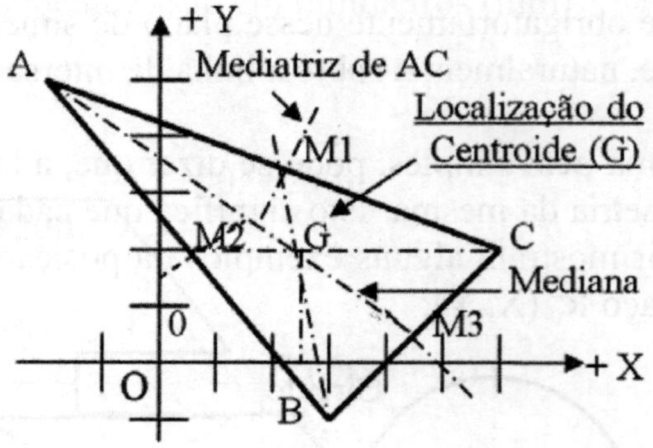

As Coordenadas Cartesianas do Centroide são: G (x_G ; y_G). M_1 é o ponto médio de AC, M_2 de AB e M_3 de BC.

$$M1 = \left(\frac{x_A + x_C}{2} ; \frac{y_A + y_C}{2} \right); \text{ ou seja: } x_{M1} = \frac{x_A + x_C}{2} \text{ e } y_{M1} = \frac{y_A + y_C}{2}$$

Como já citado, $BG = 2GM_1$, portanto:

$$\left\{\begin{array}{l} x_B - x_G = 2(x_G - x_{M1}) \text{ logo } x_B - x_G = 2x_G - 2x_{M1} \text{ ou } 3x_G = 2x_{M1} + x_B \\ x_G = (2x_{M1} + x_B) / 3 \text{ ; Substituindo o valor de } x_{M1} = (x_A + x_C) / 2 \text{ encontramos:} \\ x_G = (x_A + x_B + x_C) / 3 \end{array}\right.$$

$$\left\{\begin{array}{l} y_B - y_G = 2(y_G - y_{M1}) \text{ logo } y_B - y_G = 2y_G - 2y_{M1} \text{ ou } 3y_G = 2y_{M1} + y_B \\ y_G = (2y_{M1} + y_B) / 3 \text{ ; Substituindo o valor de } y_{M1} = (y_A + y_C) / 2 \text{ encontramos:} \\ y_G = (y_A + y_B + y_C) / 3 \end{array}\right.$$

Ou seja, a fórmula para cálculo das Coordenadas Cartesianas do Centro de um triângulo fica da seguinte forma:

$$G = \left(\overbrace{\frac{x_A + x_B + x_C}{3}}^{x_G} \; ; \; \overbrace{\frac{y_A + y_B + y_C}{3}}^{y_G} \right) \longrightarrow$$ x_A, x_B, x_C, y_A, y_B e y_C são as Coordenadas Cartesianas dos vértices.

Considerando os dados: A (-2; +6), B (+3; -1) e C (+6; +2), calculamos:

$x_G = (-2 + 3 + 6) / 3 \Rightarrow x_G = +7 / 3 \Rightarrow x_G = +2{,}33$

$y_G = (+6 - 1 + 2) / 3 \Rightarrow y_G = +7 / 3 \Rightarrow y_G = +2{,}33$

Essas são as Coordenadas Cartesianas do Centroide do triângulo ABC

<u>Observação</u>: é importante não confundir os conceitos de Centroide e Baricentro, também chamado de Centro de Gravidade ou Centro de Massa. O Centro de Massa de um corpo é onde se supõe esteja concentrada toda a Massa do corpo. É nesse ponto que atua a força da Gravidade. Também é importante observar que o Baricentro não precisa coincidir com o Centroide e nem mesmo precisa estar dentro do corpo analisado (por exemplo, em uma aliança de ouro o Baricentro está no centro da circunferência, logo fora da área do metal).

1.7.2 Centroide da área de uma figura geométrica qualquer

Arquitetos, *Designers* e Engenheiros, especialmente os mecânicos e civis que trabalham com projetos e cálculos estruturais, constantemente têm necessidade de determinar o Centroide de peças, objetos e construções. Na prática esses profissionais procuram criar ou projetar peças, objetos e construções, com formatos geométricos simples e já conhecidos, tanto para facilitar seus cálculos, quanto principalmente sua construção, ou seja, com o menor custo possível. O exercício 1.6 mostra um exemplo de cálculo do Centroide de uma figura geométrica composta, muito comum na prática das Engenharias Mecânica e Civil.

Exercício 1.6: dada a figura a seguir, calcular as Coordenadas Cartesianas do seu Centroide (G). As medidas estão em milímetros.

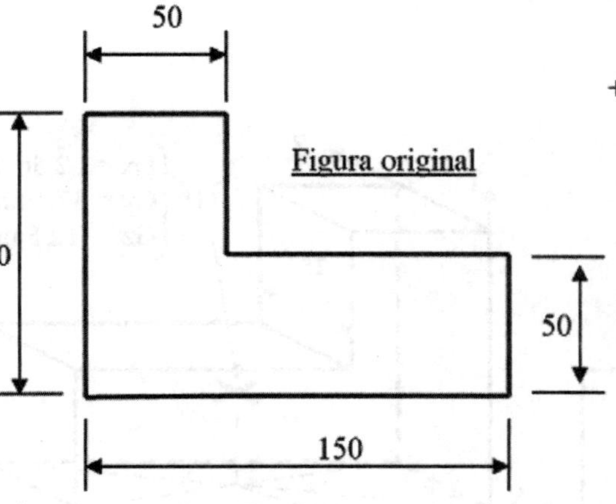

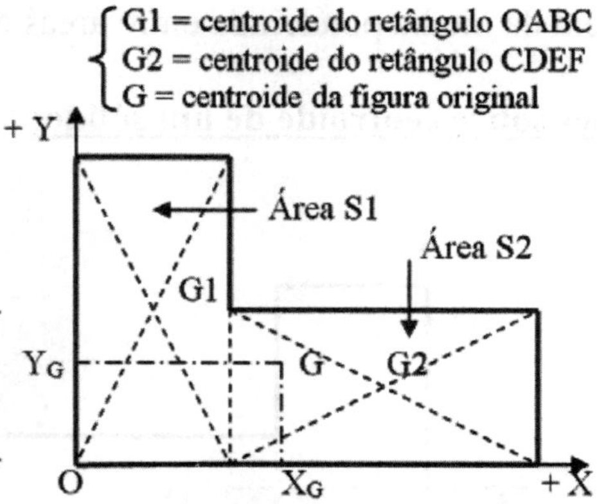

Figura preparada para os cálculos dos centroides

Inicialmente observa-se que a figura original pode ser dividida em dois elementos geométricos, cada um com o seu Centroide facilmente definido, como mostrado no parágrafo 1.7. Nesse caso, são dois retângulos de mesmas dimensões (50mm x 100mm), só que em posições diferentes.

Uma vez definida a posição dos eixos cartesianos (X, Y), as Coordenadas dos Centroides G1 e G2, podem ser definidas por simples adições: G1 (+ 25; + 50) e G2 (+ 100; + 25). O Centroide G, da figura como um todo, estará localizado entre os Centroides G1 e G2.

A Física Aplicada ao cálculo estrutural mostra que, na análise de Centroides, existe uma relação entre o ponto exato deste Centro e a área considerada. Nesse caso, ocorrem as seguintes relações: área S1 relacionada ao G1 e área S2 relacionada ao G2. Dessa forma, as Coordenadas Cartesianas do Centroide G da figura como um todo, são definidas por:

$$x_G = \frac{x_{G1} \cdot S1 + x_{G2} \cdot S2}{S1 + S2} \quad \text{e} \quad y_G = \frac{y_{G1} \cdot S1 + y_{G2} \cdot S2}{S1 + S2} \qquad \begin{cases} x_{G1} = +25 \text{ mm}; \quad S1 = 5.000 \text{ mm}^2 \\ x_{G2} = +100 \text{ mm}; \quad S2 = 5.000 \text{ mm}^2 \\ y_{G1} = +50 \text{ mm} \\ y_{G2} = +25 \text{ mm} \end{cases}$$

$$x_G = \frac{x_{G1} \cdot S1 + x_{G2} \cdot S2}{S1 + S2} = \frac{25 \text{ mm} \times 5.000 \text{ mm}^2 + 100 \text{ mm} \times 5.000 \text{ mm}^2}{5.000 \text{ mm}^2 + 5.000 \text{ mm}^2} = \frac{625.000 \text{ mm} \times \text{mm}^2}{10.000 \text{ mm}^2}$$

$x_G = 62{,}5$ mm

$$y_G = \frac{y_{G1} \cdot S1 + y_{G2} \cdot S2}{S1 + S2} = \frac{50 \text{ mm} \times 5.000 \text{ mm}^2 + 25 \text{ mm} \times 5.000 \text{ mm}^2}{5.000 \text{ mm}^2 + 5.000 \text{ mm}^2} = \frac{375.000 \text{ mm} \times \text{mm}^2}{10.000 \text{ mm}^2}$$

$y_G = 37{,}5$ mm

$$\text{As Coordenadas Cartesianas do Centroide são:} \begin{cases} x_G = +62{,}5 \text{ mm} \\ y_G = +37{,}5 \text{ mm} \end{cases}$$

Observa-se que, o cálculo do Centroide de figuras planas envolve, na verdade, o balanço de áreas, dado por meio da média ponderada entre áreas e centros próprios.

<u>Observações sobre centroide de um sólido:</u>

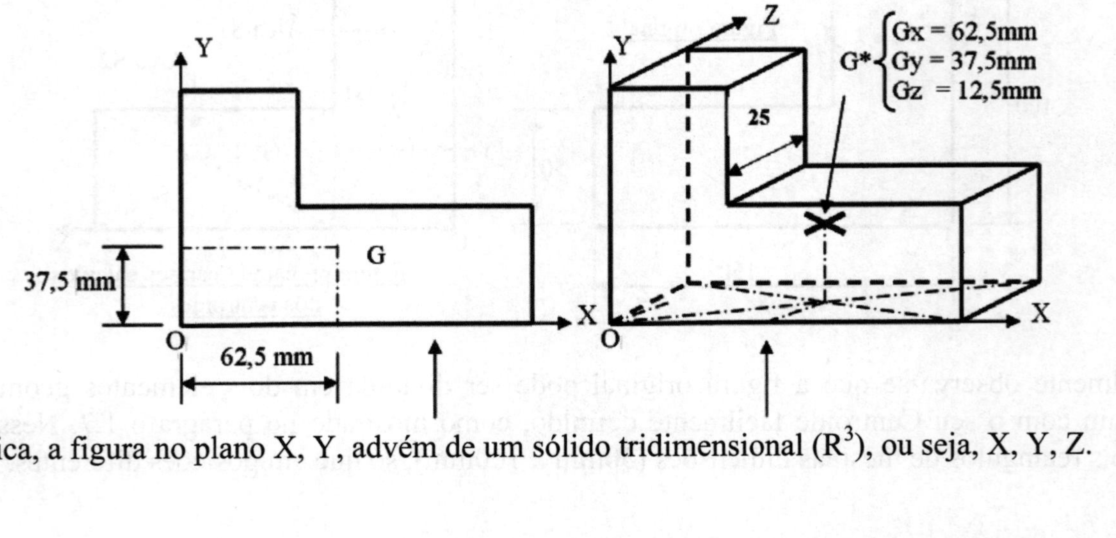

Na prática, a figura no plano X, Y, advém de um sólido tridimensional (R^3), ou seja, X, Y, Z.

Em verdade o Centroide do sólido (G*) estará no seu interior e, nesse caso, localizado no plano que divide a dimensão Z ao meio. Caso a "espessura" ou profundidade desse sólido seja 25 mm, então o seu Centroide terá as seguintes Coordenadas: G (+62,5mm; +37,5mm; +12,5mm). 25mm/2 = 12,5mm. O espaço R^3 é estudado na Unidade III, desse livro.

1.7.2.1 Otimização do cálculo do Centroide de figuras planas formadas por diversas áreas

Imaginando-se uma figura (como a seguir desenhada) composta de "i" áreas, cada uma com sua área S_i e Centroide C (x_i; y_i), o Centroide resultante G (x_G; y_G), tem suas Coordenadas Cartesianas, Abscissa x e Ordenada y, calculadas por:

$$x_G = \frac{\Sigma\, x_i.S_i}{\Sigma\, S_i} \quad \text{e} \quad y_G = \frac{\Sigma\, y_i.S_i}{\Sigma\, S_i}$$

Exercício 1.7: cálculo do Centroide da área plana a seguir, considerando medidas em mm. As partes em branco são furadas ou vazadas, ou seja, sem material.

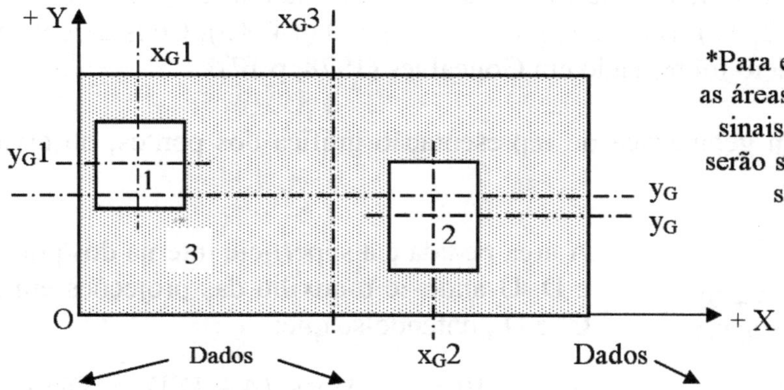

*Para efeito de cálculo, as áreas 1 e 2 ficam com sinais negativos, pois serão subtraídas, já que são furadas.

Número da figura	Descrição da figura	Área* S_i	Coordenada x_i centro da figura	$x_i.S_i$	Coordenada y_i centro da figura	$y_i.S_i$
1	30 x 60	- 1.800	+ 20	- 36.000	+ 70	- 126.00
2	30 x 70	- 2.100	+ 150	- 315.000	+ 40	- 84.000
3	200 x 100	+20.000	+ 100	+ 2.000.000	+ 50	+ 1.000.000
/	/	$\Sigma\, S_i$ + 16.100	/	$\Sigma\, x_i.S_i$ + 1.649.000	/	$\Sigma\, y_i.S_i$ + 790.000

Aplicando as fórmulas tem-se:

$$x_G = \frac{\Sigma\, x_i.S_i}{\Sigma\, S_i} = \frac{+\,1.649.000}{+\,16.100} = +\,102,42 \text{ mm.} \qquad y_G = \frac{\Sigma\, y_i.S_i}{\Sigma\, S_i} = \frac{+\,790.000}{+\,16.100} = +\,49,06 \text{ mm.}$$

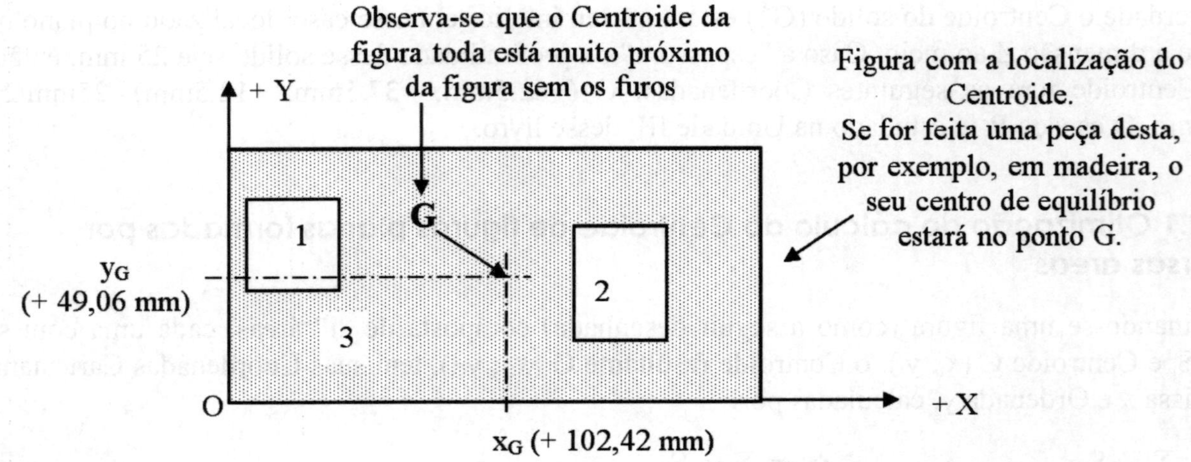

1.8 Cálculo da área de um polígono qualquer (baseando-se no conceito da diferença entre Coordenadas Cartesianas)

Exercício 1.8: Dados os pontos A, B, C e D, calcular a área interna do polígono formado pelos pontos, sabendo-se que: A (+2; +2), B (+3; +1), C (+7; +3) e D (+4; +5). Considere as medidas em centímetros (cm). Esse exercício foi baseado em Gonçalves (1978, p.17).

Inicialmente faz-se a imagem geométrica ou representação gráfica dos pontos, observando-se um quadrilátero irregular.

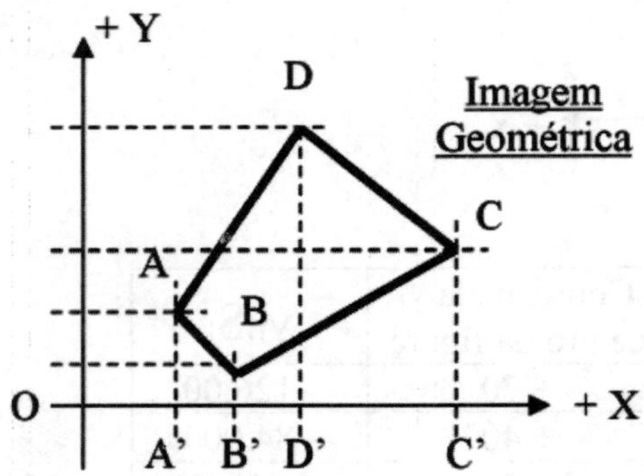

A área pedida é a superfície interna dos pontos A, B, C e D. Usando-se o auxílio das projeções em X: A', B', C' e D', entende-se que:

Área ABCD = Áreas (AA'D'D + DD'C'C) menos Área AA'B'B menos área BB'C'C.

A letra S é usada como símbolo de área e vem do termo inglês *Surface*, que significa área.

Em termos matemáticos tem-se:

$$S\,(ABCD) = S\,(AA'D'D + DD'C'C) - S\,(AA'B'B) - S\,(BB'C'C)$$

Ou seja, o cálculo da área do quadrilátero será feito pela combinação de soma e subtrações de áreas, advindas de quadrados, retângulos e triângulos, a seguir mostrados. As definições dos valores dos lados dos quadrados, retângulos e triângulos advêm das diferenças entre Abscissas (eixo dos X) e Ordenadas (eixo dos Y), em função da posição de cada ponto no Sistema Cartesiano.

Área AA'D'D = 7 cm^2
(um quadrado + um triângulo)

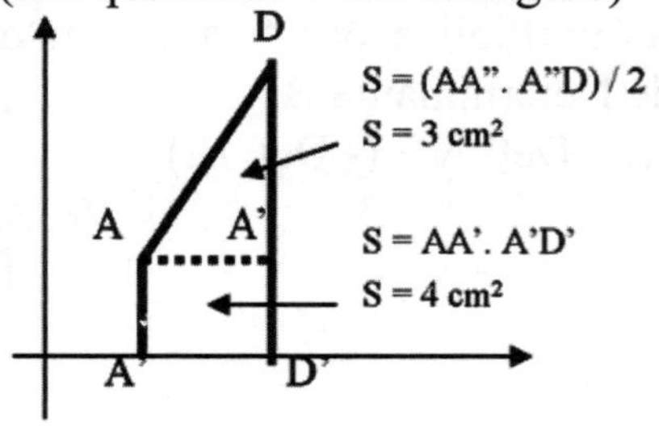

AA' = A"D' = 2 cm; A"D = 3 cm
DA" = 3 cm

Área DD'C'C = 12 cm^2
(um quadrado + um triângulo)

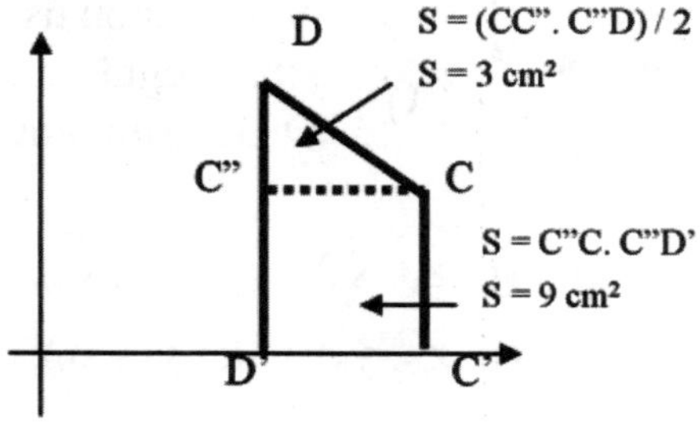

CC' = C"D' = 3 cm; CC" = C'D' = 3 cm
C"D = 2 cm

Área AA'B'B = 1,5 cm^2
(um retângulo + um triângulo)

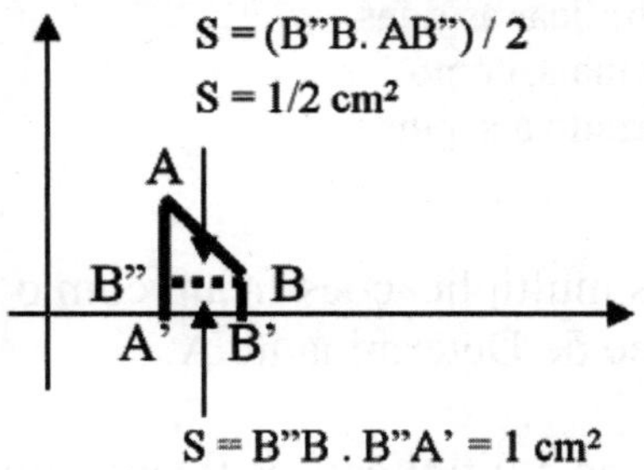

B"B = A'B' = 1 cm
B"A' = BB' = 1 cm
AB" = 1 cm

Área BB'C'C = 8 cm^2
(um retângulo + um triângulo)

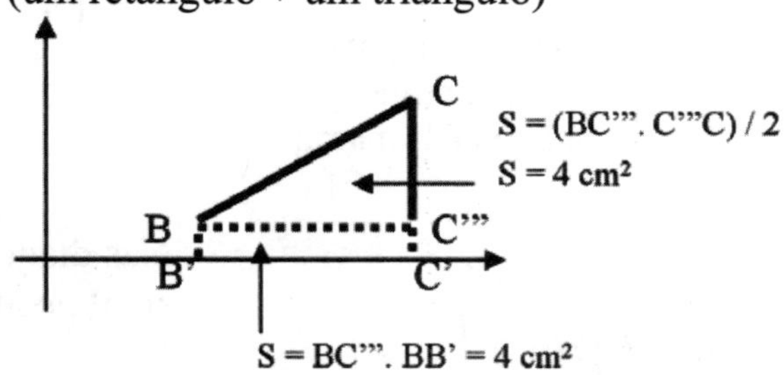

BC'" = B'C' = 4 cm
BB' = C'"C' = 1 cm
CC'" = 2 cm

Voltando ao início tem-se: S (ABCD) = S (AA'D'D + DD'C'C) – S (AA'B'B) - S (BB'C'C):

S (ABCD) = (7 cm^2 + 12 cm^2) – 1,5 cm^2 - 8 cm^2; S (ABCD) = 19 cm^2 – 9,5 cm^2

S (ABCD) = 9,5 cm^2

⇐ Esta é a área do quadrilátero ABCD

1.9 A Regra de Sarrus aplicada ao alinhamento de três pontos, através da resolução de determinantes de 3ª ordem

Para explicar como é feito o cálculo de um determinante com a regra de Sarrus, considere-se a seguinte matriz de terceira ordem, ou seja, com três linhas e três colunas:

$$\begin{vmatrix} a_{11} & a_{12} & a_{13} \\ a_{21} & a_{22} & a_{23} \\ a_{31} & a_{32} & a_{33} \end{vmatrix}$$

O primeiro passo é repetir as duas primeiras colunas à direita da matriz. →

$$\begin{vmatrix} a_{11} & a_{12} & a_{13} & a_{11} & a_{12} \\ a_{21} & a_{22} & a_{23} & a_{21} & a_{22} \\ a_{31} & a_{23} & a_{33} & a_{31} & a_{33} \end{vmatrix}$$

O passo seguinte é multiplicar as duas diagonais, como mostrado a seguir.

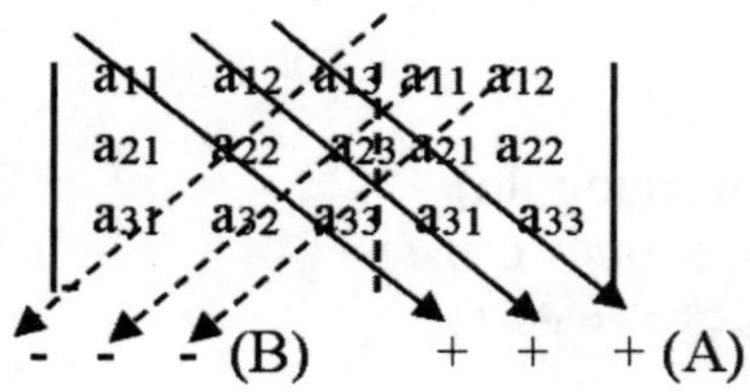

Nas diagonais para a direita, as multiplicações ficam com o sinal positivo e recebem o nome de Determinante A.

Nas diagonais para a esquerda, as multiplicações ficam com o sinal negativo e recebem o nome de Determinante B.
O Determinante resultado fica: Det. = Det. A + (- Det. B.).

$$\begin{cases} \text{Det. A} = (i \,.\, y_a \,.\, z_b) + (j \,.\, z_a \,.\, x_b) + (k \,.\, x_a \,.\, y_b). \\ \text{Det. B} = (j \,.\, x_a \,.\, z_b) + (i \,.\, z_a \,.\, y_b) + (k \,.\, y_a \,.\, x_b). \\ \text{Det. Res.} = [(i \,.\, y_a \,.\, z_b) + (j \,.\, z_a \,.\, x_b) + (k \,.\, x_a \,.\, y_b)] - [(j \,.\, x_a \,.\, z_b) + (i \,.\, z_a \,.\, y_b) + (k \,.\, y_a \,.\, x_b)]. \end{cases}$$

Exercício 1.9: Resolver o determinante a seguir citado:

$$\begin{vmatrix} 4 & 3 & -2 \\ -1 & 5 & -3 \\ 7 & 6 & 2 \end{vmatrix}$$

O primeiro passo é repetir as duas primeiras colunas à direita da matriz. →

$$\left|\begin{array}{ccc:cc} 4 & 3 & -2 & 4 & 3 \\ -1 & 5 & -3 & -1 & 5 \\ 7 & 6 & 2 & 7 & 6 \end{array}\right|$$

O passo seguinte é multiplicar as duas diagonais, como mostrado a seguir.

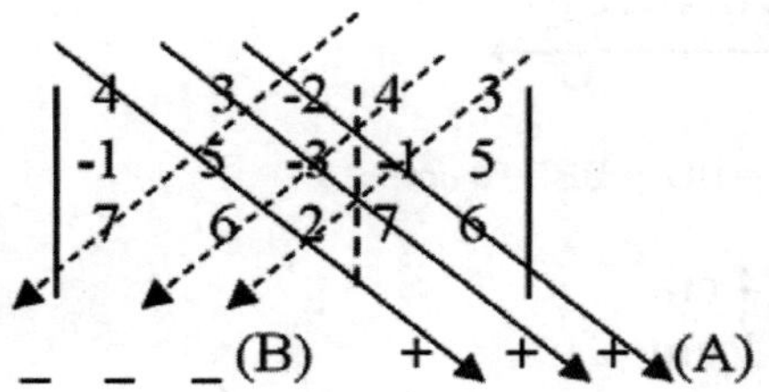

Nas diagonais para a direita, as multiplicações ficam com o sinal positivo e recebem o nome de Determinante A.

Nas diagonais para a esquerda, as multiplicações ficam com o sinal negativo e recebem o nome de Determinante B.
O Determinante resultado fica: Det. = Det. A + (- Det. B.).

$$\begin{cases} \text{Det. A} = (4.5.2) + [3.(-3).7] + [(-2).(-1)6] = (40) + (-63) + (12) = -11. \\ \text{Det. B} = [(3.\ (-1).2] + [4.(-3).6] + [(-2).5.7] = (-6) + (-72) + (-70) = -148. \\ \text{Det. Res.} = \text{Det. A Det. B} = -11 - (-148) = +137. \quad \Rightarrow \quad \text{Determinante} = +137. \end{cases}$$

Para determinantes de ordem acima da 3ª, o processo de cálculo é mais complexo e trabalhoso, quando realizado a mão. Apenas como indicação, nestes casos primeiro se aplica o Teorema de Laplace, para chegar a um determinante de 3ª ordem, para então resolvê-lo pela regra de Sarrus. O cálculo de determinantes acima da 3ª ordem está fora do escopo dessa breve introdução à disciplina denominada Álgebra Linear.

1.9.1 O alinhamento de três pontos no espaço R^2

Especialmente no espaço bidimensional ou R^2 ou X, Y, é fácil e direto, verificar graficamente se três pontos estão alinhados, ou seja, se estão sobre uma mesma reta. Uma vez feito o desenho ou gráfico da Reta com os três pontos, pode-se com a resolução de alguns triângulos retângulos e suas semelhanças, confirmar ou não este alinhamento. Outra maneira de verificar este alinhamento é através do cálculo de um tipo de determinante de terceira ordem, pela regra de Sarrus. Supondo três pontos A (x_A; y_A), B (x_B; y_B) e C (x_C; y_C), o alinhamento dos três pontos será confirmado se o determinante a seguir for igual a zero (0).

$$D = \begin{vmatrix} x_a & y_a & 1 \\ x_b & y_b & 1 \\ x_c & y_c & 1 \end{vmatrix} = 0$$ Se esta igualdade se verifica os três pontos estão alinhados.

Exercício 1.10: utilizando a Regra de Sarrus, verifique se os pontos A (+2; +5), B (+3; +7) e C (+5; +11), estão alinhados, ou seja, se pertencem à mesma reta.

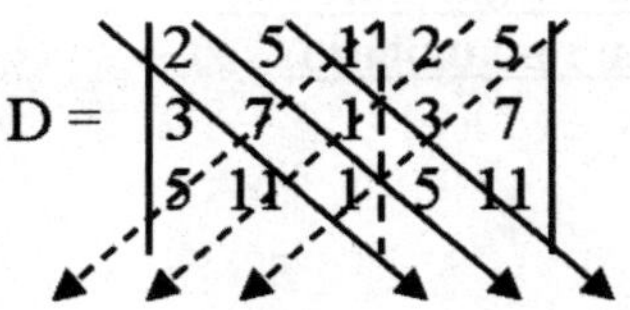

D = [(2.7.1) + (5.1.5) + (1.3.11)]+[- (5.3.1) - (2.1.11) - (1.7.5)].

D = +14 + 25 + 33 - 15 - 22 - 35; D = 0 (zero).

Como o Determinante é nulo (igual a zero), os três pontos estão alinhados.

Confirmação gráfica do alinhamento dos três pontos

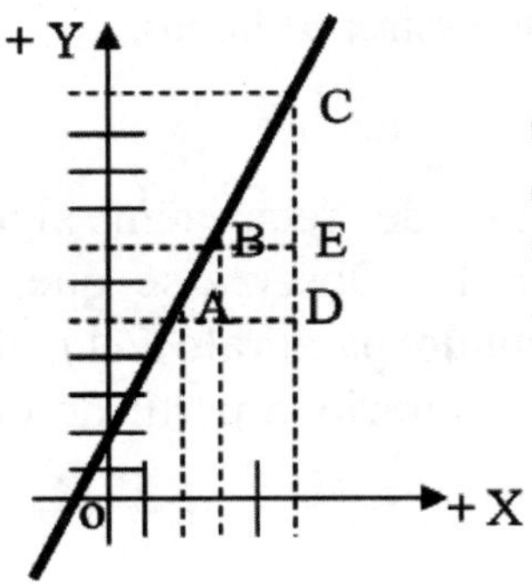

Análises geométricas simples confirmam que os triângulos: ADC e BEC, são semelhantes.

Isso confirma que os três pontos estão alinhados, ou seja, pertencem à mesma reta

1.10 Cálculo da área de um triângulo, utilizando determinante de 3ª ordem

Um triângulo pode ser definido, tanto pela posição de três pontos não alinhados, quanto pela interseção de três Retas não paralelas e não perpendiculares entre si e não coincidente. Quando se define, no espaço R^2, um triângulo por três pontos, via suas Coordenadas Cartesianas, é possível simplificar o cálculo da área "S" do mesmo, utilizando um determinante de 3ª ordem, como a seguir mostrado.

Considerando um triângulo definido pelos pontos A (x_a; y_a), B (x_b; y_b) e C (x_c; y_c), a sua área S pode ser calculada pela seguinte relação:

$$S = \frac{1}{2} \begin{vmatrix} x_a & y_a & 1 \\ x_b & y_b & 1 \\ x_c & y_c & 1 \end{vmatrix}$$

Sugere-se aplicar esta fórmula com o triângulo definido no exercício 1.5, cuja área é igual a 18 UA..

1.11 Ângulos: definição e unidades (grau, radiano e grado)

São formados pela interseção de dois segmentos de reta, a partir de um ponto comum, chamado de vértice do ângulo. Existem três unidades de medidas de ângulos: grau, radiano e grado. Uma circunferência completa ou círculo trigonométrico tem: 360 graus (360°) ou 2π radianos (π = pi) ou 400 grados (gon). Graus e radianos são as medidas mais utilizadas, mas em algumas áreas e aplicações usa-se o grado, como, por exemplo, em topografia. Quanto às medidas, os ângulos são classificados em reto, agudo e obtuso:

Ângulo
- **reto = 90°**
- **agudo = 0° < Ângulo < 90°**
- **obtuso 90° < Ângulo < 180°**

Grau	Radiano	Grado
360°	2π	400
270°	$3\pi/2$	300
180°	π	200
90°	$\pi/2$	100
60°	$\pi/3$	66,66
45°	$\pi/4$	50
30°	$\pi/6$	33,33

Tabela de equivalência de ângulos

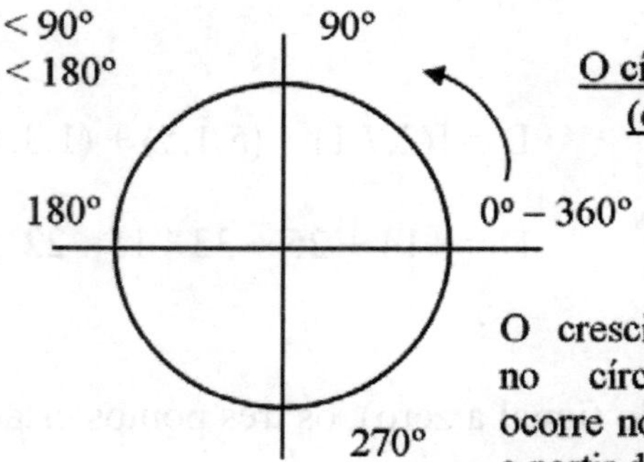

O círculo trigonométrico (com raio unitário)

O crescimento dos ângulos, no círculo trigonométrico, ocorre no sentido anti-horário, a partir de 0° – 360°.

Sempre que possível, arquitetos, *designers* e engenheiros usam estes ângulos exatos, evitando valores intermediários.

Considerando o Sistema de Coordenadas Cartesianas, os segmentos de retas têm algumas particularidades, quanto ao grau de inclinação, como a seguir mostrado. Observa-se que, para indicar o ângulo ou inclinação de uma reta (coeficiente angular, segundo parágrafo 2.1), faz-se referência ao conceito de ângulo trigonométrico, ou seja, no sentido anti-horário, a partir do eixo + X ou ponto 0° – 360°

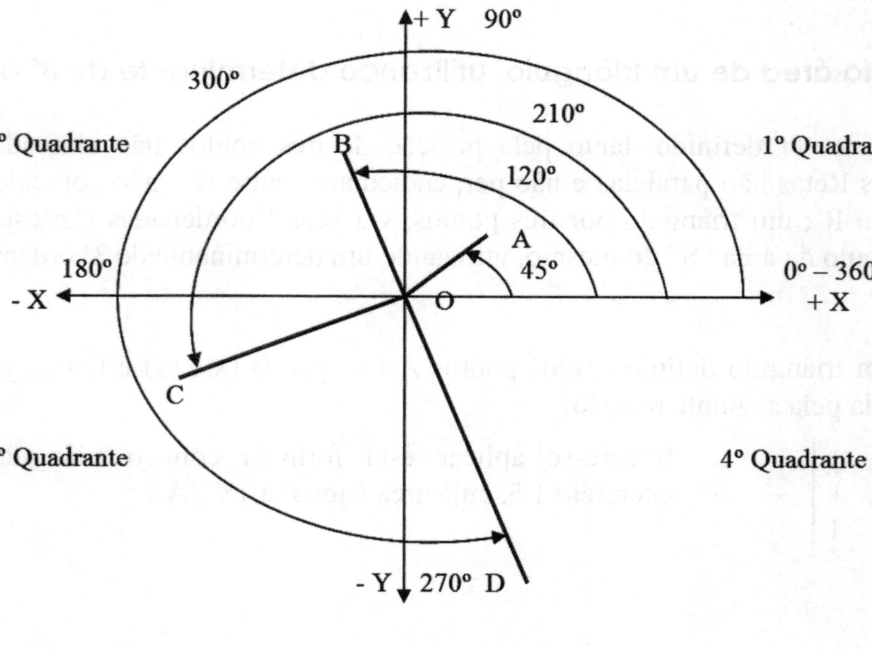

Aplicações práticas gerais das Coordenadas Cartesianas

O conceito de Coordenadas Cartesianas é utilizado, na prática, em várias áreas e situações. Em topografia, uma das áreas da Engenharia Civil, é utilizado para marcar limites de terrenos, bem como posições em relação aos pontos cardeais: Norte, Sul, Leste e Oeste. Máquinas operatrizes como tornos mecânicos, fresadoras e furadeiras, já há muitos anos utilizam o sistema de Controle Numérico, onde as peças são fabricadas, segundo as coordenadas cartesianas detalhadas nos Desenhos Técnicos.

Coordenadas Cartesianas também são utilizadas em programas (*softwares*), tanto de representação gráfica (Desenhos Técnicos), quanto para análise de esforços em peças e estruturas.

1.12 Sistema de Coordenadas Polares (raio r; ângulo θ)

É um sistema de coordenadas bidimensional, onde cada ponto de um plano é determinado pela sua distância em relação a um ponto fixo, chamado pólo, e do ângulo em relação a uma direção fixa, chamada Eixo Polar. A distância entre o pólo e o ponto denomina-se coordenada radial ou raio, o ângulo denomina-se coordenada angular, ângulo polar ou azimute. A introdução do sistema de coordenadas polares é creditada ao matemático italiano Gregorio Fontana (1735-1803).

A todo ponto P do plano associa-se um par de elementos: o primeiro é a distância do ponto P ao Pólo e o segundo é o ângulo θ formado pelo eixo polar e a semi-reta de origem O e que passa por P (ver figura a seguir). O ângulo θ é marcado como na trigonometria, ou seja, no sentido anti-horário o ângulo é positivo.

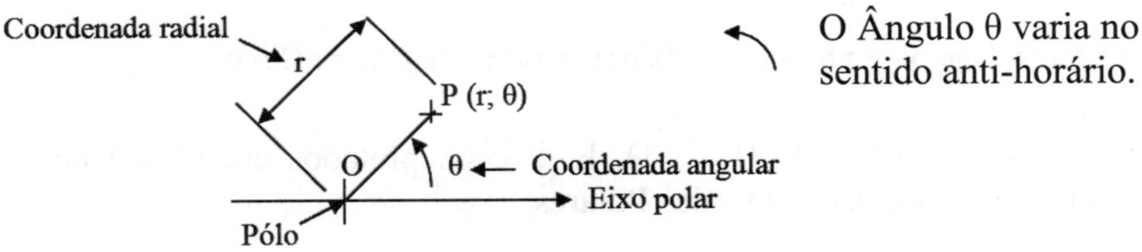

O Sistema de Coordenadas Polares é um outro recurso que pode ser utilizado para localizar pontos no plano e consequentemente, representar lugares geométricos através de equações, o que é de grande utilidade em várias áreas da Matemática, como por exemplo, no cálculo de áreas limitadas por duas ou mais curvas planas, áreas de superfícies, etc.

Esse sistema é geralmente utilizado quando a equação cartesiana de um lugar geométrico apresenta dificuldades operacionais na sua utilização, devido, por exemplo, ao grau elevado de suas variáveis. Na maioria das vezes a equação desse lugar geométrico em coordenadas polares é mais simples e de mais fácil manipulação.

Considerando o círculo trigonométrico (de raio r = 1), podemos ter a imagem de alguns pontos em Coordenadas Polares, como a seguir mostrado.

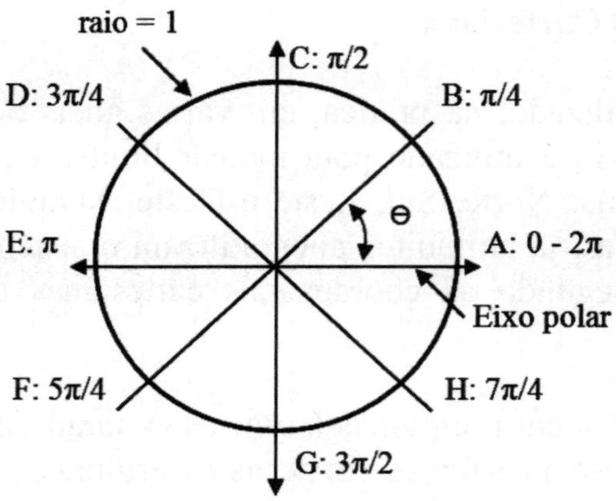

Ponto	Coordenada Polar	Ângulo em graus
A	(1; 0)	0 – 360°
B	(1; π/4)	45°
C	(1; π/2)	90°
D	(1; 3π/4)	135°
E	(1; π)	180°
F	(1; 5π/4)	225°
G	(1; 3π/2)	270°
H	(1; 7π/4)	315°

1.12.1 Relação entre Coordenadas Cartesianas e Polares (e vice-versa)

De forma geral, é possível e fácil relacionar esses sistemas de Coordenadas, bastando apenas analisar a figura a seguir:

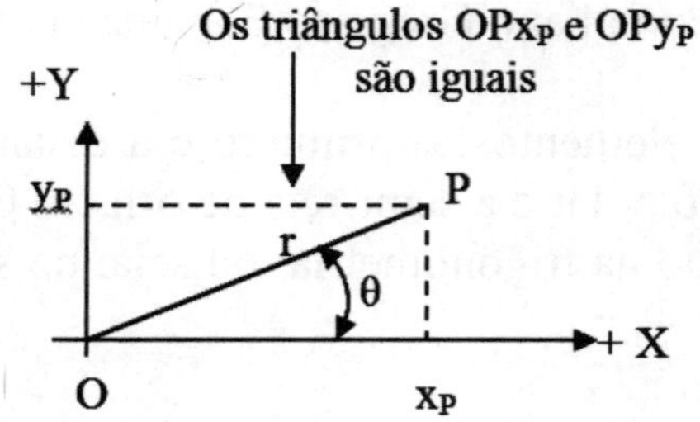

Relação entre Coordenadas:

- **P (x; y) ⟶ Coordenadas Cartesianas**
- **P (r; Θ) ⟶ Coordenadas Polares**
- **$x_P = r.\cos\Theta$** e $y_P = r.\operatorname{sen}\Theta$***
- **P ($x_P = r.\cos\Theta$; $y_P = r.\operatorname{sen}\Theta$)**
- **P ($r.\cos\Theta$; $r.\operatorname{sen}\Theta$)**

***Sen θ = y_P / r; logo: y_P = r.Senθ.** ****Cos θ = x_P / r; logo: x_P = r.Cos θ.**

Exercício 1.11: dados os pontos A, B, C, D, E, F e G, plotados em Coordenadas Cartesianas, indicar as suas correspondentes Coordenadas Polares.

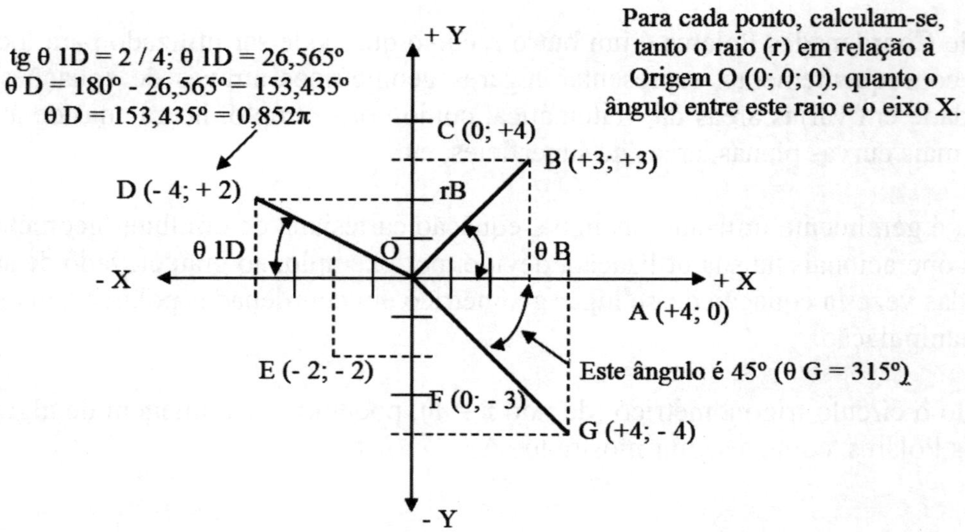

Coordenadas Cartesianas	Valor do ângulo θ	Observações	Coordenadas Polares (r; θ)
A (+4; 0)	0 (zero)	sen 0 = 0; r = 4	A (4; 0)
B (+3; +3)	45° (π/4)	r = √18 = 4,243	B (4,243; π/4)
C (0; +4)	90° (π/2)	sen 90^0 = 1; r = 4	C (4; π/2)
D (- 4; + 2)	153,435° (0,852π)	r = √20 = 4,472	D (4,472; 0,852π)
E (- 2; - 2)	225° (5π/4)	r = √8 = 2,828	E (2,828; 5π/4)
F (0; - 3)	270° (3π/2)	|sen 270°| = 1; r = 3	F (3; 3π/2)
G (+4; - 4)	315° (7π/4)	r = √32 = 5,657	G (5,657; 7π/4)

1.13 Aplicação específica dos Sistemas de Coordenadas Cartesianas e Polares, para localização de bocais em vasos de pressão verticais (Área da Engenharia Mecânica)

Vasos de pressão são equipamentos herméticos e estanques, normalmente cilíndricos horizontal ou vertical, que contêm fluidos pressurizados. São utilizados em várias situações, especialmente nas indústrias: químicas, petroquímicas, petrolíferas, alimentícias e farmacêuticas. Todo vaso de pressão possuí uma série de aberturas, chamadas bocais, para permitir a entrada e saída de fluidos, bem como instalação de instrumentos e ainda aberturas para a entrada de pessoas para manutenção, as chamadas bocas de visita. (TELLES, 1996, p.1 e 117).

As coordenadas polares também costumam ser usadas na resolução de integrais duplas, em especial no cálculo de áreas de figuras planas com alguma simetria rotacional. Nesses cálculos a representação gráfica no espaço R^2 fica facilitada, quando a figura que se quer calcular a área é desenhada no que se chama de gráfico polar, que consiste em representar as coordenadas r e o, interceptadas por circunferências de diâmetros crescentes, a partir da Origem (0; 0) e que mantém a mesma proporcionalidade nos diâmetros.

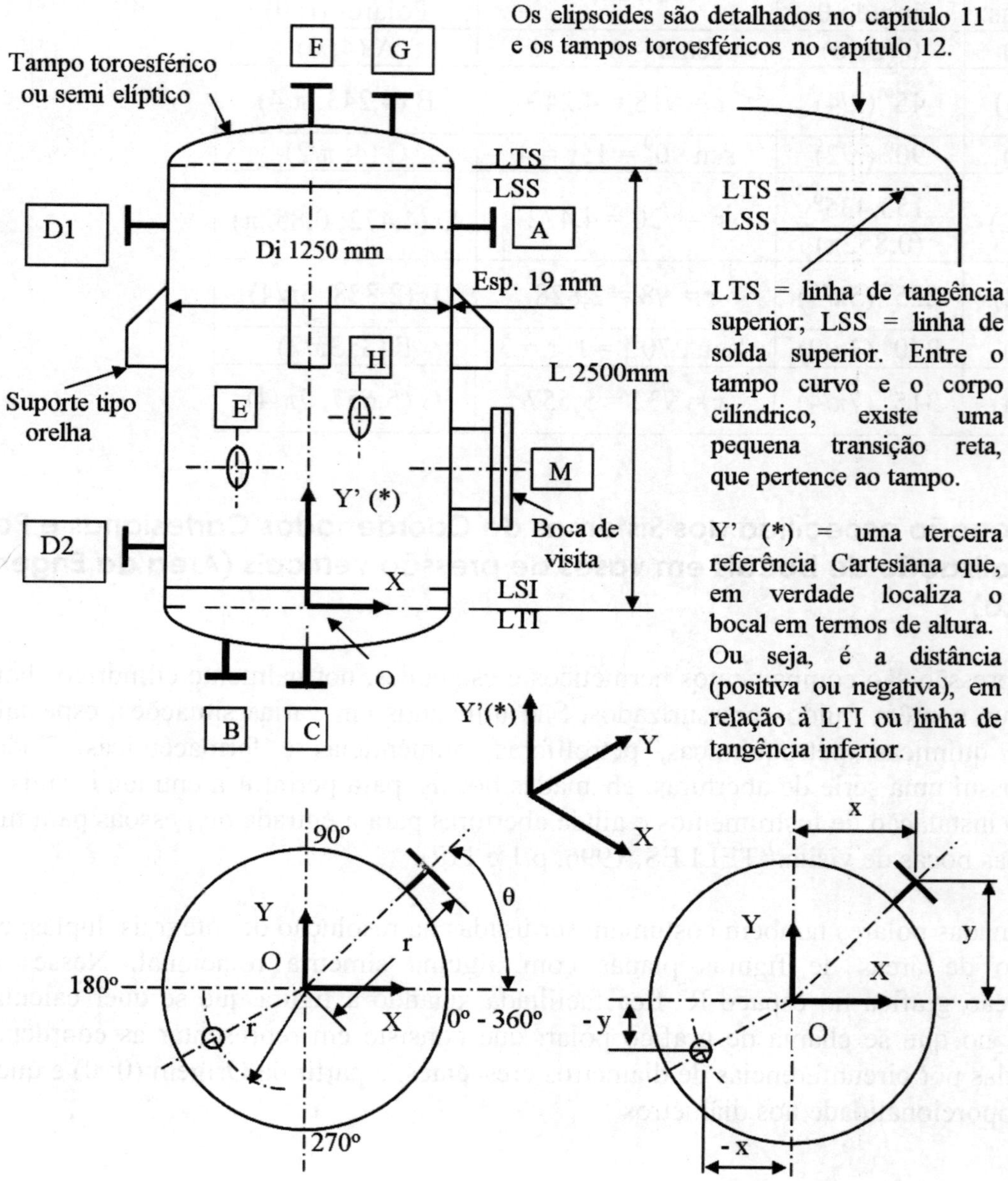

Detalhes para as Coordenadas Polares   Detalhes para as Coordenadas Cartesianas

Bocal	Ø*	X	Y	Y'	Bocal	Ø*	X	Y	Y'
A	4"	0	840	2300	E	2"	-600	-600	650
B	6"	- 320	-860	-630	F	4"	0	0	2970
C	6"	0	0	-700	G	2"	0	400	2950
D1	1"	750	0	2300	H	2"	-600	-600	800
D2	1"	750	0	200	M	20"	1000	0	1000

Tabela com as Coordenadas Cartesianas dos bocais

Bocal	Ø*	r	θ°	Y'	Bocal	Ø*	r	θ°	Y'
A	4"	840	90°	2300	E	2"	850	225°	650
B	6"	400	90°	-630	F	4"	0	/	2970
C	6"	0	/	-700	G	2"	400	0°	2950
D1	1"	750	180°	2300	H	2"	850	315°	800
D2	1"	750	180°	250	M	20"	1000	0°	650

Tabela com as Coordenadas Polares dos bocais

* O símbolo Ø (letra Fi em grego) significa diâmetro, no caso é o diâmetro nominal do tubo do bocal. Este diâmetro é expresso em polegadas, que é uma unidade inglesa. Por exemplo, 2" significa duas polegadas. Para tubos (até determinado diâmetro) não existe uma relação direta, ou melhor, uma conversão direta entre a medida em polegadas e o diâmetro do tubo. Por exemplo, um tubo de duas polegadas de diâmetro nominal (2"), tem um diâmetro externo de 60,30 mm.

1.14 Aplicação prática e específica do Sistema de Coordenadas Cartesianas, nos Desenhos Técnicos Projetivos

Especialmente em Desenhos Técnicos Projetivos da área de Engenharia Mecânica, algumas vezes determinadas peças têm uma série de furos circulares com espaçamentos e localizações tão próximas que praticamente inviabilizam a cotagem, ou seja, colocação das medidas, para permitir sua fabricação. Nesses casos, usa-se criar uma tabela onde, a partir de um referencial (origem dos eixos X, Y), são descritas, tanto as posições de cada furo, quanto seus diâmetros. A figura a seguir é um exemplo, desse caso.

Furo	X	Y	Ø
1	13	90	30
2	78	80	12
3	50	53	33
4	80	20	10
5	10	15	9,5

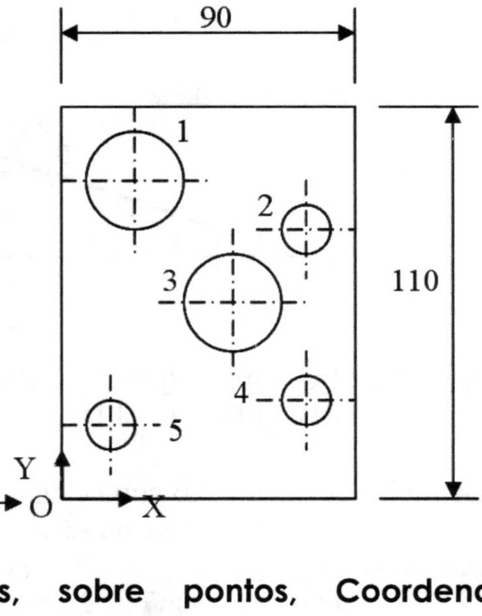

Em casos como esse, pode-se usar a cotagem por coordenadas cartesianas (X, Y), definindo claramente a origem e, obviamente a localização e o diâmetro de cada furo.

Aqui é a origem das Coordenadas →

1.15 Exercícios complementares resolvidos, sobre pontos, Coordenadas Cartesianas e Coordenadas Polares (exercícios 1.12 a 1.17)

Exercício 1.12: Representar a Imagem geométrica dos pontos: A (-2,5; +3), B (-3; -4), C (+2; +5) e D (+3; -3). (Ver parágrafo 1.4).

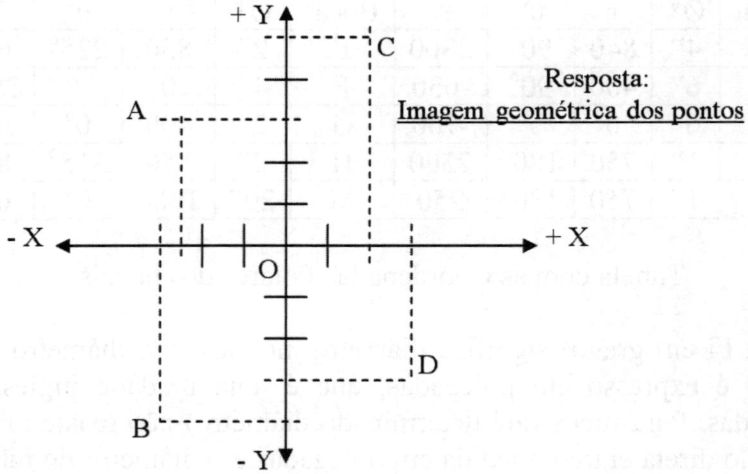

Exercício 1.13: Calcular as distâncias AB e CD, do exercício anterior. Respostas:

$AB = \sqrt{(x_A - x_B)^2 + (y_A - y_B)^2}$; $AB = \sqrt{[(-2,5) - (-3)]^2 + [3 - (-4)]^2}$; $AB = \sqrt{49,25} = 7,02$

$CD = \sqrt{(x_C - x_D)^2 + (y_C - y_D)^2}$; $CD = \sqrt{(2 - 3)^2 + [(5 - (-3)]^2}$; $CD = \sqrt{65} = 8,06$

Exercício 1.14: Determinar as Coordenadas Cartesianas (x; y) dos pontos onde o prolongamento do segmento AB corta os eixos X e Y. Sabe-se que: A (+5; +4) e B (-1; +2).

O primeiro passo é fazer a Imagem geométrica dos pontos, para entender o segmento AB.

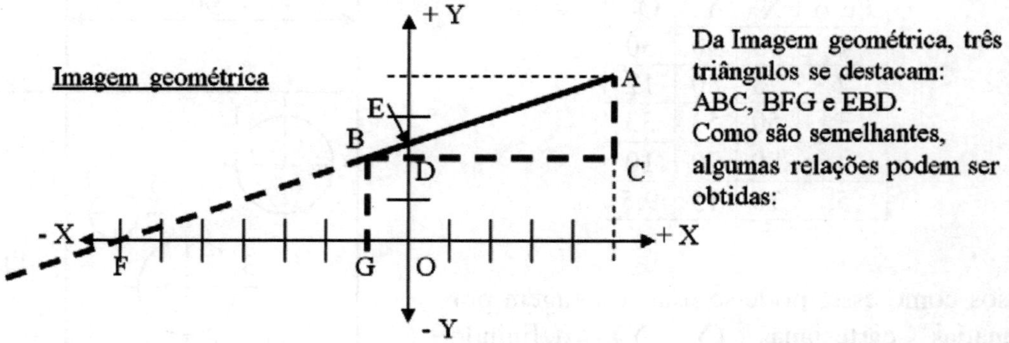

Triângulo ABC: $\frac{BC}{BD} = \frac{AC}{ED}$; $\frac{6}{1} = \frac{2}{ED}$; $ED = \frac{2}{6}$; $ED = \frac{1}{3}$; $ED = 0,33$.

No ponto E o segmento AB corta o eixo Y, sua Ordenada é: $y_E = y_C + 0,33$; $y_E = + 2,33$.
No ponto E a Abscissa é zero, ou seja: $x_E = 0$.

Triângulo BFG: $\frac{BC}{FG} = \frac{AC}{BG}$; $\frac{6}{FG} = \frac{2}{2}$; $FG = 6$.

No ponto F o segmento AB corta o eixo X, sua Ordenada é: $|x_F| = x_B + 6$; $x_F = - 7$.
No ponto F a Ordenada é zero, ou seja: $y_F = 0$.

Resposta: as Coordenadas onde o segmento AB corta os eixos X e Y são: E (0; +2,33) e F (-7; 0).

Exercício 1.15: Analise a figura a seguir e calcule as Coordenadas Cartesianas do ponto E (x_E; y_E), sabendo que A (+2; +3) e que o ponto E está no meio do segmento CD. (Ver parágrafo 1.6).

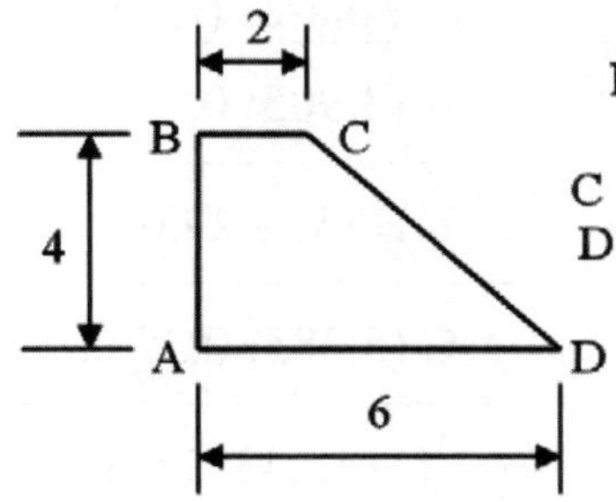

Inicialmente tem-se que definir as Coordenadas Cartesianas dos pontos C e D:

C [(x_A + 2; y_A + 4)]; C (+2 + 2; +3 + 4); C (+4; +7)

D [(x_A + 6; y_A + 0)]; D (+2 +6; +3 +0); D (+8; +3)

As Coordenadas Cartesianas do ponto médio (E) do segmento CD são:

$$E = \left(\frac{x_C + x_D}{2} \; ; \frac{y_C + y_D}{2}\right) ; E = \left(\frac{+4 + 8}{2} \; ; \; \frac{+7 + 3}{2}\right); \; \mathbf{E = (+6; +5)} \longleftarrow \text{Resposta.}$$

Exercício 1.16: Determinar as Coordenadas Polares dos pontos A, B, C e D. Sabe-se que: A (-2,5; +3), B (-3; -4), C (+2; +5) e D (+3; -3). (Ver exercício 1.8).

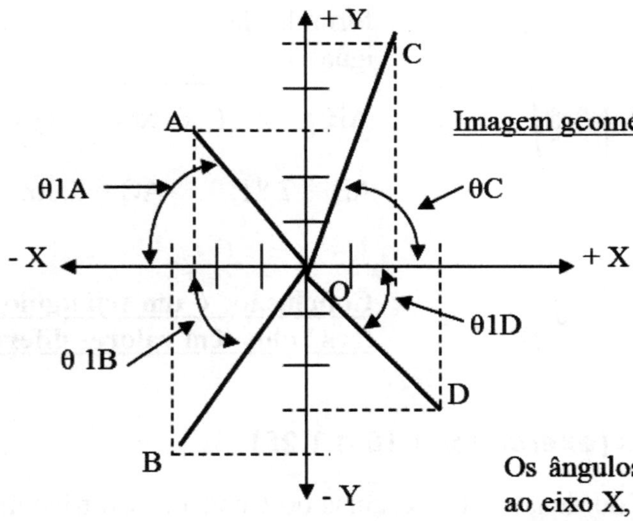

Imagem geométrica dos pontos

Os ângulos θ são referenciados ao eixo X, e crescem no sentido trigonométrico, ou seja, anti-horário.

Cálculo dos ângulos θ:

tg θ C = 5 / 2 = 2,5; arctg 2,5 = 68,199° = 0,379π.
tg θ 1A = 3 / 2,5 = 1,2; arctg 1,2 = 50,194° = 0,279π. Logo θ A = π - 0,279π = 0,721π.
tg θ 1B = 4 / 3 = 1,33; arctg 1,33 = 53,13° = 0,295π. Logo θ B = 233,13° = 0,295π + π = 1,295π.
tg θ 1D = 3 / 3 = 1; arctg 1 = 45° = π/4. Logo θ D = 315° = 7π/4.

Cálculo dos raios r e tabela com as Coordenadas Polares de cada ponto:

Coordenadas Cartesianas	Valor do ângulo θ	Observações	Coordenadas Polares (r; θ)
A (-2,5; +3)	129,806° (0,721π)	$r = \sqrt{15{,}25} = 3{,}905$	A (3,905; 0,721π)
B (-3; -4)	233,13° (1,295π)	$r = \sqrt{25} = 5$	B (5; 1,295π)
C (+2; +5)	68,199° (0,379π)	$r = \sqrt{29} = 5{,}385$	C (5,385; 0,379π)
D (+3; -3)	315° (7π/4)	$r = \sqrt{18} = 4{,}243$	D (4,243; 7π/4)

Exercício 1.17: Fazer a Imagem Geométrica dos pontos A; B e C, citando e comprovando qual tipo de figura geométrica surge, quando os pontos são unidos, dois a dois. A (-3; +1); B (+3; -4) e C (+4; +5).

Imagem Geométrica

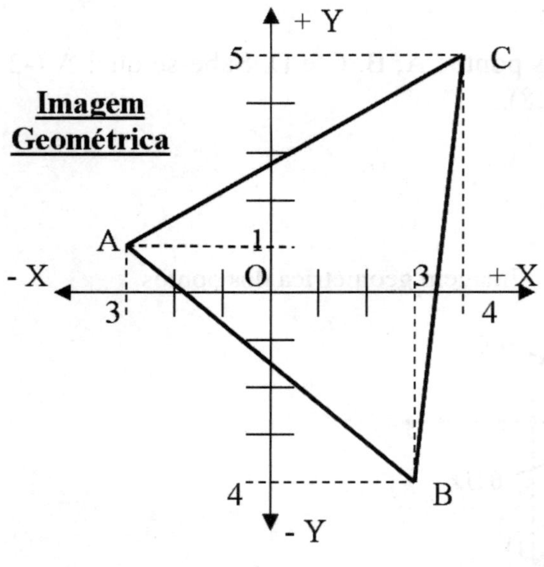

A figura é um triângulo, mas, como pelo desenho não dá para afirmar se é equilátero ou isósceles ou escaleno, é necessário fazer o cálculo do valor de cada lado, utilizando a fórmula da distância entre dois pontos, que é igual a:

$|AB| = \sqrt{(x_A - x_B)^2 + (y_A - y_B)^2}$; portanto:

AB = 7,81; AC = 8,06; BC = 9,06.

Conclusão: é um triângulo escaleno, pois os três lados têm valores diferentes.

1.16 Exercícios propostos (exercícios 1.18 a 1.25)

Exercício 1.18: calcular as Coordenadas Cartesianas do Centroide do triângulo ABD, onde: A (-2; +2), B (-1; -2) e D (+3; +4). Recomenda-se consultar o exercício 1.5.

Resposta: as Coordenadas cartesianas do Centróide são; G (0; + 4/3).

Exercício 1.19: utilizando os conceitos de Coordenadas Cartesianas e de área de figura plana, calcular a área do triângulo ABC, onde: A (-1; +2), B (+3; +2) e C (+1; +7). Considere as medidas em centímetros. Recomenda-se primeiro fazer a Imagem geométrica do triângulo, até para entender como ele se situa no Plano XY.

Resposta: 10 cm^2

Exercício 1.20: dados os pontos A (+2; 0), B (+4; +3) e C (+7; -1), pedem-se as Coordenadas Cartesianas dos pontos médios dos lados AB (M_{AB}), AC (M_{AC}) e BC (M_{BC}). Recomenda-se fazer a Imagem geométrica do triângulo e usar a fórmula descrita no parágrafo 1.6.

Resposta: M_{AB} (+3; +1,5), M_{AC} (+4,5; -0,5) e M_{BC} (+5,5; +1,0),

Exercício 1.21: Dada a figura a seguir, com medidas em milímetros, calcular as Coordenadas Cartesianas do Centroide (G) da mesma. Recomenda-se usar a fórmula do parágrafo 1.7.2.1, bem como o exemplo da tabela do exercício 1.7.

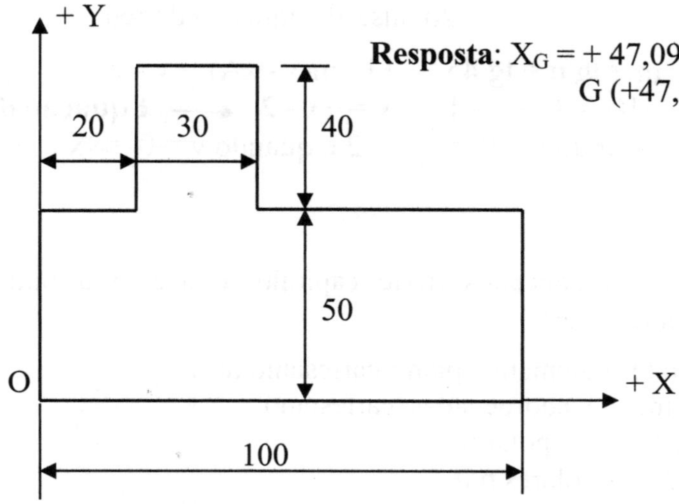

Resposta: X_G = + 47,09 mm e Y_G = + 33,71 mm.
G (+47,09 mm; +33,71 mm)

Exercício 1.22: Dados os pontos E (-4; +2) e F (+1; -3) e considerando as medidas em metros, pedem-se: a) informar o quadrante onde cada um se localiza. b) calcular a distância entre os pontos. c) calcular o ângulo que a "reta" EF faz com o eixo X. Recomenda-se consultar os exercícios 1.1 e 1.2.

Respostas: a) o ponto E está no 2° quadrante e o F no 4° quadrante. b) a distância entre os pontos E e F é de 7,071 metros ou 7071 milímetros. c) a "reta" EF faz um ângulo de 45 graus, com o eixo -X (sentido negativo) e 135 graus, com o eixo +X (sentido positivo).

Exercício 1.23: Dado, em Coordenadas Polares, o ponto P (5; $2\pi/3$), determinar suas Coordenadas Cartesianas, fazendo a sua Imagem Geométrica. (Consultar exercício 1.14).

Resposta: As Coordenadas Cartesianas do ponto P são; P (- 2,5; + 4,33)

Exercício 1.24: Dados os pontos A(-3; + 1), B(+3; -4) e C(+4; +5), determinar os valores dos lados do triângulo formado, definindo o seu tipo.

Resposta: os lados valem: AB = 7,81, AC = 8,06 e BC = 9,06. É um triângulo escaleno.

Exercício 1.25: Considerando a figura do exercício 1.21, utilize um programa de Geometria Dinâmica para, ao alterar as dimensões do desenho original, observar como o centroide muda de posição.

Confirmação gráfico/analítica do alinhamento dos três pontos e cálculo da equação da reta

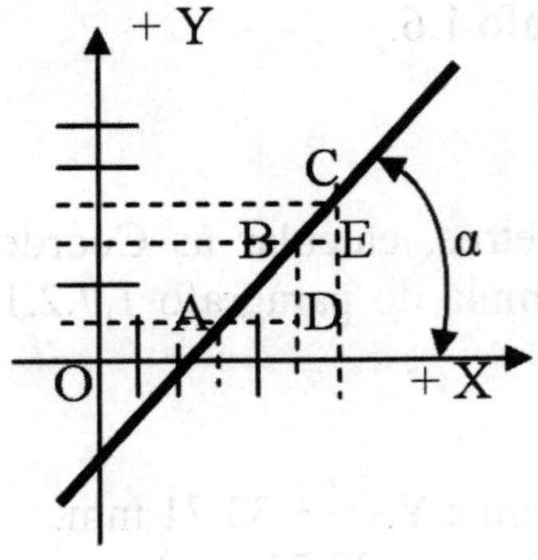

As seguintes análises mostram que essa é uma reta que forma um ângulo de 45º com o Eixo +X, e não passa pela Origem (0; 0).

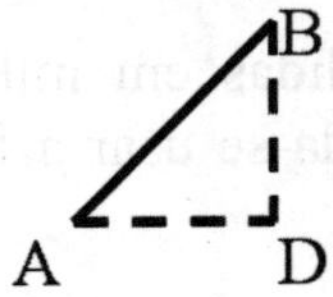

$\begin{cases} AD = 2 \\ BD = 2 \\ \alpha = 45^o \end{cases}$

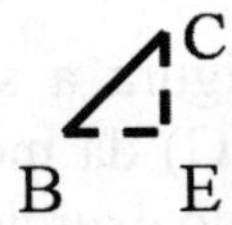

$\begin{cases} BE = 2 \\ CE = 2 \\ \alpha = 45^o \end{cases}$

Análise da equação da reta:

m = tg α = tg 45º = +1. m(x - xA) = y - ya.

+1(x - 3) = y - 1 => **y = +x - 2** ⟵ **Equação da reta**.

Quando x = 0 => y = -2 e quando y = 0 => x = +2

Pesquisas na *Internet*

Para um maior aprofundamento dos conceitos deste capítulo, e acesso a outros exercícios, recomenda-se a consulta aos seguintes *sites*:

http://mundoeducacao.bol.uol.com.br/matematica/plano-cartesiano.htm
https://pt.wikipedia.org/wiki/Sistema_de_coordenadas_cartesiano
https://pt.wikipedia.org/wiki/Coordenadas_polares
http://wwwp.fc.unesp.br/~mauri/Down/Polares.pdf
http://cead.ufpi.br/conteudo/material_online/disciplinas/matematica/uni01_coo_car_01.html
http://www.infoescola.com/matematica/sistemas-de-coordenadas/
http://matematica.obmep.org.br/index.php/modulo/ver?modulo=49#

Além dos já citados, recomenda-se acessar *sites* de busca, usando as seguintes palavras-chave, entre aspas: "Coordenadas Cartesianas"; "Coordenadas Polares"; "Distâncias entre pontos"; "Centroides de figuras planas"; "Pontos notáveis em um triângulo".

Alerta-se que, como citado na Unidade Introdutória deste livro, para um bom aprendizado não se deve apenas estudar na forma digital, mas também na impressa e, especialmente, fazendo à mão livre resumos e exercícios, inclusive as Imagens Geométricas.

Capítulo 2

Estudo das retas. A função linear [y=f(x)]

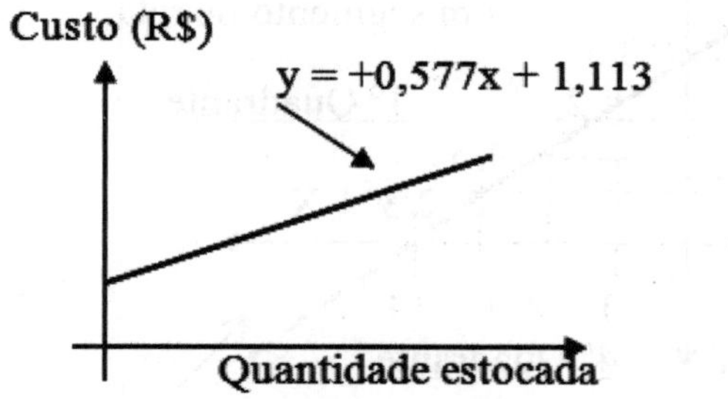

y = Custo (R$); x = Quantidade estocada

Exemplo de uma função linear

Baseando-se *no conceito do cálculo da distância entre pontos, localizados em um Sistema de Coordenadas Cartesianas, foi possível o estudo e desenvolvimento das funções lineares (retas), permitindo às mais diversas áreas, a expressão de fenômenos e ocorrências, por meio de uma equação do 1º grau ou função linear. É através de funções lineares, por exemplo, que empresas analisam as suas variações de custos de armazenamento de produtos, em função da quantidade estocada. O parágrafo 2.9 mostra algumas aplicações práticas das funções lineares.*

Introdução

No espaço bidimensional ou R^2 ou X, Y, por dois pontos quaisquer, definidos por suas Coordenadas Cartesianas, passa uma e somente uma reta, sendo que estes dois pontos definem um segmento de reta, cujo comprimento ou módulo ou distância foi estudado no capítulo 1. Observe-se o desenho a seguir, semelhante ao estudado no exercício 1.14:

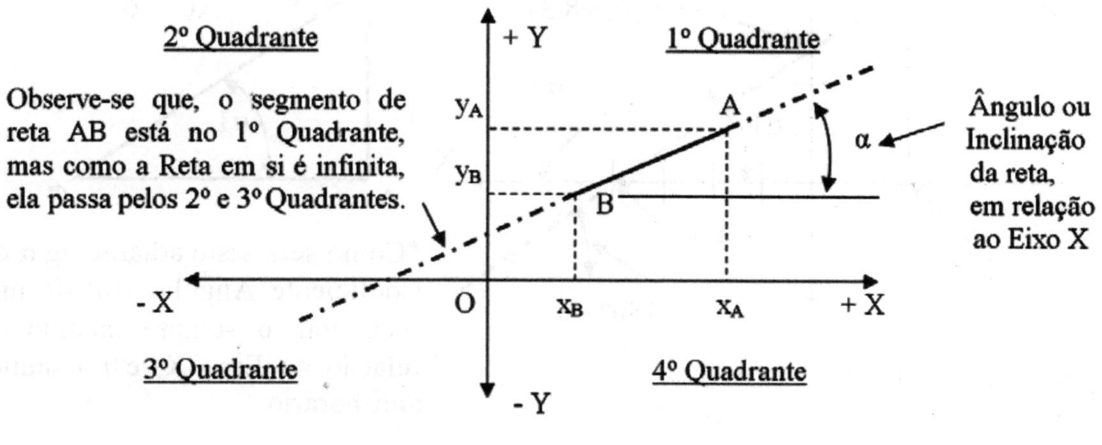

Exercício 2.1: Imagine a equação 2x + 3y = 8. Atribuindo valores a x, determine o valor correspondente de y. Plote, ou represente a Imagem geométrica, dos resultados num sistema de Coordenadas Cartesianas, analise o "desenho" e tire conclusões.

O primeiro passo é criar uma tabela, atribuindo-se valores a x e calculando os valores correspondentes de y. Pode-se, inicialmente, pensar valores de x entre - 3 + 3. Uma vez definido o valor de x, resolve-se algebricamente a equação, para achar o valor de y.

2x + 3y = 8; significa que y = (8 - 2x) / 3. Calculando-se o valor de y, em função de x, tem-se a seguinte tabela:

x	y
- 3	+ 14/3
- 2	+ 4
- 1	+ 10/3
0	+ 8 /3
+ 1	+ 2
+ 2	+ 4/3
+ 3	+ 2/3

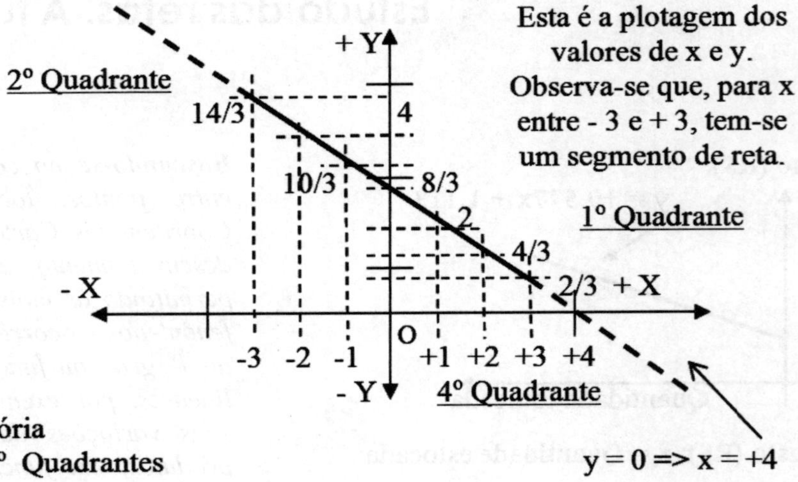

Esta Reta tem como trajetória os 2º, 1º e 4º ou 4º, 1º e 2º Quadrantes

Outra análise que pode ser feita é quanto ao ângulo ou inclinação dessa reta, representada pela equação do primeiro grau: 2x + 3y = 8. O cálculo do ângulo é feito através da resolução de um triângulo retângulo (ABC), por exemplo, como mostrado a seguir.

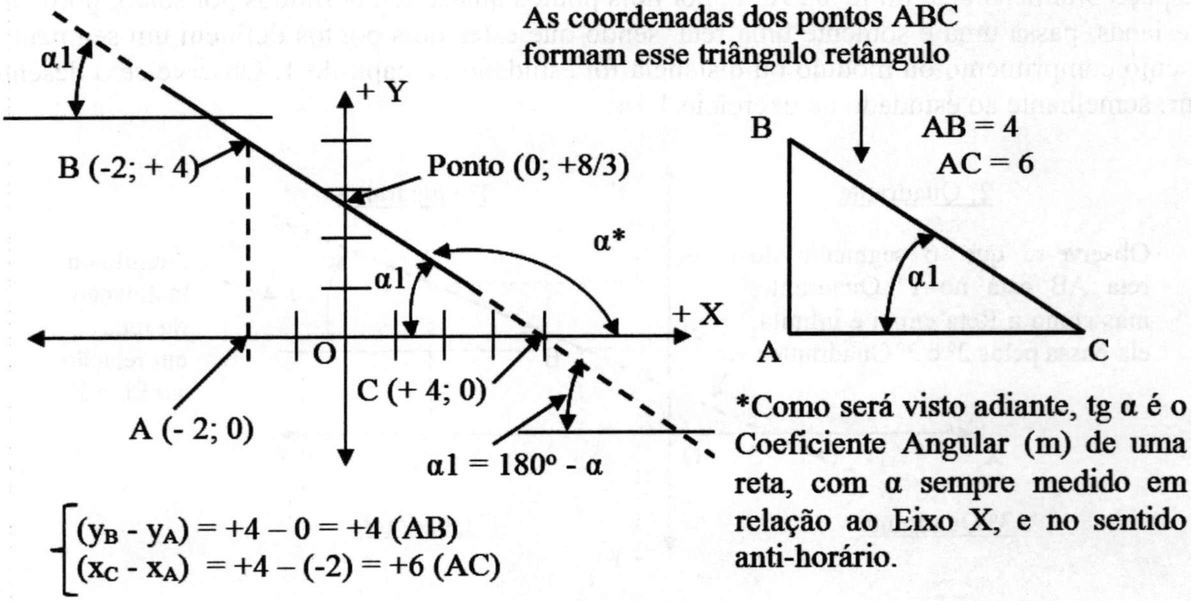

*Como será visto adiante, tg α é o Coeficiente Angular (m) de uma reta, com α sempre medido em relação ao Eixo X, e no sentido anti-horário.

$$\begin{cases} (y_B - y_A) = +4 - 0 = +4 \text{ (AB)} \\ (x_C - x_A) = +4 - (-2) = +6 \text{ (AC)} \end{cases}$$

Pela trigonometria temos que: tg α1 = AB/AC (tangente = cateto oposto sobre cateto adjacente). Isto significa que α1 = arc tg AB/BC; ou seja: α1 = arc tg 4/6, logo: α1 = 33,69º.

O ângulo α1 também pode ser expresso como 33º 41' 24", ou seja: 33 graus, 41 minutos e 24 segundos. Em cálculos de Engenharia, são expressos em decimais, ou seja: α1 = 33,69º. Observa-se que x = 146,31° (ou seja: 180° - 33,69°)

Toda equação do tipo ax + by = c, representa uma reta no espaço R^2, desde que a e b sejam diferentes de zero. A seguir são mostradas algumas retas, com características próprias e a partir da reta + 2x + 3y = 8.

- Quando c é igual a zero? Por exemplo: 2x + 3y = 0, significa: 2x = - 3y, logo: y = - (2/3)x.
- Quando a é igual a zero? Por exemplo: 3y = 8, significa que y = 8/3.
- Quando b é igual a zero? Por exemplo: 2x = 8, significa que x = 4.

x	y
- 3	+ 2
- 2	+ 4/3
- 1	+ 2/3
0	0
+ 1	- 2/3
+ 2	- 4/3
+ 3	- 2

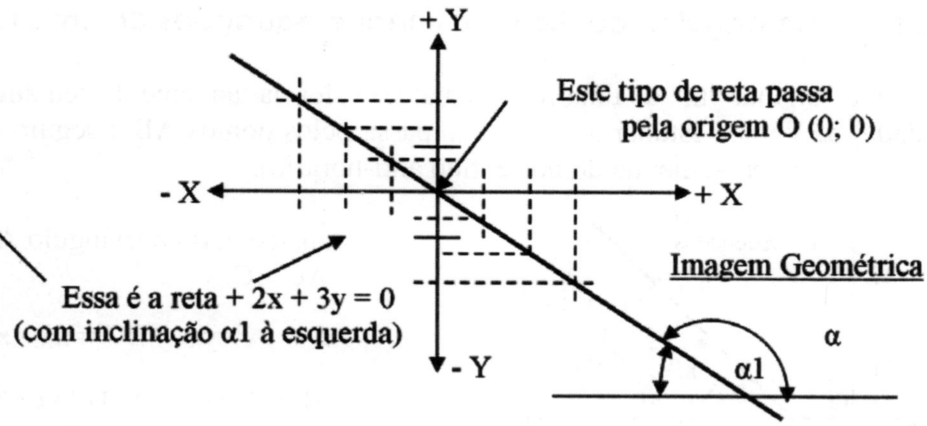

Como se pode escrever a reta - 2x + 3y = 0 (?).

- 2x = - 3y, logo 2x = 3y ou seja: y = + (2/3)x ou y = +0,666x.

x	y
- 3	- 2
- 2	- 4/3
- 1	- 2/3
0	0
+ 1	+ 2/3
+ 2	+ 4/3
+ 3	+ 2

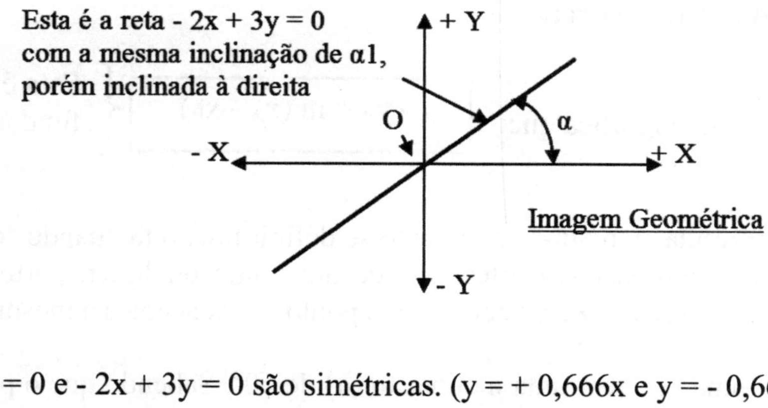

As retas + 2x + 3y = 0 e - 2x + 3y = 0 são simétricas. (y = + 0,666x e y = - 0,666x).

Considerando uma reta de equação ax + by = c, quando a ou b são iguais a zero, existe uma reta paralela ou ao eixo X ou ao Y. Em verdade, nesses casos diz-se que existe um lugar geométrico de Abscissa ou Ordenada constante. Veja a seguir:

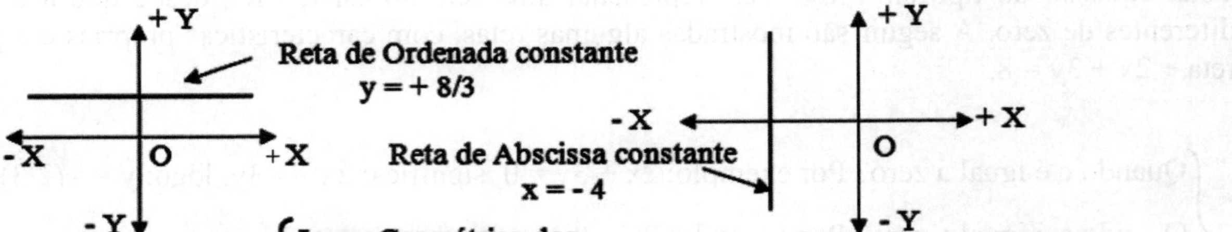

$3y = 8 \Rightarrow y = +8/3$ { **Lugar Geométrico dos pontos afastados +8/3 do Eixo dos X.**

$+2x = -8 \Rightarrow x = -4$: **Lugar Geométrico dos pontos afastados - 4 do Eixo dos Y.**

2.1 Coeficiente angular, coeficiente linear e equações de uma reta

O coeficiente angular "m" de uma reta é igual ao valor da tangente do seu ângulo de inclinação (ou declividade) α. Vamos estudar a reta s, que passa pelos pontos AB a seguir. (o ângulo α é medido em relação ao eixo x, aumentando no sentido anti-horário).

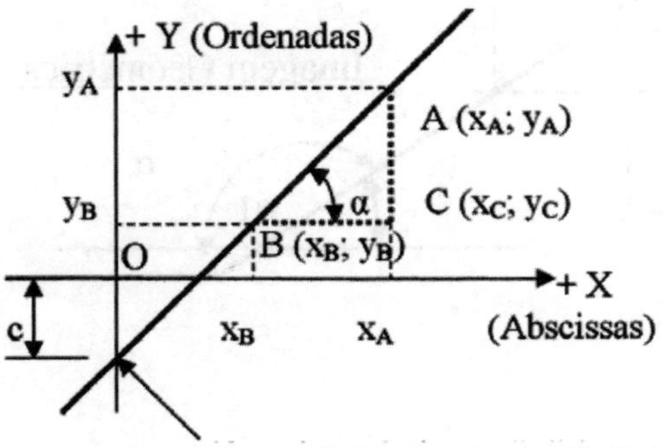

Considerando o triângulo ABC, tem-se que: tg α = AC/BC.

$AC = y_A - y_B$ $BC = x_A - x_B$

$tg\ \alpha = m = (y_A - y_B) / (x_A - x_B)$

$y_A - y_B = \Delta y$ e $x_A - x_B = \Delta x$

$m = \Delta y / \Delta x$ (coeficiente angular)

O coeficiente linear "c" é o valor numérico (constante), por onde a reta intercepta o eixo das Ordenadas (Y), ou seja, onde a Abscissa é nula (x = 0).

Equação fundamental da reta

$$m = \frac{y_A - y_B}{x_A - x_B}$$ **isto significa que:** $$\boxed{y_A - y_B = m\,(x_A - x_B)}$$ { **Esta é a equação fundamental da reta**

Analisando a fórmula, conclui-se que, pode-se definir uma reta quando se conhece o seu coeficiente angular m e as Coordenadas Cartesianas de um ponto qualquer, pertencente à reta. Também se define uma reta, quando são conhecidos dois pontos pertencentes à mesma.

Exercício 2.2: uma reta tem uma inclinação (α) de 60°. Sabendo que o ponto A (+3; +5) pertence à reta, pede-se escrever sua equação.

$\alpha = 60^o$, logo $m = tg\ \alpha = +1{,}732$

$y_A - y_B = m\,(x_A - x_B)$, logo: $+5 - y_B = +1{,}732\,(3 - x_B)$;
$+5 - y_B = +5{,}196 - 1{,}732\,x_B$ ou
$+5 - 5{,}196 = -1{,}732\,x_B + y_B$;
$+1{,}732\,x_B - y_B = +0{,}196$, como o ponto B também pertence à reta, a equação fica:

$+ 1,732\ x - y = + 0,196$ ou $y = + 1,732x - 0,196 = 0$ ← Equação da reta solicitada.

Quando se faz $x = + 3$ tem-se: $+1,732.\ 3 - y = +0,196$: $y = +5,196 - 0.196$: $y = + 5$.

A representação gráfica ou imagem geométrica dessa reta fica da seguinte forma:

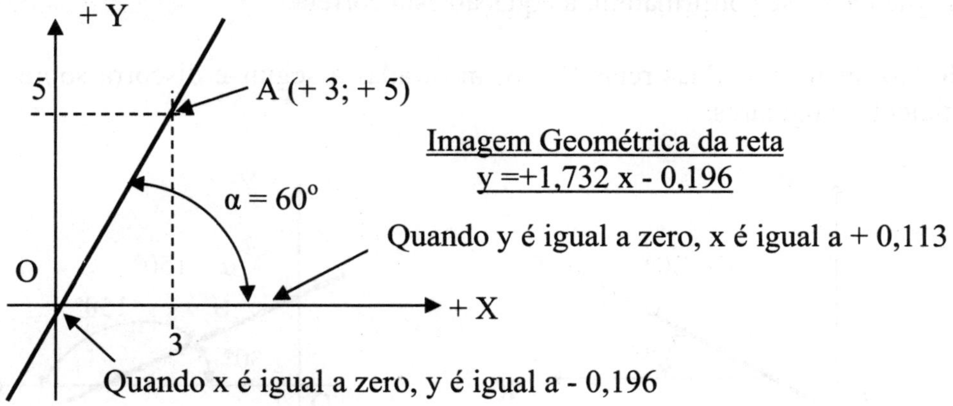

Exercício 2.3: determine a equação da reta que passa pelos pontos: A (- 1; - 3) e B (+ 3; + 4). Calcule a sua inclinação α ou sua declividade.

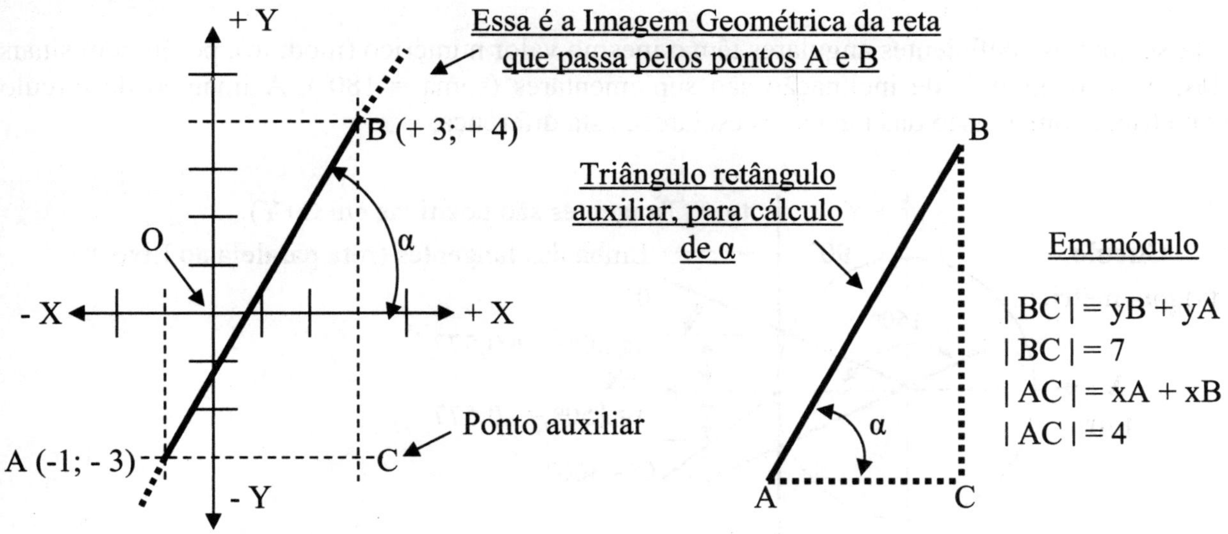

$\text{Tg}\ \alpha = BC / AC$; $\text{Tg}\ \alpha = 7 / 4$; $\text{Tg}\ \alpha = 1,75$; $\alpha = \text{arc tg}\ 1,75$; $\alpha = 60,255^o$ ou $\alpha = 60^o\ 15'\ 18''$.

Sabe-se que a tg α é igual ao coeficiente angular m, ou seja: $m = +1,75$.

Como a equação fundamental de uma reta é: $y_A - y_B = m\ (x_A - x_B)$, só é preciso escolher um ponto, por exemplo o A, substituir na equação e operar:

$- 3 - y_B = +1,75\ (- 1 - x_B)$;
$- 3 - y_B = - 1,75 - 1,75\ x_B$;
$+1,75\ x_B - y_B + 1,75 - 3 = 0$;
$+1,75\ x_B - y_B - 1,25 = 0$;

A equação da reta é: $+ 1,75\ x - y - 1,25 = 0$.
ou $y = +1,75x - 1,25$

Uma forma de verificar se a equação está correta é substituindo os valores das Coordenadas dos pontos A e B, para se confirmar a igualdade, já que os pontos A e B pertencem à reta.

Ponto A: +1,75 x - y - 1,25 = 0; +1,75.(- 1) - (- 3) - 1,25 = 0; - 1,75 + 3 - 1,25 = 0; + 3 - 3 = 0.
Ponto B: +1,75 x - y - 1,25 = 0; +1,75 . (+ 3) - (+ 4) - 1,25 = 0; + 5,25 - 5,25 = 0.

Como as igualdades se confirmaram, a equação está correta.

Exercício 2.4: analise as duas retas R e S, mostradas a seguir e discorra sobre características dos seus coeficientes angulares.

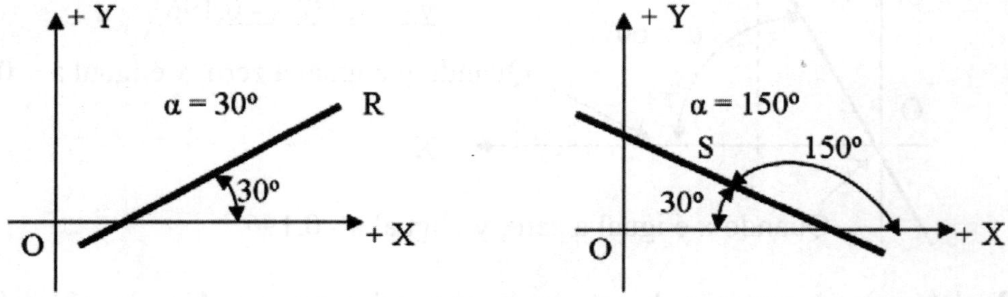

Coeficiente angular m de R = tg 30° = + 0,577. Coeficiente angular de m S = tg 150° = - 0,577

Constata-se que: os coeficientes angulares têm o mesmo valor numérico (módulo), porém têm sinais trocados, pois os ângulos de inclinação são suplementares (soma = 180°). A imagem do círculo trigonométrico, com a visão das tangentes esclarece esta diferença.

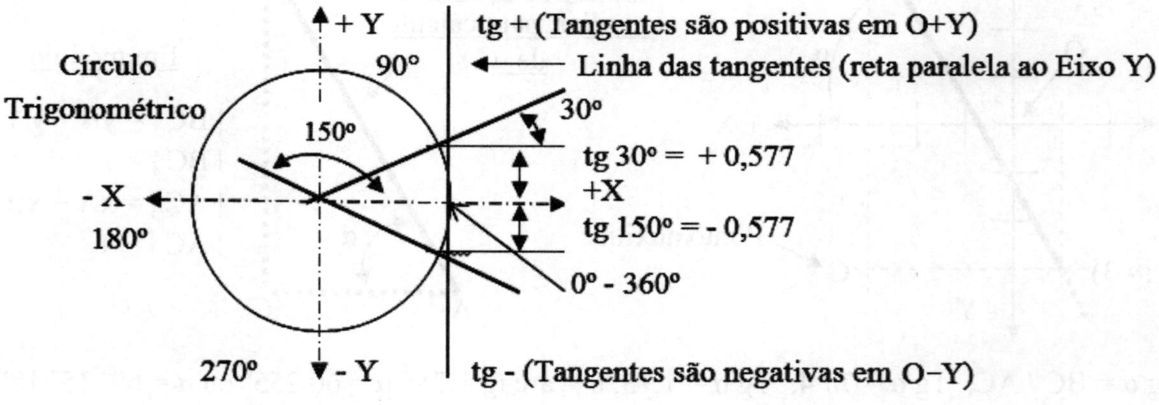

Equação reduzida da reta (y = mx + c)

A equação reduzida de uma reta é expressa por: y = mx + c, onde x e y são os pontos pertencentes à reta, "m" é o coeficiente angular da reta e "c" o coeficiente linear. Essa forma reduzida da equação da reta expressa uma função entre x e y, isto é, as duas variáveis possuem uma relação de dependência: y = f(x). No caso dessa expressão, ao atribuirmos valores a x (eixo das Abscissas), obtemos valores para y (eixo das Ordenadas). A equação reduzida expressa a reta como uma função linear.

Exercício 2.5: determinar a equação reduzida da reta que passa pelos pontos E (+ 5; +2) e F (-1; -6).

Inicialmente faz-se a Imagem Geométrica da reta.

Imagem Geométrica

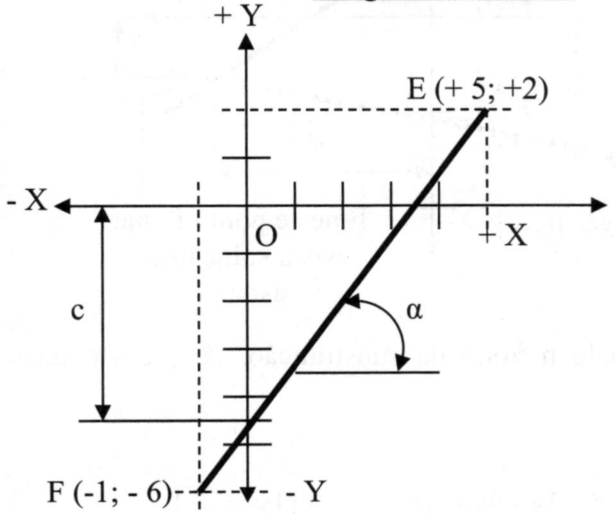

Cálculo da equação reduzida

$$m = \frac{(y_E - y_F)}{(x_E - x_F)} = \frac{[(+2 - (-6)]}{[(+5 - (-1)]} = +8/+6 = +4/3$$

$m\ (x_E - x_F) = (y_E - y_F)$

Considerando o ponto E:

$+4/3\ (+5 - x_F) = (+2 - y_F)$. Vezes 3 tem-se:

$+4(+ 5 - x_F) = + 6 - 3\ y_F$

$20 - 4\ x_F = + 6 - 3\ y_F$

$3\ y_F = 4\ x_F - 20 + 6$, logo: $3\ y_F = 4\ x_F - 14$

Ou seja: $y_F = + 4/3\ x_F - 14/3$.

Ou: $y_F = + 1{,}33\ x_F - 4{,}66$.

A equação reduzida é: $y = +1{,}33x - 4{,}66$. (e o coeficiente linear $c = - 4{,}66$).
De fato, quando x é igual a zero, $y = - 4{,}66$.

2.2 Análise geométrica de um sistema de equações lineares, composto por duas retas

Um sistema de equações é um conjunto finito de equações com as mesmas variáveis. Retas (linhas) podem ser expressas na forma de um sistema de equações. Resolver um sistema linear no plano bidimensional ou X, Y, significa encontrar o valor das variáveis x e y, que satisfaçam às equações, ao mesmo tempo.

Exercício 2.6: analisar se as retas $+2x + 3y = 5$ e $+x - 4y = 8$, se interceptam, ou seja, se têm um ponto em comum. Caso haja interseção, determinar as Coordenadas Cartesianas do ponto comum às retas.

Inicialmente, faz-se a Imagem Geométrica das retas. Nesse caso tem-se que montar, primeiro, uma tabela, com valores de x e y, como já foi visto no exercício 2.1.

reta: +2x + 3y = 5

x	y
- 3	+ 11/3
- 2	+ 3
- 1	+ 7/3
0	+ 5/3
+ 1	+ 1
+ 2	+ 1/3
+ 3	- 1/3

reta: +x - 4y = 8

x	y
- 3	- 11/4
- 2	- 10/4
- 1	- 9/4
0	- 2
+ 1	- 7/4
+ 2	- 6/4
+ 3	- 5/4

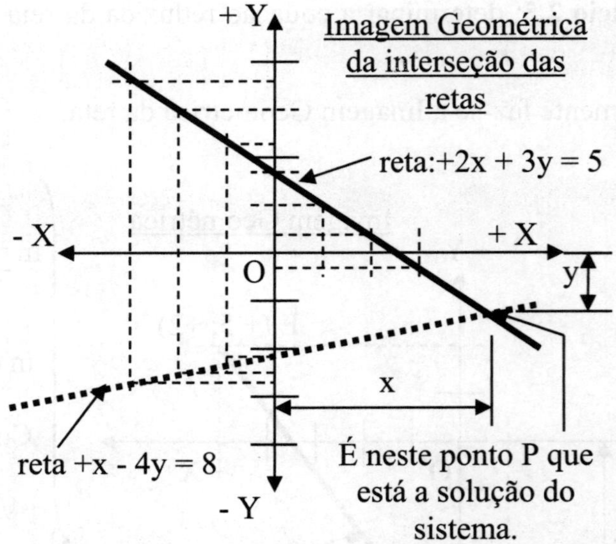

Onde as retas se cruzam, no ponto P (x; y), está a solução do sistema, ou seja, este ponto é comum às duas retas.

Algebricamente as raízes x e y serão calculadas pelo método da substituição, já que são duas equações (duas retas) e duas incógnitas.

$$\begin{cases} +2x + 3y = 5 \quad \Rightarrow \quad x = (5 - 3y) / 2 \\ +x - 4y = 8 \quad \Rightarrow \quad (5 - 3y) / 2 - 4y = 8 \quad \Rightarrow 5 - 3y - 8y = 16 \quad \Rightarrow \quad +11y = -11 \\ y = -1 \\ x = (5 - 3(-1)) / 2 \quad \Rightarrow \quad x = 8 / 2 \\ x = +4 \end{cases}$$

Solução do sistema: x = + 4 e y = - 1

As Coordenadas Cartesianas do ponto P são: P (+ 4; - 1).

Pode acontecer que, ao invés de duas, existam três ou mais retas passando pelo mesmo ponto. Nesse caso é montado um sistema de equações com três ou mais equações e duas incógnitas (x, y), que pode ser resolvido através da teoria das Matrizes que, normalmente, é estudada na disciplina Álgebra Linear.

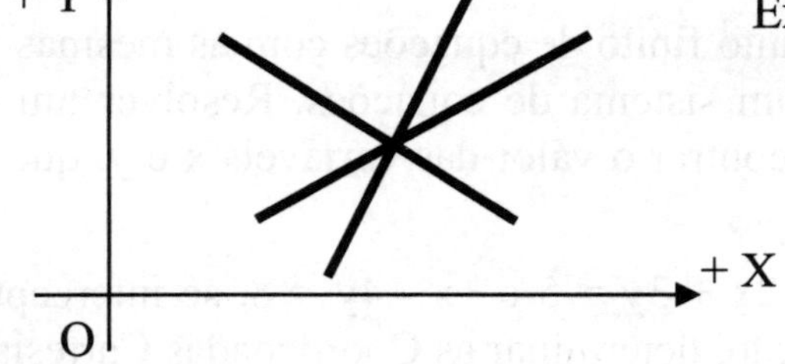

Exemplo de três retas que se cruzam no mesmo ponto

2.2.1 Sistemas de equações lineares aplicados à Engenharia de Produção Industrial

A produção industrial exige uma série de controles, dentre os quais o de custos, relacionados ao que se chama de Contabilidade Industrial. Um dos controles utilizados é quanto aos custos de matéria prima e do consumo de energia elétrica. Por exemplo, uma indústria de produção mecânica em série, após anos de atividades parametrizou seus custos de matéria prima, *versus* o consumo de energia elétrica. O gráfico a seguir mostra esses consumos, na forma de duas funções lineares, ou seja, retas.

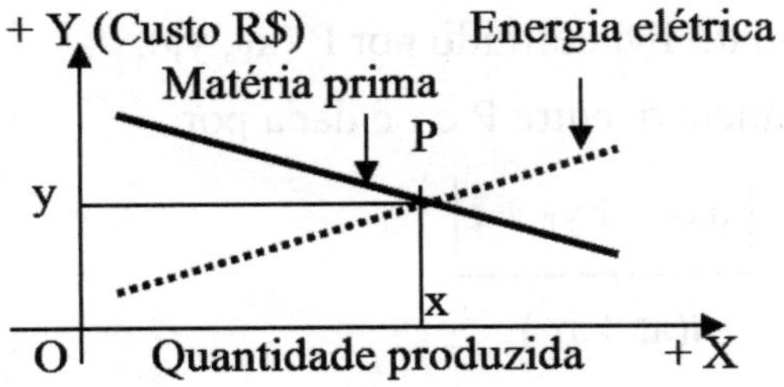

Este gráfico mostra que, de forma linear, quanto maior a quantidade de itens produzidos, maior é o consumo de energia elétrica (reta pontilhada) e menor é o custo da matéria prima (reta contínua).

O ponto P (x; y) indica os valores ótimos das variáveis, ou seja, x é a quantidade máxima de itens produzidos, com o menor custo de energia elétrica. A explicação para essas duas retas, com inclinações diferentes é a seguinte: quando se compra uma maior quantidade de matéria prima, consegue-se um preço menor por quilo. Por exemplo, quem compra uma tonelada de material paga R$ 5.000,00 (cinco mil Reais), ou seja, cinco Reais por quilo. Mas quando compra duas toneladas, paga R$ 8.000 (oito mil Reais), ou seja, quatro Reais por quilo. Conclusão, pagou-se menos por quilo. Já o consumo de energia elétrica, nesse exemplo, aumenta, à medida que se produz mais. Para esse caso, o ótimo é o ponto P, onde ocorre o custo mínimo das duas variáveis.

Apesar de ser mostrado um gráfico sem valores, o mesmo expressa o que acontece, por exemplo, em muitas indústrias metalúrgicas. Em alguns casos os custos não variam linearmente, mas sim segundo uma determinada curva. Também é normal os custos de energia elétrica variar linearmente, ou seja, segundo uma reta, e os custos de matéria prima variar segundo uma determinada curva. O importante é a empresa conhecer "suas curvas", e estar sempre as atualizando, para procurar trabalhar com o ponto ótimo, ou seja, otimizando seus custos. O gráfico a seguir mostra um exemplo do que se chama de Lote Econômico de Compra - LEC.

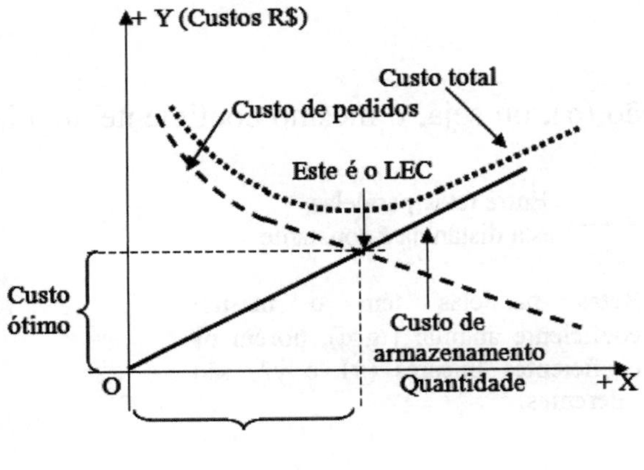

Esse é um tipo de gráfico, comum em controle de estoques, onde procura-se otimizar, tanto a quantidade a ser comprada, quanto os seus custos. Observa-se que existe uma função linear, que é o custo de armazenamento e uma função não linear, que é o custo de pedidos. O custo total pode ser entendido como a soma das curvas funções. Mais uma vez, observa-se que cada empresa deve conhecer suas curvas

Quantidade ótima – LEC (esta é a quantidade que otimiza os custos)

2.3 Distância entre um ponto e uma reta

A distância entre um ponto e uma reta é calculada unindo o próprio ponto à reta através de um segmento, que deverá formar com a reta um ângulo reto (90º). Para estabelecer a distância entre os dois necessitamos da equação geral da reta e da coordenada do ponto. A figura a seguir estabelece a condição gráfica da distância entre o ponto P e a reta r, sendo o segmento PQ a distância "d" entre eles.

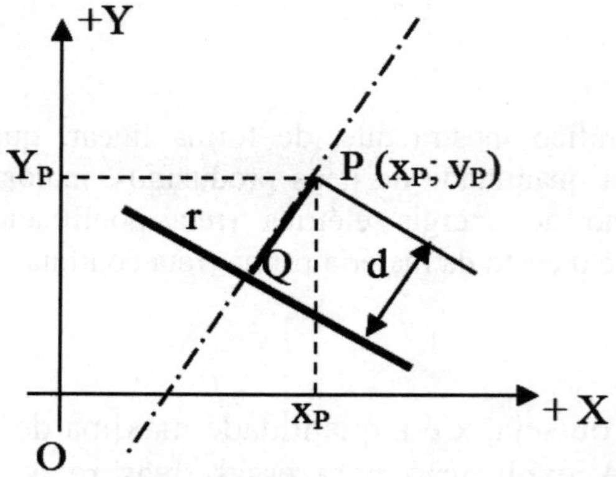

Se a equação da reta r é: $ax + by + c = 0$;

Se o ponto P é definido por P (x_P; y_P);

A distância d, entre P e r é dada por:

$$d = \frac{|ax_P + by_P + c|}{\sqrt{(a^2 + b^2)}}$$

Na prática, uma distância é expressa em unidade linear como: metro, centímetro ou milímetro.

Exercício 2.7: calcular a distância entre o ponto G (+3; +4) e a reta: $+2x + 3y - 5 = 0$.

Essa reta já foi desenhada no exercício 2.6 ($+2x + 3y = 5$)

$ax + by + c = 0$

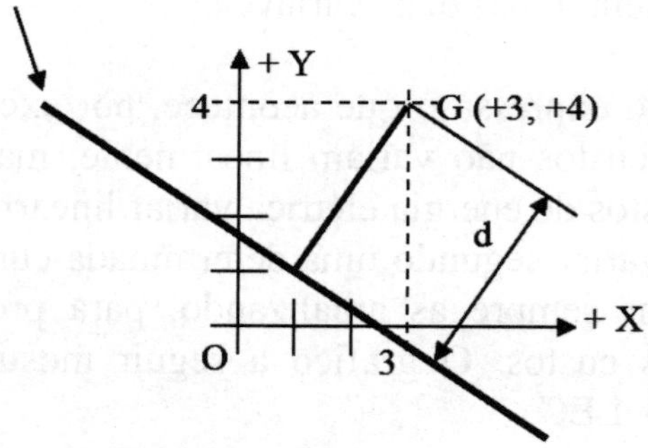

$a = +2$; $b = +3$; $c = -5$

$x_G = +3$; $y_G = +4$

$$d = \frac{|ax_G + by_G + c|}{\sqrt{(a^2 + b^2)}}$$

$$d = \frac{2.3 + 3.4 - 5}{\sqrt{13}}\ ; \quad d = 13 / 3{,}605$$

$d = 3{,}606 \leftarrow$ Esta é a distância.

2.4 Retas paralelas

Duas retas são paralelas se possuem a mesma inclinação (α), ou seja, o mesmo coeficiente angular m (onde $m = \text{tg}\ \alpha$).

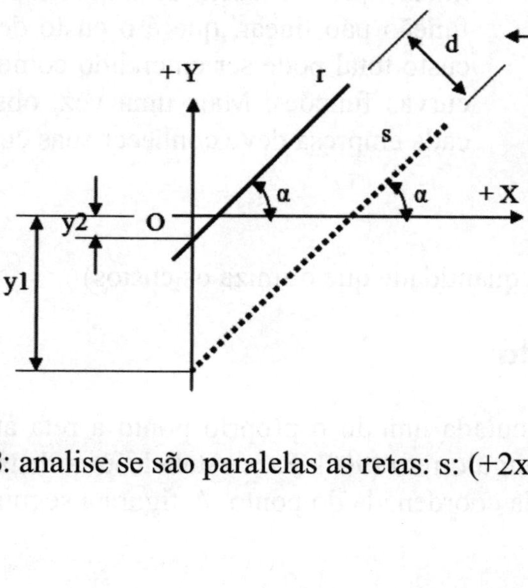

Entre retas paralelas, esta distância é constante

Retas paralelas têm o mesmo coeficiente angular (tg α), porém os coeficientes lineares (y1 e y2) são diferentes.

Exercício 2.8: analise se são paralelas as retas: s: ($+2x + 3y -7 = 0$) e r: ($-10x -15y + 45 = 0$)

Basta calcular-se o coeficiente angular de cada reta e, se: m s = m r, as retas são paralelas. No parágrafo 2.1 foi visto que: tg $\alpha = m = (y_A - y_B) / (x_A - x_B)$.
Para calcular o coeficiente angular de cada reta, primeiro determinam-se dois pontos (A e B) em cada uma, ou seja, pontos A1, B1 e A2, B2, que pertençam às retas.

s: $(+2x + 3y - 7 = 0)$ => $x_{A1} = 0$; $y_{A1} = +7/3$; => $x_{B1} = +2$; $y_{B1} = +1$

r: $(-10x - 15y + 45 = 0)$ => $x_{A2} = 0$; $y_{A2} = +3$; => $x_{B2} = +3$; $y_{B2} = +1$

m s = (+7/3 -1) / (0 - 2) => m s = - 2/3
m r = (+3 -1) / (0 - 3) => m r = - 2/3
} Como os coeficientes angulares* são iguais as retas são paralelas

m = - 2/3; significa m = - 0,666. α = arc tg - 0,666: α = - 33,69°: esse é o ângulo α1. O ângulo α, que é o coeficiente angular das retas, é igual a 146,31° (+ 180° - 33,69° = + 146,31°).

Exercício 2.9: traçar a Imagem Geométrica das retas paralelas, estudadas no exercício 2.8.

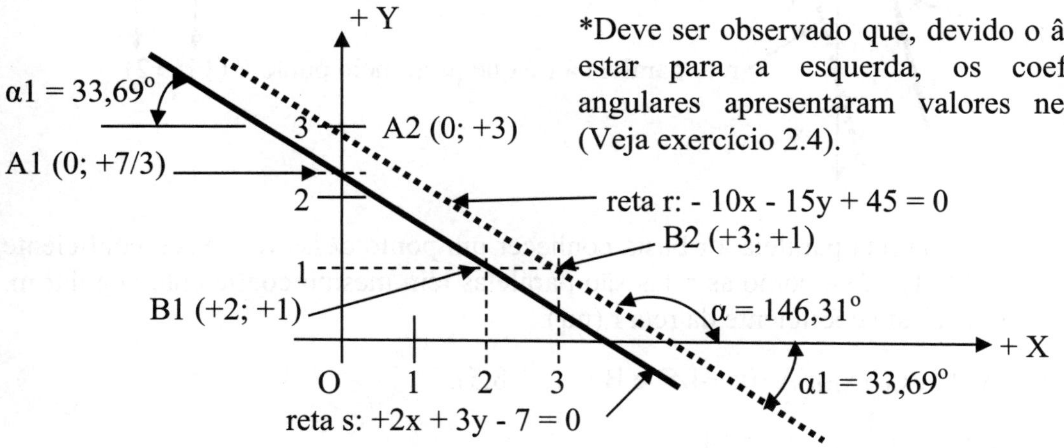

*Deve ser observado que, devido o ângulo α estar para a esquerda, os coeficientes angulares apresentaram valores negativos. (Veja exercício 2.4).

Exercício 2.10: determinar a distância d, entre as retas paralelas, estudadas anteriormente.

Nesse caso, pode-se calcular a distância d entre a reta 2x + 3y - 7 = 0 e o ponto B (+3; +1), que pertence à reta -10x - 15y + 45 = 0. Como as retas são paralelas essa distância é constante, ou seja, soluciona o problema. Como citado no parágrafo 2.3, a distância d entre um ponto e uma reta é determinada pela fórmula a seguir, e os dados são:

$$d = \frac{| ax_0 + by_0 + c |}{\sqrt{a^2 + b^2}}$$;

2x + 3y - 7 = 0 => a = +2; b = +3; c = -7. (Veja exercício 2.1).
B (+3; +1) => $x_0 = +3$; $y_0 = +1$.

d = (2.3 + 3.1 – 7) / √13 ; d = 2 / 3,605 => d = 0,555.

Conclusão: a distância entre as retas é 0,555, só faltando especificar a unidade de medida, que pode ser em metros, centímetros ou milímetros.

Exercício 2.11: desenhe a Imagem Geométrica da reta r: +8x - 2y + 9 = 0. Plote o ponto P (+1; +2). Determine a equação geral da reta que passa pelo ponto P e que seja paralela à reta r.

Inicialmente determinamos dois pontos A e B, pertencentes à reta r.

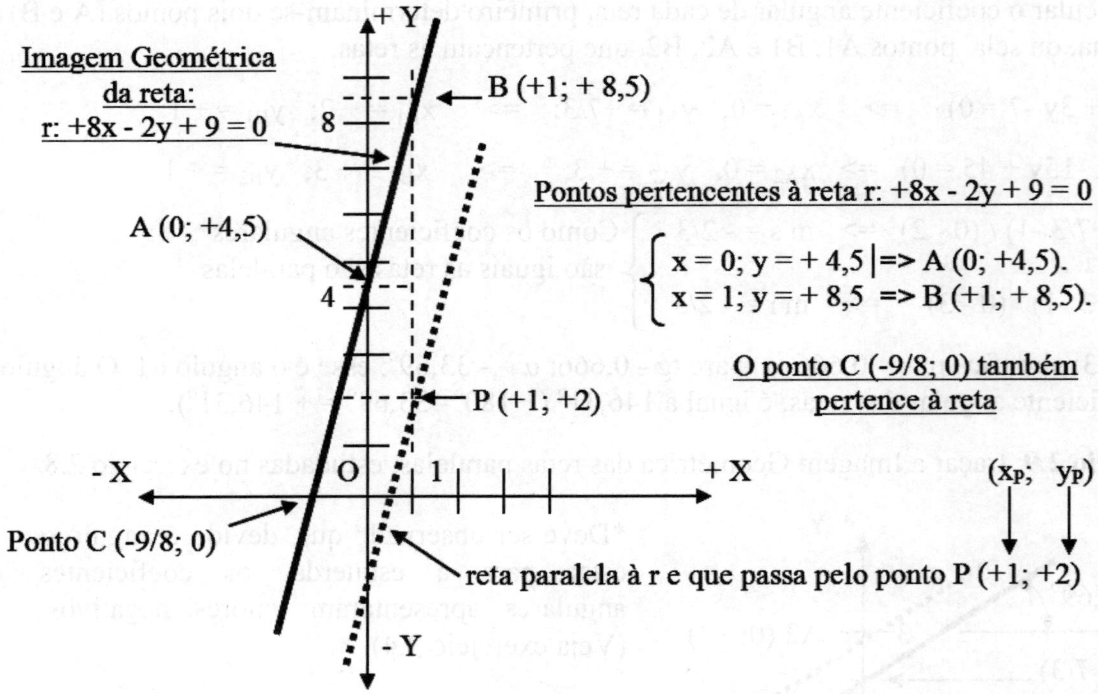

Para determinar a equação da reta paralela à r basta conhecer um ponto dessa reta e seu coeficiente angular (m). O ponto é P (+1; +2) e como as retas são paralelas têm mesmo coeficiente angular m, logo inicialmente calcula-se este coeficiente da reta r (mr).

Sabe-se que: $m = (y_A - y_B) / (x_A - x_B)$; A (0; +4,5) e B (+1; + 8,5).

$m = (4,5 - 8,5) / (0 - 1)$; $m = - 4 / - 1$; $m = +4$.

Para determinar a equação da reta paralela pode-se fazer: $m (x - x_P) = (y - y_P)$.

$+ 4 (x - 1) = (y - 2)$;
$+ 4x - 4 = y - 2$;

$+4x - y - 2 = 0$ ⟵ Esta é a equação da reta paralela à reta r. (ou $y = +4x - 2$)

2.5 Retas perpendiculares: cálculos e imagem geométrica

Duas retas serão perpendiculares se possuírem um ponto P (x_P; y_P) comum, e por esse ponto passar uma reta que faça 90° com a outra. Veja a Imagem Geométrica, a seguir, que mostra a perpendicularidade entre as retas: r: $+x - y + 3 = 0$ e s: $+x + y - 3 = 0$

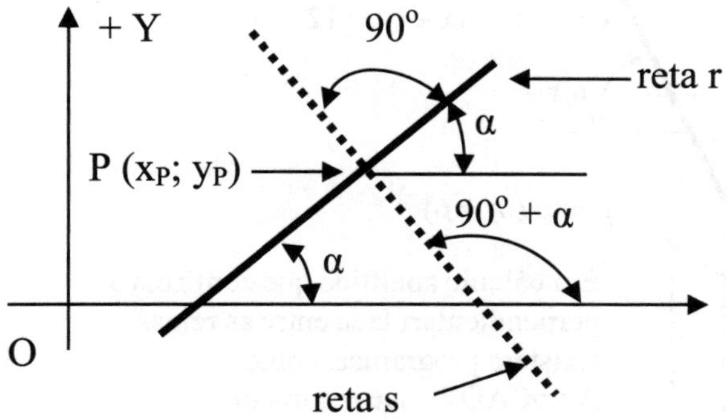

Imagem Geométrica de duas retas r e s, perpendiculares

Analisando a imagem geométrica das duas retas perpendiculares, pode-se dizer que o coeficiente angular da reta r é mr = tg α e o coeficiente da reta s é ms = tg (90° + α). Utilizando o conceito de adição de arcos tem-se:

$$tg\,(90° + \alpha) = \frac{sen\,(90° + \alpha)}{cos\,(90° + \alpha)} \quad ; \quad tg\,(90° + \alpha) = \frac{sen90°.\,cos\,\alpha + sen\,\alpha\,.\,cos\,90°}{cos90°.\,cos\,\alpha - sen\,90°.\,sen\,\alpha};$$

$tg\,(90° + \alpha) = \frac{cos\,\alpha}{-\,sen\,\alpha}$; Finalmente: $tg\,(90° + \alpha) = \frac{-\,1}{tg\,\alpha}$ ou seja: ms = tg α e mr = - 1 / tg α.

<u>Conclusão</u>: duas retas são perpendiculares quando o coeficiente angular de uma é igual ao oposto (sinal oposto) do inverso do outro coeficiente, no caso estudado: mr = - 1 / ms.

Exercício 2.12: dadas as retas r: +4x - 2y + 12 = 0 e s: +x + 2y - 1 = 0, pedem-se: a) desenhar a Imagem Geométrica das retas; b) analisar se essas retas são perpendiculares e c) determinar as Coordenadas Cartesianas do ponto P (x_P; y_P) de encontro ou interseção das retas.

a) Inicialmente são determinados alguns pontos pertencentes a cada reta, de modo a permitir a sua representação gráfica ou Imagem Geométrica.

r: 4x - 2y + 12 = 0

x	Y	Ponto
- 2	+ 2	A
- 1	+ 4	B
0	+ 6	C
+ 1	+ 8	D
+ 2	+ 10	E

s: x + 2y - 1 = 0

x	Y	Ponto
- 2	+ 3/2	F
- 1	+ 1	G
0	+ 1/2	H
+ 1	0	I
+ 2	- 1/2	J

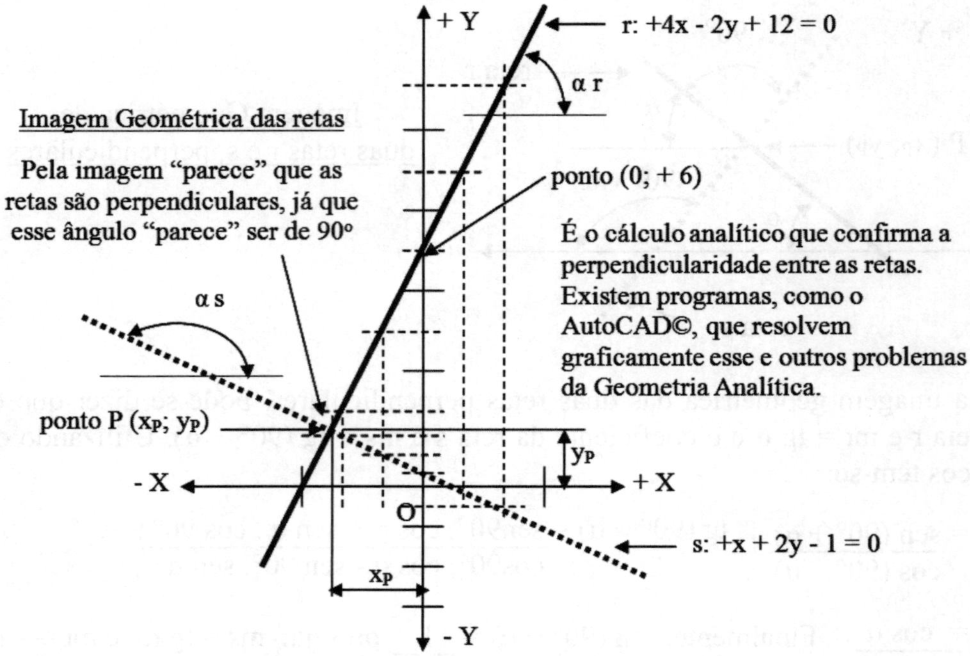

b) Cálculo analítico da perpendicularidade entre as retas

Se essas retas são perpendiculares, o coeficiente angular de uma é igual ao oposto (sinal oposto) do inverso do outro coeficiente. Ou seja: m r = - 1 / m s. Isto significa que devemos calcular o coeficiente angular de cada uma das retas.

m r = $(y_A - y_B) / (x_A - x_B)$; m r = (+2 - 4) / [- 2 - (-1)]; m r = -2 / - 1; m r = + 2.

m s = $(y_F - y_G) / (x_F - x_G)$; m s = (+ 3/2 - 1) / (- 2 - (-1)); m s = (+ 1/2) / - 1; m s = - 1/2.

Como o inverso, com sinal negativo de + 2 é igual a -1/2, confirma-se que m r = - 1 / m s, ou seja, as retas r e s são perpendiculares.

c) Determinação das Coordenadas Cartesianas do ponto P (x_P; y_P) de encontro ou interseção das retas.

O ponto P pertence às duas retas. Isto significa que, ao se resolver algebricamente o sistema de duas equações das retas, com duas incógnitas cada uma (x e y), os valores encontrados serão as Coordenadas Cartesianas da interseção das retas, ou seja, do ponto P.

s: x + 2y - 1 = 0; x = - 2y + 1

r: 4x - 2y + 12 = 0; substituindo o valor de x temos: 4 (- 2y + 1) - 2y + 12 = 0;

- 8y + 4 - 2y + 12 = 0; - 10 y = - 16; y = + 16 / 10 → y = + 1,6
x = - 2y + 1; x = - 2 (+ 1,6) + 1; x = - 3,2 + 1 → x = - 2,2

} P (- 2,2; + 1,6)

Estas são as Coordenadas Cartesianas do ponto P:

Exercício 2.13: Considere a reta r de equação +3x + 5y +1 = 0 e um ponto P de coordenadas (+5; +5). a) Determine a equação da reta s perpendicular a r, e que passa pelo ponto P. b) Desenhe a Imagem Geométrica das retas r e s.

a) Determinação da equação da reta s.

Como são retas perpendiculares, o coeficiente angular de uma é igual ao oposto (sinal oposto) do inverso do outro coeficiente. Ou seja: m r = - 1 / m s. Isto significa que devemos calcular o coeficiente angular de cada uma das retas.

r: +3x + 5y +1 = 0 → ponto A (+ 1; - 4/5) e ponto B (+ 3; - 2), pertencem a essa reta.

$\begin{cases} m\,r = (y_A - y_B) / (x_A - x_B);\ m\,r = [- 4/5 - (- 2)] / (+ 1 - 3);\ m\,r = -4/5 + 2 / - 2;\ m\,r = - 3/5. \\ m\,r = - 1 / m\,s;\ -3/5 = -1 / m\,s;\ - 3\ m\,s = - 5;\ m\,s = + 5/3. \end{cases}$

Tendo o coeficiente angular m s = + 5/3 e um ponto P (+5; +5) da reta s, fazemos:

$\begin{cases} y - y_P = m\,s\,(x - x_P);\ y - 5 = +5/3\,(x - 5);\ y - 5 = (5x - 25) / 3;\ 3y - 15 = 5x - 25; \\ 5x - 3y - 25 + 15 = 0 \Rightarrow + 5x - 3y - 10 = 0 \leftarrow \text{Essa é a equação da reta s.} \end{cases}$

b) Representação gráfica ou Imagem Geométrica das retas r e s.

$\begin{cases} r: +3x + 5y + 1 = 0 \rightarrow \text{ponto A } (+ 1; - 4/5) \text{ e ponto B } (+ 3; - 2). \\ s: +5x - 3y - 10 = 0 \rightarrow \text{ponto C } (+ 1; -5/3) \text{ e ponto D } (+ 3; + 5/3) \text{ ou D } (+ 3; + 1{,}667). \end{cases}$

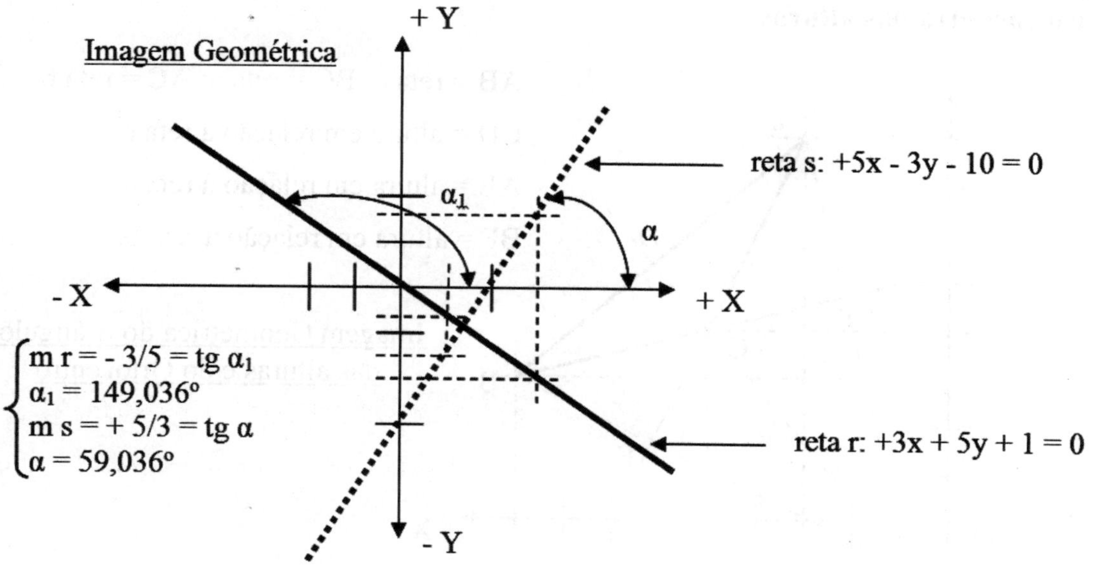

2.6 Determinação da Imagem Geométrica das Coordenadas Cartesianas do Ortocentro de um triângulo

Todo triângulo tem três alturas e o encontro dessas alturas chama-se Ortocentro (O). Em qualquer triângulo, a altura em relação a um lado é igual à distância entre um vértice e o lado oposto.

Dependendo do tipo de triângulo o Ortocentro muda de posição, como mostrado a seguir. Com relação aos ângulos os triângulos podem ser: retângulo (um ângulo reto), acutângulo (três ângulos agudos) ou obtusângulo (um ângulo obtuso).

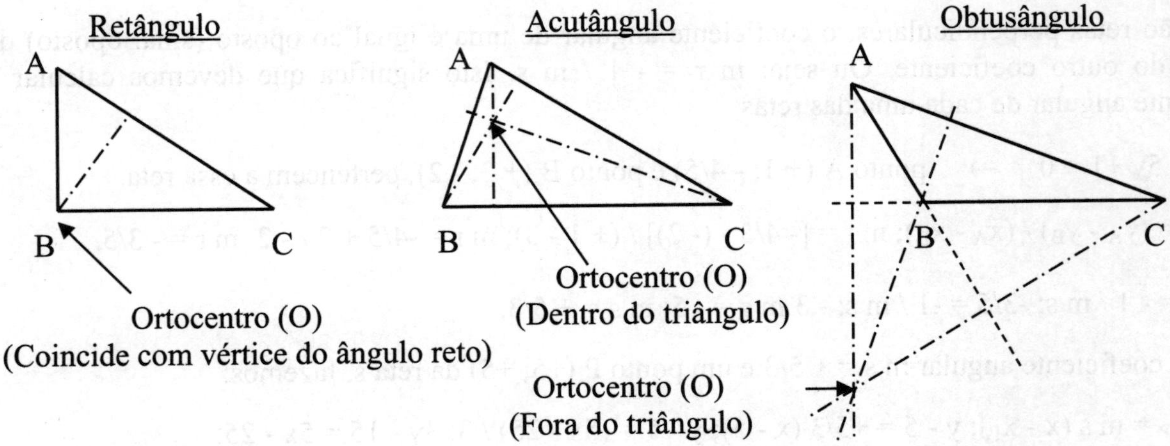

2.6.1 Imagens Geométricas e cálculos analíticos sobre retas, envolvendo triângulos

Exercício 2.14: dados os pontos: A (+3; +8), B (+ 9; +3) e C (+5; +4), pedem-se:
(Este exercício incorpora todos os conceitos até aqui estudados)

a) A representação gráfica ou Imagem Geométrica do triângulo ABC e do Ortocentro (O), que é o encontro das alturas.

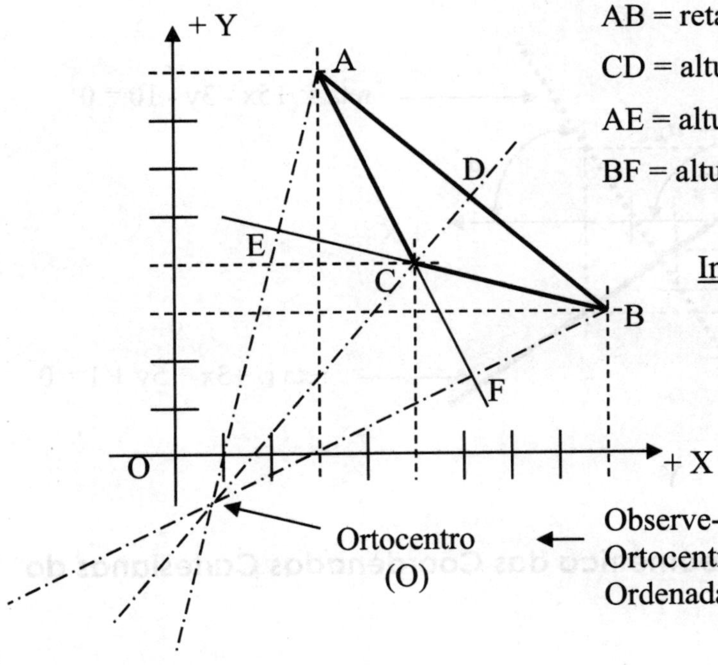

AB = reta c; BC = reta a; AC = reta b.

CD = altura em relação à reta c.

AE = altura em relação à reta a.

BF = altura em relação à reta b.

Imagem Geométrica do triângulo, das alturas e do Ortocentro

Observe-se que, por imagem, o Ortocentro tem Abscissa (x_0) positiva e Ordenada (y_0) negativa.

b) Calcular os valores dos lados AB, AC e BC.

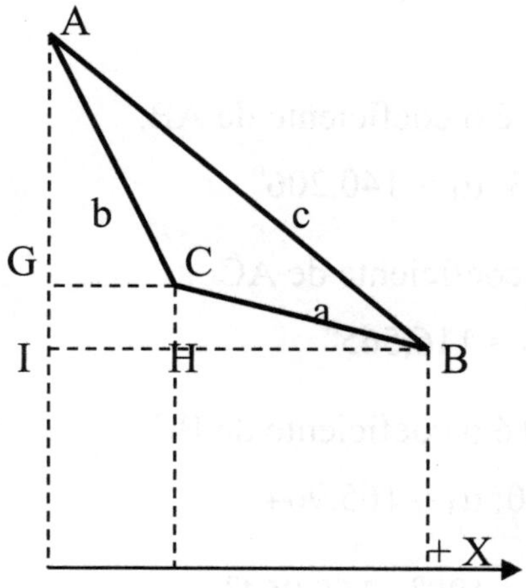

<u>O valor dos lados serão calculados, em função dos triângulos retângulos ACG, CBH e ABI.</u>

AG = 4; CG = 2: AC = $\sqrt{(4^2 + 2^2)}$; => AC = 4,472.

CH = 1; BH = 4: CB = $\sqrt{(1^2 + 4^2)}$; => CB = 4,123.

AI = 5; BI = 6: AB = $\sqrt{(5^2 + 6^2)}$; => AB = 7,810.

O cálculo também pode ser feito pela distância entre pontos, como visto no parágrafo 1.5.

c) Determinar as equações das retas: AB (reta c), AC (reta b) e BC (reta a).

Como já visto, a equação de uma reta pode ser determinada pela fórmula geral a seguir:

m = $(y_A - y_B) / (x_A - x_B)$; m é o coeficiente angular e A e B são pontos da reta.

Inicialmente calcula-se o coeficiente angular, de cada uma das retas: a, b e c.

m c = $(y_A - y_B) / (x_A - x_B)$: m c = (8 - 3) / (3 - 9) => m c = 5 / - 6 => m c = - 0,833.

Esse coeficiente angular é negativo, pois o ângulo da reta é maior que 90^0.

$(y - y_B)$ = m c $(x - x_B)$: y - 3 = - 0,833 (x - 9) => y - 3 = -0,833x + 7,500;

+0,833x + y - 10,500 = 0 ⟵ Essa é a equação da reta c (lado AB).

m b = $(y_A - y_C) / (x_A - x_C)$: m b = (8 - 4) / (3 - 5) => m b = 4 / - 2 => m b = - 2.

Esse coeficiente angular é negativo, pois o ângulo da reta é maior que 90°.

$(y - y_C)$ = m b $(x - x_C)$: y - 4 = - 2 (x - 5) => y - 4 = - 2x + 10;

+2x + y - 14 = 0 ⟵ Essa é a equação da reta b (lado AC).

m a = $(y_B - y_C) / (x_B - x_C)$: m a = (3 - 4) / (9 - 5) => m a = -1 / 4 => m a = - 0,250.

Esse coeficiente angular é negativo, pois o ângulo da reta é maior que 90°.

$(y - y_C)$ = m a $(x - x_C)$: y - 4 = - 0,250 (x - 5) => y - 4 = - 0,250x + 1,250;

+0,250x + y - 5,250 = 0 ⟵ Essa é a equação da reta a (lado BC).

d) Calcular os ângulos internos do triângulo ABC.

Esses ângulos podem ser calculados pelos coeficientes angulares de cada uma das três retas, como adiante descrito:

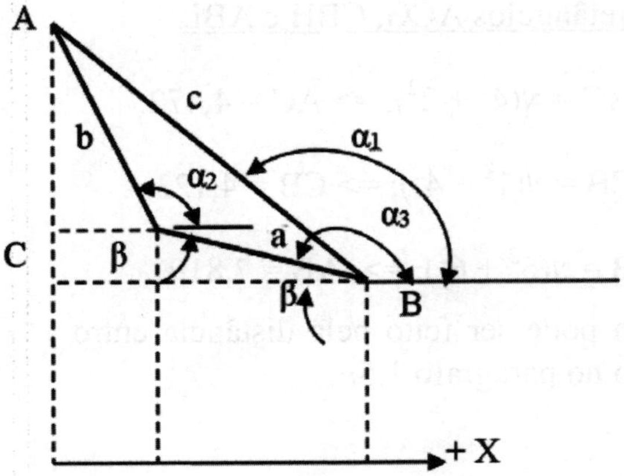

m c = - 0,833 é o coeficiente de AB.

tg α_1 = - 0,833; α_1 = 140,206°

m b = - 2 é o coeficiente de AC.

tg α_2 = - 2; α_2 = 116,565°

m a = - 0,250 é o coeficiente de BC.

tg α_3 = - 0,250; α_3 = 165,964°

β = 180° - α_3 = 180° - 165,964°.
β = 14,036°.

α_3 - α_1 = 25,758° (25° 45' 29"); que é o ângulo formado pelo vértice B.

α_2 + 14,036° = 130,601° (130° 36' 04"); que é o ângulo formado pelo vértice C.

180° - (130,601° + 25,758°) = 23,641° (23° 38' 28") que é o ângulo formado pelo vértice A.

e) Determinar as equações das retas AO, BO e CO (que passam pelo Ortocentro).

A reta AO é perpendicular ao lado BC (Reta a). A reta BO é perpendicular ao lado AC (reta b). A reta CO é perpendicular ao lado AB (reta c).

A solução consiste em determinar equações de retas que são perpendiculares a retas já conhecidas e que passam por pontos, cujas Coordenadas Cartesianas são conhecidas, pois são os vértices A, B e C.

Esse conceito de solução foi desenvolvido no exercício 2.12, sabendo-se que: duas retas são perpendiculares quando o coeficiente angular de uma é igual ao oposto (sinal oposto) do inverso do outro coeficiente.

Equação da reta AO, perpendicular à reta a:

m a = = - 1 / m AO => m AO = -1 / m a

m a = - 0,250 => m AO = - 1 / - 0,250; logo m AO = + 4.

Nesse caso, o ponto conhecido é A (+3; +8).

m AO = (y - y_A) / (x - x_A): + 4 = (y - 8) / (x - 3) => + 4 (x - 3) = y - 8 => + 4x - 12 = y - 8;

+ 4x - y - 4 = 0 ⟵ Essa é a equação da reta AO.

Equação da reta BO, perpendicular à reta b:

m b = = - 1 / m BO => m BO = -1 / m b
m b = - 2 => m BO = - 1 / - 2; logo m BO = + 0,5.
Nesse caso, o ponto conhecido é B (+9; +3).
m BO = $(y - y_B)/(x - x_B)$; +0,5 = (y - 3)/(x - 9) => +0,5 (x - 9) = y – 3 => + 0,5 x - 4,5 = y - 3;

+ 0,5x - y - 1,5 = 0 ⟵ Essa é a equação da reta BO.

Equação da reta CO, perpendicular à reta c:

m c = = - 1 / m CO => m CO = -1 / m c
m c = - 0,833 => m CO = - 1 / - 0,833 => m CO = + 1,2.
Nesse caso, o ponto conhecido é C (+5; +4).
m CO = $(y - y_C)/(x - x_C)$: +1,2 = (y - 4)/(x - 5) => + 1,2 (x - 5) = y – 4 => + 1,2 x - 6 = y - 4;

+ 1,2x - y - 2 = 0 ⟵ Essa é a equação da reta CO.

f) Calcular as Coordenadas Cartesianas do Ortocentro (ponto O).

Observa-se que as retas AO, BO e CO se interceptam no ponto O, ou seja, esse ponto é comum às três retas. Isto significa que pode-se montar um sistema de três equações, com duas incógnitas (x, y). A solução, ou melhor, o cálculo de x_O e y_O, virá da resolução das equações duas a duas, por exemplo: AO com BO ou BO com CO. Será feito AO com BO e depois os valores de x_O e y_O serão substituídos em CO, para confirmação.

$+ 4\ x_O - y_O - 4 = 0$ (AO)
$+ 0,5\ x_O - y_O - 1,5 = 0$ (BO)

Em princípio, bastaria resolver apenas um sistema, mas serão resolvidos os dois, até para confirmar os valores.

$+ 4\ x_O - y_O - 4 = 0$ (AO) => $- y_O = +4 - 4\ x_O$ => $y_O = - 4 + 4\ x_O$
$+ 0,5\ x_O - y_O - 1,5 = 0$ (BO);
Substituindo y_O em BO: $+ 0,5\ x_O - (-4 + 4\ x_O) - 1,5 = 0$ => $+ 0,5\ x_O + 4 - 4\ x_O - 1,5 = 0$
$- 3,5\ x_O + 2,5 = 0$ => $- 3,5\ x_O = - 2,5$ => $x_O = - 2,5 / - 3,5$, logo $x_O = + 0,714$.
$y_O = - 4 + 4\ x_O$ => $y_O = - 4 + 4.\ 0,714$ => $y_O = - 4 + 2,856$, logo $y_O = - 1,144$.

Ou seja: O (+ 0,714; - 1,144)

Substituindo os valores de $x_O = +0,714$ e $y_O = -1,144$. $y_O = -1,144$, na equação de CO:
$+ 1,2\ x_O - y_O - 2 = 0$ => + 1,2 (+ 0,714) - (- 1,144) - 2 = 0, confirma-se 0 = 0.

Conclusão: as Coordenadas Cartesianas do Ortocentro são: O (+ 0,714; - 1,144).

g) Calcular as alturas do triângulo, em relação a cada um dos lados.

Analisando-se a Imagem Geométrica do triângulo, observa-se que as três alturas são os segmentos: CD (altura em relação ao lado AB), AE (altura em relação ao lado BC) e BF (altura em relação ao lado AC). Analiticamente, a altura CD é calculada pela distância entre os pontos C e D, o mesmo ocorrendo com as outras alturas. Ou seja, para o cálculo de cada altura é necessário saber as Coordenadas Cartesianas de cada dois pontos, pois a altura será a distância entre cada um dos dois pontos.

As Coordenadas Cartesianas dos pontos D, E e F, serão obtidas pela resolução da interseção entre as retas que contêm o ponto.

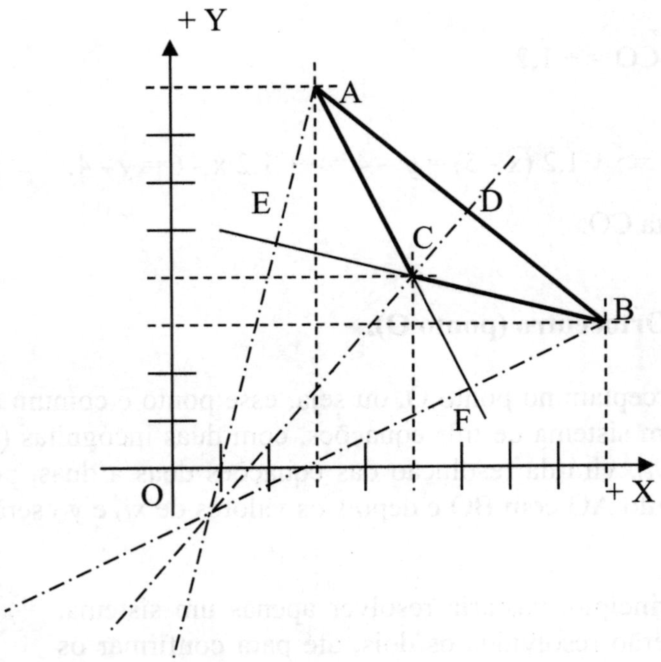

CD = altura em relação a AB. O ponto C é conhecido e o ponto D será obtido pela interseção das retas AB e OC.

AE = altura em relação a BC. O ponto A é conhecido e o ponto E será obtido pela interseção das retas AC e OA.

BF = altura em relação a AC. O ponto B é conhecido e o ponto F será obtido pela interseção das retas AC e OB.

Altura CD, em relação ao lado AB (interseção das retas AB e OC):

$$\begin{cases} AB: 0{,}833x + y - 10{,}5 = 0 \Rightarrow y = -\,0{,}833x + 10{,}5 \text{ (substituir em OC).} \\ OC: +\,1{,}2x - y - 2 = 0 \end{cases}$$

$+1{,}2x - (-\,0{,}833x + 10{,}5) - 2 = 0 \Rightarrow +1{,}2x + 0{,}833x - 12{,}5 = 0 \Rightarrow +2{,}033x = +12{,}5 \Rightarrow$
$\Rightarrow x = +6{,}149.$

$y = -\,0{,}833x + 10{,}5 \Rightarrow y = -\,0{,}833\,(+\,6{,}149) + 10{,}5 \Rightarrow y = -\,5{,}122 + 10{,}5 \Rightarrow y = +\,5{,}378.$

Ponto D (+ 6,149; + 5,378). Ponto C (+5; +4).

$\text{Altura CD} = \sqrt{(x_C - x_D)^2 + (y_C - y_D)^2}$ ⟸ Fórmula da distância entre pontos C e D.

$\text{Altura CD} = \sqrt{(+5 - 6{,}149)^2 + (+4 - 5{,}378)^2}$; **<u>Altura CD = 1,794</u>**

Altura AE, em relação ao lado BC (interseção das retas BC e OA):

$$\begin{cases} BC: 0,250x + y - 5,250 = 0 \Rightarrow y = -0,25x + 5,25 \text{ (substituir em OA).} \\ OA: +4x - y - 4 = 0 \end{cases}$$

$+4x - (-0,25x + 5,25) - 4 = 0 \Rightarrow +4x + 0,25x - 5,25 - 4 = 0 \Rightarrow +4,25x = +9,25 \Rightarrow x = +2,176.$

$y = -0,25x + 5,25 \Rightarrow y = -0,25(+2,176) + 5,25 \Rightarrow y = -0,544 + 5,25 \Rightarrow y = +4,706.$

Ponto E (+ 2,176; + 4,706). Ponto A (+ 3; + 8).

Altura AE $= \sqrt{(x_A - x_E)^2 + (y_A - y_E)^2}$ ⟸ Fórmula da distância entre pontos A e E.

Altura AE $= \sqrt{(+3 - 2,176)^2 + (+8 - 4,706)^2}$; **<u>Altura AE = 3,395</u>**

Altura BF, em relação ao lado AC (interseção das retas AC e OB):

$$\begin{cases} AC: 2x + y - 14 = 0 \Rightarrow y = -2x + 14 \text{ (substituir em OB).} \\ OB: +0,5x - y - 1,5 = 0 \end{cases}$$

$+0,5x - (-2x + 14) - 1,5 = 0 \Rightarrow +0,5x + 2x - 14 - 1,5 = 0 \Rightarrow +2,5x - 15,5 = 0 \Rightarrow x = +6,2.$

$y = -2(+6,2) + 14 \Rightarrow y = -12,4 + 14 \Rightarrow y = +1,6.$

Ponto F (+ 6,2; + 1,6). Ponto B (+ 9; +3).

Altura BF $= \sqrt{(x_B - x_F)^2 + (y_B - y_F)^2}$ ⟸ Fórmula da distância entre pontos A e E.

Altura BF $= \sqrt{(+9 - 6,2)^2 + (+3 - 1,6)^2}$; **<u>Altura BF = 3,13</u>**

h) Calcular a área do triângulo ABC.

Em todo e qualquer triângulo, a sua área é determinada pela metade do produto entre o valor de um lado (denominado base, ou melhor, lado de referência) e a sua altura correspondente. Isolando apenas o triângulo ABC, na sua posição no Plano Cartesiano, temos os três lados (bases) e as respectivas alturas, nos seguintes pares:

AB com CD; AC com BF e BC com AE. Em verdade, ao invés de falar em "base", tem-se que falar em lado de referência. Dessa forma a área desse triângulo pode ser obtida das seguintes formas: (AB x CD) / 2 ou (AC x BF) / 2 ou (BC x AE) / 2. Observa-se que a área desse triângulo também pode ser calculada, usando-se a fórmula vista no parágrafo 1.10.

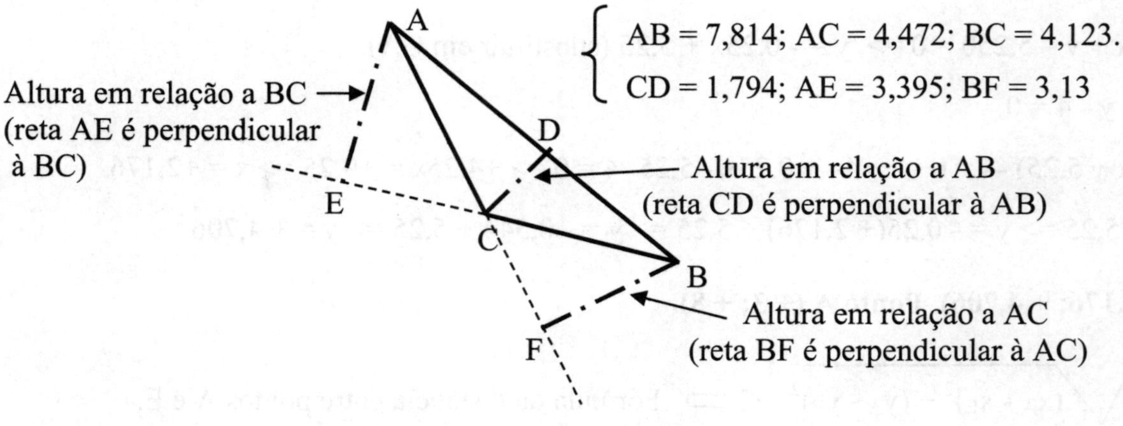

Área 1 = (AB x CD) / 2 = (7,814 x 1,794) / 2 => Área 1 = 7,009*.

Área 2 = (AC x BF) / 2 = (4,472 x 3,13) / 2 => Área 2 = 6,999.

Área 3 = (BC x AE) / 2 = (4,123 x 3,395) / 2 => Área 3 = 6,999.

* A pequena diferença de 0,01 (um centésimo), entre as áreas 1, 2 e 3, ocorreu "matematicamente" devido aproximações, ao longo de todos os cálculos desse exercício, referente ao triângulo ABC. Do ponto de vista dos cálculos de Engenharia, pode-se dizer que a área desse triângulo é igual a 7 unidades de área, que pode ser m^2 ou cm^2 ou mm^2.

2.7 Análise da reta de Euler em triângulos

Todo triângulo, possuí os chamados quatro pontos notáveis (ou particulares) quais sejam: 1) Ortocentro (O) como encontro das três alturas; 2) Baricentro (G) como encontro das três medianas; 3) Circuncentro (C) como encontro das três mediatrizes e 4) Incentro (I) como encontro das três bissetrizes.

Leonhard Paul Euler (1707-1783) demonstrou que, em triângulos escalenos e isósceles quaisquer, existe uma reta (chamada de reta de Euler) que passa pelos seguintes três pontos notáveis: Ortocentro (O), Baricentro (G) e Circuncentro (C). Como em triângulos equiláteros esses três pontos coincidem (bem como o Incentro), fica óbvio que, nesses casos, não existe a chamada reta de Euler, já que por um único ponto é possível passar-se uma infinidade de Retas.

Esse parágrafo mostra análises gráfica e analítica, tanto sobre a chamada reta de Euler, quanto de relações proporcionais de três pontos notáveis, em triângulos, no espaço bidimensional (X, Y), ou seja, espaço R^2. A análise gráfica, foi feita por desenhos executados com o programa AutoCAD©, versão 2015. A análise abrange as seguintes conclusões de Euler e outros renomados matemáticos, aplicadas aos triângulos: 1) Existe uma reta que passa pelos seguintes pontos notáveis de triângulos escalenos e isósceles: Ortocentro (O), Baricentro (G) e Circuncentro (C). Esta é a chamada reta de Euler, que não se aplica a triângulos equiláteros. 2) Na reta de Euler, o Baricentro (G) está localizado entre o Ortocentro (O) e o Circuncentro (C). 3) A distância entre o Baricentro (G) e o Ortocentro (O) é o dobro da distância entre o Baricentro (G) e o Circuncentro (C). 4) Existe uma circunferência com centro no encontro das Mediatrizes (o Circuncentro) e que passa pelos três vértices de um triângulo.

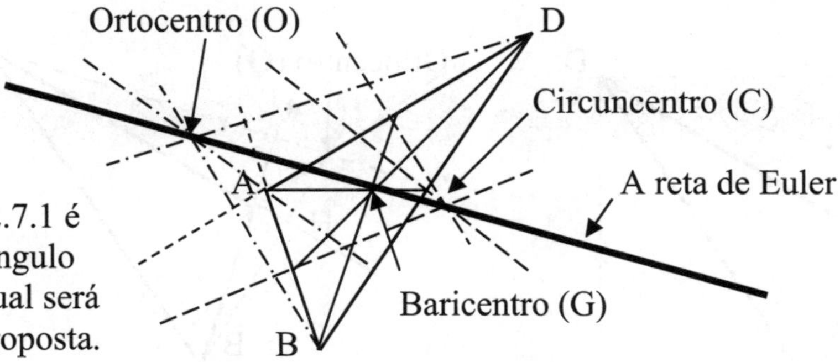

No parágrafo 2.7.1 é definido o triângulo ABD, sobre o qual será feita a análise proposta.

Conclusão 1: existe uma reta que passa pelos seguintes pontos notáveis de triângulos escalenos e isósceles: Ortocentro (O), Baricentro (G) e Circuncentro (C).
Conclusão 2: o Baricentro (G) está localizado entre o Ortocentro (O) e o Circuncentro (C).
Conclusão 3: a distância entre o Baricentro (G) e o Ortocentro (O) é o dobro da distância entre o Baricentro (G) e o Circuncentro, ou seja: OG = 2(GC).
Conclusão 4: existe uma circunferência com centro no encontro das Mediatrizes (ponto C) e que passa pelos três vértices de um triângulo, ou seja: CA = CB = CD.

2.7.1 Características geométricas e análises gráficas do triângulo estudado

Foi definido um triângulo escaleno de vértices A, B, D, com as seguintes Coordenadas Cartesianas no espaço bidimensional ou R^2: A (+5; +4), B (+6; +1) e D (+10; +7) e representado a seguir.

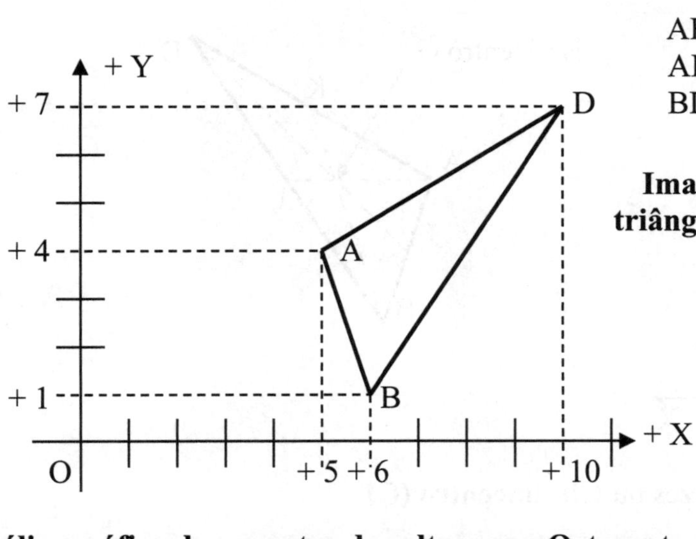

AB = 3,162
AD = 5,831
BD = 7,211
} Lados do triângulo

Imagem Geométrica do triângulo escaleno estudado

A (+5; +4)
B (+6; +1)
D (+10; +7)

Análise gráfica do encontro das alturas ou Ortocentro (O)

Em qualquer triângulo, Ortocentro (O) é o ponto do encontro das três alturas. Altura é a distância entre um lado e o vértice oposto. DE = altura em relação a AB; BH = altura em relação a AD e AF = altura em relação a BD.

O cálculo gráfico (AutoCAD©) mostra que as Coordenadas Cartesianas do Ortocentro são: **O (+ 3,667; + 4,89).**

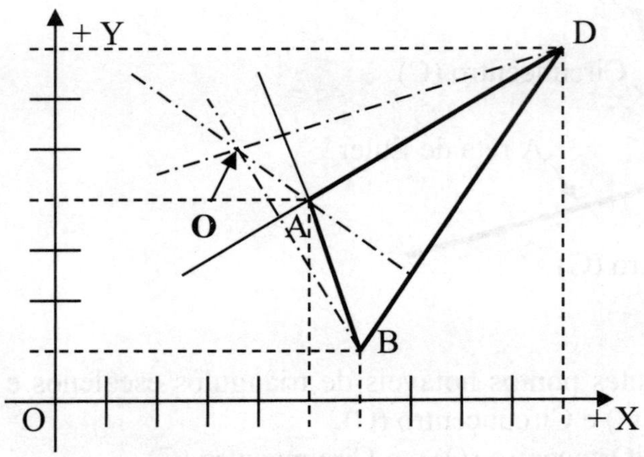

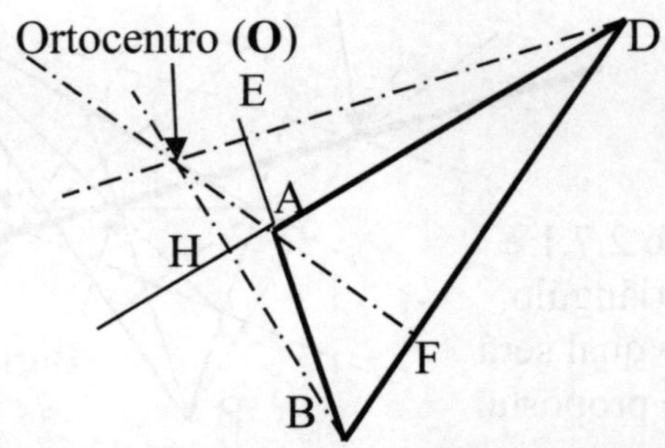

Análise gráfica do encontro das medianas ou Baricentro (G)

Em qualquer triângulo, Baricentro (G) é o ponto de encontro das três medianas. DI = mediana de AB; BJ = mediana de AD e AK = mediana de BD. Mediana é a linha entre um vértice e o ponto médio do lado oposto. O AutoCAD©, mostra que as medianas são divididas em partes proporcionais, sendo uma dois terços da outra, ou seja: GA = 2/3 (AL); GB = 2/3 (BK) e GD = 2/3 (DJ). O cálculo gráfico (AutoCAD©) mostra que as Coordenadas Cartesianas do Baricentro são: **G (+ 7; + 4).**

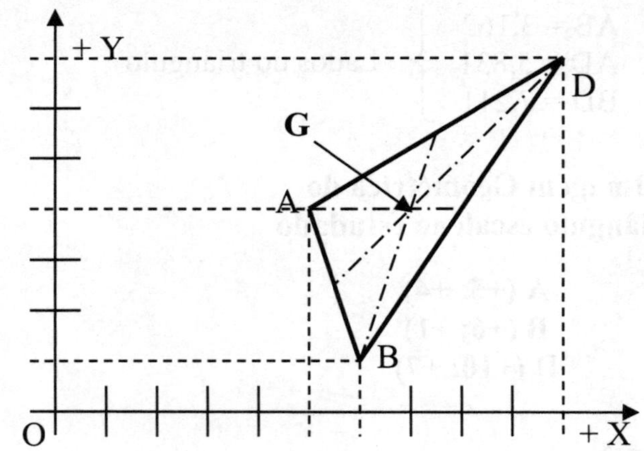

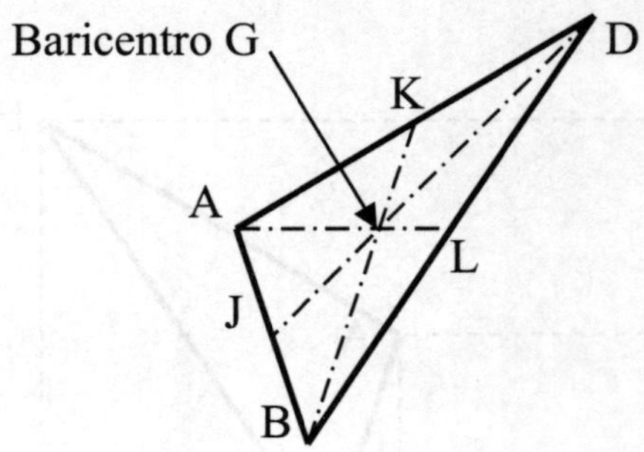

Análise gráfica do encontro das mediatrizes ou Circuncentro (C)

Em qualquer triângulo, Circuncentro (C) é o ponto de encontro das três mediatrizes. Mediatriz é o lugar geométrico dos pontos equidistantes aos extremos de um segmento de reta. CI = reta mediatriz de AB; CJ = reta mediatriz de AD e CK = reta mediatriz de BD.

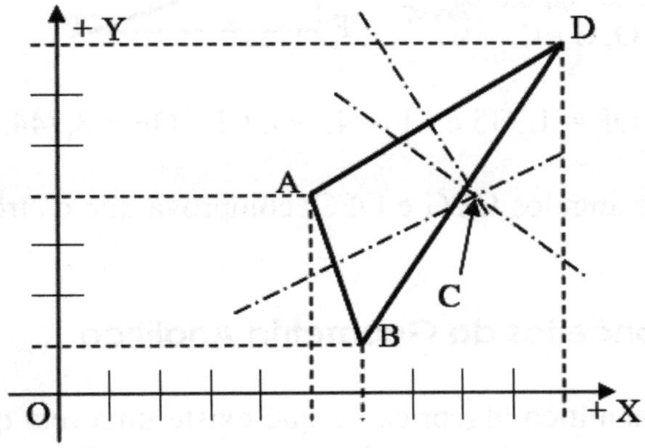

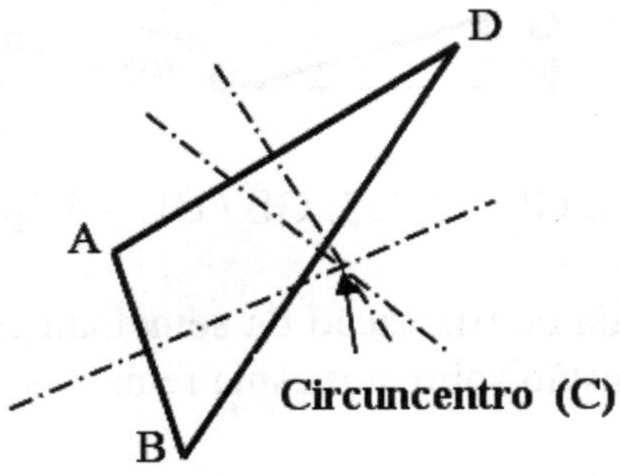

O AutoCAD© mostra que as distâncias CA, CB e CD são iguais a 3,692, comprovando que: existe uma circunferência, com centro no encontro das mediatrizes, (o Circuncentro C) e que passa pelos três vértices do triângulo. O cálculo gráfico (AutoCAD©) mostra que as Coordenadas Cartesianas do circuncentro são: **C (+ 8,666; + 3,555)**.

A reta de Euler, com as análises e cálculos gráficos dos pontos O, G e C

Uma vez definidas as Coordenadas Cartesianas dos pontos O, G e C, faz-se uma representação gráfica do conjunto, usando-se o AutoCAD©. O desenho confirma que: 1) existe uma reta que passa pelos três pontos e que o ângulo que esta reta faz com o eixo OX é $\beta = 14{,}949^o$, com o seu suplemento, ângulo $\alpha = 165{,}051^o$. A tangente desse ângulo α (= - 0,267) é o coeficiente angular "m", que será analisado e calculado pelos conceitos da Geometria Analítica, descritos mais adiante, no parágrafo 5. 2) o Baricentro (G) está localizado entre o Ortocentro (O) e o Circuncentro (C). 3) a distância entre o Baricentro (G) e o Ortocentro (O): GO = 3,445 é o dobro da distância entre o Baricentro (G) e o Circuncentro: GC = 1,7225.

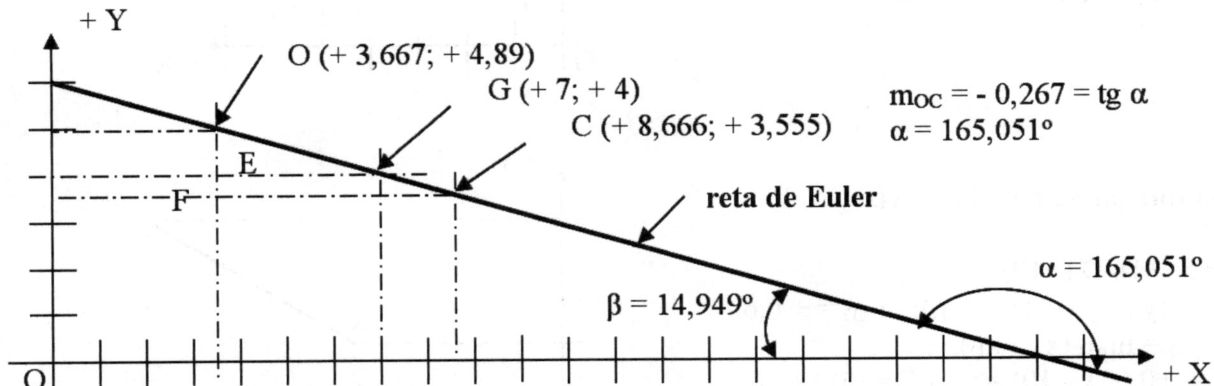

Esta é a Imagem Geométrica, com a comprovação da reta de Euler, no triângulo considerado, executada pelo programa AutoCAD©, bem como duas relações proporcionais.

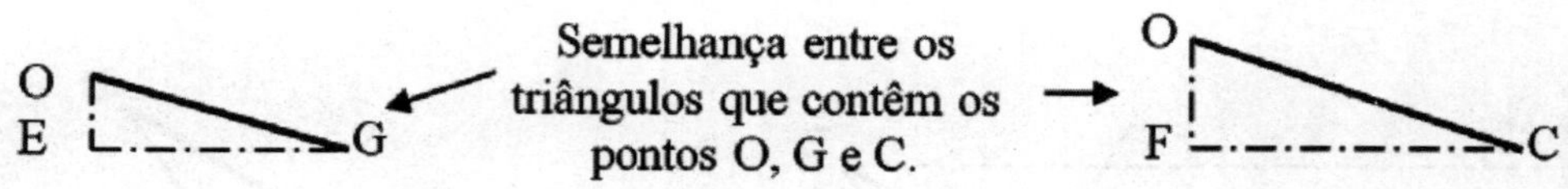

OE = 0,89 e GE = 3,333: GE / OE = 3,744. OF = 1,335 e CF = 4,999: CF / OF = 3,744.

A análise da confirmação da semelhança dos triângulos OEG e OFC, comprova que os três pontos O, G e C, estão sobre a mesma reta.

2.7.2 A reta de Euler analisada pelos conceitos da Geometria Analítica

À luz da Geometria Analítica, a confirmação analítico algébrica de que existe uma reta que passa pelos três pontos notáveis, aqui estudados, exige as seguintes análises e cálculos: 1) Equação da reta de cada um dos lados; 2) Determinação das Coordenadas Cartesianas do ponto médio de cada lado; 3) Equação da reta de cada uma das alturas; 4) Equação da reta de cada uma das medianas; 5) Equação da reta de cada uma das mediatrizes; 6) Determinação das Coordenadas Cartesianas do ponto de encontro das alturas ou Ortocentro (ponto O); 7) Determinação das Coordenadas Cartesianas do ponto de encontro das medianas ou Baricentro (ponto G); 8) Determinação das Coordenadas Cartesianas do ponto de encontro das mediatrizes ou Circuncentro (ponto C) e 9) Determinação/confirmação de que a reta de Euler passa pelos três pontos: O, G e C.

Determinação da equação da reta que passa por cada lado do triângulo

Reta que passa pelo lado AB:

A (+5; +4), B (+6; +1).

$m_{AB} = (y_A - y_B) / (x_A - x_B)$: $m_{AB} = -3$.

$y_A - y_B = m_{AB} (x_A - x_B)$.

$y - 1 = -3 (x - 6) \Rightarrow y - 1 = -3x + 18$:

Reta AB $\rightarrow 3x + y - 19 = 0$.

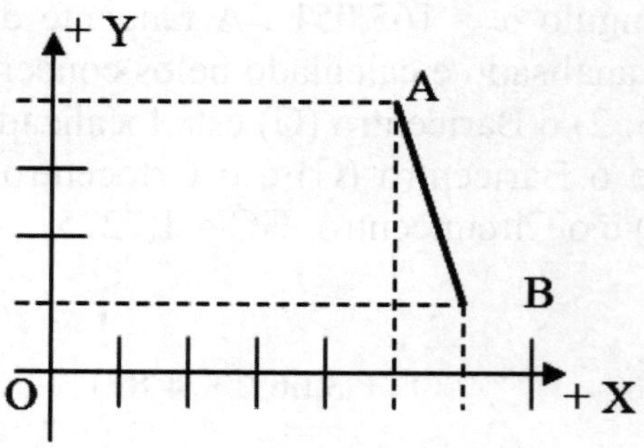

Reta que passa pelo lado AD:

A (+5; +4), D (+10; +7).

$m_{AD} = (y_A - y_D) / (x_A - x_D)$: $m_{AD} = +0,6$.

$y_A - y_D = m_{AD} (x_A - x_D)$.

$y - 7 = +0,6 (x - 10) \Rightarrow y - 7 = +0,6x - 6$:

Reta AD $\rightarrow -0,6x - y + 1 = 0$.

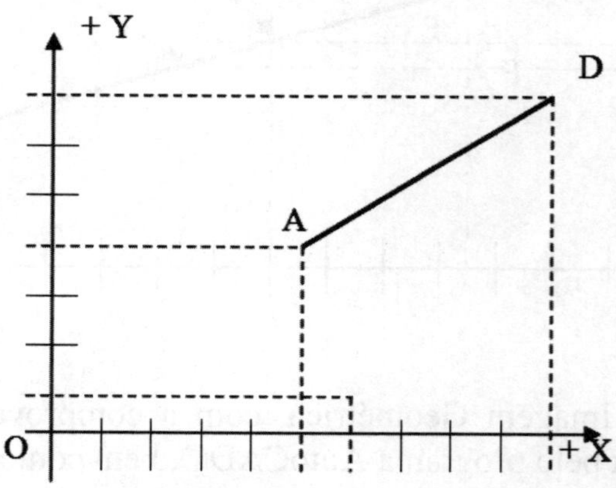

Reta que passa pelo lado BD:

B (+6; +1), D (+10; +7).
$m_{BD} = (y_B - y_D) / (x_B - x_D)$: $m_{BD} = + 1,5$.
$y_B - y_D = m_{BD} (x_B - x_D)$.
$y - 7 = + 1,5 (x - 10) \Rightarrow y - 7 = + 1,5x - 15$:
Reta BD $\rightarrow + 1,5x - y - 8 = 0$.

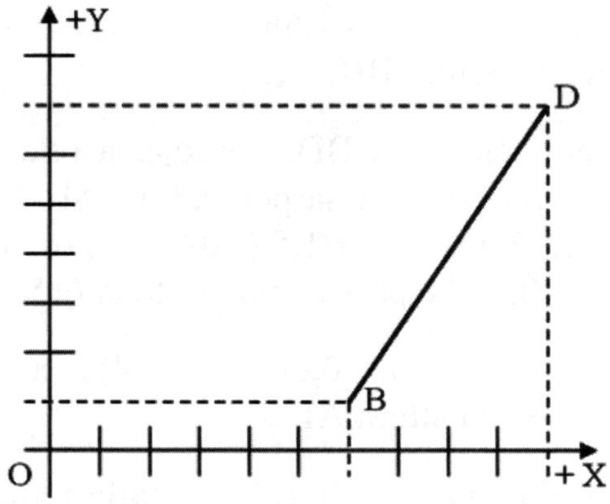

Determinação das Coordenadas Cartesianas do ponto médio de cada lado

Ponto médio do lado AB (ponto I):

$$I = \left(\frac{x_A + x_B}{2} ; \frac{y_A + y_B}{2}\right) \quad ; \; I = (+5,5 ; +2,5)$$

Ponto médio do lado AD (ponto J):

$$J = \left(\frac{x_A + x_D}{2} ; \frac{y_A + y_D}{2}\right) \quad ; \; J = (+7,5 ; +5,5)$$

Ponto médio do lado BD (ponto K):

$$K = \left(\frac{x_B + x_D}{2} ; \frac{y_B + y_D}{2}\right) \quad ; \; K = (+8 ; +4)$$

Determinação da equação da reta que passa por cada uma das alturas

Quando duas retas são perpendiculares, o coeficiente angular de uma é igual ao oposto (sinal oposto) do inverso do outro coeficiente.

DE = altura em relação a AB, ou seja, a reta que passa pelo lado AB ($+3x + y - 19 = 0$) é perpendicular à reta que passa pela altura DE. Como o coeficiente angular da reta AB é $m_{AB} = - 3$, o da reta DE é: $m_{DE} = + 1/3$ (+ 0,333), portanto a reta que passa pela altura DE, tem coeficiente angular igual a + 0,333 e passa pelo ponto D (+10; +7). Assim sendo tem-se:

$m_{DE} = (y_D - y_E) / (x_D - x_E)$: $+ 0,333 = (y - 7) / (x - 10)$; portanto: $\mathbf{+ 0,333x - y + 3,667 = 0}$ é a equação da reta que passa pela altura DE.

BH = altura em relação a AD, ou seja, a reta que passa pelo lado AD ($- 0,6x - y + 1 = 0$) é perpendicular à reta que passa pela altura BH. Como o coeficiente angular da reta AD é $m_{AD} = + 0,6$, o da reta BH é: $m_{BH} = - 1/0,6$ (- 1,667), portanto a reta que passa pela altura BH, tem coeficiente angular igual a - 1,667 e passa pelo ponto B (+6; +1). Assim sendo tem-se:

$m_{BH} = (y_B - y_H) / (x_B - x_H)$: - 1,667 = (y - 1) / (x - 6); portanto: **- 1,667x - y + 11 = 0** é a equação da reta que passa pela altura BH.

AF = altura em relação a BD, ou seja, a reta que passa pelo lado BD (+ 1,5x - y - 8 = 0) é perpendicular à reta que passa pela altura AF. Como o coeficiente angular da reta BD é m_{BD} = + 1,5, o da reta AF é: m_{AF} = - 1/1,5 (- 0,667), portanto a reta que passa pela altura AF, tem coeficiente angular igual a - 0,667 e passa pelo ponto A (+5; +4). Assim sendo tem-se:

$m_{AF} = (y_A - y_F) / (x_A - x_F)$: - 0,667 = (y - 4) / (x - 5); portanto: **- 0,667x - y + 7,335 = 0** é a equação da reta que passa pela altura AF.

Determinação da equação da reta de cada uma das Medianas

Em verdade, cada uma dessas retas passa por um vértice, cujas Coordenadas Cartesianas foram dadas, e pelo ponto médio do lado oposto ao vértice, sendo que esse ponto médio foi calculado no parágrafo 2.7.3.2. Ou seja, trata-se de determinar a equação de uma reta que passa por dois pontos, com as Coordenadas Cartesianas já conhecidas.

Determinação da equação da reta Mediana DI, sendo D (+10; +7) e I (+5,5; +2,5):

$m_{DI} = (y_D - y_I) / (x_D - x_I)$; $m_{DI} = + 1$.
$m_{DI} (x_D - x_I) = (y_D - y_I)$; $+1 (x_D - 5{,}5) = y_D - 2{,}5 \Rightarrow x_D - 5{,}5 - y_D + 2{,}5 = 0 \Rightarrow x - y - 3 = 0$;
Portanto: + x - y - 3 = 0 é a reta que passa pela Mediana DI.

Determinação da equação da reta Mediana BJ, sendo B (+6; +1) e J (+7,5; +5,5):

$m_{BJ} = (y_B - y_J) / (x_B - x_J)$; $m_{BJ} = + 3$.
$m_{BJ} (x_B - x_J) = (y_B - y_J)$; $+3(x_B - 7{,}5) = y_B - 5{,}5 \Rightarrow +3x_B - 22{,}5 - y_B + 5{,}5 = 0 \Rightarrow +3x - y - 17 = 0$;
Portanto: + 3x - y - 17 = 0 é a reta que passa pela Mediana BJ.

Determinação da equação da reta Mediana AK, sendo A (+5; +4) e K (+8; +4):

$m_{AK} = (y_A - y_K) / (x_A - x_K)$; $m_{AK} = 0$.
Como m é o coeficiente angular da reta, ou seja, a tangente do ângulo entre a reta e o eixo OX, como m é igual a zero, significa que esta reta AK é paralela ao eixo OX.
$m_{AK} (x_A - x_K) = (y_A - y_K)$;
$0 = y_A - 4$; **Ou seja; y = + 4 é a reta que passa pela Mediana AK.**

Determinação da equação da reta de cada uma das mediatrizes

Cada reta mediatriz é perpendicular à reta do referido lado e passa pelo seu ponto médio. Ou seja, cada uma dessas equações envolve a determinação de uma reta perpendicular a outra (reta do lado) e passando por um determinado e conhecido ponto (ponto médio do lado). Quando duas retas são perpendiculares, o coeficiente angular de uma é igual ao oposto (sinal oposto) do inverso do outro coeficiente.

Determinação da reta CI, mediatriz de AB, onde reta AB ⟶ 3x + y - 19 = 0, ponto médio I (+5,5; +2,5), coeficiente angular m_{AB} = - 3 e coeficiente angular m_{CI} = - (-1/3) = + 0,3333.

$m_{CI} = + 0{,}3333$; $m_{CI} (x - x_I) = (y - y_I) \Rightarrow + 0{,}3333 (x - 5{,}5) = y - 2{,}5 \Rightarrow$
$+ 0{,}3333x - 1{,}8332 - y + 2{,}5 = 0$.

Ou seja: + 0,3333x - y + 0,6668 = 0 é a reta CI, mediatriz de AB.

Determinação da reta CJ, mediatriz de AD, onde reta AD ⟶ + 0,6x - y + 1 = 0, o ponto médio J (+7,5; +5,5) e coeficiente angular m_{AD} = + 0,6 e coeficiente angular m_{cj} = -(1/+0,6) = - 1,6667.

m_{cj} = - 1,6667; m_{CJ} (x - x_J) = (y - y_J) => - 1,6667 (x - 7,5) = y - 5,5 => - 1,6667x + 12,5003 - y + 5,5 = 0.

Ou seja: + 1,6667x + y - 18 = 0 é a reta CJ, mediatriz de AD.

Determinação da reta CK, mediatriz de BD, onde reta BD ⟶ + 1,5x - y - 8 = 0, o ponto médio K (+8; +4) e coeficiente angular m_{BD} = + 1,5 e o coeficiente angular m_{CK} = - (1/+1,5) = - 0,6667.

m_{CK} = - 0,6667; m_{CK} (x - x_K) = (y - y_K) => - 0,6667 (x - 8) = y – 4 => - 0,667x + 5,3336 - y + 4 = 0.
Ou seja: + 0,6667x + y - 9,3336 = 0 é a reta CK, mediatriz de BD.

Determinação das Coordenadas Cartesianas do ponto de encontro das alturas ou Ortocentro (O)

O Ortocentro será determinado pela resolução de um sistema de equações. Como são três equações (três alturas) e duas incógnitas (x e y), serão resolvidos dois sistemas, com duas equações cada, achando-se os mesmos valores de x e y, em cada sistema: 1) Sistema com: equação da reta que passa pela altura DE (+ 0,3333x - y + 3,6666 = 0) e equação da reta que passa pela altura BH (- 1,6666x - y + 11 = 0). 2) Sistema com: equação da reta que passa pela altura BH (-1,667x - y + 11 = 0) e equação da reta que passa pela altura AF (- 0,6666x - y + 7,335 = 0).

{+ 0,3333x - y + 3,6666 = 0; onde y = + 0,3333x + 3,6666.
{- 1,667x - y + 11 = 0; nesta equação, fazendo-se a substituição do y acima tem-se:

- 1,667x - 0,333x - 3,667 + 11 = 0 => - 2x - 3,667 + 11 = 0 => - 2x = - 7,333 => x = + 3,666.
y = + 0,333. 3,667 + 3,667 => y = + 4,89.

{-1,667x - y + 11 = 0 => y = - 1,667x + 11
{- 0,667x - y + 7,335 = 0; nesta equação, fazendo-se a substituição do y acima tem-se:

- 0,667x + 1,667x - 11 + 7,335 = 0 => + x – 3,665 = 0 => x = + 3,666.
y = - 1,667. 3,665 + 11 => y = + 4,89

As Coordenadas Cartesianas do Ortocentro (O) são: **O (+ 3,667; + 4,89)**, ou seja, os mesmos valores encontrados pela análise gráfica feita no AutoCAD©.

Determinação das Coordenadas Cartesianas do ponto de encontro das medianas ou Baricentro (G)

Apesar de ter-se três equações, em uma delas, a reta AK, a equação é y = +4, ou seja, basta apenas resolver um sistema com as equações das outras duas medianas: DI e BJ, para achar o valor de x e confirmar o de y, que é igual a + 4.

{+ x - y - 3 = 0; x = y + 3.
{+ 3x - y - 17 = 0

+ 3(y + 3) - y - 17 = 0 => 3y + 9 - y - 17 = 0 => + 2y = + 8 => y = +4 e x = + 7.

As Coordenadas Cartesianas do Baricentro (ponto G) são: **G (+ 7; + 4)**, ou seja, os mesmos valores encontrados pela análise gráfica feita no AutoCAD©.

Determinação das Coordenadas Cartesianas do ponto de encontro das mediatrizes ou Circuncentro (C)

O Circuncentro será determinado pela resolução de um sistema de equações. Como são três equações (três mediatrizes) e duas incógnitas (x e y), serão resolvidos dois sistemas, com duas equações cada, achando-se os mesmos valores de x e y, em cada sistema: 1) Sistema com: equação da reta que passa pela mediatriz CI (+ 0,3333x - y + 0,6668 = 0) e equação da reta que passa pela mediatriz CJ (+ 1,6667x + y - 18 = 0). 2) Sistema com: equação da reta que passa pela mediatriz CI (+ 0,3333x - y + 0,6668 = 0) e equação da reta que passa pela mediatriz CK (+ 0,6667x + y - 9,3336 = 0).

$$\begin{cases} +0{,}3333x - y + 0{,}6668 = 0;\ y = +0{,}333x + 0{,}6668. \\ +1{,}6667x + y - 18 = 0 \end{cases} \Longrightarrow x = +8{,}666 \text{ e } y = +3{,}555.$$

$$\begin{cases} +1{,}6667x + y - 18 = 0;\ y = -1{,}6667x + 18. \\ +0{,}6667x + y - 9{,}3336 = 0. \end{cases} \Longrightarrow x = +8{,}666 \text{ e } y = +3{,}555.$$

As coordenadas Cartesianas do Circuncentro são: **C (+ 8,666; + 3,555)**, ou seja, os mesmos valores encontrados pela análise gráfica feita no AutoCAD©.

2.7.3 Confirmação de que a reta de Euler passa pelos pontos: O, G e C

Como já foram determinadas as Coordenadas Cartesianas dos três pontos, a confirmação de que existe uma reta (de Euler) que passa por estes pontos poderá ser feita, de duas formas: 1) determinando-se a equação de uma reta que passa pelos pontos O (Ortocentro) e G (Baricentro) e a equação de uma reta que passa pelos pontos O (Ortocentro) e C (Circuncentro), segundo o coeficiente angular. Como os três pontos pertencem à mesma reta (de Euler), as duas equações terão o mesmo coeficiente angular; 2) Outra forma de confirmar que três pontos são colineares, ou seja, que estão sobre a mesma reta, é através do Determinante de Sarrus (veja parágrafo 2.8). Neste parágrafo serão feitas as duas análises.

A reta de Euler, segundo sua equação definida pelo coeficiente angular m

Reta entre O (+ 3,667; + 4,89) e G (+ 7; + 4):

$m_{OG} = (y_O - y_G) / (x_O - x_G) \Rightarrow m_{OG} = (+4{,}89 - 4) / (+3{,}667 - 7) \Rightarrow m_{OG} = -0{,}267.$

$y - y_G = m_{OG}(x - x_G) \Rightarrow y - 4 = -0{,}267(x - 7) \Rightarrow y - 4 = -0{,}267x + 1{,}869:$

$+0{,}267x + y - 5{,}869 = 0$ ← Equação da Reta OG.

Reta entre O (+ 3,667; + 4,89) e C (+ 8,666; + 3,555):

$m_{OC} = (y_O - y_C) / (x_O - x_C) \Rightarrow m_{OC} = (+ 4{,}89 - 3{,}555) / (+ 3{,}667 - 8{,}666) \Rightarrow m_{OC} = - 0{,}267.$

$y - y_C = m_{OC} (x - x_C) \Rightarrow y - 3{,}555 = - 0{,}267 (x - 8{,}666) \Rightarrow y - 3{,}555 = - 0{,}267x + 2{,}314:$

$+ 0{,}267x + y - 5{,}869 = 0$ ← Equação da reta OC.

Como, tanto os coeficientes angulares, quanto as equações são iguais, concluí-se que os três pontos: O (+ 3,667; + 4,89), G (+7; +4) e C (+ 8,666; + 3,555), pertencem à mesma reta, ou seja:

A equação da reta de Euler, do triângulo citado, é: + 0,267x + y - 5,869 = 0.

Além de todas as características analisadas analiticamente, essa reta de Euler, apresenta dois outros pontos típicos e com propriedades específicas: o primeiro é o ponto onde a reta corta o eixo dos Y, ou seja, onde a abscissa x é igual a zero. Nesse ponto tem-se o valor do coeficiente linear desta reta, que é igual a + 5,869. O segundo ponto é onde a reta corta o eixo dos X, ou seja, onde a ordenada y é igual a zero. Nesse ponto tem-se x = + 21,981.

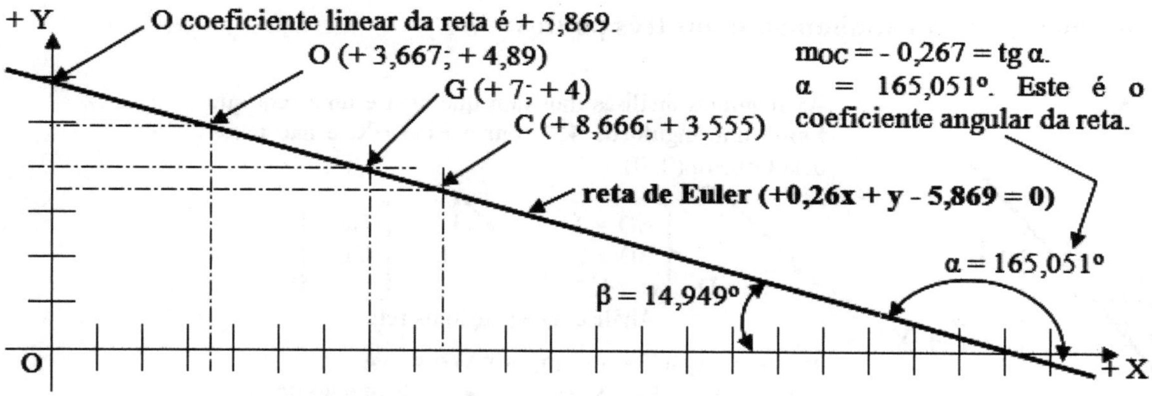

Imagem Geométrica da reta de Euler do triângulo considerado

Considerando todas as análises gráfica e analítica, pode-se confirmar e concluir que: 1) em triângulos escalenos e isósceles existe uma reta (de Euler) que passa pelos seguintes pontos notáveis: Ortocentro (O), Baricentro (G) e Circuncentro (C). Essa reta é chamada de reta de Euler. 2) Na reta de Euler, o Baricentro (G) está localizado entre o Ortocentro (O) e o Circuncentro (C). 3) A distância entre o Baricentro (G) e o Ortocentro (O) é o dobro da distância entre o Baricentro (G) e o Circuncentro (C). 4) Pelo Circuncentro ou ponto C é possível traçar uma circunferência que passa pelos três vértices do triângulo.

2.8 A Regra de Sarrus aplicada ao alinhamento de três pontos, configurando uma reta

Especialmente no espaço bidimensional ou R^2 ou X, Y, é fácil e direto, verificar graficamente se três pontos estão alinhados, ou seja, se estão sobre uma mesma reta. Uma vez feito o desenho ou gráfico da reta com os três pontos, pode-se com a resolução de alguns triângulos retângulos e suas semelhanças, confirmar ou não este alinhamento. Outra maneira de verificar este alinhamento é através do cálculo de um tipo de determinante de terceira ordem, pela Regra de Sarrus. Supondo três pontos A (x_A; y_A), B (x_B; y_B) e C (x_C; y_C), o alinhamento dos três pontos será confirmado se o determinante a seguir for igual a zero (0).

$$D = \begin{vmatrix} x_A & y_A & 1 \\ x_B & y_B & 1 \\ x_C & y_C & 1 \end{vmatrix} = 0$$

Se esta igualdade se verifica os três pontos estão alinhados. (esta fórmula foi citada no parágrafo 1.9.1)

Exercício 2.15: utilizando a Regra de Sarrus, verifique se os pontos A (+3; +1), B (+5; +3) e C (+6; +4), estão alinhados, ou seja, se pertencem à mesma reta.

$$D = \begin{vmatrix} 3 & 1 & 1 \\ 5 & 3 & 1 \\ 6 & 4 & 1 \end{vmatrix} \begin{matrix} 3 & 1 \\ 5 & 3 \\ 6 & 4 \end{matrix}$$

$D = [+(1.5.4) + (1.1.6) + (3.3.1)]+[- (1.5.1) - (3.1.4) - (1.3.6)].$

$D = +20 + 6 + 9 - 5 - 12 - 18;\quad D = 0$ (zero).

Como o Determinante é nulo (igual a zero), os três pontos estão alinhados.

Confirmação gráfica do alinhamento dos três pontos

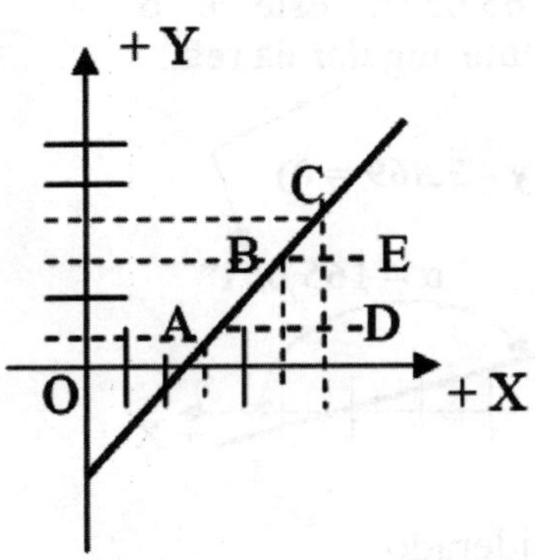

As seguintes análises mostram que essa é uma reta que forma um ângulo de 45° com o Eixo +X, e não passa pela Origem (0; 0).

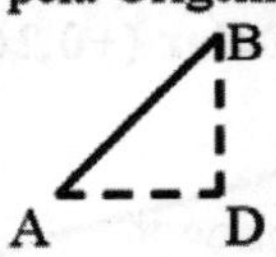

AD = 2; BD = 2; α = 45°

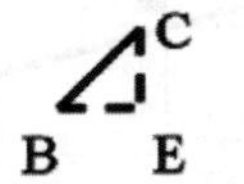

BE = 1; CE = 1; α = 45°

Análise da equação da reta:

$m = tg\,\alpha = tg\,45° = +1$. $m(x - xA) = y - yA$

$+1(x - 3) = y - 1 \Rightarrow y = +x - 2$ ⟵ Equação da reta.

Quando $x = 0 \Rightarrow y = -2$ e quando $y = 0 \Rightarrow x = +2$

2.9 Aplicações práticas dos conceitos de retas/funções lineares

As aplicações mais notáveis são na elaboração de programas (*softwares*), tanto os relacionados à computação gráfica (especialmente para Desenhos Técnicos), quanto os de cálculos específicos, por exemplo, os de cálculo estrutural, bem como os de elementos finitos, para sistemas de equações lineares. Além dessas, existem muitas outras aplicações de uso de retas ou funções lineares, como por exemplo, o gráfico da dilatação linear de uma barra de metal, a seguir mostrada.

2.9.1 Gráfico conceitual da dilatação linear de uma barra metálica

Se pegarmos uma barra metálica de comprimento L_0, à temperatura T_1 e a submetermos a uma temperatura maior T_2, quando houver a estabilização térmica, a barra terá um comprimento L_1, maior do que o inicial L_0. A variação da temperatura é calculada pela diferença entre a temperatura final e a inicial: $\Delta T = T_2 - T_1$. Da mesma forma, podemos calcular a variação de comprimento causada por essa variação da temperatura: $\Delta L = L_1 - L_0$.

A dilatação linear sofrida pela barra é proporcional ao aumento de temperatura, de forma que quanto maior for esse aumento, maior será a dilatação. Ela também depende do comprimento inicial e do material que constitui a barra, uma vez que cada material apresenta um comportamento diferente ao ser submetido a variações de temperatura.

Segundo os conceitos da Física, existe uma relação matemática para calcular a dilatação, chamada de Lei da dilatação linear, que é expressa pela equação: $\Delta L = \alpha \cdot L_0 \cdot \Delta T$, onde a letra grega α representa o coeficiente de dilatação linear do material que constitui a barra e assume um valor específico para cada tipo de material. Sua unidade de medida é 1/ºC ou $°C^{-1}$. Observa-se que, aqui α não é um ângulo.

Essa função linear, da variação do comprimento, em função da temperatura, pode ser representada por uma reta, como a seguir mostrada. Deve ser ressaltado que, o material se dilata, ou seja, aumenta seu comprimento com o aumento da temperatura, mas também diminuí de comprimento, ou seja, se contrai quando a temperatura decresce.

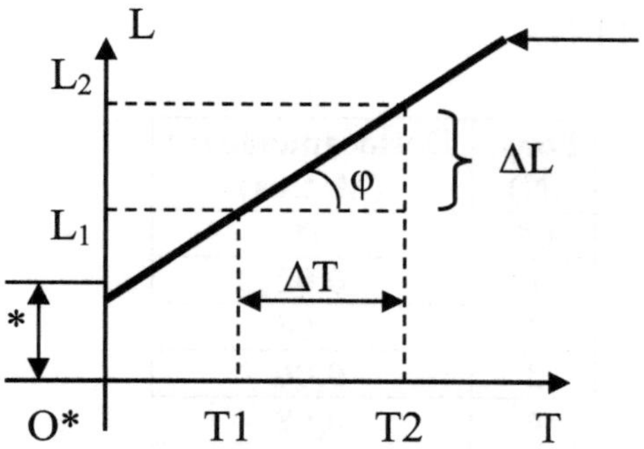

Essa reta representa a variação L x T

$\Delta L = \alpha \cdot L_0 \cdot \Delta T. \rightarrow (\Delta L / \Delta T = \alpha \cdot L_0)$.

$tg\ \varphi = \Delta L / \Delta T$. Logo: $tg\ \varphi = \alpha \cdot L_0$ (isto significa que a inclinação φ varia conforme o tipo de material).

* Essa reta da dilatação linear não passa pelo ponto zero, já que, mesmo à baixa temperatura ela tem um comprimento inicial.

2.9.2 Exemplo prático de dilatação linear (trilho de uma ferrovia)

Exercício 2.16: Um trilho em aço de uma ferrovia tem 10 m de comprimento. Qual o acréscimo de comprimento desse trilho, sabendo-se que nesta região no inverno a temperatura mínima é de 5°C e no alto verão pode chegar a 45°C? (dado: coeficiente de dilatação linear do aço: $\alpha = 1{,}1 \cdot 10^{-5}\ °C^{-1}$).

$$\Delta L = \alpha \cdot L_0 \cdot \Delta T. \left\{ \begin{array}{l} \alpha = 1{,}1 \cdot 10^{-5}\ °C^{-1} \\ L_0 = 10\ m. \\ \Delta T = 40°C. \end{array} \right\} \Delta L = 1{,}1 \cdot 10^{-5}\ °C^{-1} \cdot 10\ m \cdot 40°C.$$

$\Delta L = 1{,}1 \cdot 10^{-4}\ m \rightarrow \Delta L = 0{,}00011\ m \rightarrow \Delta L = 0{,}11\ mm.$

Observação de Engenharia: apesar de "parecer" pequena, essa dilatação pode causar grandes esforços (tensão térmica). É por isso que existem as famosas juntas de expansão ou de dilatação entre os trilhos de ferrovias, deixadas de espaços em espaços.

2.9.3 O alongamento de uma mola, como exemplo prático da equação de uma reta

A Física mostra que, ao se aplicar uma força de tração à uma mola metálica, por exemplo, cilíndrica com espiras circulares, o comprimento da mola se alonga, proporcionalmente à força (F) aplicada. A equação que rege este conceito é: F = - kx, onde F é a força aplicada, x é o alongamento e k é a constante elástica da mola, que varia em função de vários fatores, dentre os quais: material da mola, temperatura de operação, diâmetro médio da mola e diâmetro do arame da espira da mola.

Exercício 2.17: Um engenheiro precisa descobrir a constante elástica de uma mola, que está sendo retirada de uma máquina, para uso em outra. Ele foi ao laboratório e aplicou forças (F) na mola, medindo cuidadosamente o deslocamento (x) para cada força aplicada. Após a aplicação de seis forças crescentes, entre 1N e 6N, o engenheiro tabulou os deslocamentos (x), para cada força. A tabela a seguir resume os dados encontrados. Com estes dados pedem-se: a) o gráfico da experiência, onde no eixo das Abscissas (X) estão os deslocamentos (x) em metros e no eixo das Ordenadas estão as forças (F) em Newton. b) calcular a constante elástica (k) desta mola. c) Qual será o alongamento quando for aplicada uma força de 11 N?

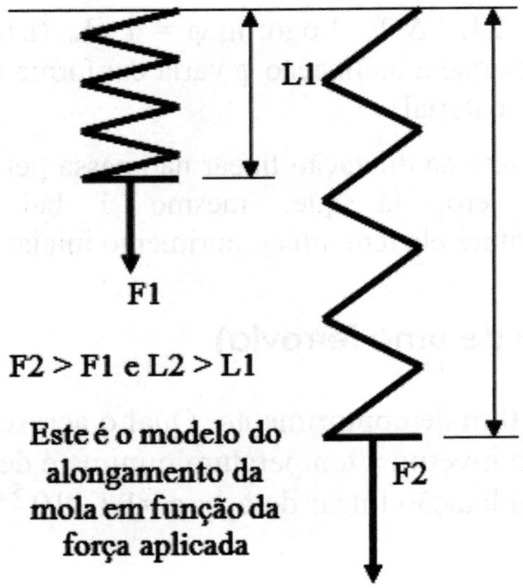

Força (N)	Deslocamento (x) (Metros)
0*	0*
1	0,02
2	0,04
3	0,06
4	0,08
5	0,10
6	0,12

*** F = 0 e x = 0, significa que a mola está em repouso, com o seu comprimento L original.**

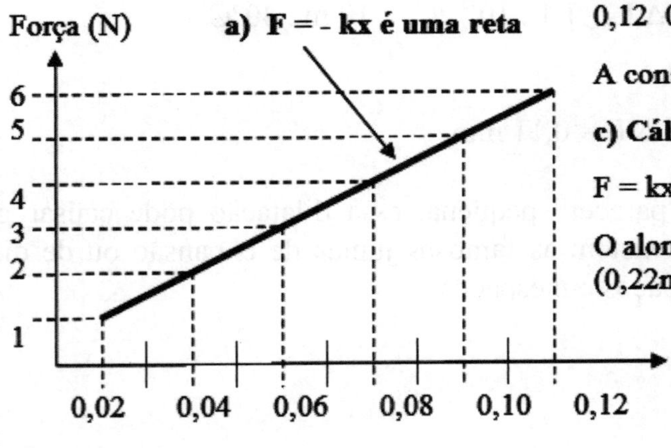

b) Cálculo da constante elástica k

F = | kx |; logo: | k | = F / x.

$$\frac{6}{0,12} = \frac{5}{0,10} = \frac{4}{0,08} = \frac{3}{0,06} = \frac{2}{0,04} = \frac{1}{0,02} = 50$$

A constante elástica k = 50 (N/m).

c) Cálculo de x, para F = 11 N.

F = kx; x = F/k: x = 11 N/50; x = 0,22 m.

O alongamento será de 0,22 m, para F = 11N (0,22m = 22cm = 220mm)

2.10 Inequações e sistemas de inequações do 1° grau (sistemas lineares de inequações)

Enquanto em uma equação tem-se uma igualdade, por exemplo: $+ax + b = y$, nas inequações tem-se expressões de desigualdade, escritas das seguintes maneiras: $ax + b > 0$ ou $ax + b < 0$ ou $ax + b \geq 0$. Análises de inequações do 1° grau são realizadas igualando-as a zero (ou seja, transformando numa equação), para então ver os intervalos ou regiões do Espaço R^2 que satisfaçam à inequação.

Exercício 2.18: Analise a equação: $+3x - 4 = y$ e a inequação: $+3x - 4 > 0$, construindo seus gráficos e fazendo observações.

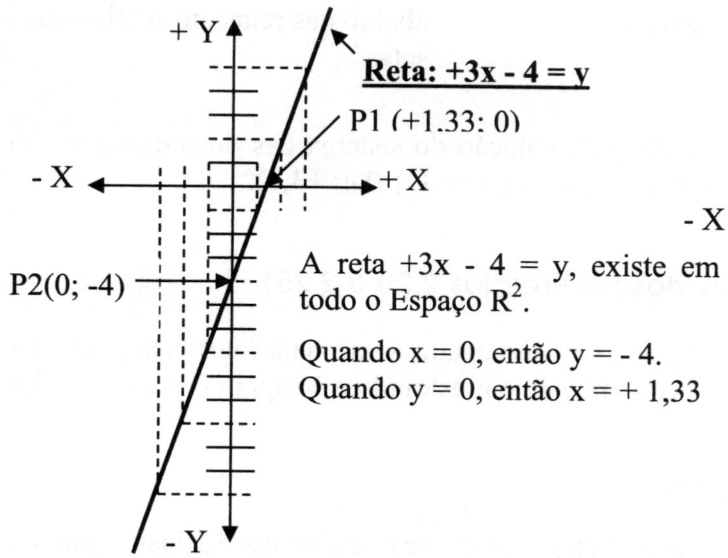

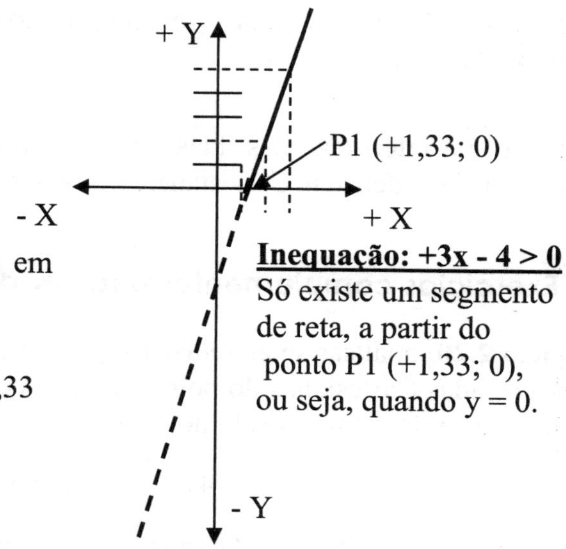

Algebricamente, a solução é: $+3x - 4 > 0$, ou $+3x > + 4$ ou $x > + 4/3$, ou seja: $x > + 1,33$. Em verdade, isso significa que, para essa inequação, o segmento de reta só existe a partir de um ponto, muito próximo (infinitésimo) de $x = + 1,33$. Ou seja, o ponto P (+1,33; 0) não pertence ao segmento de reta. Esse ponto só pertence ao segmento, se a inequação tomar a seguinte forma: $+3x - 4 \geq 0$, ou seja: inequação maior ou igual.

Um sistema de inequações do 1° grau é composto por inequações, que configura ou representa uma determinada região do Espaço R^2.

Exercício 2.19: Analise o sistema formado pelas inequações: $-x +y \leq 4$ e $+3x +2y \leq 6$, mostrando a sua solução. Inicialmente analisa-se cada inequação, determinando sua região válida.

-x +y ≤ 4 ou y ≤ x + 4.
A equação y = x + 4 é representada pela reta:

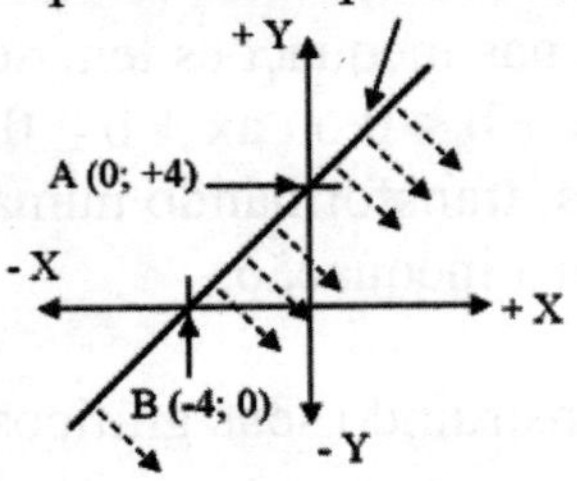

Conclusões:
A inequação: -x +y ≤ 4 só existe abaixo e à direita da reta no sentido das setas

+3x +2y ≤ 6.
A equação +3x +2y = 6. é representada pela reta:

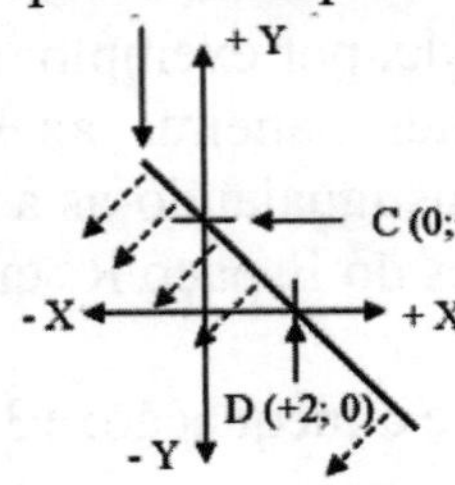

A inequação: +3x +2y ≤ 6 só existe abaixo e à esquerda da reta no sentido das setas

O sistema de inequações é representado pela região abaixo das retas:

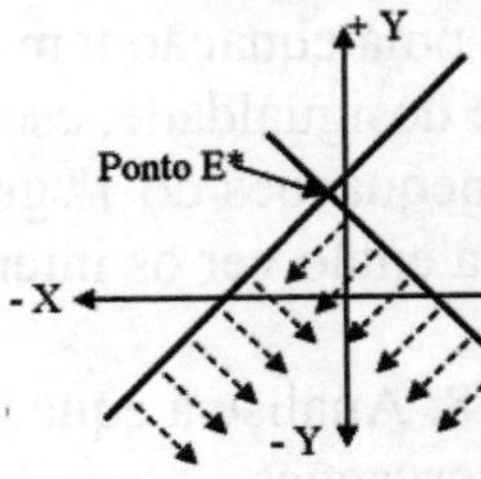

A solução do sistema de inequações é toda a região abaixo das retas, no sentido das setas

O ponto E é a interseção das duas retas, resolvido pela solução do sistema das duas equações. O ponto E tem Coordenadas Cartesianas: x = -0,4 e y = +3,6, ou seja: E (-0,4; +3,6).

2.11 Exercícios complementares resolvidos (exercícios 2.20 a 2.25)

Exercício 2.20: analisar se as retas, a seguir citadas, se interceptam. Caso haja interseção, calcular as Coordenadas Cartesianas do ponto de interseção, inclusive mostrando a Imagem Geométrica das retas. Este exercício foi baseado no exercício 2.6.

(A) +x + 4y - 7 = 0 => x = 7 - 4y. (B) +3x + y + 1 = 0.

Mesmo sem plotar a Imagem Geométrica das retas, basta analisar se este sistema de duas equações e duas incógnitas tem uma solução comum. Ou seja, valores de x e y que satisfaçam ambas as equações. Será usado o método da substituição.

Substituindo o valor de x, obtido em (A), na equação (B), tem-se:

3 (7 - 4y) + y + 1 = 0; 21 - 12y + y + 1 = 0; 22 - 11y = 0; 11y = 22; y = + 2.

(De A): x = 7 -4y ; logo: x = 7 - 4.2; x = + 7 - 8; x = -1.

O ponto de interseção destas retas é P (-1; +2), que satisfaz às equações citadas.

Inicialmente faz-se uma tabela, para cada reta, com valores de x e y, para permitir sua plotagem.

$+x + 4y - 7 = 0$ ↓

x	y
- 3	+ 2,5
- 2	+ 2,25
- 1	+ 2
0	+ 1,75
+ 1	+ 1,5
+ 2	+ 1,25
+ 3	+ 1

$+3x + y + 1 = 0$ ↓

x	y
- 3	+ 8
- 2	+5
- 1	+ 2
0	- 1
+ 1	- 4
+ 2	- 7
+ 3	- 10

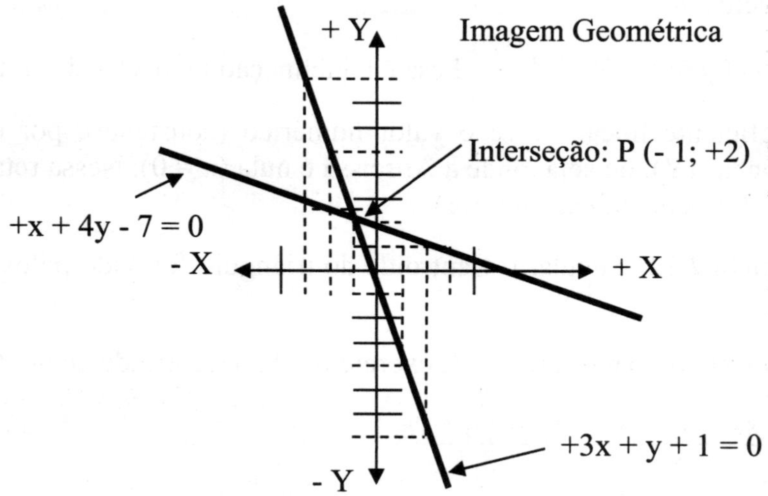

Exercício 2.21: Plote a Imagem Geométrica da reta $+2x + 3y + 4 = 0$, determinando seus coeficientes angular e linear. Analise a trajetória dessa reta. Este exercício foi baseado no exercício 2.1 e parágrafo 2.1.

Inicialmente faz-se uma tabela, com valores de x e y, para permitir sua plotagem.

Imagem Geométrica e trajetória da reta: $+2x + 3y + 4 = 0$ (que também pode ser escrita como: $y = -0,667x - 1,33$).

x	y
- 3	+ 2/3
- 2	0
- 1	- 2/3
0*	**- 4 /3***
+ 1	- 2
+ 2	- 8/3
+ 3	- 10/3

Imagem Geométrica

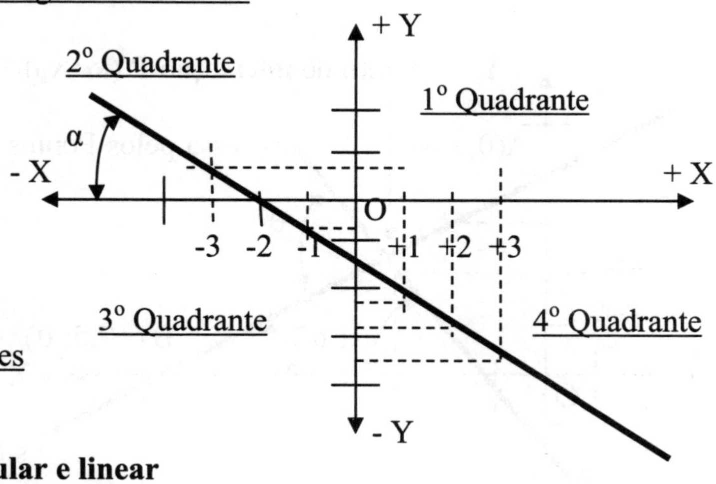

A trajetória dessa Reta é:
4°/3°/2° ou 2°/3°/4° Quadrantes

Cálculo dos coeficientes angular e linear

O coeficiente angular "m" de uma reta é igual à tangente do seu ângulo α de inclinação (ou declividade): $m = tg\ \alpha$.

$tg\ \alpha = m = (y_A - y_B) / (x_A - x_B)$. Serão analisados os pontos A(-2; 0) e B (0; - 4/3).

$m = [(0 - (- 4/3)]/[(- 2) - 0)] \Rightarrow m = \frac{+4/3}{-2} \Rightarrow m = - 0,666.$ ← Coeficiente angular da reta.

Esse valor negativo de "m" mostra a reta no sentido da direita para a esquerda, como visto no Exercício 2.4.

arc tg (- 0,666) = 33,69°. ← Essa é a inclinação ou declividade da reta.

O coeficiente linear "c" é o valor numérico (constante), por onde a reta intercepta o eixo das Ordenadas (Y), ou seja, onde a Abscissa é nula (x = 0). Nessa reta o coeficiente linear é igual a - 4/3 = - 1,33. (*Veja tabela anterior).

Exercício 2.22: calcular o Centroide do triângulo formado pelos pontos: A(-1; +2), B(+1/5; -2/5) e C(+2; +5).

Como visto no parágrafo 1.7.1, exercício 1.5, o Centroide de um triângulo é dado por;

$$G = \left(\frac{x_A + x_B + x_C}{3} ; \frac{y_A + y_B + y_C}{3} \right)$$

Como: A (-1; +2); B (+1/5; -2/5); C (+2; +5), basta substituir os valores na fórmula, logo:

$$G = \left(\frac{[(-1) + 1/5 + 2\,]}{3} ; \frac{[\,(+2 + (-2/5) + 5\,]}{3} \right) \; ; G = \left(\frac{+6/5}{3} ; \frac{+33/5}{3} \right) \; ; G = (+0{,}4; +2{,}2).$$

As Coordenadas Cartesianas do Centroide são: G (+ 0,4; + 2,2).

Exercício 2.23: Analise as retas r e s a seguir mostradas e: a) determine suas equações reduzidas. b) determine o ângulo θ formado entre as duas retas. c) as Coordenadas Cartesianas do ponto de interseção das retas. Este exercício foi baseado no exercício 2.5.

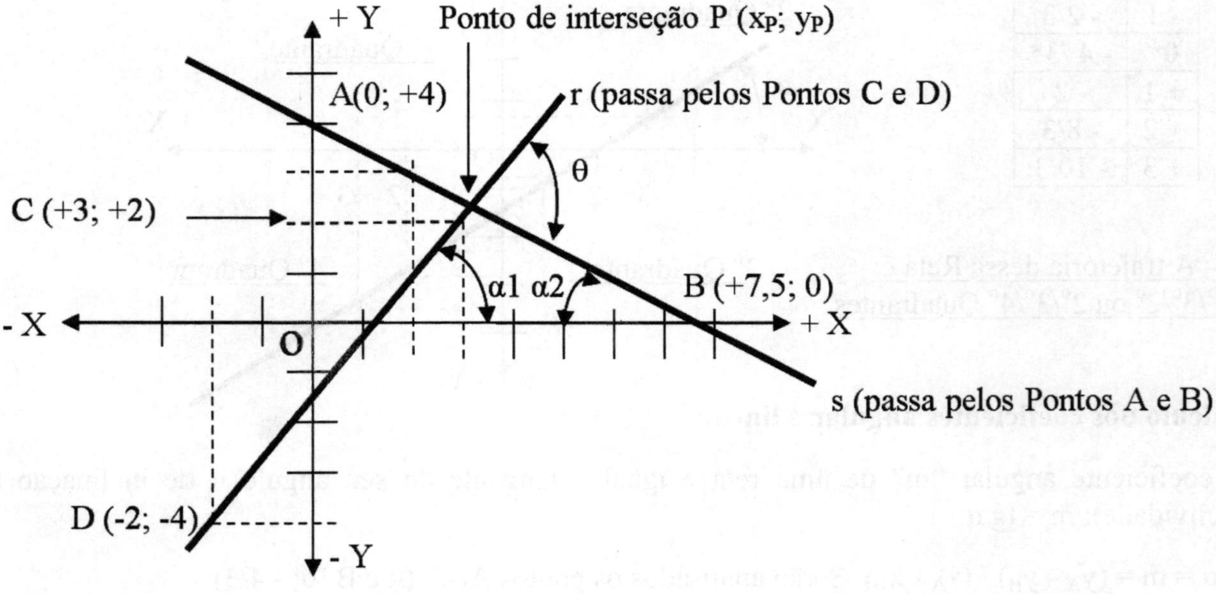

a1) Equação reduzida da reta r, que passa pelos pontos C (+3; +2) e D (-2; -4):

A equação reduzida de uma reta é expressa por: y = mx + c, onde x e y são os pontos pertencentes à reta, "m" é o coeficiente angular da reta e "c" o coeficiente linear. Essa forma reduzida da equação da reta expressa uma função entre x e y, isto é, as duas variáveis possuem uma relação de dependência. No caso dessa expressão, ao atribuirmos valores a x (eixo das Abscissas), obtemos valores para y (eixo das Ordenadas).

O coeficiente angular $mr = \frac{y_C - y_D}{x_C - x_D}$ => $mr\,(x_C - x_D) = y_C - y_D$.

mr = [2 - (-4)]/[3 - (-2)] => mr = +6/+5 => mr = +1,2 => mr = tgα1 => α1 = arc tg +1,2 => α1 = 50,19° . $mr\,(x_C - x_D) = y_C - y_D$; considerando o ponto C (+3; +2) =>1,2 $(+3 - x_D) = +2 - y_D$ => +3,6 - 1,2 $x_D = +2 - y_D$ => - 1,2 $x_D = -3,6 +2 - y_D$ => - 1,2 $x_D = -1,6 - y_D$; 1,2 $x_D = 1,6 + y_D$ ou $y_D = 1,2\,x_D - 1,6$.

Ou seja: **a equação reduzida da reta r é: y = +1,2 x - 1,6.**

a2) Equação reduzida da reta s, que passa pelos pontos A (0; +4) e B (+7,5; 0):

O coeficiente angular $ms = \frac{y_A - y_B}{x_A - x_B}$; logo: $ms\,(x_A - x_B) = y_A - y_B$.

ms = 4 - 0 / 0 - 7,5 => ms = - 4/7,5 => ms = - 0,533 => ms = tgα2; α2 = arc tg - 0,533; α2 = 28,07° => $ms\,(x_A - x_B) = y_A - y_B$; considerando o ponto A (0; +4) => - 0,533 $(0 - x_B) = +4 - y_B$ => + 0,533 $x_B = +4 - y_B$ ou $y_B = -\,0,533\,x_B + 4$.

Ou seja: **a equação reduzida da reta s é: y = - 0,533 x + 4.**

b) Cálculo do ângulo θ formado entre as duas retas:

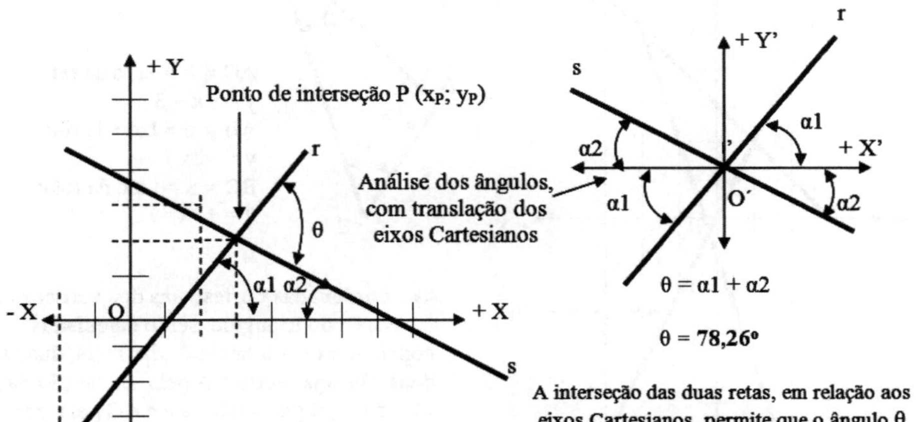

A interseção das duas retas, em relação aos eixos Cartesianos, permite que o ângulo θ seja analisado pelo conceito de ângulos opostos pelos vértices.

c) Cálculo das Coordenadas Cartesianas do ponto P (x_P; y_P), interseção das retas:

Basta resolver o sistema com as duas equações reduzidas:

$$\begin{cases} y = +1,2\,x - 1,6 & (A) \\ y = -\,0,533\,x + 4 & (B) \end{cases}$$

Fazendo a substituição de (A) em (B) tem-se;
+1,2 x - 1,6 = - 0,533 x + 4 => + 1,733 x = + 5,6 => x = + 5,6 / 1,733 => x = + 3,23.
y = 1,2 x – 1,6 => y = (1,2 . 3,23) - 1,6 => y = + 2,28.

As Coordenadas do ponto P são; (+3,23; + 2,28).

Exercício 2.24: Um triângulo é formado por três retas. Pedem-se: a) As Coordenadas Cartesianas dos vértices e b) os ângulos internos do triângulo. Reta a: y = +3x – 1. Reta b: y = +x + 3. Reta c: y = -2x.

Inicialmente, até para visualizar, faz-se a Imagem Geométrica de cada reta. Para isso, montam-se as tabelas e calculam-se os respectivos coeficientes angulares:

a: y = +3x - 1

x	y
- 3	- 10
- 2	- 7
- 1	- 4
0	- 1
+ 1	+ 2
+ 2	+ 5
+ 3	+ 8

$ma = \frac{+2 - 5}{+1 - 2}$

$ma = \frac{-3}{-1}$

ma = +3

αa = 71,565°

b: y = +x + 3

x	y
- 3	0
- 2	+1
- 1	+2
0	+3
+ 1	+ 4
+ 2	+ 5
+ 3	+ 6

$mb = \frac{+4 - 5}{+1 - 2}$

$mb = \frac{-1}{-1}$

mb = +1

αb = 45°

c: y = - 2x

x	y
- 3	+6
- 2	+2
- 1	+2
0	0
+ 1	- 2
+ 2	-4
+ 3	-6

$mc = \frac{-2 - (-4)}{+1 - 2}$

$mc = \frac{+2}{-1}$

mc = -2

αc = 116,565°

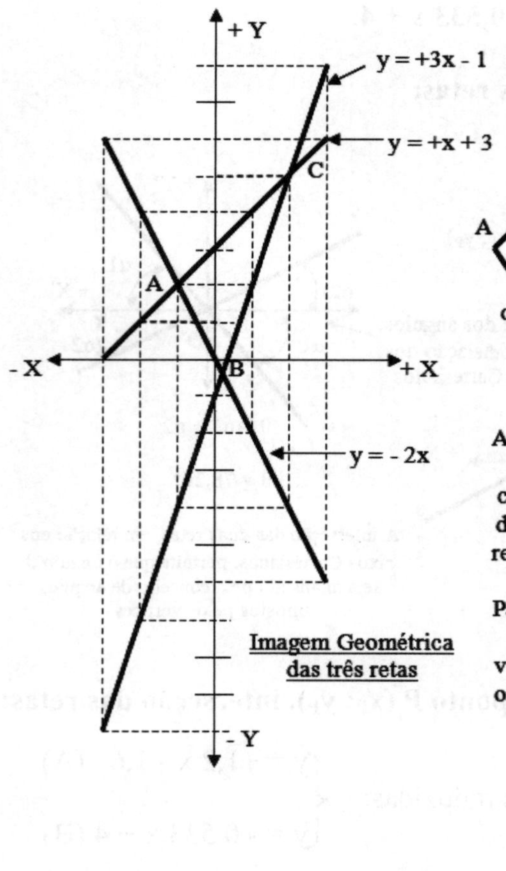

Imagem Geométrica das três retas

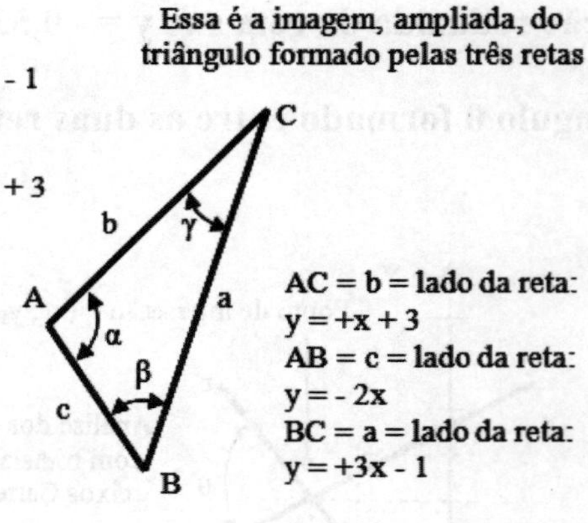

As Coordenadas Cartesianas dos vértices A, B e C, do triângulo, serão calculadas considerando a interseção das retas, duas a duas. Ou seja: vértice A pela interseção das retas b e c; B pelas retas a e c e C pelas retas a e b.
Para o cálculo dos ângulos α, β e γ, primeiro serão calculadas as distâncias entre os vértices, ou seja, lados do triângulo. Depois os ângulos serão obtidos aplicando-se a Lei dos Cossenos e a de Tales.

a) Cálculo das Coordenadas Cartesianas dos vértices:

Serão resolvidos sistemas de duas equações (retas), com duas incógnitas (x e y).

a1) Vértice A: interseção das retas b e c:

$$\begin{cases} y = +x + 3 \\ y = -2x \end{cases} \quad \begin{matrix} -2x = +x + 3 \Rightarrow -3x = +3 \Rightarrow x = -1. \\ y = -2.(-1) \Rightarrow y = +2. \end{matrix}$$

Coordenadas Cartesianas de A:
A (-1; +2)

a2) Vértice B: interseção das retas a e c:

$$\begin{cases} y = +3x - 1 \\ y = -2x \end{cases} \quad \begin{matrix} -2x = +3x - 1 \Rightarrow -5x = -1 \Rightarrow x = +1/5. \\ y = (-2).(+1/5) \Rightarrow y = -2/5. \end{matrix}$$

Coordenadas Cartesianas de B:
B (+1/5; -2/5)

A3) Vértice C: interseção das retas a e b:

$$\begin{cases} y = +3x - 1 \\ y = +x + 3 \end{cases} \quad \begin{matrix} +3x - 1 = x + 3 \Rightarrow +2x = +4 \Rightarrow x = +2.5. \\ y = +2 + 3 \Rightarrow y = +5. \end{matrix}$$

Coordenadas Cartesianas de C:
C (+2; +5)

b) Cálculo dos ângulos internos:

Primeiro serão calculadas as distâncias entre os vértices, que são os lados, e depois os ângulos.

b1) Cálculo das distâncias entre os vértices:

$$AB = \sqrt{(x_B - x_A)^2 + (y_B - y_A)^2} \Leftarrow$$ Fórmula da distância entre dois pontos. (Como visto no parágrafo 1.5)

$$AB = \sqrt{[(+1/5) - (-1)]^2 + [(-2/5) - 2]^2} \ ; \quad AB = 2{,}68.$$

$$AC = \sqrt{[(+2) - (-1)]^2 + [+5 - 2]^2} \ ; \quad AC = 4{,}24.$$

$$BC = \sqrt{[(+2) - (+1/5)]^2 + [(+5) - (-2/5)]^2} \ ; \quad BC = 5{,}69.$$

b2) Cálculo dos ângulos (usando a Lei dos Cossenos e a Lei angular de Tales):

$$\begin{cases} BC^2 = AB^2 + AC^2 - 2.AB.AC.\cos\alpha \\ 5{,}69^2 = 2{,}68^2 + 4{,}24^2 - 2.2{,}68.4{,}24.\cos\alpha \\ \cos\alpha = -0{,}31764;\quad \alpha = \arccos(-0{,}31764). \\ \text{logo } \alpha = 108{,}52^\circ. \end{cases}$$

$$\begin{cases} AC^2 = AB^2 + BC^2 - 2.AB.BC.\cos\beta \\ 4{,}24^2 = 2{,}68^2 + 5{,}69^2 - 2.2{,}68.5{,}69.\cos\beta \\ \cos\beta = +0{,}70754;\quad \beta = \arccos(+0{,}70754). \\ \beta = 44{,}96^\circ. \end{cases}$$

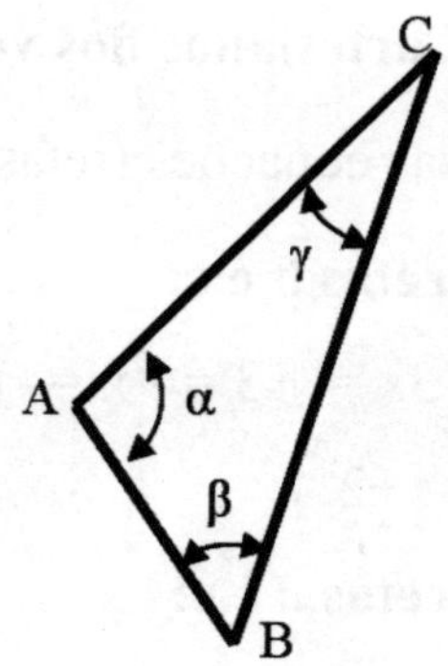

Pela Lei angular de Tales: $\alpha+\beta+\gamma = 180^\circ$; logo $\gamma = 180^\circ\ (\alpha + \beta)$; $\gamma = 180^\circ - (108{,}52^\circ + 44{,}96^\circ)$. $\gamma = 26{,}52^\circ$

Os três ângulos são*: $\alpha = 108{,}52^\circ$; $\beta = 44{,}96^\circ$ e $\gamma = 26{,}52^\circ$.

<u>Cálculo dos ângulos internos, usando apenas conceitos da Geometria Plana</u>

$\beta = 180^\circ - (63{,}435^\circ + \alpha a)$:
$\beta = 180^\circ - (63{,}435^\circ + 71{,}565^\circ)$:
$\boldsymbol{\beta = 45^\circ}$.

$\alpha = 63{,}435^\circ + 45^\circ$: $(180^\circ - \alpha_c = 63{,}435^\circ)$
$\alpha = \mathbf{108{,}435^\circ}$.

$\gamma = 180^\circ - (\alpha + \beta)$: $\gamma = 180^\circ - (108{,}435^\circ + 45^\circ)$:
$\boldsymbol{\gamma = 26{,}565^\circ}$.

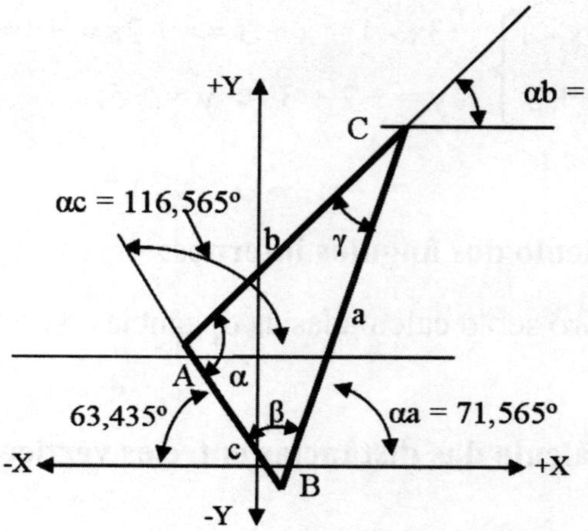

Os três ângulos são*: $\alpha = 108{,}435^\circ$; $\beta = 45^\circ$ e $\gamma = 26{,}565^\circ$.

* Observa-se que existe uma pequena diferença entre os cálculos pela Geometria Analítica, para comprimento dos lados e uso da Lei dos Cossenos e os cálculos pela Geometria Plana. Essa diferença ocorre pelo fato de, ao usar a Lei dos Cossenos, além de se utilizar o valor de Cossenos, são feitas algumas raízes quadradas. As sucessivas aproximações, causaram essas pequenas diferenças. Uma análise das diferenças mostra uma variação média, para mais e para menos de cerca de três minutos ou 0,05 graus. Embora matematicamente tenha que se usar o valor exato, em termos práticos, por exemplo, na Engenharia, essa pequena diferença não causa nenhum problema, exceto se for em uso de ultra precisão.

Exercício 2.25: Determine a solução do sistema de inequações: $y < +x$ e $y \leq -x$.

As retas $y = +x$ e $y = -x$, passam pela origem (0; 0) formam 45° em relação ao Eixo Y, e logo são perpendiculares entre si.

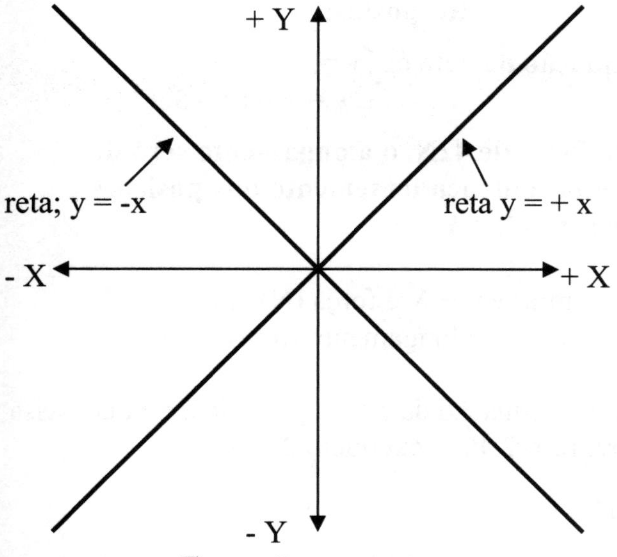

Essas são as retas

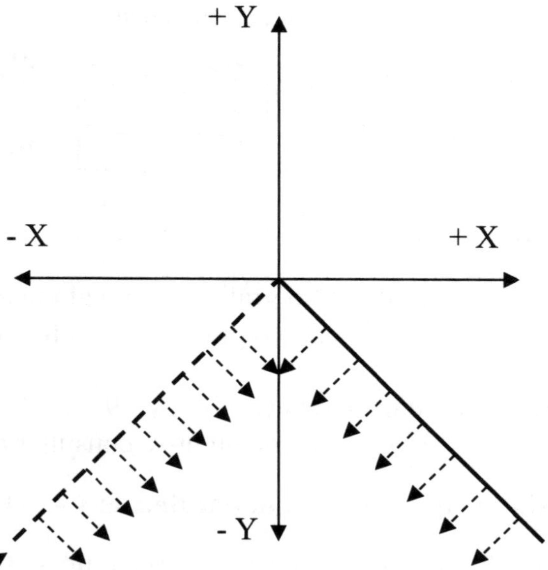

Essa é a região, solução da inequação

Esse trecho é tracejado, pois a inequação é y < + x e não y ≤ + x

2.12 Exercícios propostos (exercícios 2.26 a 2.30)

Exercício 2.26: determine a equação da reta perpendicular à reta y = - 2x, e que passa pelo ponto P (+2; -4). (Recomenda-se consultar o parágrafo 2.5 e o exercício 2.13).

Resposta: a equação da reta pedida é: $y = +\frac{x}{2} - 5$ **ou** $2y = +x - 10$.

Exercício 2.27: considerando a Imagem Geométrica da reta r, a seguir, determine a equação da reta s, perpendicular a r e que passa pelo ponto P (+ 5; -2). (Recomenda-se, primeiro determinar a equação da reta r, para depois usar os conceitos do parágrafo 2.5 e o raciocínio lógico do exercício 2.13).

Resposta: a equação da reta pedida é: $+2y - x + 9 = 0$
ou: $+ 2y = + x - 9$

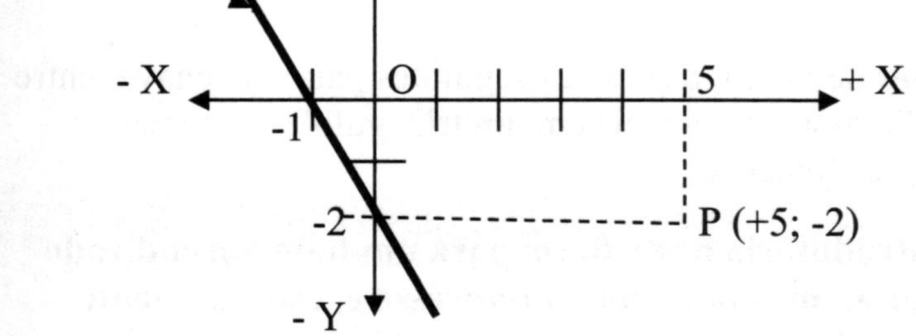

Exercício 2.28: um professor de Física realizou uma experiência, relacionada à aplicação de uma força de tração, aplicada à uma barra metálica de seção circular. Após 10 testes, ele encontrou os resultados mostrados na tabela a seguir. Pedem-se: a) a equação da reta que representa este conjunto de dados; b) qual será o alongamento da barra, quando for aplicada uma força de 42N? (Recomenda-se consultar o parágrafo 2.1, e os exercícios 2.3 e 2.17).

Força (N)	Alongamento (mm)	Força (N)	Alongamento (mm)
10	2	20	7
12	3	22	8
14	4	24	9
16	5	26	10
18	6	28	11

Respostas;

a) A equação da reta é: $\begin{cases} y = +2x + 6. \ (*) \\ y = +0{,}5x - 3. \ (**) \end{cases}$

b) Para força de 42N, o alongamento será de 18 mm, independentemente das posições dos Eixos X e Y.

(*) y = + 2x + 6; fazendo o gráfico com o alongamento (mm) em + X e força (N) em + Y.
(**) y = + 0,5x - 3; fazendo o gráfico com a força (N) em + X e alongamento (mm) em + Y.

Exercício 2.29: dada a reta r: +8x -2y +9 = 0, determine a equação da reta s, paralela à r e que passa pelo ponto P (+3; +1). (Recomenda-se consultar o parágrafo 2.4 e o exercício 2.11).

Resposta: a equação da reta paralela é: y = +4x – 11.

Exercício 2.30: calcular a área do triângulo ABC, do exercício 2.24, considerando as medidas em centímetros (cm). (Recomenda-se analisar a área, considerando os valores dos lados já calculados e o conceito de retas perpendiculares). (O cálculo da área de um triângulo também pode ser feito, utilizando-se a análise de um Determinante de 3ª ordem, como descrito no parágrafo 1.10).

Resposta: a área do triângulo é igual a 5,4 cm^2.

Pesquisas na *Internet*

Para um maior aprofundamento dos conceitos deste capítulo, e acesso a outros exercícios, recomenda-se a consulta aos seguintes *sites*:

http://www.im.ufrj.br/cvga/livros/cvgalivro1.pdf
http://www.mat.ufrgs.br/~portosil/geometria-analitica-ufma.pdf
http://brasilescola.uol.com.br/matematica/retas-paralelas.htm
http://www.academia.edu/8425013/Geometria_Anal%C3%ADtica_Exerc%C3%ADcios_Resolvidos_Retas_Planos_e_Dist%C3%A2ncias
http://projetomedicina.com.br/site/attachments/article/419/matematica_geometria_analitica_retas_exercicios.pdf

Além dos já citados, recomenda-se acessar *sites* de busca, usando as seguintes palavras-chave, entre aspas: “retas no plano XY”; “reta de Euler”; “pontos notáveis em um triângulo”; “sistemas de equações lineares”.

Alerta-se que, como citado na Unidade Introdutória deste livro, para um bom aprendizado não se deve apenas estudar na forma digital, mas também na impressa e, especialmente, fazendo à mão livre resumos e exercícios, inclusive as Imagens Geométricas.

Capítulo 3

Vetores: introdução ao cálculo vetorial aplicado. Conceitos e exemplos no espaço bidimensional (x;y)

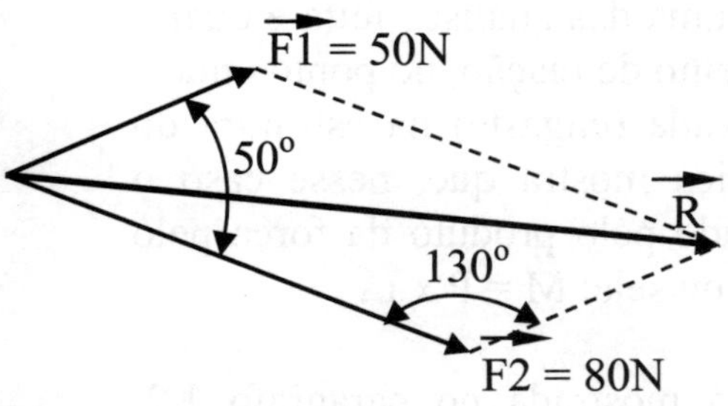

$R^2 = 50^2 + 80^2 - 2.50.80. \cos 130°.$

$\vec{R} = 118{,}5N.$

<u>Cálculo da Resultante, entre duas forças quaisquer. Regra do paralelogramo</u>

***Vetores são elementos da Matemática** que têm módulo, sentido e direção. Para além das análises vetoriais puras, o estudo dos vetores, suas propriedades e operações, permitem que diversas áreas resolvam seus problemas, em especial a Engenharia, principalmente com a representação gráfica de forças e momentos. Certamente são as Engenharias Civil e Mecânica as que mais utilizam o cálculo vetorial, especialmente o cálculo aplicado a estruturas e equipamentos, tais e quais alguns exemplos práticos detalhados nesse livro, principalmente nos parágrafos 3.10 e 3.11.*

Segundo Winterle (2014, p.1), existem grandezas escalares e vetoriais, sendo as escalares definidas por apenas um número real e uma adequada unidade. Comprimento, área, volume, massa, temperatura e peso específico são exemplos de grandezas escalares. Já as grandezas vetoriais (vetores) necessitam de uma parte escalar ou módulo, uma direção e um sentido. Vetores são utilizados em diversas áreas, notadamente na Engenharia e na Física, para expressar, por exemplo: forças, velocidades e acelerações. É importante deixar claro a diferença entre direção e sentido, já que especialmente entre alunos existem dúvidas.

Por exemplo, a Rodovia Presidente Dutra interliga o Rio de Janeiro - RJ a São Paulo - SP, ou seja, a Dutra está na direção Rio São Paulo. Dessa forma, pode-se percorrê-la em dois sentidos: sentido São Paulo, partindo do Rio de Janeiro, ou sentido Rio de Janeiro, partindo de São Paulo. A Via Dutra, como é conhecida, possui uma extensão total de 402 quilômetros (Km), iniciando-se no Trevo das Margaridas, no acesso à Avenida Brasil, no Rio de Janeiro e terminando na Ponte Presidente Dutra, no acesso à Marginal Tietê, em São Paulo. Se fosse uma Rodovia em linha reta (possui muitas mudanças de direção), poder-se-ia dizer que o módulo do vetor "Via Dutra" seria de 402 quilômetros.

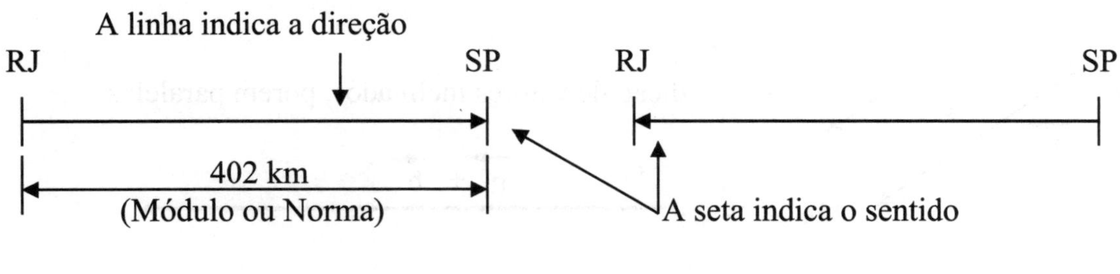

Imagine-se uma marquise de um prédio, com uma pessoa encima, ou seja, o peso dessa pessoa atua sobre a estrutura da marquise. Essa situação pode ser representada por meio de vetores, como adiante mostrado. O peso da pessoa é representado por um vetor.

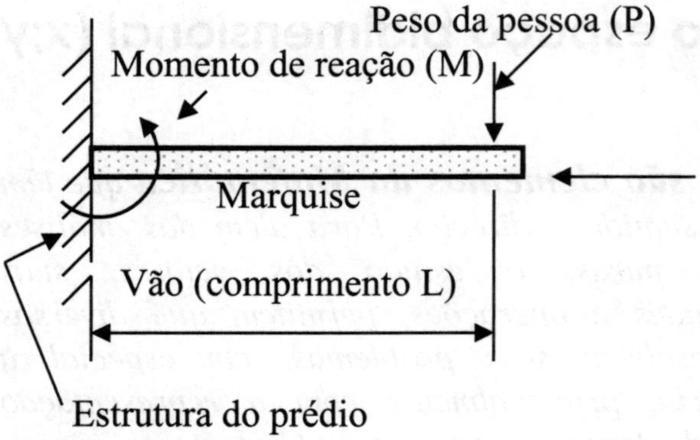

Quando um engenheiro calculista precisa dimensionar a espessura da marquise para resistir, por exemplo, ao peso de uma (ou mais) pessoa, uma das análises feita é qual o valor do momento de reação, no ponto onde a marquise é fixada (engaste) na estrutura do prédio. A Física mostra que, nesse caso o momento é dado pelo produto da força pelo comprimento, ou seja: M = P x L.

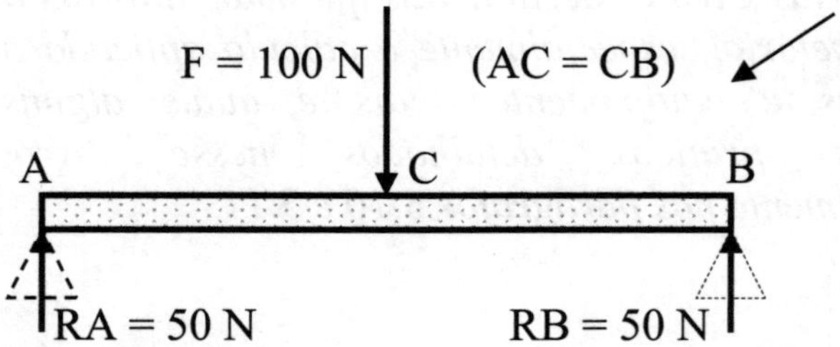

Essa figura, já mostrada no parágrafo 1.2, representa esquematicamente uma viga bi apoiada, com uma força concentrada de 100 N, aplicada exatamente no meio do vão AB, ou seja, ponto C. Pelo princípio de equilíbrio, neste caso, as reações de apoio em A e B são iguais a 50N. A força aplicada F e as reações de apoio RA e RB, estão representadas por vetores.

3.1 Adição de vetores

3.1.1 Vetores com mesma direção (ou seja, paralelos ou colineares)

O processo de adição/subtração de vetores depende da direção dos mesmos. Vetores com a mesma direção, ou seja, paralelos ou colineares (sob a mesma direção), são somados como a seguir mostrado, com os vetores $\vec{a}$ e $\vec{b}$, $\vec{c}$ e $\vec{d}$, $\vec{g}$ e $\vec{h}$.

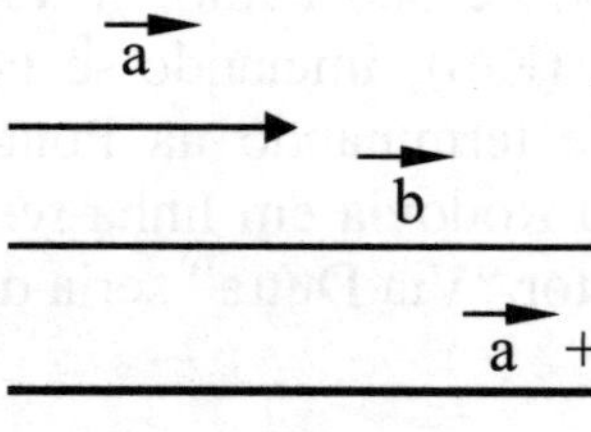

Adição de vetores paralelos

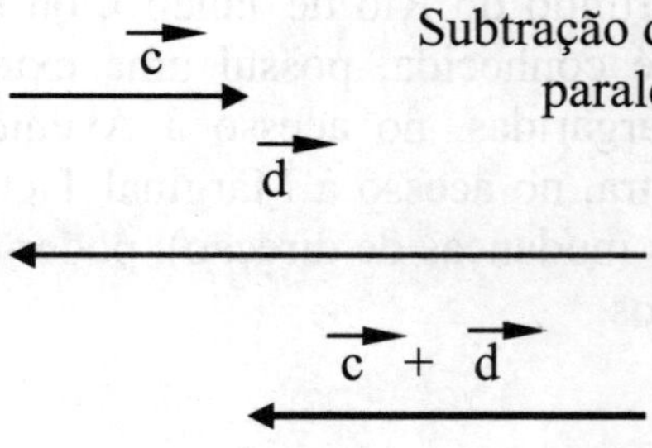

Subtração de vetores paralelos

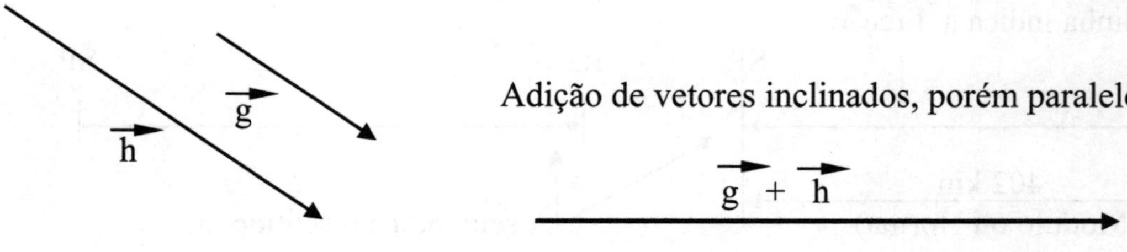

Adição de vetores inclinados, porém paralelos

3.1.2 Vetores de direções diferentes: a Regra do Paralelogramo

A adição de vetores, de direções diferentes (ou seja, que formam ângulos entre si), é feita pela Regra do Paralelogramo. Imagine-se que existam os vetores a e b, a soma deles ocorre como mostrado adiante. Vetores são representados com letras minúsculas e com uma pequena seta acima. O vetor soma é chamado de Resultante, sendo representado pela letra R maiúscula, também com uma pequena seta acima.

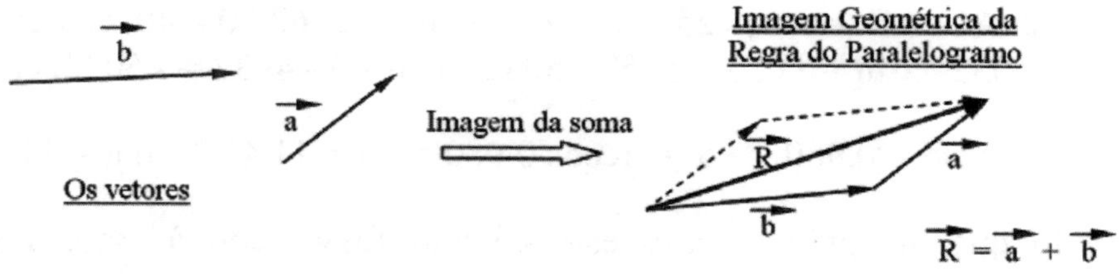

Uma vez entendida, por imagem, como se faz a soma de vetores, será vista a parte analítica, ou seja, com valores. Considerando que dois vetores $\vec{a}$ e $\vec{b}$, representam forças e que formam entre si um ângulo de 30^0, será feito o cálculo analítico, tanto do valor do vetor (força) Resultante, quanto do ângulo (direção), que a Resultante faz com um dos vetores.

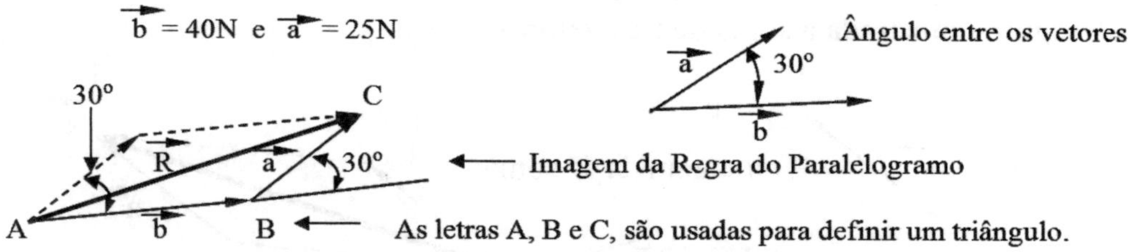

Imagem da Resultante, com a construção do triângulo ABC, para os cálculos analíticos.

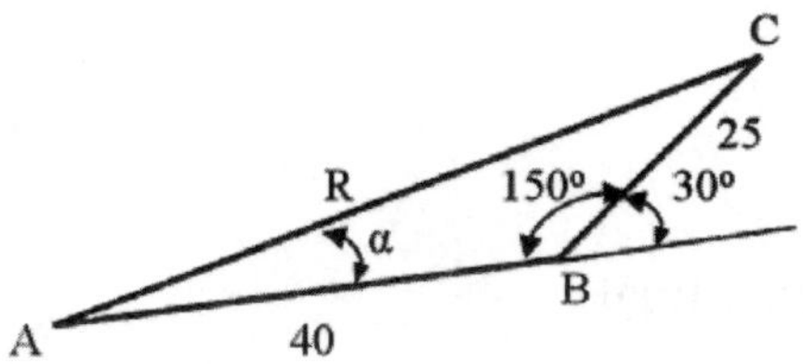

Tem-se um triângulo obtusângulo, com dois lados e um ângulo conhecidos, devendo ser calculado o lado AC = R e o ângulo α, formado entre o vetor b e a Resultante R.

A solução utiliza a Lei dos Cossenos, a seguir descrita:

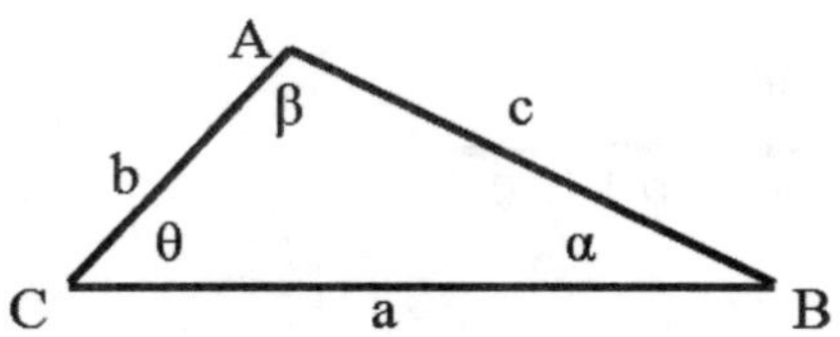

$$\begin{cases} a^2 = b^2 + c^2 - 2.b.c.\cos\beta \\ b^2 = a^2 + c^2 - 2.a.c.\cos\alpha \\ c^2 = a^2 + b^2 - 2.a.b.\cos\theta \end{cases}$$

$\cos 150° = -(\cos 30°)$

Aplicando a Lei tem-se:

$R^2 = 40^2 + 25^2 - 2.\ 40.\ 25.\ \cos 150°$; Como $\cos 150°$ é igual a - 0,866, tem-se:

$R^2 = 40^2 + 25^2 - 2.\ 40.\ 25(-\ 0{,}866) \Rightarrow R^2 = (1600 + 625) + 1732 \Rightarrow R^2 = 3957$ e $R = 62{,}904N$.

Ou seja, nas condições apresentadas dos vetores a e b, a Resultante é 62,904N.

Uma vez conhecido o terceiro lado do triângulo AC (R = 62,904), aplicando-se de novo a Lei dos Cossenos, pode-se calcular o valor do ângulo formado entre a Resultante e o vetor b, ou seja, o ângulo α.

$BC^2 = AC^2 + AB^2 - 2.\ AC.\ AB.\ \cos\alpha$; $25^2 = 62{,}904^2 + 40^2 - 2.\ 62{,}904.\ 40.\ \cos\alpha$;
$625 = 3957 + 1600 - 5032.\ \cos\alpha \Rightarrow 625 = 5557 - 5032.\ \cos\alpha \Rightarrow -\ 4932 = -\ 5032.\ \cos\alpha$;

$\cos\alpha = 4932 / 5032 \Rightarrow \cos\alpha = 0{,}980 \Rightarrow \alpha = \arccos 0{,}980 \Rightarrow \alpha = 11{,}478^o$ ou $\alpha = 11^o\ 28'\ 41''$.

Deve ser observado que, na prática, caso esse cálculo fosse feito à mão, a Resultante seria aproximada para 63N. Quando se usa programa específico de cálculo, a aproximação é feita somente no final.

3.1.2.1 Soma de três ou mais vetores (calculando-se Resultantes parciais)

Também se aplica a Regra do Paralelogramo, obtendo-se Resultantes parciais somando-se vetores dois a dois. A seguir é mostrada a soma de três vetores.

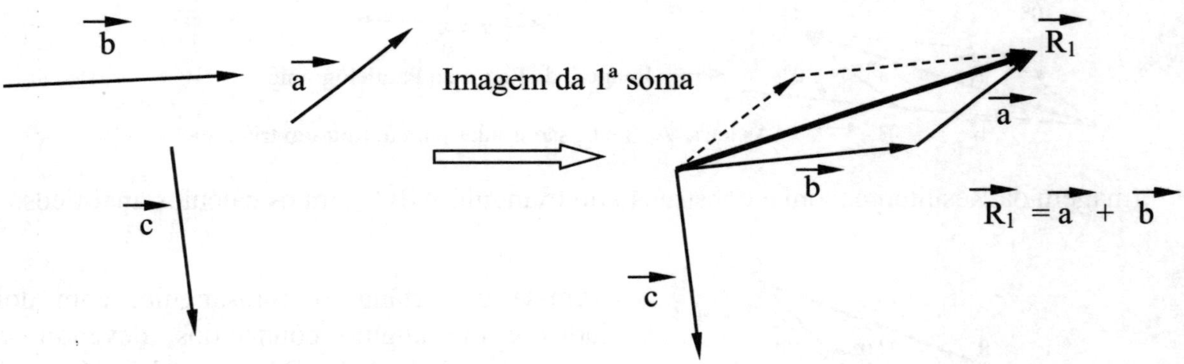

Imagem da 2ª soma ou soma final

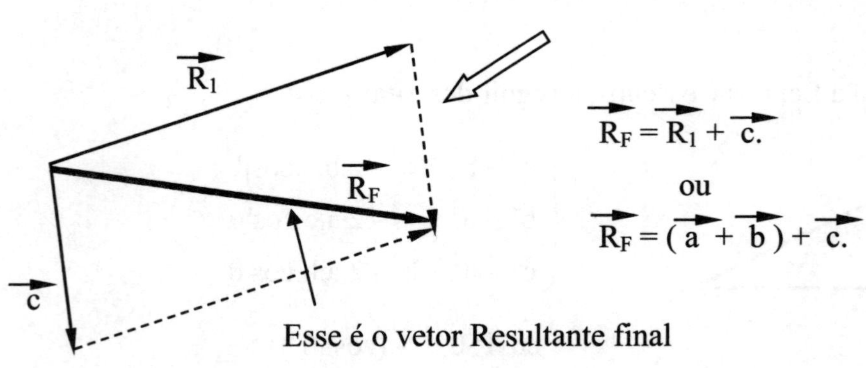

Na prática profissional: quando surge a necessidade de se somar três ou mais vetores? O exercício 3.1 mostra uma treliça metálica, onde ocorre a atuação de quatro vetores simultaneamente (embora os dois vetores horizontais, por terem mesmo módulo, mas sentidos invertidos, se anulem).

Exercício 3.1: em relação ao sistema de forças aplicado à treliça a seguir, calcular a Resultante no nó indicado. (Este exercício é uma adaptação de PFEIL, 2014, p.47 e 48). Em estruturas metálicas, nó é o ponto onde vários componentes, tais como perfis, se encontram e são soldados em uma chapa metálica de apoio. Na prática, normalmente são engenheiros civis, especializados em estruturas metálicas que realizam esses cálculos.

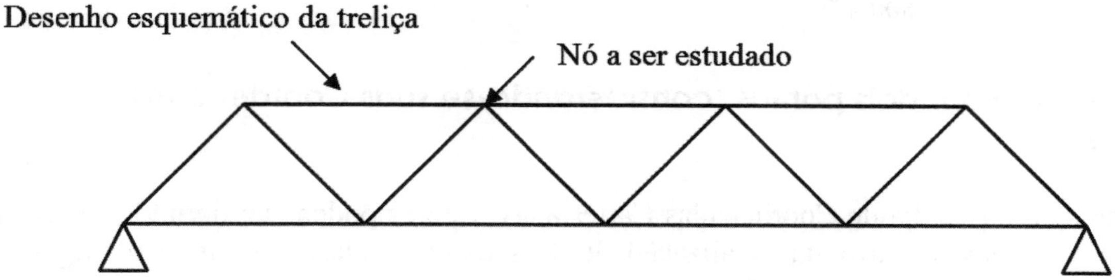

Essa treliça é muito utilizada em pontes, entre margens de rios.

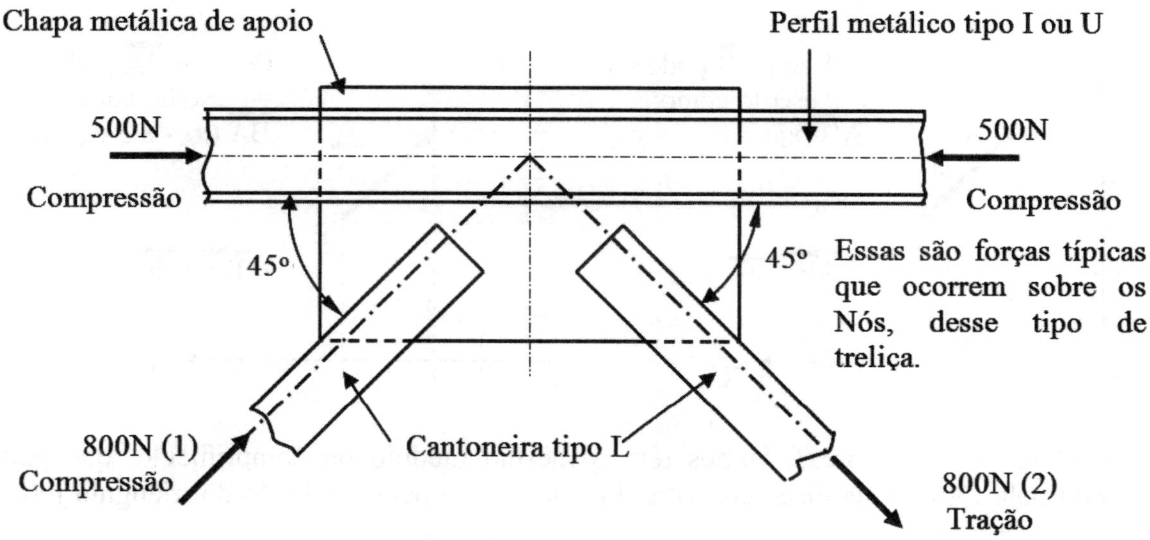

Detalhes do Nó a ser estudado

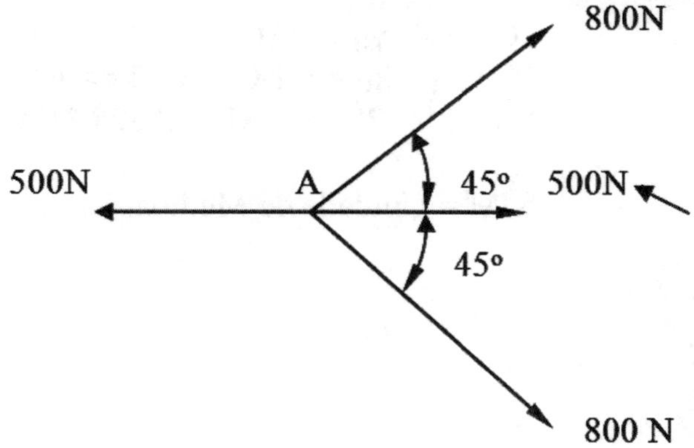

O sistema de vetores fica com essa configuração. É a partir desse posicionamento que se calcula a Resultante.

Como os vetores de 500N, estão na horizontal e em sentidos opostos, sua soma é nula. Com isso, só resta a soma dos vetores de 800N, como a seguir mostrado.

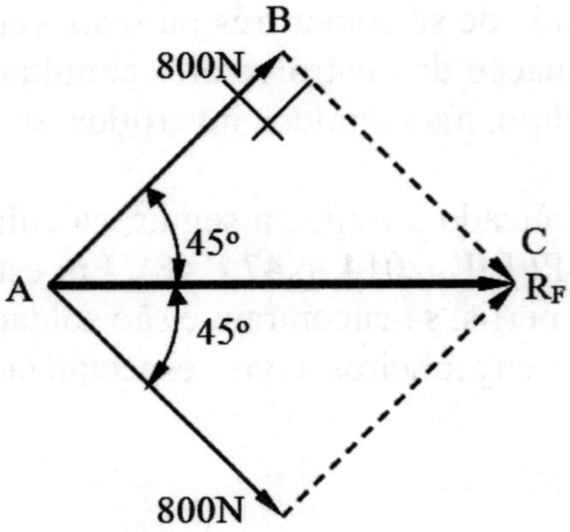

Como é um triângulo retângulo:

$AC^2 = AB^2 + BC^2$

$AB = BC = 800N$

$AC = \sqrt{800^2 + 800^2}$

$AC = 1.131,371N$

$R_F = 1.131,371N$

3.2 Vetor definido por dois pontos (considerando-se suas Coordenadas Cartesianas)

Considerando-se um sistema de Coordenadas Cartesianas, vetores podem ser definidos e operados, por exemplo, somados, a partir da localização de suas extremidades, que em verdade são dois pontos. Considerando os pontos A (+2; +5) e B (+4; +3), podemos ter dois vetores: $\overrightarrow{AB} = \vec{a}$ ou $\overrightarrow{BA} = \vec{b}$, ou seja, dois vetores de mesmo módulo (comprimento), mesma direção, porém com sentidos opostos. Observa-se que: $A(x_A; y_A)$ e $B(x_B; y_B)$.

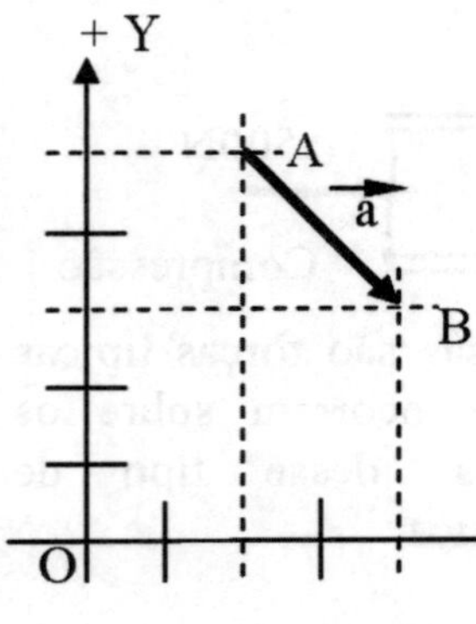

O Vetor $\overrightarrow{AB}$ pode ser escrito como:
$\overrightarrow{AB}\ (x_B - x_A;\ y_B - y_A)$

$\overrightarrow{AB} = \vec{a}$

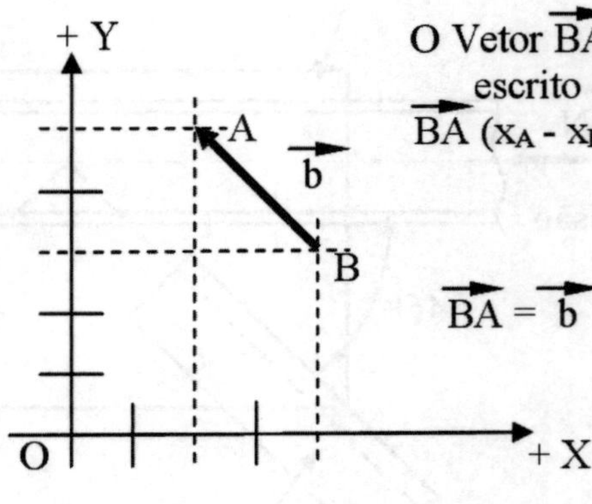

O Vetor $\overrightarrow{BA}$ pode ser escrito como:
$\overrightarrow{BA}\ (x_A - x_B;\ y_A - y_B)$

$\overrightarrow{BA} = \vec{b}$

Qual o módulo desses vetores? Ambos têm o mesmo módulo ou comprimento, que pode ser calculado ou pela fórmula da distância entre dois pontos ou pela resolução do triângulo retângulo, como a seguir descrito.

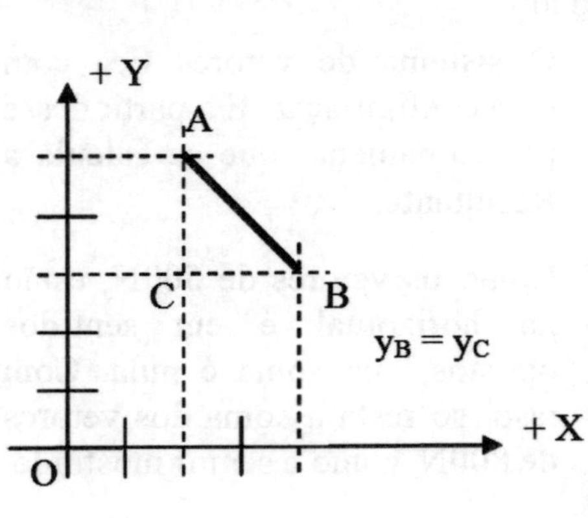

$AC = y_A - y_B \Rightarrow AC = 5 - 3 \Rightarrow AC = 2.$

$BC = x_B - x_C \Rightarrow BC = 4 - 2 \Rightarrow BC = 2.$

$AB = 2^2 + 2^2 \Rightarrow AB = 2{,}828$ *UM.

*UM = Unidade de Medida.

3.2.1 Soma de vetores definidos por suas Coordenadas Cartesianas e mesma origem

Exercício 3.2: Considerando os vetores $\overrightarrow{AB} = \overrightarrow{a}$ e $\overrightarrow{AC} = \overrightarrow{b}$, com A (+1; +1), B (+2; +3) e C (+5; +2), efetue sua soma (R_F). Quais as Coordenadas do vetor soma R_F? Qual o seu módulo? Qual o valor do ângulo α entre o vetor soma R_F e o eixo das Abscissas (X)?

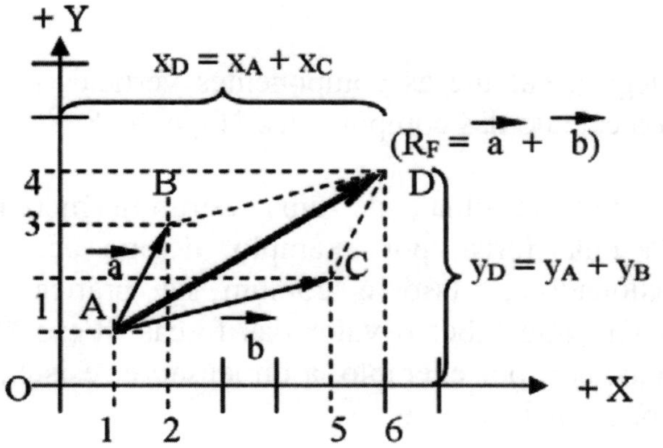

Características do vetor $\overrightarrow{R_F}$

$\overrightarrow{AD} = \overrightarrow{R_F} = \overrightarrow{a} + \overrightarrow{b} = \overrightarrow{AB} + \overrightarrow{AC}$.

A (+1; +1); C (+5; +2).

$x_D = x_A + x_C = +1 + (+5)$: $x_D = +6$.

$y_D = y_A + y_B = +1 + (+3)$: $y_D = +4$.

D (+6; +4). O vetor Resultante é $\overrightarrow{RF}$ (+6; +4)

A soma desses dois vetores é feita seguindo a Regra do Paralelogramo, como visto em 3.1.2, porém considerando a soma das Coordenadas Cartesianas, uma vez que possuem a mesma origem O (0; 0).

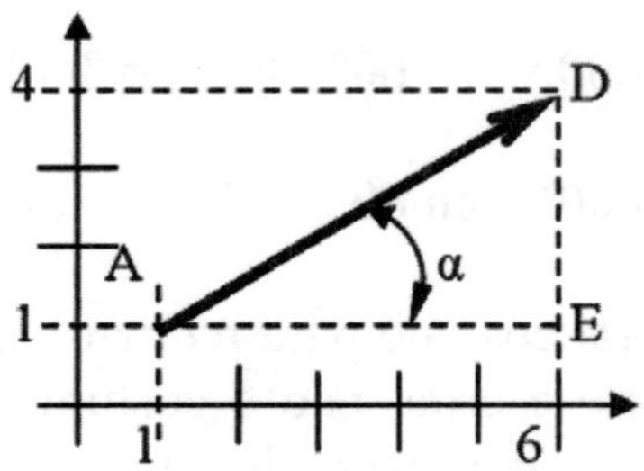

Módulo do vetor R_F = AD

Considerando o triângulo retângulo ADE:

AD = módulo de R_F

AE = 5 e DE = 3

$AD = \sqrt{AE^2 + DE^2}$; AD = 5,831 UM

Cálculo do ângulo α: tg α = DE/AE => tg α = 3/5 => tg α = 0,6 => α = arc tg 0,6 => α = 31°

3.3 Decomposição de vetores

Como visto no parágrafo anterior, na prática (especialmente da Engenharia) os vetores são referenciados a um sistema Cartesiano de Coordenadas, já que representam valores de força, velocidade, etc. Decompor um vetor significa, num Sistema Cartesiano, determinar suas componentes nos eixos X e Y. O exemplo a seguir ilustra a decomposição de um vetor.

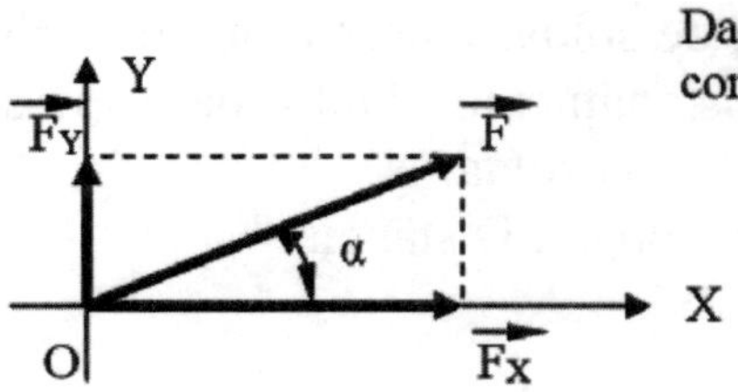

Dados o vetor $\overrightarrow{F}$ e o ângulo α, determinar suas componentes $\overrightarrow{F_X}$ e $\overrightarrow{F_Y}$.

$\cos\alpha = \overrightarrow{F_X} / \overrightarrow{F}$ => $\overrightarrow{F_X} = \overrightarrow{F}\cos\alpha$

$\operatorname{sen}\alpha = \overrightarrow{F_Y} / \overrightarrow{F}$ => $\overrightarrow{F_Y} = \overrightarrow{F}\operatorname{sen}\alpha$

A decomposição de um vetor também pode ser entendida como a soma de dois vetores, utilizando-se a Regra do Paralelogramo.

Dados os vetores $\vec{F_X}$ e $\vec{F_Y}$, determinar o vetor Resultante ($\vec{F}$).

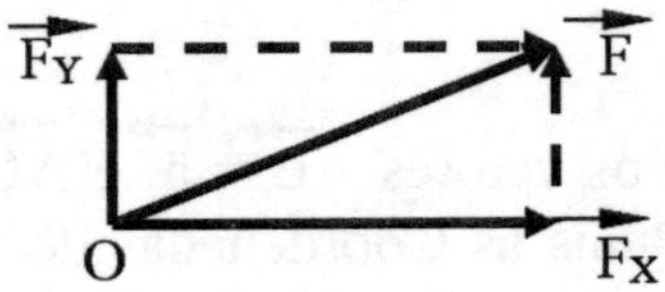

$\vec{F} = \vec{F_X} + \vec{F_Y}$

$\text{Tg}\ \alpha = |F_Y| / |F_X|$

Na prática, onde aparece essa situação de duas forças F_X e F_Y, aplicadas sobre um ponto e formando um determinado ângulo entre si? Veja exercício 3.3.

Exercício 3.3: no sistema mecânico de forças a seguir, calcule as componentes vertical (F_Y)* e horizontal (F_X)*. Qual a real aplicação prática, para o cálculo das componentes *F_X e *F_Y?

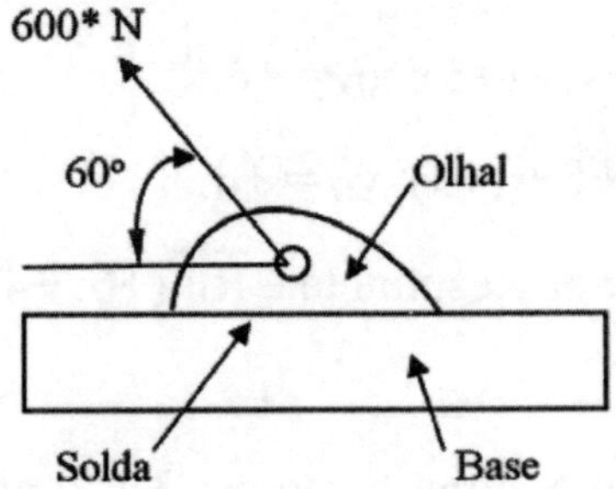

Esse é um tipo de olhal, de uma estrutura metálica, submetido a uma força, por exemplo, devido ação de tirantes tensionadores. Isso é comum na prática. Os engenheiros têm que saber o valor das forças *F_X e *F_Y, para poder calcular, por exemplo, a dimensão e resistência da solda entre o olhal e a base.

Essa Força de 600N, em verdade, é a Resultante da soma de *F_X e *F_Y.

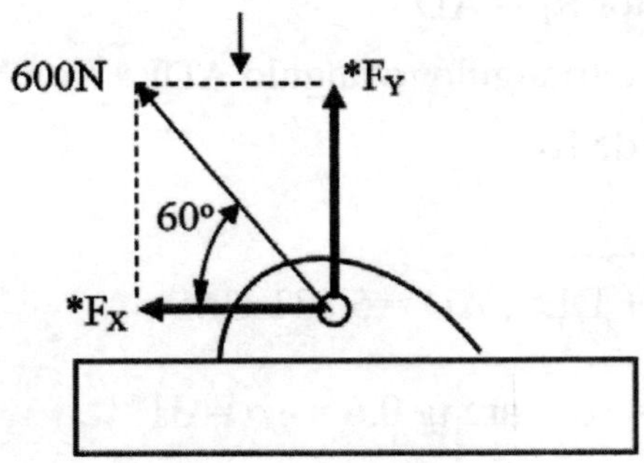

$F_X = F \cos \alpha \Rightarrow F_X = 600\text{N} \cos 60^o \Rightarrow F_X = 300\text{N}.$

$F_Y = F \text{ sen } \alpha \Rightarrow F_Y = 600\text{N sen } 60^o \Rightarrow F_Y = 519{,}615\text{N}.$

*Em cálculos reais e práticos, até para reduzir o trabalho e não congestionar a parte escrita, não é costume usar-se a setinha acima da força. Por exemplo, ao invés de $\vec{F_X}$, escreve-se apenas F_X.

Conhecendo os valores das forças F_X e F_Y, o engenheiro pode dimensionar, tanto a espessura do olhal, quanto a resistência da solda. Nesse caso, a força F_X origina cizalhamento e a F_Y origina tração, sobre o cordão da solda entre o olhal e a base.

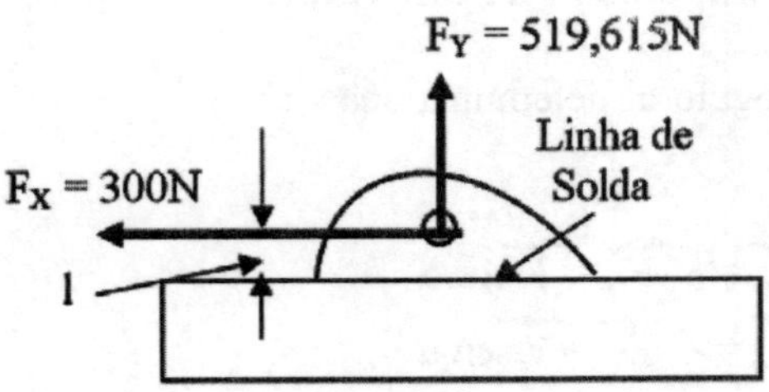

A força F_X também causa um pequeno Momento** ($M = F_X .\ l$) na linha de solda. Este momento também é utilizado para o dimensionamento, tanto da espessura do olhal, quanto do cordão da solda.

** Momento = Força x Distância.

3.4 Multiplicação de um vetor por um número real (ou escalar)

Em verdade, a multiplicação de um vetor por um número, segue o mesmo conceito da soma/subtração de vetores. Veja os exemplos a seguir.

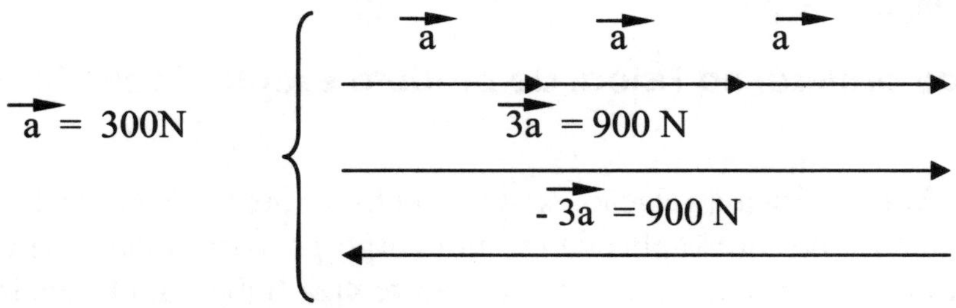

3.5 Produto escalar de vetores (ou produto interno)

Considerando-se os vetores $\vec{a}$ $(x_a; y_a)$ e $\vec{b}$ $(x_b; y_b)$, o produto escalar entre eles, ou seja, $\vec{a}\,.\,\vec{b}$ é um número real obtido como: $\vec{a}\,.\,\vec{b} = (x_a\,.\,x_b) + (y_a\,.\,y_b)$. Por exemplo, sejam os vetores: $\vec{a}$ (+ 2; + 5) e $\vec{b}$ (- 3; + 4), o produto escalar entre eles é igual a:

$\vec{a}\,.\,\vec{b}$ = (+ 2 . - 3) + (+ 5 . + 4) = - 6 + 20 = + 14. (O produto escalar pode ser negativo).

O produto escalar entre dois vetores $\vec{a}$ $(x_a; y_a)$ e $\vec{b}$ $(x_b; y_b)$ e que formam um ângulo α entre si, também pode ser expresso por:

$\vec{a}\,.\,\vec{b} = |a|\,.\,|b|\,.\cos\alpha$; onde: $|a| = \sqrt{x_a^2 + y_a^2}$ e $|b| = \sqrt{x_b^2 + y_b^2}$.

Ou seja: o produto escalar é igual ao produto dos módulos dos vetores pelo produto do cosseno do ângulo formado pelos mesmos. Isso significa que, o produto escalar de dois vetores perpendiculares é nulo (igual a zero), pois, o cosseno de 90° = 0.

$\alpha + \beta + \gamma = 180^\circ$

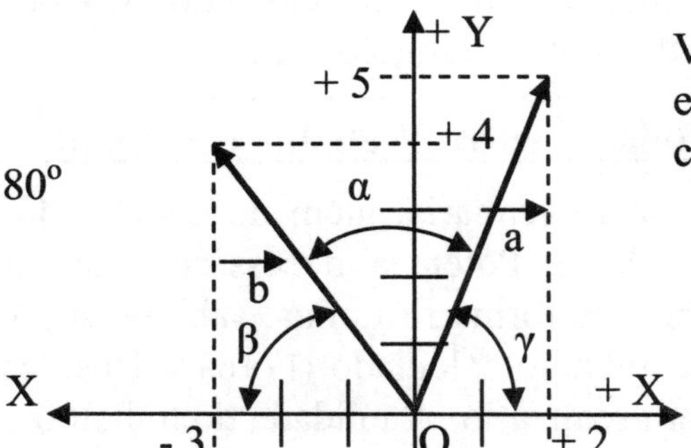

Vamos analisar os mesmos vetores já estudados, fazendo o produto escalar e considerando o ângulo entre eles.

$\vec{a}$ (+ 2; + 5) e $\vec{b}$ (- 3; + 4). (*)

(*) Observa-se que, um vetor $\vec{V}$ com início na Origem O (0; 0) e extremidade (a; b), pode ser representado como: $\vec{V}$ (a; b).

$$\begin{cases} \text{tg}\,\beta = 4/3 \Rightarrow \beta = \text{arc tg}\,4/3 \Rightarrow \beta = 53{,}139^\circ. \\ \text{tg}\,\gamma = 5/2 \Rightarrow \gamma = \text{arc tg}\,5/2 \Rightarrow \gamma = 68{,}198^\circ. \\ \alpha = 180^0 - (\beta + \gamma) \Rightarrow \alpha = 58{,}663^\circ. \end{cases}$$

$\vec{a}\,.\,\vec{b} = |a|\,.\,|b|\,.\cos\alpha$; onde: $|a| = \sqrt{(x_a^2 + y_a^2)}$ e $|b| = \sqrt{(x_b^2 + y_b^2)}$.

$|a| = \sqrt{(x_a^2 + y_a^2)} = 5{,}385.$ $|b| = \sqrt{(x_b^2 + y_b^2)} = 5$

Produto escalar = 5,385 . 5 . cos 58,663° : Produto escalar = 5,385 . 5. 0,52 = 14,001*

* Essa pequena diferença de 0,001 (um milésimo), em relação ao cálculo que deu 14, deve-se às aproximações nos cálculos dos ângulos α, β e γ.

3.5.1 Exemplo de aplicação prática, na Física, de produto escalar (cálculo do trabalho)

Em Física, a grandeza trabalho (W) significa a relação existente entre a força (F) e o deslocamento (W = F . d). Existe trabalho quando uma força aplicada em um corpo provoca o deslocamento (d) desse corpo. Assim, quando a força não desloca o corpo, ela não realiza trabalho. O trabalho, cujo símbolo é a letra W (*Work* em inglês), é uma grandeza escalar (um número) e define-se pelo seu valor ou módulo e também por sua unidade de medida. A unidade do trabalho no Sistema Internacional de Unidades (SI) é o joule, representado pela letra J. Quando se aplica uma Força $\vec{F}$ sobre um corpo, causando um deslocamento horizontal ou vertical, pode-se concluir que o trabalho $(\vec{W})$ realizado é:

$W = \vec{F_H}.\ d$ ou $W = \vec{F_V}.\ d.$ $\vec{F_H} = \vec{F}\ .\ \cos\theta.\ \vec{F_H} = \vec{F}.\ \text{sen}\ \theta$

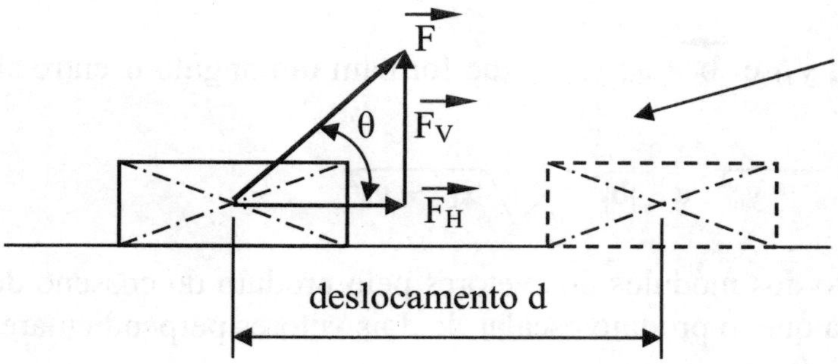

Nesse caso só a força horizontal $(\vec{F_H})$ realiza trabalho, pois o deslocamento é na horizontal. Se a força $\vec{F}$ for tal que a componente vertical $\vec{F_V}$ prevaleça e desloque o corpo para cima, então haverá trabalho na vertical.

Exercício 3.4: considerando a figura anterior, calcular o trabalho realizado (W) sabendo-se que a Força F é de 100N, o deslocamento horizontal é de 30 m e o ângulo θ é de 60°.

$W = F_H.\ \cos\theta\ .\ d;$

$W = 100\ N.\ \cos\ 60°.\ 30\ m;$

$W = 1.500\ J.$

Relações entre unidades de potência:

1CV = 735,5W

1W = 0,0013596CV

1HP = 745,7W

1W = 0,00134102HP

Relação entre Trabalho e Potência

Especialmente na Engenharia, além do cálculo do trabalho, é importante calcular a Potência necessária, para a realização daquele trabalho. De forma resumida, sabe-se que Potência é a relação entre o trabalho calculado (Força x Deslocamento) e o tempo gasto para realizá-lo. A unidade de trabalho é o Watt e o tempo é o segundo. Se no exercício 3.4, o deslocamento de 30 m for realizado em 10 segundos, a Potência será de 1.500 J / 10 s = 150 Watts. (Joule/Segundo = Watt).

Com esta Potência pode-se dimensionar o motor que será usado para deslocar o corpo, em 10 segundos. Existem três unidades de potência: Watt - W, *Cheval Vapeur* - CV e *Horse Power* – HP, ambos significando Cavalo Vapor em português.

3.6 Paralelismo entre vetores

Dois vetores são paralelos, quando suas componentes (suas Coordenadas Cartesianas) são proporcionais. Por exemplo, considerando os vetores AB e CD, constata-se que existe uma proporcionalidade igual a 2.

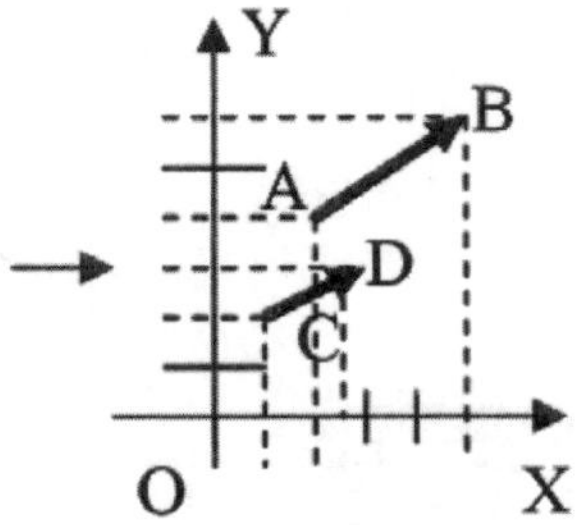

A (2; 4), B (5; 6).
C (1; 2), D (2,5; 3).
2/1 = 4/2 = 2.
5/2,5 = 6/3 = 2.
A razão proporcional é igual a 2.

3.7 Produto vetorial (ou produto externo). Área do paralelogramo formado pelos vetores

Diferentemente do produto escalar, cujo resultado é um número, o produto vetorial é também um vetor, que é sempre perpendicular a ambos os vetores originais*. Ou seja, o vetor resultante de um produto vetorial de dois vetores no espaço bidimensional (X, Y) ou espaço R^2, por ser perpendicular aos dois vetores que formam um plano, situa-se no espaço tridimensional ou espaço R^3 (que será estudado na Unidade III).

O módulo do produto vetorial, $|\vec{a} \times \vec{b}|$, pode ser geometricamente interpretado como a área do paralelogramo definido pelos módulos dos vetores $\vec{a}$ e $\vec{b}$.

<u>O Vetor do produto vetorial estará para cima ou para baixo, em função do sentido do giro dos vetores $\vec{a}$ e $\vec{b}$. Se o giro é anti-horário, o Vetor produto é para cima; se o giro é horário, o produto é para baixo.</u>

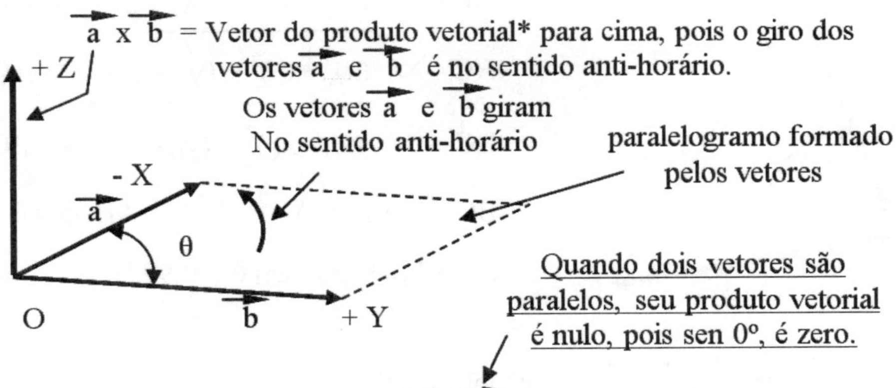

Produto vetorial: $|\vec{a} \times \vec{b}| = |a| \cdot |b| \cdot \text{sen}\ \theta$.

* O vetor resultante do produto vetorial é perpendicular ao plano formado pelos dois vetores considerados

Exercício 3.5: dados os pontos A, B e C, onde $\overrightarrow{AB}$ formam o vetor a e $\overrightarrow{AC}$ o vetor b, pede-se calcular o produto vetorial $\vec{a} \times \vec{b}$ Dados: A (+ 2; + 3), B (+ 4; + 8), C (+ 8; + 2).

Inicialmente faz-se a Imagem Geométrica desses vetores, para que se entendam suas posições, módulos e o ângulo θ entre eles.

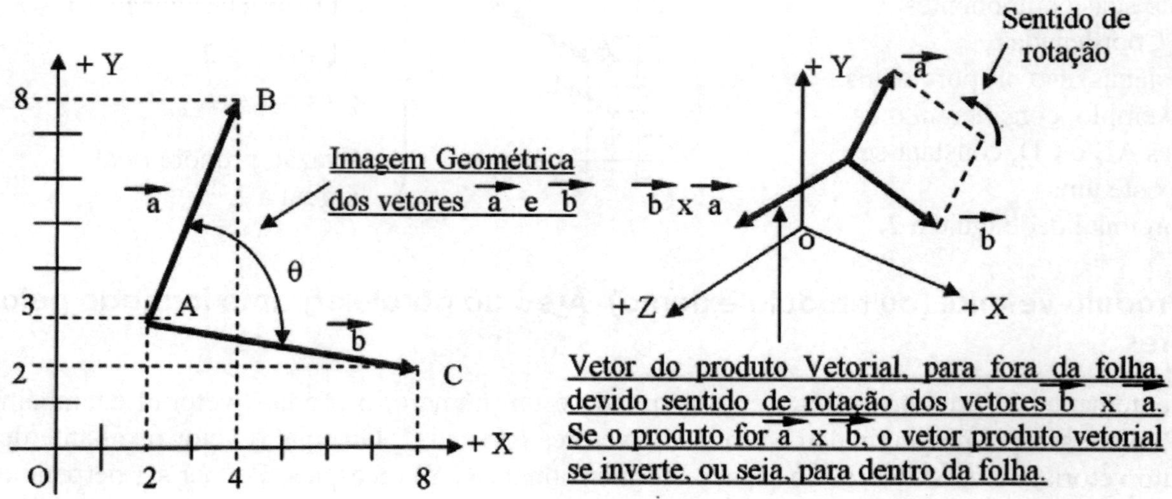

Para cálculo do ângulo θ serão feitas as seguintes análises:

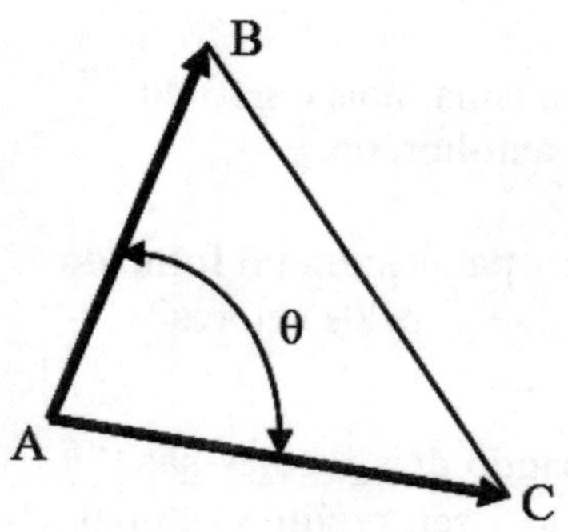

$$AB = \sqrt{(x_A - x_B)^2 + (y_A - y_B)^2} \Rightarrow AB = 5{,}385$$

$$AC = \sqrt{(x_A - x_C)^2 + (y_A - y_C)^2} \Rightarrow AC = 6{,}083$$

$$BC = \sqrt{(x_B - x_C)^2 + (y_B - y_C)^2} \Rightarrow BC = 7{,}211$$

$$BC^2 = AC^2 + AB^2 - 2.\ AC.\ AB.\ \cos\theta \text{ (Lei dos cossenos)}$$

$$\theta = 77{,}659^o \Rightarrow \text{sen}\ \theta = 0{,}977.$$

Produto vetorial: $|\vec{a} \times \vec{b}| = |a|\ .\ |b|\ .\ \text{sen}\ \theta.$

Produto vetorial = 5,385 . 6,083. 0,977.

Produto vetorial = 32,003. (como não foi especificada unidade, este é um valor adimensional)

Sabendo-se que, o módulo do produto vetorial pode ser geometricamente interpretado como a área do paralelogramo definido pelos módulos dos vetores, será feito o cálculo geométrico da área do paralelogramo, para confirmar que é igual ao produto vetorial.

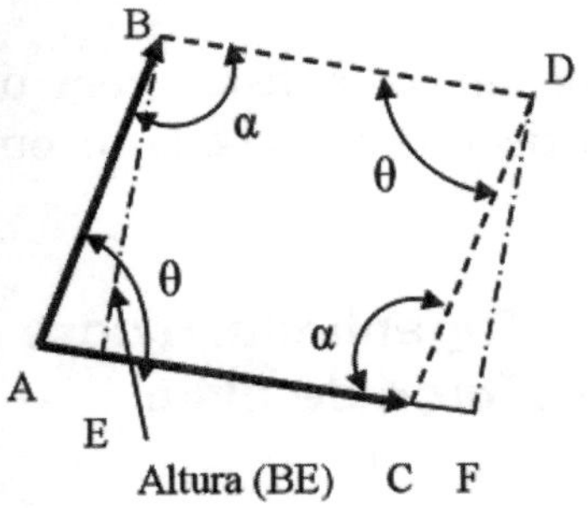

A Geometria Plana mostra que a área do paralelogramo é igual ao produto da base pela altura.

Nessa figura ao lado, a altura é o segmento BE, que é perpendicular à base AC.

Para calcular BE, será analisado o triângulo retângulo ABE, do qual se conhece o ângulo $\theta = 77{,}659^o$ e o lado AB = 5,385.
(Observação: $2\,\theta + 2\,\alpha = 360^o$ e $\Theta + \alpha = 180^o$)

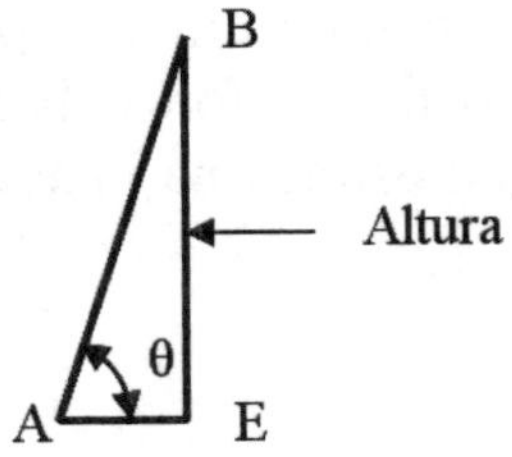

A área do paralelogramo ABCD é equivalente à área do "retângulo" BDEF, ou seja: Base x Altura ou BD X BE.

AB = 5,385. $\theta = 77{,}659^o \Rightarrow \text{sen}\,\theta = 0{,}977$.

$\text{sen}\,\theta = BE / AB \Rightarrow BE = AB\ .\ \text{sen}\,\theta$.

$BE = 5{,}385\ .\ 0{,}977 \Rightarrow BE = 5{,}261$.

A área S do paralelogramo é: $S = AC\ .\ BE \Rightarrow S = 6{,}083\ .\ 5{,}261 \Rightarrow S = 32{,}003$.

Ou seja, confirma-se que o "número" do produto vetorial de dois vetores no espaço R^2 é igual ao "número" que representa a área do paralelogramo formado pelos dois vetores.

Na prática, o produto vetorial é utilizado nas seguintes situações: a) para descrever a força de Lorentz sofrida por uma carga elétrica movendo-se em um campo magnético. b) no cálculo de torques. c) No cálculo da normal de um triângulo ou polígono, tendo uso no ramo da computação gráfica e do desenvolvimento de jogos eletrônicos, permitindo, por exemplo, efeitos que simulam iluminação.

3.7.1 A regra da mão direita (ou de Fleming) aplicada ao vetor do produto vetorial

As figuras a seguir, mostram o conceito da posição da mão direita, aplicado ao Produto Vetorial. Mão aberta e para cima, indica que o vetor do produto vetorial ($\vec{a}$ x $\vec{b}$) terá a direção indicada, do polegar para cima, desde que os vetores estejam, um na direção do dedo indicador ($\vec{a}$) e o outro na direção do dedo médio ($\vec{b}$), com os outros dedos, virados para trás.
Caso os vetores estejam invertidos, ou seja: $\vec{b}$ x $\vec{a}$, então a rotação será no sentido horário.

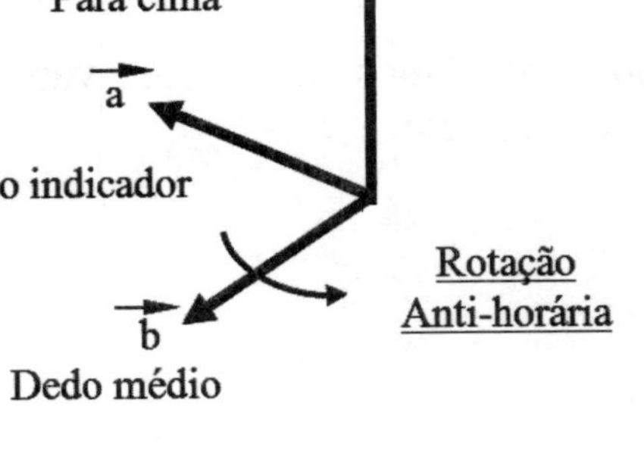

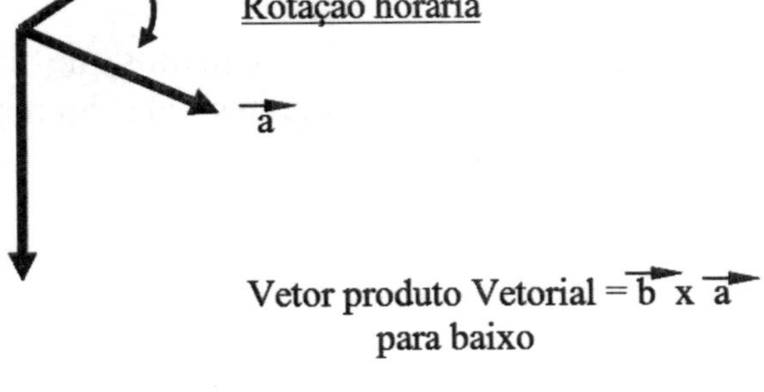

Uma forma prática de se entender a regra da mão direita é fazendo analogia física com o movimento entre um parafuso e uma porca. Dependendo do sentido de rotação, aperta-se ou afrouxa-se o parafuso.

3.8 Aplicação prática, de vetores no espaço R², na Física e na Engenharia: o caso do plano inclinado, com um corpo submetido ao seu peso e à força de atrito

Tanto em atividades escolares da disciplina Física, quanto em cálculos de engenharia, ocorre de se ter que analisar um corpo (por exemplo, um veículo) parado ou em movimento em um plano inclinado, ou seja, uma rampa ou uma rua de subida. Ao analisar as características e forças básicas que atuam sobre um corpo em um plano inclinado, tem-se a situação, como mostrada na imagem a seguir:

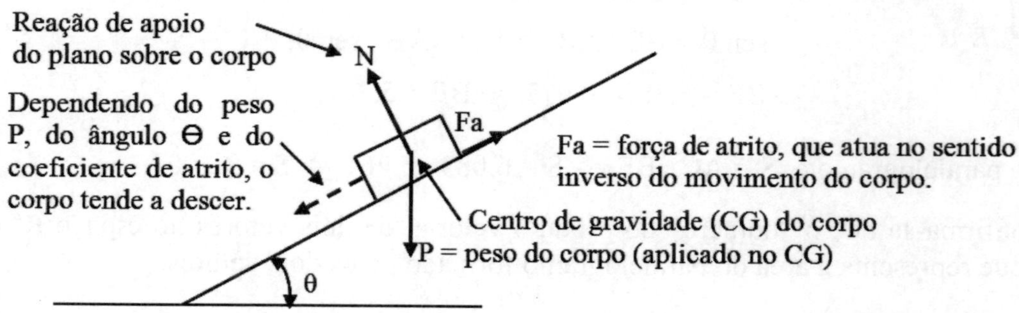

A força $\vec{P}$, peso do corpo, atua no centro de gravidade (CG) do corpo e se dirige para o centro da Terra. A força, $\vec{N}$ reação de apoio, atua no centro de gravidade do corpo e é perpendicular ao plano inclinado. A força de atrito Fa atua paralelamente e sobre o plano inclinado, exatamente onde o corpo toca a superfície do plano. O atrito é a resistência que existe entre o material do corpo e o material da superfície do plano inclinado. Para cada tipo de material, existem dois coeficientes de atrito: o estático e o dinâmico.

Considerando a figura anterior, o coeficiente de atrito estático ($\mu_{est.}$) é igual à tangente do ângulo θ, exatamente no grau em que o corpo começa a se movimentar, pois, existe um atrito (ou aderência) natural entre o corpo e o plano. Então, para determinados materiais (do corpo e do plano), o coeficiente de atrito estático é igual a: $\mu_{est.} = \text{tg}\ \theta$.

O coeficiente de atrito dinâmico ($\mu_{din.}$), para os mesmos materiais, é inferior ao estático, já que para começar o movimento é preciso vencer a inércia. Ou seja, a força de atrito dinâmico é menor do que a força de atrito estático.

Para que seja possível realizar cálculos, de corpos atuando em planos inclinados, vamos fazer algumas análises das forças atuantes, que são representadas por vetores:

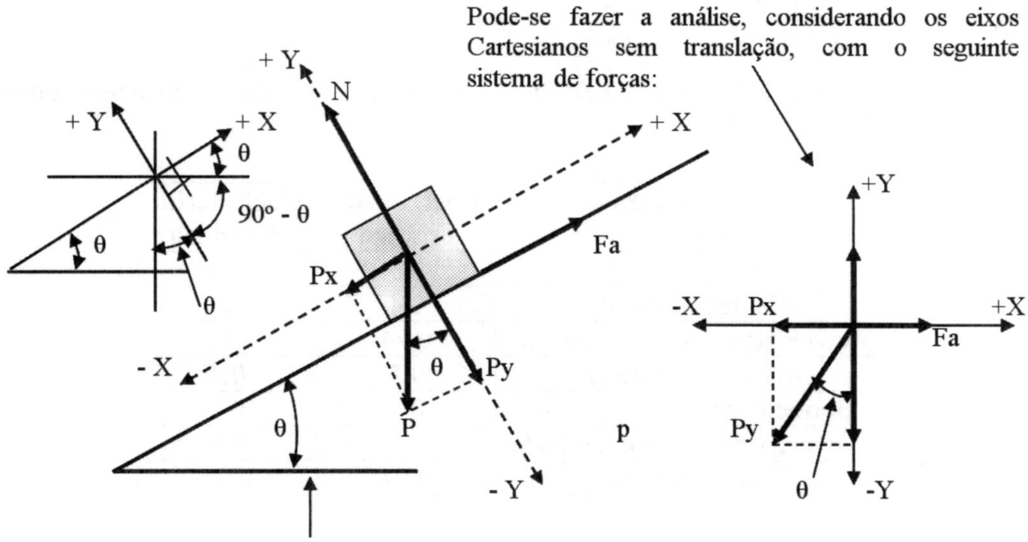

Considerando uma translação da Origem dos eixos Cartesianos X, Y, para o centro de gravidade CG do corpo, temos essas diversas forças aplicadas.

Observa-se que, no limite do equilíbrio, ou seja, quando o corpo "começa" a querer se movimentar, a componente P_x é igual à força de atrito Fa, pois estão na mesma direção, porém em sentidos opostos. Mais uma vez, observa-se que, em cálculos omitem-se as setinhas* sobre o símbolo da força analisada.

No limite do equilíbrio, ou seja, antes do início do movimento temos*: $N = P_y$ e $P_x = Fa$

Isso significa que o corpo está parado

$$\begin{cases} P_y = N = P.\cos\theta. \\ P_x = Fa = P.\,\text{sen}\,\theta. \\ Fa = \mu_{est.}\,N. \\ \mu_{est.} = \text{tg}\,\theta. \end{cases}$$

← Com essas equações, é possível calcular as forças que atuam sobre um corpo em um plano inclinado.

Exercício 3.6: considerando-se um corpo parado, na iminência de se movimentar para baixo, de peso 200N, num plano inclinado de 20°, pede-se calcular as componentes das forças que atuam no corpo (considerando o eixo OX paralelo ao plano inclinado).

$P_y = N = P.\cos\theta$; logo $P_y = 200N.\cos 20^o \Rightarrow P_y = 188N$.

$P_x = Fa = P.\,\text{sen}\,\theta$; logo $P_x = 200N.\,\text{sen}\,20^o \Rightarrow P_x = 68N$.

Sabe-se que: $Fa = \mu_{est.}\,N$, onde $Fa = 68N$ e $N = 188N$; portanto:

$\mu_{est.} = Fa / N = 68N / 188N \Rightarrow \mu_{est.} = 0{,}362$.

Conclusão: para que um corpo com peso de 200N, apoiado num plano inclinado de 20°, não tenha movimento, ou seja, fique parado, é necessário que sejam usados materiais de contato

corpo/plano inclinado, com um coeficiente de atrito estático igual ou maior que 0,362 (pois, tg 20º = 0,362).

Apenas como indicação e referência, a tabela a seguir mostra os valores de coeficientes de atrito estático e dinâmico, para alguns pares de materiais.

Materiais em contato	Coef. Atrito estático	Coef. Atrito dinâmico
Couro em madeira	0,5	0,4
Couro em metal	0,4	0,3
Aço em aço, sem lubrificação	0,74	/
Metal em madeira	0,5	0,4
Borracha em concreto seco	0,9	0,7
Borracha em concreto molhado	0,7	0,5
Teflon em teflon	0,04	0,04

Existe uma outra observação, com relação ao coeficiente de atrito. Trata-se do estado da superfície ou rugosidade. Por exemplo, quando se diz que, para um contato metal/metal o coeficiente de atrito estático é de 0,2, algumas questões se colocam, como por exemplo: a) quais metais? b) qual o grau de rugosidade das superfícies? c) existirá algum produto usado entre os metais, por exemplo, óleo lubrificante, que irá reduzir o atrito?

Com relação à rugosidade de uma superfície, em especial dos metais, mesmo uma superfície que a olho nu ou com o tato, pareça lisa, em verdade apresenta um determinado grau de rugosidade. Existem aparelhos eletrônicos, chamados rugosímetros que indicam com alta precisão o grau de rugosidade de uma superfície.

3.8.1 Forças que atuam sobre um caminhão subindo uma estrada inclinada

Esse é um exemplo prático, e real, de análises de forças em um plano inclinado.

Como potência é o trabalho realizado na unidade de tempo, e o trabalho é a força multiplicada pelo espaço, é assim que se define a potência do caminhão, considerando o peso a ser transportado, a inclinação máxima da estrada e a velocidade para o transporte.

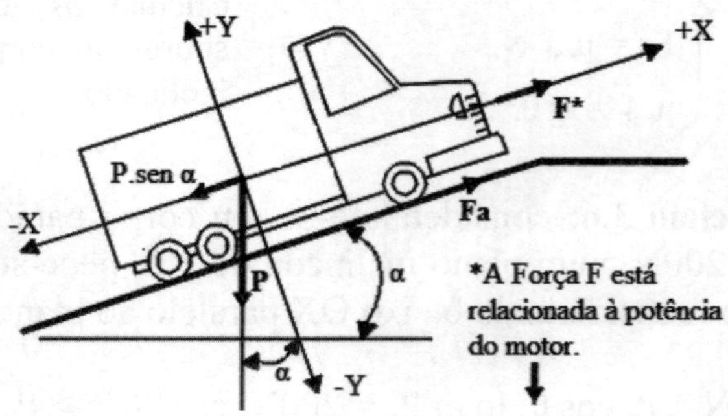

O motor do caminhão tem que ter potência suficiente, para gerar uma força $\vec{F}$ para cima da rampa, que somada à força de atrito, tem que ser maior do que a força da componente $\vec{P}.\text{sen }\alpha$. Ou seja: $\vec{F} + \vec{Fa} > P.\text{sen }\alpha$.

3.9 Aplicação prática de vetores, no espaço R^2, na Engenharia: o caso da expansão térmica e reações de apoio em um vaso de pressão cilíndrico horizontal

Em diversas indústrias, especialmente nas: química, petroquímica e petrolífera, é comum o uso de grandes reservatórios cilíndricos de aço, para armazenar líquidos e gases. São os chamados vasos de pressão, como a seguir mostrado. Tanto em função da variação da temperatura ambiente (em algumas regiões do Brasil, num mesmo dia, pode-se ter uma variação de até 25° C), quanto devido ao fluído estocado, o equipamento sofre uma expansão térmica, a chamada dilatação térmica linear. Esses equipamentos quando horizontais são apoiados ao solo por meio de dois suportes, chamados selas, sendo um fixo ou ancorado e o outro móvel, para permitir a dilatação linear de todo o comprimento, em função da expansão térmica, pela diferença de temperatura (ΔT).

Exemplo de um vaso de pressão horizontal

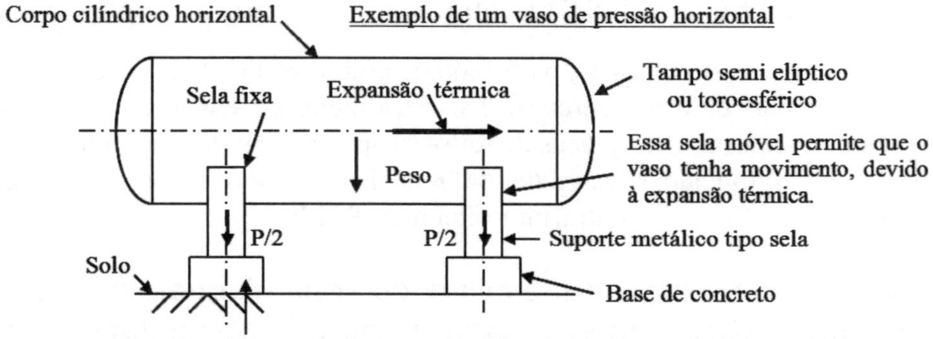

A sela fixa é ancorada à base de concreto, por meio de parafusos chumbadores.

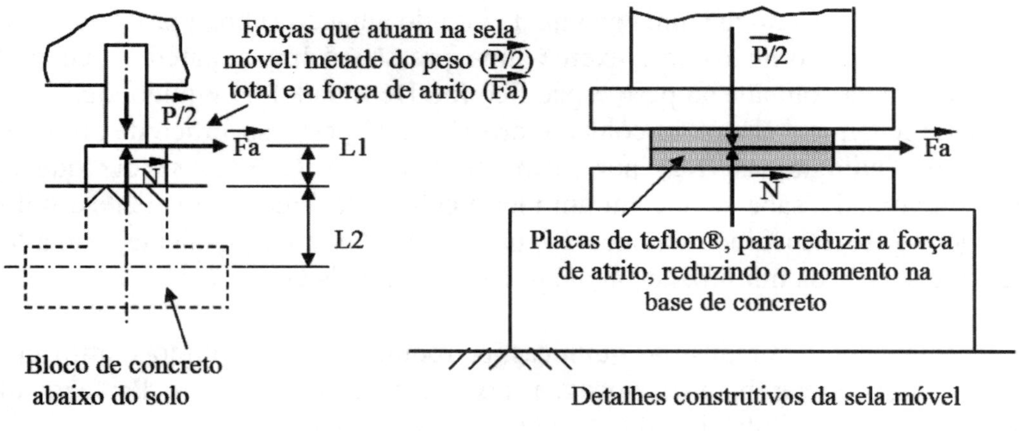

Detalhes construtivos da sela móvel

A força de atrito Fa, em função dos comprimentos L1 e L2, gera momentos no bloco de concreto. Quanto menor a força Fa, menor é o momento, logo a estrutura fica mais barata.

Na sela móvel, metade do peso ($\overrightarrow{P/2}$) gera uma reação de apoio ($\vec{N}$). Como visto no parágrafo 3.9, a força de atrito é igual a: $\vec{Fa} = \mu_{est}.\vec{N}$ ou seja, o produto do coeficiente de atrito estático pela reação de apoio $\vec{N}$ (igual a P/2). Dessa forma, quanto menor a força de atrito na sela móvel, menor será o momento (força x comprimento), significando menos esforço no bloco de concreto, ou seja, um bloco menos pesado (menos material), portanto com um custo menor. Fazer seguro, com qualidade e menor custos são os grandes objetivos da Engenharia. Analisando o coeficiente de atrito estático entre aço/aço, como mostrado na tabela do parágrafo 3.8, vê-se que é igual a 0,74, enquanto entre teflon®/teflon® é de 0,04.

Exercício 3.7: Supondo um vaso de pressão com diâmetro de 4 metros e 10 metros de comprimento horizontal, tem-se um volume de cerca de 142 m3. Considerando esse vaso cheio de um líquido de peso específico igual ao da água (1000 kg/m3), teremos um peso de líquido de 142 toneladas (em verdade massa). Considerando mais cerca de 8 toneladas do peso próprio do vaso (em chapa de aço com cerca de 20 mm de espessura), chegamos a 150 toneladas (P). Isso significa que, em cada suporte existirá uma reação de apoio de 75 toneladas, ou cerca de 750 KN. Agora vamos analisar os dois casos para a força de atrito na sela móvel: um com os suportes em aço sobre aço e outro com as placas de teflon®.

$$\begin{cases} \text{Para aço em aço: } Fa = \mu_{est.} \,.\, N = 0{,}74 \times 750 \text{ KN} \Rightarrow Fa = 555 \text{ KN.} \\ \text{Para teflon em teflon: } Fa = \mu_{est.} \,.\, N = 0{,}04 \times 750 \text{ KN} \Rightarrow Fa = 30 \text{ KN.} \end{cases}$$

Conclusão: usando as placas de teflon®, para reduzir as forças de atrito e ter blocos de concreto mais baratos, teremos forças de atrito cerca de 18 vezes menores, em relação ao uso de aço sobre aço. Na prática, costuma-se usar estas placas de teflon® apenas quando o peso total do equipamento é igual ou maior do que 90 toneladas, cerca de 900 KN. Teflon® é marca registrada da empresa Du Pont. O nome químico do teflon é Politetrafluoretileno ou PTFE.

3.10 Forças que atuam em um tanque cilíndrico vertical, cheio com um determinado líquido. Cálculo da espessura da parede de um tanque, submetido à pressão atmosférica

A Física (Hidrostática) mostra que, uma coluna de líquido atuando sobre a parede de um recipiente, seja de que geometria (formato) for, exerce uma pressão sobre a parede, que é diretamente proporcional à altura da coluna e ao peso específico (ou Densidade) do líquido, que está contido no recipiente. A esse fenômeno chama-se coluna hidrostática. O peso específico de um líquido é dado, normalmente, em Quilogramas (Kg) por metro cúbico (m^3). Quando se diz que a água tem Densidade 1, em verdade, sabe-se que em um metro cúbico de água (equivalente a mil litros) pesa mil quilos, logo o Peso Específico da água é igual a 1.000Kg/m^3, equivalente a uma tonelada por metro cúbico. Ou seja, cada mil litros de água, pesam uma tonelada.

Na prática, especialmente em indústrias químicas, petroquímicas e petrolíferas, utilizam-se grandes e altos tanques atmosféricos, para a estocagem dos mais diversos fluidos. Por exemplo, um dos fluidos estocados é o Ácido Sulfúrico, que tem Densidade igual a 1,9.

Existe uma Norma Internacional, relacionada aos cálculos de unidades industriais, chamada *American Petroleum Institute* – API, que, dentre outras particularidades, apresenta requisitos e exigências para o projeto, cálculo, fabricação, e montagem de tanques atmosféricos, para a estocagem de líquidos em áreas industriais. A fórmula, a seguir mostrada, consta da Norma API 650, item 5.6.3.2 (ano de 2018), sendo a utilizada para o cálculo de espessura de tanques atmosféricos e armazenamento de líquidos.

$$t = \frac{50 \, . \, Di\,(H - 0{,}3)\, G}{\tau_{adm} \, . \, E} + t_C$$

- t = Espessura da chapa do tanque, em mm.
- Di = Diâmetro interno do tanque, em m.
- H = Altura máxima vertical do tanque, em m.
- G = Densidade do líquido estocado.
- τ_{adm} = Tensão Admissível do material da chapa, em Kgf/cm^2.
- E* = Fator de resistência das soldas, das chapas do tanque.
- t_C = Sobre espessura (em mm), devido corrosão.

*E é adimensional

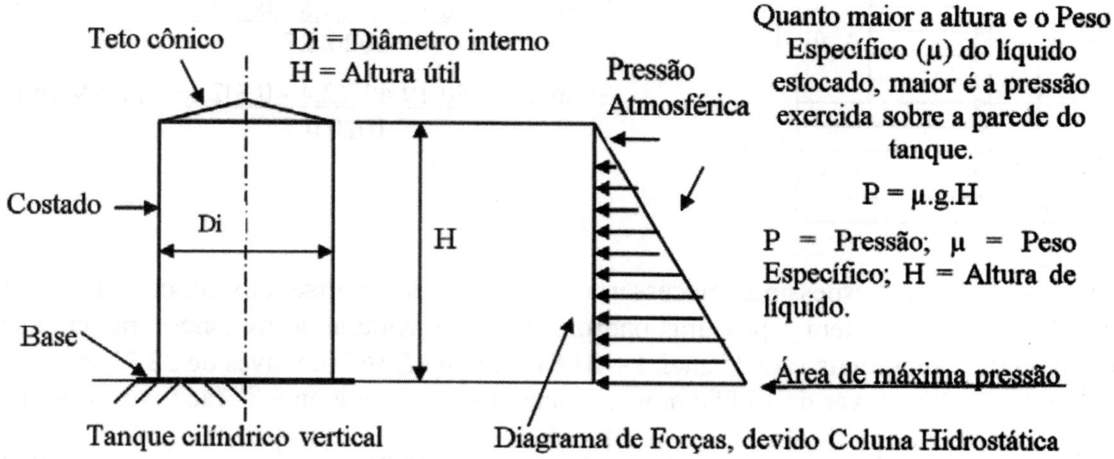

Exercício 3.8: calcular a espessura máxima (t = mm) da chapa de aço carbono, de um tanque atmosférico, para estocar um líquido com os seguintes dados: Di* = 19,427m; H* = 7,2m; G = 2,1; τ_{adm} = 1020 Kgf/cm^2; E = 0,7 e t_C = 3,0mm.

$$t = \frac{50.19{,}427(7{,}2 - 0{,}3)2{,}1}{1020.0{,}7} + 3. \quad t = 22{,}71 \text{ mm.}$$

Esta é a espessura, mínima necessária, para a chapa inferior ou 1ª chapa do tanque. Na prática, são calculadas várias espessuras, à medida que a Altura diminui.

*Na prática, normalmente, as chapas planas de aço têm uma largura de 2,4 metros e um comprimento de 6,1 metros. Do ponto de vista econômico, procura-se, sempre que possível, definir a altura do tanque como múltipla de 2,4 metros, para evitar ter que cortar chapas, o que aumenta o custo de fabricação. É por isso que nesse exemplo foi definida a altura de 7,2 metros, pois 3 x 2,4 = 7,2. Ou seja, serão utilizadas três níveis de chapas na altura, sem cortes. Raciocínio semelhante se aplica ao cálculo do diâmetro, onde a retificação da circunferência, ou seja, π x Di, deve ser múltipla de 6,1 metros, também para evitar cortes de chapas. É por isso que nesse exemplo foi definido o diâmetro de 19,427 metros, pois o perímetro dá 61 metros (19,427 x π = 61). Ou seja, na circunferência serão utilizadas dez chapas de comprimento 6,1 metros cada, perfazendo os 61 metros (10 x 6,1 = 61).

Ao se observar a variação da pressão ao longo da altura do tanque, nota-se que, ela é máxima na 1ª chapa e atmosférica na 3ª chapa. Ou seja, se for utilizada ao longo de toda a altura a espessura de 22,71 mm, se estará desperdiçando dinheiro, pois à medida que a altura decresce, em relação à base, a pressão diminui e, portanto, pode-se usar chapa de espessura mais fina, gerando uma substancial economia. A figura a seguir mostra como se faz o cálculo na prática, considerando patamares de 2,4 metros (chamados de anéis), ou seja, a largura de uma chapa.

Imagem Geométrica e cálculo prático de uma coluna hidrostática, aplicada em um tanque atmosférico

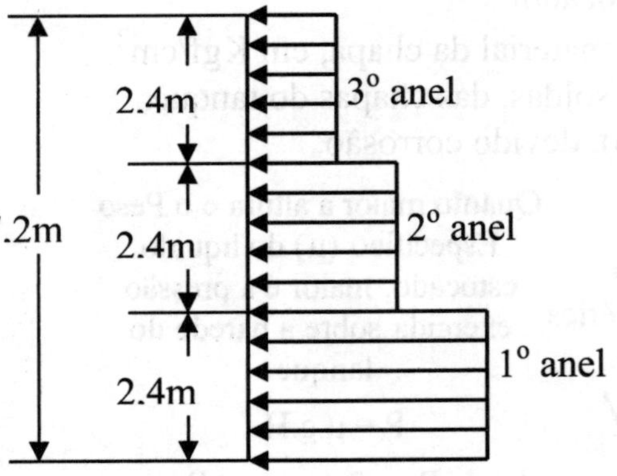

<u>Cálculo das espessuras, considerando a variação da pressão hidrostática, em função da altura:</u>

O 1º anel já foi calculado: t = 22,71 mm.

2º anel: $t = \dfrac{50.19{,}427(4{,}8 - 0{,}3)2{,}1}{1020.0{,}7} + 3$: t = 15,856 mm

3º anel: $t = \dfrac{50.19{,}427(2{,}4 - 0{,}3)2{,}1}{1020.0{,}7} + 3$: t = 9 mm.

Uma vez calculadas as espessuras necessárias, faz-se uma análise em função das espessuras comerciais, ou seja, já existem espessuras padronizadas. Considerando as espessuras já calculadas, descobre-se que as comerciais são: 1º anel: t = 23,81 mm ou 15/16" (ao invés de 22,71 mm), 2º anel: t = 15,875 mm ou 5/8" (ao invés de 15,856 mm) e 3º anel: t = 9,525 mm ou 3/8" (ao invés de 9 mm),

Caso o tanque fosse construído todo com chapas de espessura 22,71 mm, teria um peso de costado igual a aproximadamente 77,84 toneladas. Utilizando espessuras diferentes, para cada anel e como calculado, este peso se reduz para aproximadamente 55,62 toneladas.

<u>**Conclusão**</u>: com a redução das espessuras, haverá uma redução de peso, de cerca de 22,22 toneladas de chapas de aço, com uma substancial redução de custo.

3.11 Exercícios complementares resolvidos (exercícios 3.9 a 3.14)

Exercício 3.9: considerando a figura a seguir, que representa esquematicamente a montagem de um pequeno guindaste, pede-se determinar o ângulo θ de modo que a força de tração no cabo AB seja o dobro da força de compressão na barra BC.

Observa-se que, esse tipo de guindaste é muito utilizado, tanto em oficinas mecânicas, quanto em metalúrgicas, normalmente trabalhando com a movimentação de peças e máquinas.

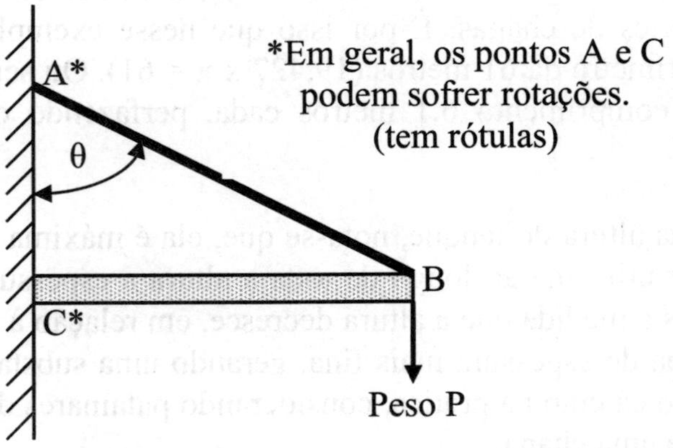

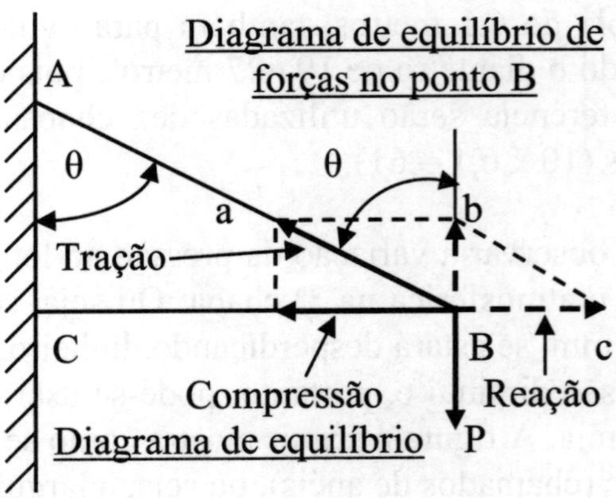

O cabo AB está submetido à uma força de tração = Ba.

A barra BC está submetida à uma força de compressão = Bc.

Analisando os triângulos retângulos Bab e Bbc, concluí-se que:

Triângulo Bab $\begin{cases} \cos\theta = Bb / Ba; \text{ logo } Ba = Bb / \cos\theta = P / \cos\theta \\ \text{sen}\,\theta = ab / Ba; \text{ logo } ab = Ba \,.\, \text{sen}\,\theta \end{cases}$

Ou seja: tração no cabo = $Ba = \dfrac{Bb}{\cos\theta} = \dfrac{P}{\cos\theta}$

Compressão na barra = Bc = ab = Ba . sen θ (substituindo Ba, tem-se):

$ab = \dfrac{P}{\cos\theta} \,.\, \text{sen}\,\theta$; logo: ab = P . tg θ

O problema pede que: Ba = 2 BC, portanto:

$\dfrac{P}{\cos\theta} = 2 \,.\, P \,.\, \text{tg}\,\theta$; ou seja: $\dfrac{P}{\cos\theta} = 2 \,.\, P \,.\, \dfrac{\text{sen}\,\theta}{\cos\theta}$; portanto: 1 = 2 . sen θ ou: sen θ = 1 / 2.

O arco cujo seno é 1/2 é o de 30°. **Conclusão:** θ = **30°**.

Exercício 3.10: considerando a figura do exercício 3.9, pedem-se: a) calcular a força de tração (FT) no cabo AB, para um peso P = 50 KN e θ igual a 45°; b) Uma vez calculada a força de tração, considerando o cabo AB com uma seção contínua circular, calcular o seu diâmetro, sabendo que, para o material utilizado, a tensão admissível (σadm) é de 9,8 KN/cm^2. Considerar: Tensão = Força / Área (σ = F / A).

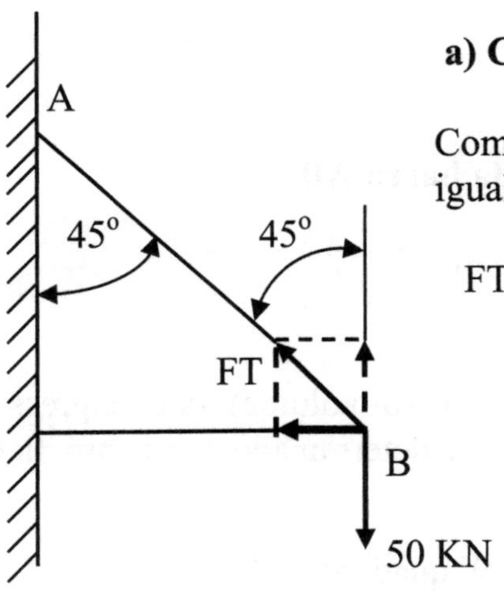

a) Cálculo da força de tração (FT), no cabo AB:

Como visto, anteriormente, a força de tração (FT) no cabo é igual a P / cos θ. FT = 50KN / cos 45°.

FT = 70,72 KN ⟵ Força de tração no cabo AB

b) Cálculo do diâmetro do cabo AB:

σ = F / A; logo: A = F / σ; isso significa que: Área mínima = FT / σadm

Área mínima = 70,72 KN / 9,8 KN/cm^2; Área mínima = 7,22 cm^2.

Área = $\pi.\ d^2 / 4$; logo: d mín = $\sqrt{(4\ .\ A\ \text{mín.}) / \pi}$; d mín = 3,03 cm ou 30,3 mm.

O diâmetro mínimo do cabo é igual a 30,3 mm.

Exercício 3.11: considerando a viga em balanço, a seguir, pedem-se: a) o Momento Fletor máximo no engaste ou ponto A; b) calcular o módulo de resistência (W*) mínimo necessário da barra AB, para resistir a este momento máximo, sabendo que para o material utilizado a tensão admissível (σadm) é de 9,8 KN/cm^2. Considerar que a fórmula que relaciona momento (M máx.), Módulo de Resistência (W) e Tensão (σ) é: $\frac{M}{W} = \sigma$. Ou seja: $W\ mín. = \frac{M\ máx}{\sigma adm}$.

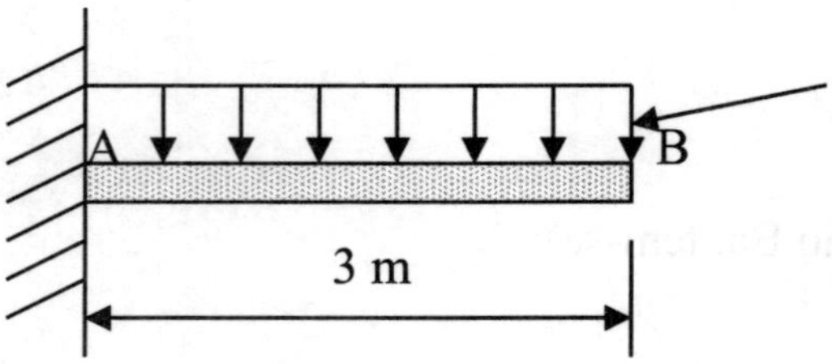

Carga distribuída de 9,8 KN / m

Na prática, esse problema ocorre com uma marquise de um prédio ou de um galpão industrial.

a) Cálculo do Momento Fletor máximo no ponto A:

A força resultante do carregamento distribuído é igual a FR = (9,8 KN / m) . 3 m.

FR = 29,4 KN. Essa força está aplicada no meio do vão (a 1,5 m do ponto A), gerando um momento fletor no ponto A, como detalhado a seguir:

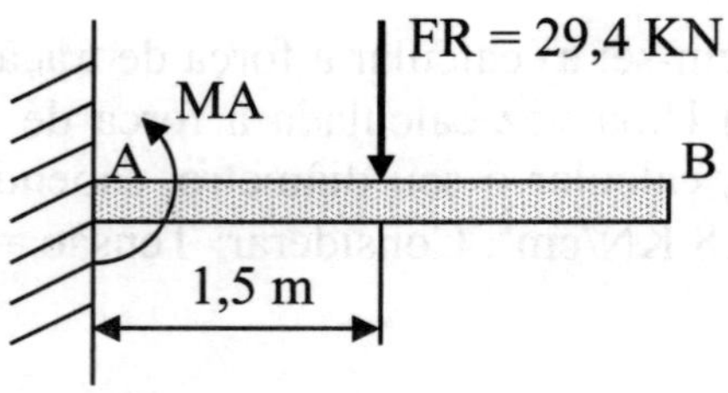

O Momento no ponto A; MA = 29,4 KN . 1,5 m.

MA = 44,1 KNm = 4.410 KN cm

O Momento Fletor máximo no ponto A é de 44,1 KNm

b) Cálculo do módulo de resistência (W*) mínimo necessário da barra AB:

$W\ mín. = \frac{M\ máx}{\sigma\ adm}$; logo: $W\ mín. = \frac{4410\ KNcm}{9{,}8\ KN/cm^2}$; $W\ mín. = 450\ cm^3$.

* Módulo de resistência à flexão é uma grandeza (proporcional ao volume) que expressa à resistência de uma determinada seção (área) de um material a um determinado momento fletor. Cada seção ou área tem o seu módulo de flexão.

Uma barra de seção quadrada tem o módulo de resistência igual a $W\ quad. = l^3 / 6$

Portanto, caso se opte por usar uma barra AB de seção quadrada, sua dimensão será:

$450\ cm^3 = l^3 / 6$; ou seja: $l^3 = 2700\ cm^3$; logo $l = \sqrt[3]{2700\ cm^3}$; logo $l \sim 14$ cm.

Ou seja, nas condições apresentadas, uma barra quadrada teria que ter um lado de 14 cm, que é igual a 140 mm. Na prática, o peso próprio da viga teria que ser considerado,

aumentando o módulo de resistência, logo a área de metal necessária. Outra informação prática é que, nesse tipo de situação, seria usada uma viga tipo perfil, provavelmente um perfil tipo "I".

Exercício 3.12: considerando a viga AB, com 6 metros de comprimento simplesmente apoiada nos pontos A e B; considerando a força F de 600 N aplicada a 2 metros do apoio A, pede-se calcular as Reações de apoio RA e RB.

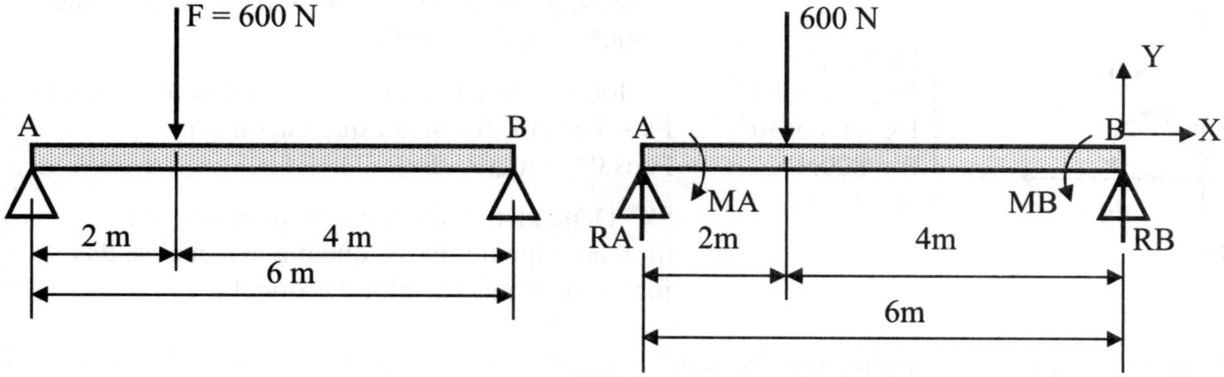

À direita mostra-se a imagem do diagrama de forças e momentos, em todo o sistema. As setas, ou melhor, vetores, representam as forças F, RA e RB. As setas curvas representam os momentos MA e MB. Como o sistema está em equilíbrio, pode-se afirmar que: RA + RB = 600 N, já que só existem forças no sentido vertical ou no eixo Y.

Como só existe uma equação (RA + RB = 600 N), com duas incógnitas (RA e RB), é necessário uma outra equação, para que se tenha a solução. A segunda equação vem do cálculo dos momentos em relação a cada um dos pontos A e B, considerando que o sistema está estático ou em equilíbrio, ou seja: os momentos em A e B são nulos.

Em relação ao ponto A: + (600 N . 2m) - (RB . 6 m) = 0;

Em relação ao ponto B: + (RA . 6 m) - (600 N . 4 m) = 0;

Observe-se que os momentos têm giro em sentidos opostos.

1200 N.m = 6.RB.m; logo: RB = 200 N.

RA + RB = 600 N; logo: RA = 400 N.

} Estas são as reações de apoio solicitadas.

Exercício 3.13: em relação a figura a seguir, sabendo que o bloco pesa 800N e que o coeficiente de atrito estático (μ_{est}), entre o bloco e o piso é igual a 0,74 (aço contra aço, sem lubrificação), pede-se calcular a força F, para se retirar o bloco da inércia, ou seja, para que o bloco comece a se movimentar, no sentido horizontal.

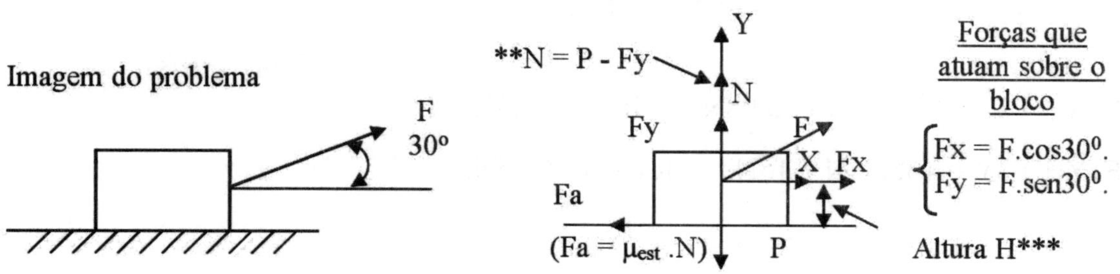

A Força F gera duas componentes: Fx e Fy. A soma das componentes verticais N e Fy têm que ser menor ou igual ao peso de 800N, para que o bloco não suba (sentido Y). Com isso, a "reação de apoio" **N, a ser usada no cálculo da força de atrito, fica: $Fa = \mu_{est}(P - Fy)$.

Analisando o sistema de forças tem-se:

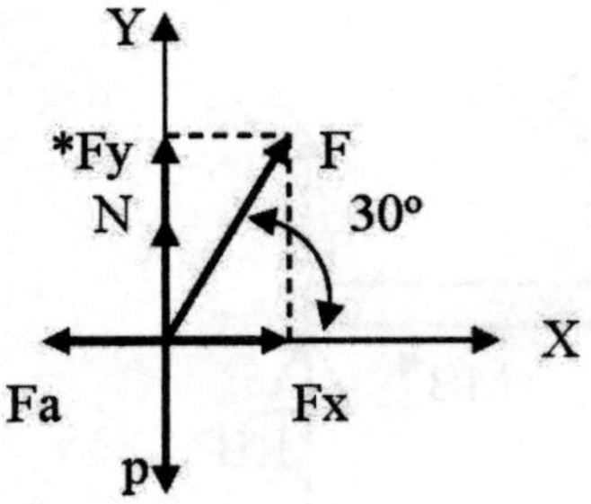

$$\begin{cases} Fa = \mu_{est}(P - Fy) \\ {}^{*}Fy = F.sen30^0 \\ Fx = F.cos30^0 \\ P = 800N \\ N = P - Fy \end{cases}$$

*Observa-se que, quando Fy for maior que 1.600N, o bloco terá movimento para cima, pois: $1.600N.\ sen30^0 = 800N$.

O bloco se movimentará horizontalmente, quando: $Fx = Fcos30^o$ for maior que Fa, ou seja: $Fcos30^o > \mu_{est}(P - Fy)$.

*** Dependendo da altura H, pode ocorrer momento igual a Fx.H, que muda a análise das forças, alterando o valor da força F.

Condição de movimento na horizontal: $Fcos30^o > \mu_{est}(P - Fy) \Rightarrow 0{,}866F > 0{,}74(800 - 0{,}5F)$, ou seja: $0{,}866F > 592 - 0{,}37F \Rightarrow 1{,}236F > 592$, ou seja: $F > 478{,}96N$.

Resposta:

O bloco começará a se movimentar, com Fx ligeiramente acima de 478,96N. Devido não movimento para cima, força F deve satisfazer à condição: 478,96N < F < 1.600N.

Exercício 3.14: Para as Forças, a seguir mostradas, pedem-se: a) O valor da Força Resultante e b) O ângulo que a Resultante forma com o Eixo X.

Inicialmente faz-se a decomposição de cada força, nos Eixos X e Y.

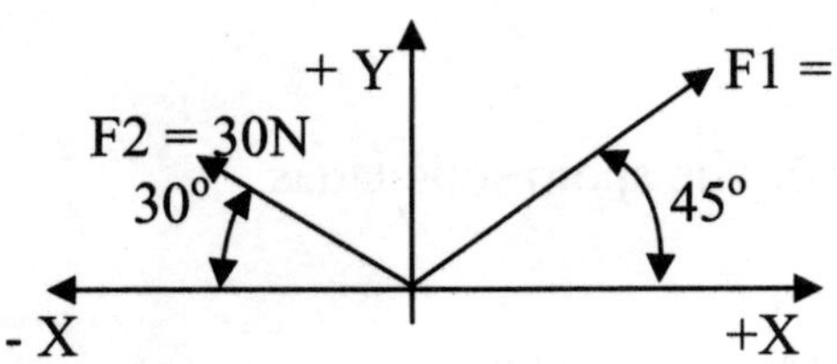

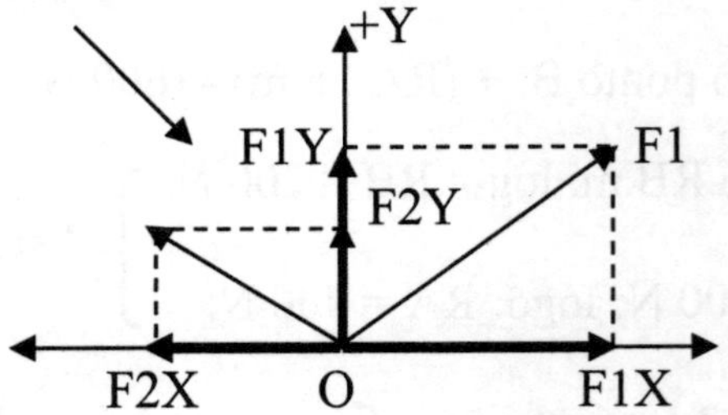

$F1 \rightarrow F1X = F1Y = F1sen45^o \Rightarrow F1X = F1Y = 50.0{,}707 = +35{,}35N.$

$$F2 \begin{cases} F2X = -F2.cos30^o = -30.0{,}866 \Rightarrow F2X = -25{,}98N. \\ F2Y = F2.sen30^o = 30.0{,}5 \Rightarrow F2Y = +15N. \end{cases}$$

$RX = F1X + F2X = +35{,}35N - 25{,}98N \Rightarrow RX = +9{,}37N.$

$RY = F1Y + F2Y = +35{,}35N + 15N \Rightarrow RY = +50{,}35N.$

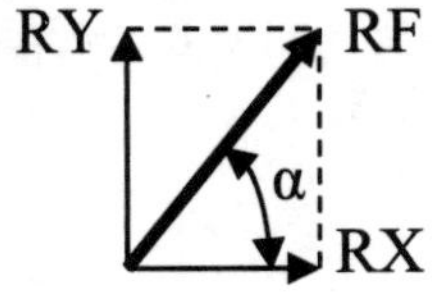

$RF = \sqrt{(RX^2 + RY^2)}$: $RF = \sqrt{87{,}8 + 2.535{,}12}$ => RF = 51,21N.

tg α = RY/RX = 50,35/9,37 = 5,3735325 => α = 79,46°.

Respostas: a) Resultante = 51,21N. b) α = 79,46°.

3.12 Exercícios propostos (exercícios 3.15 a 3.22)

Exercício 3.15: calcular a força resultante do sistema a seguir, bem como o valor do ângulo que a resultante forma com o eixo X. Recomenda-se consultar exercício 3.14, primeiro determinando as componentes x e y de cada força.

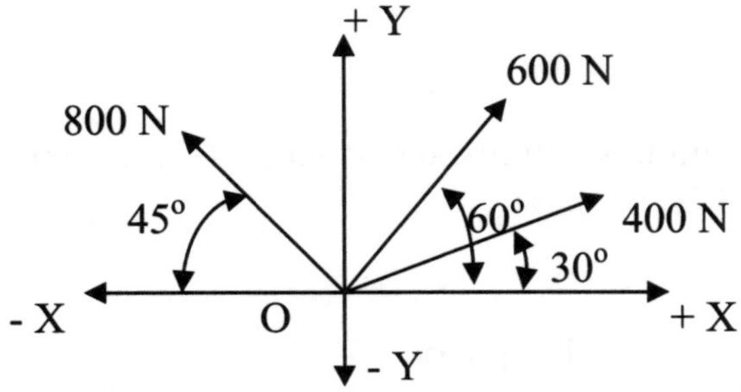

Esse tipo de sistemas de forças é comum nas Engenharias Civil e Mecânica, principalmente quando aplicado a estruturas metálicas.

Resposta: a força resultante é igual a 1.287,96N e forma um ângulo de 86,406°, com o eixo X.

Exercício 3.16: na estrutura a seguir, considerando as forças F1 = 800N e F2 = 300N, aplicadas nos pontos C e D, calcular as reações de apoio RA e RB. Recomenda-se consultar o exercício 3.12.

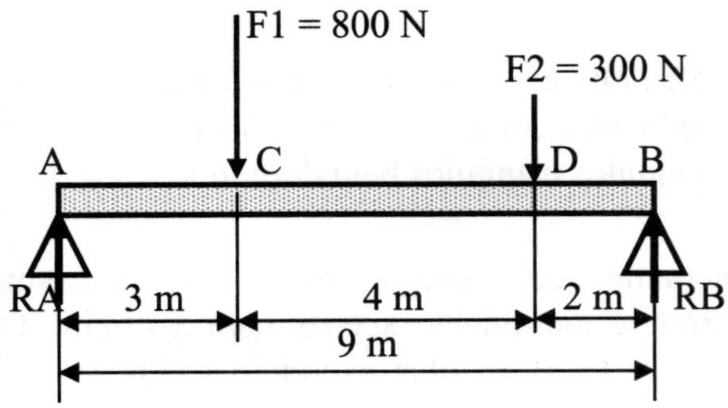

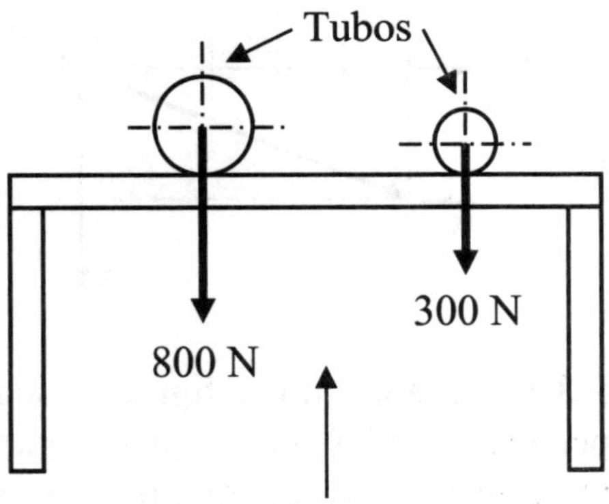

Este tipo de problema ocorre na prática, por exemplo, quando se tem um suporte suspenso, como apoio de tubulações industriais.

Resposta: RA = 600 N e RB = 500 N.

Exercício 3.17: considerando os Pontos A, B e C, onde AB formam o vetor $\vec{a}$ e AC o vetor $\vec{b}$, pede-se calcular o produto vetorial a x b. Dados: A (- 2; + 3), B (+ 4; + 8), C (+ 6; + 2). Recomenda-se, primeiro fazer a Imagem Geométrica e consultar o exercício 3.5.

Resposta: o produto vetorial é igual a 46 (valor adimensional, ou seja, sem unidade definida). É importante lembrar que, o módulo do produto vetorial pode ser geometricamente interpretado como a área do paralelogramo definido pelos módulos dos vetores.

Exercício 3.18: calcular o produto escalar ou produto interno entre os vetores $\vec{a}$ (-3; +4) e $\vec{b}$ (+5; -6). Recomenda-se fazer a Imagem Geométrica e consultar o exemplo do parágrafo 3.5.

Resposta: o produto escalar é igual a - 39 (valor negativo).

Exercício 3.19: Para as Forças, a seguir mostradas, pedem-se: a) O valor da Força Resultante. b) Qual o ângulo que a Resultante forma com o Eixo X (consultar exercício 3.14).

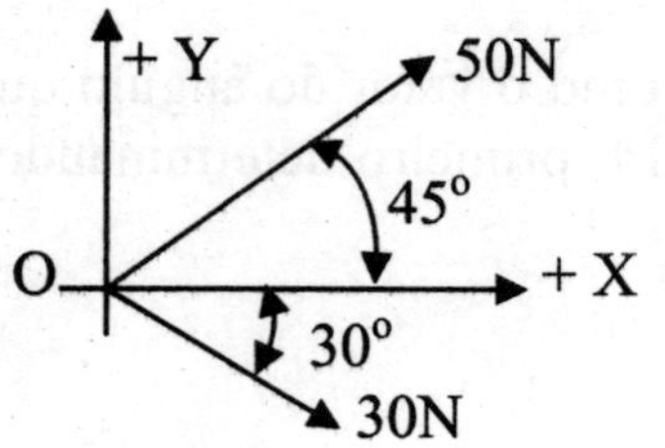

a) Resultante = 64,625N.
b) A Resultante forma um ângulo de 18,36°, com o Eixo X.

Exercício 3.20: fazer a Imagem geométrica dos seguintes vetores: u (-3; +5), v (-5; -2) e w (+5; +3). Recomenda-se consultar o exemplo do parágrafo 3.2.

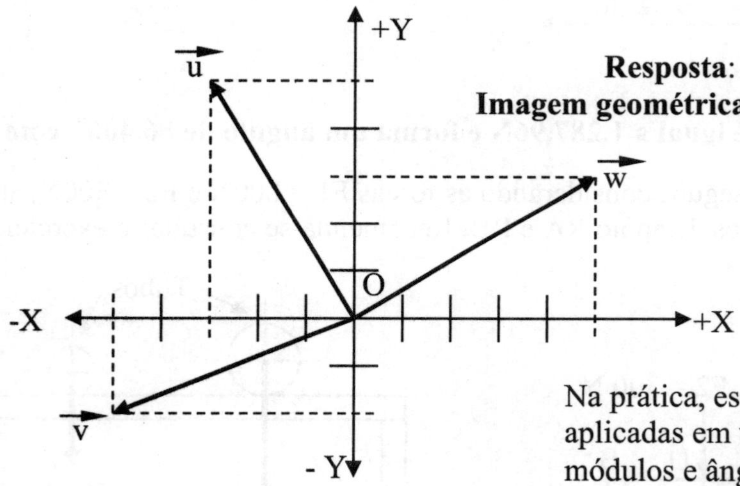

Resposta:
Imagem geométrica dos vetores

Na prática, esses vetores são forças aplicadas em um único ponto, com módulos e ângulos bem definidos.

Exercício 3.21: analisando a figura a seguir, considerando que o corpo não se movimente na vertical, pede-se o valor da Força F1, para que o corpo se movimente apenas para a direita. O coeficiente de atrito estático, entre o plano e o corpo, é $\mu_{Est.} = 0,5$. (Consultar exercício 3.13).

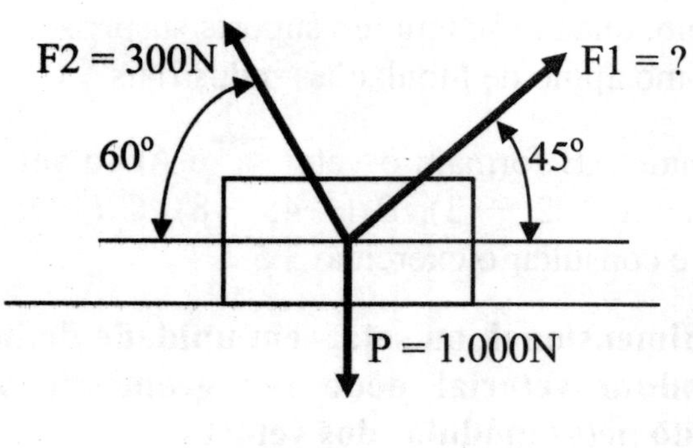

Resposta: para que o corpo tenda a se movimentar apenas para a direita, a Força F1 tem que estar no intervalo: 471,48N ≤ F1 ≤ 1.046,96N.

Na prática, esse tipo de problema pode ocorrer em montagens industriais, quando se precisa movimentar cargas, por exemplo, máquinas e equipamentos.

Exercício 3.22: Para as Forças, a seguir mostradas, pedem-se: a) O valor da Força Resultante. b) Qual o ângulo que a Resultante forma com o Eixo X. (consultar exercício 3.14)

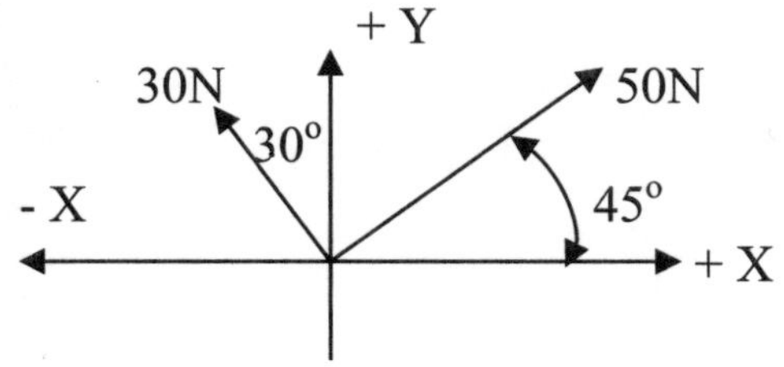

a) Resultante = 64,62 N.
b) 71,64° é o ângulo que a Resultante forma com o Eixo X.

Na prática, este tipo de problema pode ocorrer, quando se precisa levantar carga, por exemplo, em montagens industriais.

Pesquisas na *Internet*

Para um maior aprofundamento dos conceitos deste capítulo, e acesso a outros exercícios, recomenda-se a consulta aos seguintes *sites*:

http://www.engbrasil.eng.br/pp/mt/mtc.pdf
file:///D:/mecnica%20tcnica1.pdf
http://joinville.ifsc.edu.br/~rubens.hesse/estatica_dinamica/Tecnico_Concomitante/apostila1_gilson.pdf
http://www.engbrasil.eng.br/pp/mt/aula3.pdf
https://pt.scribd.com/doc/56535896/Apostila-mecanica-tecnica-senai

Além destes *sites*, principalmente para mais exemplos de aplicações práticas e reais, recomenda-se a busca de outros, usando-se como palavras chave: “vetores”, “cálculo vetorial”, “análise vetorial”, “vetores na Física”, “vetores na mecânica”, “forças sobre um corpo em plano inclinado” e “aplicações práticas de produto vetorial”.

Alerta-se que, como citado na Unidade Introdutória deste livro, para um bom aprendizado não se deve apenas estudar na forma digital, mas também na impressa e, especialmente, fazendo à mão livre resumos e exercícios, inclusive as Imagens Geométricas.

UNIDADE II

As seções cônicas: circunferências, elipses, parábolas e hipérboles

Origem das curvas cônicas e suas aplicações práticas

O termo cônica significa proveniente ou com origem em uma superfície cônica, que é gerada por uma reta inclinada que se move no espaço, passando sempre por um mesmo ponto fixo, chamado vértice. A superfície cônica compõe-se de duas partes, chamadas de folhas, opostas pelo vértice.

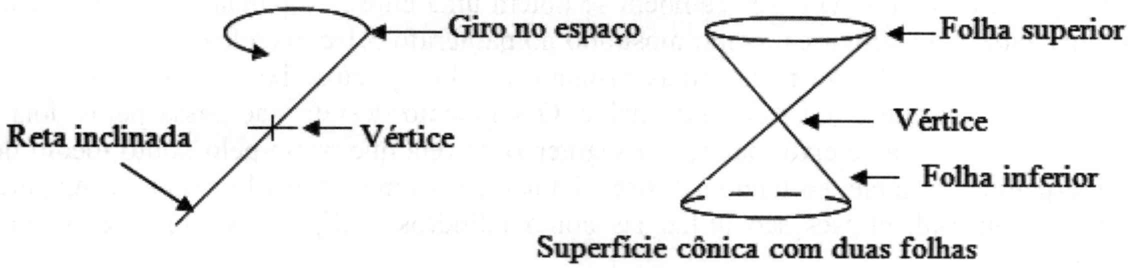

Circunferência, elipse, parábola e hipérbole

Antes de detalhar matematicamente cada uma das curvas cônicas é importante mostrar as suas origens, bem como citar algumas aplicações práticas. Passando-se um plano secante por uma superfície cônica, conforme a posição deste plano, em relação à base do cone, obtém-se as seguintes curvas ou linhas: circunferência, elipse, parábola e hipérbole (ou até um triângulo).

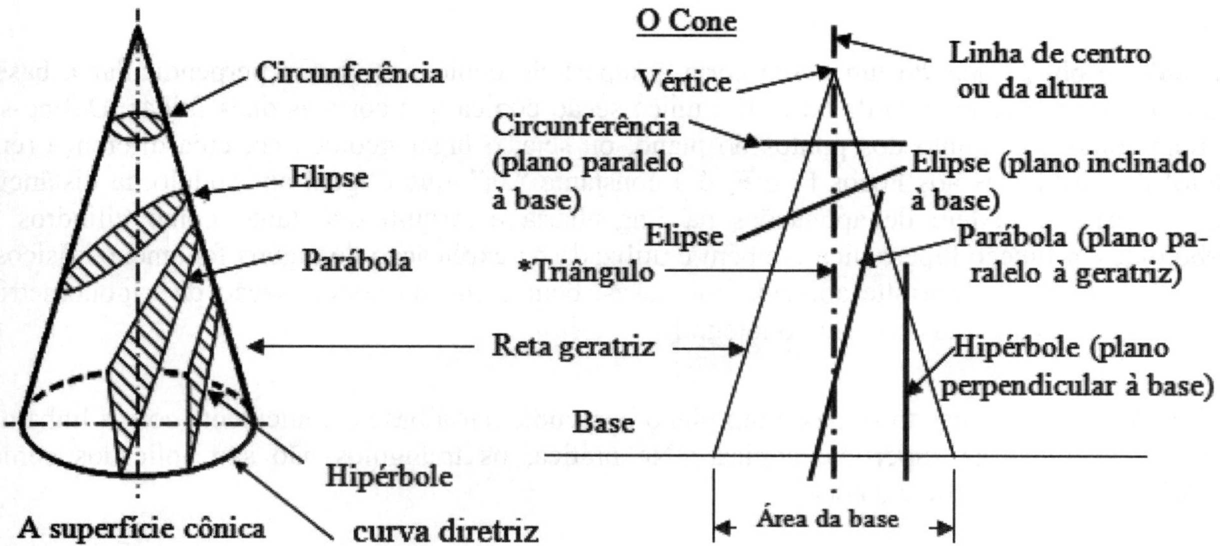

Circunferência: é obtida quando um plano corta a superfície cônica, paralelamente à base. É o Lugar Geométrico dos pontos equidistantes a um determinado ponto. Circunferência é uma linha, ou melhor, um perímetro. Círculo é a área contida no interior de uma circunferência. Especialmente na Engenharia, circunferências são utilizadas na forma de cilindros, como detalhados no capítulo 10, em especial na forma de tubulações.

Elipse: é obtida quando um plano corta a superfície cônica, de forma inclinada à base, mas sem atingir a superfície na área da base. Também se obtém uma elipse ao passar um plano inclinado à base de uma superfície cilíndrica, como mostrado no parágrafo 5.1 e exercício 5.7. Elipse é o lugar geométrico dos pontos de um plano cujas distâncias a dois pontos fixos, chamados focos desse plano têm soma constante, igual ao eixo maior. O segmento de reta que passa pelos dois focos, cortando a elipse, chama-se eixo maior, e o segmento de reta que passa pelo ponto médio do eixo maior, é perpendicular a ele, cortando a elipse, chama-se eixo menor. Na Engenharia, Arquitetura e no Desenho industrial, elipses são utilizadas como cilindros e elipsoides, como detalhados nos capítulos 10 e 11.

Parábola: é obtida quando um plano corta a superfície cônica, de forma inclinada à base, atingindo a superfície na área da base e paralela à reta geratriz. Parábola é a curva plana aberta definida como o Lugar Geométrico dos pontos equidistantes, ao mesmo tempo, de um ponto fixo, chamado de foco e de uma reta, também fixa, chamada diretriz, que é perpendicular ao eixo da parábola. Existem várias aplicações da curva plana parabólica, normalmente na sua forma tridimensional, tanto na forma de uma superfície cilíndrica (cilindro parabólico, estudado no capítulo 10), quanto como paraboloide (circular, elíptico ou hiperbólico. Ver capítulo 11).

Hipérbole: é obtida quando um plano corta a superfície cônica, de forma perpendicular à base, atingindo a superfície na área da base. É a única seção cônica que corta as duas folhas. Define-se hipérbole como o conjunto dos pontos do plano, ou seja, o lugar geométrico, cuja diferença (em módulo) das distâncias aos Focos F_1 e F_2 é a constante "2a", que é igual ao módulo da distância entre os vértices. Além de aplicações na Engenharia e Arquitetura, tanto como cilindros e hiperboloides, a função hiperbólica também é utilizada na explicação de alguns fenômenos físicos, como a Lei de Boyle-Mariotte aplicada aos gases, bem como na conceituação da trigonometria hiperbólica, muito utilizada no cálculo integral.

***Triângulo**: é obtido quando se passa um plano perpendicular à base e coincidente com a linha de centro ou da altura da superfície cônica. Na prática, os triângulos não são aplicados como originários de uma superfície cônica.

Capítulo 4

A Circunferência e o Círculo

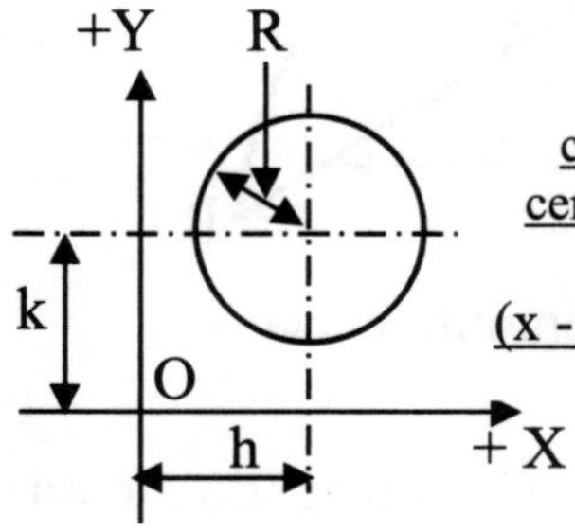

Equação da circunferência com centro não coincidente com a origem
$(x - h)^2 + (y - k)^2 = R^2$

A Circunferência *como uma linha ou perímetro permite, por exemplo, cálculos de planificações de tubulações e equipamentos cilíndricos. Também a partir de um disco circular é possível fabricar, por exemplo, uma panela de pressão. Várias áreas profissionais usam muitos elementos circulares, como mostrados no capítulo 10 .*

4.1 Origem, definições, elementos e relações geométricas

Circunferência é o Lugar Geométrico dos pontos equidistantes a um determinado ponto. Ou seja, circunferência é uma linha, ou melhor, um perímetro. Círculo é a área contida no interior de uma circunferência.

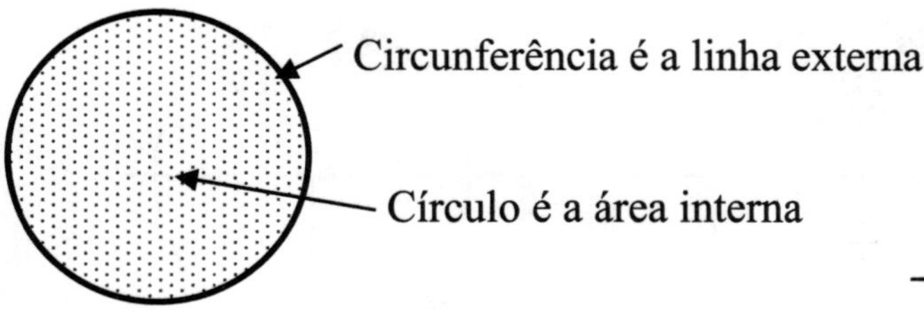

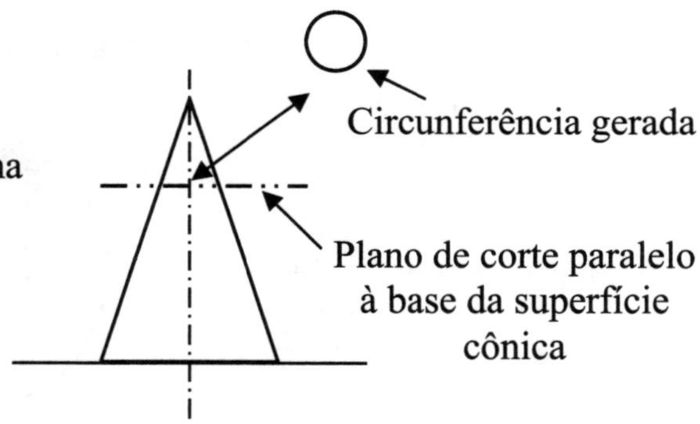

Elementos principais de uma circunferência

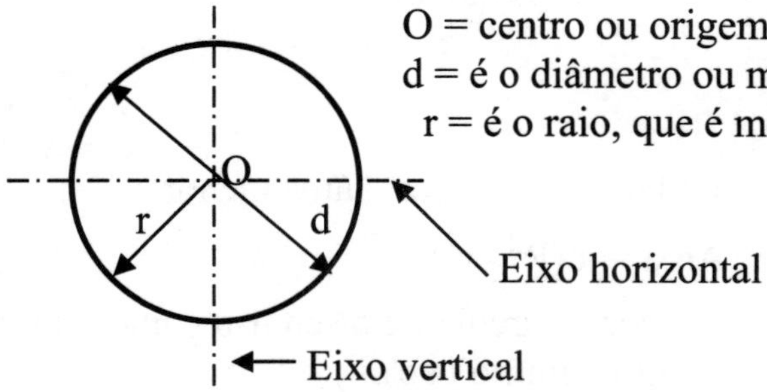

O = centro ou origem (é o ponto que equidista da linha externa)
d = é o diâmetro ou maior corda
r = é o raio, que é metade do diâmetro: d = 2r

Quando se faz o desenho de uma circunferência, utilizando um compasso, a sua abertura tem que ser igual ao valor do raio.

Elementos característicos de uma circunferência e suas relações geométricas

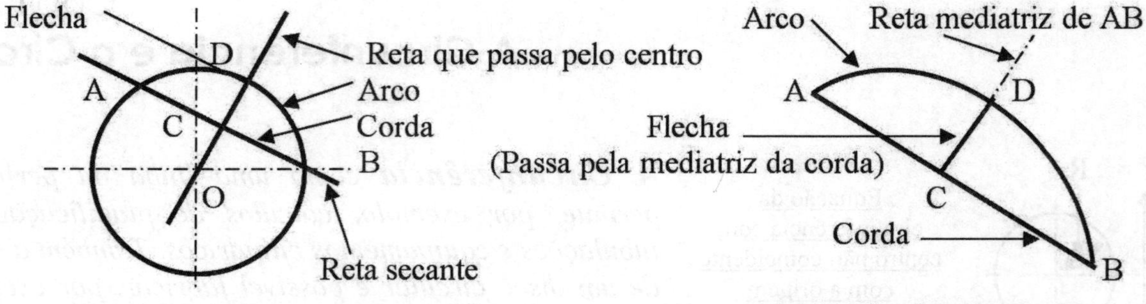

Perímetro (P) ⟶ $P = \pi \cdot d$ ou $P = 2 \cdot \pi \cdot r$ ou retificação da circunferência.

O diâmetro é a maior corda de uma circunferência, e o raio é a maior flecha. Considerando a corda AB, a flecha CD lhe é perpendicular, passando pelo seu ponto médio e pelo centro da circunferência.

Elementos característicos de um círculo e suas relações geométricas

Área do círculo ⟶ $S = \pi \cdot r^2$ ou $S = \pi \cdot d^2 / 4$

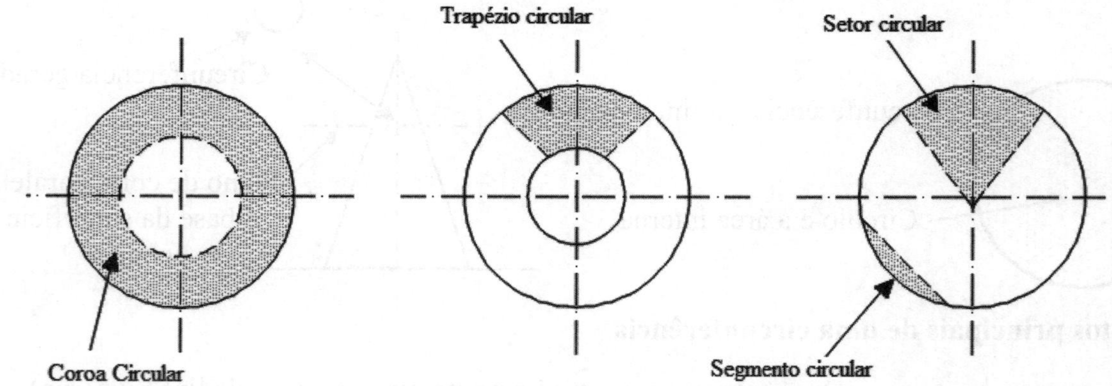

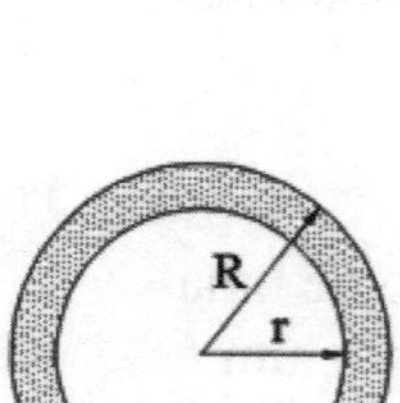

Área da coroa circular = área maior – área menor.

$$\text{Área} = \pi\,(R^2 - r^2)$$

Um exemplo real do conceito de coroa circular, é o seu uso como tubulação (que é um cilindro oco).

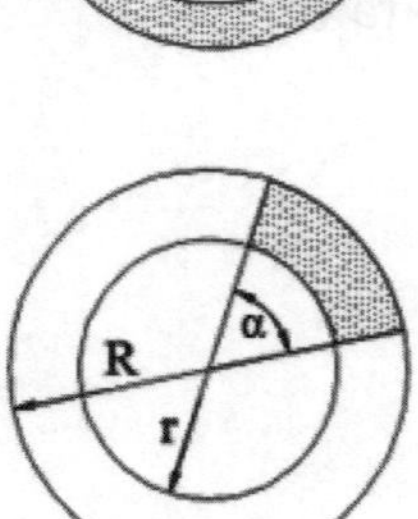

Área do trapézio circular:

$$\text{Área} = \frac{\pi \cdot (R^2 - r^2) \cdot \alpha}{360^\circ} \qquad (\alpha \text{ em graus})$$

A Arquitetura utiliza o conceito de trapézio circular, em algumas construções. *Designers* também usam esta forma geométrica, por exemplo, em móveis.

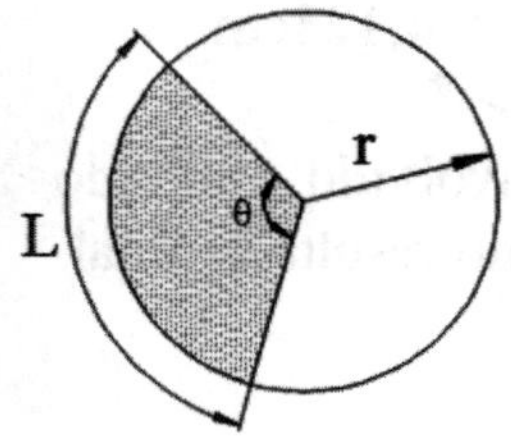

Área do setor circular

$$\text{Área} = \frac{\theta \cdot \pi \cdot r^2}{360^\circ} \quad (\theta \text{ em graus})$$

Algumas válvulas, usadas em tubulações industriais, têm o seu sistema de vedação no formato de um setor circular.

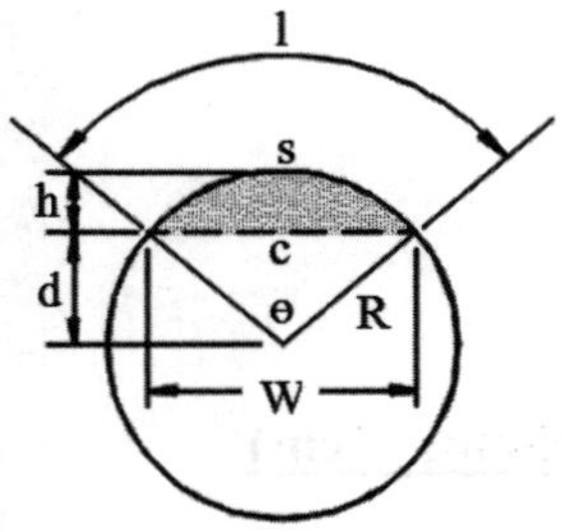

Área do segmento circular

$$\text{Área} = \frac{1}{2} \cdot R^2 \cdot \left[\frac{\pi \cdot \theta}{180^\circ} - \text{sen}\,\theta \right] \quad (\theta \text{ em graus})$$

Em Engenharia Mecânica, existem peças chamadas chavetas, no formato de segmento circular, do tipo Woodruff, que são usadas para unir engrenagens a eixos.

4.2 Equações reduzidas da circunferência, em função da posição do seu centro

Seja uma circunferência com centro no ponto Q (h, k) e raio r. Se o ponto P (x, y) estiver contido na circunferência, então a distância entre P e Q (igual ao raio r) será:

$r = d\,(P; Q) = \sqrt{(x_P - x_Q)^2 + (y_P - y_Q)^2}$ ⟸ Equação da distância entre Pontos.

Considerando o Ponto Q (h; k), tem-se:

$r^2 = (x - h)^2 + (y - k)^2$ ⟸ Equação reduzida da circunferência (com centro fora da origem).

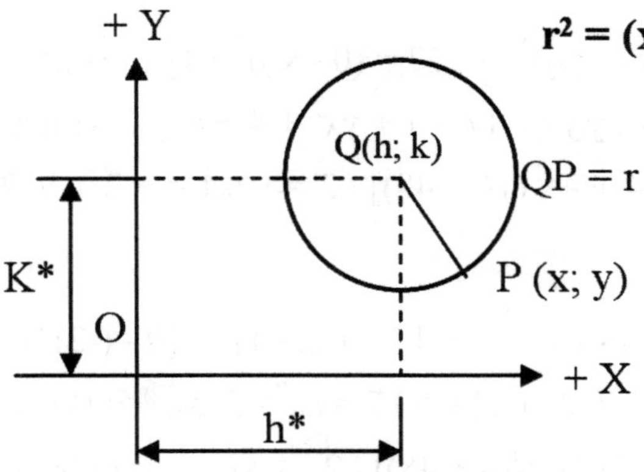

$$\mathbf{r^2 = (x - h)^2 + (y - k)^2}$$

*Dependendo da posição do centro, h e ou k podem ser positivo ou negativo

Centro não coincide com origem O (0; 0)

Exercício 4.1: calcular o raio da circunferência, cujo centro está no ponto Q (+1cm; -2cm), sendo que o ponto P (+5cm; -3cm) pertence à circunferência. Após cálculo do raio, fazer Imagem geométrica da circunferência.

$r = d(P; Q) = \sqrt{(x_P - x_Q)^2 + (y_P - y_Q)^2}$; $r = \sqrt{(+5 - 1)^2 + [-3 - (-2)]^2}$; $r = 4{,}123$cm.

(O raio é igual à distância PQ)

O cálculo pode ser desenvolvido omitindo-se a unidade, só citada no resultado final.

Imagem geométrica da circunferência de raio 4,123cm e centro no Ponto Q (+1cm; -2cm)

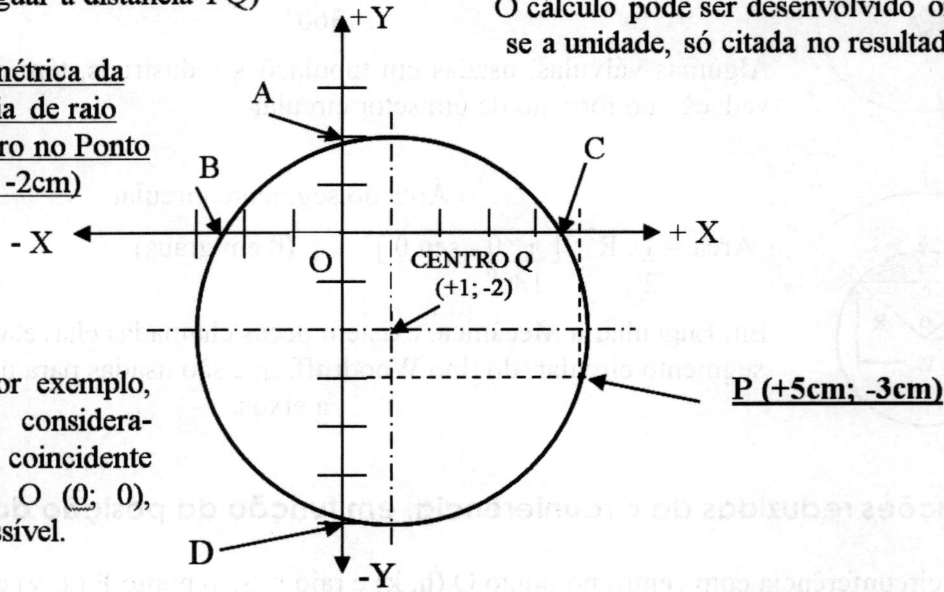

Na prática, por exemplo, da Engenharia, considera-se o centro coincidente com a origem O (0; 0), sempre que possível.

Exercício 4.2: considerando a Imagem Geométrica, e as características, da circunferência do exercício 4.1, calcular as Coordenadas Cartesianas dos pontos A, B, C e D, que cortam os Eixos X e Y.

Inicialmente sabe-se que: A (0; y_A), B (x_B; 0), C (x_C; 0), D (0; y_D) e Q (+1cm; -2cm). Como os quatro pontos pertencem à circunferência, cada um estará à mesma distância em relação ao centro Q, ou melhor, a distância entre cada ponto e o centro Q, que é igual ao raio = 4,123, como já calculado. Dessa forma faz-se:

Ponto A: $r^2 = 17 = (x_A - x_Q)^2 + (y_A - y_Q)^2 \Rightarrow 17 = (0 - x_Q)^2 + [y_A - (-2)^2] \Rightarrow$
$17 = 0^2 + x_Q^2 + y_A^2 + y_Q^2 - 2.\, y_A\, .\, y_Q \Rightarrow 17 = 1 + y_A^2 + 4 + 4.\, y_A$: (Equação do 2º grau)
$y_A^2 + 4.\, y_A - 12 = 0 \Rightarrow y_A = [-4 \pm \sqrt{(16 + 48)}] / 2 \Rightarrow y_A1 = +2$ e $y_A2 = -6$.
Ou seja: A(0; + 2) e D(0; - 6).

Ponto B: $r^2 = 17 = (x_B - x_Q)^2 + (y_B - y_Q)^2 \Rightarrow= 17 = (x_B - 1)^2 + [0 - (-2)2] \Rightarrow$
$17 = x_B^2 + 1 - 2.x_B.1 + 0^2 + (-2)^2 - 2.\, 0\, .\, (-2) \Rightarrow 17 = x_B^2 - 2.\, x_B + 5$: (Equação do 2º grau)
$x_B^2 - 2.\, x_B - 12 = 0 \Rightarrow x_B = [-(-2) \pm \sqrt{(4 + 48)}] / 2 \Rightarrow x_B1 = +4{,}606$ e $x_B2 = -2{,}606$.
Ou seja: B(-2,606; 0) e C(+4,60; 0).

Conclusão: A (0; +2cm), B (-2,606cm; 0), C (+4,606cm; 0), D (0; -6cm).

Outra forma mais simples de achar os pontos é desenvolver a equação dessa circunferência, com centro fora da origem, ou seja: $r^2 = (x - h)^2 + (y - k)^2$, com $r = 4{,}123$; $r^2 = 17$; $h = +1$cm e $k = -2$cm.

Ou seja: $17 = (x - 1)^2 + [y - (-2)]^2$; resultanto em: $+x^2 + y^2 - 2x + 4y - 12 = 0$.

$x = 0$ resulta: $y^2 + 4y - 12 = 0$. Onde $y1 = -6$ e $y2 = +2$.
$y = 0$ resulta: $+x^2 - 2x - 12 = 0$. Onde $x1 = +4{,}606$ e $x2 = -2{,}606$.
} Estes foram os valores já encontrados.

4.3 Equação geral ou normal da circunferência, com centro na Origem

Exercício 4.3: Caso o centro Q esteja na Origem dos Eixos Cartesianos, ou seja, Q (0; 0), como fica a equação da circunferência?

$r = d\,(P; Q) = \sqrt{(x_P - x_Q)^2 + (y_P - y_Q)^2}$; $r = \sqrt{(+x_P - 0)^2 + (y_P - 0)^2}$;

↑

Esta fórmula da distância entre pontos foi citada no parágrafo 4.2.

Desenvolvendo a equação reduzida $(x - h)^2 + (y - k)^2 = r^2$, obtém-se:

$x^2 - 2hx + h^2 + y^2 - 2ky + k^2 - r^2 = 0$

Portanto, $x^2 + y^2 - 2hx - 2ky + h^2 + k^2 - r^2 = 0$ é a equação geral da circunferência.

Quando o centro coincide com a origem O (0; 0), ou seja, h e k = 0, a equação fica:

0 0 0 0

$x^2 + y^2 - 2hx - 2ky + h^2 + k^2 - r^2 = 0$ Ou seja: : $\mathbf{x^2 + y^2 = r^2}$ ← Centro na Origem O(0; 0).

<u>**Observação**</u>: A equação geral da circunferência também pode ser apresentada na forma

$x^2 + y^2 + Ax + By + C = 0$, onde: $A = -2h$, $B = -2k$ e $C = h^2 + k^2 - r^2$

Exercício 4.4: a) Determine as equações reduzida e geral, da circunferência de centro Q (+1, +3) e raio 2. b) Plote a Imagem Geométrica da circunferência. c) Analise se a circunferência corta os Eixos X e ou Y, determinando as Coordenadas Cartesianas desse(s) ponto(s).

a1) Equação reduzida: $r^2 = (x - h)^2 + (y - k)^2$, sabendo-se que: $r = 2$; $h = +1$; $k = +3$.

$4 = (x - 1)^2 + (y - 3)^2$ ← equação reduzida. (h ↑ x_Q; k ↑ y_Q)

a2) Equação geral:

$4 = (x - 1)^2 + (y - 3)^2 \Rightarrow 4 = + x^2 + 1 - 2.x.1 + y^2 + 9 - 2.y.3 \Rightarrow 4 = + x^2 + y^2 - 2x - 6y + 10$.

Ou seja: $+ x^2 + y^2 - 2x - 6y + 6 = 0$ ← equação geral.

b) Imagem Geométrica

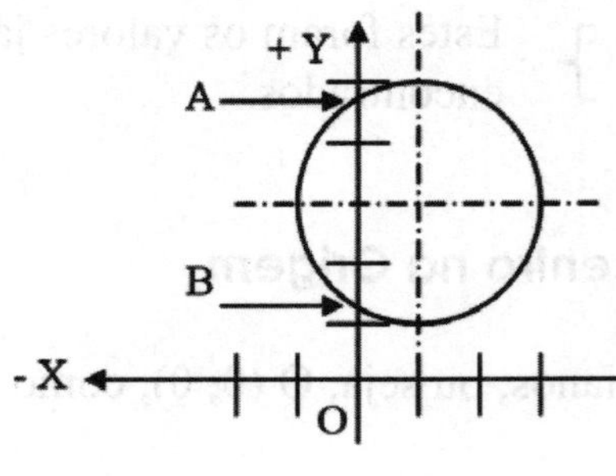

Análise da interseção nos eixos X e Y

Observa-se que a circunferência corta apenas o Eixo Y*, em dois pontos (A e B) e na parte positiva, ou seja: + Y. Nesses pontos as coordenadas x são iguais a zero.

* Pois, o raio da circunferência é menor que a Ordenada do centro. (2 < 3).

c) Cálculo das Coordenadas dos pontos de interseção A e B

Para calcularmos as Coordenadas dos pontos A e B, basta, na equação geral, fazermos x = 0.

$+ x^2 + y^2 - 2x - 6y + 6 = 0 \longrightarrow$ Se x = 0: => $+ y^2 - 6y + 6 = 0$;

$$y = \frac{-(-6) +/- \sqrt{[(-6)^2 - 4.1.6]}}{2} \begin{cases} yA = +4{,}732 \\ yB = +1{,}268 \end{cases}$$

Conclusão: A (0; + 4,732) e B (0. + 1,268).

4.4 Posições relativas entre retas e circunferências

Existem três posições entre retas e circunferências. 1 – a reta está localizada fora da circunferência e não cruza com a mesma. 2 – a reta toca em apenas um ponto da circunferência, ou seja, é uma reta tangente à mesma. 3 – A reta é secante à circunferência, ou seja, corta a mesma em dois pontos. Observa-se que, quando uma reta é tangente à uma circunferência, a perpendicular à reta no ponto de tangência, passa pelo centro da circunferência. As figuras a seguir mostram essas Imagens Geométricas.

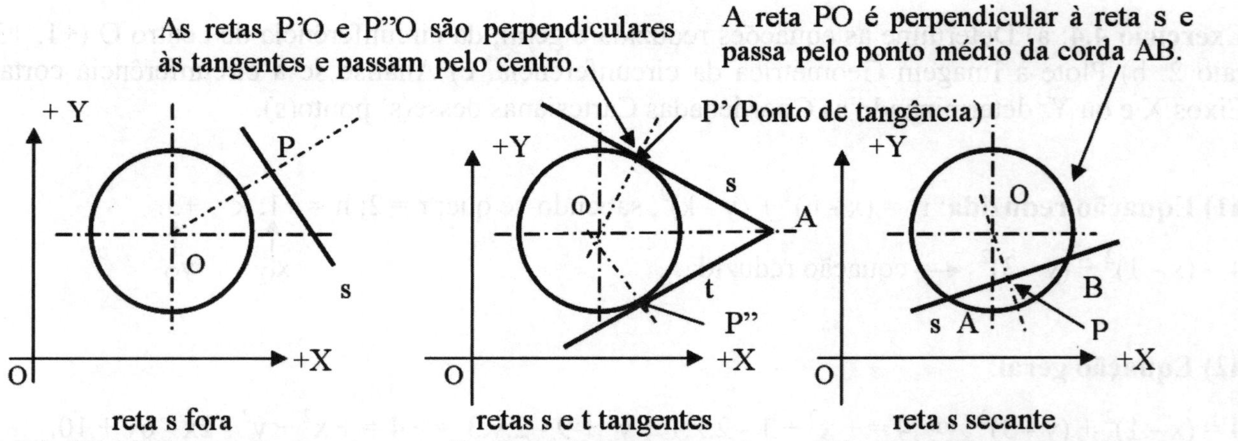

reta s fora (Distância PO é maior que r) — retas s e t tangentes (Distância PO é igual a r) — reta s secante (Distância PO é menor que r)

O estudo pela Geometria Analítica, da posição entre uma reta (s) e uma circunferência, é feito pela análise da distância entre a reta e o centro (O) da circunferência. Ou seja, faz-se a análise da distância entre um ponto (no caso o centro O da circunferência) e uma reta. No parágrafo 2.3 foi visto que: se a equação da reta s é: ax + by + c = 0; se o ponto O é definido por O (x_0; y_0), então a distância d, entre r e O é dada por:

$$d = \frac{|ax_0 + by_0 + c|}{\sqrt{(a^2 + b^2)}} \quad \{ \text{ reta fora } d > r\text{; reta tangente } d = r \text{ e reta secante } d < r.$$

4.4.1 Exemplos de reta secante à circunferência

Exercício 4.5: Considerando a equação vista em 4.2, verifique analiticamente a posição relativa entre a reta $3x + y - 13 = 0$ e a circunferência de equação: $(x - 3)^2 + (y - 3)^2 = 25$.

Comparando $3x + y - 13 = 0$ com $ax + by + c = 0$, obtém-se: $a = + 3$; $b = +1$ e $c = - 13$.

Comparando $(x - 3)^2 + (y - 3)^2 = 25$ com $r^2 = (x - a)^2 + (y - b)^2$; obtém-se: $x_0 = + 3$; $y_0 = +3$, ou seja, o centro da circunferência é O (+ 3; + 3) e o raio = 5.

Aplicando a fórmula da distância tem-se:

$$d = \frac{|3.3+1.3+(-13)|}{\sqrt{(3^2 + 1^2)}} \quad \text{logo: } d = 1 / \sqrt{10}\text{ , ou seja: } d = 0{,}316.\ (d < r).$$

Como a distância d, entre o centro O (+ 3; + 3) e a Reta $3x + y - 13 = 0$, é menor que o raio $r = 5$ da circunferência, concluí-se que a reta é secante à circunferência. (Veja exercício 4.7).

Exercício 4.6: para a reta e a circunferência do exercício 4.5, apenas com cálculos algébricos, calcular as Coordenadas Cartesianas dos pontos, onde a reta corta a circunferência.

Onde a reta e a circunferência se interceptam, as Coordenadas x e y destes pontos, têm que satisfazer às duas equações: a da reta e a da circunferência. Em verdade, tem-se um sistema com duas equações e duas incógnitas, que tem solução.

$$\begin{cases} 3x + y - 13 = 0 \Rightarrow x = (13 - y) / 3 \longrightarrow \text{esse x será substituído na equação* abaixo.} \\ (x - 3)^2 + (y - 3)^2 = 25^*\text{: } x^2 - 6x +9 + y^2 - 6y +9 - 25 = 0 \Rightarrow [+x^2 + y^2 - 6x - 6y - 7 = 0]. \end{cases}$$

$[(13 - y)/3]^2 + y^2 - 6[(13 - y)/3] - 6y - 7 = 0 \Rightarrow (169 - 26y + y^2)/9 - 26y + 2y + y^2 - 6y - 7 = 0.$

Que resulta em: $+10 y^2 - 62y - 128 = 0$; ou melhor: $+ 5y^2 - 36y - 64 = 0$.

$$+ 5y^2 - 36y - 64 = 0 \Rightarrow y = [- (-36)] \pm \sqrt{(-36)^2 - 4.5.(-64)]} / 10.$$

$$y = (+ 36 \pm 50{,}754) / 10 \Rightarrow \begin{cases} y1 = + 8{,}675 \\ y2 = - 1{,}475 \end{cases}$$

Estas duas raízes satisfazem, pois a reta corta a circunferência em dois pontos.

Para calcular x1 e x2, basta substituir os valores de y1 e y2 na equação da reta.

$$3x + y - 13 = 0 \begin{cases} 3x1 + y1 - 13 = 0 \Rightarrow 3x1 + 8{,}675 - 13 = 0 \Rightarrow x1 = + 1{,}442. \\ 3x2 + y2 - 13 = 0 \Rightarrow 3x2 - 1{,}475 - 13 = 0 \Rightarrow x2 = + 4{,}825. \end{cases}$$

Conclusão: os pontos onde a reta e a circunferência se cortam são:

$$\begin{cases} P\ (+ 4{,}825; - 1{,}475) \\ P'\ (+ 1{,}442; + 8{,}675) \end{cases}$$

Exercício 4.7: plotar a Imagem Geométrica da reta e da circunferência do exercício 4.5, mas também usando os pontos de interseção da reta com os eixos x e y.

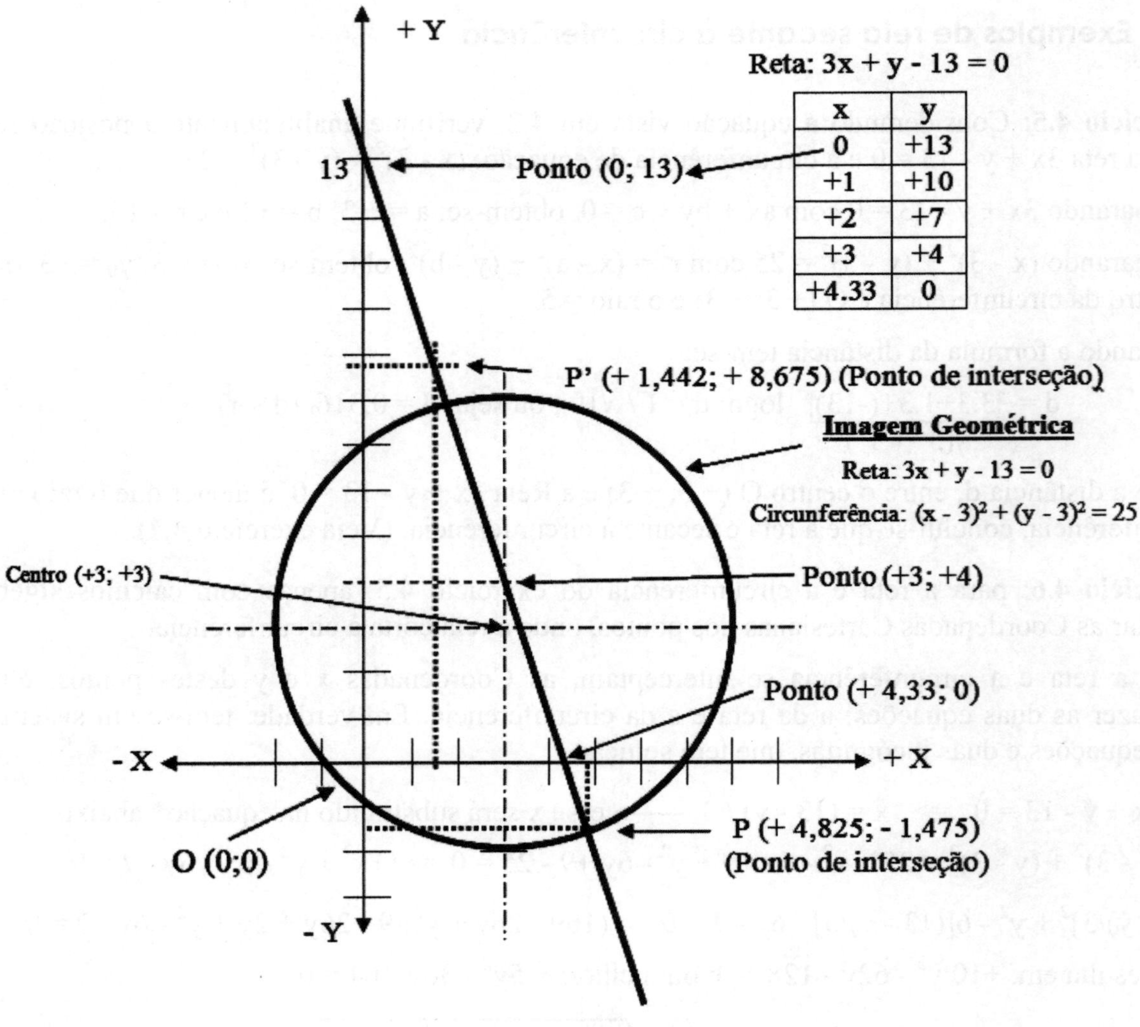

Exercício 4.8: dadas a equação da circunferência $(x + 1)^2 + y^2 = 36$ e da reta $x + y - 6 = 0$, pedem-se:

a) Plotar a Imagem Geométrica do conjunto.

$(x + 1)^2 + y^2 = 36$, comparada com a equação reduzida: $(x - a)^2 + (y - b)^2 = r^2$ vê-se que a circunferência tem um raio igual a 6 ($r^2 = 36$) e as Coordenadas Cartesianas do centro são: (-1; 0).

A equação $x + y – 6 = 0$, fornece os seguintes pontos, por onde a reta passa: (0; +6), (+1; +5), (+3; +3), (+6; 0). Com estes dados é possível plotar a Imagem Geométrica do conjunto:

x	y
0	+6
+1	+5
+3	+3
+6	0

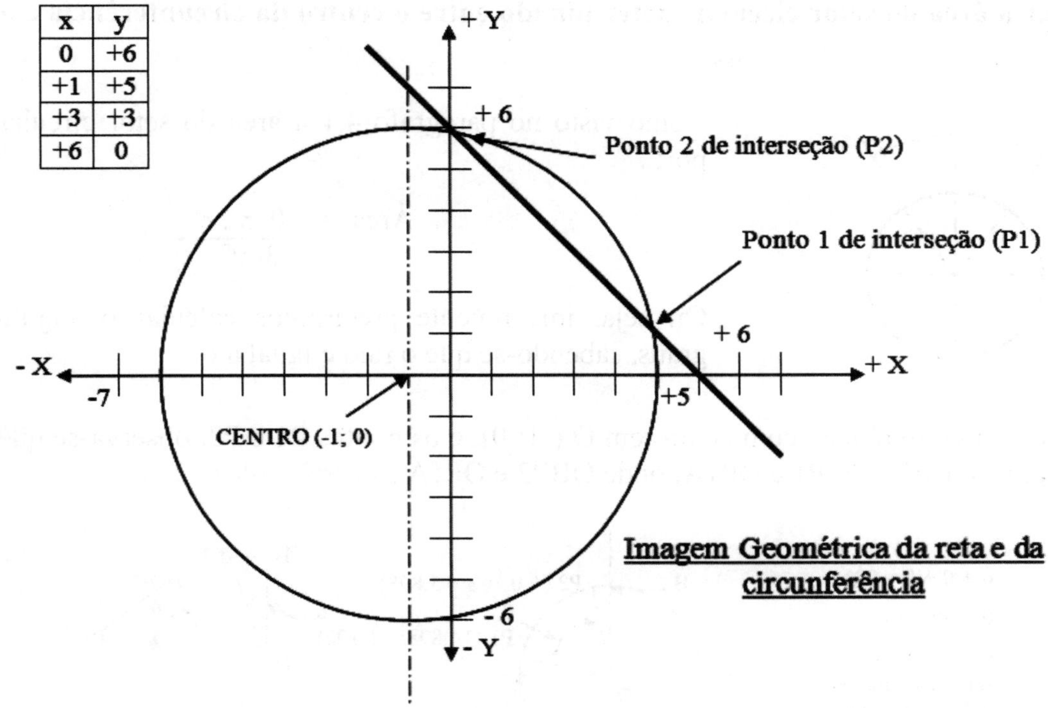

Imagem Geométrica da reta e da circunferência

b) Determinar as Coordenadas Cartesianas dos Pontos P1 e P2 de interseção, entre a reta e a circunferência

A solução é obtida com a resolução do sistema de duas equações e duas incógnitas.

$$\begin{cases} x + y - 6 = 0 \Rightarrow x = 6 - y. \text{ Este valor será substituído na equação da circunferência.} \\ (x + 1)^2 + y^2 = 36 \end{cases}$$

$(6 - y + 1)^2 + y^2 = 36 \Rightarrow (7 - y)^2 + y^2 = 36 \Rightarrow 49 - 14y + y^2 + y^2 - 36 = 0 \Rightarrow 2y^2 - 14y + 13 = 0.$

$2y^2 - 14y + 13 = 0 \Rightarrow y = [-(-14)] +/- \sqrt{[(-14)^2 - 4.2.13]} \ / \ 4$

$y = (+14 +/- 9{,}592) / 4 \longrightarrow \begin{Bmatrix} y1 = +5{,}898 \\ y2 = +1{,}102 \end{Bmatrix}$ Estas duas raízes satisfazem, pois a reta corta a circunferência em dois pontos

Para calcular x1 e x2, basta substituir os valores de y1 e y2 na equação da reta.

$$x + y - 6 = 0 \begin{cases} x1 + y1 - 6 = 0 \Rightarrow x1 + 5{,}898 - 6 = 0 \Rightarrow x1 = +0{,}102. \\ x2 + y2 - 6 = 0 \Rightarrow x2 + 1.102 - 6 = 0 \Rightarrow x2 = +4{,}898. \end{cases}$$

Conclusão: os pontos onde a reta e a circunferência se cortam são: $\begin{cases} \text{P1 } (+4{,}898; +1{,}102). \\ \text{P2 } (+0{,}102; +5{,}898). \end{cases}$

c) Calcular a área do setor circular, determinado entre o centro da circunferência e os pontos P1 e P2.

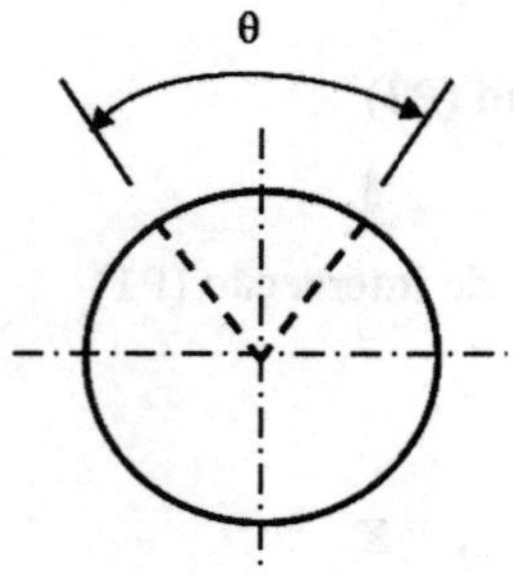

Como visto no parágrafo 4.1 a área do setor circular é dada por;

$$\text{Área} = \frac{\theta . \pi . r^2}{360°}$$

Ou seja, inicialmente precisamos calcular o ângulo θ, em graus, sabendo-se que o raio é igual a 6.

Analisando a circunferência, com centro em O (-1; 0), e os pontos P1 e P2, observa-se que existem três triângulos: OBP2, OP2P1 e OP1A, onde OBP2 e OP1A são retângulos.

$\alpha + \theta + \beta = 90°$

$\theta = 90° - (\alpha + \beta)$

Os ângulos α e β serão calculados pelos triângulos: OBP2 e OP1A.

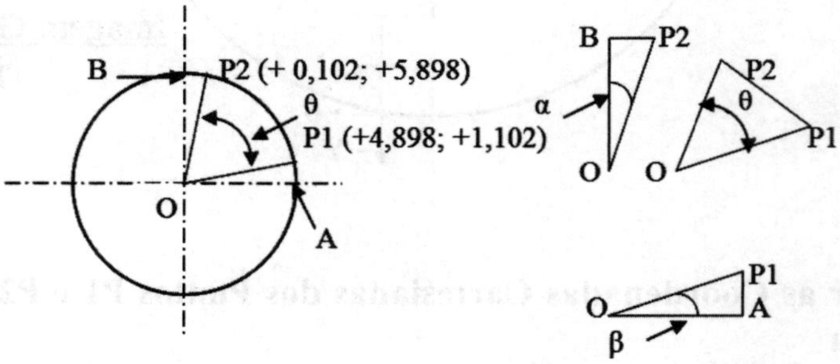

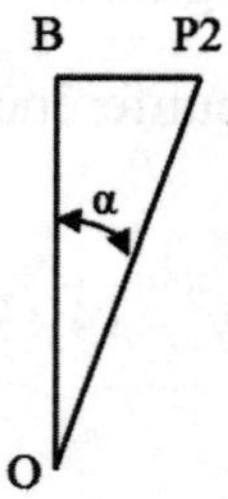

BP2 = 0,102 (abscissa de P2).
OP2 = 6 (é o raio).
sen α = BP2 / OP2.
sen α = 0,102 / 6.
sen α = 0,017.
α = 0,974°.

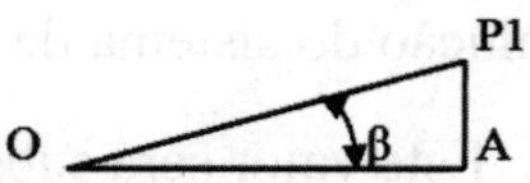

OP1 = 6 (é o raio). P1A = 1,102 (ordenada de P1).
sen β = P1A / OP1 = 1,102 / 6 = 0,184.
β = 10,603°.

$\alpha + \beta = 0{,}974° + 10{,}603° = 11{,}577°$.

Área do setor circular = θ. π . r^2 / 360 = 78,423 . 3,1415. 6^2 / 360 = 24,636 Unidades de Área.

d) Calcular a área do segmento circular formado pelo arco P1P2.

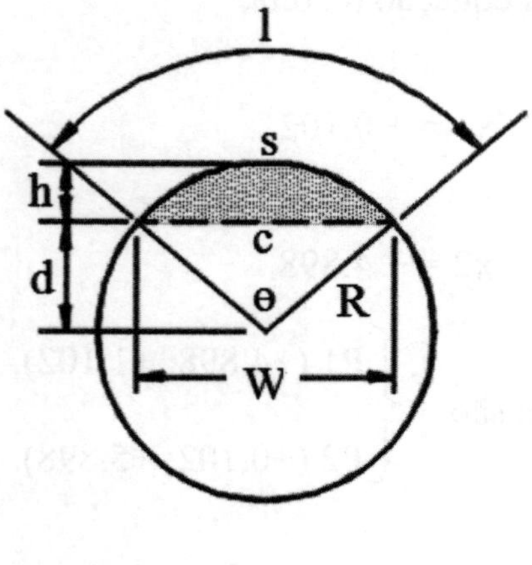

Como visto no parágrafo 4.1, a área de um segmento circular é dada por:

$$\text{Área} = \frac{1}{2} \cdot R^2 \left(\frac{\pi \cdot \theta^0}{180^0} - \text{sen}\theta^0 \right) \begin{cases} R = 6 \\ \theta = 78{,}423^0 \end{cases}$$

$$\text{Área} = \frac{1}{2} \cdot 6^2 \left(\frac{\pi \cdot 78{,}423}{180^0} - \text{sen}\, 78{,}423 \right)$$

Área = 7,002 Unidades de Área.

4.4.2 Reta tangente à circunferência

Para que uma reta seja tangente a uma circunferência, a distância entre o ponto de tangência e o centro da circunferência tem que ser igual ao raio da mesma.

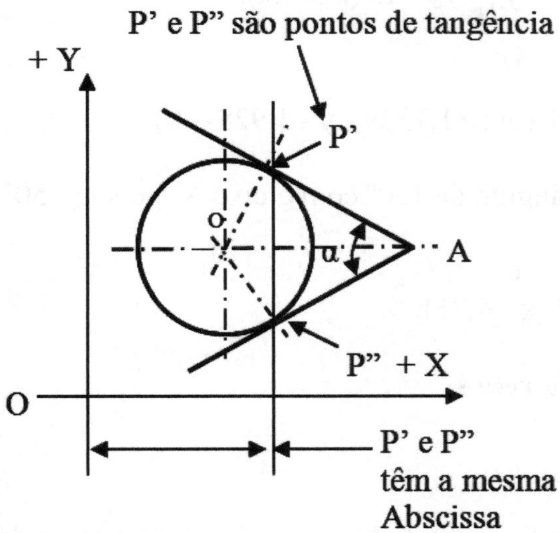

Por um ponto A, externo à uma circunferência é possível traçar duas retas tangentes, formando um ângulo α. A reta que passa pelo ponto A e pelo centro O, é a bissetriz do ângulo α. As distâncias P'O e P"O são iguais ao raio e as retas que passam pelos pontos de tangências e o centro da circunferência, são perpendiculares às retas tangentes.

Exercício 4.9: na figura a seguir, o centro da circunferência tem Coordenadas O (+4; +3) e seu raio é 1,5. Determinar a equação da reta s tangente à circunferência e que passa pelo ponto T indicado e segundo o ângulo α de 60° como indicado.

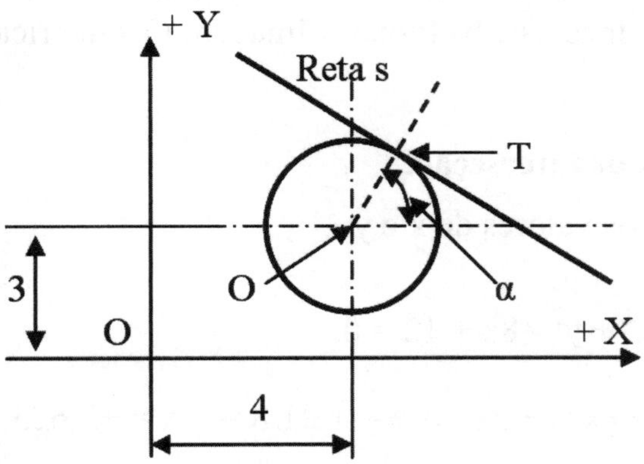

Um raciocínio lógico para a solução é que tem-se que determinar, primeiro, a equação da reta OT (que é perpendicular à reta s), para na sequência determinar a equação da reta s. A equação da reta OT será obtida, segundo parágrafo 2.1. A equação da reta s será obtida segundo parágrafo 2.5.

Inicialmente calcula-se o valor das Coordenadas Cartesianas (x; y) do ponto T de tangência.

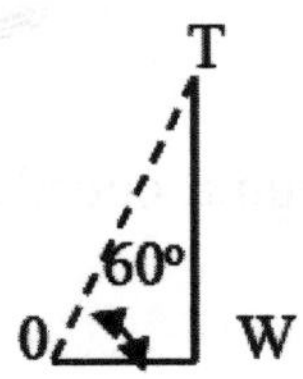

$$\begin{cases} OT = raio = 1,5 \\ xT = x0 + 0W \\ yT = y0 + WT \end{cases}$$

$$\begin{cases} sen\ 60° = WT / 1,5;\ WT = sen\ 60°.\ 1,5;\ WT = 1,299. \\ cos\ 60° = 0W / 1,5;\ 0W = cos\ 60°.\ 1,5;\ 0W = 0,75. \\ xT = 4 + 0,75;\ xT = 4,75. \\ yT = 3 + 1,299;\ yT = 4,299. \end{cases}$$

$$\{ T\ (+4,75;\ +4,299)$$

Como as retas OT e s são perpendiculares, seus coeficientes angulares (ver parágrafo 2.5) têm a seguinte relação: m s = - 1 / m OT.

O coeficiente angular m OT é igual à tg 60° (ver parágrafo 2.1). Logo m OT = +1,732.

A equação fundamental de uma reta (ver parágrafo 2.1) é: $y_A - y_B = m\ (x_A - x_B)$.

Assim tem-se: $y - y_0 = m\ OT(x - x_O)$ ou $y - 3 = 1{,}732\ (x - 4)$;

$-\ 1{,}732x + y + 3{,}928 = 0$ ⟵ Equação da reta OT (ou: $+1{,}732x - y - 3{,}928 = 0$).

m s = - 1 / 1,732; m s = - 0,577. { A reta s forma em ângulo de 150° com o eixo X, pois tg 150° = -0,577.

Assim tem-se: $y - y_T = ms(x - x_T)$ ou $y - 4{,}299 = -\ 0{,}577\ (x - 4{,}75)$;

Conclusão: y = - 0,577x + 7,04 ⟵ **Equação da reta s.**

4.5 Interseção entre circunferências

Especialmente nas práticas da Arquitetura, Engenharia e Desenho Industrial, acontece a necessidade de se analisar a interseção entre circunferências, tanto de mesmo diâmetro, quanto de diâmetros diferentes. Analisar os pontos de interseção entre duas circunferências, significa analisar quais pontos satisfazem, ao mesmo tempo, a ambas as equações.

Exercício 4.10: dadas as circunferências: $x^2 + y^2 = 9$ e $(x - 4)^2 + y^2 = 4$, pedem-se: a) As Coordenadas Cartesianas dos pontos de interseção das mesmas. b) Plotar a Imagem Geométrica do conjunto.

a) Cálculo das Coordenadas Cartesianas dos pontos de interseção.
Monta-se o sistema com as duas equações, achando-se os valores de x e y.

$$\begin{cases} x^2 + y^2 = 9 \\ (x - 4)^2 + y^2 = 4 \Rightarrow x^2 - 8x + 16 + y^2 - 4 = 0 \Rightarrow x^2 + y^2 - 8x + 12 = 0. \end{cases}$$

$(x^2 + y^2) = 9 - 8x + 12 = 0 \Rightarrow +9 - 8x + 12 = 0 \Rightarrow +8x = +21 \Rightarrow x = +21/8 \Rightarrow x = +2{,}625.$

Substituindo o valor de x na equação I: $2{,}625^2 + y^2 = 9 \Rightarrow y^2 = 9 - 6{,}891 \Rightarrow y^2 = +2{,}109$.

$$y^2 = 2{,}109 \Rightarrow y = +/- \sqrt{2{,}109} \Rightarrow \begin{cases} y1 = +\ 1{,}452. \\ y2 = -\ 1{,}452. \end{cases}$$

Observa-se que, as circunferências se interceptam de tal forma que, só existe uma coordenada x (+2,625) e duas y. A Imagem Geométrica, a seguir, mostra esse detalhe.

b) Imagem Geométrica do conjunto das duas circunferências

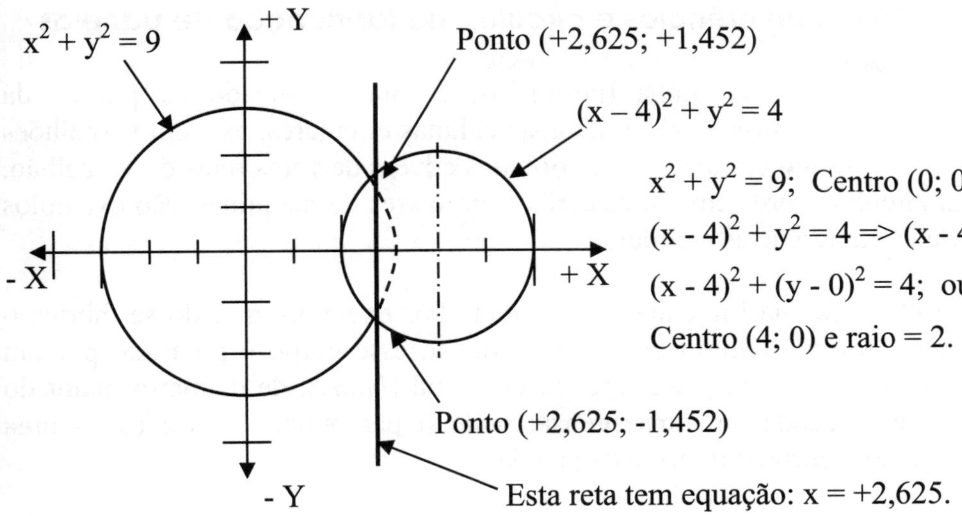

$x^2 + y^2 = 9$; Centro (0; 0) e raio = 3.
$(x - 4)^2 + y^2 = 4 \Rightarrow (x - 4)^2 + (y - 0)^2 = 4$.
$(x - 4)^2 + (y - 0)^2 = 4$; ou seja:
Centro (4; 0) e raio = 2.

Exercício 4.11: a) plotar a Imagem Geométrica das circunferências: $(x - 1)^2 + (y - 2)^2 = 9$ e $x^2 + y^2 = 4$. b) determinar as Coordenadas Cartesianas dos pontos de interseção das circunferências, caso exista interseção.

$\begin{cases}(x - 1)^2 + (y - 2)^2 = 9 \\ x^2 + y^2 = 4\end{cases}$

$(x - 1)^2 + (y - 2)^2 = 9$ ← É uma circunferência (círculo) de Centro (+1; +2) e Raio = 3.
$x^2 + y^2 = 4$ ← É uma circunferência (círculo) de Centro (0; 0) e Raio = 2.

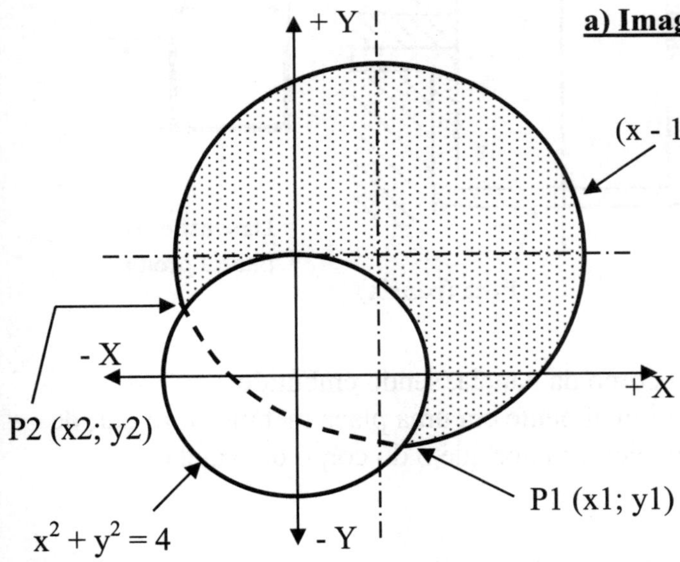

a) Imagem Geométrica da interseção

A imagem mostra que existe interseção, mas é o cálculo analítico que irá confirmar e determinar as Coordenadas das interseções.

b) Coordenadas Cartesianas dos pontos de interseção

(A) $(x - 1)^2 + (y - 2)^2 = 9 \Rightarrow x^2 - 2x + 1 + y^2 - 4y + 4 = 9$; $\underbrace{(x^2 + y^2)}_{=4} - 2x - 4y = 4 \Rightarrow x = - 2y$.
(B) $x^2 + y^2 = 4 \longrightarrow (- 2y)^2 + y^2 = 4 \Rightarrow y = +/- 0,8944$. Substitui em B
x = - 2y, em B: logo: x = +/- 1,7888.

Coordenadas Cartesianas da interseção: P1 (+1,7888; -0,8944),
P2 (-1,7888; +0,8944).

4.6 Aplicações práticas de circunferências e círculos, na fabricação de panelas

O conceito de circunferência como uma linha (perímetro) é muito utilizado na prática da Engenharia. Por exemplo, se numa construção são utilizadas colunas circulares, existem vergalhões internos que serão dobrados no formato circular. Estes formatos advêm de varas retas de vergalhão, que são dobrados na forma circular. Furos circulares e eixos circulares de máquinas, são exemplos clássicos de usos práticos de circunferências e círculos.

Placas circulares são muito utilizadas na Engenharia Mecânica. Por exemplo, quando se fabrica o corpo de uma panela de pressão em alumínio ou aço inoxidável, esse corpo é prensado por um processo chamado embutimento, onde uma placa circular do metal (*blank*), de diâmetro maior do que o do corpo da panela, é colocada em uma prensa, onde o par punção/matriz causa uma deformação permanente, gerando o corpo cilíndrico da panela.

<u>Exemplo prático de uso de placa circular</u>

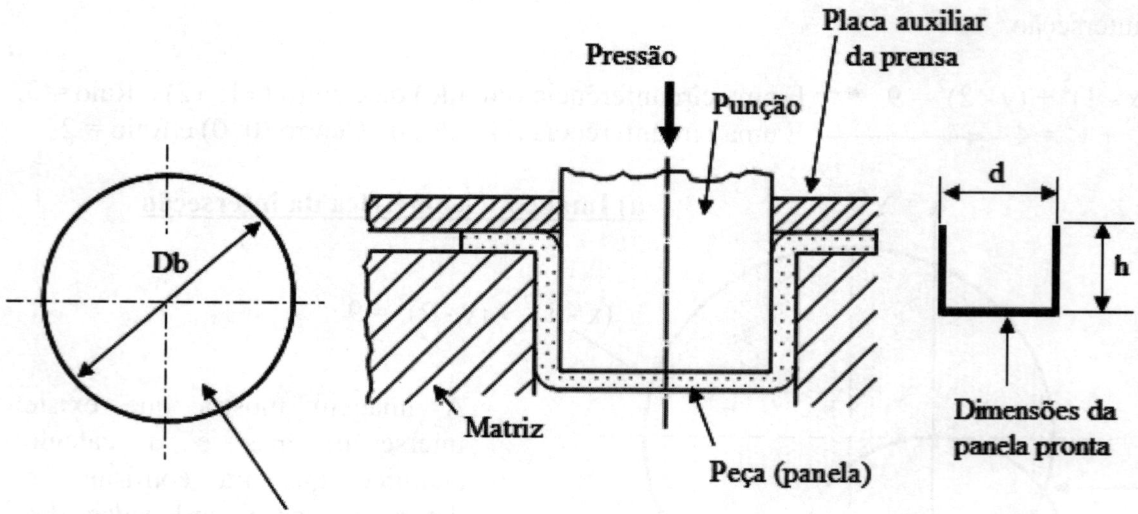

Inicialmente é cortada uma placa ou disco circular que, após prensagem, adquire o formato de um cilindro, no caso uma panela. Essa placa é chamada de "*blank*".

O corpo da panela, sendo embutido. Originalmente era uma placa metálica circular, de diâmetro maior que o do corpo da panela.

É importante observar que, na fabricação dessa panela, transforma-se uma placa circular, ou seja, bidimensional, em um cilindro oco e aberto no topo, ou seja, tridimensional. Desconsiderando possíveis abas, o diâmetro Db da placa ou disco circular pode ser calculado da seguinte forma:

$$Db = \sqrt{[d^2 + (4 \,.\, d \,.\, h)]}$$

- Db = diâmetro do disco ou placa circular (*blank*)
- d = diâmetro externo da panela
- h = altura da panela

4.7 Exercícios sobre polígonos inscritos e circunscritos à circunferências

Especialmente na Engenharia Mecânica, é comum cálculos envolvendo triângulos, quadrados e hexágonos, inscritos e circunscritos à circunferências. Os três exercícios a seguir mostram alguns exemplos.

Exercício 4.12: Uma circunferência de equação $16 = x^2 + y^2$ contém um triângulo ABC, equilátero, inscrito, com o vértice A localizado sobre o eixo Y e na posição equivalente ao ângulo $\pi/2$ (ou 90°) e o vértice B localizado no trecho negativo da abscissa (x) e da ordenada (y). Com esses dados pedem-se: 1a) O valor do diâmetro da circunferência; 1b) o valor do lado do triângulo; 1c) o valor da área do triângulo; 1d) as equações das três retas que formam os lados AB, AC e BC.

Imagem Geométrica do problema

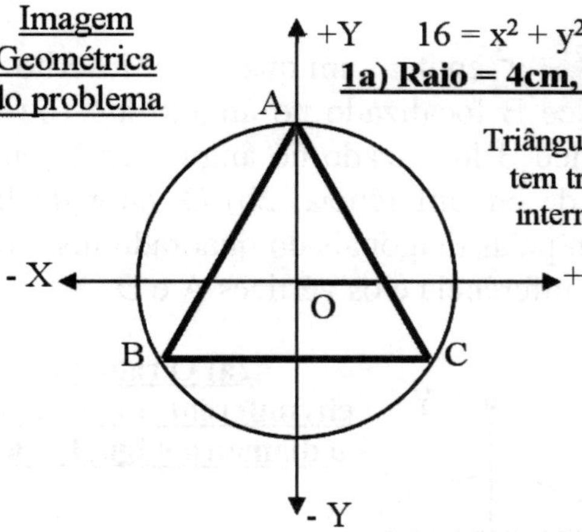

$16 = x^2 + y^2 \Longrightarrow r^2 = 16; r = 4$

1a) Raio = 4cm, logo diâmetro = 8cm

Triângulo equilátero tem três ângulos internos de 60°

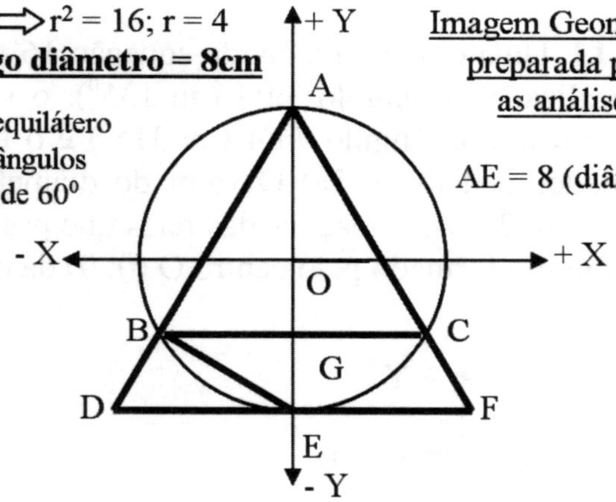

Imagem Geométrica preparada para as análises

AE = 8 (diâmetro)

Análise dos triângulos complementares:

AE = 8

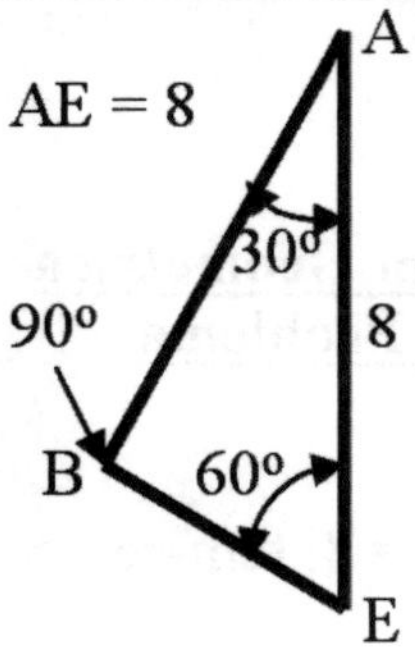

Triângulo ABE:

Cos 60° = BE/8
BE = 8 . 60°; Logo BE = 4cm

Sen 60° = AB/8
AB = 8.Sen 60°; Logo AB = 6,93cm

1b) Lado do triângulo igual a 6,93cm.

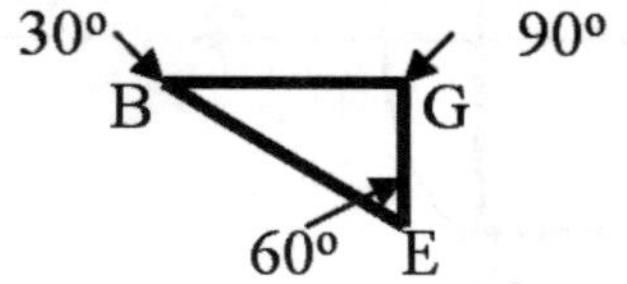

Triângulo BGE:

BG = Lado / 2
BG = 3,46cm
BE = 4cm
$BG^2 + GE^2 = BE^2$

$GE = \sqrt{(4^2 - 3{,}46^2)}$

GE = 2cm

A altura do triângulo é igual a AG = AE – GE; Logo: AG = 8 – 2 = 6. Altura = 6cm.
A área do triângulo é igual a: (Base x Altura) / 2: Área = (Lado x Altura) / 2:
Área = (6,93 x 6) / 2: **1c) Área do triângulo igual a 20,79cm²**.

1d) Para calcular as equações das três retas que formam os lados do triângulo inscrito, primeiro determinam-se as Coordenadas Cartesianas dos pontos A, B e C. Para essas Coordenadas usam-se os valores já conhecidos de BC = AB = 6,93. Portanto: BG = GC = 6,93/2 = 3,46, bem como de AG = 6. Com esses valores tem-se as seguintes Coordenadas Cartesianas: A (0; + 4), B (- 3,46; -2) e C (+ 3,46; -2), calculando-se os coeficientes angulares e as equações.

mAB = (yA - yB) / (xA - xB); mAC = (yA - yC) / (xA - xC); mBC = (yB - yC) / (xB - xC):
mAB = [+4 - (-2)] / [0 - (-3,46)] => mAB = + 1,734.
+ 1,734 (x - 0) = y - 4 => **+ 1,734x - y + 4 = 0** ⟵ Equação da reta AB.

mAC = [+4 - (-2)] / [0 - (+3,46)] => mAC = - 1,734.
- 1,734 (x - 0) = y – 4 => **- 1,734x - y + 4 = 0** ⟵ Equação da reta AC.

mBC = [-2 - (-2)] / [-3,46 - (+3,46)]: mAB = 0 (Zero).
0 [x - (-3,46)] = y - (-2) => **y = -2** ⟵ Equação da reta BC.

mBC = [-2 - (-2)] / [-3,46 - (+3,46)]: mAB = 0 (Zero).
0 [x - (-3,46)] = y - (-2) => **y = -2** ⟵ Equação da reta BC.

Observe-se que a reta BC é paralela ao Eixo Y

Exercício 4.13: Uma circunferência de equação $16 = x^2 + y^2$ contém um quadrado, inscrito, com o vértice A localizado no ângulo 3π/4 (ou 135°), o vértice B localizado no ângulo π/4 (ou 45°), o vértice C localizado no ângulo 7π/4 (ou 315°) e o vértice B localizado no ângulo 5π/4 (ou 225°). Com esses dados pedem-se: 2a) O valor do diâmetro da circunferência; 2b) O valor do lado do quadrado inscrito; 2c) As equações das retas que passam pelas diagonais do quadrado inscrito e 2d) A área do triângulo formado pelo centro O (0; 0) da circunferência e os vértices A e D.

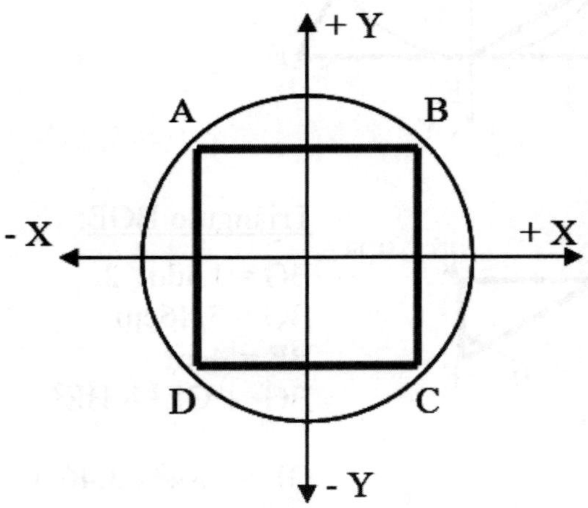

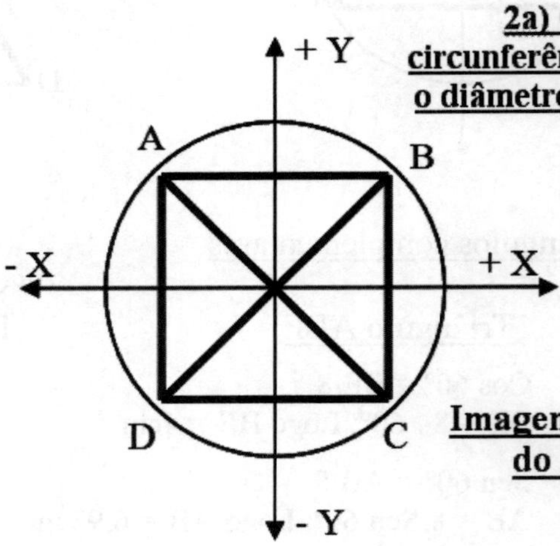

2a) O raio da circunferência é 4cm, logo o diâmetro é igual a 8cm.

Imagem Geométrica do Problema

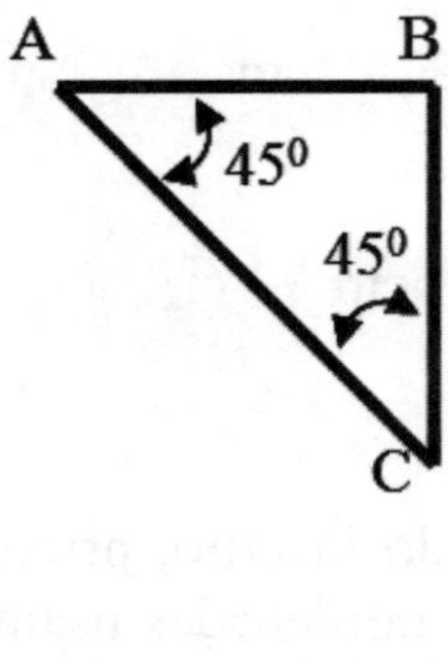

$AB^2 + BC^2 = AC^2$: Como AB = BC: $2AB^2 = AC^2$ e AC = 8; tem-se $8^2 = (2AB)^2$ => $AB^2 = 32$ => AB = 5,657.

2b) AB = 5,657cm é o Lado do quadrado.

5,657 / 2 = 2,83. Com isso as Coordenadas dos pontos A, B, C e D, são: A (-2,83; +2,83), B (+2,83; +2,83), C (+2,83; -2,83) e D (-2,83; -2,83).

Com isto calculam-se os coeficientes angulares e as equações das retas, que são as diagonais AC e BD.

mAC = (yA - yC) / (xA - xC); mAC = [+2,83 - (-2,83)] / [-2,83 - (+2,83)] = +5,66/-5,66 = -1.
-1[x - (-2,83)] = y - (+2,83) => -x - 2,83 = +y - 2,83 => -x -y = 0: + x + y = 0.
2c) Equação da reta AC: + x + y = 0 ou + x = - y.

mBD = (yB - yD) / (xB - xD); mBD = [+2,83 - (-2,83)] / [+2,83 - (-2,83)] = +5,66/+5,66 = +1.
+1[x - (+2,83)] = y - (+2,83) => + x - 2,83 = y - 2,83 => +x - y = 0.
2c) Equação da reta BD: + x - y = 0 ou + x = + y.

Cálculo da área do triângulo OAD

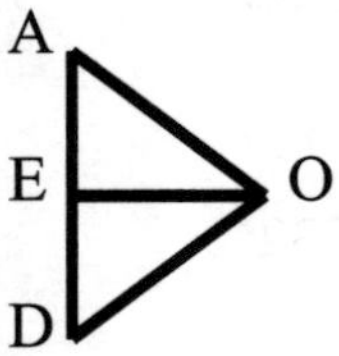

AD = 5,657cm. AE = ED = 2,83cm. OE é a altura do triângulo = ED = 2,83.

Área = (Base x Altura) / 2: Área = (5,657 x 2,83) / 2.

2d) Área do triângulo = 8 cm².

Exercício 4.14: Uma circunferência de equação $16 = x^2 + y^2$ contém um triângulo ABC, equilátero, circunscrito, com o vértice A localizado sobre o eixo Y e na posição equivalente ao ângulo π/2 (ou 90°). Com esses dados pedem-se: 3a) O valor do diâmetro da circunferência; 3b) o valor do lado do triângulo; 3c) o valor da área do triângulo; 3d) as equações das três retas que formam os lados AB, AC e BC.

A Geometria mostra que, polígonos circunscritos à circunferências, têm pontos de tangências, onde o lado intercepta a curva da circunferência. No caso do triângulo citado, existem três retas OD, OE e OF, que são perpendiculares a cada respectivo lado.

$16 = x^2 + y^2 \longrightarrow r^2 = 16; r = 4$ e **3a) O Diâmetro é igual a 8cm.**

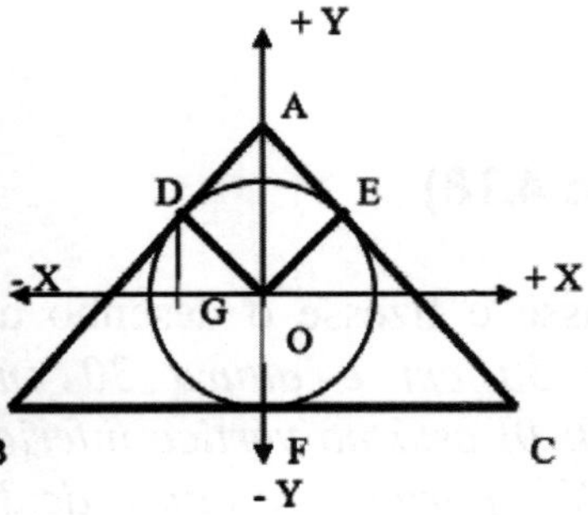

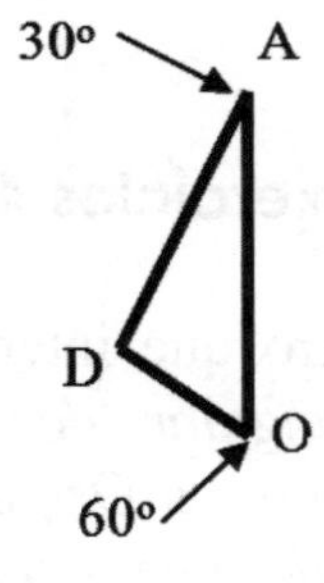

Tg 60° = AD / DO; como DO = 4cm.
AD = 4. Tg 60° (Tg 60° = 1,732).
AD = 6,928cm.
$AO^2 = AD^2 + DO^2$. AO = $\sqrt{(AD^2 + DO^2)}$
AO = 8cm.
AF = AO + 4 (raio): AF = 12cm.

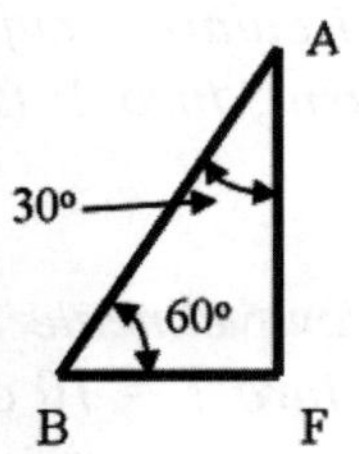

Tg 60° = AF / BF; como AF = 12cm.
BF = 12 / Tg 60° como: Tg 60° = 1,732: BF = 12/1,732 => BF = 6,928cm.
$AB^2 = AF^2 + BF^2$: AB é o lado do triângulo circunscrito.
AB = $\sqrt{(AF^2 + BF^2)}$ => AB = 13,856cm.

3b) O lado do triângulo circunscrito é 13,856cm

A área do triângulo é: (Base x Altura) / 2: (13,856 x 12) / 2 = 83,136.

3c) Área do triângulo é 83,136cm².

<u>3d) Cálculo das equações dos lados:</u>

Para calcular as outras equações, é necessário saber as Coordenadas Cartesianas dos pontos A, B e C. A (0; +8), B (-6,928; -4) e C (+6,928; -4)

A equação da reta do lado BC é: y = - 4cm; pois, o lado BC é paralelo ao Eixo OY.

mAB = (yA - yB) / (xA - xB); mAB = [+8 - (-4)] / [0 - (-6,928)] = +12 / +6,928 = +1,732*.
+1,732 (x-0) = y – 8 => +1,732x -y +8 = 0.
A equação da reta AB é: +1,732x - y +8 = 0.

mAC = (yA - yC) / (xA - xC); mAC = [+8 - (-4)] / [0 - (+6,928)] = +12 / -6,928 = - 1,732*.
- 1,732 (x - 0) = y - (+8) => - 1,732x = y – 8 => - 1,732x - y + 8 = 0.
A equação da reta AC é: + 1,732x + y - 8 = 0.

* Observa-se que os coeficientes angulares das retas AB e AC têm o mesmo valor numérico, porém de sinais trocados. Isto se explica, pelo fato de ambas as retas formarem ângulos com o eixo Y, de forma que têm o mesmo valor numérico das tangentes, porém com os sinais trocados.

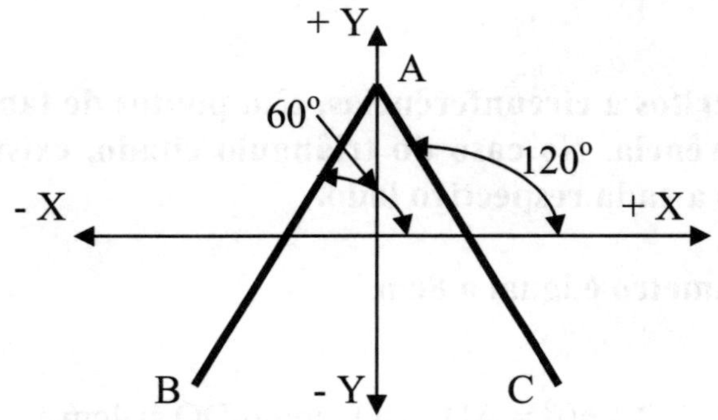

Tg 60° = + 1,732.

Tg 120° = - 1,732.

4.8 Exercícios complementares resolvidos (exercícios 4.15 a 4.18)

Exercício 4.15: um geômetra pediu a um engenheiro que interpretasse e fizesse o desenho do seguinte problema: "*tem-se um quadrilátero retangular de base 50 cm e altura 30 cm. Considerando um Sistema de Coordenadas Cartesianas, a Origem (0; 0) está no vértice inferior esquerdo da base, com o módulo de 50 cm coincidindo com o eixo OX e, portanto, a altura de 30 cm coincidindo com o eixo OY. Dentro deste quadrilátero existem três furos circulares, cujas circunferências têm as seguintes equações: furo 1: $(x - 12cm)^2 + (y - 20cm)^2 = 25\ cm^2$; furo 2: $(x - 24cm)^2 + (y - 12cm)^2 = 16\ cm^2$ e furo 3: $(x - 39cm)^2 + (y - 16cm)^2 = 36\ cm^2$*".

Após analisar o problema, o engenheiro escreveu: "*trata-se de um retângulo, provavelmente de material metálico, com dimensões de 50 cm x 30 cm, com três furos de diâmetros: furo 1 = 10 cm (raio 5 cm); furo 2 = 8 cm (raio 4 cm) e furo 3 = 12 cm (raio 6 cm). Observa-se que engenheiros não trabalham com raios de circunferências ou círculos, mas sim quando são arcos, ou seja, menor que 360°. Uma representação gráfica desse problema é mostrada a seguir*".

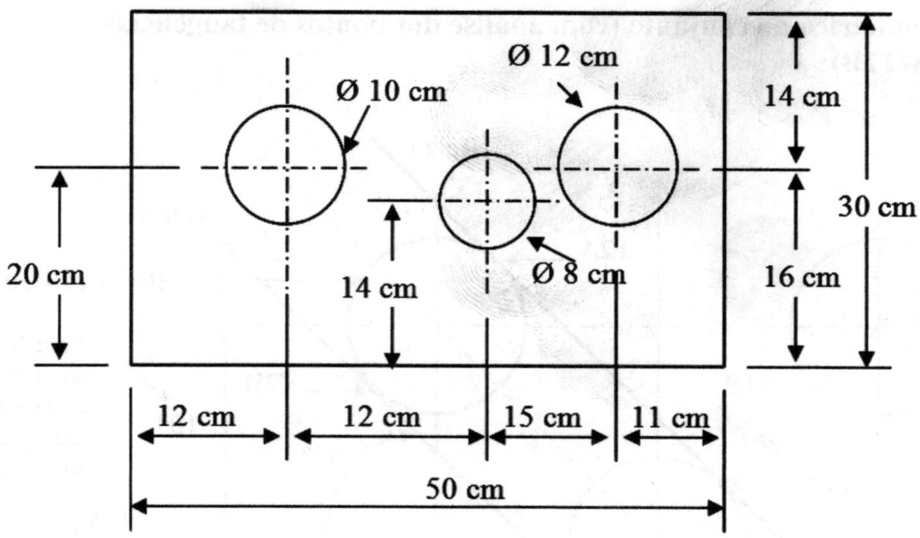

Também é possível indicar as cotas, ou seja, as dimensões, usando-se uma tabela com as dimensões expressas em Coordenadas Cartesianas, principalmente quando são muitos furos e em áreas pequenas, pois o desenho ficaria muito "congestionado".

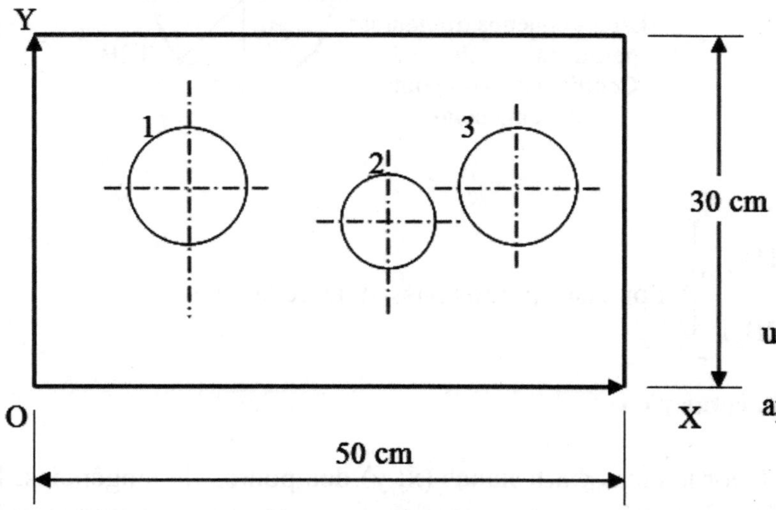

Furo	Ø	X do centro	Y do centro
1	10	12	20
2	8	24	14
3	12	39	16

Todas as medidas em cm

Esse exercício 4.15, mostra uma aplicação de conceitos de Geometria Analítica, aplicados ao Desenho Técnico Projetivo, que é uma linguagem universal, para diversas áreas profissionais.

Exercício 4.16: conhecendo-se a equação da circunferência 1: $x^2 + y^2 = 16$, e da circunferência 2: $(x - 10)^2 + (y - 10)^2 = 16$, e considerando as medidas em centímetros, pedem-se:

a) Determinar os diâmetros das circunferências e as Coordenadas Cartesianas dos seus centros.

b) Fazer as Imagens Geométricas, correspondentes, incluindo as retas a seguir descritas.

c) Determinar as equações das retas r e s, tangentes comuns às circunferências, sendo uma tangente de cada lado.

a) Diâmetros das circunferências e Coordenadas Cartesianas dos centros:

Ambas as circunferências têm diâmetro 8 cm, ou seja: raio de 4 cm ($4^2 = 16$).
A circunferência 1: $x^2 + y^2 = 16$, tem seu centro na Origem (0; 0; 0).
A circunferência 2: $(x - 10)^2 + (y - 10)^2 = 16$, tem seu centro no ponto O2 (+10 cm; +10 cm).

b) Imagem geométrica do conjunto (com análise dos pontos de tangências T1A/T1B/T2A/T2B):

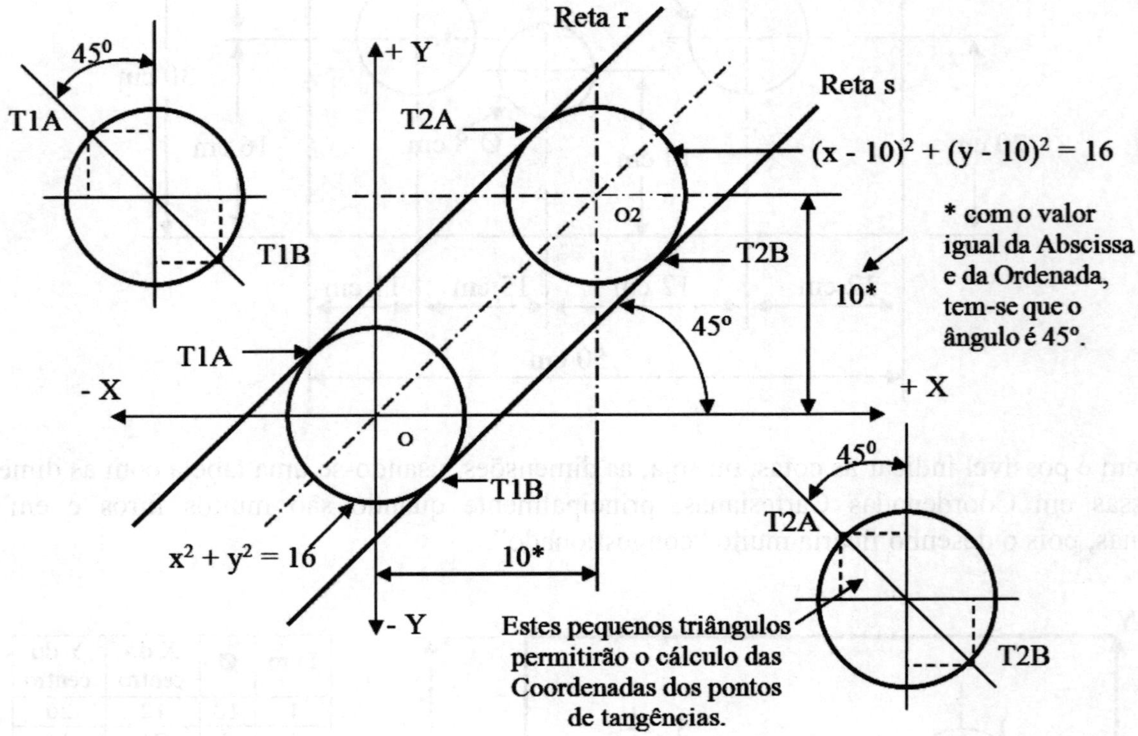

Pontos de tangências:

$T1A\ (T1A_x;\ T1A_y);\ T1B\ (T1B_x;\ T1B_y)$

$T2A\ (T2A_x;\ T2A_y);\ T2B\ (T2B_x;\ T2B_y)$

} Por esses pontos passam as retas r e s.

c) Determinação das equações das retas r e s:

Inicialmente tem-se que definir as Coordenadas Cartesianas (x; y) dos pontos de tangências. Isto é feito analisando-se os pequenos triângulos retângulos e isósceles, formados em cada circunferência. Observa-se que, em módulo estas Coordenadas terão o mesmo valor, mudando apenas os valores das Abscissas e Ordenadas dos pontos, devido posição de cada circunferência, em relação aos eixos X e Y.

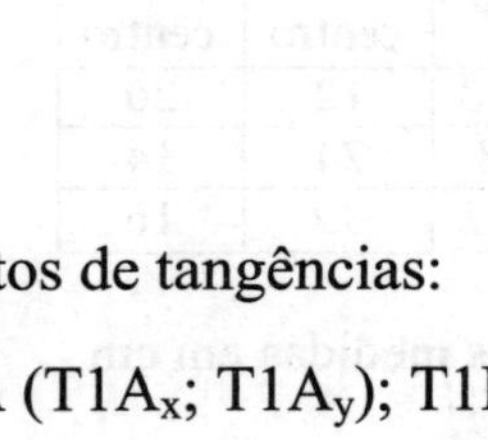

$(4)^2 = x^2 + y^2$; como os ângulos são iguais e de 45°, $x = y$.

$16 = 2x^2 \Rightarrow x^2 = 8 \Rightarrow x = 2{,}83$.

Analisando este valor de 2,83, chega-se às Coordenadas:

T1A (-2,83; +2,83); T1B (+2,83; -2,83); T2A (+7,17; +12,83); T2B (+12,83; +7,17)

Como as duas retas têm inclinação de 45°, os seus coeficientes angulares "m" são iguais a 1, conforme capítulo 2, parágrafo 2.1 e, ainda segundo o parágrafo 2.4 essas retas são paralelas. Segundo o parágrafo 2.1, a equação de uma reta que passa por dois pontos A e B, é dada por: $(y_A - y_B) = m\ (x_A - x_B)$. Dessa forma basta considerar um dos pontos de tangência em cada reta e aplicar a fórmula. Vejamos, considerando os pontos T2A, para a reta r e T2B, para a reta s:

$$\begin{cases} \text{Para reta r: } (y - y_{T2A}) = m\ (x - x_{T2A}) \Rightarrow (y - 12{,}83) = 1\ (x - 7{,}17) \Rightarrow y - 12{,}83 = x - 7{,}17. \\ y = x + 12{,}83 - 7{,}17 \Rightarrow y = x + 5{,}66. \end{cases}$$

$$\begin{cases} \text{Para reta s: } (y - y_{T2B}) = m\ (x - x_{T2B}) \Rightarrow (y - 7{,}17) = 1\ (x - 12{,}83) \Rightarrow y - 7{,}17 = x - 12{,}83. \\ y = x - 12{,}83 + 7{,}17 \Rightarrow y = x - 5{,}66. \end{cases}$$

Equação da reta r $\longrightarrow y = x + 5{,}66.$

Equação da reta s $\longrightarrow y = x - 5{,}66.$

Exercício 4.17: referindo-se ao exercício anterior, 4.13, determinar as equações das retas t e u que passam, respectivamente, pelos pontos T1A/T1B e T2A/T2B.

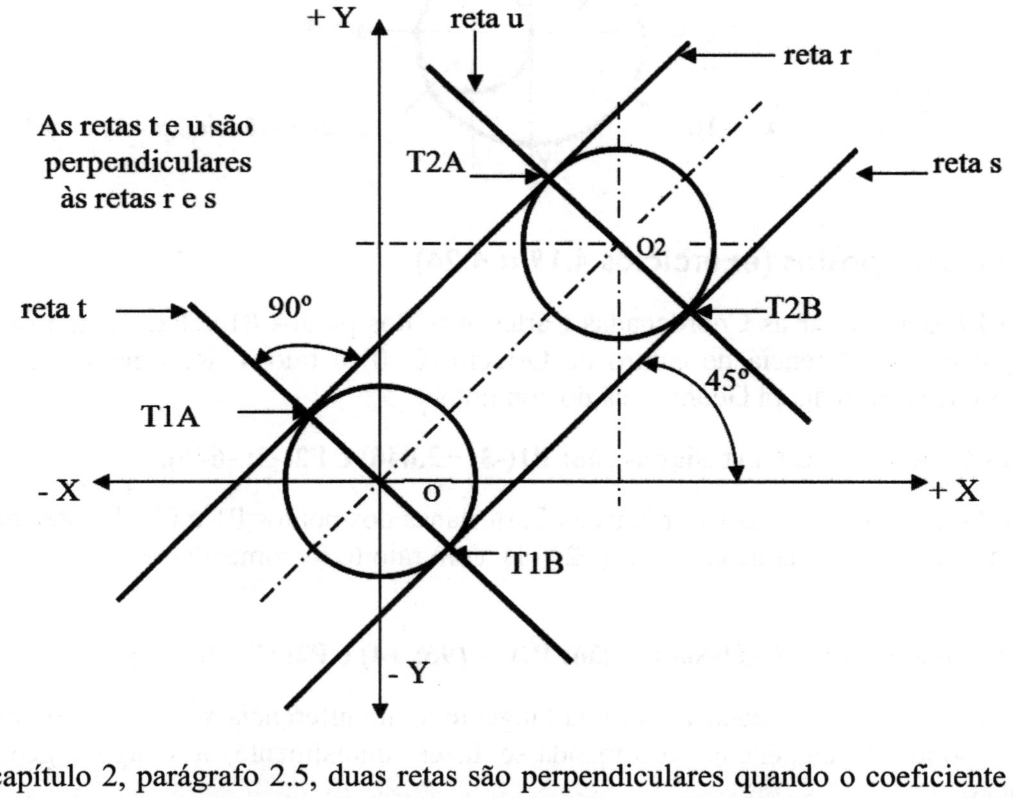

Segundo capítulo 2, parágrafo 2.5, duas retas são perpendiculares quando o coeficiente angular de uma é igual ao oposto (sinal oposto) do inverso do outro coeficiente. Como o coeficiente angular das retas r e s é igual a 1, para que as retas t e u sejam perpendiculares às outras o seu coeficiente angular terá que ser igual a -1 (menos um). m = -1.

A equação das retas t e u, seguem a fórmula: $(y_A - y_B) = m\ (x_A - x_B)$, segundo parágrafo 2.1. Dessa forma, basta considerar um dos pontos de tangência, em cada reta e aplicar a fórmula. Vejamos:

$$\begin{cases} \text{Para reta t: } (y - y_{T1B}) = m\,(x - x_{T1B}) \Rightarrow [(y - (-2{,}83)] = -1\,(x - 2{,}83) \Rightarrow y + 2{,}83 = -x + 2{,}83. \\ y = -x \longleftarrow \text{ Equação da reta t, que passa pela Origem } (0;\, 0;\, 0). \end{cases}$$

$$\begin{cases} \text{Para reta u: } (y - y_{T2B}) = m\,(x - x_{T2B}) \Rightarrow (y - 7{,}17) = -1\,(x - 12{,}83) \Rightarrow y - 7{,}17 = -x + 12{,}83. \\ y = -x + 20 \longleftarrow \text{ Equação da reta u.} \end{cases}$$

Exercício 4.18: Considerando as duas inequações a seguir, analise qual região do plano XY satisfaz a ambas. $x^2 + y^2 \leq 16$ e $(x - 2)^2 + y^2 \geq 4$.

A equação: $x^2 + y^2 = 16$, refere-se a uma circunferência de raio 4 e centro na Origem O (0; 0).

A equação: $(x - 2)^2 + y^2 = 4$, refere-se a uma circunferência de raio 2 e centro (+2; 0).

A representação gráfica destas circunferências tem a seguinte Imagem Geométrica:

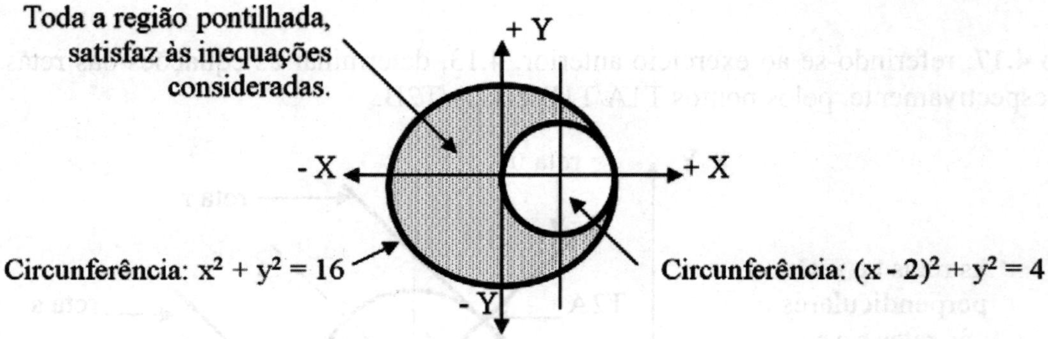

4.8 Exercícios propostos (exercícios 4.19 a 4.24)

Exercício 4.19: determinar as Coordenadas Cartesianas dos pontos P1 e P2, de interseção entre a reta x = -3 e a circunferência de centro na Origem (0; 0) e raio 4. Recomenda-se consultar o exercício 4.8 e fazer a Imagem Geométrica do conjunto.

Resposta: as Coordenadas Cartesianas são: P1(-3; +2,646) e P2(-3; -646).

Exercício 4.20: a) determinar as Coordenadas Cartesianas dos pontos P1 e P2, de interseção entre a reta y = +4 e a circunferência de centro C (+2; +1), com raio 6. Recomenda-se consultar o exercício 4.8.

Resposta: as Coordenadas Cartesianas são: P1(-3,196; +4) e P2(+7,196; +4).

Exercício 4.21: determinar a equação da reta tangente à circunferência $x^2 + y^2 = +36cm^2$, sendo P (0; -6cm) o ponto de tangência. Recomenda-se fazer, inicialmente, a Imagem geométrica da circunferência.

Resposta: a equação da reta é: y = -6cm.

Exercício 4.22: uma circunferência tem raio 5cm e centro na Origem (0; 0). Qual a equação da reta que corta a circunferência nos pontos U (-5; 0) e J (0; +5). Recomenda-se, primeiro fazer a Imagem Geométrica da circunferência e também consultar o capítulo 2, parágrafo 2.1.

Resposta: a equação da Reta é: $y = x + 5$.

Exercício 4.23: verificar se as circunferências a seguir têm ponto de interseção e, em caso afirmativo determinar a(s) Coordenada(s) Cartesiana(s) da interseção: $(x - 3)^2 + (y - 2)^2 = 16$ e $(x - 10)^2 + (y - 2)^2 = 9$. Recomenda-se, primeiro fazer a Imagem Geométrica das circunferências e também consultar o exercício 4.10.

Resposta: essas circunferências são tangentes e as Coordenadas Cartesianas dos pontos de tangência T são: $x = +7$ e $y = +2$; ou seja T (+7; +2).

Exercício 4.24: dada a equação $(x - 3)^2 + (y - 5)^2 = 25$, pedem-se: a) determinar o tipo de curva e suas características e b) analisar se a curva intercepta os eixos X e ou Y, determinando as Coordenadas Cartesianas dos pontos de interseção. (Recomenda-se, primeiro, fazer a Imagem Geométrica, para um melhor entendimento viso-espacial).

Resposta: a) Trata-se de uma circunferência com raio 5 e Centro C (+3; +5) e b) A circunferência é tangente ao Eixo X no ponto T (+3; 0) e intercepta o Eixo Y nos pontos y1 (0; +1) e y2 (0; +9). Portanto, são três pontos de interseção: P1(0; +9), P2(0; +1) e P3(+3; 0).

Pesquisas na *Internet*

Para um maior aprofundamento dos conceitos deste capítulo, acesso a outros exercícios e conteúdos de Geometria Plana, recomenda-se a consulta aos seguintes *sites*:

http://www.somatematica.com.br/emedio/circunferencia/circunf4.php
http://exercicios.brasilescola.uol.com.br/exercicios-matematica/exercicios-sobre-circunferencia-posicoes-relativas.htm#questao-1
http://www3.pucrs.br/pucrs/files/uni/poa/fau/pdf/16.pdf
http://www.tutorbrasil.com.br/estudo_matematica_online/faq_matematica/analitica02.php
http://alunosonline.uol.com.br/matematica/posicao-relativa-entre-uma-reta-uma-circunferencia.html

Além destes *sites*, principalmente para mais exemplos de aplicações práticas e reais, recomenda-se a busca de outros, usando-se como palavras chave: "circunferências", "círculos", "tangentes à circunferências", "equações de circunferências", "polígonos inscritos" e "polígonos circunscritos".

Alerta-se que, como citado na Unidade Introdutória deste livro, para um bom aprendizado não se deve apenas estudar na forma digital, mas também na impressa e, especialmente, fazendo à mão livre resumos e exercícios, inclusive as Imagens Geométricas.

Capítulo 5

A Elipse

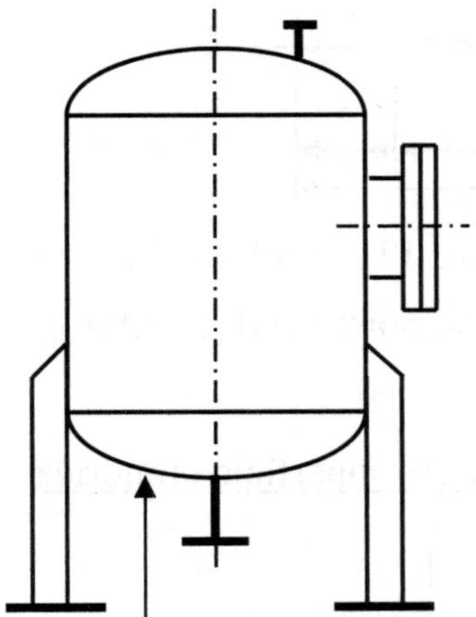

A elipse *é conhecida desde a Grécia antiga, sendo inclusive usada em algumas construções do Império Romano. Especialmente a Arquitetura e a Engenharia, utilizam construções e equipamentos no formato elipsoidal. Conchas acústicas, entrada de túneis e tampos de vasos de pressão, são alguns exemplos de aplicações práticas das elipses. Nesse capítulo, além das definições, deduções e exemplos de base matemática, são detalhados e resolvidos problemas práticos onde elipses são utilizadas. O desenho ao lado mostra um vaso de pressão cilíndrico vertical, onde os tampos são no formato semi elipsoidal. Os elipsoides são estudados no capítulo 11.*

5.1 Definição, elementos e características

Elipse é o lugar geométrico dos pontos P (x_P; y_P) de um plano cujas distâncias a dois pontos fixos, chamados focos (F_1 e F_2) desse plano têm soma constante, igual ao eixo maior "2a" ($PF_1 + PF_2 = 2a$). O segmento de reta que passa pelos dois focos (F_1 e F_2), cortando a elipse, chama-se eixo maior ($A_1A_2 = 2a$), e o segmento de reta que passa pelo ponto médio do eixo maior, é perpendicular a ele, cortando a elipse, chama-se eixo menor ($B_1B_2 = 2b$). As medidas da elipse são dadas pela metade dos eixos maior e menor sendo chamadas, respectivamente, de semi eixo maior (a) e semi eixo menor (b), sendo as outras medidas e características relacionadas a essas. A interseção dos eixos 2a e 2b determina o centro da elipse.

É interessante citar que a grande maioria dos estádios de futebol, têm o formato elíptico, tanto na cobertura, quanto no posicionamento das cadeiras. Isto vem desde o tempo antigo, pois eram no formato elíptico as arenas romanas, onde aconteciam as lutas e outros espetáculos "deprimentes" onde escravos e inimigos capturados eram colocados para lutar contra animais ferozes. Mas por que eram, e são, elípticos esses estádios? Porque com as cadeiras segundo o formato elíptico, e o formato retangular dos gramados de futebol, todas as pessoas têm uma visão melhor. Se o posicionamento das cadeiras fosse circular, muitos torcedores não teriam uma boa visão. Na Engenharia Civil também é comum utilizar-se o conceito de elipse, sendo comum túneis escavados no formato de uma semi elipse.

A elipse e seus elementos

A_1A_2 = eixo maior
B_1B_2 = eixo menor
2a = eixo maior
2b = eixo menor
F_1 e F_2 = focos
$F_1F_2 = 2c$ = distância focal
e = excentricidade = c/a
$DF = 2b^2 / a$ (Corda Focal)
C = centro
A_1, A_2, B_1, B_2 = vértices

DF = Corda Focal ou *Latus Rectum*

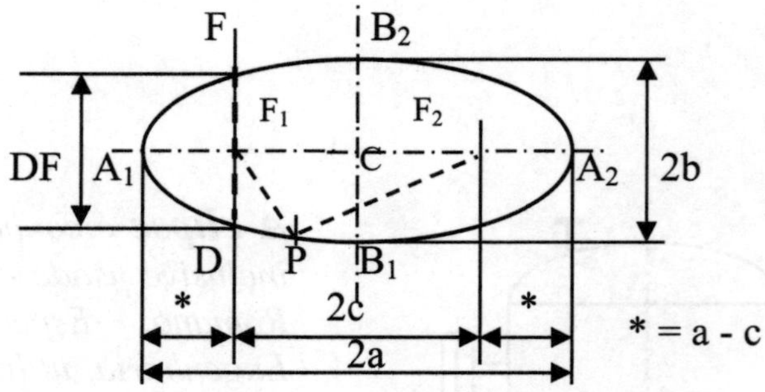

Pela definição de elipse: $|PF_1| + |PF_2| = 2a$
(De fato: $|A_1F_1| + |A_2F_2| = 2a$, pois: $*|A_1F_1| = |A_2F_2|$)

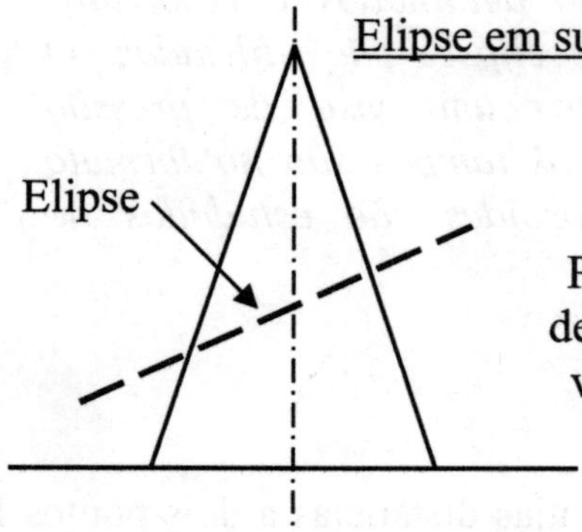

Para exemplo real desse tipo de elipse, veja exercício 5.6

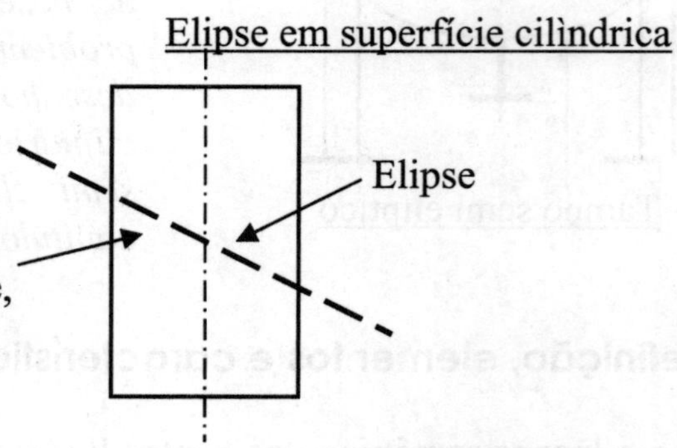

Elipses podem ser obtidas, tanto a partir do corte de uma superfície cônica (como visto no início da Unidade II), quanto de um corte inclinado a uma superfície cilíndrica.

5.2 Excentricidade de uma elipse

A excentricidade (e) de uma elipse é um número real positivo (adimensional) que é definida como o quociente entre a metade da distância focal (c) e a metade da medida do eixo maior da elipse (a). Ou seja: e = c / a. Quando c = a; e = 1, logo tem-se uma circunferência.

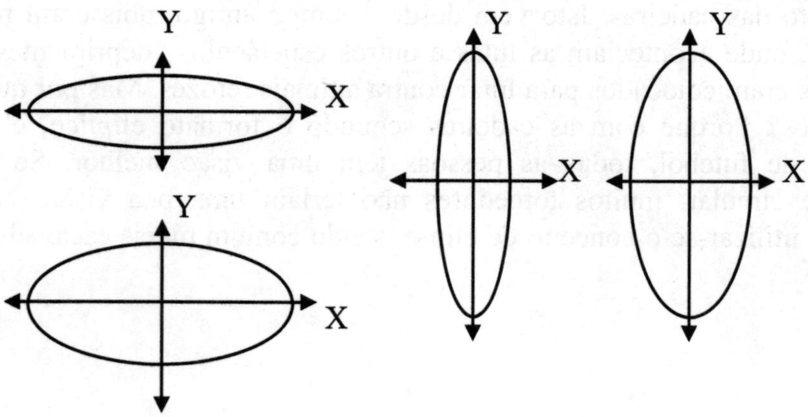

Exemplos de elipses com excentricidades e posições diferentes, com centro na origem dos eixos Cartesianos O (0; 0).

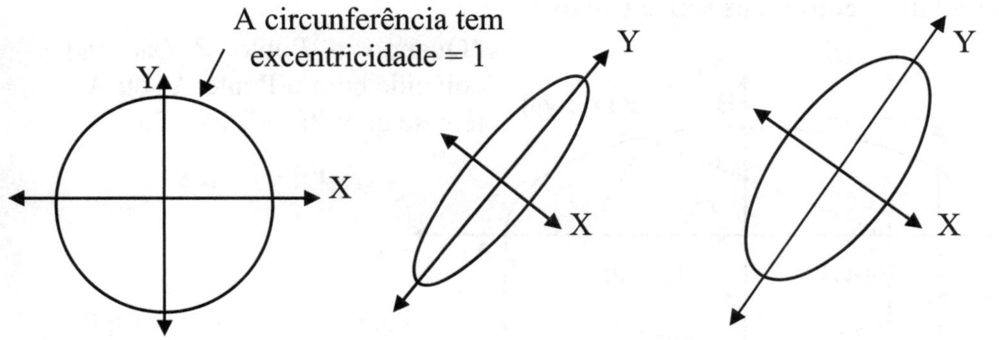

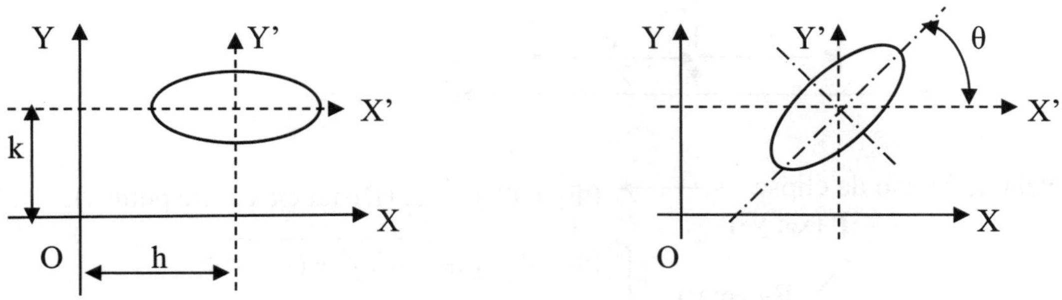

Elipses com centro fora da origem dos eixos Cartesianos

5.3 Equações da elipse, com focos coincidentes com eixos Cartesianos X ou Y

Embora, em princípio, os eixos e Focos possam estar em qualquer posição, na prática (especialmente da Engenharia), são estudadas e utilizadas duas equações para a elipse: Focos coincidentes com Eixo X ou com Eixo Y.

5.3.1 Detalhes da elipse com focos sobre o eixo X, e centro C coincidente com a origem O: C ≡ O (0; 0)

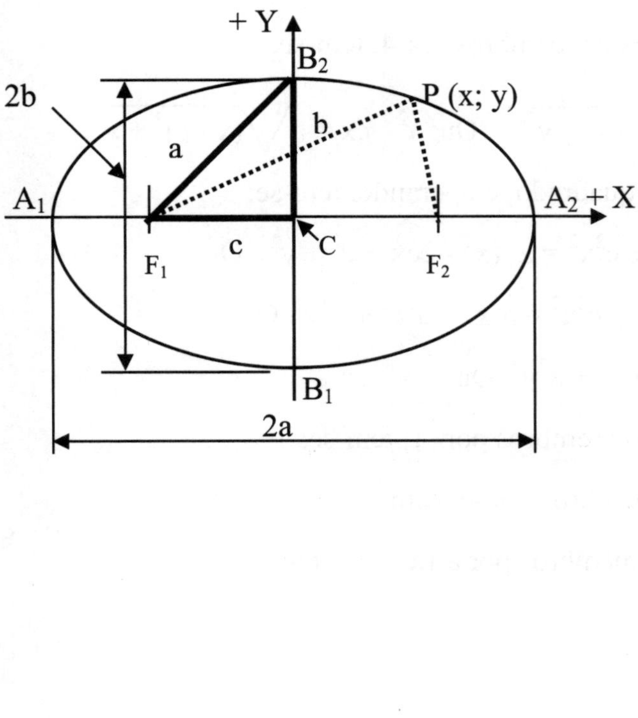

Nesse caso, os focos têm coordenadas F_1 (- c ; 0) e F_2 (+ c ; 0).

Em toda elipse, o semieixo maior (a) é igual à distância do Foco (F_1 ou F_2) ao ponto onde ocorre o valor do semi eixo menor (B_1 ou B_2). Disso resulta que, no triângulo F_1CB_2, tem-se a seguinte relação fundamental de uma elipse:

$a^2 = b^2 + c^2$, uma vez que:

$$(F_1B_2)^2 = (B_2C)^2 + (F_1C)^2$$

Dedução da equação da elipse com focos sobre o eixo X

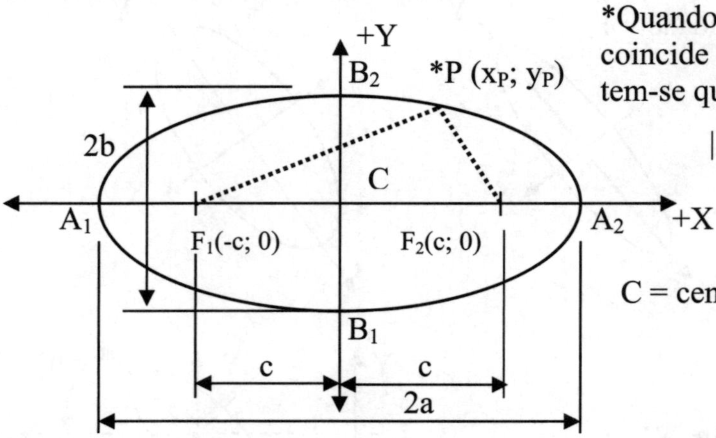

*Quando o Ponto P (x_P; y_P) coincide com o Ponto A_1 ou A_2, tem-se que: $PF_1 + PF_2 = 2a$.

$$|A_1F_1| = |A_2F_2|$$

C = centro da elipse ≡ O (0; 0)

Pela definição de elipse ⟶ $PF_1 + PF_2 = 2a$. (Distâncias entre pontos).

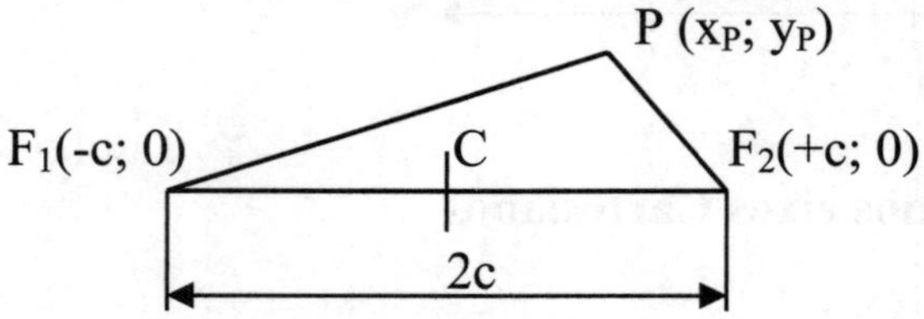

$$\begin{cases} PF_1 = \sqrt{[x_P - (-c)]^2 + (y_P - 0)^2} \\ PF_2 = \sqrt{(x_P - c)^2 + (y_P - 0)^2} \end{cases}$$

Portanto: $PF_1 + PF_2 = \sqrt{[x_P + (-c)]^2 + (y_P - 0)^2} + \sqrt{(x_P - c)^2 + (y_P - 0)^2} = 2a.$ $\begin{cases} \text{Fazendo:} \\ x_P = x \text{ e} \\ y_P = y \end{cases}$

Tem-se: $PF_1 + PF_2 = \sqrt{(x + c)^2 + y^2} + \sqrt{(x - c)^2 + y^2} = 2a$, que pode ser escrito como:

$\sqrt{(x - c)^2 + y^2} = 2a - \sqrt{(x + c)^2 + y^2}$. Elevando estes dois membros ao quadrado tem-se:

$x^2 - 2cx + c^2 + y^2 = 4a^2 + x^2 + 2cx + c^2 + y^2 - (4a\sqrt{(x + c)^2 + y^2}$. Simplificando tem-se:

$4xc = 4a^2 - 4a \sqrt{(x - c)^2 + y^2}$. Dividindo-se ambos os membros por 4, tem-se:

$cx = a^2 - a \sqrt{(x - c)^2 + y^2}$. Ou: $cx - a^2 = - a\sqrt{(x - c)^2 + y^2}$. Ou: $a^2 - cx = a\sqrt{(x - c)^2 + y^2}$

Elevando-se, mais uma vez, ambos os membros ao quadrado, e operando, tem-se:

$a^4 - 2a^2cx + c^2x^2 = a^2 [(x - c)^2 + y^2]$. Ou: $a^4 - 2a^2cx + c^2x^2 = a^2 (x^2 - 2cx + c^2 + y^2)$. Ou:

$a^4 - 2a^2cx + c^2x^2 = a^2x^2 - 2a^2cx + a^2c^2 + a^2y^2$. Ou: $a^4 + c^2x^2 = a^2x^2 + a^2c^2 + a^2y^2$. Ou:

$a^4 + c^2x^2 - a^2x^2 = a^2c^2 + a^2y^2$. Ou: $a^4 + x^2(c^2 - a^2) = a^2c^2 + a^2y^2$. Ou:

$x^2(c^2 - a^2) - a^2y^2 = a^2c^2 - a^4$. Multiplicando ambos os membros por -1, tem-se:

$x^2(a^2 - c^2) + a^2y^2 = a^4 - a^2c^2$. Dividindo ambos os membros por -1, tem-se:

$x^2(a^2 - c^2) + a^2y^2 = a^2(a^2 - c^2)$. Dividindo ambos os membros por $a^2(a^2 - c^2)$ tem-se:

$$\frac{x^2(a^2 - c^2)}{a^2(a^2 - c^2)} + \frac{a^2y^2}{a^2(a^2 - c^2)} = \frac{a^2(a^2 - c^2)}{a^2(a^2 - c^2)}. \text{ Ou: } \frac{x^2}{a^2} + \frac{y^2}{a^2 - c^2} = 1.$$

Da relação fundamental: $a^2 = b^2 + c^2$. Ou $b^2 = a^2 - c^2$. Substituindo na equação acima, tem-se finalmente a equação da elipse:

$$\frac{x^2}{a^2} + \frac{y^2}{b^2} = 1 \quad \Longleftarrow$$ Equação reduzida da elipse com focos sobre o eixo X e centro C coincidente com a Origem O (0; 0).

Em toda elipse, existe a seguinte relação fundamental: $a^2 = b^2 + c^2$, que advém do seguinte raciocínio lógico: quando um ponto P qualquer sobre a linha da elipse, coincide com o ponto B_2 ou (B_1), tem-se: $B_2F_1 + B_2F_2 = 2a$. Como B_2F_1 é igual a B_2F_2, logo: $B_2F_1 = B_2F_2 = a$. Desta forma, tem-se o triângulo retângulo B_2OF_2 (ou B_2OF_1), onde $B_2O = b$, $OF_2 = c$ e a hipotenusa B_2F_2 (igual a B_2F_1) é igual a c. Portanto, pelo Teorema de Pitágoras: $(OF_2)^2$ ou $(B_2F_2)^2 = (B_2O)^2$, resultando que: $a^2 = b^2 + c^2$.

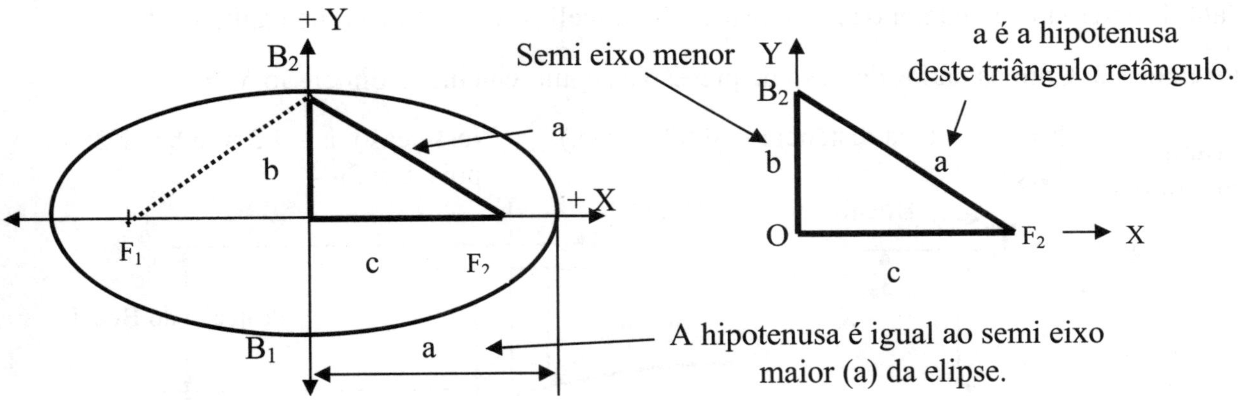

Exercício 5.1: a) Determinar a equação da elipse, com focos sobre o eixo X e centro coincidente com a Origem O (0; 0), sabendo-se que o eixo menor vale 4 e a distância focal é 8. b) Qual o valor da Ordenada positiva y, para um ponto P, com Abscissa (x), exatamente sobre o foco?

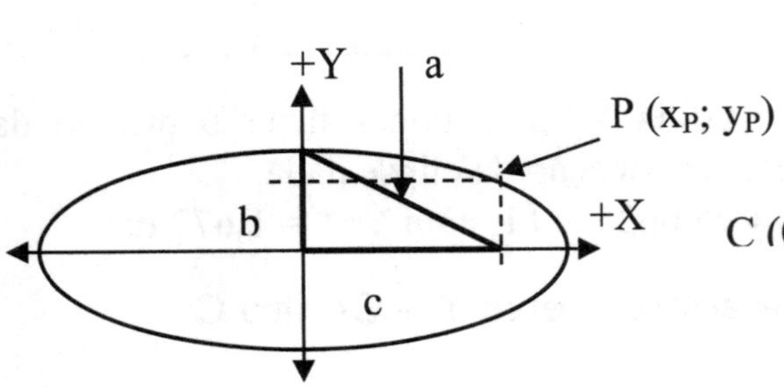

Imagem Geométrica da elipse onde b = 2 (2b = 4) e c = 4 (2c = 8)

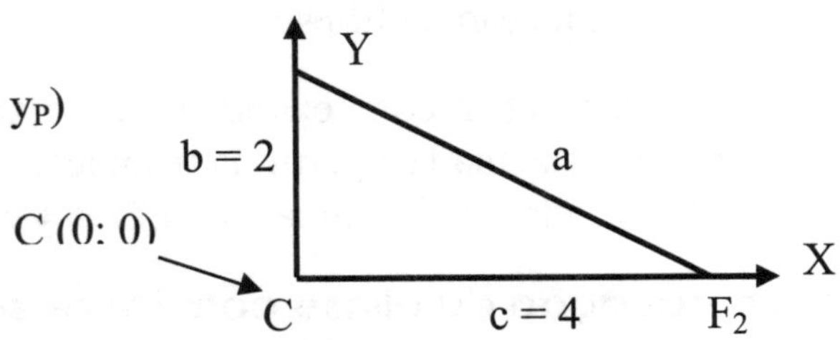

Para aplicar a fórmula, primeiro tem-se que calcular o valor da hipotenusa "a"

a) Determinação da equação

$a^2 = b^2 + c^2$; $a^2 = 2^2 + 4^2 \Rightarrow a^2 = 20 \Rightarrow a = 4{,}472$; aplicando a fórmula temos:

$x^2/a^2 + y^2/b^2 = +1 \Rightarrow x^2/20 + y^2/4 = +1$ ou $x^2 + 5y^2 - 20 = 0 \longleftarrow$ equação geral da elipse.

Quando y = 0, x = 4,472 ou semi eixo maior a, e o eixo maior 2a = 8,944.

b) Cálculo da Ordenada do ponto P

Basta na fórmula da equação, substituir x = 4.

$x^2 + 5y^2 - 20 = 0 \Rightarrow 4^2 + 5y^2 - 20 = 0 \Rightarrow 16 + 5y^2 - 20 = 0 \Rightarrow 5y^2 = 4;$
logo $y^2 = 4/5 \Rightarrow y = +/- 0{,}894$.

Como o ponto P tem Ordenada positiva, suas Coordenadas Cartesianas são: P (+4; +0,894).

Análise de tampo elíptico aplicado a vasos de pressão (área de caldeiraria)

Esse tipo de análise/cálculo é muito frequente, na área de Engenharia Mecânica, especificamente nos projetos e cálculos de equipamentos tipo vasos de pressão. Esses equipamentos costumam ser cilindros metálicos em aço, com tampos semi elípticos onde, nos tampos são soldados bocais para entrada/saída dos fluidos. Como será visto no exercício 5.12, na prática, tampos semi elípticos usados em vasos de pressão, têm o semi eixo menor b igual a um quarto do eixo maior 2a, ou seja: b = 2a/4. Em verdade esse tampo tem o formato de um elipsoide, estudado no capítulo 11.

Exercício 5.2: Com os dados do vaso de pressão a seguir, calcular a dimensão Y**.

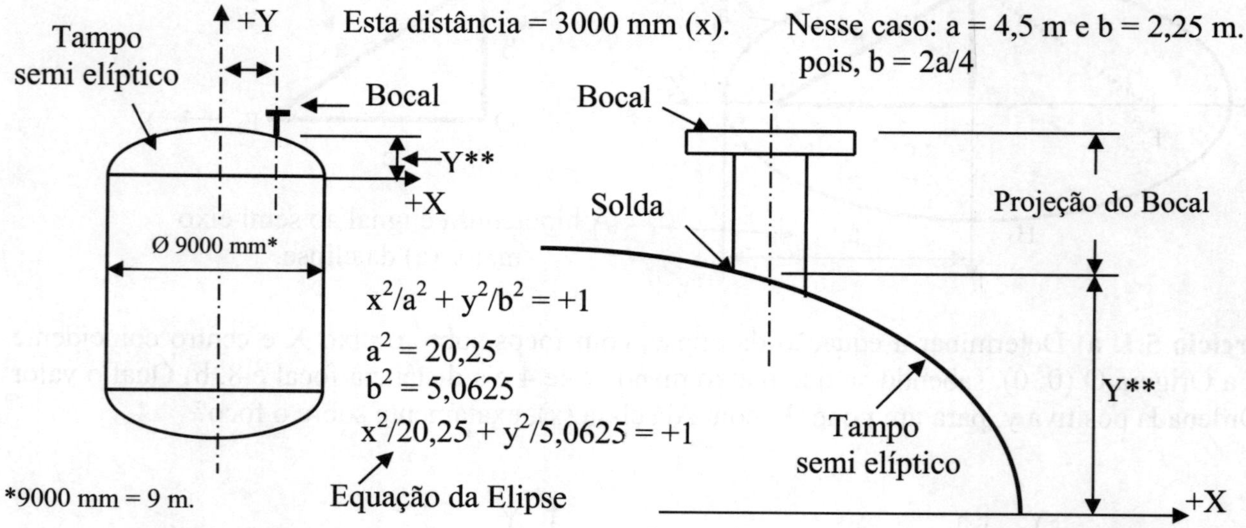

**Os projetistas precisam saber com exatidão essa medida Y, para poder fazer o projeto das tubulações. Essa medida é calculada a partir da resolução da equação da elipse dada.
Na equação da elipse, fazendo x = 3, tem-se: $9/20{,}25 + y^2/5{,}0625 = +1$, com **Y** = 1,677 m.**

5.3.2 Imagem e equação da elipse com focos sobre o eixo Y e Centro C coincidente com a Origem O (0; 0)

A dedução da fórmula segue o mesmo raciocínio da anterior (parágrafo 5.3.1, Focos sobre eixo X), porém com uma inversão dos fatores, já que aqui a elipse está girada de 90°.

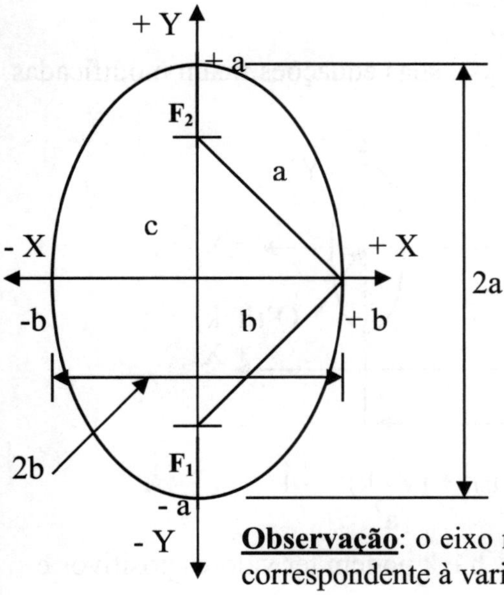

Observa-se que o triângulo está a 90°, em relação ao do parágrafo 5.3.1

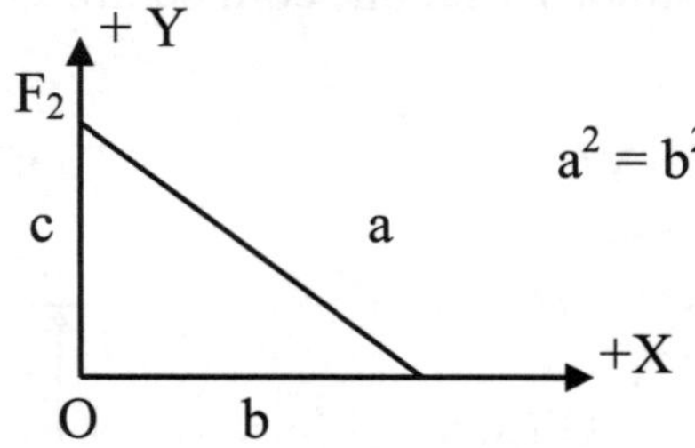

$$a^2 = b^2 + c^2$$

A equação desse tipo de elipse é:

$$\frac{y^2}{a^2} + \frac{x^2}{b^2} = 1 \quad \text{ou} \quad \frac{x^2}{b^2} + \frac{y^2}{a^2} = 1$$

Nesse caso o semi eixo maior (a) está sob y.

<u>Observação</u>: o eixo maior de uma elipse coincide com o eixo de coordenadas correspondente à variável que tiver maior denominador na equação.

Exercício 5.3: analisar as equações a seguir, concluir sobre a posição dos Focos, fazer a Imagem Geométrica das elipses e calcular a distância entre os Focos.

$$\frac{x^2}{64\,(b^2)} + \frac{y^2}{100\,(a^2)} = 1$$

$$\frac{x^2}{100\,(a^2)} + \frac{y^2}{64\,(b^2)} = 1$$

$100 = 10^2$ e $64 = 8^2$

Como o maior denominador está sobre y, na primeira equação, logo este é o maior semi eixo, ou seja = 10.

Na segunda equação o maior denominador está sobre x, logo este é o maior semi eixo, ou seja = 10 .

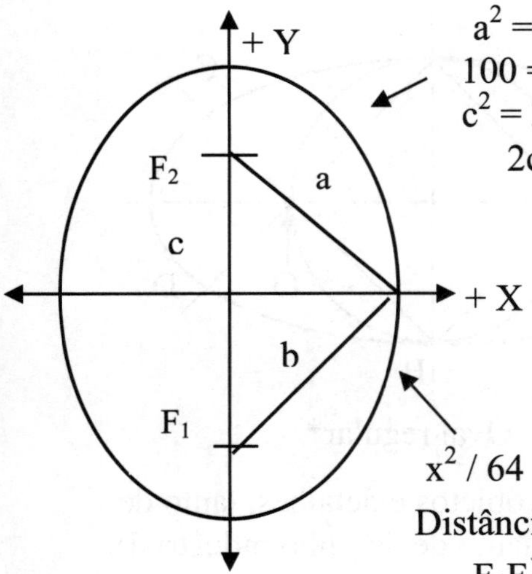

$a^2 = b^2 + c^2$;
$100 = 64 - c^2$;
$c^2 = 36; c = 6;$
$2c = 12.$

$x^2 / 64 + y^2 / 100 = 1$

Distância entre Focos:

$F_1F_2 = 2c = 12$

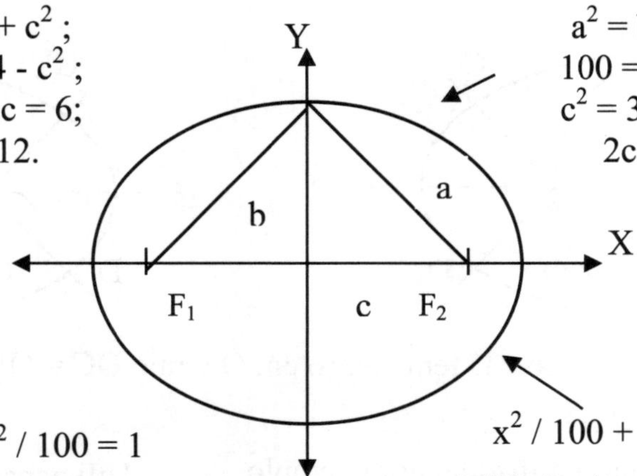

$a^2 = b^2 + c^2$;
$100 = 64 - c^2$;
$c^2 = 36; c = 6;$
$2c = 12.$

$x^2 / 100 + y^2 / 64 = 1$

Distância entre Focos:

$F_1F_2 = 2c = 12$

Conclusão: só muda a posição da elipse, pois ambas têm as mesmas dimensões.

5.4 Equação da elipse de eixos/focos paralelos a X ou Y

Supondo elipses como mostradas a seguir, com centro O' (x_0; y_0), suas equações ficam modificadas, das seguintes formas:

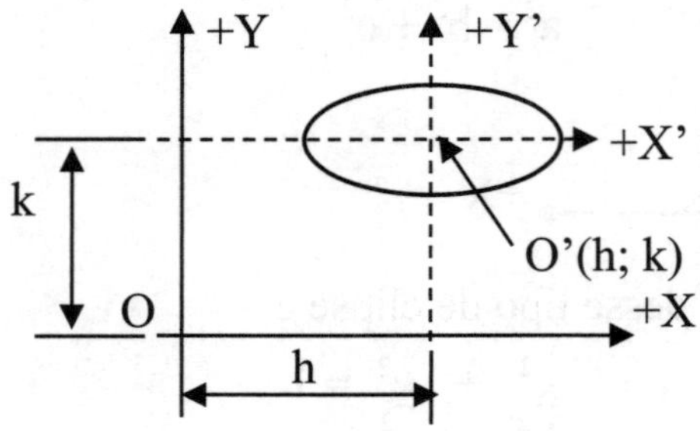

$$\frac{(x-h)^2}{a^2} + \frac{(y-k)^2}{b^2} = 1$$

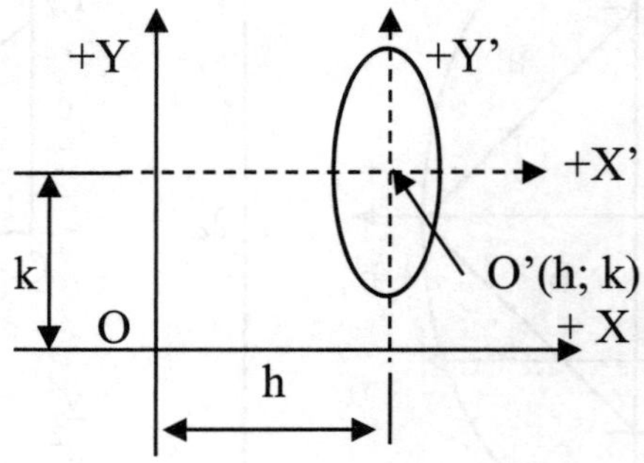

$$\frac{(x-h)^2}{b^2} + \frac{(y-k)^2}{a^2} = 1$$

Dependendo do quadrante, onde se situa o centro O' da elipse, h e k podem ter valores positivos e ou negativos.

5.5 As ovais (irregulares e regulares)

Além das elipses verdadeiras, originárias de uma superfície cônica (ou cilíndrica), na prática da Arquitetura, Desenho Industrial e Engenharia, também são utilizados alguns tipos de ovais, que se "parecem" com elipses, mas que, em verdade não são, até porque não têm as propriedades matemáticas das elipses, por exemplo, não podendo ser representadas por uma equação. As ovais são fáceis de serem desenhadas e reproduzidas na prática.

Arco AC tem centro em B e raio BA (diâmetro da circunferência)
Arco BD tem centro em A e raio AB (diâmetro da circunferência)

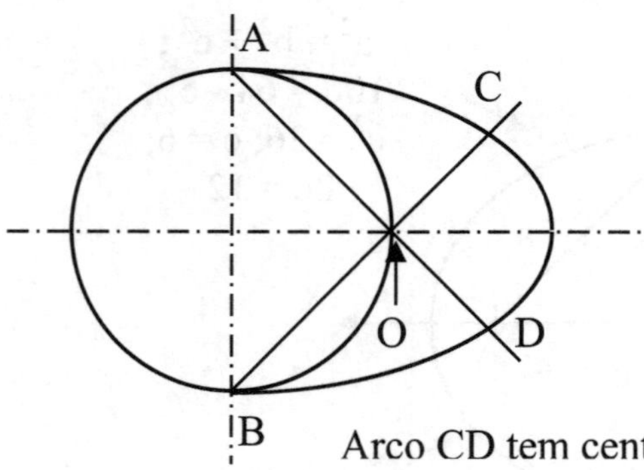

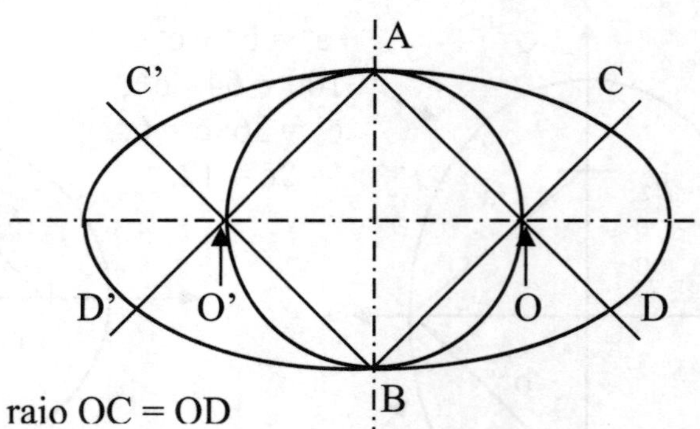

Arco CD tem centro em O e raio OC = OD

Oval irregular

(Essa oval irregular é utilizada, por exemplo, na construção de formas de ovos de páscoa)

Oval regular*

(Utilizada em objetos e detalhes, tanto de arquitetura, quanto de desenho industrial)

*Na oval regular, os arcos são idênticos aos da irregular, só que para ambos os lados.

5.6 "Falsa elipse" ou isocírculo. Processo para desenho de uma circunferência em perspectiva isométrica

Especialmente em Desenhos Técnicos Projetivos, algumas vezes faz-se necessário mostrar o objeto ou peça em sua forma tridimensional. Uma das formas é através da Perspectiva Isométrica. Quando a peça ou objeto tem círculos ou partes cilíndricas essas aparecem "deformadas", formando um isocírculo ou "falsa elipse". A seguir é mostrado o processo de desenho de um isocírculo. Essas construções geométricas costumam ser estudadas na disciplina Geometria Descritiva.

1º Passo: divide-se o "quadrado" isométrico* A, B, C, D em 4 partes iguais (mediatrizes) determinando os pontos 1, 2, 3 e 4.

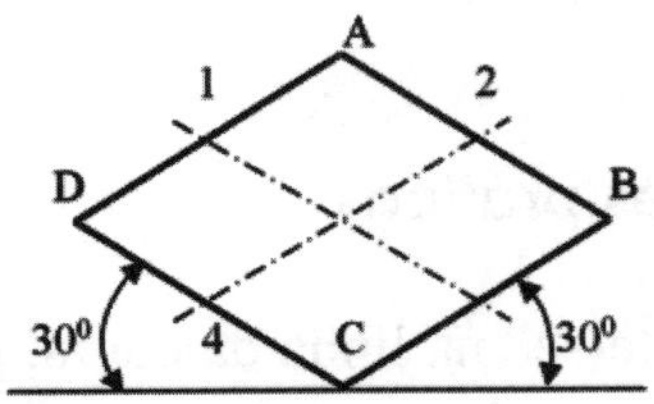

2º Passo: pelo ponto C traçam-se retas C1 e C2 . Pelo ponto A traçam-se retas A3 e A4. Ficam determinados os centros 5 e 6.

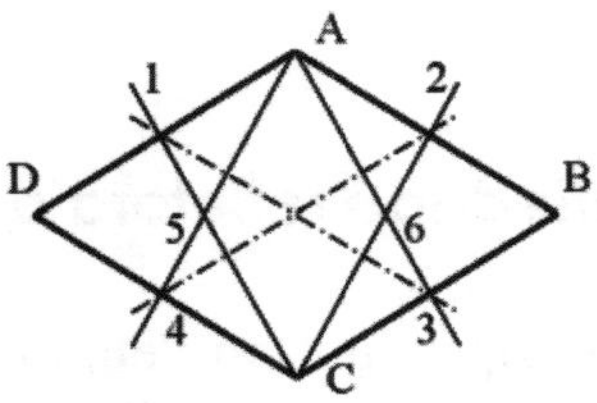

3º Passo: com centro em C e raio C1 = C2, traça-se arco C12.

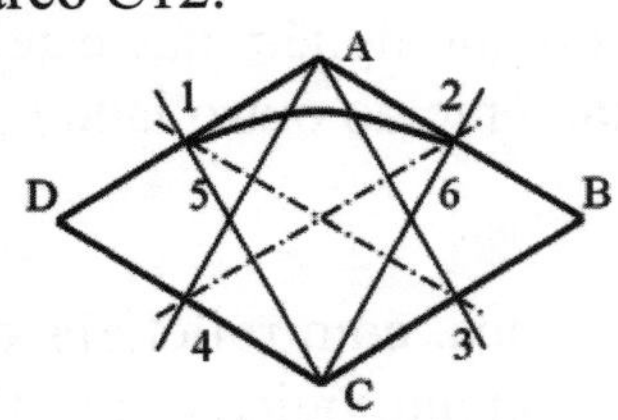

4º Passo: com centro em A e raio A3 = A4, traça-se arco A34.

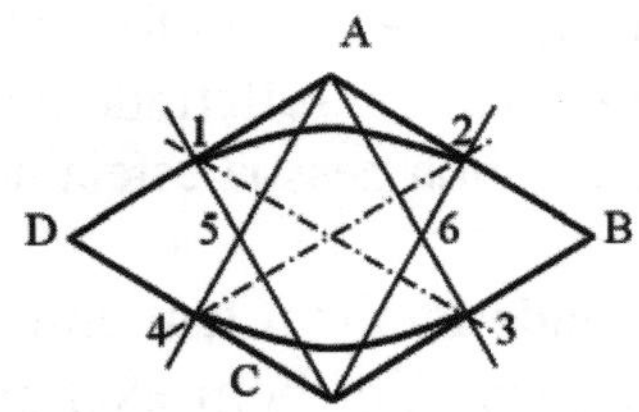

5º Passo: com centro em 6 e raio 62 = 63, traço arco 623.

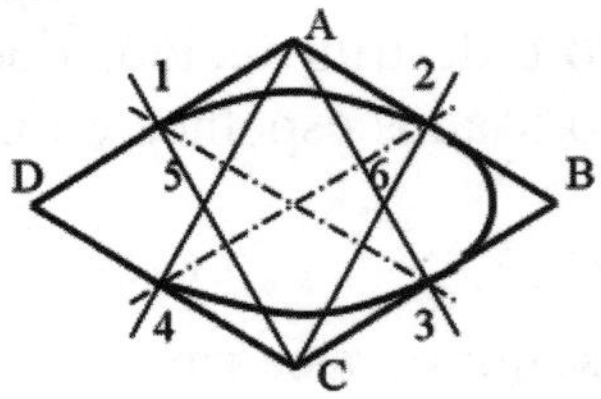

6º Passo: com centro em 5 e raio 51 = 54, traço arco 514, fechando a elipse.

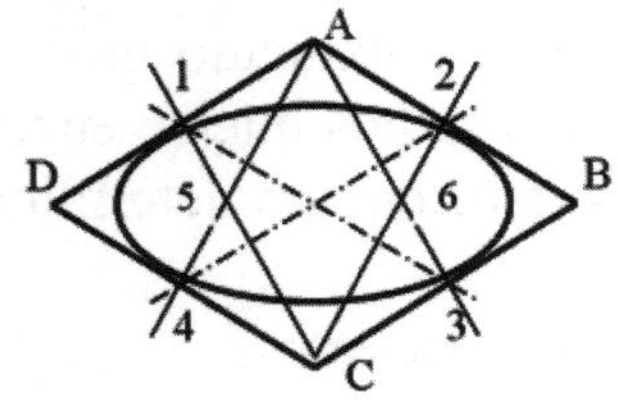

* O termo quadrado isométrico foi utilizado para expressar, em verdade, um losango, que tem os quatros lados iguais e ângulos iguais, dois a dois.

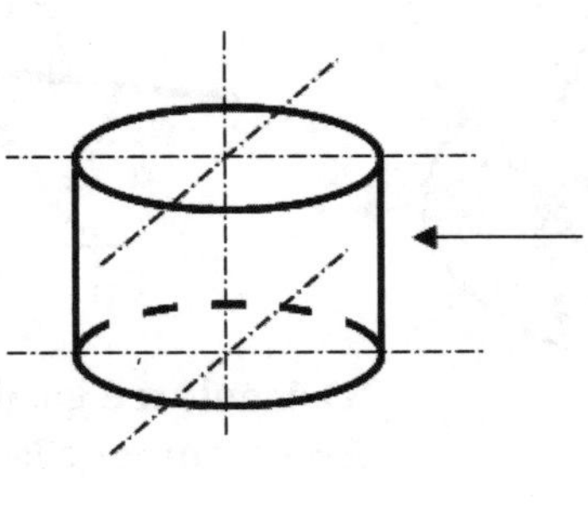

Exemplo de um cilindro vertical, com desenho de "falsas elipses"

5.7 Área e perímetro de uma elipse

Tanto a área S, quanto o perímetro C de uma elipse, são muito utilizados em diversos cálculos práticos, especialmente em Arquitetura e Engenharia. As fórmulas que permitem esses cálculos são deduzidas a partir de conceitos de derivada e integral, assuntos que estão fora do escopo desse livro, portanto as fórmulas simplesmente serão informadas, com aplicações nos exercícios 5.4, 5.5 e 5.6.

A área (S) de uma elipse é dada por: $S = \pi . a. b$, onde a é o semi eixo maior e b o semi eixo menor. O comprimento (C) ou perímetro de uma elipse é dado pela fórmula a seguir que não é exata, mas que atende às aplicações práticas.

$$C = \pi . a . \left[2 - e^2/2 + 3. e^4/16 \right] \quad \begin{cases} e = \text{excentricidade.} \\ e = c / a. \\ c = \text{metade da distância focal.} \end{cases}$$

$$S = \pi . a. b$$

5.8 A propriedade refletora da elipse, e suas aplicações práticas

Em qualquer elipse, um raio emitido de um dos seus Focos “reflete-se” na linha da curva, passando pelo outro Foco. Essa propriedade pode ser comprovada, por exemplo, quando se está em uma estação de Metrô, onde o túnel seja uma abóbada de forma elíptica. Ouve-se com nitidez a voz de uma pessoa que está do outro lado, na outra plataforma, mesmo que fale em voz baixa. A justificativa é que, devido ao formato elíptico do túnel, o som emitido por alguém que esteja sobre o Foco incide na parede, refletindo e passando pelo outro Foco, obviamente do outro lado e, também, desde que a segunda pessoa esteja no outro Foco.

Essa propriedade também tem aplicações bem práticas na área cirúrgica, com refletores chamados de foco cirúrgico. Um bom exemplo é a construção de refletores odontológicos, que têm como objetivo concentrar o máximo de luz onde se está trabalhando e também evitar que a luz incida diretamente sobre os olhos do paciente, causando desconforto. Outro exemplo é o aparelho de radioterapia, para tratamento médico. Ele emite raios cujo objetivo é destruir tecidos doentes sem afetar os tecidos sadios que se encontram ao redor. Nesse caso, são usados espelhos elípticos, para concentrar os raios em um determinado ponto.

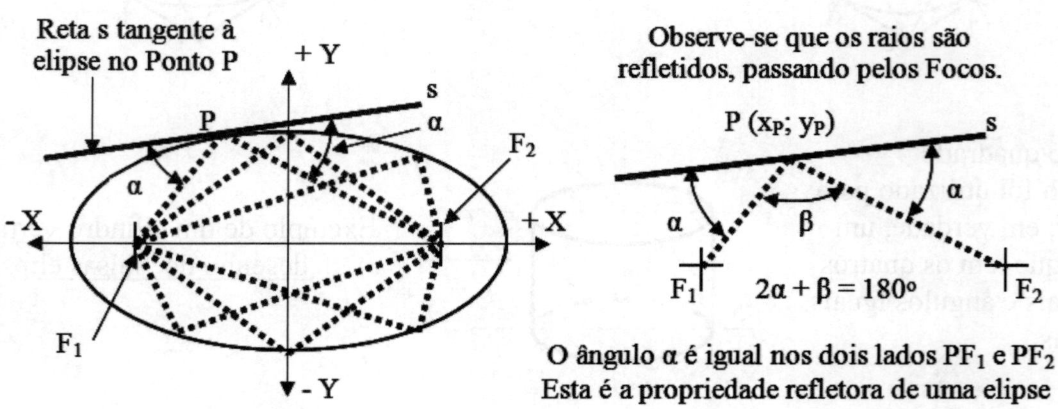

Imagem Geométrica da propriedade refletora da elipse

A propriedade refletora da elipse, mostra que em qualquer reta tangente à mesma, pelo ponto de tangência passam retas que se refletem nos Focos, sendo que o ângulo α, formado entre a tangente e os raios (retas) refletidos é igual, nos dois lados.

É importante citar que a superfície elipsoidal que irá refletir a luz, do foco cirúrgico, tem que ter um acabamento de ultra-espelhamento, sendo utilizados materiais de polímeros plásticos especiais, com o polimento sendo feito por processos super especiais de usinagem mecânica.

Ainda no campo da saúde, existe um procedimento muito utilizado no tratamento de cálculo renal, denominado litotripsia extracorpórea. Nesse procedimento ondas de choque (ultrassom) criadas fora do corpo do paciente viajam através da pele e tecidos até encontrarem os cálculos mais densos, pulverizando-os. O litotriptor possui um espelho elíptico que concentra os raios emitidos num determinado ponto com grande precisão. Na prática, os raios de ultrassom são emitidos em um dos Focos e todos se refletem diretamente para o outro Foco, onde está o cálculo renal (pedra nos rins), que se quer fragmentar.

Outra aplicação da propriedade refletora das elipses é no campo da engenharia acústica, utilizada em igrejas, auditórios e teatros, pois quando duas pessoas estão cada uma em um dos focos de um elipsóide (sólido que se obtém rodando uma elipse em torno do seu eixo, isto é, da reta definida pelos dois focos) e uma delas falar, mesmo que seja baixo, a outra pessoa ouvirá perfeitamente, mesmo que haja outros ruídos e sem que demais pessoas que estiverem entre os dois focos possam ouvir.

Na indústria automotiva existem os faróis com bloco elíptico, que são formados por um refletor em forma de elipse (e não de uma parábola, como nos faróis comuns), uma lente plana convexa (a parte de dentro da lente é plana, a externa é convexa). Esses faróis são mais compactos, ocupando menos espaço no conjunto ótico, porém são mais caros que os do tipo parabólico. Onde também são utilizadas lentes elípticas são nas máquinas fotográficas e em alguns telescópios.

5.9 Exercícios resolvidos, sobre aplicações práticas e reais de elipses

Exercício 5.4: Um escritório de Arquitetura projetou um galpão cilíndrico vertical, com uma cobertura (telhado) no formato elíptico, como descrito a seguir. Como a suportação da cobertura será em vigas metálicas, as mesmas serão feitas a partir de perfis metálicos, curvados segundo a geometria da elipse. Com as informações do desenho a seguir, pede-se calcular o comprimento de cada uma dessas vigas. Observa-se que, em verdade esta cobertura é no formato de um elipsoide, como estudado no capítulo 11.

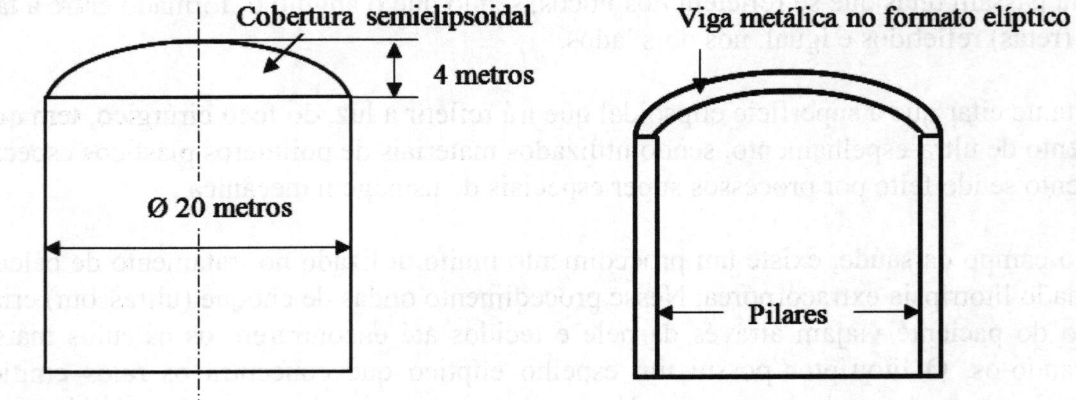

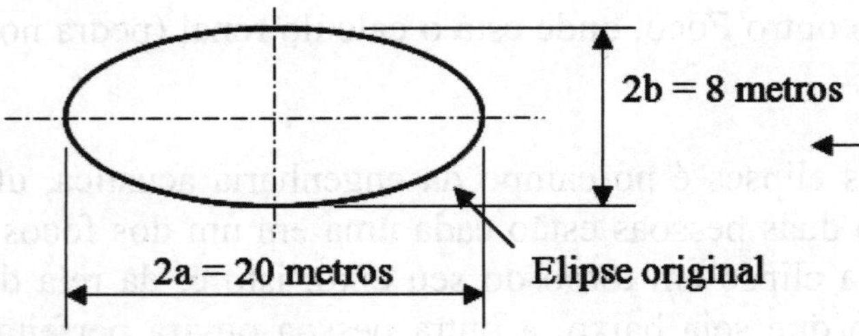

A cobertura é uma semielipsoide com o eixo maior de 20 metros e o menor com 8 metros.
O comprimento de cada viga metálica é igual à metade do perímetro da elipse (C/2).

Segundo parágrafo 5.7:

$$C = \pi \cdot a \cdot \left[2 - e^2/2 + 3 \cdot e^4/16\right]$$

e = excentricidade.
e = c / a.
c = metade da distância focal.

Basta calcular a distância focal 2c e a excentricidade e. O comprimento de cada viga será C / 2.

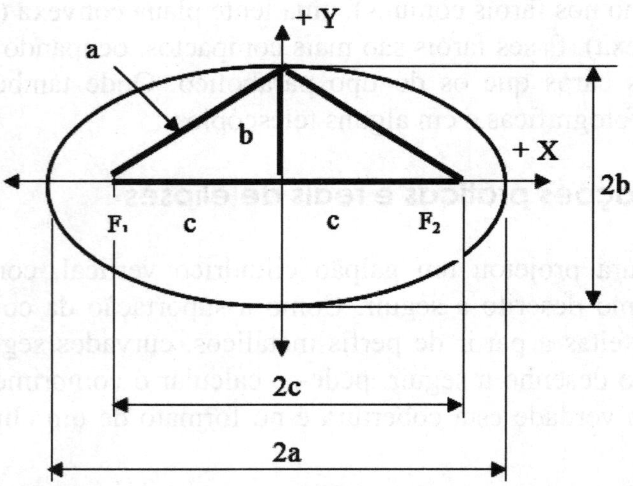

$a^2 = b^2 + c^2$ logo: $c = \sqrt{(a^2 - b^2)}$.

a = 10 metros e b = 4 metros.
c = 9,165 metros.

e = c / a; e = 9,165/10; e = 0,9165

$$C = \pi \cdot a\ (2 - e^2/2 + 3 \cdot e^4/16):\ C/2 = \frac{3{,}1416 \cdot 10\ [2 - (0{,}9165^2\ /2) + (3 \cdot 0{,}9165^4\ /\ 16)]}{2}$$

$C/2 = [31{,}416\ (2 - 0{,}42 + 0{,}066)]\ /\ 2$ $\qquad$ $C/2 = 25{,}855$ metros = 25.855 mm.

Ou seja, o comprimento de cada viga é de 25,855 m ou 25.855 mm.

Na prática, ou seja, comercialmente, essas vigas metálicas são fornecidas pelas siderúrgicas em varas com no máximo 12 metros (ou 12.000 mm) de comprimento. Como o comprimento necessário é de 25.855 mm, serão soldadas duas varas de 12 metros (total de 24.000 mm) e uma terceira de 1.855 mm. Outra observação é que, cada viga terá as três peças metálicas soldadas da forma mostrada a seguir:

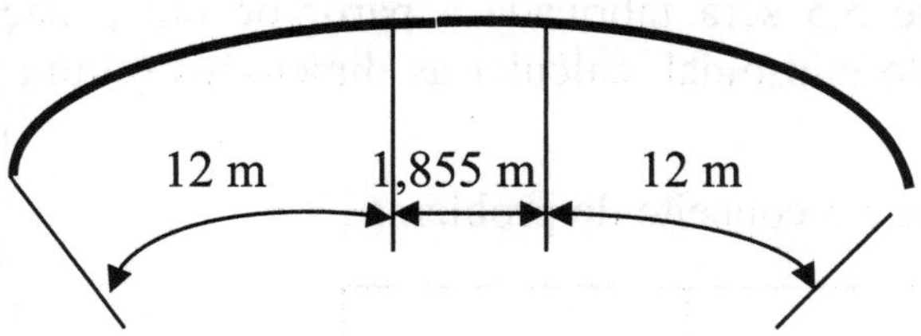

Por questões de simetria, as peças de mesmo comprimento (12 m) ficam nas pontas e a menor (1,855 m) fica no meio do vão.
Observa-se que, cada peça será curvada previamente e depois é que serão soldadas.

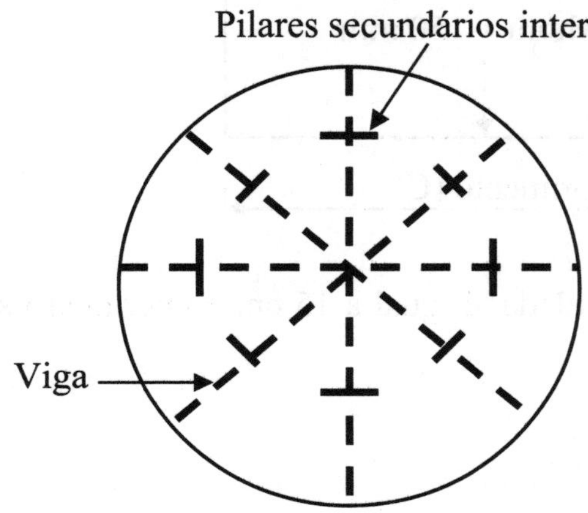

O cálculo aqui desenvolvido é para uma viga, que cobre o valor do diâmetro. Na realidade, serão utilizadas várias destas vigas, montadas no sentido radial, como mostradas ao lado. O número de vigas, normalmente em número par, é calculado em função do diâmetro e das cargas sobre o teto do tanque. Também podem existir pilares secundários, colocados no interior do tanque, devido ao grande vão, ou seja, do diâmetro do tanque.

Exercício 5.5: Um desenhista industrial (*designer*) está desenvolvendo o projeto de uma lata para chocolate em pó, com um volume de 1,1 litro, para armazenar o equivalente a 1 litro de pó de chocolate. O *designer* pensou num frasco no formato elipsoidal, em verdade um cilindro elíptico. Conhecendo-se as dimensões da elipse, como no desenho a seguir, Qual deve ser a altura deste frasco, para ter o volume de 1,1 litro?

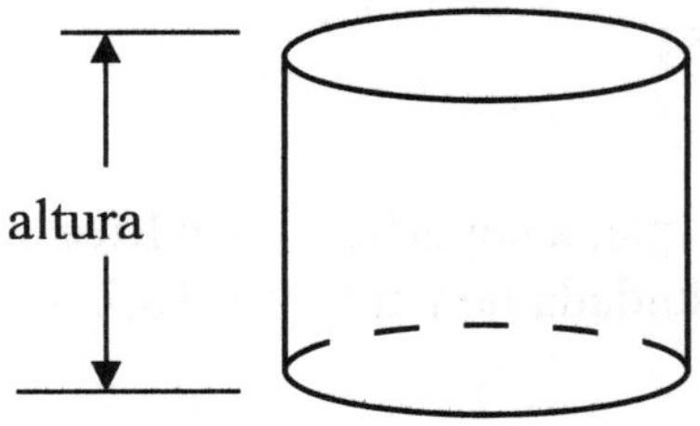

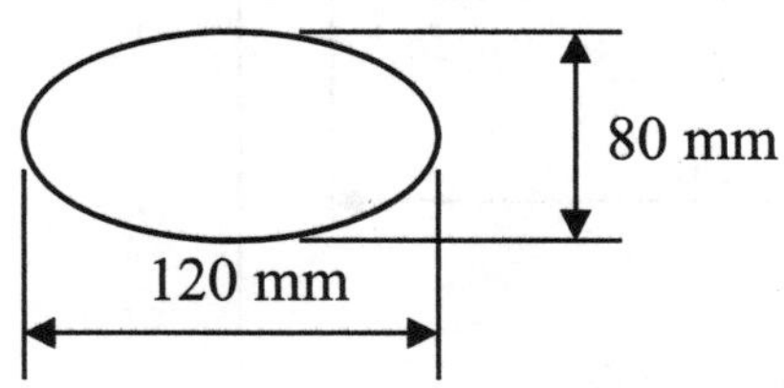

Como em qualquer cilindro, o volume dessa lata é igual à área da base (S) vezes a altura (H), que é o que se tem que calcular. Ou seja: V = S . H.

Como visto no parágrafo 5.7, a área (S) de uma elipse é dada por: S = π . a. b, onde a é o semi eixo maior e b o semi eixo menor. Esses valores já são conhecidos: π = 3,1416, a = 60 mm e b = 40 mm.

De V = S . H, tem-se: H = V / S.
O volume é 1,1 litro ou 1,1 dcm^3 (1,1 decímetro cúbico, já que 1 litro = 1 dcm^3).

a = 60 mm = 0,6 dcm. b = 40 mm = 0,4 dcm.

S = 3,1416 . 0,6 dcm. 0,4 dcm; S = 0,754 dcm^2.

$H = 1{,}1\ dcm^3 / 0{,}754\ dcm^2$; logo: $H = 1{,}459$ dcm (igual a 14,59 cm).
Do ponto de vista prático e de fabricação dessa lata, a altura deverá ser de 15 cm (ou 150 mm), com o volume real ficando um pouco maior do que 1,1 litro.

Exercício 5.6: Considerando que a lata do exercício 5.5 será fabricada a partir de um pedaço (plano) de chapa de aço, que será dobrada no formato elipsoidal, calcular as dimensões (altura x comprimento) dessa chapa, para fabricar uma lata.

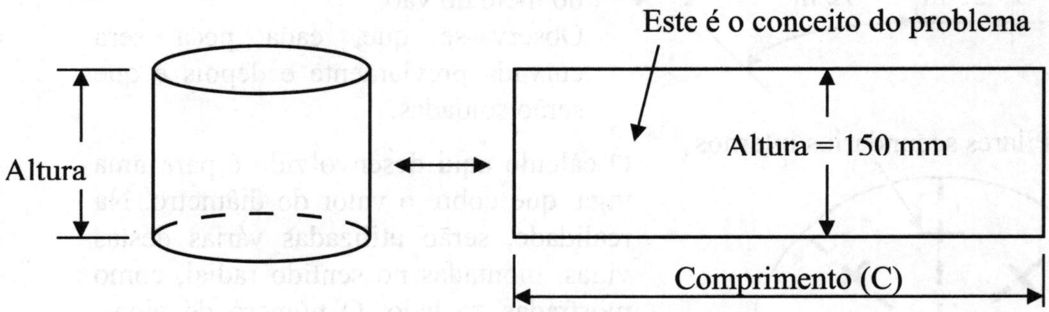

O comprimento é o perímetro da elipse, e a altura, já calculada, é igual a 15 cm. O perímetro será calculado como no exercício 5.4.

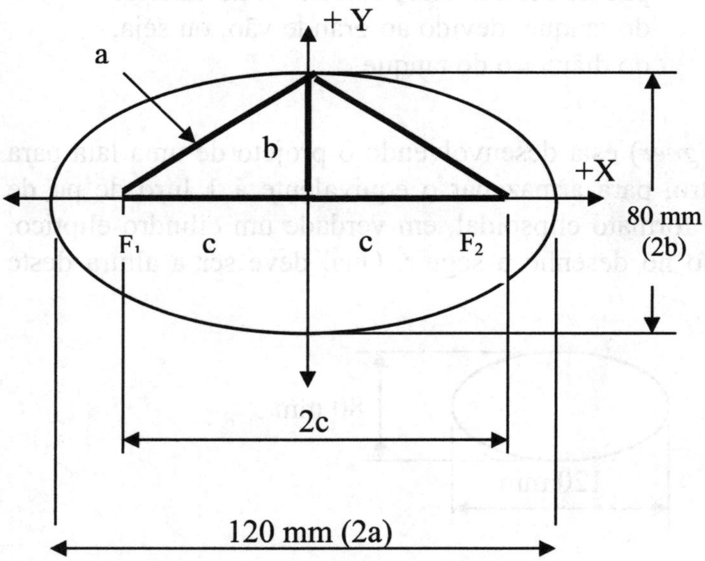

$a^2 = b^2 + c^2$ logo: $c = \sqrt{(a^2 - b^2)}$
$a = 60$ mm e $b = 40$ mm.
$c = 44{,}7213$ mm.
$e = c / a$; $e = 44{,}7213/60$;
$e = 0{,}7453$

Observa-se que, a superfície cilíndrica elíptica é estudada no parágrafo 10.2.4.

Segundo parágrafo 5.7:

$$C = \pi \cdot a \cdot \left[2 - (e^2/2 + 3 \cdot e^4/16)\right]$$

e = excentricidade = 0,7453.
$\pi = 3{,}1416$.
c = metade da distância focal = 44,7213 mm.
a = 60 mm.

$C = 3{,}1416 \cdot 60 \cdot [\,2 - (0{,}7453^2/2 + 3 \cdot 0{,}7453^4/16)]$; $C = 188{,}496\ [2 - (0{,}2777 + 0{,}0578)]$.

$C = 313{,}7516$ mm. Esse é o comprimento calculado analiticamente ($C \cong 313{,}8$mm)

Como, para fazer a lata a chapa terá que ser dobrada e soldada por pontos na junção, com uma sobreposição, logo o comprimento tem que ser um pouco maior. Uma chapa com comprimento de 325 mm está adequada. A chapa planificada tem as dimensões:

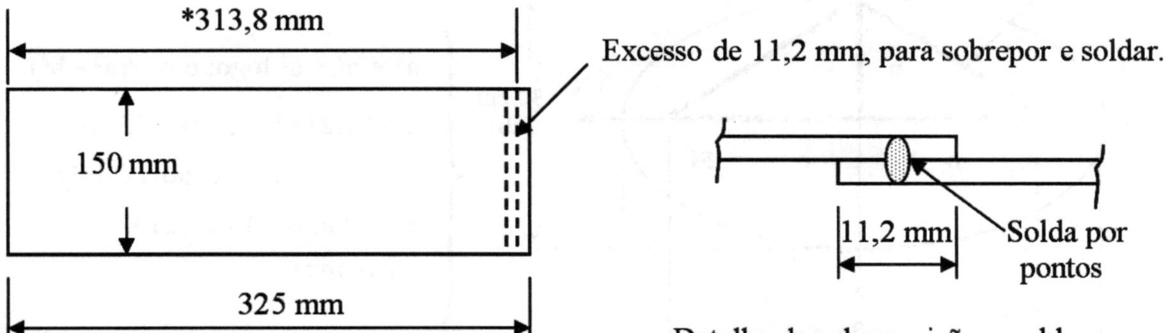

Detalhe da sobreposição e soldagem

O perímetro real útil é 313,8mm.

Exercício 5.7: Imagine o cilindro circular, como a seguir mostrado, com diâmetro de 30 centímetros e sendo cortado por um plano a 45 graus com a horizontal. Desse corte resulta uma elipse (veja parágrafo 5.1). Determinar todas as características dessa elipse, inclusive sua equação.

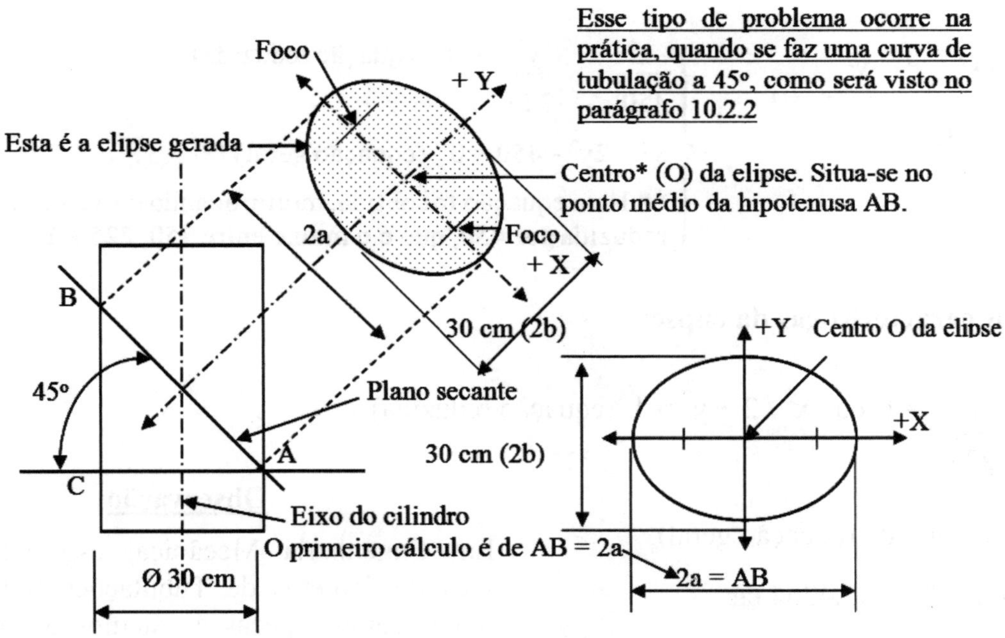

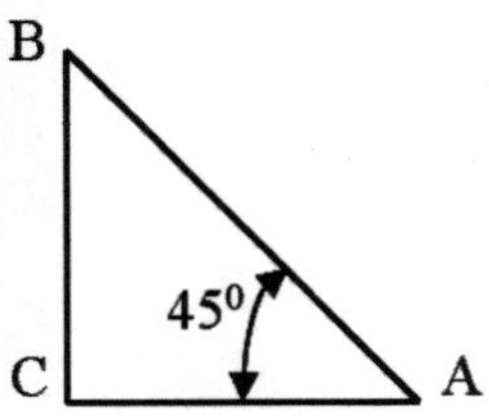

Como o ângulo é de 45°, o triângulo retângulo tem lados iguais (AC=BC), logo basta calcular a hipotenusa AB que é o eixo maior (2a) da elipse.

$AB^2 = 2.\ AC^2$; $AB = 2a = \sqrt{(2.\ 30^2)}$ => $2a = 42{,}4264$ cm.

* Elipses geradas em superfícies cônicas, têm seu centro (O), localizado como detalhado nos parágrafos 5.10 e 5.11.

Características dimensionais da elipse

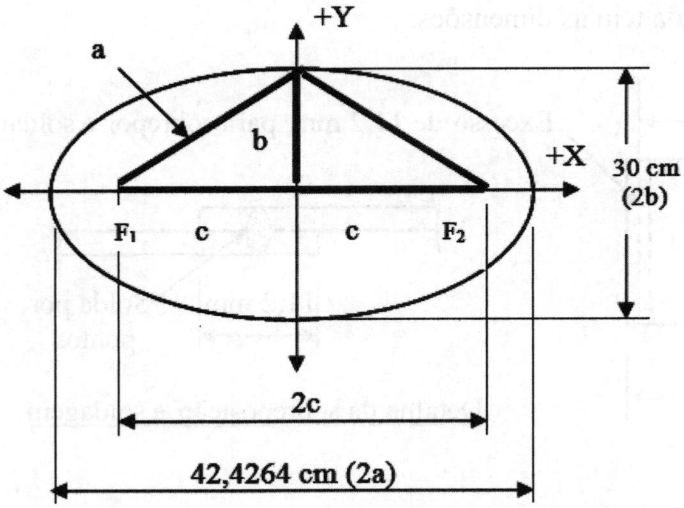

$a^2 = b^2 + c^2$ logo: $c = \sqrt{(a^2 - b^2)}$.

a = 21,2132 cm e b = 15 cm.

c = 15 cm. (b = c, pois é 45°)

e = c / a; e = 15/21,2132;

e = 0,7071.

$$\frac{x^2}{a^2} + \frac{y^2}{b^2} = 1$$

⇐ **Equação reduzida da elipse com focos sobre o eixo X e centro C coincidente com a Origem O (0; 0)**

$$\frac{x^2}{21{,}2132^2} + \frac{y^2}{15^2} = 1$$

$\frac{x^2}{450} + \frac{y^2}{225} = 1$ **(equação reduzida)**

$x^2 + 2y^2 - 450 = 0$ **(equação geral)****

**** Essa equação foi obtida, multiplicando-se a equação reduzida por 450, que é o m.m.c entre 450, 225 e 1.**

Resumo das características da elipse:

$\frac{x^2}{450} + \frac{y^2}{225} = 1$ ou $x^2 / 2 + y^2 = 1$ (equação reduzida)

$x^2 + 2y^2 - 450 = 0$ (equação geral)

Eixo maior = 2a = 42,4264 cm

Eixo menor = 2b = 30 cm

Distância Focal = 2c = 30 cm

Excentricidade = 0,7071

Observação:

Em Engenharia Mecânica, especialmente na área de Projetos de Tubulações Industriais, é muito comum peças e cálculos desse tipo, ou seja, um tubo circular seccionado a 45°, gerando uma elipse. Um exemplo prático pode ser visto ao longo do parágrafo 10.2.2.

5.10 Observação sobre o centro "real" de uma elipse, gerada em uma superfície cônica

Como visto no exercício 5.7, o centro de uma elipse gerada em uma superfície cilíndrica reta é determinado pela interseção entre o eixo do cilindro e o plano secante. De forma diversa, como mostrado no parágrafo 5.11, o centro real de uma elipse gerada em uma superfície cônica reta, não coincide com a interseção entre o eixo do cone e o plano secante. O exercício 5.8, adiante, demonstra de forma aplicada essa diferença geométrica.

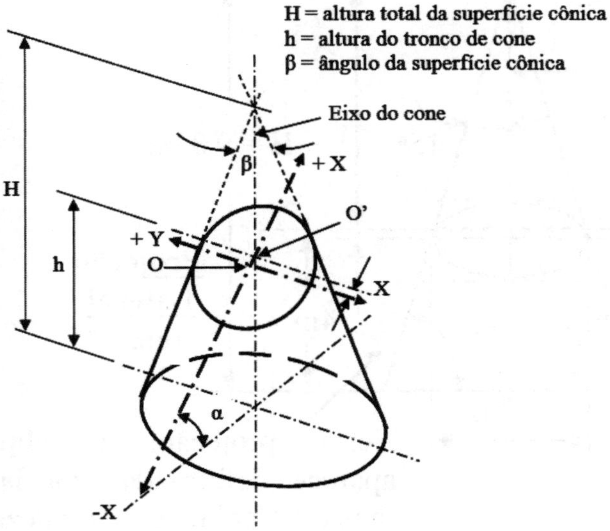

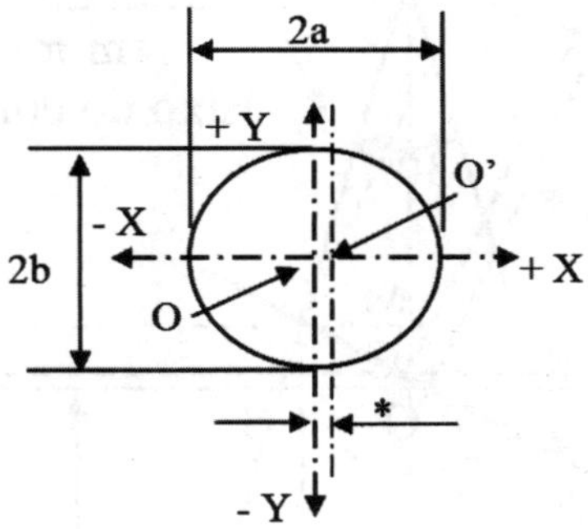

Observação
Esta imagem está invertida em relação à superfície cônica

O é o centro real ou geométrico da elipse, enquanto O' é o ponto da interseção entre o eixo do cone e o plano secante. A dimensão * mostra essa diferença. O exercício 5,8 demonstra analiticamente essa dimensão *, para determinado tipo de cone e plano secante.

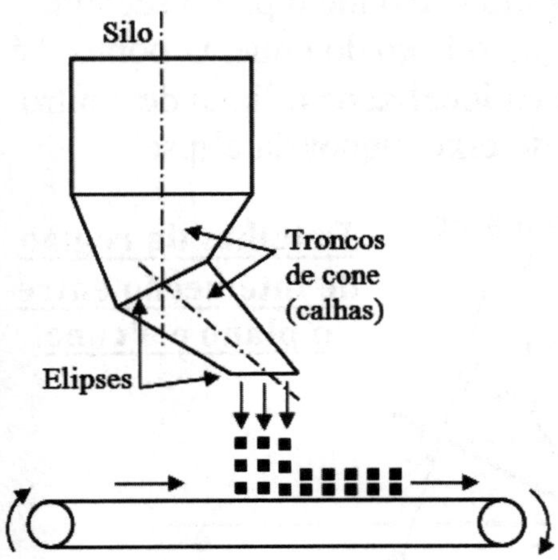

Esteira transportadora

O desenho à esquerda mostra uma aplicação prática de troncos de cones, normalmente utilizados como calhas de amortecimento, em indústrias de mineração, quando materiais particulados (minérios) devem ser transferidos de um silo para uma esteira transportadora. Caso a vazão ocorra diretamente, ocorre um impacto muito grande sobre a correia transportadora. Os troncos de cones reduzem a vazão e o impacto. Nesse exemplo, ocorrem duas elipses.

No parágrafo 11.1.3 são mostrados detalhes da planificação de troncos de cones. Observa-se que, na prática, são feitos, tanto os cálculos analíticos, quanto as planificações gráficas, que permitem a fabricação dessas calhas, a partir de chapas planas.

5.11 Cálculo analítico de uma elipse, gerada a partir de um tronco de cone reto

Exercício 5.8: um cone reto tem ângulo de vértice de 30° e diâmetro de base igual a 5 metros. Supondo que um plano corte o cone, segundo um ângulo de 30°, com a linha de base, e passando pelo centro do cone, numa altura de 4 metros, em relação à base. Com esses dados pedem-se: a) A Imagem Geométrica do cone, como plano de corte e todas as características dimensionais. b) a altura total H do cone e c) A equação reduzida da elipse gerada.

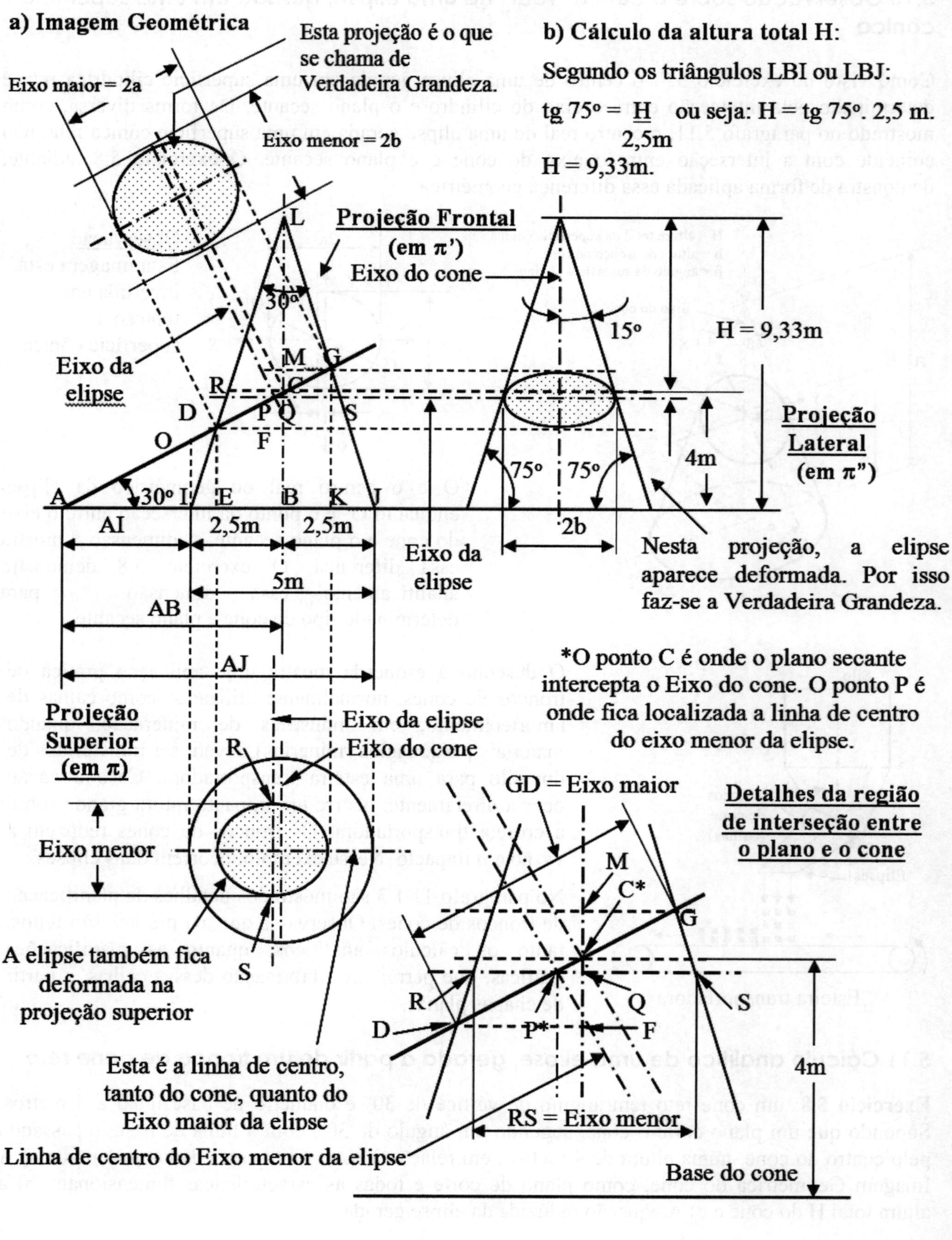
a) Imagem Geométrica
Esta projeção é o que se chama de Verdadeira Grandeza.
Eixo maior = 2a
Eixo menor = 2b
L
Projeção Frontal (em π')
Eixo do cone
30º
Eixo da elipse
M
G
R
C
D
P
Q
S
O
F
A
30º
I
E
B
K
J
AI
2,5m
2,5m
5m
AB
AJ
Eixo da elipse
b) Cálculo da altura total H:
Segundo os triângulos LBI ou LBJ:
tg 75º = H / 2,5m ou seja: H = tg 75º. 2,5 m.
H = 9,33m.
15º
H = 9,33m
75º
75º
4m
2b
Projeção Lateral (em π")
Nesta projeção, a elipse aparece deformada. Por isso faz-se a Verdadeira Grandeza.
*O ponto C é onde o plano secante intercepta o Eixo do cone. O ponto P é onde fica localizada a linha de centro do eixo menor da elipse.
Projeção Superior (em π)
Eixo da elipse
Eixo do cone
R
Eixo menor
S
A elipse também fica deformada na projeção superior
Esta é a linha de centro, tanto do cone, quanto do Eixo maior da elipse
Linha de centro do Eixo menor da elipse
GD = Eixo maior
Detalhes da região de interseção entre o plano e o cone
M
C*
G
R
Q
S
D
P*
F
4m
RS = Eixo menor
Base do cone

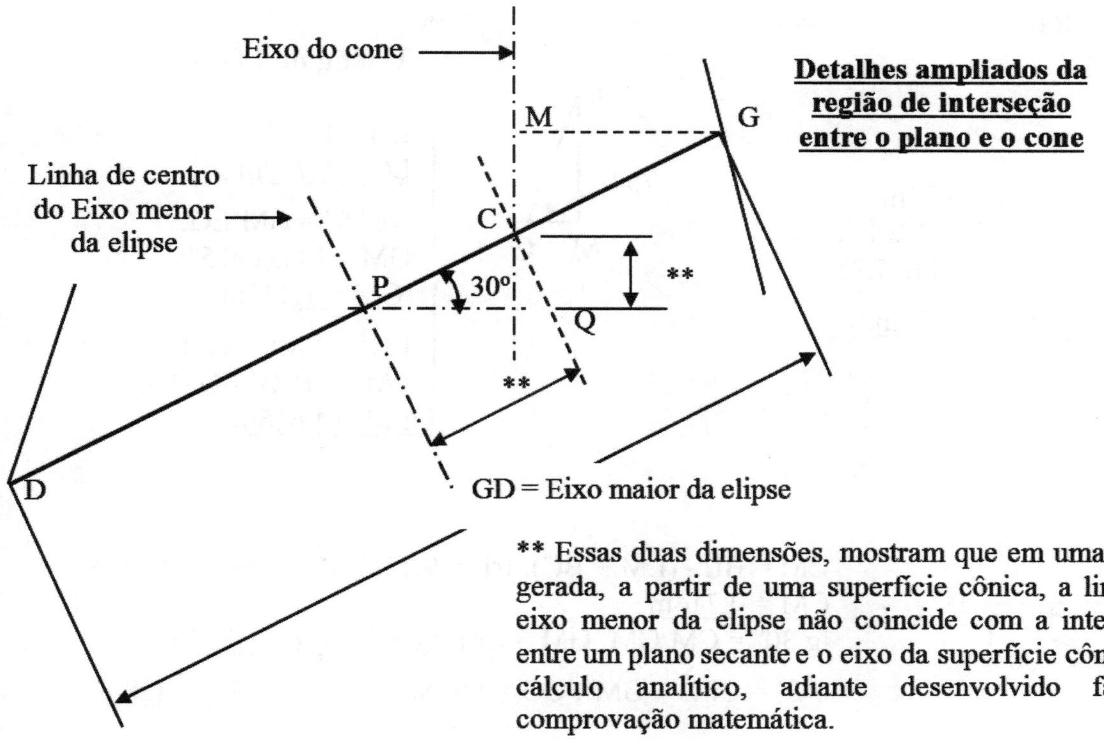

** Essas duas dimensões, mostram que em uma elipse gerada, a partir de uma superfície cônica, a linha do eixo menor da elipse não coincide com a interseção entre um plano secante e o eixo da superfície cônica. O cálculo analítico, adiante desenvolvido fará a comprovação matemática.

Nesse caso, e como mostrado no parágrafo 5.10, os eixos maior e menor da elipse, não coincidem com a interseção com o eixo do cone. Essa coincidência só ocorre em elipses geradas a partir de um tronco de cilindro reto, como detalhado no exercício 5.7. Para se determinar as dimensões dos eixos maior e menor, torna-se necessária a resolução de alguns cálculos e semelhanças com triângulos, como a seguir detalhados.

Triângulo ABC:

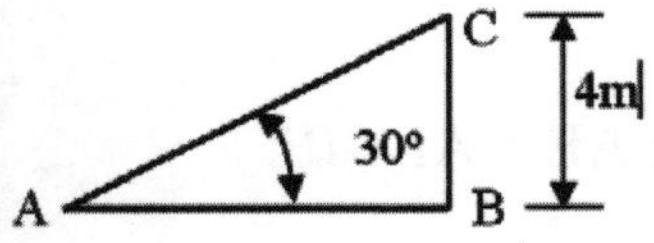

tg 30° = BC/AB; AB = BC/tg 30°.

AB = 4m/0,57737: <u>AB = 6,928m</u>.

AI = AB – BI: <u>AI = 4,428m</u>.

Triângulo AGJ:

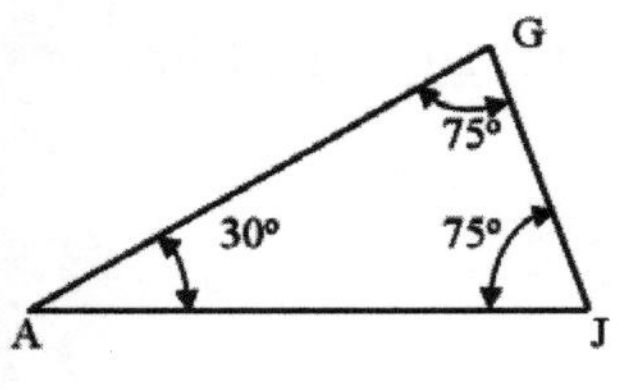

AJ = AB + BJ: AJ = 6,928 + 2,5: <u>AJ = 9,428m</u>.
Como o triângulo é isósceles: AJ = <u>AG = 9,428m</u>.

$GJ^2 = AG^2 + AJ^2 - 2.AG.AJ.\cos 30°$: <u>GJ = 4,88m</u>.

Triângulo LBJ:

$LB = 9{,}33m$
$tg\ 75^o = LB/LJ;$
$LJ = LB/tg\ 75^o;$
$LJ = 9{,}659m.$

Triângulo LGM:

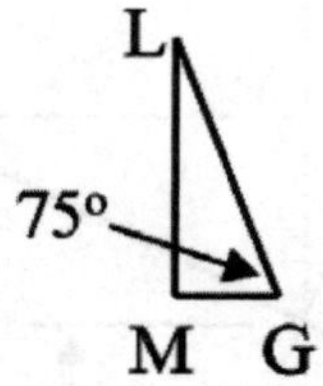

$LG = LJ - GJ = 9{,}659 - 4{,}88.$
$LG = 4{,}779m.$
$\cos 75^o = GM/LG;$
$GM = LG.\cos 75^o:$
$GM = 1{,}237m.$
$LG^2 = LM^2 + GM^2;$
$LM = \sqrt{(LG^2 - GM^2)};$
$LM = 4{,}616m.$

Triângulo CGM:

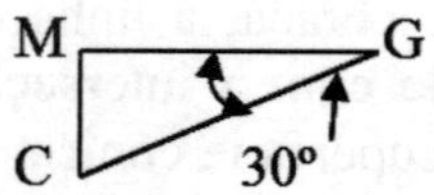

$CM = BL - (LM + BC)$: $BL = 9{,}33$; $LM = 4{,}616$ e $BC = 4$.
$CM = 0{,}714m.$
$tg\ 30^o = CM/GM$; $GM = CM/\ tg\ 30^o$: $GM = 1{,}237m$.
$CG^2 = CM^2 + GM^2$; $CG = \sqrt{(CM^2 + GM^2)}$; $CG = 1{,}428m$.

Triângulos AIO e EIO:

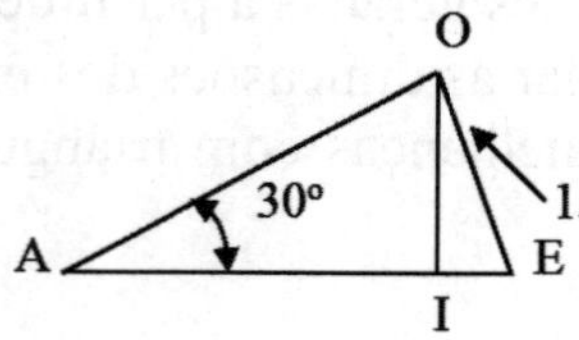

$AI = 4{,}428m$. $tg\ 30^o = OI/AI$; $OI = tg\ 30^o. AI$: $OI = 2{,}557m$.
$tg\ 15^o = IE/OI$; $IE = tg\ 15^o. OI$: $IE = 0{,}685m$.
$OE^2 = OI^2 + IE^2$; $OE = \sqrt{(OI^2 + IE^2)}$; $OE = 2{,}647m$.
$\cos 30^o = AI/AO$; $AO = AI/\cos 30^o$; $AO = 2{,}953m$.

Triângulo ADE:

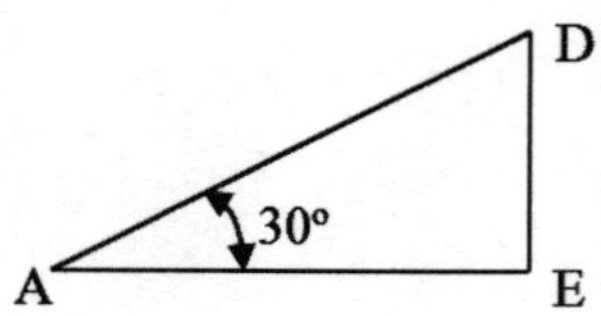

$AD^2 = AE^2 + DE^2$; $AD = \sqrt{(AE^2 + DE^2)}$; $AE = AI + IE$.
$AE = 5{,}113m$.
$tg\ 30^o = DE/AE$; $DE = tg\ 30^o. AE$; $DE = 2{,}952m$.
$AD = 5{,}904m$.

$BE = BI - IE$; BI é o raio da base, logo: $BI = 2{,}5m$. Como $IE = 0{,}685m$; portanto: $BE = 1{,}815m$.

Triângulo CDF:

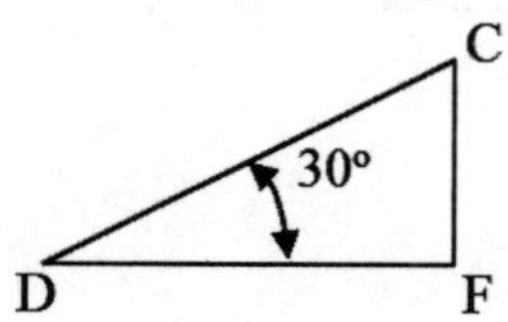

$BE = DF = 1{,}815m$.
$tg\ 30^o = CF/DF$; $CF = tg\ 30^o. DF$; $CF = 1{,}048m$.
$CD^2 = DF^2 + CF^2$; $CD = \sqrt{(DF^2 + CF^2)}$; $CD = 2{,}096m$.

Triângulo AGK:

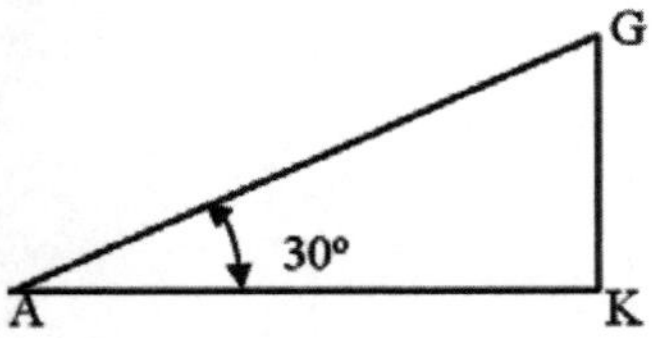

AK = AB + BK; BK = GM = 1,237m. AB = 6,928m.
<u>AK = 8,165m</u>.

tg 30° = GK/AK; GK = tg 30°. AK; <u>GK = 4,714m</u>.

Análise do Triângulo CPQ:

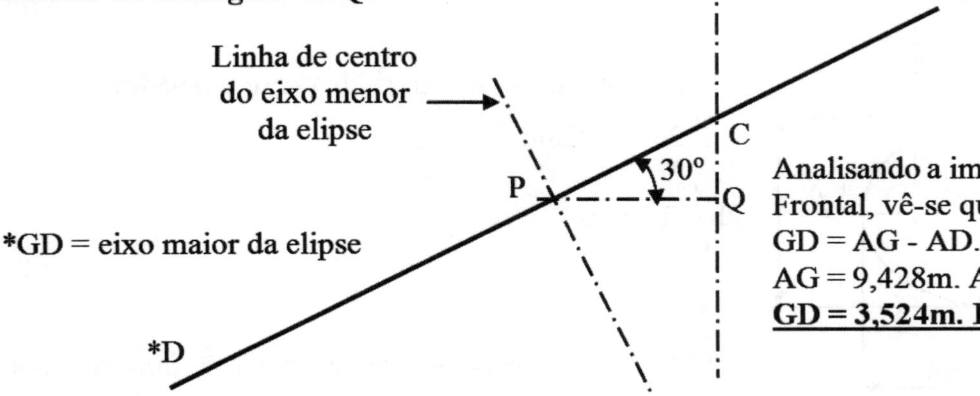

Analisando a imagem da Projeção Frontal, vê-se que:
GD = AG - AD.
AG = 9,428m. AD = 5,904m.
<u>GD = 3,524m. É o eixo maior</u>.

CP = (GD/2) - CG. Como: GD = 3,524m e CG = 1,428m; portanto: <u>CP = 0,334m</u>.

No triângulo CPQ:

sen 30° = CQ/CP; CQ = sen 30°. CP; portanto: <u>CQ = 0,167m</u>.

cos 30° = PQ/CP; PQ = cos 30°. CP; portanto: <u>PQ = 0,289m</u>.

Análise dos triângulos semelhantes LIJ e LRS:

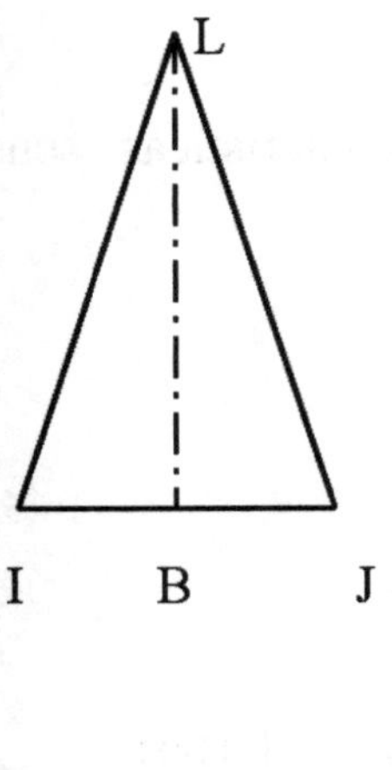

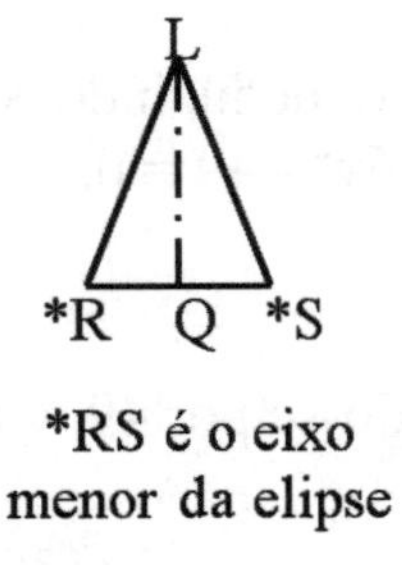

*RS é o eixo menor da elipse

LQ = H - 4m + CQ.
LB = H = 9,33m e CQ = 0,167m.
<u>LQ = 5,497m</u>.
BJ = BI = 2,5m. Com as semelhanças:

$$\frac{LB}{LQ} = \frac{BJ}{QS}\text{; logo: } QS = \frac{LQ.BJ}{LB}$$

QS = (5,497.2,5)/9,33; <u>QS = 1,473m</u>.
Como RS = 2QS: <u>RS = 2,946m</u>.
Eixo menor da elipse = 2,946m.

IJ = 5m, ou seja, o diâmetro da base do cone.

Finalmente tem-se: eixo maior: 2a = 3,524m e eixo menor 2b = 2,946m.

Considerando a equação reduzida da elipse como: $\dfrac{x^2}{a^2} + \dfrac{y^2}{b^2} = +1$

Com a = 1,762m e b = 1,473m, tem-se a equação da elipse:

$$\frac{x^2}{3{,}1m^2} + \frac{y^2}{2{,}17m^2} = 1$$

Imagem Geométrica, análise e comentários sobre a elipse calculada

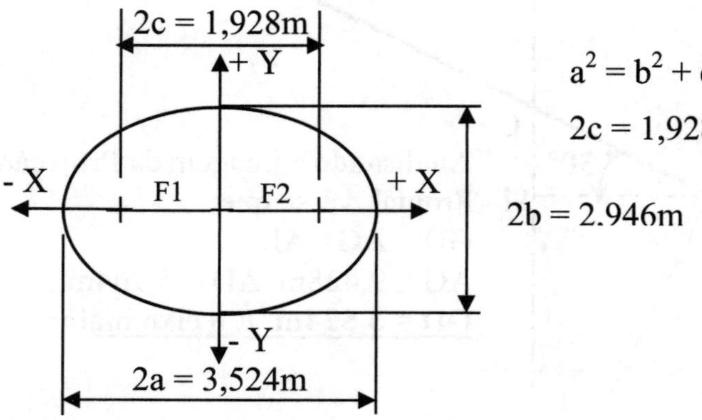

$a^2 = b^2 + c^2 \Rightarrow c = \sqrt{(a^2 - b^2)} \Rightarrow c = 0{,}964m.$

2c = 1,928m.

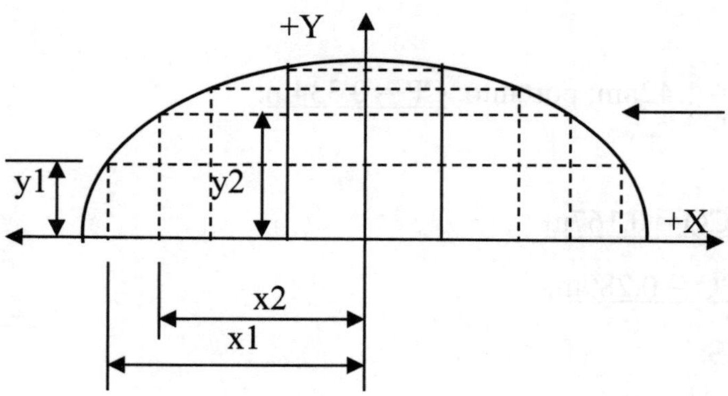

Nas aplicações reais e práticas, por exemplo, quando usada como a abertura ou boca de um túnel (Engenharia Civil), a elipse é estudada nessa posição. São gerados Desenhos Técnicos, quando são definidos pontos da elipse, segundo as coordenadas x e y, de forma a permitir a marcação na montanha, escavação inicial e construção do túnel.

5.12 Exercícios complementares resolvidos (exercícios 5.9 a 5.15)

Exercício 5.9: analise a equação geral da elipse a seguir, deduzindo suas características, seus elementos e representando sua Imagem Geométrica: $9x^2 + 36y^2 - 49 = 0$.

Análise e características:

$9x^2 + 36y^2 - 49 = 0$; significa que: $9x^2 + 36y^2 = 49$. Dividindo-se por 49, tem-se:

$$\frac{9x^2}{49} + \frac{36y^2}{49} = \frac{49}{49} \Rightarrow \frac{9x^2}{49} + \frac{36y^2}{49} = 1 \Rightarrow \frac{x^2}{5{,}44} + \frac{y^2}{1{,}36} = 1, \text{pois}: \left(\frac{9/9}{49/9}\right)x^2 + \left(\frac{36/36}{49/36}\right)y^2 = 1$$

Comparando com: $\dfrac{x^2}{a^2} + \dfrac{y^2}{b^2} = 1$; concluí-se que $a^2 = 5{,}44$ ($a = \pm 2{,}33$) e $b^2 = 1{,}36$ ($b = \pm 1{,}166$).

Como a > b, pode-se afirmar que o eixo maior está no eixo das Abscissas, ou seja, X.

Cálculo dos elementos:

Distância focal (2c): $a^2 = b^2 + c^2$: $c = \sqrt{(a^2 - b^2)}$; como: $a^2 = 5{,}44$ e $b^2 = 1{,}36 \Rightarrow c = \pm 2{,}02$.

Excentricidade: e = 2,02/2,332 => e = 0,866

Corda Focal CF = $2b^2$ / a; CF = (2.1,36/2,332) => CF = 1,166

<u>**Imagem Geométrica da elipse com seus elementos**</u>

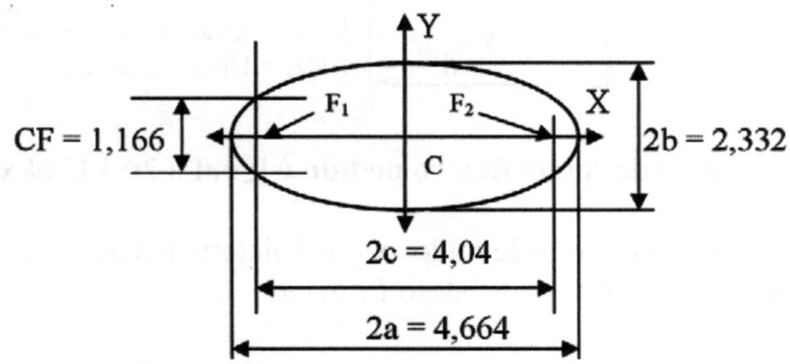

Exercício 5.10: considerando a elipse, adiante citada, pedem-se: a) calcular o perímetro do quadrilátero formado pelos focos e pelos pontos onde a elipse corta o eixo Y e b) a área do quadrilátero. A equação da elipse é: $x^2/25 + y^2/16 = 1$. Inicialmente tem-se que calcular os parâmetros da elipse, para entender o problema.

$x^2/25 + y^2/16 = 1$; significa que a = 5 (pois $a^2 = 25$), logo 2a = 10, que é o semi eixo maior. De forma semelhante, b = 4 (pois $b^2 = 16$), logo 2b = 8, que é o semi eixo menor.

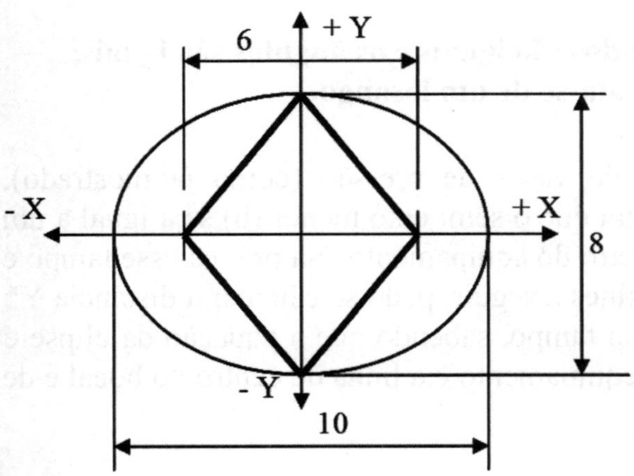

A distância focal "2c" é obtida por:

$c = \sqrt{(a^2 - b^2)}$ => c = 3, logo 2c = 6.

Com a Imagem geométrica da elipse e do quadrilátero pedido, no caso um paralelogramo, pode-se calcular o perímetro pedido.

Quando o eixo menor 2b é igual à distância focal 2c, esse quadrilátero é um quadrado, e a elipse é chamada de equilátera.

São 4 triângulos pitagóricos ou 3x4x5.

Os quatro lados são iguais a 5

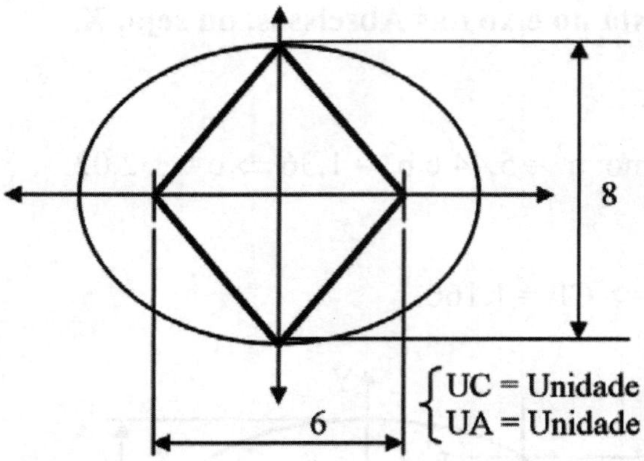

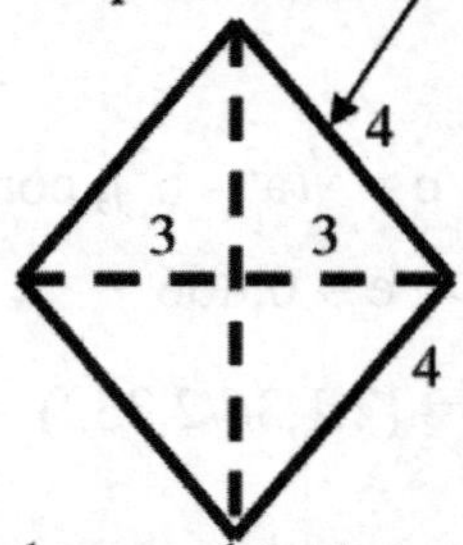

$\left\{\begin{array}{l}\text{UC = Unidade de comprimento}\\ \text{UA = Unidade de área}\end{array}\right.$

A área desse quadrilátero, é composta pela área dos quatro triângulos. Cada um tem como área: (Base x Altura) / 2

(3 x 4) / 2 = 6.

4 x 6 = 24 UM².

A área do quadrilátero é: 24 UM².

O perímetro do quadrilátero pedido é igual a 20 UC (4 x 5 = 20).

Exercício 5.11: considerando o quadrilátero anterior: a) calcular os seus ângulos internos e b) descrever o tipo de quadrilátero formado.

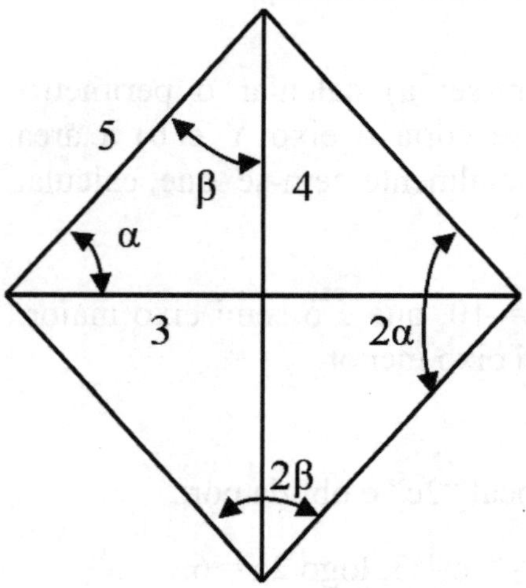

Os ângulos internos são 2α e 2β.
Tg α = 4/3 = 1,333; ou seja: α = 53,13°
β = 90° - 53,13°, logo β = 36,87°

a) Os ângulos são: $\left\{\begin{array}{l}\mathbf{2\alpha = 106{,}26^o}\\ \mathbf{2\beta = 73{,}74^o}\end{array}\right.$

Observe-se que: 2 (2α + 2β) = 360°
A soma dos ângulos internos de um quadrilátero é = 360°

b) Como os lados são iguais e os ângulos são iguais, dois a dois, trata-se de um losango.

Exercício 5.12: na construção de tampos elípticos de vasos de pressão (como já mostrado), costuma-se usar um tipo de elipse, fabricada de modo tal que o semi eixo menor (b) seja igual a um quarto do eixo maior (2a), que no caso é igual ao diâmetro do equipamento. Na prática esse tampo é chamado de "Semi Elíptico 2:1". Considerando os detalhes a seguir, pede-se calcular a distância Y* entre a face do bocal e a linha de tangência superior do tampo, sabendo que a equação da elipse é $x^2/16m^2 + y^2/4m^2 = 1$ e a distância x entre o centro do equipamento e a linha de centro do bocal é de 3.000 mm.

Análise da equação da elipse:

Comparando: $\frac{x^2}{16} + \frac{y^2}{4} = 1$, com $\frac{x^2}{a^2} + \frac{y^2}{b^2}$, concluí-se que: a = ± 4 e b = ± 2, ou seja:

Como o semi eixo maior é igual a 4 metros, significa que o diâmetro do equipamento é 8 metros (8.000 mm), pois 2a = 8 m. Como o semi eixo menor é igual a 2 metros, significa que é igual a um quarto do diâmetro do equipamento.

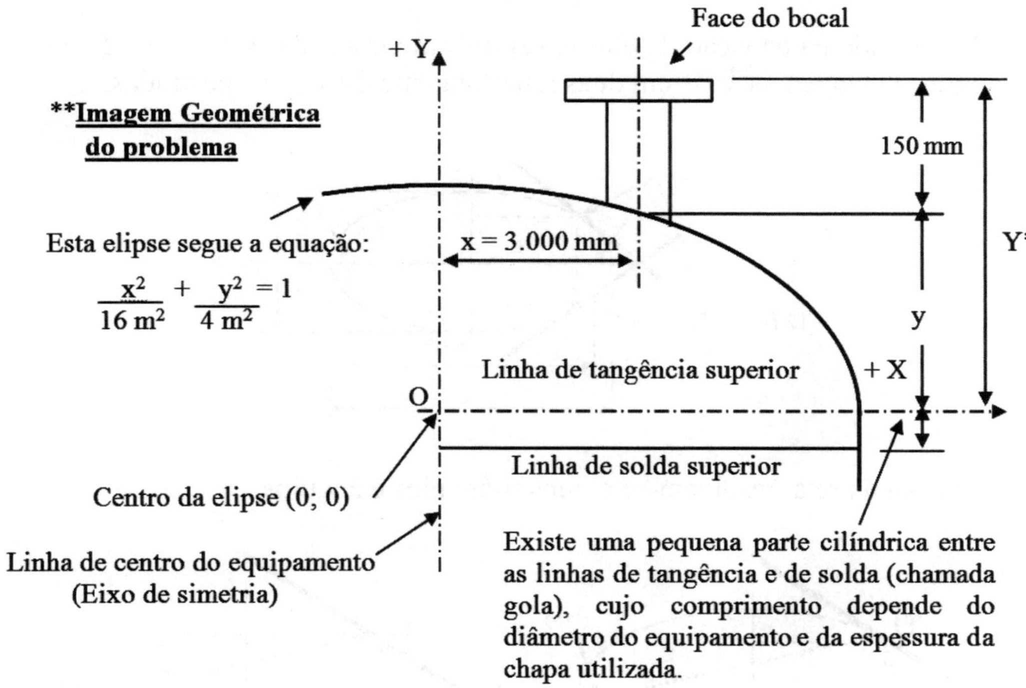

**Mais uma vez, observa-se que essa elipse é resultado de um corte no plano XY, de um elipsoide, estudado no capítulo 11.

Cálculo da distância Y*, solução do problema:

Y* = y + 150 mm.

Da equação: $\frac{x^2}{16m^2}+\frac{y^2}{4m^2}=1$, fazendo x = 3 m (3.000 mm), tem-se:

$$\frac{3^2}{16m^2}+\frac{y^2}{4m^2}=1 \Rightarrow \frac{y^2=1}{4m^2}-\frac{9}{16m^2} \Rightarrow \frac{y^2}{4m^2}=\frac{7m^2}{16m^2};$$

$y^2 = 7/4 \Rightarrow y = 1{,}323$ m = 1.323 mm.

Finalmente: Y* = y + 150 mm, significa: Y* = 1.323 mm + 150 mm (y* = 1,473mm).

Resposta: a distância (Y*) entre a face do bocal e a linha de tangência superior é 1.323 mm.

Exercício 5.13: considerando a elipse: $x^2/16 + y^2/4 = 1$, e utilizando a sua propriedade refletora (vista no parágrafo 5.8), pedem-se: a) calcular as equações das retas t1 e t2, tangentes à elipse, cujos pontos de tangências têm Abscissa igual a - 3. b) Qual o ângulo (μ) formado entre as retas t1 e t2? c) Quais as Coordenadas Cartesianas do ponto de interseção (Ix; Iy) das retas t1 e t2?

5.14.a) Inicialmente calculam-se os elementos da elipse, permitindo sua Imagem Geométrica e, então, entende-se e resolve-se o problema.

$x^2 / 16 + y^2 / 4 = 1$: significa a = 4; 2a (eixo maior) = 8, bem como b = 2; 2b = 4 (eixo menor).

Distância focal (2c): $a^2 = b^2 + c^2$; logo: $c = \sqrt{(a^2 - b^2)}$; como: a = 4 e b = 2; c = 3,46; 2c = 6,92.

Abscissa x = -3, colocada na equação da elipse, resulta em Ordenadas y = +/- 1,323. Ou seja, como existem dois pontos de tangência, existem duas retas tangentes, a seguir mostradas.

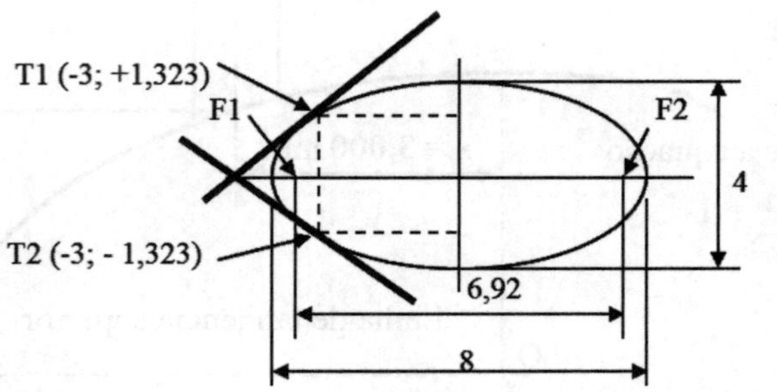

Para chegar à equação da reta, resolvem-se alguns triângulos e ângulos.

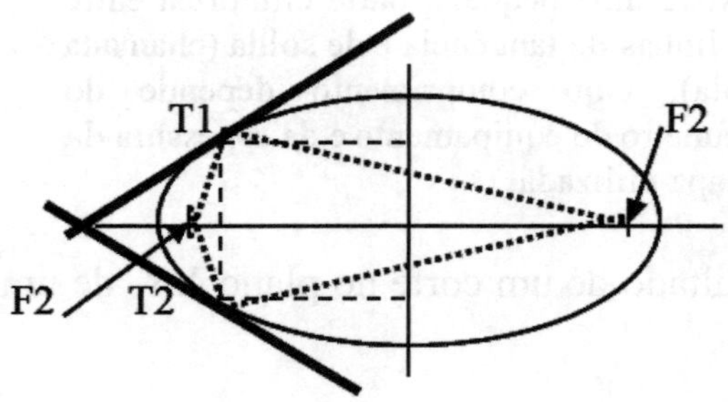

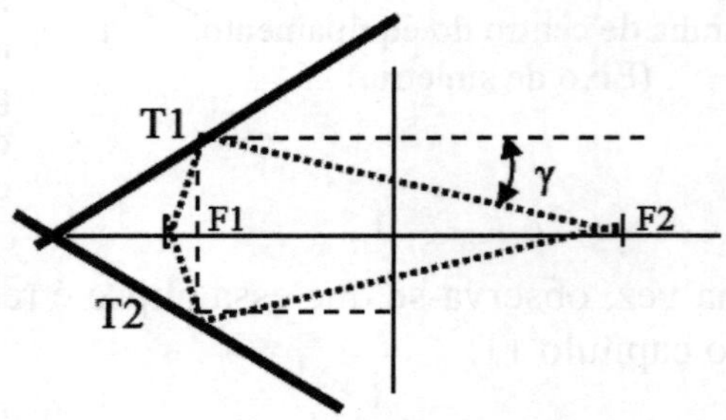

$$\alpha = \frac{180^o - \beta}{2}$$

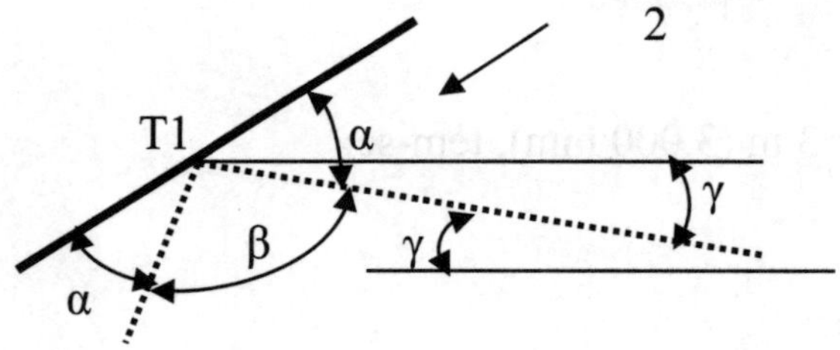

T1F1 = 1,323 e F1F2 = 6,92

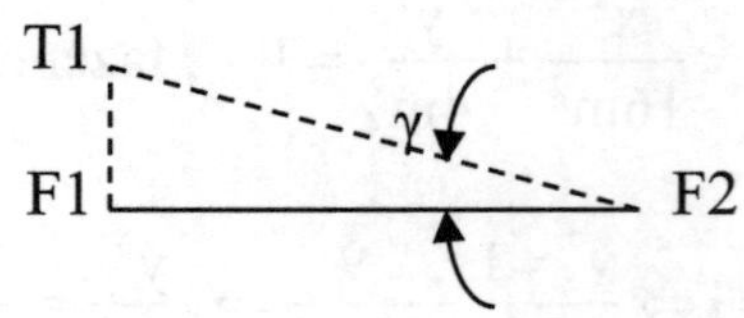

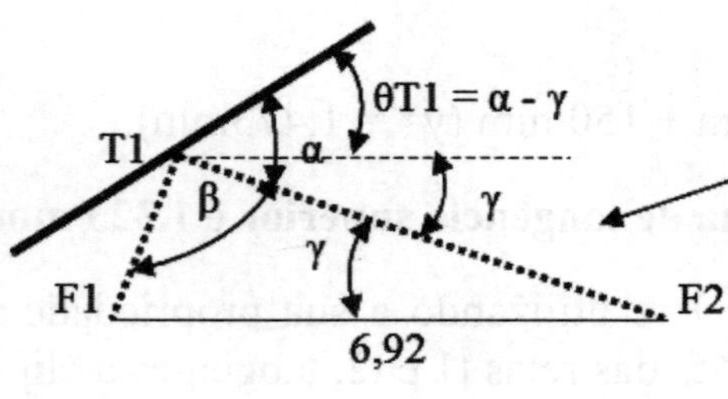

O ângulo β será calculado pela Lei dos cossenos, aplicada ao triângulo T1F1F2. Os lados T1F1 e T1F2, serão calculados pelas distâncias, entre pontos, a partir de suas Coordenadas Cartesianas.

Tg γ = T1F1 / F1F2 = 1,323 / 6,92 = 0,191; arc tg γ = 10,823°, ou seja: γ = 10,823°.

T1 (-3; +1,323), F1 (-3,46; 0), F2 (+3,46; 0) e F1F2 = 6,92.

$$T1F1 = \sqrt{[(-3,46) - (-3)]^2 + [0 - (+1,323)]^2} \Rightarrow T1F1 = 1,4.$$

$$T1F2 = \sqrt{[(+3,46) - (-3)]^2 + [0 - (+1,323)]^2} \Rightarrow T1F2 = 6,59.$$

Cálculo do ângulo β, para definir a equação da reta que passa por T1:

$(F1F2)^2 = (T1F1)^2 + (T1F2)^2 - 2.T1F1.T1F2.\cos \beta$.

$6{,}92^2 = 1{,}4^2 + 6{,}59^2 - 2.1{,}4.6{,}59.\cos \beta$:

$47{,}8864 = 1{,}96 + 43{,}4281 - 18{,}452.\ \cos \beta$.
$47{,}8864 = 45{,}3881 - 18{,}452.\ \cos \beta \Rightarrow 47{,}8864 - 45{,}3881 = -\ 18{,}452.\ \cos \beta$;

$2{,}4983 = -\ 18{,}452.\ \cos \beta \Rightarrow \cos \beta = -\ 2{,}4983\ /\ 18{,}452 \Rightarrow \cos \beta = -\ 0{,}1354$.

$\beta = \arccos(-\ 0{,}1354) \Rightarrow \beta = 97{,}78^\circ$.

$\alpha = \dfrac{180^\circ - \beta}{2} \Rightarrow \alpha = \dfrac{180^\circ - 97{,}78^\circ}{2} \Rightarrow \alpha = 41{,}11^\circ$.

$\theta T1 = \alpha - \gamma = 41{,}11^\circ - 10{,}823^\circ \Rightarrow \theta T1 = 30{,}287^\circ$. $(\text{tg}\ \theta T1 = 0{,}584)$.

θ é o ângulo que a reta tangente 1 forma com o eixo OX e sua tangente é o coeficiente angular "m" da reta. Ou seja: m = 0,584.

A reta tangente t1 tem m = 0,584 e passa pelo ponto T1 (-3; +1,323).

$(y - y_{T1}) = m\,(x - x_{T1}) \Rightarrow y - 1{,}323 = 0{,}584\,[(x - (-3))] \Rightarrow y - 1{,}323 = 0{,}584x + 1{,}752$.

5.13a) y = 0,584x + 3,075 ⟵ **Esta é a equação da reta t1.**

Cálculo da equação da reta t2:

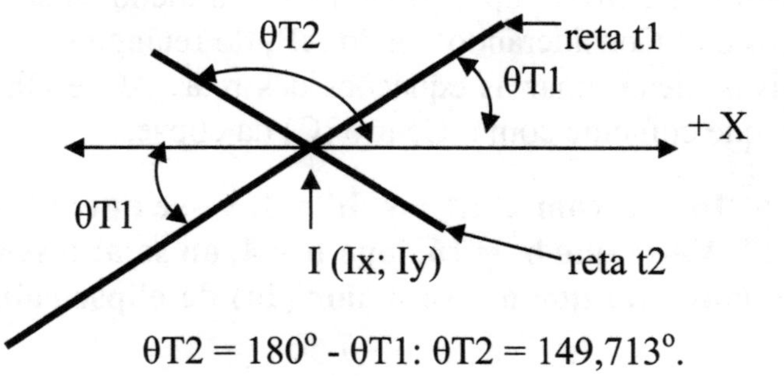

$\theta T2 = 180^\circ - \theta T1$: $\theta T2 = 149{,}713^\circ$.

$\text{tg}\ 149{,}713^\circ = -\ 0{,}584$ (por óbvio, pois é igual a $-\ \text{tg}\ \theta T1$).

A reta t2 tem m = - 0,584 e passa pelo ponto T2 (-3; - 1,323)

$(y - y_{T2}) = m\,(x - x_{T2}) \Rightarrow y - (-1{,}323) = -\ 0{,}584\,[(x - (-3))] \Rightarrow y + 1{,}323 = -\ 0{,}584x - 1{,}752$.

$y = -\ 0{,}584x - 1{,}752 - 1{,}323$

5.13.a) y = - 0,584x – 3,075 ⟵ **Esta é a equação da reta t2.**

5.13.b) Cálculo do ângulo (μ) formado entre as retas t1 e t2

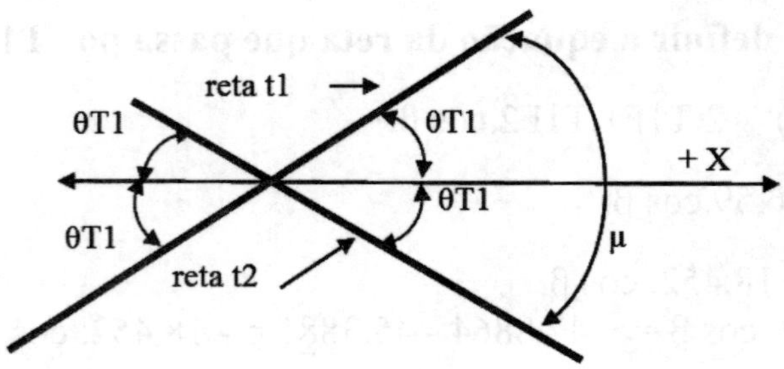

$\mu = 2.\ \theta T1$: $\mu = 60{,}574^o$ ⟵ Ângulo formado entre as retas.

5.13.c) Cálculo das Coordenadas Cartesianas do ponto de interseção (Ix; Iy) das retas t1 e t2

As Coordenadas advêm da solução do sistema das duas equações das retas t1 e t2.

$$\begin{cases} y = 0{,}584x + 3{,}075 \text{ (t1)} \\ y = -\,0{,}584x - 3{,}075 \text{ (t2)} \end{cases}$$

Substituindo t1 em t2 tem-se: $0{,}584x + 3{,}075 = -\,0{,}584x - 3{,}075$:

x = - 5,265 e y = 0 (zero)
I (Ix; Iy) = I (- 5,265; 0) } **Estas são as Coordenadas da interseção* de t1 e t2.**

* Essa análise confirma a regra da Geometria Plana, que diz que retas tangentes a curvas, em pontos simétricos, têm interseção no vértice do ângulo formado entre as retas.

Exercício 5.14: Sabendo que uma elipse tem equação: $x^2/36 + y^2/16 = 1$, pedem-se: a) Os valores dos semi eixos maior (2a) e menor (2b); b) a Imagem Geométrica da Elipse; c) O valor da distância focal (2c); d) A área do retângulo inscrito à elipse, onde os lados menores são perpendiculares ao eixo maior e passam pelos focos e e) Considerando o lado AB, do retângulo inscrito, como onde as Abscissas de A e B são positivas, determinar as equações das retas AO e OB, onde O (0; 0) é a Origem dos Eixos Cartesianos, que coincide com o Centro (C) da elipse.

5.14.a) Comparando $x^2/36 + y^2/16 = 1$, com $x^2/a^2 + y^2/b^2 = 1$, vê-se que: $a^2 = 36$, logo a = 6, ou seja: o semi eixo maior 2a = 12. Vê-se que $b^2 = 16$, logo b = 4, ou seja: o semi eixo menor 2b = 8. Estes valores, e a equação, mostram que o eixo maior (2a) da elipse coincide com o eixo X ou das Abscissas.

5.14.b) Imagem Geométrica da Elipse:

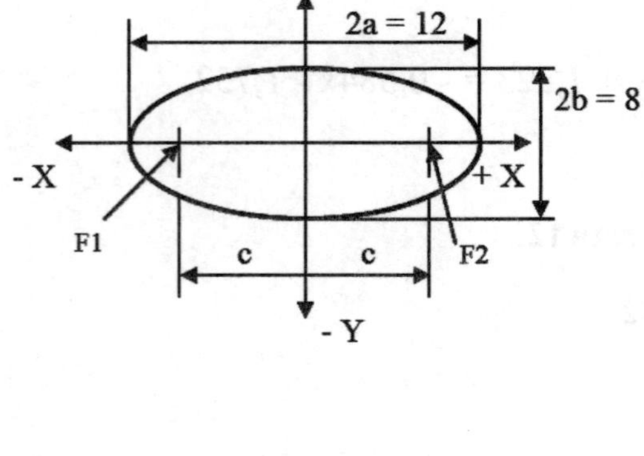

5.14.c) Cálculo da distância focal = 2c.

$a^2 = b^2 + c^2 \Rightarrow$ a = 6 e b = 4.

$c = \sqrt{(a^2 - b^2)} \Rightarrow c = \sqrt{20} \Rightarrow c = \pm\, 4{,}472$.

5.14.d) Imagem Geométrica do retângulo inscrito:

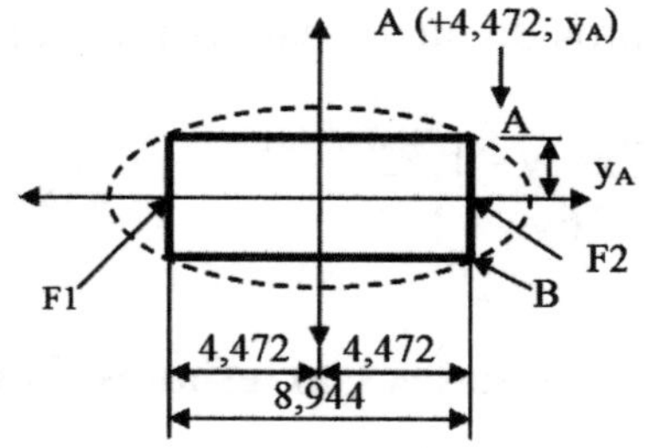

Cálculo do lado AB: na equação da elipse, faz-se x = 4,472.

$x^2/36 + y^2/16 = 1 \Rightarrow (4{,}472)^2/36 + y^2/16 = 1$:

$20/36 + y^2/16 = 1 \Rightarrow y^2/16 = 1 - 20/36 \Rightarrow y^2 = (36 - 20)/36$:

$y^2 = 16/36 \Rightarrow y = +/- 2{,}67$. 2y = AB.

Área do retângulo (S)

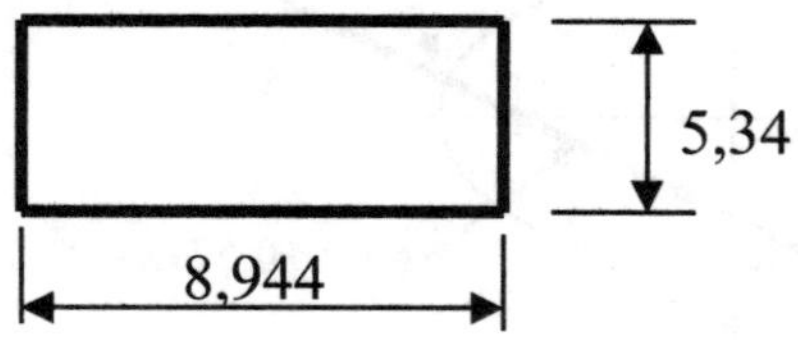

S = 5,34 x 8,944.

S = 47,76 UM².

5.14.e) Equações das retas:

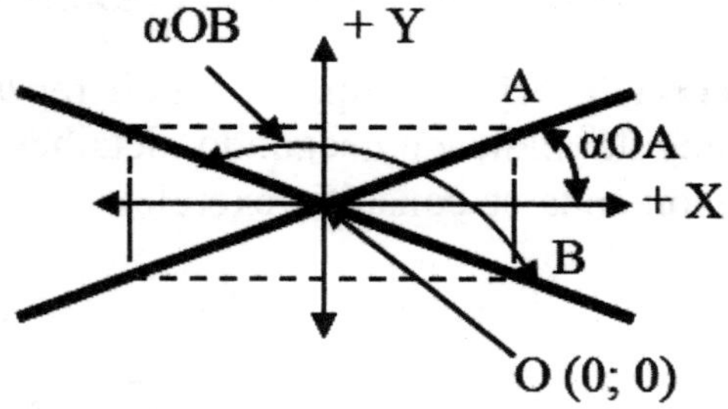

A (+4,472; +2,67) ; B (+4,472; -2,67); O (0; 0).

$mOA = (y_A - y_O)/(x_A - x_O)$:

mOA = (+2,67 - 0) / (+4,472 - 0)

mOA = +2,67 / + 4,472: mOA = + 0,597.

+ 0,597 (x - 0) = y - 0 => + 0,597x = y

ou: + 0,597x - y = 0.

<u>Equação reta OA: + 0,597x = y</u>
<u>ou: + 0,597x - y = 0.</u>
<u>ou: y = +0,597x</u>

<u>Observações</u>:
αOA = 30,8372°.
αOB = 149,1628°.
Ângulo entre as retas: 61,6744°.

Exercício 5.15: Determinar as Coordenadas Cartesianas dos pontos de interseção da elipse: $x^2/16 + y^2/9 = 1$, e a reta que passa pelo foco da elipse de Abscissa positiva e forma 30° com o eixo X. Mostre a Imagem Geométrica aproximada do conjunto.

Com: $x^2/16 + y^2/9 = 1$; tem-se: a = 4 e 2a = 8; b = 3 e 2b = 6. $c = \sqrt{(a^2 - b^2)} \Rightarrow c = 2{,}646$.

As Coordenadas do Foco positivo são F_2 (+2,646; 0).

Se a reta forma 30° com o eixo X, logo seu coeficiente angular é igual à tangente de 30°, ou seja: $mF_2 = + 0{,}577$. Como a reta passa pelo ponto F_2 (+2,646; 0), sua equação é:

$mF_2 = (y - yF_2)/x - x F_2 \Rightarrow +0{,}577(x - x F_2) = (y - yF_2) \Rightarrow +0{,}577(x - 2{,}646) = y - 0$.

A equação da Reta é: +0,577x - y - 1,527 = 0, ou : y = +0,577x – 1,527.

$x^2/16 + y^2/9 = 1$, também é igual a: $9x^2 + 16y^2 = 144$.

Os pontos de interseção da reta com a elipse, são determinados, resolvendo-se o sistema:

$$\begin{cases} +0{,}577x - y - 1{,}527 = 0. \\ +9x^2 + 16y^2 = 144. \end{cases} \quad \text{As raízes desse sistema são:} \quad \begin{cases} x1 = +3{,}884;\ y1 = +0{,}714. \\ x2 = -1{,}917 \text{ e } y2 = -2{,}633. \end{cases}$$

As Coordenadas Cartesianas da interseção são: P1(+3,884; +0,714) e P2(-1,917; - 2,633).

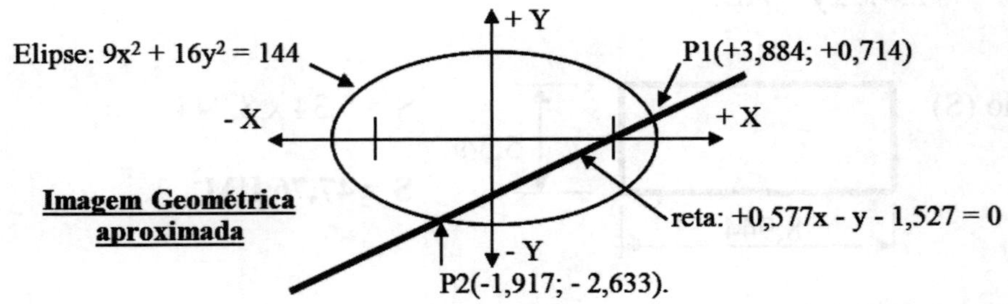

5.13 Exercícios propostos (exercícios 5.16 a 5.21)

Exercício 5.16: a elipse a seguir representada tem equação: $x^2/25 + y^2/9 = 1$. Calcular a área do triângulo indicado, segundo detalhes da figura a seguir. Todas as dimensões são em metros. Recomenda-se consultar exercício 5.7.

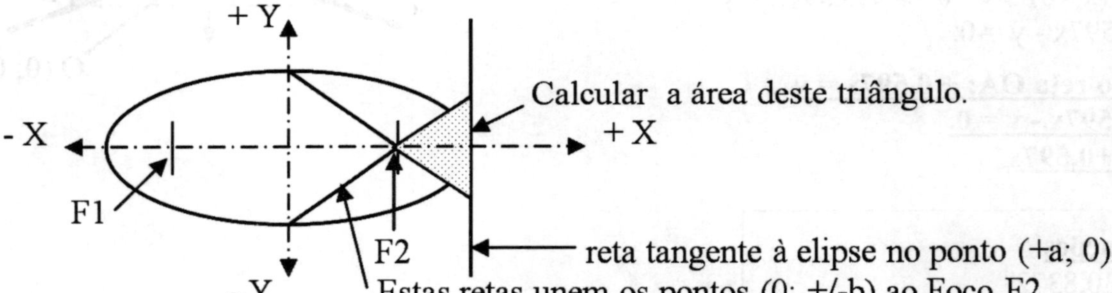

Resposta: a área do triângulo é igual a 0,75 m^2.

Exercício 5.17: determinar as Coordenadas Cartesianas dos pontos (P) de interseção das elipses: $x^2/25 + y^2/16 = 1$ e $x^2/16 + y^2/25 = 1$. Recomenda-se primeiro calcular as características das elipses e depois suas imagens geométricas.

Resposta: as Coordenadas são: P1 (+3,123; + 3,123), P2 (-3,123; +3,123), P3 (-3,123; -3,123) e P4 (+3,123; -3,123).

Exercício 5.18: determinar as equações reduzida e geral, e fazer a Imagem Geométrica da elipse de centro (-2; +3), com eixo maior igual a 8 e paralelo ao eixo X, e eixo menor igual a 3. Recomenda-se consultar o parágrafo 5.3.

Resposta: $\dfrac{(x+2)^2}{16} + \dfrac{(y-3)^2}{2{,}25} = 1.$ ← Equação reduzida.

Equação na forma geral → $2{,}25x^2 + 16y^2 + 9x - 96y + 117 = 0.$

Exercício 5.19: considerando o metro como medida e dada a elipse $x^2/9 + y^2/36 = 1$, pede-se: as Coordenadas Cartesianas dos pontos de interseção entre a elipse e a reta $x = y$; (Recomenda-se primeiro calcular as características da elipse e interpretar sua Imagem geométrica).

Resposta: os pontos de interseção são P1 (+2,683m; +2,683m) e P2 (-2,683m; -2,683m).

Exercício 5.20: um engenheiro civil está projetando um canal de perfil geométrico elíptico, para escoamento de água de uma grande barragem de uma hidrelétrica. A elipse estudada segue a equação $x^2/16 + y^2/36 = 1$. Como largura do canal ele irá utilizar a distância da Corda Focal superior e a altura será igual à distância entre o foco superior e a extremidade do semi eixo maior. Considerando o metro como unidade de medida, pedem-se as medidas da largura e altura deste canal. Recomenda-se primeiro entender a Imagem geométrica da elipse.

Resposta: a largura é 5,333m e a altura 1,528m.

Imagem do canal

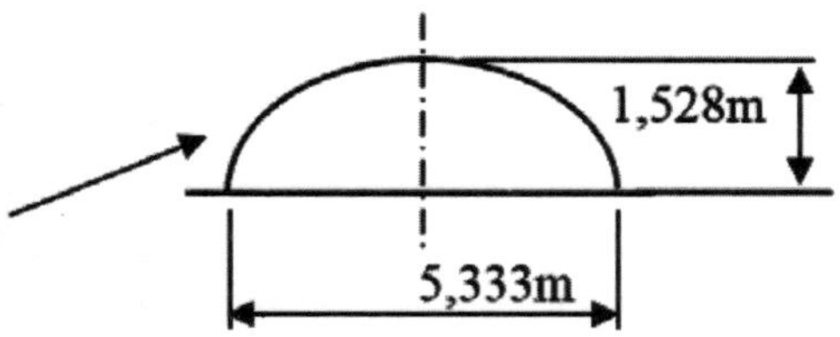

Exercício 5.21: Uma elipse tem equação: $+ (x +5)^2/36 + (y - 4)^2/9 = +1$. A partir da mesma, pedem-se: a) as Coordenadas Cartesianas dos Focos. b) as Coordenadas Cartesianas dos pontos, onde a elipse é interceptada pela reta de equação: $y = +5$. (Recomenda-se, primeiro entender a Imagem Geométrica do conjunto elipse/reta).

Respostas: a) 4b) F1(-10,196; +4) e F2(+0,196; +4). b) Coordenadas Cartesianas, onde a reta: y = +5, intercepta a elipse: A(-10,657; +5) e B(+0,657; +5).

Pesquisas na *Internet*

Para um maior aprofundamento dos conceitos deste capítulo, e acesso a outros exercícios, recomenda-se a consulta aos seguintes *sites*:

https://pt.wikipedia.org/wiki/Elipse
http://www.dmm.im.ufrj.br/projeto/rived/modulo_elipse/sobre.htm
http://sabermatematica.com.br/elipse-geometria-analitica.html
http://pensevestibular.com.br/exercicios/lista-de-exercicios/exercicios-resolvidos-sobre-conicas
http://www.professores.uff.br/jorge_delgado/livros/geometria-analitica-ufma.pdf

Além destes *sites*, principalmente para mais exemplos de aplicações práticas e reais, recomenda-se a busca de outros, usando-se como palavras chave: "elipses de cilindros", "elipses de superfícies cônicas", "aplicações práticas de elipses", "equações de elipses".

Alerta-se que, como citado na Unidade Introdutória deste livro, para um bom aprendizado não se deve apenas estudar na forma digital, mas também na impressa e, especialmente, fazendo à mão livre resumos e exercícios, inclusive as Imagens Geométricas.

Capítulo 6

A função parabólica

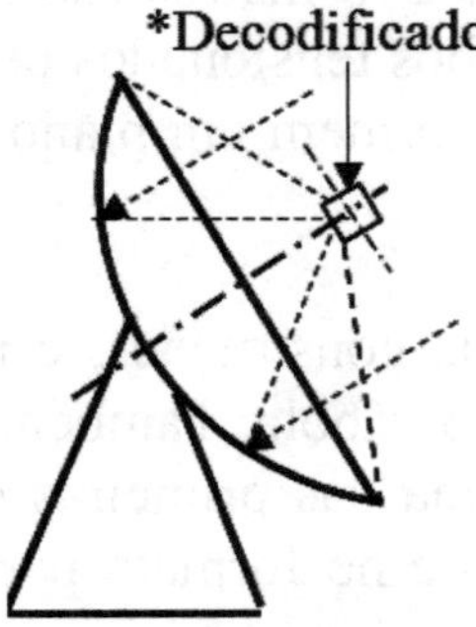

Espelhos, faróis, coberturas de igrejas e antenas, *são algumas aplicações práticas da função parabólica. Além das definições e deduções matemáticas, este capítulo apresenta vários exemplos práticos de usos de parábolas, em especial nas áreas de Arquitetura, Design e Engenharia*

Exemplo de uma antena parabólica (mostrando sua propriedade refletora).

* O decodificador fica no Foco da parábola.

Visualmente uma parábola é obtida quando um plano corta a superfície cônica, de forma inclinada à base, sendo paralelo à reta geratriz e interceptando a superfície cônica na área da base. Analiticamente, parábola é a curva plana aberta definida como o conjunto dos pontos (ou Lugar Geométrico) que são equidistantes, ao mesmo tempo, de um ponto fixo (chamado de foco F) e de uma reta também fixa, chamada diretriz "d", que é perpendicular ao eixo da parábola. Dessa definição, e segundo a figura a seguir, tem-se que: FP = PP' e FP1 = P1P1'.

Existem várias aplicações da curva plana parabólica, normalmente na sua forma tridimensional, tanto na forma de uma superfície cilíndrica (cilindro parabólico, estudado no parágrafo 10.2.5), quanto como parabolóide (circular, elíptico ou hiperbólico. Ver parágrafo 11.3).

6.1 Elementos gerais de uma parábola

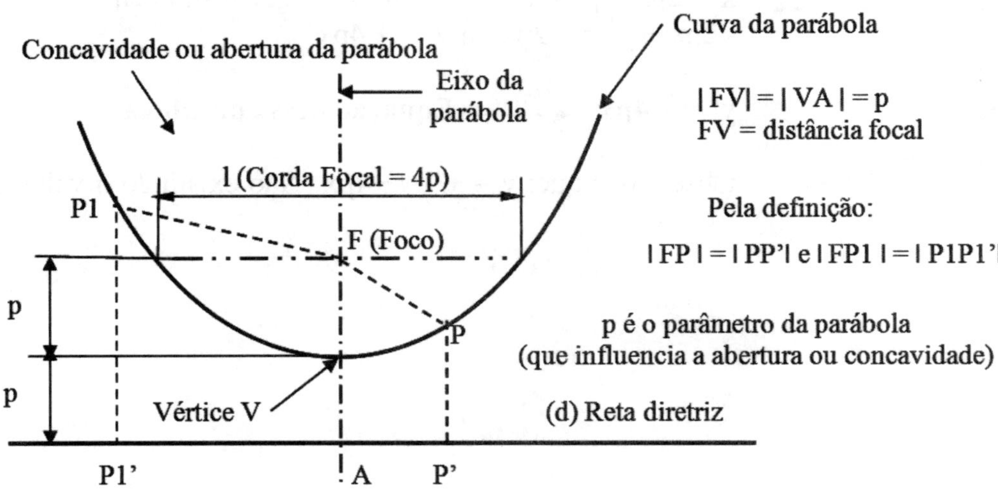

Um bom exemplo de uma estrutura arquitetônica, parabólica, é a ponte Juscelino Kubitschek, sobre o lago Paranoá, em Brasília. Inaugurada em 15 de dezembro de 2002, a estrutura da ponte tem um comprimento de travessia total de 1.200 metros, largura de 24 metros com duas pistas, cada uma com três faixas de rolamento, duas passarelas nas laterais para uso de ciclistas e pedestres com 1,5 metros de largura e comprimento total dos três vãos de 720 metros. A estrutura da ponte tem quatro apoios com pilares submersos no Lago Paranoá e os três vãos de 240 metros são sustentados por três arcos assimétricos e localizados em planos diferentes, com cabos tensionados de aço colocados em forma cruzada, o que geometricamente faz com que os cabos formem um plano parabólico (ou sob a forma de catenária).

Algumas entradas de túneis têm o formato parabólico e algumas construções, especialmente de igrejas católicas, têm a sua cobertura (telhado) no formato de uma parábola. Também se pode citar a Igreja Católica de São Francisco, na Pampulha, Minas Gerais, uma das primeiras obras de Oscar Niemeyer, construída na década de 1940. A abóbada dessa Igreja é no formato parabólico, e toda em concreto armado, sem alvenaria (tijolo).

6.2 Equação reduzida da parábola de eixo horizontal (ou coincidente com Eixo X), vértice na origem (0; 0) e cavidade voltada para a direita ($y^2 = +4px$)

A parábola é uma curva aberta, de forma infinita. A própria imagem da origem de uma parábola, mostrada na introdução da Unidade II, indica isso, visto que a superfície cônica é infinita, ou melhor, cada folha é infinita. Na prática, por exemplo, em espelhos e antenas parabólicas, por óbvio, é feita uma limitação na altura.

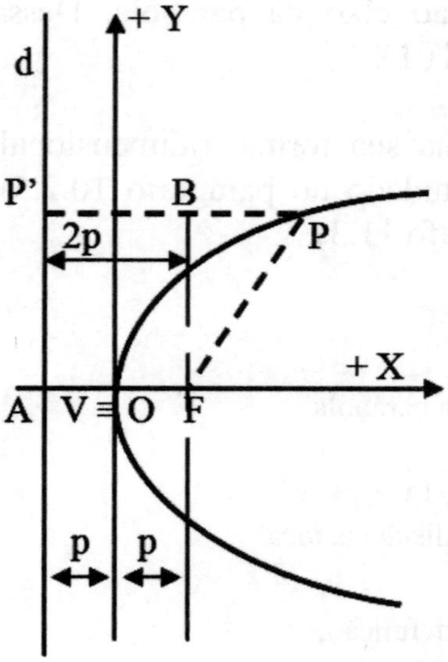

Dedução da equação desta parábola

Pela definição de parábola: PF = PP' e AV = VF = p.

Coordenadas Cartesianas: P(x; y); F(+p; 0); P'(-p; y); B(+p; y).

$|PF| = \sqrt{(x - p)^2 + (y - 0)^2} = \sqrt{(x - p)^2 + y^2}$.

$|PP'| = \sqrt{[(x - (p)]^2 + (y - y)^2} = \sqrt{(x + p)^2}$.

Como $|PF| = |PP'|$ tem-se: $\sqrt{(x - p)^2 + y^2} = \sqrt{(x + p)^2}$,

Que elevado ao quadrado fica: $(x - p)^2 + y^2 = (x + p)^2$, ou:

$x^2 - 2px + p^2 + y^2 = x^2 + 2px + p^2$, que resulta em:

$-2px + y^2 = +2px$ ou $y^2 = +4px$

$y^2 = +4px$ ⟵ **Equação dessa parábola**

Observa-se que: $y = +/- \sqrt{+4px}$ (Não existindo o valor negativo de x).

Detalhes de parábolas simétricas, com eixos coincidentes com Eixo Cartesiano X:

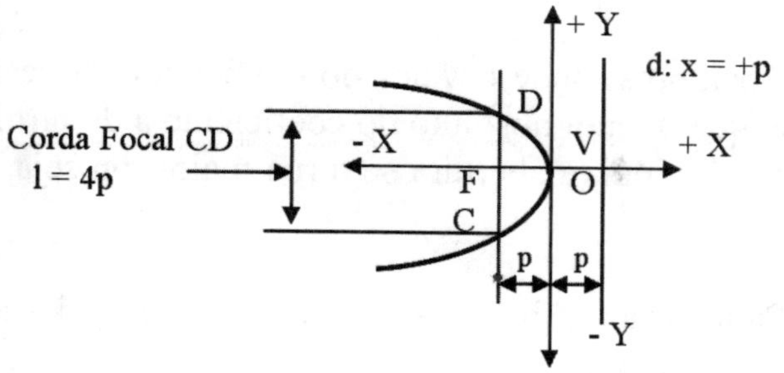

Essa parábola, com Foco à esquerda, é simétrica à deduzida, com equação: $\mathbf{y^2 = - 4px}$

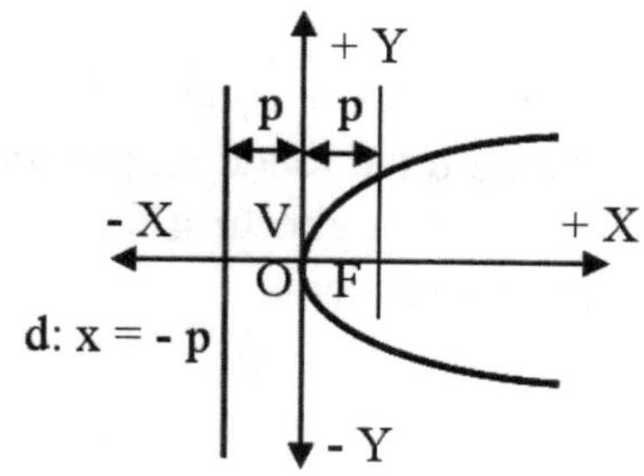

Imagem da parábola $\mathbf{y^2 = + 4px}$, com Foco à direita

Os conceitos matemáticos envolvidos na dedução da equação $\mathbf{y^2 = + 4px}$, também são válidos para as outras três posições, mostradas no parágrafo 6.5.

6.3 Equação reduzida da parábola de eixo vertical (ou coincidente com Eixo Y), vértice na origem (0; 0) e cavidade voltada para cima ($x^2 = + 4py$)

Se o foco de uma parábola é colocado sobre o eixo Y e se a diretriz d é paralela ao eixo X, e localizada a p unidades abaixo dele, a parábola resultante é representada, graficamente, como a seguir e sua equação é dada por: $\mathbf{x^2 = + 4py}$ (figura à esquerda). A dedução dessa equação é análoga à da parábola de eixo horizontal e vértice na origem, vista no parágrafo 6.2. A parábola da direita é simétrica à da esquerda e tem equação: $\mathbf{x^2 = - 4py}$.

Da equação $x^2 = + 4py$, obtém-se: $x = +/- \sqrt{4.p.y}$ (Não existindo o valor negativo de y).

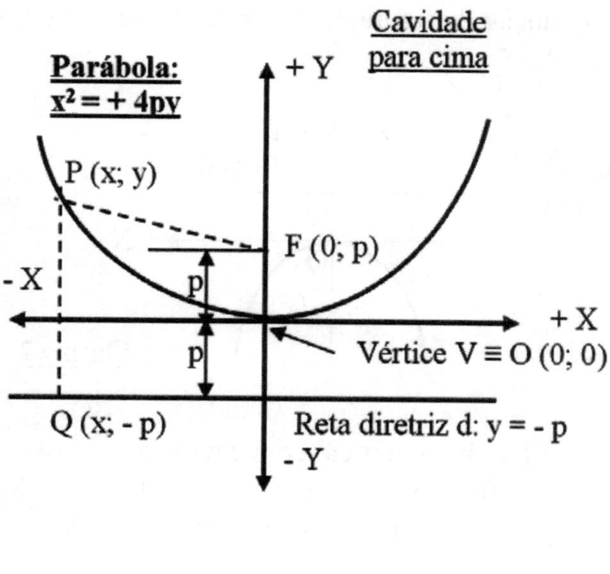

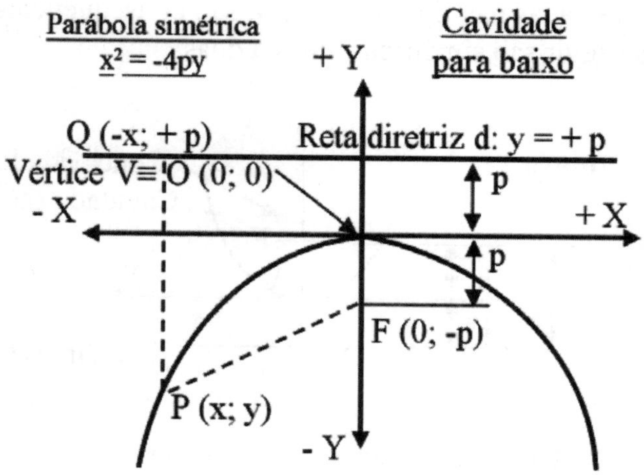

6.4 Equação geral e particularidades sobre a abertura (ou cavidade) de uma parábola

A função $y = ax^2 + bx + c$, também expressa uma parábola, onde o valor do coeficiente "a" está ligado à abertura ou cavidade da parábola. À medida que o valor absoluto do coeficiente a do termo x^2 aumenta de valor, a abertura fecha e à medida que diminui, a abertura se torna maior, ou seja, a parábola fica mais achatada.

Para $y = ax^2 + bx + c \longrightarrow a1 > a2 > a3 > a4 > a5$

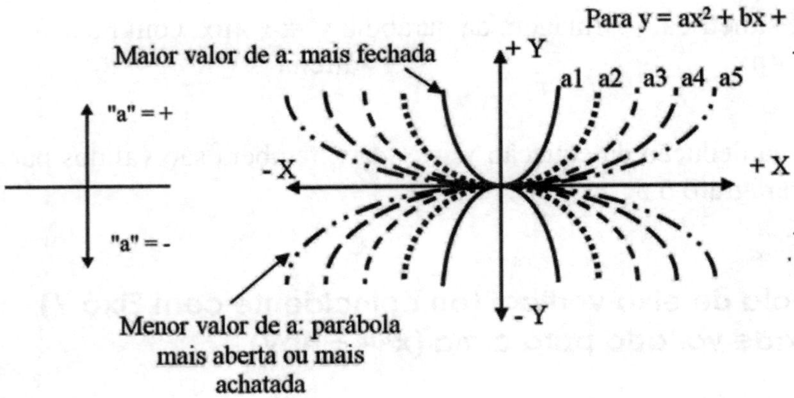

Quando "a" é positivo, a cavidade é para cima, por exemplo: $y = +x^2 - 2x - 3$

Quando "a" é negativo, a cavidade é para baixo, por exemplo: $y = - x^2 - 4x - 3$

6.5 Principais posições de uma parábola, em relação aos eixos Cartesianos X e Y, e com o vértice V coincidindo com a Origem O (0; 0)

Em relação aos eixos Cartesianos X e Y, uma parábola pode assumir diversas posições. As a seguir mostradas, são as mais comuns na prática, especialmente em cálculos de Engenharia. No parágrafo 6.2 foi deduzida a equação da parábola mostrada na figura 3, a seguir. As equações das parábolas mostradas nas figuras 1, 2 e 4, são consequências da dedução da figura 3. Observa-se que as figuras a seguir são simétricas, duas a duas.

Figura 1

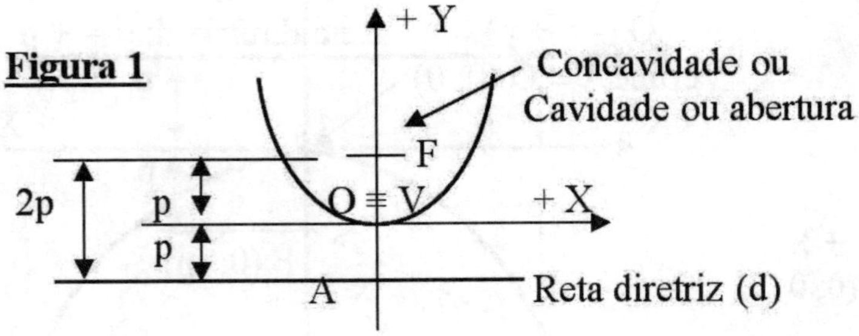

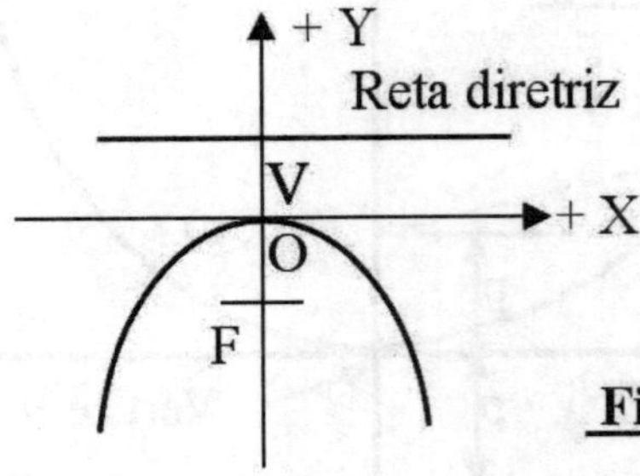

Figura 2

Parábola vertical com cavidade para cima e vértice na origem
Equação: $x^2 = + 4py$ ⟵ Simétricas ⟶ Equação: $x^2 = - 4py$
Parábola vertical com cavidade para baixo e vértice na origem

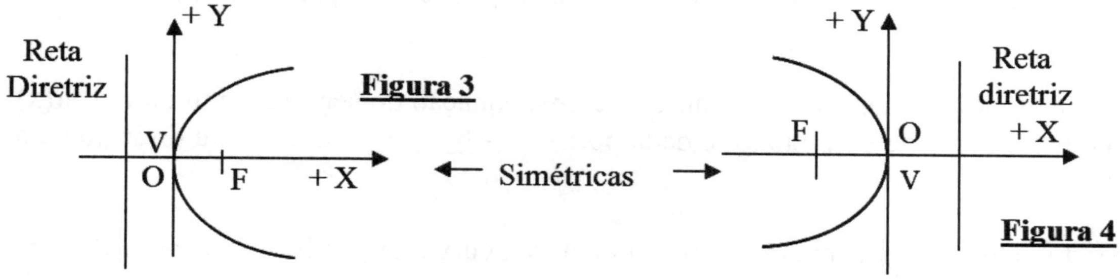

Parábola horizontal com cavidade para a direita e vértice na origem
Equação: $y^2 = + 4px$ ← Simétricas → **Parábola horizontal com cavidade para a esquerda e vértice na origem**
Equação: $y^2 = - 4px$

6.6 Função do segundo grau representando uma parábola [f(x) = +ax² + bx + c]

A função $f(x) = + ax^2 + bx + c$ é considerada do segundo grau e possui como gráfico representativo uma parábola, que assume concavidade voltada para cima quando o coeficiente "a" é maior que zero, ou seja, positivo, e concavidade voltada para baixo quando o coeficiente a é menor que zero, ou seja, negativo. O cálculo das raízes de uma função do segundo grau é feito pelo método de Bhaskara, igualando-se a função a zero, como visto a seguir.

A parábola: $f(x) = + x^2 - 2x - 3$, tem como raízes: x1 = +3 e x2 = -1. Isto significa que a curva dessa parábola corta o eixo X nos Pontos P1 (+3; 0), e P2 (-1; 0). Também se deduz que, essa curva corta o eixo Y no Ponto P3 (0; -3). Como nessa função a = +1, ou seja, valor positivo, a abertura ou cavidade da parábola é para cima.

A parábola: $f(x) = - x^2 - 4x - 3$, tem como raízes: x1 = -3 e x2 = -1. Isto significa que a curva dessa parábola corta o eixo X nos Pontos P1 (-3; 0), e P2 (-1; 0). Também se deduz que, essa curva corta o eixo Y no Ponto P3 (0; -3). Como nessa função a = -1, ou seja, valor negativo, a abertura ou cavidade da parábola é para baixo.

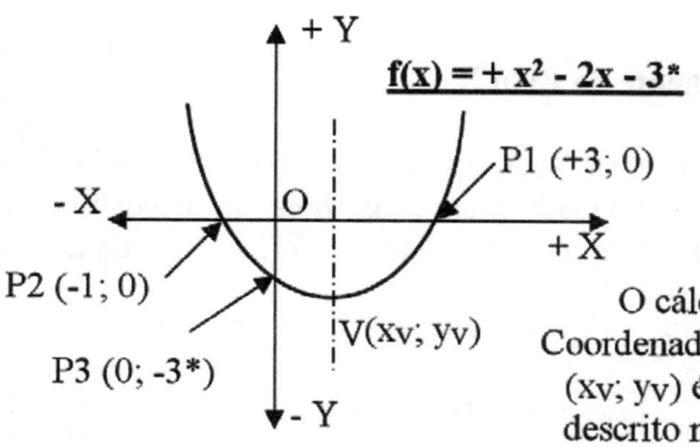

O cálculo das Coordenadas do Vértice (xv; yv) é feito como descrito no parágrafo 6.7

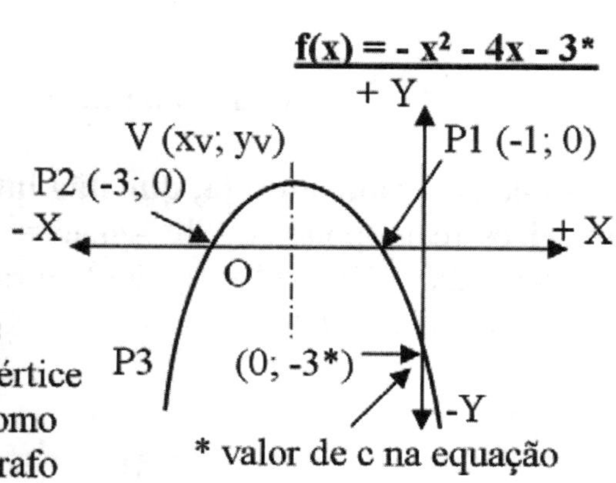

* valor de c na equação

6.6.1 Características das raízes de uma equação do segundo grau ($+ax^2 + bx + c = 0$)

Segundo o método de Bhaskara, a resolução de uma equação do segundo grau do tipo $f(x) = ax^2 + bx + c$, com o cálculo de suas raízes, é dada por: $x = \frac{-b \pm \sqrt{\Delta}}{2a}$, onde Δ ou discriminante é dado por: $\Delta = b^2 - 4.ac$.

A análise do valor do discriminante Δ mostra como a curva da parábola se desenvolve em relação aos Eixos X e Y, da seguinte maneira:

Parábola com duas raízes: A equação: $+ x^2 - 2x - 3 = 0$, possui duas raízes: $x1 = +3$ e $x2 = -1$, pois: $\Delta = b^2 - 4.ac = +16$. Ou seja, quando o discriminante é positivo, tem-se duas raízes. Como "a" é positivo, a cavidade é para cima. Já a equação $- x^2 - 4x - 3 = 0$ ($x1 = +1$ e $x2 = +3$), também tem duas raízes, mas a cavidade é para baixo, pois "a" é negativo.

A parábola intercepta o Eixo em dois pontos diferentes

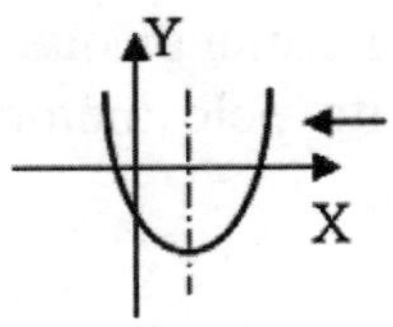

$+ x^2 - 2x - 3 = 0$; $a = + 1$.
Duas raízes e cavidade para cima.

$- x^2 - 4x - 3 = 0$; $a = - 1$.
Duas raízes e cavidade para baixo.

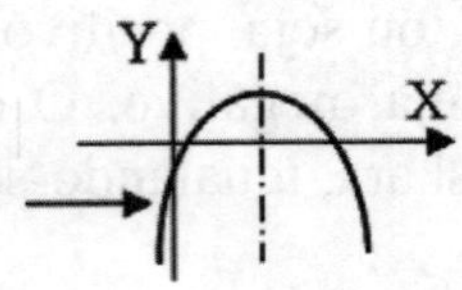

Parábola com apenas uma raiz: A equação: $+ x^2 - 8x + 16 = 0$, possui apenas uma raíz: $x = + 4$, pois: $\Delta = b^2 - 4.ac = 0$ e cavidade para cima, pois "a" é positivo. Já a equação $- x^2 - 8x - 16 = 0$, também só possui uma raiz, $x = - 4$, mas a cavidade é para baixo, pois "a" é negativo.

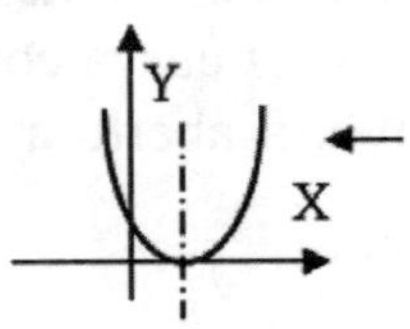

$+ x^2 - 8x + 16 = 0$; $a = + 1$.
Uma raiz e cavidade para cima.

$- x^2 - 8x - 16 = 0$; $a = - 1$.
Uma raiz e cavidade para baixo.

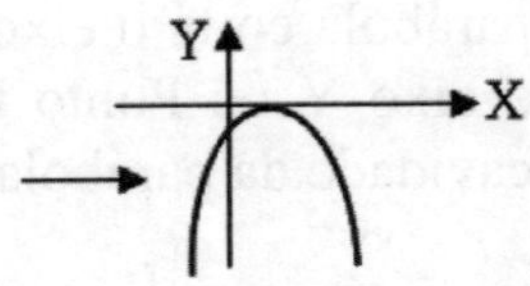

A curva da parábola é tangente ao Eixo X.

Parábola sem raiz, ou seja, que não intercepta o Eixo X: A equação: $+ 10x^2 + 6x + 10 = 0$, não tem raízes reais, pois: $\Delta = b^2 - 4.ac = - 364$, e a cavidade para cima, pois "a" é positivo. Já a equação: $- 2x^2 + 3x - 10 = 0$, não tem raízes reais, pois: $\Delta = b^2 - 4.ac = - 71$, e a cavidade é para baixo, pois "a" é negativo.

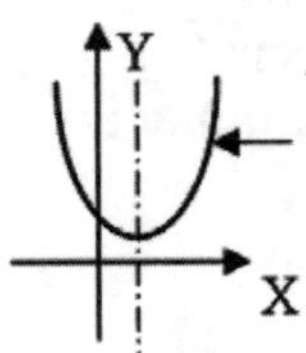

$+ 10x^2 + 6x + 10 = 0$; $a = + 10$.
Sem raiz e cavidade para cima.

$- 2x^2 + 3x - 10 = 0$; $a = - 2$.
Sem raiz e cavidade para baixo.

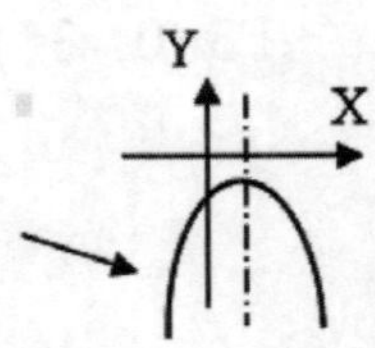

A parábola não intercepta o Eixo X.

6.6.2 Aplicações da equação do segundo grau (função parabólica) na Física

Tanto no cotidiano, envolvendo problemas típicos de Matemática relacionados aos cálculos de máximos e mínimos, quanto na Física, existem muitas aplicações de equações do segundo grau, ou seja, a solução é obtida a partir da definição do problema e resolução de uma equação específica do segundo grau. A seguir serão mostradas duas aplicações na Física.

Movimento Uniformemente Acelerado (MUV)

Nesse tipo de movimento, ocorre variação da velocidade, ou seja, existe uma aceleração constante (por isso é uniforme) e diferente de zero. Esse caso pode ocorrer na prática, quando se consegue dirigir um automóvel de modo a ir acelerando de maneira constante. A fórmula que expressa este movimento é: $S = S_0 + v_o t + 1/2.a.t^2$. Esta é uma equação do segundo grau, relacionada ao espaço percorrido, onde:

S = espaço total percorrido no tempo t.
S_0 = espaço inicial já percorrido. (Partindo-se do repouso: $S_0 = 0$).
v_o = velocidade inicial. (Quando se inicia a aceleração).
t = tempo considerado.
a = aceleração.

Fica óbvio que as unidades têm que ser compatíveis, por exemplo: para S em metros tem-se: S_0 em metros, v_o em metros por segundo, tempo em segundos e aceleração em m^2/s.

Equação de Torricelli (aplicada às velocidades)

Essa equação, do segundo grau, permite o cálculo da velocidade (m/s) de um corpo, em função de sua aceleração e a variação do espaço percorrido. A equação é:

$v^2 = v_o^2 + 2.a.\Delta S$; onde:
- v = velocidade final.
- v_o = velocidade inicial. (Quando se inicia a aceleração).
- a = aceleração.
- ΔS = variação do espaço S percorrido

6.7 Cálculo das Coordenadas Cartesianas (x_V; y_V) do vértice (V) de uma parábola de eixo vertical e da Ordenada (y) do ponto onde a parábola corta o Eixo Y

O vértice de uma parábola representa o ponto do gráfico em que a função passa de crescente para decrescente (concavidade voltada para baixo) ou quando a função passa de decrescente para crescente (concavidade voltada para cima).

Na equação: $ax^2 + bx + c^* = 0$, quando $a > 0$ a parábola possui ponto de mínimo (concavidade voltada para baixo) e quando $a < 0$, a parábola possui ponto de máximo (concavidade voltada para cima). As Coordenadas Cartesianas (x_V; y_V) do Vértice de uma parábola de eixo vertical são dadas por:

$x_V = \frac{-b}{2a}$; $y_V = \frac{-\Delta}{4a}$ ⟶ $(\Delta = b^2 - 4ac)$

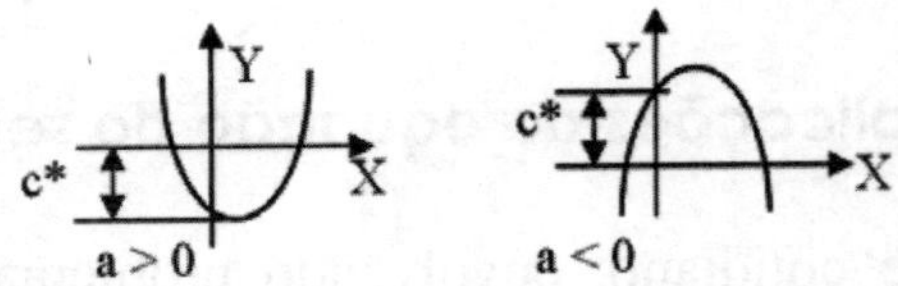

*O coeficiente "c" indica a Ordenada (valor de y) do ponto de interseção com o eixo Y.

Exercício 6.1: calcular as Coordenadas Cartesianas (x_V; y_V) do vértice e a ordenada (y) do ponto de interseção com o Eixo Y da parábola $y = -2x^2 + 2x + 4$.

Temos que: a = - 2; b = +2 e c = + 4.
A parábola tem concavidade para baixo, pois a < 0 (a = - 2).
A Ordenada y do ponto de interseção com o eixo Y é = + 4 (valor de c).

$\Delta = b^2 - 4ac$; $\Delta = (2)^2 - 4.(-2).(+4)$; $\Delta = +36$, logo $-\Delta = -36$.

$x_V = \frac{-b}{2a}$; $x_V = -(+2) / 2.(-2)$; $x_V = +0{,}5$ ⟵ Abscissa do vértice.

$y_V = \frac{-\Delta}{4a}$; $y_V = -36 / -8$; $y_V = +4{,}5$ ⟵ Ordenada do vértice

Exercício 6.2: uma parábola tem Coordenadas do vértice V (0; 0) e do Foco F (+2; 0). Pedem-se: a) A equação da parábola. b) A equação da reta diretriz d. c) A Imagem Geométrica da parábola.

Observa-se que, como o vértice e o Foco têm a mesma Ordenada (iguais a zero), pode-se afirmar que a parábola é de eixo horizontal. Como a Abscissa do Foco é positiva, a concavidade está voltada para a direita, ou seja, no sentido + X. Como o vértice tem Abscissa e Ordenada iguais a zero, o vértice está na Origem (0; 0). Segundo parágrafo 6.5, a equação dessa parábola é dada por: $y^2 = +4px$.

***Reta diretriz: x = - 2**

***A distância entre o Foco e o vértice é igual à distância entre o vértice e a reta diretriz.**

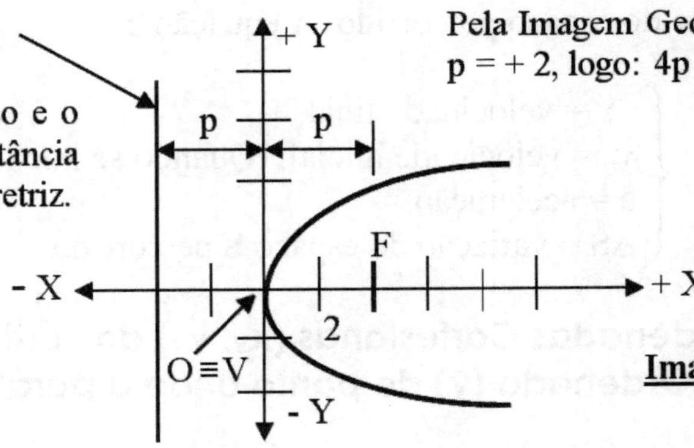

Pela Imagem Geométrica vê-se que:
p = + 2, logo: 4p = + 8.

Imagem Geométrica

Conforme parágrafo 6.5: $y^2 = +4px$, logo; $y^2 = +8x$; ou seja: **$y^2 = +8x$ é a equação da parábola**

Exercício 6.3: a) Determinar os pontos de interseção entre a parábola $y = +x^2 - 3x + 4$ e a Reta: $y = x + 1$. b) Plotar a Imagem Geométrica da interseção.

a) As Coordenadas Cartesianas da interseção são obtidas com a resolução do sistema:

$$\begin{cases} y = x^2 - 3x + 4. \\ y = x + 1. \text{ (Este valor de y é substituído na equação da parábola).} \end{cases}$$

$x + 1 = x^2 - 3x + 4 \Rightarrow +x^2 - 4x + 3 = 0;$

$$x = \frac{-(-4) +/- \sqrt{(-4)^2 - (4.1.3)}}{2}; \quad \begin{cases} x1 = +3. \\ x2 = +1. \end{cases}$$

$$y = x + 1, \text{ logo: } \begin{cases} y1 = x1 + 1 = +3 + 1; \; y1 = +4. \\ y2 = x2 + 1 = +1 + 1; \; y2 = +2. \end{cases}$$

As Coordenadas Cartesianas dos pontos de interseção são: P1 (+3; +4) e P2 (+ 1; + 2).

b) Imagem Geométrica da interseção:

Para cada função, calculam-se pontos x e y, de forma a poder plotar no gráfico esses pontos, por onde passam as funções.

x	y
0	+1
+1	+2
+3	+4
+4	+5

← Reta: $y = x + 1$.

x	y
-1	+8
0	+4
+1	+2
+2	+2
+3	+4
+4	+8

← Parábola: $y = +x^2 - 3x + 4$

Imagem Geométrica da interseção

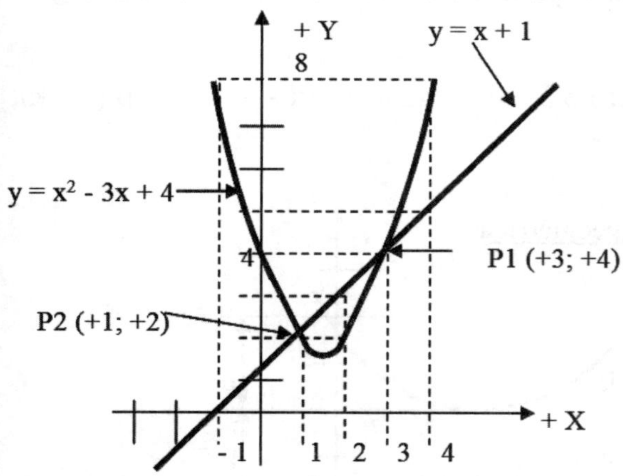

Análise da parábola: $y = +x^2 - 3x + 4$

$$x = \frac{-(-3) \pm \sqrt{(9 - 16)}}{2}; \; (\Delta = -7).$$

Como o Discriminante Δ é negativo, significa que essa parábola não intercepta o Eixo X, ou seja, não tem raízes.

Também se confirma que, como o valor de "a" é positivo, a abertura é para cima.

6.8 Análise e equações de parábolas com vértices não coincidentes com a Origem (0; 0)

Serão analisadas as parábolas com eixo paralelo a X e Y, embora por teoria uma parábola possa assumir qualquer posição dentro do espaço R^2, ou seja, nos quatro quadrantes.

$+ (x - h)^2 = + 4.p\,(y - k)$ **$+ (y - k)^2 = + 4.p\,(x - h)$**

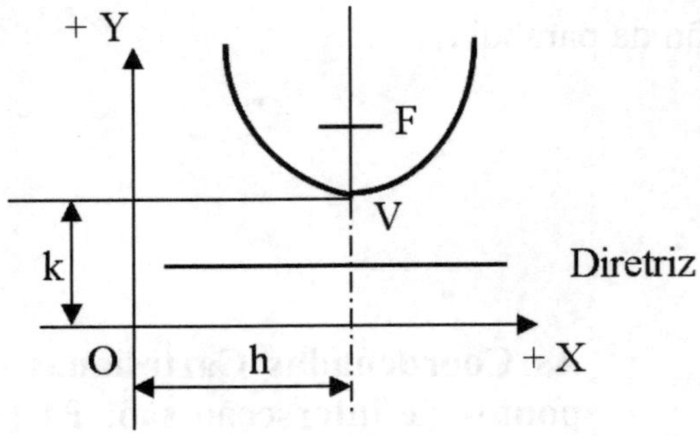

Parábola "A" com eixo paralelo a Y e no primeiro quadrante

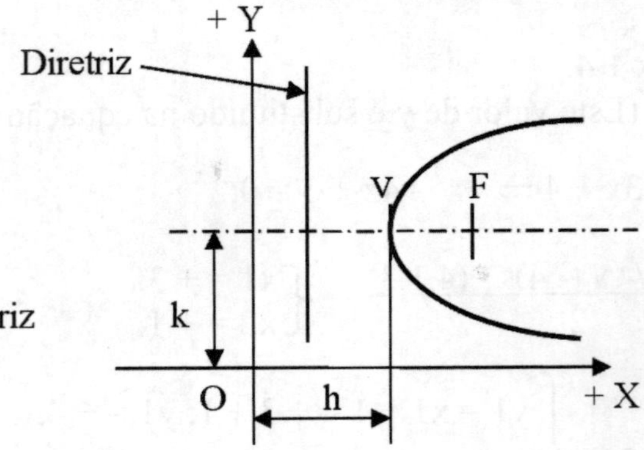

Parábola "B" com eixo paralelo a X e no primeiro quadrante

Os termos h e k, acrescidos às equações das parábolas com vértices coincidentes com a Origem (0; 0), são as distâncias cartesianas, positivas ou negativas, do vértice à Origem (0; 0).

Em verdade são usadas as mesmas considerações algébricas e geométricas, das deduções para as parábolas com eixos coincidentes a X ou Y, mas considerando uma translação dos eixos Cartesianos.

$$\begin{cases} \textbf{Parábola A: } + (x - h)^2 = + 4.p\,(y - k). \\ \textbf{Parábola B: } + (y - k)^2 = + 4.p\,(x - h). \end{cases} \longleftarrow$$

Estas são as equações a serem utilizadas, observando-se que, dependendo do quadrante onde se situa o Vértice, h e k podem ser positivo ou negativo.

Exercício 6.4: determinar a equação da parábola de Vértice V (-3; +2), com parâmetro p = 2, sendo a parábola com eixo paralelo a Y e cavidade voltada para cima. Fazer também a Imagem Geométrica da parábola.

Trata-se de uma parábola do tipo da figura 1, do parágrafo 6.5, com equação: $(x - h)^2 = +4.p\,(y - k)$; onde h = -3 e K = + 2.

Imagem geométrica

$[x - (-3)]^2 = 4.2\,(y - 2)$; $(x + 3)^2 = 8y - 16$;

$x^2 + 6x + 9 = 8y - 16$;

$\mathbf{+ x^2 + 6x - 8y + 25 = 0}$ ← **Esta é a equação da parábola**

A reta diretriz coincide com o eixo X

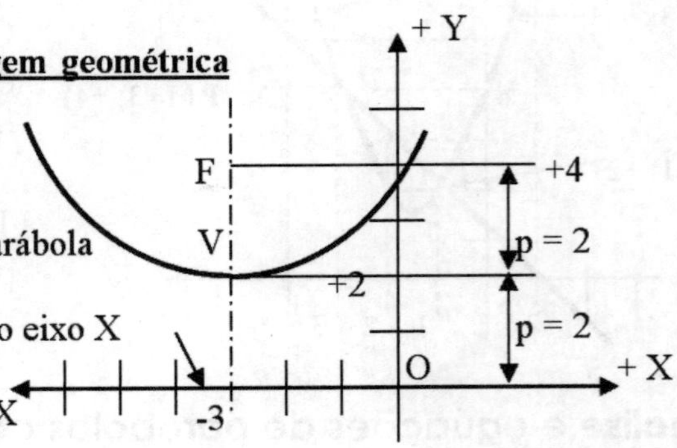

Observa-se que, na equação: $+ x^2 + 6x - 8y + 25 = 0$, fazendo-se y = 0, tem-se: $+ x^2 + 6x + 25 = 0$, onde $\Delta = - 64$, ou seja, confirma-se que essa parábola não intercepta o Eixo X.

6.9 Cálculo do perímetro (C) e da área (S) do trecho de uma parábola

O cálculo, tanto do perímetro (C), quanto da área (S) de um trecho de uma parábola envolve análises de cálculo integral, que estão fora dos objetivos desse livro. Dessa forma, até para confirmar o caráter de Geometria Analítica Aplicada desse livro, serão indicadas diretamente as fórmulas, que posteriormente serão utilizadas em exercícios reais, e aplicados à Arquitetura e Engenharia.

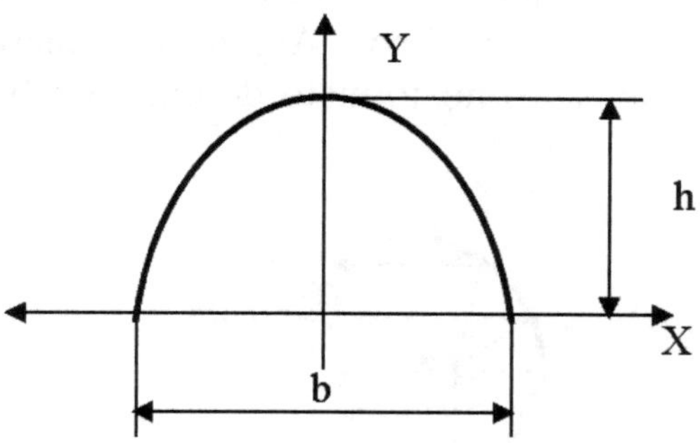

A (S) área deste trecho da parábola é dada por:

$$S = 2 \,.\, h \,.\, b / 3$$

O perímetro (C) é dado por:

$$C = 1/2\,\sqrt{(b^2 + 16\,h^2)} + \frac{b^2}{8h}\ln\left[\frac{4\,h + \sqrt{(b^2+16\,h^2)}}{b}\right]$$

ln = logarítimo neperiano.

Na prática, para calcular a área ou perímetro de um trecho de uma parábola, o primeiro passo é fazer a translação dos Eixos X e Y, para a posição acima mostrada, de forma que sejam calculados os fatores b e h, para então aplicar-se a fórmula pertinente. Na prática, em que condições surge a necessidade de se calcular a área ou perímetro de um trecho de uma parábola?

O exercício 6.6 exemplifica o uso destes cálculos. Outro exemplo é quando se tem arcos parabólicos utilizados como cobertura ou telhado, o que é comum em templos religiosos, quando se tem que calcular o comprimento dos vergalhões, bem como das formas que serão utilizadas.

6.10 Aplicação prática: detalhes de uma antena parabólica comercial

Antenas parabólicas são utilizadas para várias finalidades, dentre as quais para recepção de sinais de televisões digitais. A seguir é mostrada uma antena comercial e suas dimensões, sendo comum a sua venda no mercado. A antena em questão tem 1,2 metros de diâmetro (D), 90 centímetros de distância focal (p) e profundidade de 10 cm (H). Na prática comercial, a distância focal p é calculada pela equação: $p = D^2/16H$.

A antena mostrada atende à esta equação, pois: $(120\text{ cm})^2/16.10\text{ cm} = 90\text{ cm} = p$.

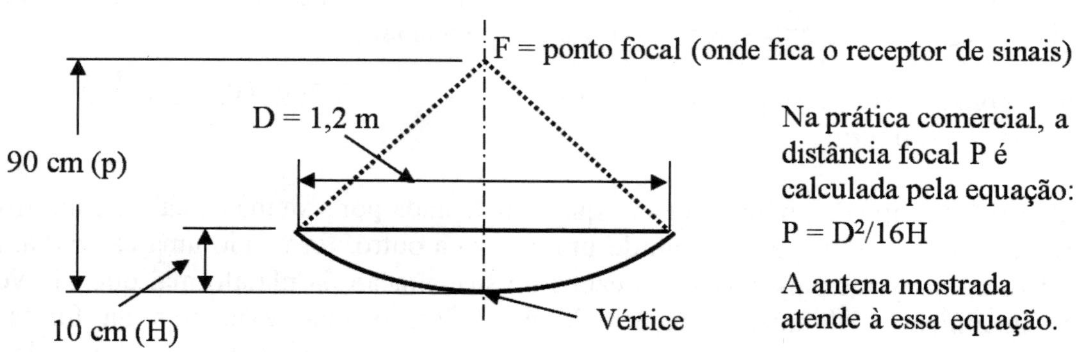

Na prática comercial, a distância focal P é calculada pela equação:

$P = D^2/16H$

A antena mostrada atende à essa equação.

Observa-se que essa parábola atende à equação: $x^2 = +\,4py$.

6.11 Propriedade refletora da parábola e suas aplicações práticas

Em qualquer parábola, um raio emitido paralelamente ao seu eixo de simetria reflete-se passando pelo foco. Reciprocamente, todo raio emitido pelo foco, reflete-se paralelamente ao eixo de simetria. Essas propriedades podem ser constatadas, por exemplo, no funcionamento dos seguintes itens: fornos solares, antenas parabólicas, faróis de automóveis e de navegação, antenas de radar e telescópios. Na Engenharia, e na Arquitetura, existem várias aplicações da curva parabólica, normalmente na sua forma tridimensional, ou seja, um paraboloide circular ou de revolução circular. Algumas entradas de túneis têm o formato parabólico. Algumas construções, especialmente de igrejas católicas, têm a sua cobertura (telhado) no formato de uma parábola. O capítulo 10 apresenta outras aplicações.

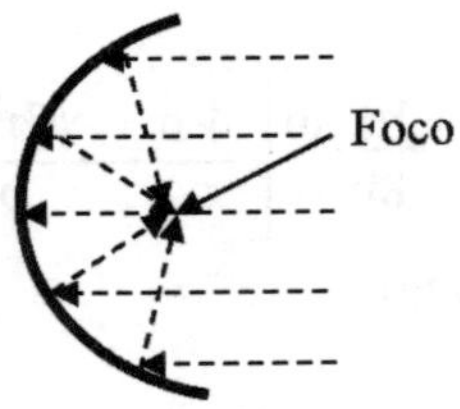

Raios emitidos em direção ao foco (por exemplo, em uma antena receptora)

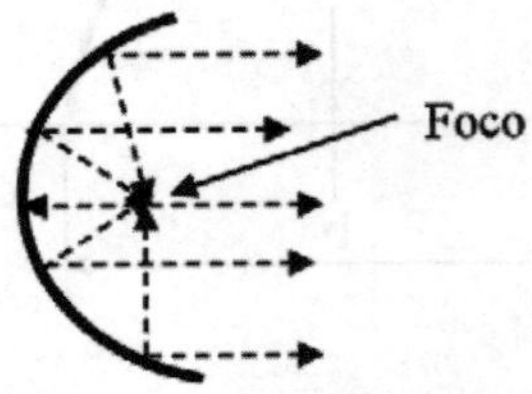

Raios emitidos pelo foco (por exemplo, em um farol automotivo)

Em acústica, o formato parabólico é utilizado para concentrar o som em microfones, permitindo ouvir fontes sonoras distantes, como pássaros sendo observados na natureza. Alguns ambientes utilizam-se do formato parabólico no teto para possibilitar que o som da fala seja ouvido mesmo em grandes espaços onde o som geralmente seria dispersado.

6.12 Catenária ou "falsa parábola" (exemplo de uma ponte Pênsil)

Esta é uma catenária, não uma parábola.

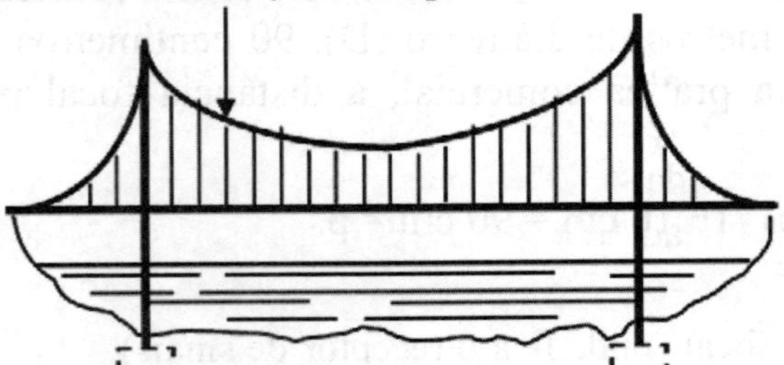

Exemplo de ponte Pênsil (falsa parábola), sobre um rio

A catenária descreve uma família de curvas planas semelhantes às que seriam geradas por uma corda suspensa pelas suas extremidades e sujeitas à ação da gravidade.

A equação da forma da catenária é dada pela função hiperbólica e a sua equivalente exponencial é:

$$y = \frac{a.\,(e^{x/a} + e^{-x/a})}{2}$$

A ponte Pênsil é um tipo de ponte suspensa, que é sustentada por sistema de cabos e mastros. Nesse tipo de ponte os cabos principais partem de um mastro a outro, formando uma catenária, não uma parábola. Dos cabos principais partem os cabos de sustentação da plataforma, que são verticais e espaçados igualmente. Algumas equações de parábolas, quando expressas na forma gráfica, apresentam uma imagem muito parecida com uma catenária, entretanto, do ponto de vista da Matemática são curvas diferentes.

6.13 Exercícios complementares resolvidos (Exercícios 6.5 a 6.15)

Exercício 6.5: Uma parábola tem Foco F (0; -5) e vértice V na Origem (0; 0). Com esses dados pedem-se: a) A Imagem Geométrica da curva, com a reta que passa pelos pontos P1 e P2. 4b) A equação da reta diretriz. 4c) As Coordenadas Cartesianas dos pontos P3 e P4, de interseção entre a parábola e a reta que passa pelos pontos P1 (+5; +2) e P2 (-3; -4).

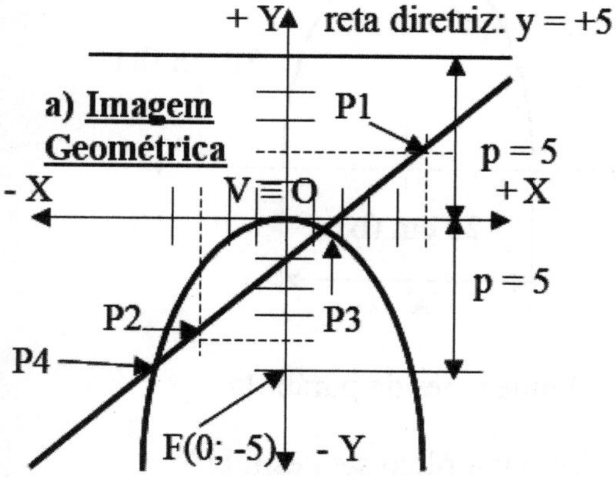

Em verdade essa parábola é bem mais aberta.

b) A equação da reta diretriz é: y = +5.

c) Para determinar os pontos P3e P4, tem-se que resolver um sistema com as equações da parábola e da reta, que a intercepta. A equação desse tipo de parábola é: $x^2 = -4py$.
p = 5; Logo: $x^2 = -4.5.y$; $\mathbf{x^2 = -20y}$. (Parábola).

mP1P2 = (yP1 - yP2) / (xP1 - xP2) =
[+2 - (-4)] / [+5 - (-3)]:
mP1P2 = +6 / +8: mP1P2 = +0,75.
+0,75(x - 5) = y - 2. +0,75x - 3,75 = y - 2.
+0,75x - y - 1,75 = 0. (É a equação da reta).
y = +0,75x - 1,75. Substitui-se esse valor de y na equação da parábola: $x^2 = -20y$.

$x^2 = -20y$: $x^2 = -20(+0,75x - 1,75)$: $x^2 = -15x + 35$: $x^2 + 15x - 35 = 0$

Resolvendo-se essa equação do segundo grau, tem-se: x1 = - 17,053 e x2 = + 2,053.
Substituindo os valores de x1 e x2, na equação da reta, acham-se os valores de y1 e y2.
y1 = - 14,54 e y2 = - 0,21.

Conclusão: P3(+2,053; -0,21) e P4(-17,053; -14,54).

Exercício 6.6: um *Designer* projetou uma lixeira, com corpo tipo parabólico, conforme mostrada no desenho a seguir. Na construção será utilizada chapa de aço inoxidável com espessura de 3 mm, tanto no corpo, quanto na placa retangular que será fixada em paredes, bem como na tampa do fundo, que tem o formato parabólico. Conhecendo-se os dados da parábola e sabendo que este aço inoxidável tem um peso específico de 8.000 Kg/m^3, pede-se calcular o peso do conjunto de cada lixeira.

Observa-se que designer, ou melhor, desenhista industrial, é o profissional que idealiza o formato e a estética de produtos, inclusive com a definição básica dos materiais e acabamentos. Posteriormente cabe ao engenheiro mecânico a completa especificação do tipo de aço inoxidável, e das demais partes. Finalmente, cabe ao engenheiro de produção, o acompanhamento da fabricação.

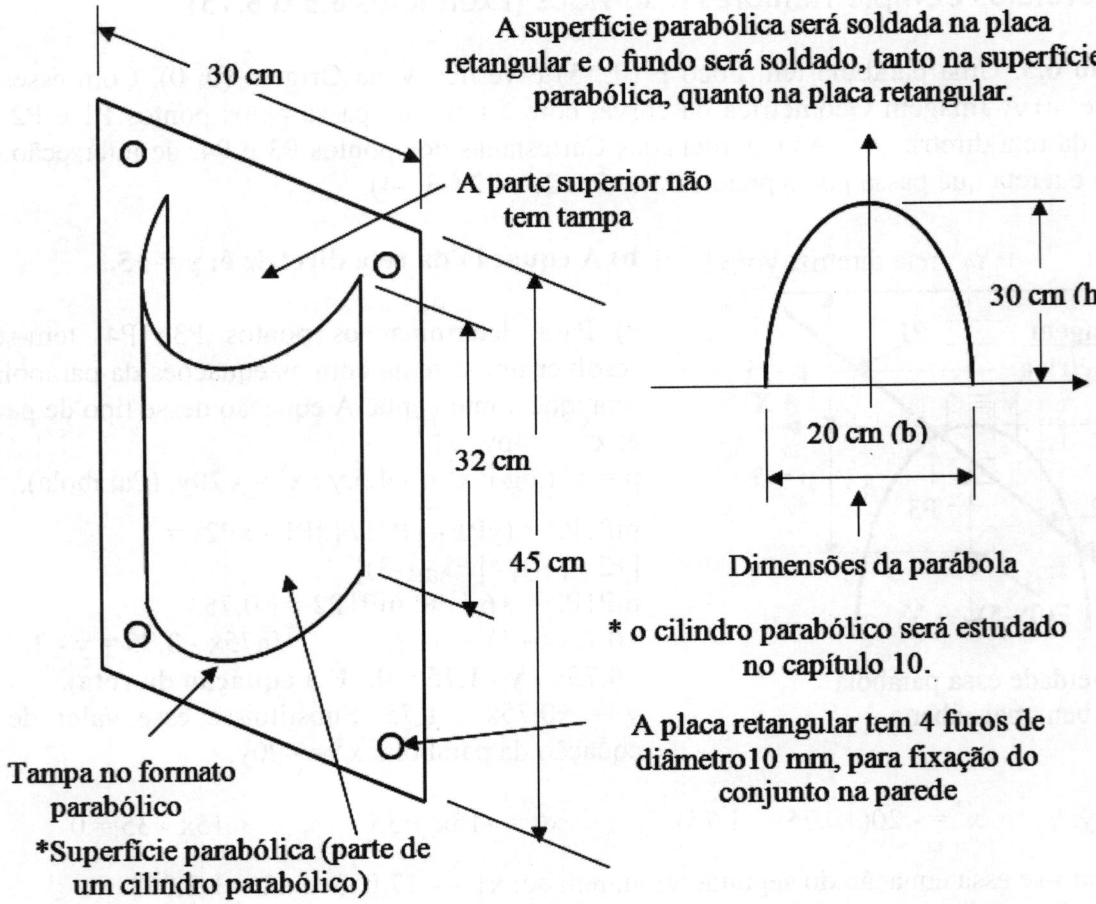

Para se calcular o peso do conjunto, é necessário calcular o peso das seguintes partes:

- Placa retangular 30 cm x 45 cm, espessura 3 mm ou 0,3 cm.
- Superfície parabólica com 32 cm de extensão, espessura 0,3 cm.
- Tampa no fundo, no formato parabólico, espessura 0,3 cm.

a) Cálculo do peso da placa retangular:

Volume da placa = 30 cm x 45 cm x 0,3 cm = 405 cm^3 = 405. 10^{-6} m^3.
Peso da placa = volume x peso específico = 405. 10^{-6} m^3 x 8.000 Kg/m^3 = 3240. 10^{-3} Kg.
Peso da placa 3,240 Kg.

b) Cálculo do peso da superfície parabólica:

Primeiro se calcula a área da superfície, que é igual ao perímetro do trecho da parábola vezes a extensão de 32 cm. O perímetro é dado por (parágrafo 6.9):

$$C = 1/2\,\sqrt{(b^2 + 16\,h^2)} + \frac{b^2}{8h}.\ \ln\left[\frac{4\,h + \sqrt{(b^2+16\,h^2)}}{b}\right]$$ ln = logarítimo neperiano.

b = 20 cm. h = 30 cm. b^2 = 400 cm^2. h^2 = 900 cm^2. ⟶ C = 63 cm (aproximadamente)

Área = 63 cm x 32 cm = 2016 cm^2.

Volume = 2016 cm^2 x 0,3 cm = 604, 8 cm^3 = 604,8 . 10^{-6} m^3.

Peso = 604,8 . 10^{-6} m^3 x 8.000 Kg/m^3 = 4832. 10^{-3} Kg.
Peso da superfície parabólica = 4,832 Kg.

c) Cálculo do peso da tampa do fundo:

É igual à área da tampa no formato parabólico vezes a espessura vezes o peso específico.

A área é dada por: S = 2 . h . b / 3. (Ver parágrafo 6.9).

S = 2. 30 cm. 20 cm / 3 = 400 cm^3 = 400. 10^{-6} m^3.

Peso = 400. 10^{-6} m^3 x 8.000 Kg/m^3 = 3200. 10^{-3} Kg. Peso da tampa do fundo = 3,2 Kg.

Peso total do conjunto = 3,240 Kg + 4,832 Kg + 3,200 Kg.

Peso total do conjunto = 11,272 Kg, ou seja: 11 quilos e 272 gramas.

Observação: com o peso total, calcula-se o custo do material (que é cobrado por quilo). Para se saber o preço total de cada lixeira, também se calcula o custo dos cortes das chapas, o dobramento no formato parabólico e das soldas. É interessante pesquisar como uma máquina irá cortar a placa parabólica e como outra irá dobrar, exatamente no formato.

Exercício 6.7: um engenheiro civil tem uma micro empresa, especializada em projeto/construção de túneis e rodovias. A empresa recebeu uma carta convite para apresentar uma proposta para o projeto de um túnel, sob uma montanha. A carta convite especificou que o túnel, por motivos arquitetônicos, tem que ter formato parabólico, com altura de 5 metros e uma largura entre 8,5 e 9 metros. Após consultar seu banco de dados de projetos anteriores, o engenheiro encontrou um antigo, onde também se tratava de um túnel no formato parabólico, inclusive com a equação, então utilizada, ligeiramente maior que o agora solicitado. Com algumas análises e rascunhos, ele desenvolveu os cálculos adiante descritos:

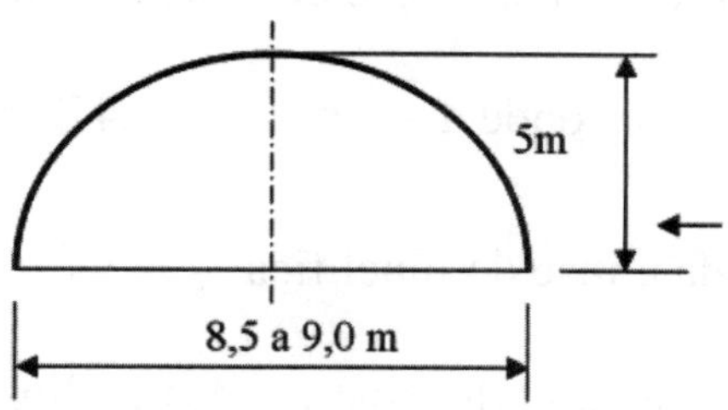

Estas são as medidas exigidas pelo cliente. Esta Imagem geométrica é apenas para início das análises e cálculos.

O engenheiro imaginou a parábola com o Vértice sobre a Origem, ou seja: V (0; 0) e a cavidade para baixo, resultando na equação; $\mathbf{x^2 = -4.p.y}$. (parágrafo 6.3).

A partir dessa análise, ele fez algumas simulações, definindo o valor da dimensão p e operando a fórmula, de maneira a ter as dimensões exigidas.

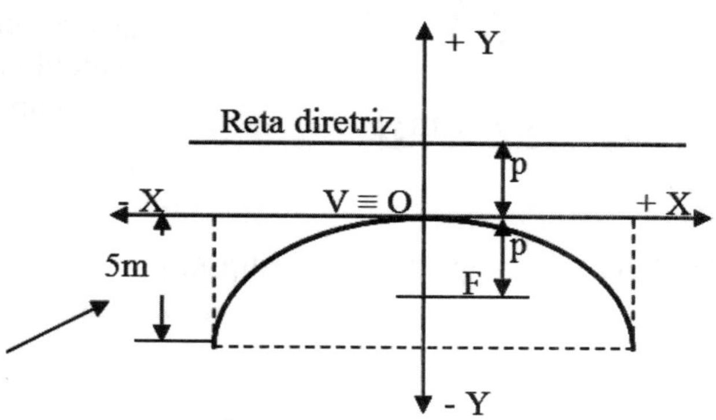

Em termos cartesianos, y = - 5m

Considerando p = 1m (antigo projeto), a equação escolhida fica: $x^2 = -4.1.y$ ou: $\mathbf{x^2 = -4.y}$.

Substituindo o valor de y por - 5m, conforme exigido, tem-se: $x^2 = -4 \cdot -5m : x^2 = +20m$.

Ou seja: $x = \pm 4{,}472m$.

Esse valor de x, se aplica nos dois sentidos: + X e - X.
$2x = 8{,}944m$. Este valor atende à largura máxima de 9,0m.
Finalmente o projeto do túnel fica da seguinte forma:

<u>Esta é a Imagem geométrica real da parábola</u>

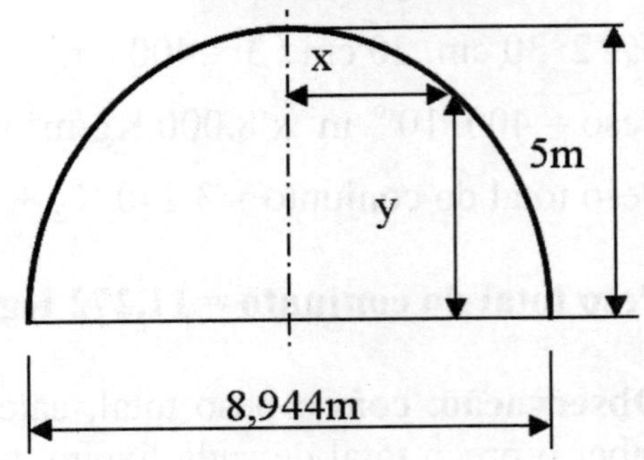

<u>Resposta do exercício:</u>

Esse formato parabólico segue a equação: $\mathbf{x^2 = -4.y}$.
É a partir da definição de Coordenadas x, y, que serão desenvolvidos, por exemplo, os cálculos estruturais e as medidas das formas, para o acabamento em concreto armado.

Exercício 6.8: em relação ao exercício 6.7, após ter finalizado os cálculos e definido a parábola, o engenheiro resolveu fazer uma outra análise, considerando as dimensões exigidas pelo cliente. Supondo que ao invés do túnel ser parabólico, fosse elíptico, como ficariam as geometrias ou formas? Comparativamente ao parabólico, será que o túnel elíptico ficaria melhor? Haveria economia, por exemplo, caso a escavação do tipo parabólico ou elíptico resultasse num menor volume de solo retirado?

Para essa análise, inicialmente, o engenheiro escreveu a equação de uma elipse, com centro na Origem (0; 0), eixo maior igual a 10 m, no sentido Y, e eixo menor igual a 8,944 m, no sentido X. Com essas dimensões, a elipse fica com Imagem Geométrica a seguir mostrada:

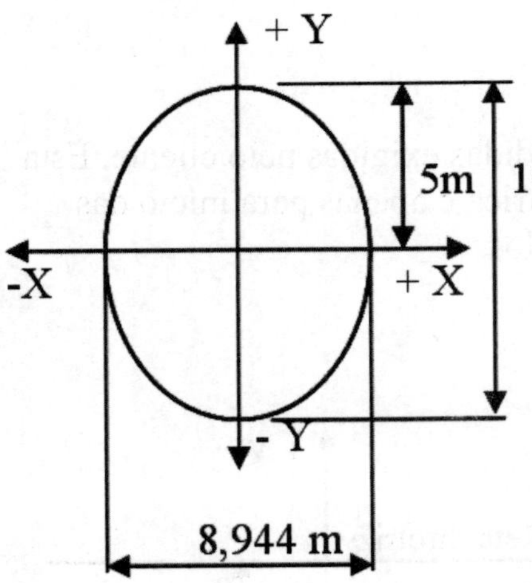

Nessas condições, a equação da elipse é a seguinte:

$$\frac{y^2}{a^2} + \frac{x^2}{b^2} = 1 \text{ ; onde } a = 5 \text{ m e } b = 4{,}472 \text{ m.}$$

A equação da elipse do túnel fica: $y^2/25 + x^2/20 = +1$

Observa-se que, a parte superior dessa elipse tem a mesma altura e mesma largura da parábola definida.

Uma vez com as equações das duas curvas, o engenheiro calculou pontos em cada curva, para entender e ver como cada uma se comporta.

Parábola: $x^2 = -4p\,(y - 12)$ Elipse: $\dfrac{y^2}{25} + \dfrac{x^2}{20} = +1$

y	X(±)
0	4,472
1	4
2	3,464
3	2,828
4	2
5	0

y	X(±)
0	4,472
1	4,382
2	4,099
3	3,578
4	2,683
5	0

Na sequência faz-se o gráfico de cada curva, para ver suas diferenças, em termos de geometria ou forma. Essas diferenças estão relacionadas a mais ou menos escavação, ou seja, dependendo do formato parabólico ou elíptico, o túnel pode ter um custo menor, o que junto com a segurança e baixos impactos ambientais são as principais metas da Engenharia. Observa-se que o vértice da parábola não coincide com a origem (0;0), logo sua equação fica x2 = -4p(y - k), com p = 1 e k = +5.

Os desenhos mostram que o túnel parabólico tem menos escavação, em relação ao de formato elíptico.

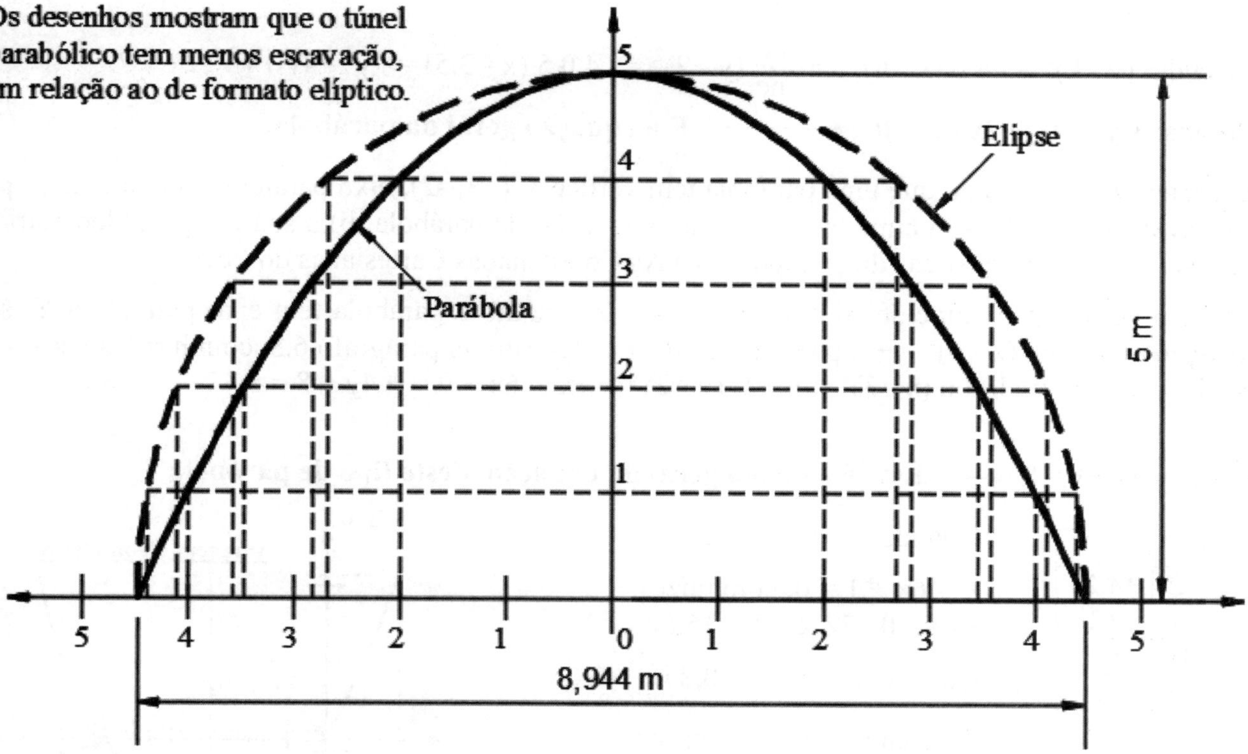

Segundo parágrafo 5.8, a área da semi elipse é: (π . 5m. 4,472m) / 2 = 35,122 m^2.
Segundo parágrafo 6.9, a área do setor parabólico é: (2 . 5m . 8,944m) / 3 = 29,813 m^2.

Conclusão: Os desenhos das curvas da elipse e da parábola, para as mesmas dimensões de largura (8,944 m) e altura (5 m) mostram que o túnel no formato parabólico realmente tem uma área cerca de 15% menor que no formato elíptico, com menor volume de escavação.

Exercício 6.9: determine a equação da parábola com Foco no ponto F (+3; +2) e com a reta diretriz de equação: x = +4.

Uma análise da Imagem Geométrica mostra que tem-se uma parábola com vértice não coincidente com a Origem O(0; 0), com eixo paralelo a X e com a cavidade voltada para a esquerda. De acordo com os parágrafos 6.5 e 6.8, esse tipo de parábola tem como equação: $(y - k)^2 = - 4.p\ (x - h)$, e os valores*: p = 0,5; k = +2 e h = + 3,5.

*Como a distância entre o vértice e o foco é igual à distância entre o vértice e a reta diretriz, ambas igual ao parâmetro p, e como a distância entre a reta diretriz e o foco é igual a 1, concluí-se que: p = 1; k = +2; h = +3,5.

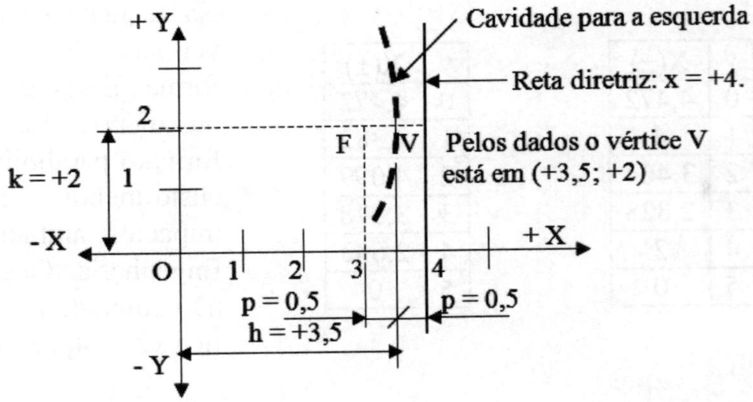

Fazendo: $(y - k)^2 = - 4.p\ (x - h)$, tem-se: $(y - 2)^2 = - 4.0{,}5\ (x - 3{,}5) \Rightarrow y^2 - 4y + 4 = -2x + 7$.

Ou seja: $+ y^2 - 4y + 2x - 3 = 0$ ⟵ **É a equação geral da parábola.**

Exercício 6.10: sabendo que uma parábola tem vértice V (+3; -2), eixo paralelo a Y, parâmetro p = 1 e cavidade voltada para cima, pedem-se: a) a equação da parábola; b) a sua Imagem Geométrica; c) Todas suas características dimensionais; d) As Coordenadas Cartesianas do Foco.

Como o vértice não coincide com a Origem (0; 0) e como a parábola tem eixo paralelo a Y, sua equação é do tipo: $(x - h)^2 = + 4.p\ (y - k)$, conforme descrito no parágrafo 6.8, com h = + 3 e k = - 2. $(x - h)^2 = + 4.p\ (y - k)$ ou $(x - 3)^2 = + 4.1.\ (y + 2) \Rightarrow +x^2 - 6x + 9 = + 4y + 8 \Rightarrow$

$x^2 - 6x - 4y + 1 = 0$ ⟵ **Esta é a forma geral da equação, deste tipo de parábola.**

x	y
-2	+4,25
-1	+2
0	+0,25
+1	-1
+2	-1,75
+3	-2
+4	-1,75
+5	-1
+6	+0,25
+7	+2

Quando y = 0, tem-se:

$x^2 - 6x + 1 = 0$; com raízes: x1 = +0,172 e x2 = +5,828.

Quando x = 0; y = +0,25.

A distância entre o Vértice e o Foco, bem como do vértice à reta diretriz é igual ao parâmetro (p = 1). Como o vértice está em V (+3; -2), tem-se: F (+3; -1).

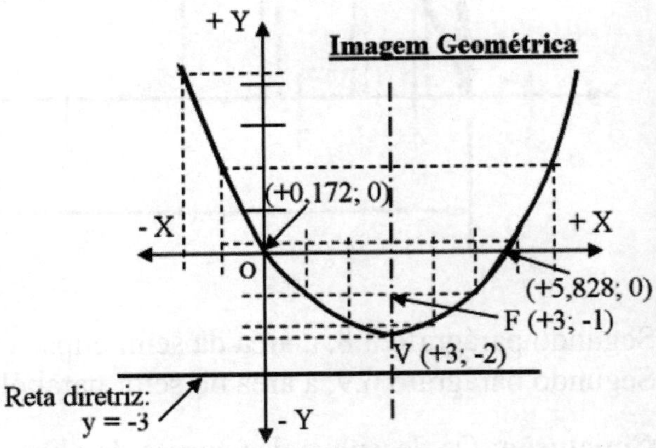

Exercício 6.11: a partir da equação da parábola $+x^2 - 2x - 3 = y$, pedem-se: a) Explicar a posição da sua cavidade. b) Determinar os valores de y, para os seguintes valores de x: -3, -2, -1, 0, +1, +2, +3 e +4. c) Fazer a Imagem Geométrica aproximada da parábola. d) Calcular as Coordenadas Cartesianas dos seguintes pontos: d1) vértice; d2) raízes da equação, ou seja, os valores onde a parábola corta o Eixo X e d3) As Coordenadas Cartesianas do ponto onde a parábola corta o Eixo dos Y.

6.11.a) De acordo com o parágrafo 6.4, para a equação: $y = ax^2 + bx + c$, quando o sinal de a é positivo, a cavidade da parábola é para cima. Este é o caso da parábola: $+x^2 - 2x - 3 = y$, onde a = + 1, b = - 2 e c = - 3.

6.11.b) Valores de x e y:

x	y	
-3	+12	
-2	+5	← D
-1	0	
0	-3	
+1	-4	
+2	-3	
+3	0	
+4	+5	← E

6.11.c) Imagem Geométrica

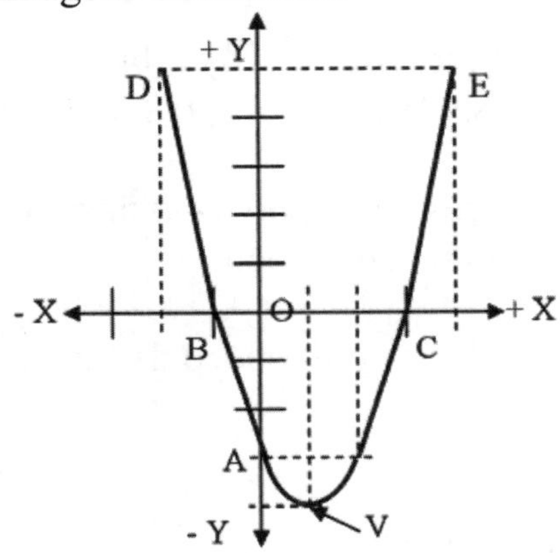

6.11.d.1) Coordenadas do vértice V:

$\Delta = b^2 - 4ac$; $\Delta = (-2)^2 - 4.1.(-3)$; $\Delta = +16$, logo $-\Delta = -16$.

$x_V = \dfrac{-b}{2a}$; $x_V = -(-2)/2.1$; $x_V = +1$ ← Abscissa do vértice.

$y_V = \dfrac{-\Delta}{4a}$; $y_V = -16/4.1$; $y_V = -4$ ← Ordenada do vértice

Portanto: V(+1; -4).

6.11.d.2) Raízes da equação, ou seja, Ordenadas (y) iguais a zero:

Conforme a tabela de 6.10.b, vê-se que as raízes são: x1 = -1 (ponto B) e x2 = +3 (ponto C).

6.11.d3) Coordenadas Cartesianas do ponto onde a parábola corta o Eixo dos Y, ou seja, onde x = 0.

Para: $y = ax^2 + bx + c$, e: $y = +x^2 - 2x - 3$.
Temos que: a = +1; b = -2 e c = - 3.
A Ordenada y do ponto A de interseção com o Eixo Y é = -3 (valor de c).
Portanto A (-3; 0)

Exercício 6.12: considerando que uma parábola tem vértice V(+4; +2) e Foco F(+1; +2), pedem-se: a) A Imagem Geométrica aproximada e b) todas as características da curva.

Apenas com os dados iniciais, já se descobre que esta parábola tem as seguintes características: eixo paralelo a X, vértice não coincidente com a Origem O(0; 0) e cavidade voltada para a esquerda (devido posições de F e V).

Com essas características, a equação desse tipo de parábola é: $(y - k)^2 = -4p(x-h)$, onde k = +2 e h = +4. Substituindo nessa fórmula, tem-se a equação da parábola:

$(y - 2)^2 = -4p(x-4) \Rightarrow y^2 - 4y + 4 = -12x + 48 \Rightarrow \mathbf{y^2 - 4y + 12x - 44 = 0}$ ⟵ Esta é a equação.

Determinação dos pontos, onde a parábola corta os Eixos X e Y.

Quando y = 0, tem-se: +12x - 44 = 0 => x = + 44/12 => x = + 3,667. Ponto A(+3,667; 0).

Quando x = 0, tem-se: $y^2 - 4y - 44 = 0$. Resolvendo essa equação do segundo grau, encontram-se as raízes y1 = +8,928 e y2 = - 4,928. Portanto os pontos são: B(0; +8,928) e C(0; -4,928).

Com todos esses dados, pode-se fazer a Imagem Geométrica aproximada de toda a parábola, como mostrada à direita do esboço.

Inicialmente, faz-se um esboço da Imagem Geométrica, em função dos dados informados:

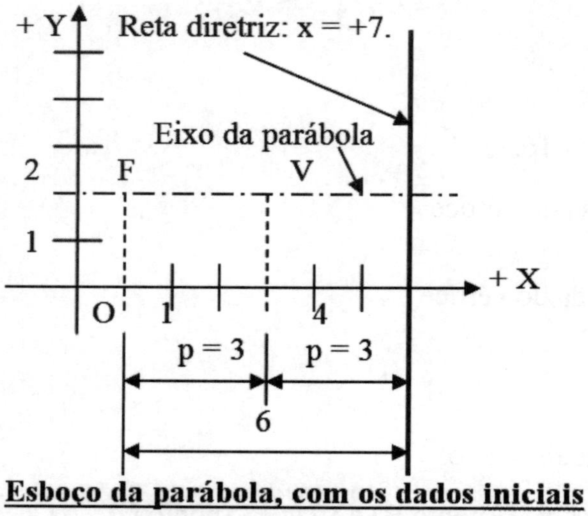

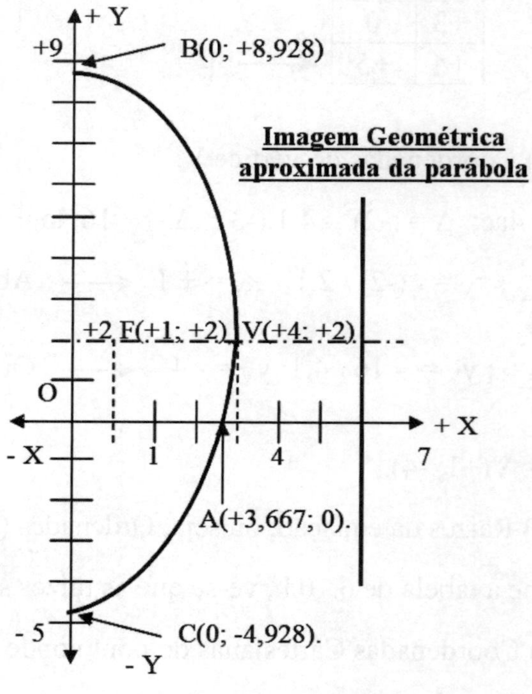

Exercício 6.13: um estudante, cursando a disciplina "Projeto de Arquitetura I", decidiu utilizar uma parábola parecida com a detalhada no exercício 6.7, como uma estrutura na forma de um paraboloide de revolução ou circular (veja capítulo 11, parágrafo 11.3), onde ocorrerão vigas na geometria desta parábola, obviamente na mesma posição. O professor gostou da ideia, mas pediu que o aluno, além do desenho dimensional da estrutura, desenvolvesse a nova equação da parábola. Após pensar um pouco, o estudante desenvolveu a seguinte análise e cálculos:

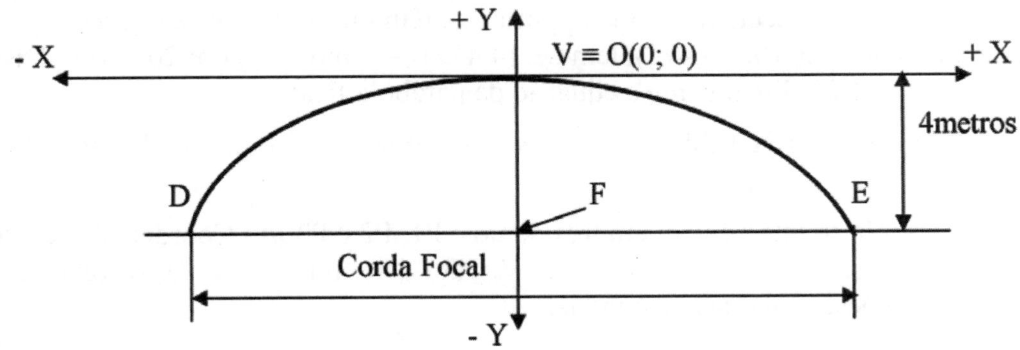

Vê-se que o parâmetro dessa parábola é p = 4 metros (pois p é igual à distância do Foco ao vértice). A equação dessa parábola é: $x^2 = - 4.p.y$ (figura 2, parágrafo 6.5). Ou seja: $x^2 = - 4. 4 .y$. Portanto: $x^2 = - 16y$ é a equação da parábola.

Nesse caso, o valor da Corda Focal é igual à distância entre os pontos D e E. Esses pontos têm Ordenada y igual a -4. Para determinar as coordenadas de D e E, basta substituir na equação o valor de y = -4. Com isso acha-se $x^2 = + 64$ e x = ±8m. Ou seja: A Corda Focal é igual a 16 metros (de fato: l = 4p; l = 4.4m; l = 16m).

Exercício 6.14: uma elipse tem equação: $+ y^2/36 + x^2/16 = + 1$, supondo um parábola, com abertura para a direita, com vértice coincidente com o ponto de menor Abscissa da elipse e que passa pelos focos da elipse, pedem-se: a) A Imagem Geométrica das curvas, b) A equação da parábola, c) As Coordenadas Cartesianas dos pontos de interseção entre a parábola e a elipse, d) As Coordenadas Cartesianas do foco da parábola e e) A equação da reta diretriz da parábola.

6.14.a) Essa elipse tem seu eixo maior coincidente com o Eixo Y e: eixo maior 2a = 12 (pois, $a^2 = 36$), eixo menor 2b = 8 (pois, $b^2 = 16$). A Imagem Geométrica do conjunto Parábola/Elipse, fica da seguinte forma:

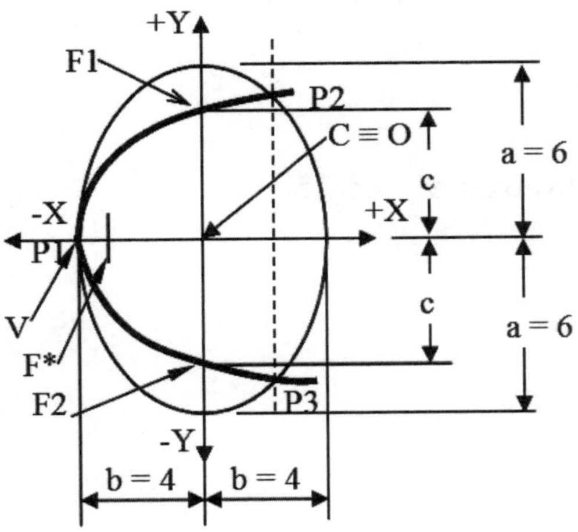

$a^2 = b^2 + c^2$; $c = \sqrt{(a^2 - b^2)}$; $c = \sqrt{20}$; c = 4,472.

Coordenadas Cartesianas já determinadas:

P1 ≡ V(-4; 0); F1(0; +4,472); F2(0; -4,472).

F* é o Foco da parábola. xF* = - (4 - p).

| VF*| = p

6.14b) Equação da parábola que tem vértice V(-4; 0) e passa pelos pontos F1(0; +4,472) e F2(0; -4,472). Essa parábola, além de ter cavidade para a direita, tem o vértice fora da origem e seu eixo coincide com o Eixo X. Trata-se de uma parábola com fórmula: $(y - k)^2 = +4p(x - h)$, onde k = - 4 e h = 0.

Com esses dados, a equação da parábola fica: $y^2 = +4p(x + 4)$. Como a parábola passa pelos focos da elipse, esses pontos pertencem à mesma e, portanto, têm que satisfazer à equação: $y^2 = +4p(x + 4)$. Considerando o ponto: F1(0; +4,472), tem-se: $(4,472)^2 = +4p(0 + 4)$ ou: 20 = 16p. Disso resulta: p = 20/16, ou seja: p = 1,25. Finalmente a equação da parábola fica:

$y^2 = +4.1,25(x + 4)$ => $\mathbf{y^2 = +5x + 20}$ ou: $\mathbf{+ y^2 - 5x - 20 = 0}$ ⟵ Equação da parábola.

6.14c) Elipse e parábola se interceptam em três pontos: P1, P2 e P3. As Coordenadas Cartesianas de P1 são: P1(-4; 0), que são as mesmas do vértice V. Para determinar P2 e P3, resolve-se o seguinte sistema de duas equações, com duas incógnitas:

$$\begin{cases} y^2 = +5x + 20 \text{ (parábola) (B).} \\ + y^2/36 + x^2/16 = + 1 \text{ (elipse) (A).} \end{cases}$$ B, substituindo em A, resulta em:

$+ [(+5x + 20)]/36 + x^2/16 = + 1$ ou: $144(+5x + 20)/36 + 144(x^2)/16 = +1$. Que resulta na equação: $+9x^2 + 20x - 64 = 0$. As raízes dessa equação são: x1 = -4 e x2 = + 1,78, que representam as Coordenadas x dos três pontos, ou seja: xP1, xP2 e xP3.

Para calcular as Coordenadas y desses pontos, ou seja: yP1, yP2 e yP3, basta substituir cada valor de x na equação da parábola: $y^2 = +5x + 20$, sabendo que: xP1 = - 4 e yP1 = 0, bem como: xP2 = xP3 = +1,78, e ainda yP2 = yP3.

$y^2 = +5(+1,78) + 20$ ou $y^2 = + 28,29$; ou seja: $y = \pm 5,375$.

Finalmente: P1(-4; 0), P2(+1,78; +5,375) e P3(+1,78; -5,375).

6.14d) Como o parâmetro p = 1,25, e com o vértice V(-4; 0), tem-se que o Foco da parábola está em xF* = - (4 - p) e yF* = 0, ou seja: **F*(-2,75; 0).**

6.14e) Equação da reta diretriz da parábola, com V(-4; 0), F*(-2,75; 0) e p = 1,25:

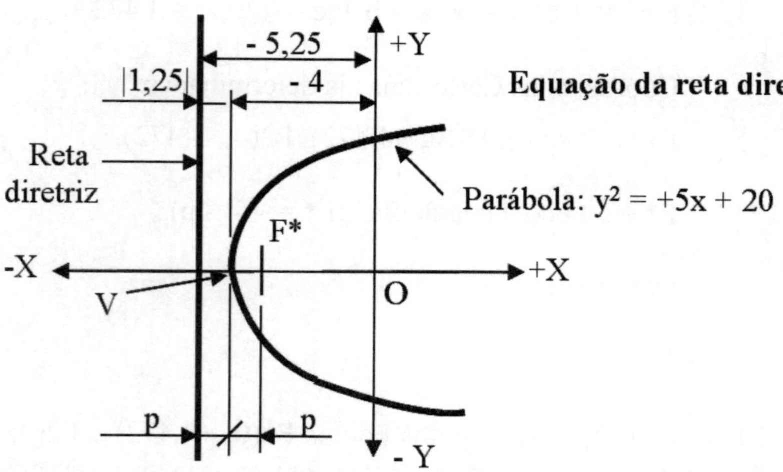

Equação da reta diretriz: x = - 5,25.

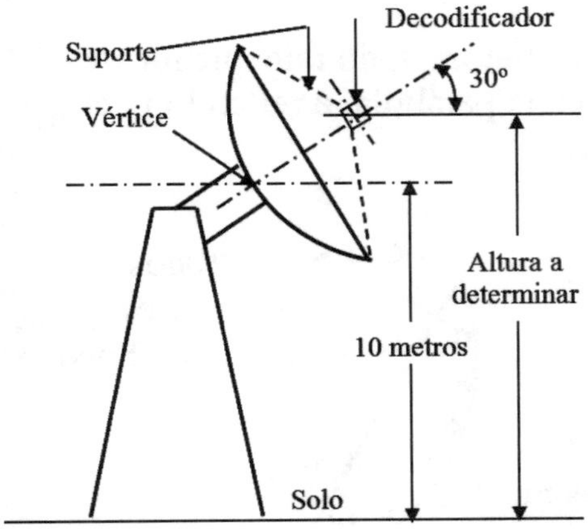

Exercício 6.15: Considerando a antena parabólica à esquerda, onde a parábola tem equação $x^2 = +4y$, determinar a altura do Foco, até o solo. Observações: a) trata-se de uma antena parabólica, com posição fixa e segundo o ângulo de 30°, com a horizontal. b) O decodificador fica localizado exatamente na posição do Foco, já que essa antena utiliza o princípio de reflexão da parábola, onde se sabe que os raios (por exemplo, de imagem) que incidem sobre a superfície interna da parábola, convergem para o Foco. Todas as medidas são em metros.

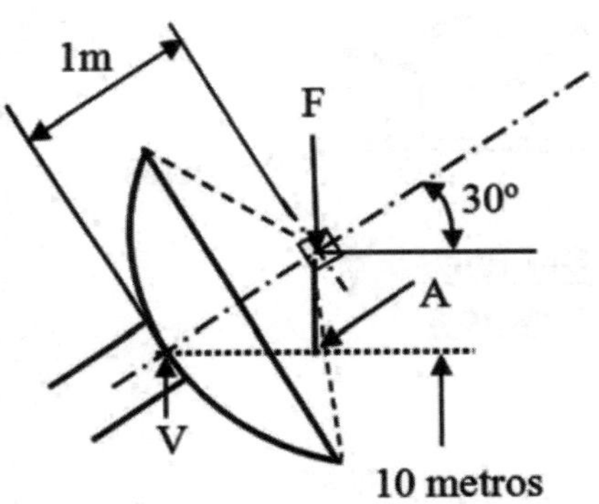

<u>Detalhes da antena</u>

Resposta: a altura do solo até o decodificador (que fica no Foco) é igual a 10,5 metros.

Considerando a equação: $x^2 = +4y$, trata-se de uma parábola com eixo alinhado com o Eixo X, e de equação: $x^2 = +4py$.
Fazendo $x^2 = +4y$ igual a $x^2 = +4py$, acha-se p = 1 metro. Ou seja, a distância entre o Foco e o vértice é igual a 1m. A resolução do triângulo AFV, a seguir, é a solução do problema.

<u>**Observação**</u>: para esse tipo de cálculo, a inclinação da parábola (30°), não tem nenhuma influência.

O cateto AF, mais 10 metros é a altura solicitada.

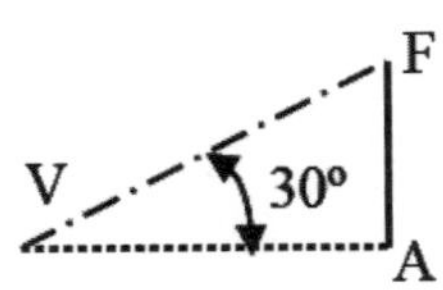

sen 30° = AF/VF.
AF = VF . sen 30°.
FV = 1m. sen 30° = 0,5.
AF = 0,5m. Conclusão:
Altura pedida = 10,5m.

6.14 O fogão solar parabólico

A literatura cita que, nesses tipos de fogões solares, a temperatura pode variar entre 150° C e 700° C, dependendo do tipo de material usado no revestimento da superfície parabólica. Como exemplo de revestimento tem-se: espelhos, chapas de alumínio e cerâmicas. Várias referências na WEB, mencionam que fogões desses tipos são utilizados em regiões pobres, sem acesso a energia elétrica ou gás. Também existem citações de estudos acadêmicos, sobre o aproveitamento de antenas parabólicas, revestidas com placas de vidro coladas ou de folhas de alumínio, para a produção desse tipo de fogão solar popular, permitindo o cozimento de alimentos, sem o consumo de eletricidade ou combustíveis ou lenha. A seguir é detalhado um modelo desse tipo de fogão, onde as dimensões (em metros) foram definidas e calculadas, seguindo o raciocínio lógico do exercício 6.15.

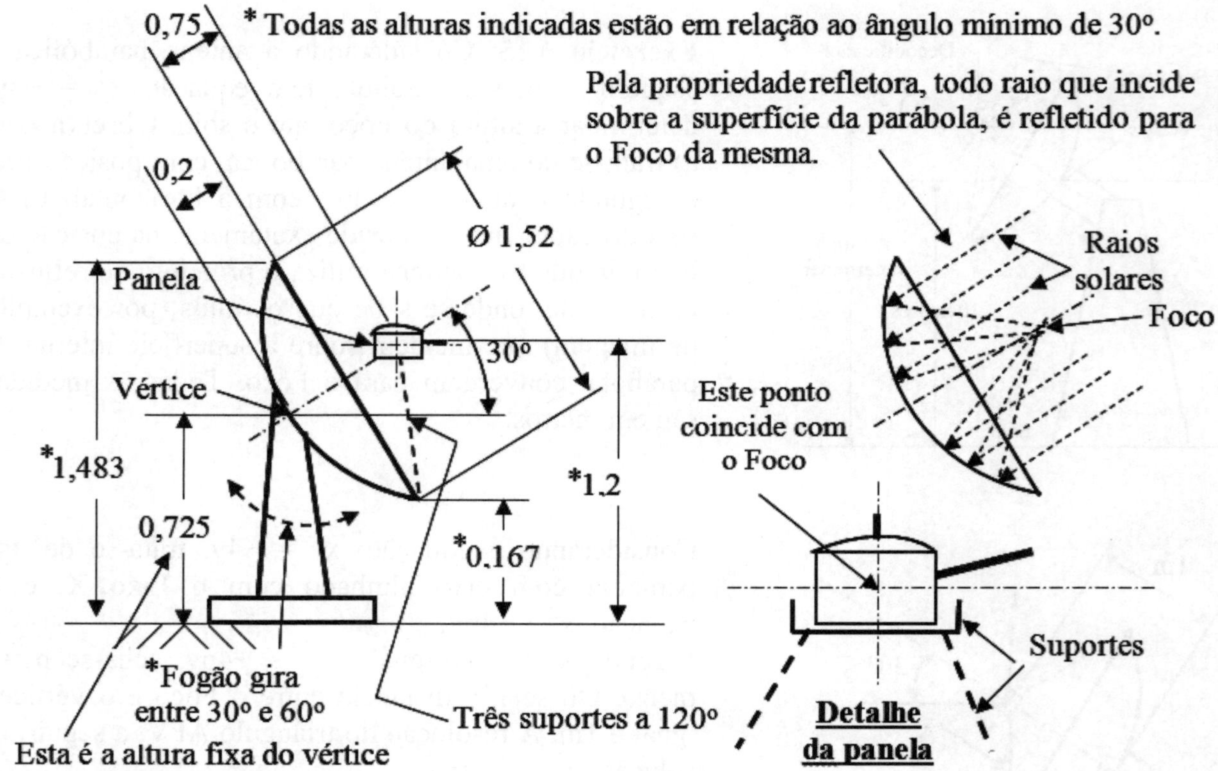

6.15 Exercícios propostos (Exercícios 6.16 a 6.26)

Exercício 6.16: determinar a equação da parábola a seguir, que é referente a um tipo de antena parabólica. (Recomenda-se consultar os parágrafos 6.3 e 6.10), bem como a profundidade ou altura H, para o diâmetro D = 130cm.

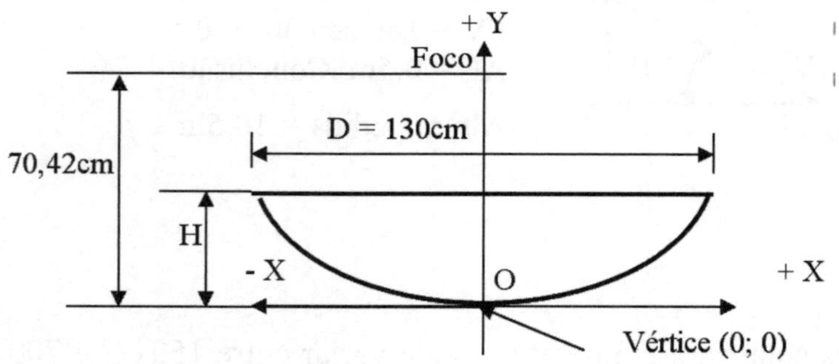

Respostas: a equação da parábola é: $x^2 = 281{,}68y$.

A altura H = 15cm.

Exercício 6.17: determine a equação, as Coordenadas Cartesianas do Foco e a equação da reta diretriz, da parábola que atende às seguintes condições: vértice na Origem V (0; 0), concavidade ou abertura voltada para a esquerda e passa pelo ponto P (-2; +4).(Recomenda-se primeiro fazer um esboço da Imagem geométrica).

Resposta: Equações: $y^2 = -8x$ ou $y^2 + 8x = 0$
Foco F (-2; 0). Equação da Reta diretriz: x = + 2.

Exercício 6.18: determinar as Coordenadas Cartesianas da interseção entre a parábola $y^2 = -2x$ e a reta que passa pelos pontos P1 (-5; +1,5;) e P2 (+3; +1,5). (Fazer esboço da parábola).

Resposta: o ponto de interseção é P3 (-1,125; +1,5).

Exercício 6.19: de uma parábola com vértice V (-5; +3) e Foco F (-7; + 3), pedem-se determinar a sua equação e a da reta diretriz.

Resposta: equações da parábola $\begin{cases} (y - 3)^2 = -8(x + 5) \\ y^2 - 6y + 9 = -8x - 40. \\ y^2 - 6y + 8x + 49 = 0 \end{cases}$ Equação da reta diretriz: $x = -3$.

Exercício 6.20: dada a parábola $x^2 = +12y$, determinar as Coordenadas Cartesianas do Foco e a equação da reta diretriz. (Recomenda-se, primeiro, fazer o esboço da parábola)
Resposta: Coordenadas Cartesianas do Foco F (0; +3). Equação da reta diretriz: $y = -3$.

Exercício 6.21: Uma parábola tem Foco F (-4; 0) e vértice V (+2; 0). Com estes dados pedem-se: a) a equação da parábola; b) a equação da reta diretriz; c) as Coordenadas Cartesianas, onde a parábola corta os Eixos X e Y.

Resposta: a) a equação da parábola é: $y^2 + 24x - 48 = 0$; b) a equação da reta diretriz é: $x = +8$. c) As Coordenadas Cartesianas, onde a parábola corta o Eixo Y são: P1 (0; +6,928) e P2 (0; -6,928). A parábola corta o Eixo X no vértice, ou seja: V (+2; 0).

Exercício 6.22: Uma parábola tem Vértice V (0; 0) e Foco F (0; +4). Com estes dados pedem-se: a) a equação da parábola; b) a equação da sua reta diretriz e c) As Coordenadas Cartesianas dos pontos de interseção da parábola com a reta: $y = +4$.

Resposta: a) a equação da parábola é: $x^2 = +16y$; b) a equação da reta diretriz é: $y = -4$. c) As Coordenadas Cartesianas dos pontos de interseção da parábola com a reta: $y = +4$ são: P1 (+8; +4) e P2 (-8; +4).

Exercício 6.23: Considerando a parábola de equação $x^2 = +16y$, determinar: a) as Coordenadas Cartesianas da interseção entre a parábola e a reta que passa pelo Foco F (0; +4), e que faz um ângulo de 150° com o semi eixo OX. b) O parâmetro da parábola. (Recomenda-se esboçar a parábola).

Resposta: a) as Coordenadas Cartesianas são: P1 (+4,62; +1,33) e P2 (-13,852; +11,992). b) O parâmetro é $p = 4$.

Exercício 6.24: Dada a equação $x^2/16 + y^2/25 = 1$, determinar: a) a equação da parábola que tem Foco coincidente com o Foco superior da elipse e vértice coincidente com o centro da elipse. b) As Coordenadas Cartesianas dos pontos onde a parábola intercepta a elipse.

Resposta: a equação da parábola é: a) $x^2 = +12y$. b) P1(+3,87; +1,25) e P2(-3,87; +1,25).

Exercício 6.25: Uma parábola tem Foco F (+4; 0) e vértice V (+2; 0). Com esses dados, pedem-se: a) a equação da parábola. b) a equação da reta diretriz e c) as Coordenadas Cartesianas onde a reta diretriz intercepta a parábola.

Resposta: a) a equação da parábola é: $y^2 + 8x + 16 = 0$. b) a equação da Reta diretriz é $x = 0$. c) A reta diretriz não intercepta a parábola, pois coincide com o eixo Y.

Exercício 6.26: Uma parábola tem vértice no ponto V (-3; -2) e reta diretriz de equação $y = +2$. Com esses dados pedem-se: 5a) a equação da parábola. 5b) A sua Imagem Geométrica, com indicação de todas as suas características e dimensões. 5c) Caso haja, determinar as Coordenadas Cartesianas dos pontos de interseção da parábola com os Eixos Cartesianos X, Y. 5d) As Coordenadas Cartesianas do Foco. **Observação**: Caso não haja interseção, explique analiticamente a razão.

Resposta: a) Essa parábola tem equação: $x^2 + 6x +16y +41 = 0$. c) Interseção com Y: $x = 0$ e $y = -2{,}563$: d) F(-3; -6). Esta parábola não intercepta o eixo X.

Pesquisas na *Internet*

Para um maior aprofundamento dos conceitos deste capítulo, e acesso a outros exercícios, recomenda-se a consulta aos seguintes *sites*:

http://www.professores.uff.br/katia_frensel/aulasga/aula20.pdf
http://ecalculo.if.usp.br/funcoes/popups/exerc_parabola/exerc_parabola.htm#
https://waldexifba.wordpress.com/material-de-apoio/ensino-medio/funcoes/funcao-quadratica/coordenadas-do-vertice-de-uma-parabola/
http://www.professores.uff.br/dirceuesu/GAaulaParabola.pdf
http://www.mat.ufrgs.br/~portosil/geometria-analitica-ufma.pdf

Além destes *sites*, principalmente para mais exemplos de aplicações práticas e reais, recomenda-se a busca de outros, usando-se como palavras chave: “parábolas”, “dedução da equação de uma parábola”, “antena parabólica”, “propriedade refletora de uma parábola”, “aplicações práticas de parábolas”.

Alerta-se que, como citado na Unidade Introdutória deste livro, para um bom aprendizado não se deve apenas estudar na forma digital, mas também na impressa e, especialmente, fazendo à mão livre resumos e exercícios, inclusive as Imagens Geométricas.

Capítulo 7

A função hiperbólica

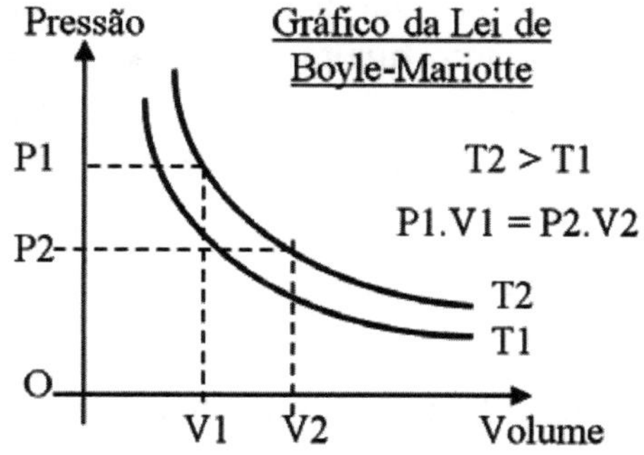

A função hiperbólica*, além de aplicações na Engenharia e Arquitetura, também é utilizada, por exemplo, na explicação de alguns fenômenos físicos, como a Lei de Boyle-Mariotte aplicada aos gases, bem como na conceituação da trigonometria hiperbólica, muito utilizada no cálculo integral, em especial para resoluções de problemas da área da Engenharia Eletrônica. Este capítulo mostra e detalha várias aplicações práticas da função hiperbólica.*

Como visto, no início da Unidade II (origem das curvas cônicas), se uma superfície cônica for cortada por um plano perpendicular à base, portanto paralelo ao eixo da superfície, são geradas duas curvas ou duas folhas, denominadas hipérboles.

Considerando os Focos F_1 e F_2, com distância igual a "2c", os Vértices V_1 e V_2, com distância igual a "2a", e o ponto P(x; y), define-se hipérbole como o conjunto dos pontos do plano, ou seja, o lugar geométrico, cuja diferença (em módulo) das distâncias aos Focos F_1 e F_2 é a constante "2a" ($|V_1V_2|$). Ou seja: $|PF_1| - |PF_2| = 2a$**. Observa-se que: $0 < 2a < 2c$. A figura a seguir detalha uma hipérbole, com eixo real coincidente com o Eixo Cartesiano X e Centro C coincidente com a Origem (0; 0).

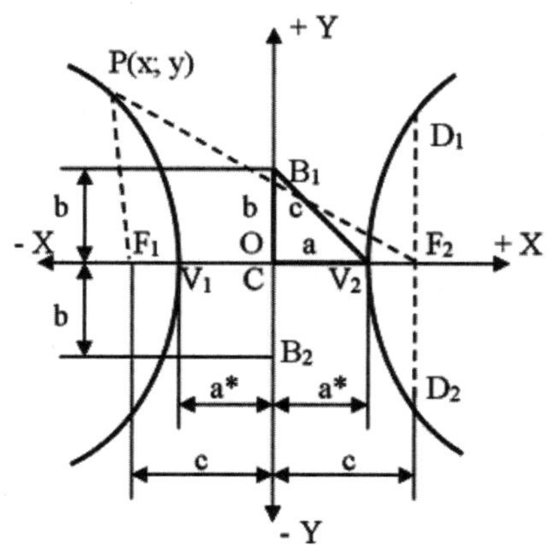

Hipérboles são curvas com dois eixos de simetria um real e um imaginário. Nesse caso: -XO+X e -YO+Y.

*Observa-se que "a" pode ser maior, menor ou igual a "b".

**As distâncias PF_1 PF_2 são chamadas de raios vetores.

Elementos de uma hipérbole

C = centro (nesta figura $C \equiv O$)
F_1 e F_2 = Focos
V_1 e V_2 = Vértices
F_1, V_1, C, V_2, F_2 = Eixo real ou transverso
B_1, C, B_2 = Eixo imaginário ou reverso
$|D_1D_2| = l$ = Corda focal ou Corda principal
CB_1V_2 = Triângulo fundamental (lados a, b, c)
e = Excentricidade
a = distância do Centro ao Vértice V_1 ou V_2
b = distância do Centro C ao ponto B_1 ou B_2

Relações geométricas de uma hipérbole

$| V_1V_2 | = 2a$
$| B_1B_2 | = 2b$
$| F_1F_2 | = 2c$
$c^2 = a^2 + b^2$ (relação fundamental)
$| D_1D_2 |$ = Corda Focal $l = | 2b^2 / a |$
$e = c / a$
*Quando a = b a hipérbole é equilátera, como mostrada nos parágrafos 7.4 e 7.6.
** $| PF_1| - |PF_2| = 2a$ (definição)

7.1 Dedução da equação da hipérbole, com Focos sobre o Eixo X e centro coincidente com a Origem O ($+x^2 / a^2 - y^2 / b^2 = +1$)

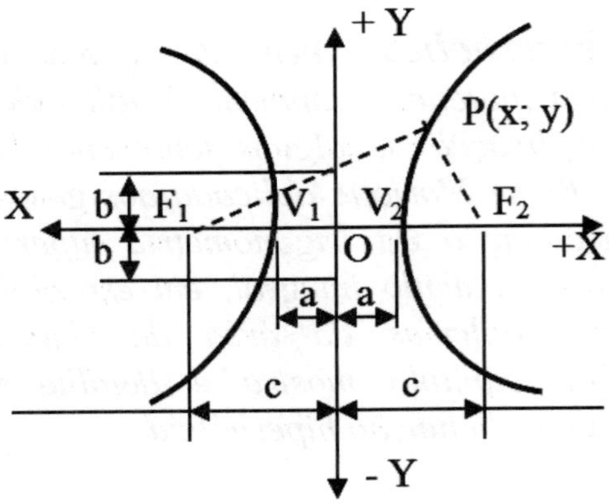

A definição de hipérbole cita que a diferença da distância entre um ponto qualquer P(x; y), que pertence à curva, aos Focos $F_1(-c; 0)$ e $F_2(+c; 0)$ é constante e igual à distância entre os vértices, ou seja, $|V_1V_2| = 2a$.

Isso significa que: $|PF_1 - PF_2| = 2a$.

A dedução a seguir detalhada, parte dessa definição, considerando a distância entre dois pontos e as coordenadas P(x; y), $F_1(-c; 0)$ e F_2 (+c; 0).

Utilizando a fórmula da distância entre dois pontos, e a definição: $|PF_1 - PF_2| = 2a$, tem-se:

$$\left|\sqrt{(x + c)^2 + (y - 0)^2} - \sqrt{(x - c)^2 + (y - 0)^2}\right| = 2a,$$ que pode ser escrita como:

$$\left|\sqrt{(x + c)^2 + (y - 0)^2} - \sqrt{(x - c)^2 + (y - 0)^2}\right| = +/- 2a,$$ que fatorado fica:

$$\sqrt{(x + c)^2 + y^2} = +/- 2a + \sqrt{(x - c)^2 + y^2}$$

Elevando ambos os membros da igualdade ao quadrado, tem-se:

$(x + c)^2 + y^2 = 4a^2 +/- 4a\sqrt{(x - c)^2 + y^2} + (x - c)^2 + y^2$, ou seja:

$4xc = 4a^2 +/- 4a \sqrt{(x - c)^2 + y^2}$. Dividindo ambos os membros da igualdade por 4:

$xc = a^2 +/- a \sqrt{(x - c)^2 + y^2}$; o que resulta em: $xc - a^2 = +/- a \sqrt{(x - c)^2 + y^2}$

Elevando novamente ambos os membros ao quadrado:

$x^2c^2 - 2xca^2 + a^4 = a^2[(x - c)^2 + y^2]$; resulta: $X^2c^2 - 2xca^2 + a^4 = a^2x^2 - 2xca^2 + a^2c^2 + a^2y^2$:

$x^2c^2 + a^4 = a^2x^2 + a^2c^2\ a^2y^2$; que resulta em: $x^2(c^2 - a^2) - a^2y^2 = a^2c^2 - a^4$;

Dividindo ambos os membros por: $a^2(c^2 - a^2)$; tem-se: $\dfrac{+x^2}{a^2} - \dfrac{y^2}{c^2 - a^2} = +1$

Substituindo $c^2 - a^2 = b^2$ (pois, $c^2 = a^2 + b^2$), tem-se a equação na forma mais simples e direta:

$$\frac{+x^2}{a^2} - \frac{y^2}{b^2} = 1 \quad \Leftarrow$$ Equação da hipérbole com Focos sobre o Eixo X. (Esta forma de equação é chamada de canônica)

Exercício 7.1: analisar as hipérboles: a) $+x^2/9 - y^2/16 = +1$ e b) $+x^2/16 - y^2/9 = +1$.

A primeira análise é quanto à posição do Eixo Real, ou seja, saber se os Focos coincidem com o Eixo X ou com o Y.

Em ambas as equações, fazendo-se x = 0, obtém-se a) $- y^2/16 = +1$ ou $y^2 = -16$; b) $- y^2/9 = +1$ ou $y^2 = -9$. Como não existe um número elevado ao quadrado com sinal negativo, concluí-se que essas equações do segundo grau $y^2 = -16$ e $y^2 = -9$, não tem raízes, ou seja, essa curva hiperbólica não corta o Eixo Y. Isso significa que essas hipérboles têm seus eixos reais coincidentes com o Eixo X. Confirma-se que os denominadores dos termos $+x^2/9$ e $+x^2/16$, são os valores de a^2. Dessa forma tem-se:

a) $+x^2/9 - y^2/16 = +1$: $a^2 = 9$ e $a = \pm 3$; $b^2 = 16$ e $b = \pm 4$.

b) $+x^2/16 - y^2/9 = +1$: $a^2 = 16$ e $a = \pm 4$; $b^2 = 9$ e $b = \pm 3$.

$c^2 = a^2 + b^2$ (relação fundamental).
Em ambas as equações: $c = \pm 5$.

Como será confirmado no exercício 7.2, uma forma direta de se definir se uma hipérbole tem seu eixo real coincidente com X ou Y, é analisando o sinal da variável x ou y. O sinal positivo dessa variável, mostra a posição do eixo real da hipérbole. Nas duas equações citadas, o termo positivo é o x, portanto, o eixo real coincide com o Eixo Cartesiano X.

Outra observação importante é que os valores de a e b podem variar, sem alterar a posição dos Focos ou eixo real. Ou seja: "a" pode ser maior, menor ou igual a "b", com as hipérboles com a mesma posição de eixo real.

7.2 Equação da hipérbole, com os Focos sobre o Eixo Y e centro coincidente com a Origem O ($+ y^2 / a^2 - x^2 / b^2 = +1$)

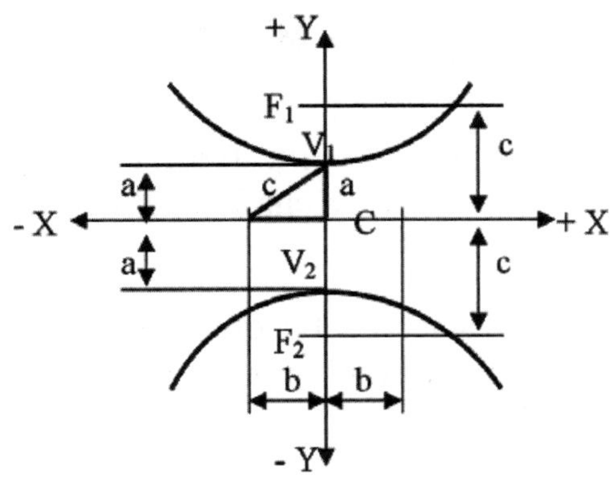

Embora tenha mudada a posição da hipérbole, todos os seus elementos permanecem o mesmo, só que em outro sentido. A dedução da equação desse tipo de hipérbole segue o mesmo raciocínio visto em 7.1, apenas mudando-se alguns sinais. A equação desse tipo de hipérbole é como adiante mostrada:

$$+\frac{y^2}{a^2} - \frac{x^2}{b^2} = 1 \quad \Leftarrow$$

Equação da hipérbole com Focos sobre o Eixo Y.
(Esta forma de equação é chamada de canônica ou reduzida)

Exercício 7.2: analisar as hipérboles: a) $+y^2/9 - x^2/16 = +1$ e b) $+y^2/16 - x^2/9 = +1$.

A primeira análise é quanto à posição do eixo Real, ou seja, saber se os Focos coincidem com o Eixo X ou com o Y.

Em ambas as equações, fazendo-se y = 0, obtém-se a) $- x^2/16 = +1$ ou $x^2 = -16$; b) $- x^2/9 = +1$ ou $x^2 = -9$. Como não existe um número elevado ao quadrado com sinal negativo, concluí-se que essa equação do segundo grau ($x^2 = -16$ ou $x^2 = -9$), não tem raízes, ou seja, essa curva hiperbólica não corta o Eixo X. Isso significa que essas hipérboles têm seus eixos reais coincidentes com o Eixo Y. Confirma-se que os denominadores dos termos $+y^2/9$ e $+y^2/16$, são os valores de a^2. Dessa forma tem-se:

a) $+y^2/9 - x^2/16 = +1$: $a^2 = 9$ e $a = \pm 3$; $b^2 = 16$ e $b = \pm 4$.

b) $+y^2/16 - x^2/9 = +1$: $a^2 = 16$ e $a = \pm 4$; $b^2 = 9$ e $b = \pm 3$.

$c^2 = a^2 + b^2$ (relação fundamental). Em ambas as equações: $c = \pm 5$.

7.3 Equações da hipérbole com Focos em eixos paralelos aos Eixos Cartesianos X ou Y, e centro não coincidente com a Origem O

Algumas vezes a hipérbole pode ter seus Focos em eixos reais não coincidentes com os eixos Cartesianos X ou Y, bem como seu centro não estar na Origem (0; 0), mas sim no ponto C (h; k). Nesses casos, a equação da hipérbole assume as formas adiante mostradas.

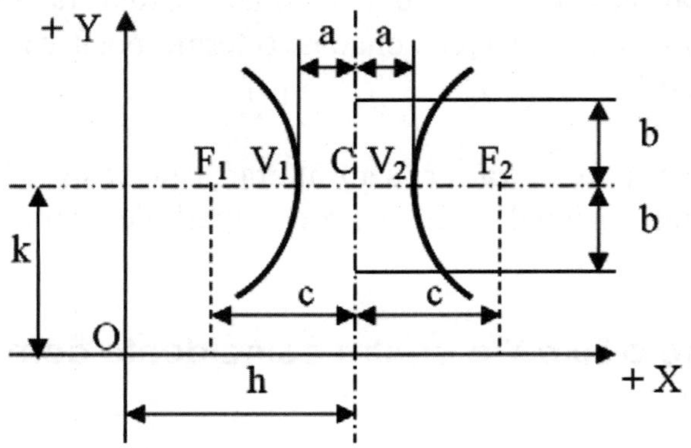

Eixo real paralelo ao eixo X

O eixo real é paralelo ao Eixo X:

$$+\frac{(x-h)^2}{a^2} - \frac{(y-k)^2}{b^2} = 1$$

O eixo real é paralelo ao Eixo Y:

$$+\frac{(y-k)^2}{a^2} - \frac{(x-h)^2}{b^2} = 1$$

Observa-se que, dependendo da posição do Centro da hipérbole, as distâncias h e k, podem ser negativas ou positivas. Ou seja, o Centro pode estar localizado em qualquer um dos quatro Quadrantes.

Exercício 7.3: sabendo-se que uma hipérbole tem Focos F1 (-10; 0), F2 (+10; 0) e eixo real (2a) de 16 unidades, pedem-se: a) Determinar a equação da hipérbole. b) Plotar a sua Imagem Geométrica conceitual.

a) Determinação da equação da hipérbole. Como as Ordenadas dos Focos são iguais a zero, confirma-se que estão sobre o Eixo X, ou seja, trata-se de uma hipérbole com Focos no Eixo X, com equação igual a:

$$+\frac{x^2}{a^2} - \frac{y^2}{b^2} = 1$$

Eixo real = 2a = 16, significa $a = \pm 8$.

Pelas Abscissas dos Focos 2c = 20, logo $c = \pm 10$.

Sabe-se que: $c^2 = a^2 + b^2$, logo: $b^2 = 100 - 64$; portanto: $b = \pm 6$

$+x^2 / 8^2 - y^2 / 6^2 = 1$; logo: **$+x^2 / 64 - y^2 / 36 = 1$ é a equação da hipérbole**.

b) Plotagem da Imagem Geométrica conceitual da hipérbole. Para plotar a imagem, além de conhecer a distância focal (2c = 20) e o eixo real (2a = 16), precisamos determinar alguns valores de x e y. Como: $+x^2 / 64 - y^2 / 36 = +1$, portanto: $+x^2 / 64 = +1 + y^2 / 36$, ou seja: $x^2 = (64 + 64y^2) / 36$; logo:

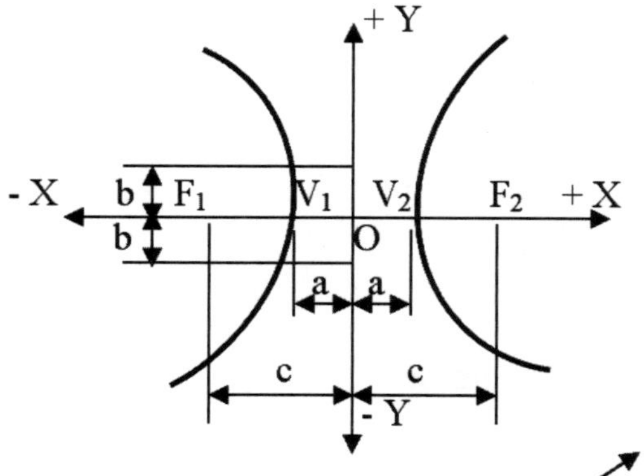

$x = \pm \sqrt{(+64 + 16y^2/9)}$

Esse é o esboço da Imagem Geométrica conceitual da hipérbole, de equação: $\mathbf{+x^2 / 64 - y^2 / 36 = 1}$;

Que pode ser escrita como: $+x^2 / 64 = +1 + y^2 / 36$.

Ou: $+x^2 = + 64 + (y^2 / 36). 64$. Ou ainda:

$x = \pm \sqrt{(+64 + 16y^2/9)}$

$$\begin{cases} y = 0 ;\ x = +/- 8 \text{ (onde a hipérbole corta Eixo X)} \\ y = +/- 1;\ x = +/- 8{,}11 \\ y = +/- 2;\ x = +/- 8{,}43 \\ y = +/- 3;\ x = +/- 8{,}94 \\ y = +/- 4;\ x = +/- 9{,}61 \end{cases}$$

Exercício 7.4: sabendo que: V_1 (-3; -2), V_2 (-3; +4) e F_2 (-3; +6), determinar: a) a equação reduzida da hipérbole, b) as Coordenadas Cartesianas do seu centro C e c) do Foco F_1.

Inicialmente faz-se um esboço da Imagem Geométrica, com os dados conhecidos.

Esboço da Imagem Geométrica

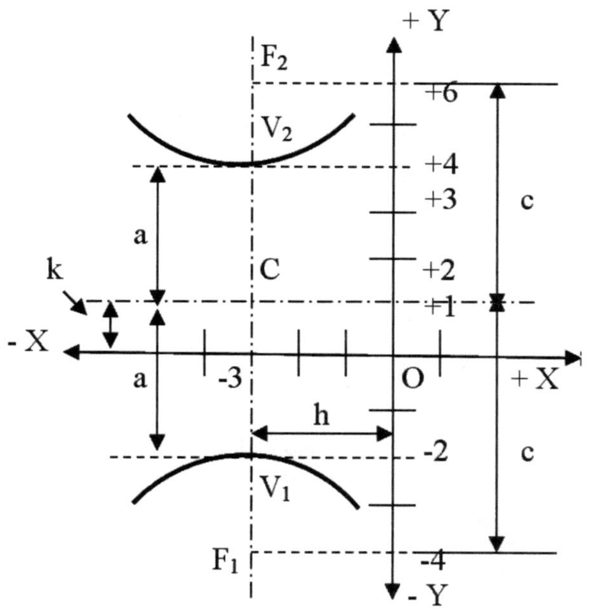

Apenas com o esboço da Imagem geométrica da hipérbole, já são descobertos alguns parâmetros.

C (-3; +1); F_1 (-3; -4); a = 3 e c = 5.

$c^2 = a^2 + b^2$ (parágrafo 7.2), logo:

$b^2 = c^2 - a^2$; $b = \sqrt{(25 - 9)}$; b = 4.

Essa hipérbole tem a seguinte equação:

$$\frac{+(y - k)^2}{a^2} - \frac{(x - h)^2}{b^2} = 1 \text{ (Par. 7.3)}$$

Onde h = -3 e k = +1; portanto:

$$\frac{+(y - 1)^2}{3^2} - \frac{[(x - (-3)]^2}{4^2} = 1$$

A equação da hipérbole é:

$$\frac{+(y - 1)^2}{9} - \frac{(x + 3)^2}{16} = 1$$

Resposta: a) equação da hipérbole: $\frac{+(y - 1)^2}{9} - \frac{(x + 3)^2}{16} = 1$; b) C (+1; -3); c) F1 (-3; -4).

(A equação geral dessa hipérbole é: $+16y^2 - 9x^2 - 32y - 54x - 209 = 0$).

Exercício 7.5: para a hipérbole a seguir definida, pedem-se: a) os comprimentos dos semi eixos (a , b). b) a distância focal (2c). c) a excentricidade (e). d) a Corda Focal (l). e) As Coordenadas Cartesianas do centro da hipérbole. f) As Coordenadas Cartesianas dos Focos. g) Coordenadas Cartesianas dos vértices e h) A Imagem Geométrica da hipérbole.

A equação da hipérbole é:

$$\frac{+(y-2)^2}{4} - \frac{(x+4)^2}{9} = 1$$

Baseado nos parágrafos 7.2 e 7.3, pode-se afirmar que essa hipérbole tem focos em um eixo paralelo ao Eixo Y e centro em C(-4; +2) e que sua equação é do tipo:

$$\frac{+(y-k)^2}{a^2} - \frac{(x-h)^2}{b^2} = 1 \quad \text{(Com: } h = -4 \text{ e } k = +2\text{)}$$

a) Comparando a hipérbole apresentada com a equação teórica tem-se:

$a^2 = 4$; $a = \pm 2$. $b^2 = 9$; $b = \pm 3$.

b) A distância focal 2c:

$c^2 = a^2 + b^2$; $c = \sqrt{(4 + 9)}$; $c = \pm 3{,}606$; logo: $2c = 7{,}212$.

c) A excentricidade e:

$e = c / a$; $e = 3{,}606 / 2$, logo $e = 1{,}803$.

d) A Corda Focal l:

$l = 2b^2 / a$; $l = 2 . 9 / 2$, logo $l = 9$.

e) Coordenadas Cartesianas do centro da hipérbole:

Comparando a equação teórica, com a da hipérbole dada, tem-se que k = + 2 e h = - 4, portanto o centro está em: C (- 4; +2).

f) Coordenadas Cartesianas dos Focos; g) dos vértices:

Primeiro é importante fazer a Imagem geométrica, para ter-se a percepção visual.

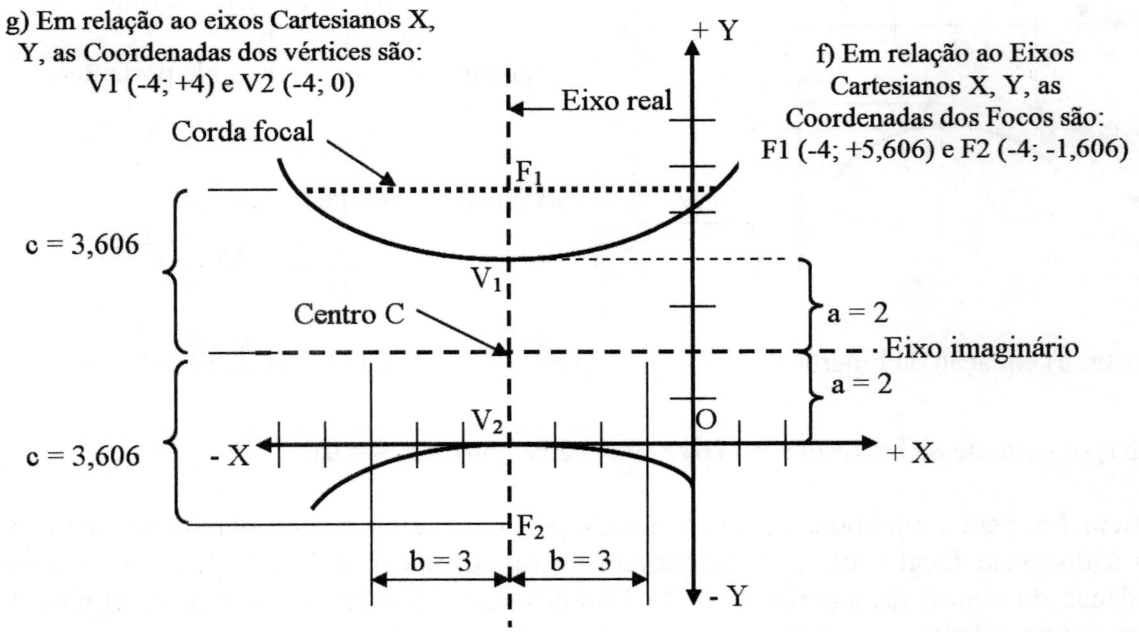

7.4 Assíntotas, abertura, excentricidade e características geométricas de uma hipérbole

Toda hipérbole, independente de sua posição, além das já apresentadas, possuí uma série de características e propriedades, que muito podem facilitar, tanto os cálculos teóricos e analíticos, quanto as aplicações práticas. A seguir são apresentadas essas outras características.

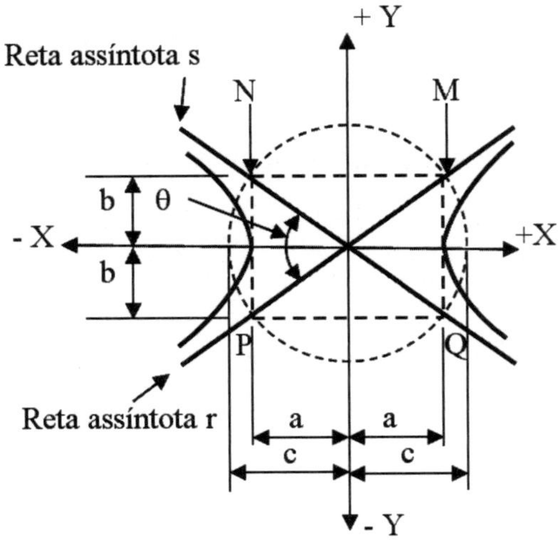

Assíntotas são as retas r e s das quais a hipérbole se aproxima cada vez mais à medida que os pontos se afastam dos focos. Essa aproximação é contínua e lenta de forma que a tendência da hipérbole é tangenciar suas assíntotas no infinito.

Abertura da hipérbole é o ângulo θ, entre as assíntotas.

Excentricidade (e) da hipérbole é o número dado pela relação: $e = c / a$, onde $c > a$ e > 1.
Quando $a = b$ o retângulo MNPQ se transforma num quadrado, tornando as assíntotas perpendiculares e a abertura da hipérbole fica igual a $\theta = 90°$. Nesse caso específico a hipérbole recebe o nome de Hipérbole Equilátera.

Geometricamente, as assíntotas são obtidas da seguinte forma: considera-se uma circunferência de raio CF_1 ou CF_2, cujo centro C é o mesmo centro da hipérbole. Traçam-se pelos vértices A_1 e A_2 cordas perpendiculares ao segmento F_1F_2, marcando as intersecções com a circunferência. Esses pontos são os vértices do quadrilátero MNPQ inscrito à circunferência. Esse retângulo tem dimensões 2a e 2b. As retas r e s que contém as diagonais desse retângulo são as assíntotas da hipérbole.

A excentricidade da hipérbole está relacionada com sua abertura. Se o segmento “c” for mantido fixo e variar-se apenas o comprimento do segmento “a”, ter-se-á uma abertura maior quando “a” é menor e vice-versa. Se diminuirmos o valor de “a” teremos uma excentricidade maior, pois: $e = c / a$.

7.5 Equações das assíntotas de uma hipérbole, com eixo real coincidente com Eixo X

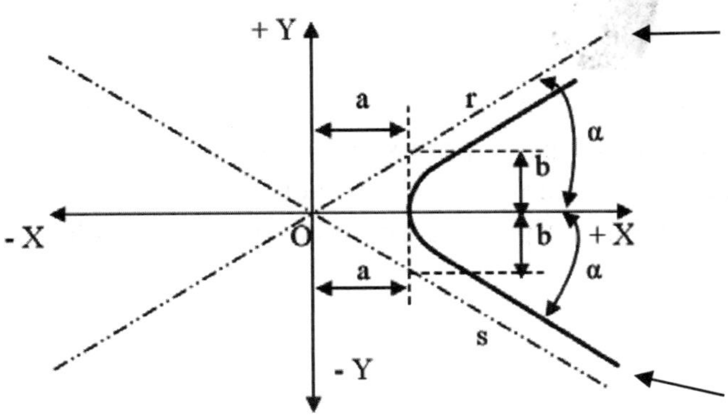

$y = +\frac{b}{a}x$ ← Equação da reta r

Retas que passam pela Origem, têm equação do tipo: $y = mx$, onde m é o coeficiente angular, que é igual a tg α, que, nesse caso*, é igual a b / a. Para as retas r e s estes coeficientes são: $mr = b / a$ e $ms = - b / a$.

$y = -\frac{b}{a}x$ ← Equação da reta s

$mr = \text{tg}\,\alpha$ e $ms = -\text{tg}\,\alpha$ ou $ms = \text{tg}\,(180^\circ - \alpha)$

* Para a hipérbole com eixo real coincidente com Eixo Y, a tangente é igual a a/b, e as equações das retas assintóticas ficam: Reta r: y = + a/b x e Reta s: y = - a/b x.

7.6 Análise da equação de uma hipérbole equilátera ($+ x^2 - y^2 = a^2$)

Como já citado no parágrafo 7.4, uma hipérbole é equilátera quando suas retas assíntotas formam um ângulo de 90°, ou seja, são perpendiculares. Nesse caso as equações dessas retas ficam da seguinte forma: x + y = 0 e x - y = 0 ou x = - y e x = y.

Esta condição ocorre quando o semi eixo real ou transverso (a) é igual ao semi eixo imaginário ou conjugado (b). Ou seja: a = b.

Equação da hipérbole equilátera ($+x^2 - y^2 = a^2$)

$+\frac{x^2}{a^2} - \frac{y^2}{b^2} = 1$ ← Nesta equação fazendo a = b, tem-se: $x^2/a^2 - y^2/a^2 = 1$, que multiplicada por a^2, resulta em: $+ x^2 - y^2 = a^2$, que é a equação de uma hipérbole equilátera.

Excentricidade (e) da hipérbole equilátera (e = 1,414)

A excentricidade de uma hipérbole é dada por e = c/a, onde $b^2 = c^2 - a^2$. Como nas hipérboles equiláteras, temos a = b, substituindo tem-se: $a^2 = c^2 - a^2$ ou: $2a^2 = c^2$ e $c = a.\sqrt{2}$. Como e = c/a, temos: $e = (a.\sqrt{2})/a$; ou seja: $e = \sqrt{2}$ ou e = 1,414.

A excentricidade de uma hipérbole equilátera, sempre é igual a 1,414.

7.7 Imagens e aplicações práticas do conceito de hipérboles equiláteras

Existem algumas aplicações práticas, especialmente na Engenharia, onde é utilizado o conceito de hipérbole equilátera.

7.7.1 A Lei de Boyle-Mariotte

Essa Lei, aplicada aos gases, é usada nos motores de combustão interna, dos automóveis, que funcionam segundo o ciclo termodinâmico de Carnot, que pode ser representado por meio de uma hipérbole equilátera rotacionada.

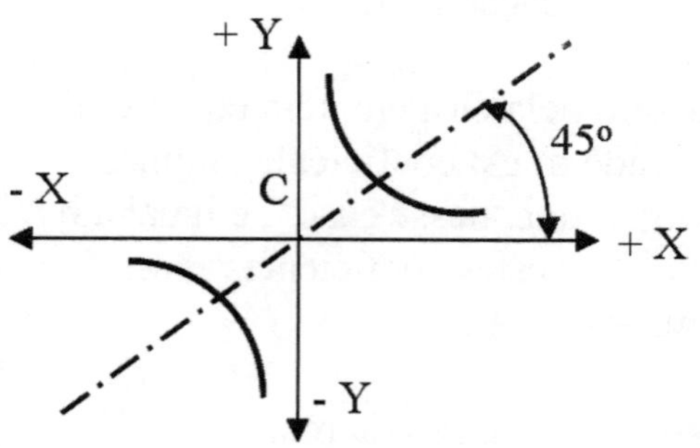

Este é um tipo de hipérbole equilátera, que representa alguns fenômenos físicos, por exemplo, a Lei de Boyle Mariotte, à direita exemplificada. Observa-se que, nesse caso o Eixo Real da hipérbole está com uma rotação de 45°.

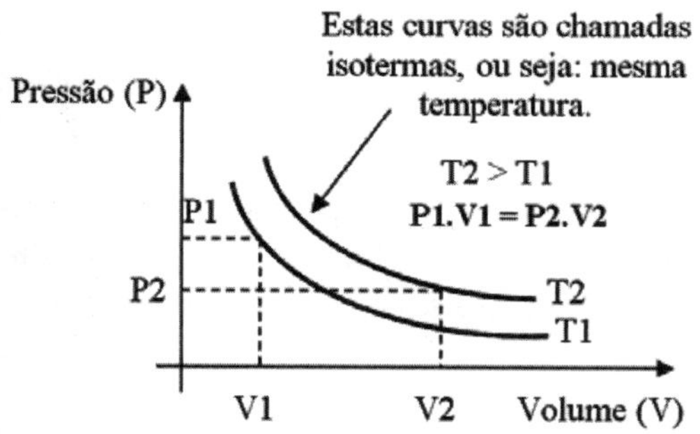

A Lei de Boyle-Mariotte, estabelece que sob temperatura constante, o volume ocupado por uma certa massa de gás, é inversamente proporcional à pressão aplicada. Seja V o volume de um gás submetido a uma pressão P, a uma temperatura constante. A lei de Boyle-Mariotte, estabelece que: P.V = constante = k.

7.7.2 Funções trigonométricas hiperbólicas

Assim como existem funções trigonométricas no círculo, de raio igual a um (r = 1), existem as funções "trigonométricas", em um tipo de hipérbole, e que tem aplicações práticas, por exemplo, na Física e na Engenharia. As funções trigonométricas hiperbólicas, são originárias de uma hipérbole equilátera, com Centro C, coincidente com a Origem (0; 0) dos Eixos Cartesianos (C ≡ O) com eixo real (2a) sobre o Eixo Cartesiano X, com o semi eixo real igual à unidade (a = 1) e, obviamente, eixo imaginário sobre o Eixo Cartesiano Y e com semi eixo imaginário também igual à unidade (b = 1).

A partir desse tipo de hipérbole, e com uma série de análises geométricas e cálculos algébricos (inclusive o cálculo integral), chega-se à definição das funções: Senh θ (seno hiperbólico), Cosh θ (cosseno hiperbólico), Tgh θ (tangente hiperbólica), Cossech θ (cossecante hiperbólica), Sech θ (secante hiperbólica) e Cotgh θ (cotangente hiperbólica), bem como de suas equações relacionadas ao Logaritimo Neperiano (e = 2,718281). A figura a seguir mostra a Imagem Geométrica dessas funções.

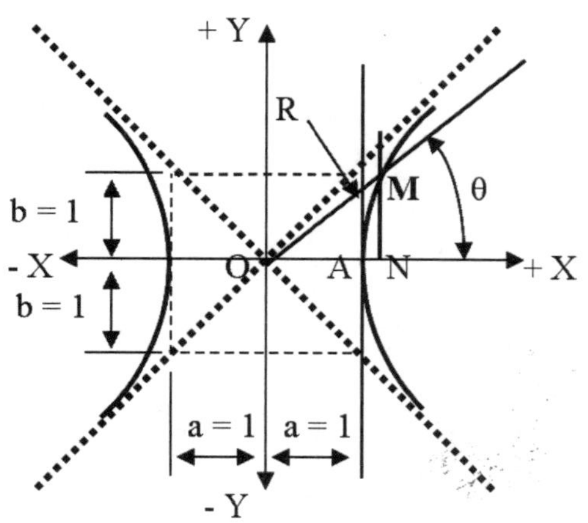

$$\text{Senh}\,\Theta = NM = \frac{e^{\Theta} - e^{-\Theta}}{2}$$

$$\text{Cosh}\,\Theta = ON = \frac{e^{\Theta} + e^{-\Theta}}{2}$$

$$\text{Tgh}\,\Theta = AR = \frac{e^{\Theta} - e^{-\Theta}}{e^{\Theta} + e^{-\Theta}}$$

$$\text{Cossech}\,\Theta = 1 / NM = \frac{2}{e^{\Theta} - e^{-\Theta}}$$

$$\text{Sech}\,\Theta = 1 / ON = \frac{2}{e^{\Theta} + e^{-\Theta}}$$

$$\text{Cotgh}\,\Theta = 1 / AR = \frac{e^{\Theta} + e^{-\Theta}}{e^{\Theta} - e^{-\Theta}}$$

Principais relações das funções hiperbólicas:

$$\text{Cosh}^2\,\theta - \text{Senh}^2\,\theta = 1$$

$$\text{Tgh}\,\theta = \frac{\text{Senh}\,\theta}{\text{Cosh}\,\theta} \qquad \text{Sech}\,\theta = \frac{1}{\text{Cosh}\,\theta}$$

$$\text{Cotgh}\,\theta = \frac{\text{Cosh}\,\theta}{\text{Senh}\,\theta} \qquad \text{Cossech}\,\theta = \frac{1}{\text{Senh}\,\theta}$$

$1 - Tgh^2\ \theta = Sech^2\ \theta$

$Cotgh^2\ \theta - 1 = Cossech^2\ \theta$

Exercício 7.6: o centro de uma hipérbole é o ponto C (+2; -3), um dos vértices é o ponto V_1 (0; -3) e a sua Corda Focal é 8. Pedem-se: a) a Imagem Geométrica da hipérbole. b) a equação da hipérbole. c) as equações das retas r e s, assíntotas da hipérbole. d) ângulo α que cada assíntota faz com o eixo X.

Inicialmente, faz-se um esboço gráfico da hipérbole, com os dados citados: C (+2; -3) e V_1 (0; -3).

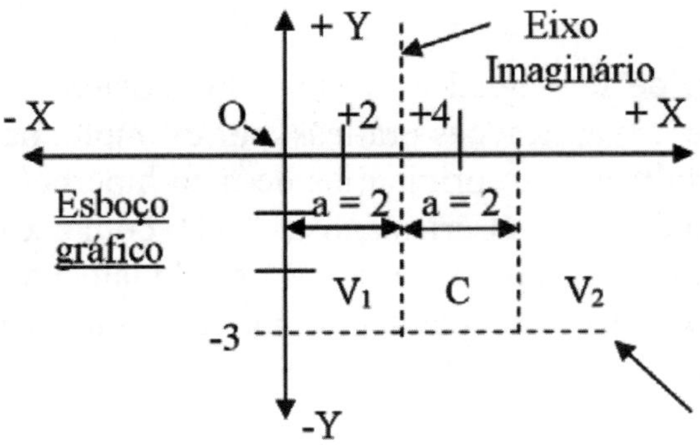

Analisando o esboço da Imagem, com apenas os dois dados citados, vê-se que trata-se de uma hipérbole com eixo real paralelo ao Eixo Cartesiano X. Também se constata que o Foco F_1 está à esquerda do vértice V_1, bem como o Foco F_2 está à direita do Vértice V_2. Com essas conclusões, pode-se esboçar a Imagem Geométrica real dessa hipérbole.

Aqui está o eixo real.

a) Cálculos iniciais e Imagem geométrica da hipérbole, com as retas assíntotas:

Corda Focal: $l = 2b^2 / a$; ou seja: $8 = 2b^2 / 2 \Rightarrow 2b^2 = 16 \Rightarrow b^2 = 8 \Rightarrow b = 2{,}828$.

Cálculo da distância Focal 2c: $c^2 = a^2 + b^2 \Rightarrow c^2 = 4 + 8 \Rightarrow c = 3{,}4641 \Rightarrow 2c = 6{,}9282$.

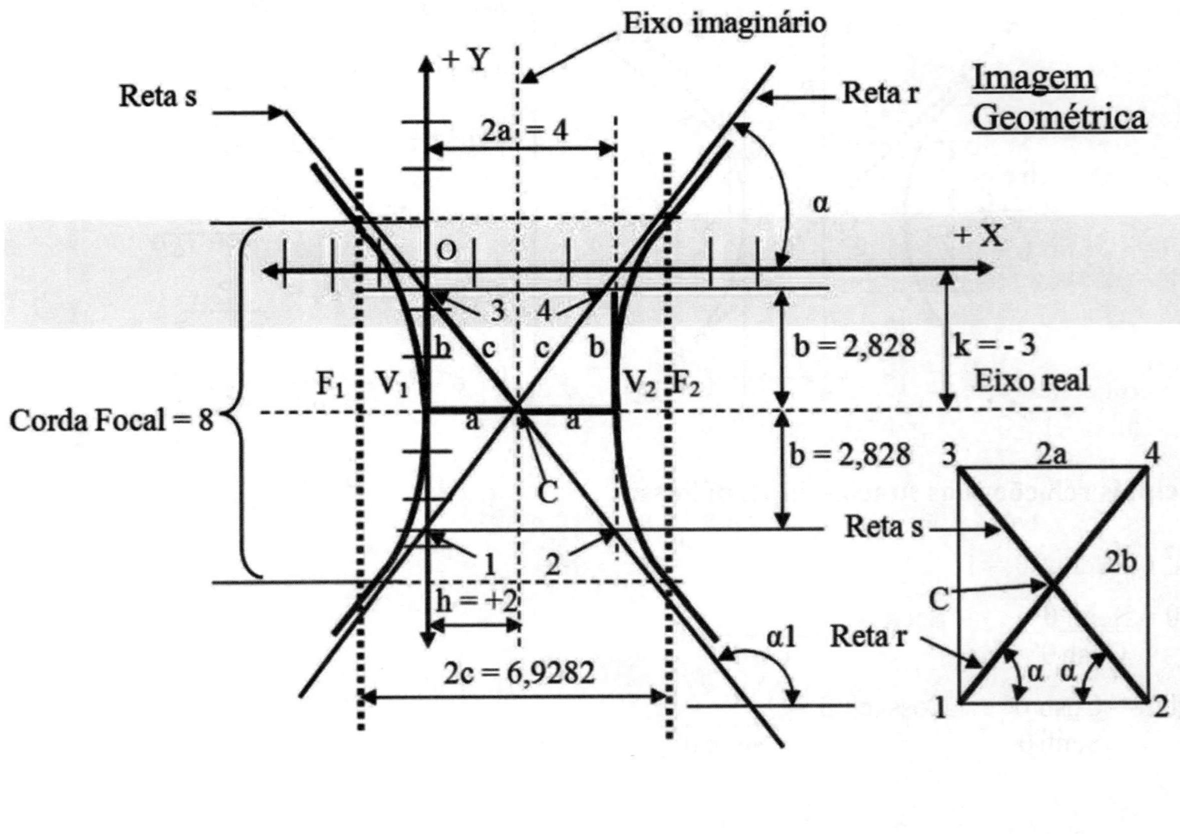

As retas Assintóticas r e s, são as diagonais do retângulo 1234, com lados 2a (4) e 2b (5,656), sendo que a tangente do ângulo α ($tg\ \alpha = 5{,}656/4$) é o coeficiente angular da reta r (mr). A tangente do ângulo $\alpha 1$ é o coeficiente angular da reta s (ms) e o ângulo $\alpha 1 = 180^o - \alpha$. mr = +1,414 e ms = -1,414.

b) Equação da hipérbole:

Trata-se de uma hipérbole com centro não coincidente com a Origem dos Eixos Cartesianos O (0; 0) e com seu eixo real paralelo ao Eixo Cartesiano X, logo sua equação é do tipo:

$$\frac{(x - h)^2}{a^2} - \frac{(y - k)^2}{b^2} = 1.$$ Onde: a = 2; b = 2,828; h = + 2 e k = - 3.

A equação da hipérbole fica: $\frac{(x - 2)^2}{2^2} - \frac{(y + 3)^2}{2{,}8284^2} = 1 \Rightarrow \frac{(x - 2)^2}{4} - \frac{(y + 3)^2}{8} = 1$

c) Equações das retas r e s, assíntotas da hipérbole, e que passam pelo ponto C(+2; -3):

Reta r ⟶ mr(x - xC) = y - yC. Como mr = + 1,414, tem-se: +1,414(x - 2) = y - (-3);

logo: +1,414x - 2,828 = y + 3. Ou: **y = +1,414x - 5,828** ⟵ Equação da reta r.

Reta s ⟶ ms(x - xC) = y - yC. Como ms = - 1,414, tem-se: -1,414(x - 2) = y - (-3);

logo: -1,414x + 2,828 = y + 3. Ou: **y = - 1,414x – 0,172** ⟵ Equação da reta s.

d) Ângulo que cada assíntota faz com o Eixo X.

Basta calcular o ângulo de uma das retas, por exemplo, a r: $tg\ \alpha = 5{,}656/4 = +1{,}414$, portanto $\alpha = arctg\ +1{,}414$: Ou seja: $\boldsymbol{\alpha = 54{,}735^o}$.

Ângulo $\alpha 1$ que a reta s forma com o Eixo X: $\alpha 1 = 180^o - \alpha$. Ou seja: $\boldsymbol{\alpha 1 = 125{,}265^o}$.

7.8 Hipérboles equiláteras conjugadas

Se na equação de uma hipérbole equilátera inverter-se as variáveis x e y, obtêm-se a hipérbole conjugada, cuja Imagem Geométrica ocorre a 90° da hipérbole original. Uma hipérbole conjugada possui as mesmas assíntotas da hipérbole original.

Em verdade, ao se inverter as variáveis x e y, mudam-se as posições dos Focos, como descrito nos parágrafos 7.1 e 7.2, quando foram apresentadas as equações da hipérbole.

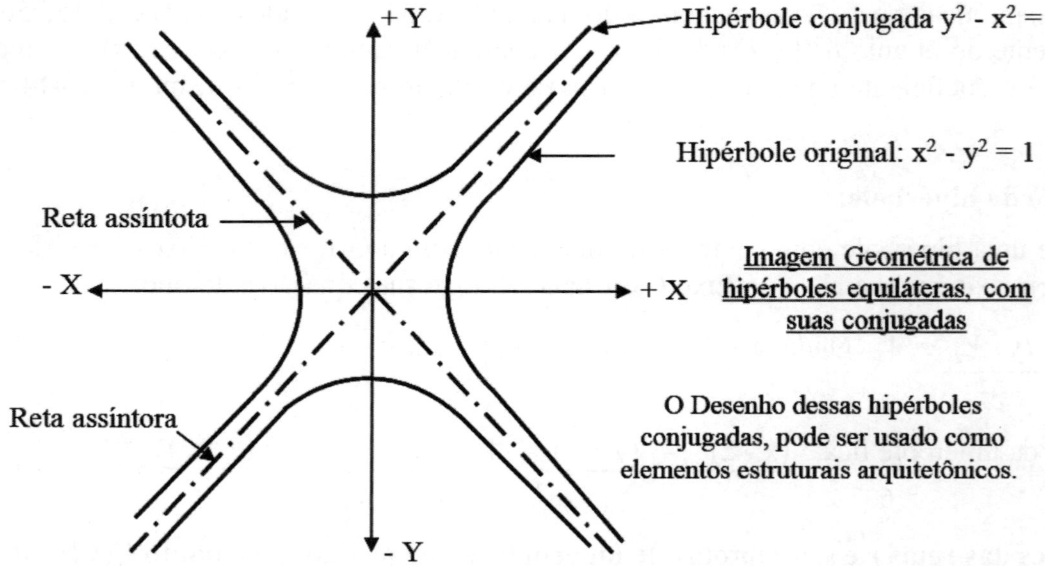

7.9 Propriedade Refletora da hipérbole. Aplicação prática em espelhos hiperbólicos

Por essa propriedade afirma-se que qualquer segmento de reta dirigido a um dos focos da hipérbole encontra o ramo correspondente e é refletido em direção ao outro foco. Essa propriedade é muito aplicada nos telescópios de reflexão, os quais são constituídos de dois espelhos, sendo um maior, que é parabólico e outro menor, que é hiperbólico. Esses dois espelhos dispõem-se de modo que os eixos da parábola e da hipérbole coincidam e que o foco da parábola coincida com um dos focos da hipérbole, conforme esquema adiante.

Espelhos hiperbólicos, combinados com parabólicos, são usados nos telescópios para preparar a luz proveniente da objetiva parabólica para ser detectada por uma ocular ou câmera fotográfica.
Um bom exemplo de espelho hiperbólico/parabólico é o telescópio Hubble, em órbita desde 1990, a 600 km da Terra, que se baseia nessas propriedades de reflexão. O seu espelho objetiva é parabólico e tem 2,4 m de diâmetro. As imagens fornecidas pelo Hubble, são muito mais claras e rigorosas, pois os raios de luz não são absorvidos nem distorcidos pela atmosfera terrestre.

7.10 Aplicações práticas reais de linhas e superfícies hiperbólicas, na Arquitetura e no *Design*

O paraboloide hiperbólico (que será estudado no capítulo 11) tem aplicações em arquitetura, por exemplo, como cobertura (telhado) de grandes centros de exposições. O Centro de Tradições Nordestinas, antigo Pavilhão de São Cristóvão, no Rio de Janeiro, projetado e construído na década de 1970, tinha a sua cobertura original no formato de um paraboloide hiperbólico. O saudoso arquiteto Oscar Niemayer utilizou coberturas no formato de paraboloides hiperbólicos, em diversas de suas obras. Outro exemplo é do Museu Oceanográfico da Cidade de Valencia, na Espanha, cuja cobertura é um conjunto de três paraboloides hiperbólicos, que se interceptam. Como exemplos práticos, do uso de hiperboloides circulares, têm-se: um tipo de banco de sentar e as grandes chaminés de usinas termoelétricas, além da belíssima estrutura da Catedral de Brasília.

7.11 Exercícios complementares resolvidos (Exercícios 7.7 a 7.14)

Exercício 7.7: determinar as Coordenadas Cartesianas dos pontos de interseção entre a hipérbole $+x^2 - y^2 = 4$ e a elipse $+x^2/36 + y^2/16 = 1$.

Embora a solução venha da formação e resolução de um sistema de duas equações e duas incógnitas (x e y) é bom, fazer-se a Imagem Geométrica das curvas, de forma a se visualizar e compreender melhor o problema e a solução.

$$\begin{cases} x^2 - y^2 = 4, \text{ é equivalente a } \dfrac{x^2}{4} - \dfrac{y^2}{4} = 1; \text{ hipérbole do tipo } \dfrac{x^2}{a^2} - \dfrac{y^2}{b^2} = 1; \text{ ou seja: } a = 2 \text{ e } b = 2. \\ \text{Trata-se de uma hipérbole equilátera, com eixo real coincidente com Eixo Cartesiano X.} \end{cases}$$

$$\begin{cases} x^2/36 + y^2/16 = 1; \text{ é uma elipse do tipo: } +x^2/a^2 + y^2/b^2 = +1. \\ \text{Semi eixo maior } a = 6 \text{ e semi eixo menor } b = 4. \\ \text{Trata-se de uma elipse com o semi eixo maior (a), coincidente com o Eixo Cartesiano X.} \end{cases}$$

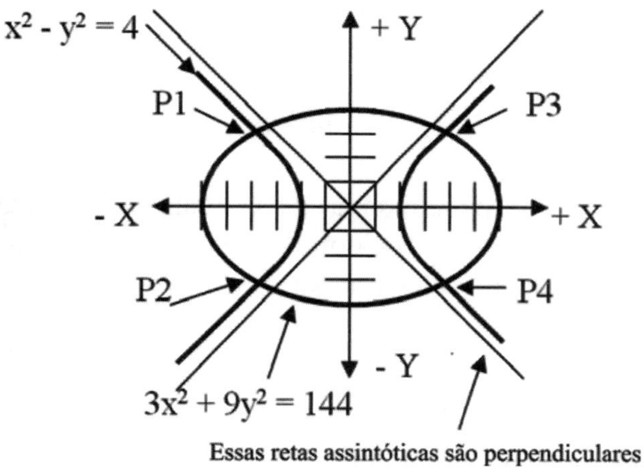

P1, P2, P3 e P4, são os pontos de interseção entre as curvas.

$x^2/36 + y^2/16 = 1$: (multiplicado por 144):
Resulta em: $4x^2 + 9y^2 = 144$.

Montando o sistema de equações tem-se:

$$\begin{cases} x^2 - y^2 = 4; \text{ donde: } x^2 = y^2 + 4. \text{ (1)} \\ 4x^2 + 9y^2 = 144. \text{ (2).} \end{cases}$$

Substituindo 1 em 2 e desenvolvendo as equações acham-se os seguintes valores:

$x = +/- 3,72$ e $y = +/- 3,14$.

<u>As Coordenadas dos pontos de interseção são:</u>

P1 (-3,72; +3,14); P2 (-3,72; -3,14);

P3 (+3,72; + 3,14); P4 (+3,72; -3,14).

Exercício 7.8: dada a hipérbole $x^2/16 - y^2/9 = 1$, pedem-se: a) os módulos dos semi eixos; b) esboço da Imagem geométrica; c) Coordenadas Cartesianas dos vértices; d) Coordenadas Cartesianas dos Focos; e) a excentricidade e f) as equações das retas assíntotas r e s.

a) Módulos dos semi eixos:

É uma hipérbole com eixo real sobre o eixo X, do tipo: $x^2/a^2 - y^2/b^2 = 1$, com centro coincidente com a Origem O (0; 0), e com: $a = 4$ e $b = 3$.

b) Esboço da Imagem Geométrica:

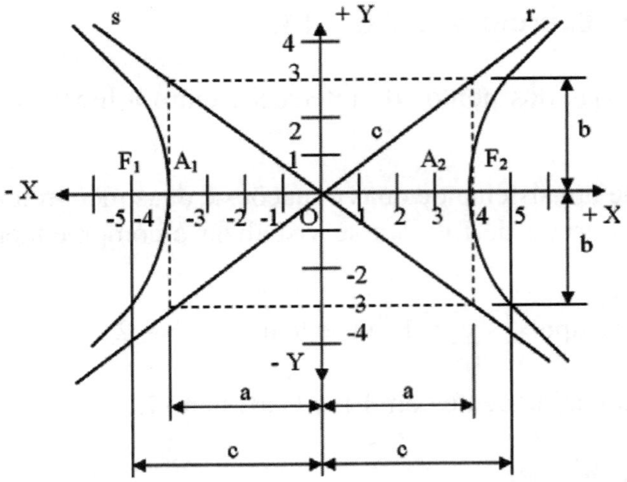

$c^2 = a^2 + b^2$; $a^2 = 16$; $b^2 = 9$. $c = 5$.

c) Coordenadas dos vértices:

A_1 (-4; 0) e A_2 (+4; 0).

d) Coordenadas dos Focos:

F_1 (-5; 0) e F_2 (+5; 0).

e) Excentricidade:

$e = c / a$; $e = 5 / 4$: $e = 1,25$.

f) Equações das assíntotas:

r: $y = mx$ e s: $y = -mx$

$mr = b/a = 3/4 = 0,75$;

$ms = -0,75$.

Equações: $\begin{cases} y = 0,75x \\ y = -0,75x \end{cases}$

A equação reduzida: $x^2/16 - y^2/9 = 1$, pode ser escrita como: $9x^2 - 16y^2 - 144 = 0$.

Exercício 7.9: para a hipérbole de equação: $x^2 - 4y^2 + 16 = 0$, pedem-se: a) a sua equação reduzida; b) os módulos dos semi eixos; c) esboço da Imagem Geométrica; d) Coordenadas Cartesianas dos vértices; e) Coordenadas Cartesianas dos Focos; f) excentricidade e g) Equações das Retas assíntotas.

a) Equação na forma reduzida:

$x^2 - 4y^2 + 16 = 0$; $x^2 - 4y^2 = -16$. multiplicando-se ambos os membros por - 1/16, tem-se:

$(-1/16)(x^2) - (-1/16)(4y^2) = (-1/16)(-16)$: resulta em: $-x^2/16 + y^2/4 = 1$ ou $y^2/4 - x^2/16 = 1$.

$y^2/4 - x^2/16 = 1$: é a equação reduzida de uma hipérbole do tipo $y^2/a^2 - x^2/b^2 = 1$, que é uma hipérbole com eixo real sobre o eixo Y.

b) Módulos dos semi eixos:

$a^2 = 4$, logo: $a = 2$ e $b^2 = 16$, logo: $b = 4$. Estes são os semi eixos.

d) Coordenadas dos vértices: A_1 (0; +2) e A_2 (0; -2).

e) Coordenadas dos Focos: F_1 (0; +4,472) e F_2 (0; -4,472).

f) Excentricidade: $e = c / a$; $e = 4,472 / 2$: $e = 2,236$.

g) Equações das assíntotas: r: $y = mx$ e s: $y = -mx$. $mr = a/b = 2/4 = 0,5$; $ms = -0,5$.

Equações: $\begin{cases} y = +0,5x \\ y = -0,5x \end{cases}$

c) Esboço da Imagem Geométrica:

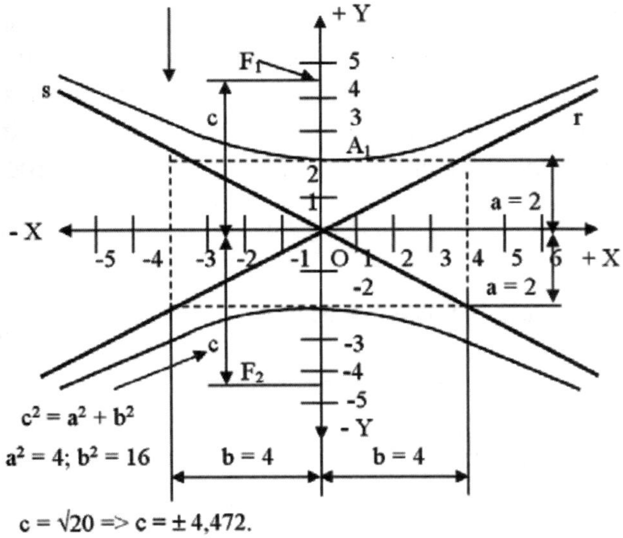

<u>**Resumo das características**</u>

d) Coordenadas dos vértices:

A_1 (0; +2) e A_2 (0; -2).

e) Coordenadas dos Focos:

F_1 (0; +4,472) e F_2 (0; -4,472).

f) Excentricidade:

e = c / a; e = 4,472 / 2: e = 2,236.

g) Equações das assíntotas:

r: y = mx e s: y = -mx

mr = a/b = 2/4 = 0,5;

ms = -0,5.

Equações: $\begin{cases} y = 0,5x \\ y = -0,5x \end{cases}$

Exercício 7.10: um engenheiro está desenvolvendo o projeto de um pontilhão sobre um rio, conforme dimensões e detalhes mostrados no desenho a seguir. Os cálculos iniciais, para atender às dimensões do rio, indicam que o vão de 30 metros será vencido por um arco hiperbólico, com a distância entre o Foco e o vértice da hipérbole igual a 3 metros. Baseado nas dimensões disponíveis e na geometria do pontilhão, pede-se estudar as características da hipérbole utilizada, inclusive o cálculo das dimensões detalhadas do arco hiperbólico, de forma a permitir a construção das formas e sua concretagem.

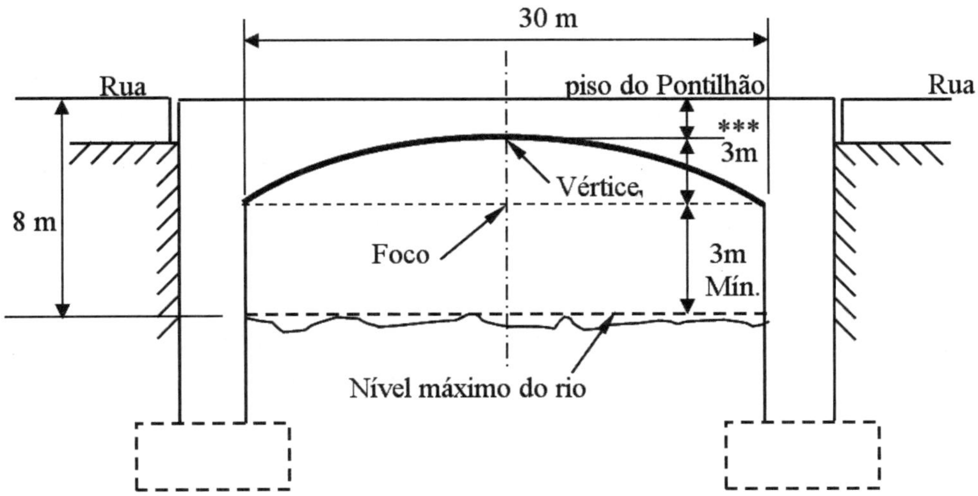

*** esta cota (espessura do arco) é consequência das características da hipérbole e da altura de 8m, entre o nível da rua e o nível máximo do rio.

A Imagem Geométrica, teórica, dessa hipérbole, com os dados disponíveis é mostrada a seguir:

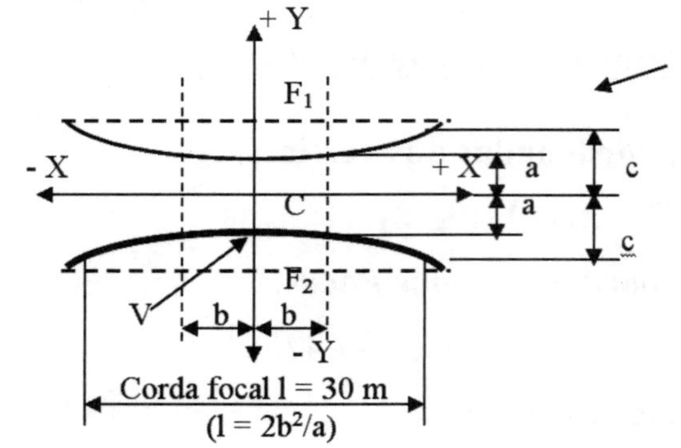

Essa hipérbole é do tipo:

$+y^2/a^2 - x^2/b^2 = 1.$

Observa-se que o vão de 30 metros é a Corda Focal. Com apenas esses dados não se consegue calcular e definir a equação, para determinar as dimensões necessárias ao projeto das formas e posterior concretagem da parte do arco parabólico.

A partir da Imagem teórica, podem-se desenvolver os cálculos, como a seguir mostrados:

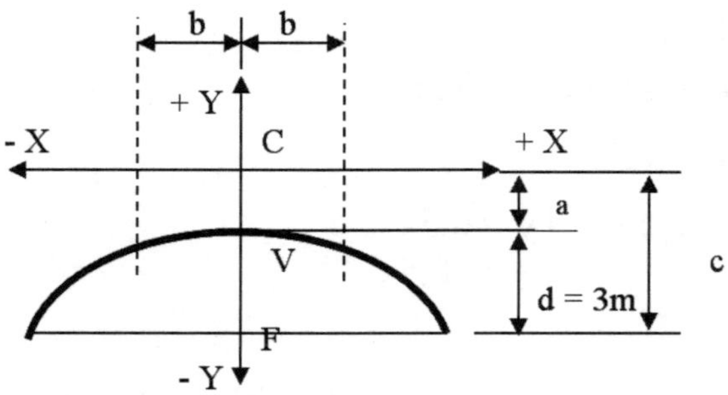

Dados para cálculo

$+y^2/a^2 - x^2/b^2 = +1.$

$2b^2/a = l = 30$ m.

$c^2 = a^2 + b^2$; ou seja: $b^2 = c^2 - a^2$

$d = c - a$. ($d = 3$ m).

Com esses dados e com a Imagem, desenvolvem-se os cálculos.

$2b^2/a = 30$ m. Ou seja: $b = \sqrt{15a}$. Com essa relação, mais $c^2 = a^2 + b^2$ e $d = c - a = 3$m, podem ser calculados as diversas dimensões da hipérbole, inicialmente arbitrando-se um valor para a, que é a distância entre o vértice e o Foco. Os cálculos, iniciando-se com a = 0,5 metro, estão sintetizados na tabela a seguir:

a	b	a^2	b^2	c	d
0,5	2,739	1	7,5	2,784	2,284
1,0	**3,873**	**1**	**15**	**4,000**	**3,000** ←
1,5	4,743	2,25	22,5	4,975	3,475
2,0	5,477	4	30	5,831	3,831
2,5	6,124	6,25	37,5	6,614	4,114
3,0	6,708	9	45	7,348	4,438

Esses são os valores que atendem à distância de 3m, entre o Vértice e o Foco da hipérbole (d), com a = 1,0 m e b = 3,873 m. Com estes dados escreve-se a equação da hipérbole:

$$+y^2/1 - x^2/15 = +1.$$

Essa equação fatorada resulta em:

$$y = \pm\sqrt{(15 + x^2)/15}$$

Os cálculos das dimensões horizontal (x) e vertical (y), que permitirão a construção das formas e concretagem do arco hiperbólico, são baseados na seguinte figura:

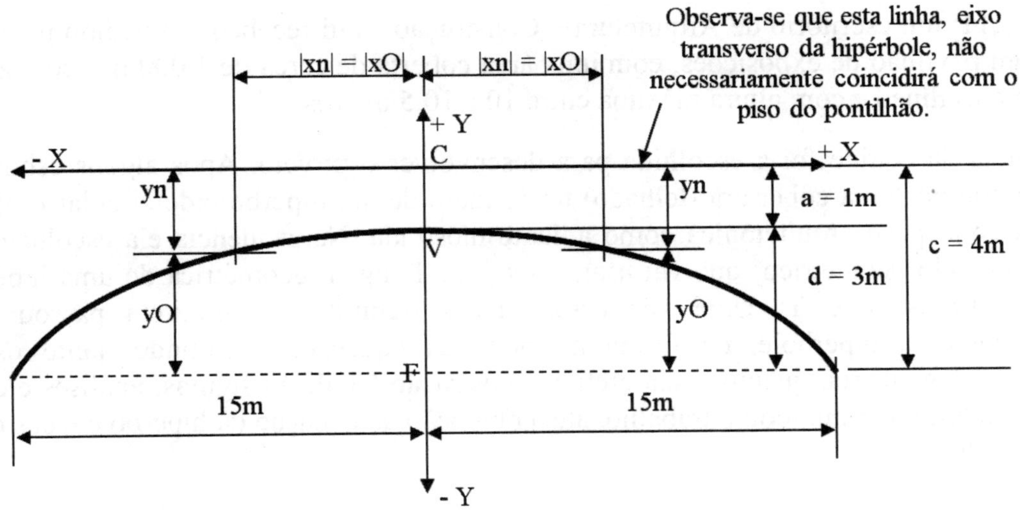

Os módulos de xn e yn serão calculados pela função: $y = \pm\sqrt{(15 + x^2)/15}$, sendo observado que os valores são iguais ao longo do eixo X, pois a hipérbole é uma curva simétrica. Considerando-se, apenas o arco, as cotas xO e yO, permitem a execução das formas e posterior concretagem do arco hiperbólico.

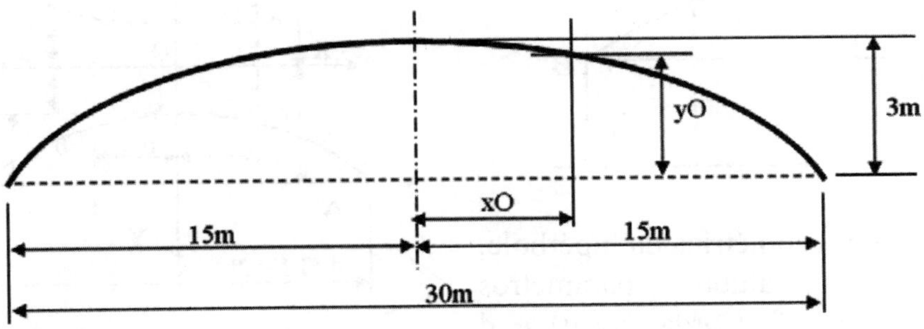

Comparando-se as duas figuras anteriores, vê-se que: xO = x e yO = 4 - yn. Serão estipulados valores de xn a partir de zero, com intervalos de 1,0m, até o limite xn = 15m. A tabela a seguir resume todos os valores de xO e yO, necessários à construção das formas do arco, e posterior concretagem.

xn	yn	xO	yO
0	1,0000	0,0	3,0000
1,0	1,0328	1,0	2,9672
2,0	1,1255	2,0	2,8745
3,0	1,2649	3,0	2,7351
4,0	1,4376	4,0	2,5624
5,0	1,6320	5,0	2,3680
6,0	1,8439	6,0	2,1561
7,0	2,0656	7,0	1,9344
8,0	2,2949	8,0	1,7051
9,0	2,5298	9,0	1,4702
10,0	2,7689	10,0	1,2311
11,0	3,0111	11,0	0,9889
12,0	3,2558	12,0	0,7442
13,0	3,5024	13,0	0,4976
14,0	3,7506	14,0	0,2494
15,0	4,0000	15,0	0,0000

Valores intermediários de xn, por exemplo 0,5m, são calculados a partir das seguintes funções e relações:

$$y = \pm\sqrt{(15 + x^2)/15}$$

xO = x e yO = 4 - yn.

Observa-se que os cálculos aqui realizados, podem ser realizados por um programa, facilmente exequível, possibilitando o uso nos mais diversos vãos em arcos hiperbólicos, inclusive com várias simulações. A partir do programa com a solução, também se pode migrar, por exemplo, para o AutoCad®, permitindo desenhos técnicos detalhados das formas.

Exercício 7.11: um escritório de Arquitetura e Construção Civil recebeu um pedido para projetar e construir um pavilhão de exposições, com uma área coberta de cerca de 1.000 m^2, com a cobertura no formato curvilíneo e com altura máxima entre 10 e 10,5 metros.

Uma arquiteta da equipe foi a escolhida para desenvolver o projeto. Após alguns esboços à mão livre, ela optou por uma cobertura (telhado) no formato de um hiperbolóide circular (veja capítulo 11), com a concepção arquitetônica como adiante mostrada. Na sequência ela escolheu o tipo de hipérbole (modelo geométrico) que vai usar, ou seja, a Imagem geométrica de uma hipérbole, em relação aos Eixos X e Y. Uma vez essas etapas definidas, a arquiteta passou a estudar matematicamente a hipérbole, de forma a obter sua equação, permitindo, tanto os cálculos estruturais de Engenharia, quanto a sua efetiva Construção Civil. As figuras, análises e cálculos, a seguir detalhadas, mostram todo o trabalho, até a obtenção da equação da hipérbole e das dimensões finais do pavilhão.

Esta foi a concepção arquitetônica, com a cobertura hiperbólica AB

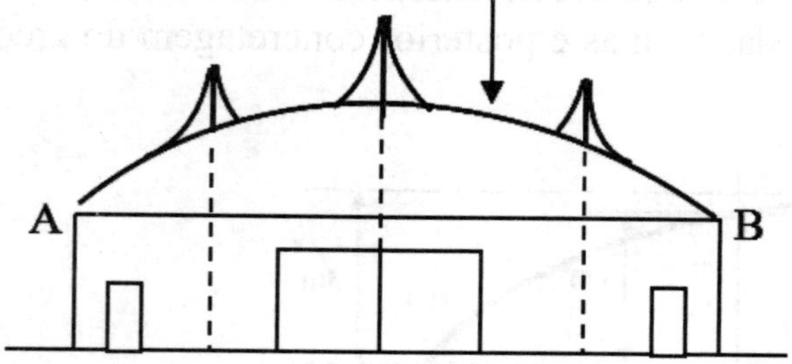

Este é o modelo geométrico da hipérbole AB

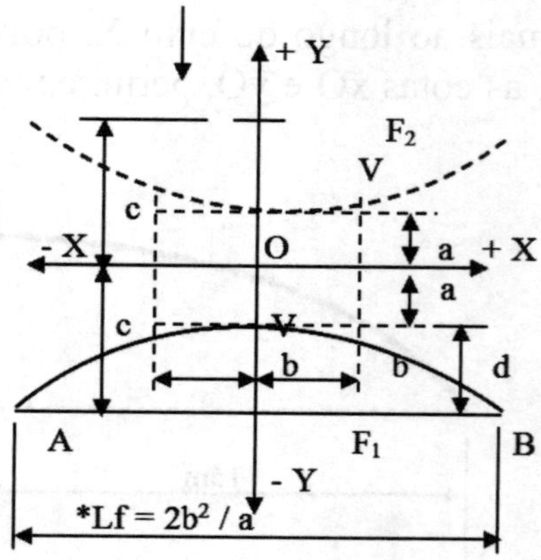

A partir da modelagem geométrica da hipérbole, a arquiteta, definiu alguns parâmetros complementares, como Lf (Corda Focal) e d (altura da cúpula hiperbólica) para após cálculos, encontrar a equação da hipérbole, de forma a poder ser desenhada e construída.

$c = \sqrt{(a^2 + b^2)}$ $\quad$ $*b = \sqrt{(a.Lf)} / 2$

$d = c - a$

Como a cobertura é um hiperbolóide circular, a área coberta é a de um círculo, como foi pedida uma área de cerca de 1.000 m^2, será feito o cálculo inicial do diâmetro do círculo, que é igual à Corda Focal Lf, ou seja:

1.000 m2 = $\pi d^2 / 4$; ou seja: d = 35,682 m.

Para facilitar a construção, em princípio será utilizado um diâmetro de 36 m.

Este tipo de hipérbole tem como equação:

$$+\frac{y^2}{a^2} - \frac{x^2}{b^2} = 1$$

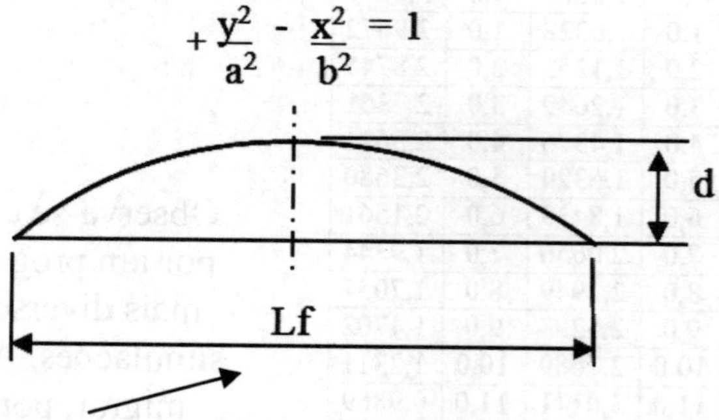

Estas são as duas dimensões principais da cobertura.

A partir desses cálculos e análises iniciais, bem como da dimensão Lf = 36 metros, será elaborada uma tabela onde serão calculados e comparados alguns parâmetros, de forma a se achar um valor da altura da cúpula (dimensão d) que, além de uma boa estética, apresente uma curvatura que facilite o cálculo estrutural, já que quanto mais se aproximar de uma reta, ou seja, curvatura mais plana/fechada, parâmetro "a" pequeno, maiores serão os esforços sobre a laje cobertura, consequentemente exigindo uma espessura maior, ou seja, maior custo.

Lf	a	b	c	d	Equação	Lf	a	b	c	d	Equação
36	0,5	3,0	3,041	2,541	$36y^2 - x^2 - 9 = 0$	**36**	2,5	6,708	7,159	4,659	$500y^2 - 20x^2 - 125 = 0$
36	1,0	4,243	4,359	3,359	$18y^2 - x^2 - 18 = 0$	**36**	3,0	7,348	7,937	4,937	$y^2 - 6x^2 - 54 = 0$
36	1,5	5,196	5,408	3,908	$108y^2 - 3x^2 - 27 = 0$	**36**	3,5	7,937	8,674	5,174	$252y^2 - 7x^2 - 441 = 0$
36*	**2,0**	**6,000**	**6,324**	**4,324**	$\mathbf{9y^2 - x^2 - 36 = 0}$	**36**	4,0	8,485	9,381	5,381	$9y^2 - 2x^2 - 144 = 0$

As dimensões da tabela estão em metros. Observa-se que, para um mesmo valor da corda focal Lf de 36 metros, igual ao diâmetro do hiperbolóide circular, foram calculados os diversos parâmetros da respectiva hipérbole, chegando-se à sua equação, segundo a equação reduzida, com eixo real coincidente com o eixo X: $y^2/a^2 - x^2/b^2 = 1$.

Após conversa e análise com o engenheiro que faz os cálculos estruturais, foi decidido que será usada a hipérbole de equação: $*9y^2 - x^2 - 36 = 0$, com uma altura d = 4,324 m.

<u>Imagem aproximada das cúpulas: a maior e a menor (d).</u>

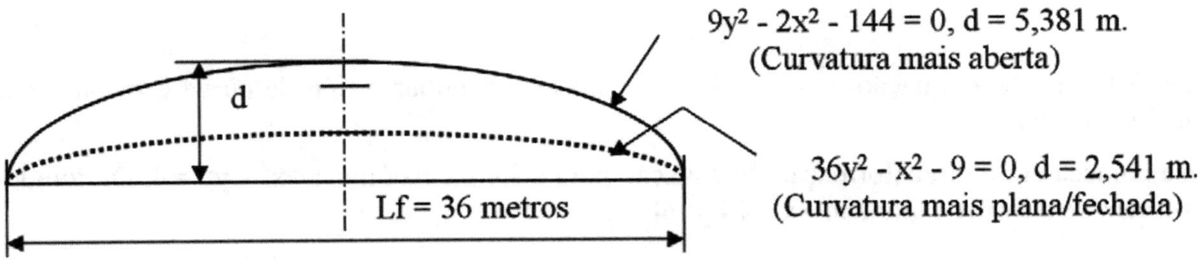

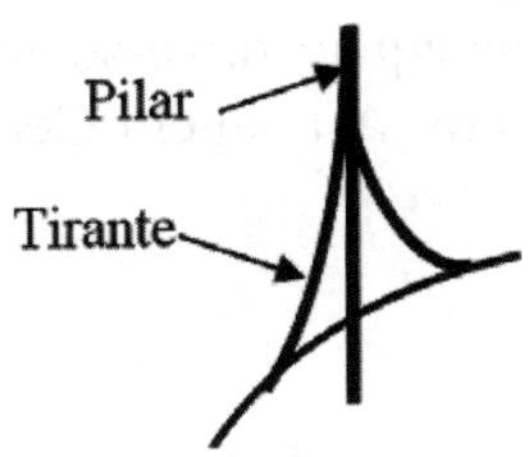

Detalhe arquitetônico estrutural da suportação da cúpula. (Exercício 7.11).

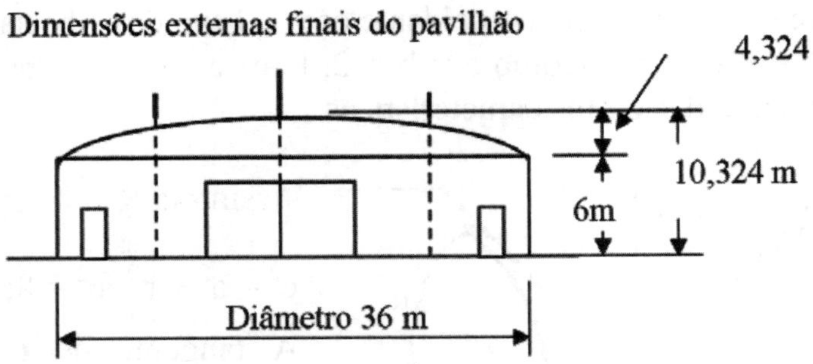

Exercício 7.12: uma hipérbole tem focos em F_1 (-5; 0), F_2 (+5; 0) e o eixo real (distância V_1V_2) é igual a 6. Com esses dados, fazer um estudo completo desta curva, inclusive com a sua Imagem Geométrica.

Inicialmente fazendo-se a plotagem da curva, com os dados disponíveis, descobre-se que: trata-se de uma hipérbole com Centro C (0; 0) coincidente com a Origem O (0;0), dos Eixos Cartesianos X,

Y, ou seja, com o eixo real F_1, V_1, C, V_2, F_2, coincidente com o Eixo X, das Abscissas. Também já se sabe como ocorre a curvatura das duas folhas da hipérbole.

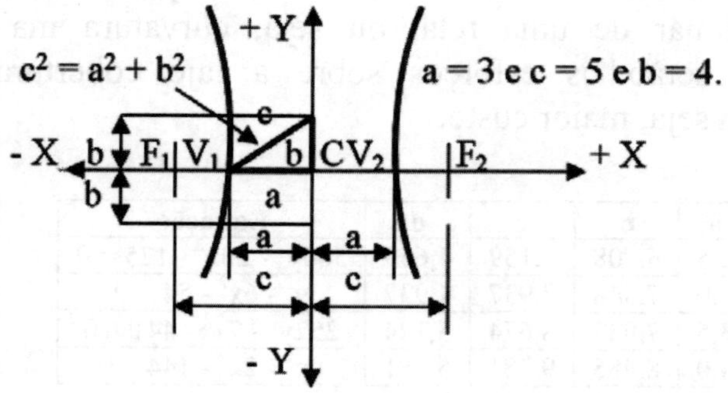

Esse tipo de hipérbole tem equação:

$+ x^2 / a^2 - y^2 / b^2 = 1$; portanto, a **Equação é:** $\mathbf{+ x^2 / 9 - y^2 / 16 = 1}$;

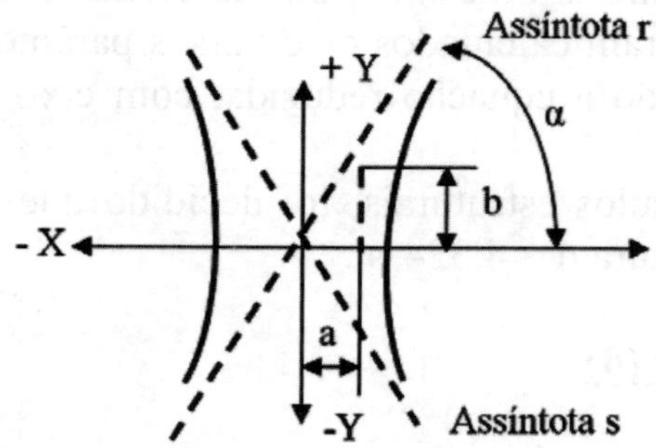

Análise das retas Assíntotas:

R: $y = + mx$ e S: $y = - mx$

$m = \text{tg}\ \alpha = b / a = 4 / 3 = + 1{,}33$.

R: $y = +1{,}33x$ e S: $y = - 1{,}33x$

$\alpha = \text{arc tg}\ 1{,}33$; $\alpha = 53{,}13°$.

Exercício 7.13: Dada a equação $x^2 - y^2 - 4 = 0$, analisar e detalhar o tipo de curva e traçar a sua Imagem Geométrica.

A análise começa com a transformação da equação para a forma canônica: $+x^2 - y^2 = 4$. Dividindo-se por +4, tem-se a forma canônica: $+x^2 /4 - y^2 /4 = 1$.

Trata-se de uma hipérbole com centro C coincidente com a Origem dos Eixos Cartesianos O (0; 0) e com eixo real ou transverso coincidente com o Eixo das Abscissas X. Pela equação, vê-se que $a^2 = 4$ e $a = 2$; $b^2 = 4$ e $b = 2$. Como $a = b = 2$, tem-se uma hipérbole equilátera. A imagem Geométrica facilita o cálculo das outras características.

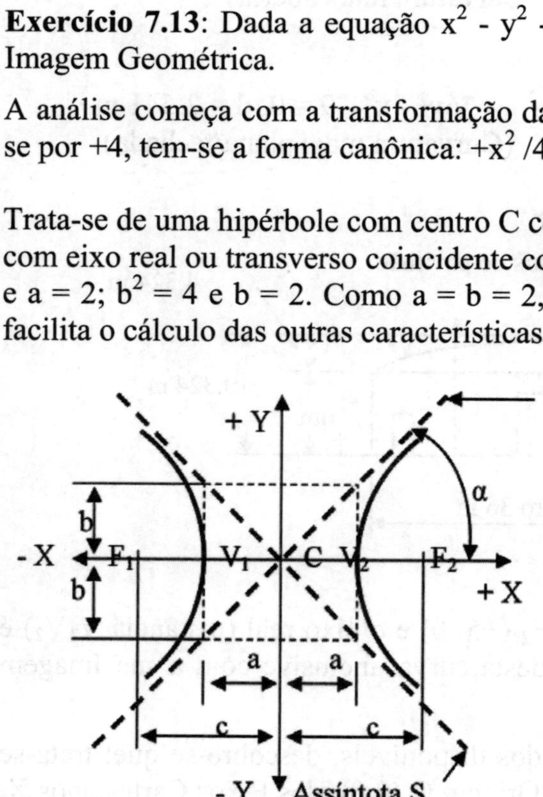

$c^2 = a^2 + b^2$; $c^2 = 8$; $c = 2{,}828$.

A tangente de α é o coeficiente angular da reta Assíntota R. $\text{tg}\ \alpha = b/a = 2/2 = 1$.

reta R: $y = + x$; reta S: $y = - x$.

Tg α é obtida do triângulo fundamental.

Exercício 7.14: Levando em conta as exigências ambientais e considerações termodinâmicas, em especial a tiragem dos gases, um engenheiro mecânico está a projetar uma chaminé, no formato hiperbólico, como descrita a seguir. Considerando o desenho e os dados informados, pedem-se:

a) A equação da hipérbole.
b) A altura total **H** da chaminé.
c) O diâmetro da base.
d) O diâmetro da boca.

Dados informados da hipérbole:
$2a = 2$ metros. $2c = 8$ metros.
Dados complementares
$c^2 = a^2 + b^2$.
$l = 2b^2/a$

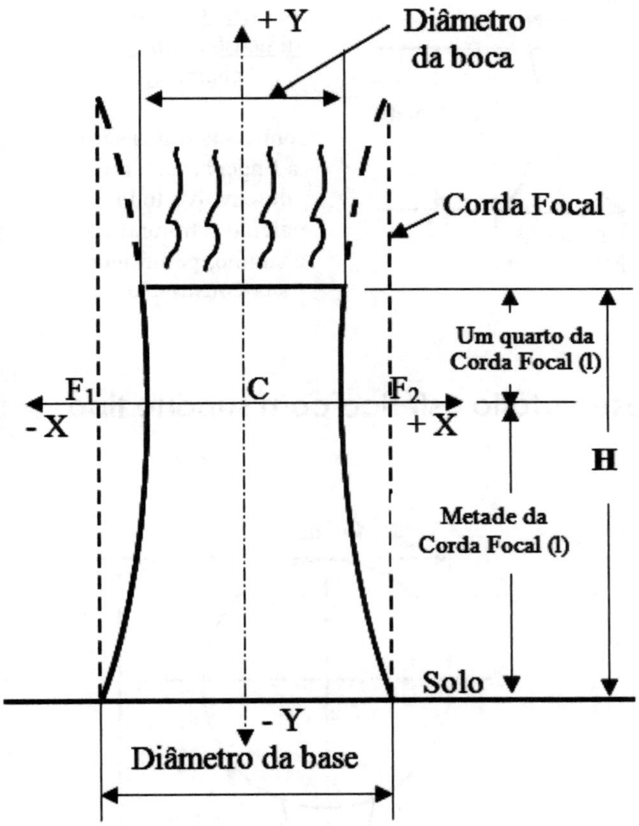

Imagem geral da chaminé

Observa-se que este tipo de chaminé é muito utilizado para escoamento de gases residuais de usinas termoelétricas, em especial na Europa

$c^2 = a^2 + b^2$; ou seja: $b^2 = c^2 - a^2$. $c^2 = 16$ e $a^2 = 1$. $b = \sqrt{(c^2 - a^2)}$ $b = 3{,}873$m. $b^2 = 15$m.

Esse tipo de hipérbole tem equação: $+x^2/a^2 - y^2/b^2 = 1$. **Ou seja: a)** $+x^2/1 - y^2/15 = 1$.

a) Essa equação também pode ser escrita como: $+15x^2 - y^2 = +15$.

Corda Focal: $l = 2b^2/a$: $l = 2.15/1$; ou seja: $l = 30$m. Metade = 15 m e um quarto = 7,5m.

b) Altura H total da chaminé = 22,5m.

Cálculo dos diâmetros da base e da boca

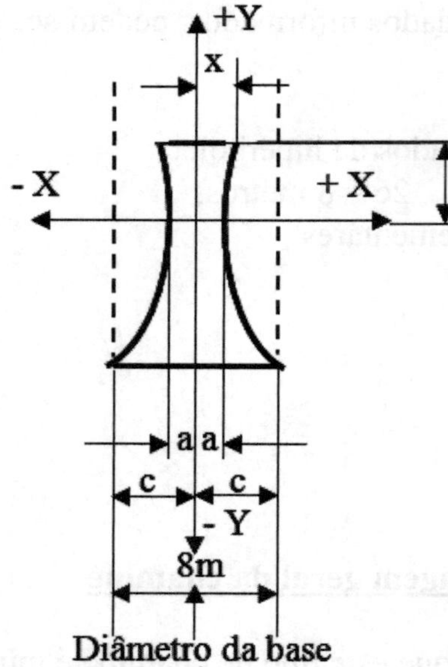

O diâmetro da boca é obtido, quando na equação da hipérbole se substitui y por 7,5.
$+15x^2 - y^2 = +15$; ou seja: $x = \sqrt{[(+y^2 + 15)/15]}$
$x = 2{,}1795$m e $2x = 4{,}359$m (Diâmetro da boca).

c) Diâmetro da base = 8 metros.
d) Diâmetro da boca = 4,359metros.

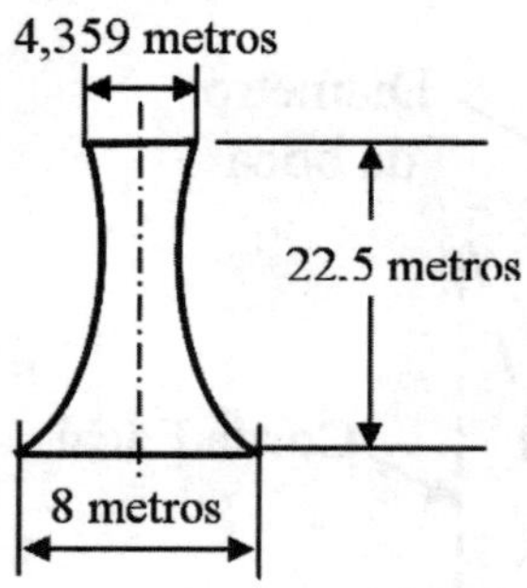

Essas são as dimensões finais da chaminé.

Com essas dimensões, a Engenharia Civil, desenvolve todo o cálculo estrutural da chaminé, permitindo sua construção.

7.12 Projetos conceitual e básico de um reservatório esférico com suporte tipo hiperboloide circular

Uma empresa de consultoria recebeu a encomenda de elaborar os projetos conceitual e básico de um reservatório esférico, para armazenamento e distribuição de água, em uma indústria química, onde o projeto básico fornecido é mostrado no desenho à direita, a partir do qual se deve desenvolver o projeto conceitual. Foi informado que, tanto a esfera, quanto o suporte terão que ser em aço ASTM A - 285 gr C. Outra exigência é que o suporte seja segundo uma curva, por questões estéticas e arquitetônicas, com um diâmetro mínimo de 1m, de forma que haja uma escada interna ao suporte, para permitir a passagem de uma pessoa, para manutenção e reparos. Também internamente ao suporte passarão tubulações.

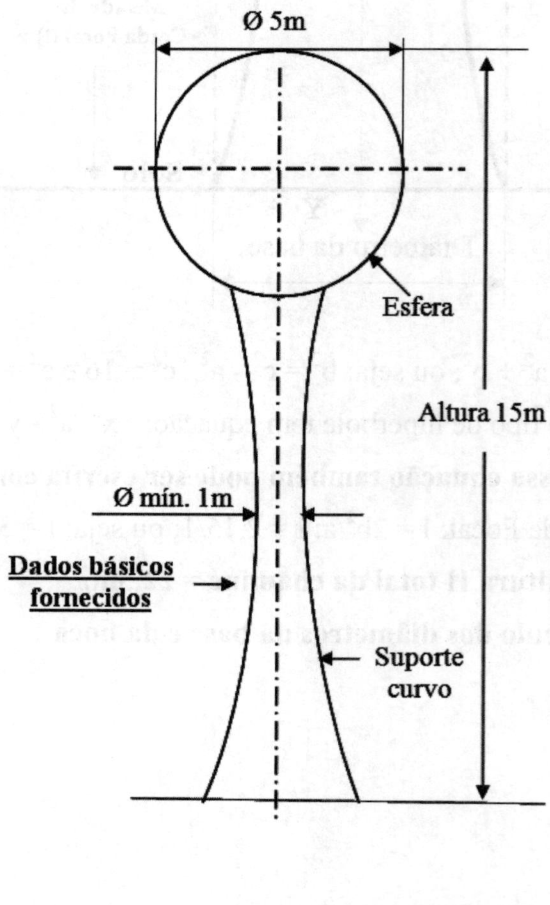

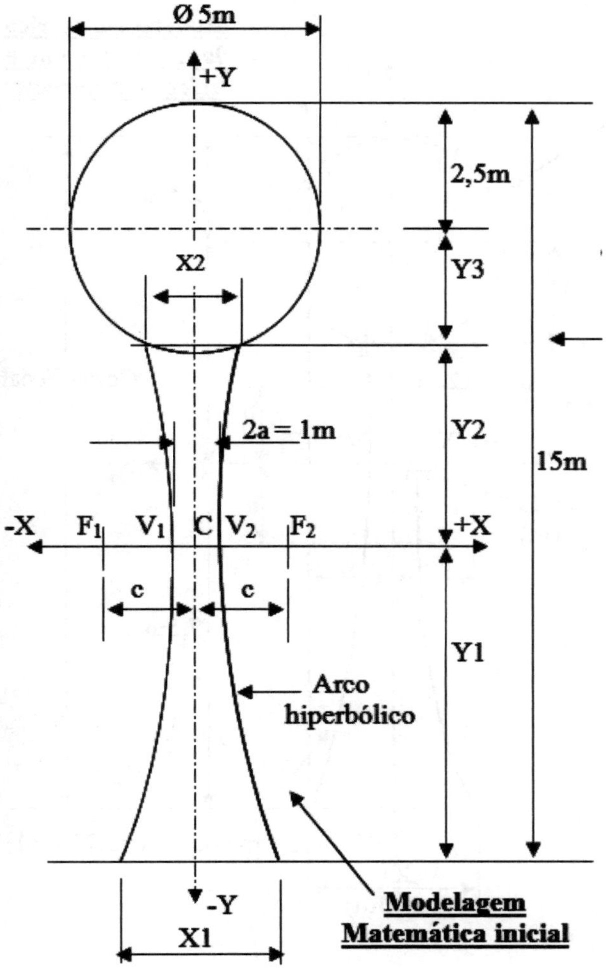

Após uma rápida análise, o engenheiro modelou o problema considerando o suporte em arco hiperbólico (em verdade um hiperboloide circular).

Essa hipérbole tem equação:
$+x^2/a^2 - y^2/b^2 = 1$.
O único dado é: 2a = 1m; a = 0,5m, não se conhecendo o valor de b.

Outras relações são:
$c^2 = a^2 + b^2$. $b = \sqrt{(c^2 - a^2)}$
Excentricidade: e = c/a; c = e.a.
Corda Focal: $l = 2b^2/a$.

Com apenas o valor de a (0,5), observa-se que atribuindo-se valores de "e" (excentricidade), calcula-se o c e o b, resolvendo-se a equação. Com os valores de a e b, calcula-se o valor da Corda Focal ($l = 2b^2/a$), podendo-se resolver o problema da altura igual a 15m.

Observa-se que, é comum, na prática da engenharia, simulações de valores, como ponto de partida para solução de problemas como esse.

A tabela a seguir resume as simulações dos valores da excentricidade "e", a partir de e = 1,5, com cálculos dos demais parâmetros.

a	e (c/a)	c (e x a)	b ($\sqrt{(c^2 - a^2)}$)	l ($2b^2/a$)	Equação da hipérbole ($+x^2/a^2 - y^2/b^2 = +1$)
0,5	1,5	0,75	0,559	1,25	$+x^2/0,25 - y^2/0,312 = +1$
0,5	2,0	1,00	0,866	3,00	$+x^2/0,25 - y^2/0,75 = +1$
0,5	2,5	1,25	1,146	5,25	$+x^2/0,25 - y^2/1,313 = +1$
0,5	3,0	1,50	1,414	8,00	$+x^2/0,25 - y^2/2 = +1$
0,5	3,5	1,75	1,677	11,25	$+x^2/0,25 - y^2/2,812 = +1$
0,5	**4,0**	**2,00**	**1,936**	**15,00**	$\mathbf{+x^2/0,25 - y^2/3,75 = +1}$
0,5	4,5	2,25	2,194	19,25	$+x^2/0,25 - y^2/4,813 = +1$
0,5	5,0	2,50	2,449	24,00	$+x^2/0,25 - y^2/6 = +1$

A Corda Focal com valor de 15 metros (que atende a altura máxima informada), e os dados correspondentes, serão analisados, para a solução do problema.

Com a Corda Focal de 15m, foi possível ter-se o seguinte desenho.

Observa-se que, tanto a circunferência, quanto a hipérbole, passam pelos pontos A e B.

Fazendo-se o sistema de duas equações com duas incógnitas (circunferência e hipérbole), acham-se tanto o valor de X2, quanto o de Y2.

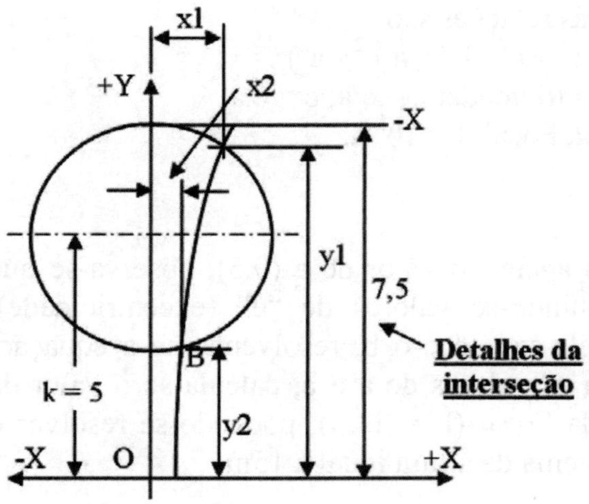

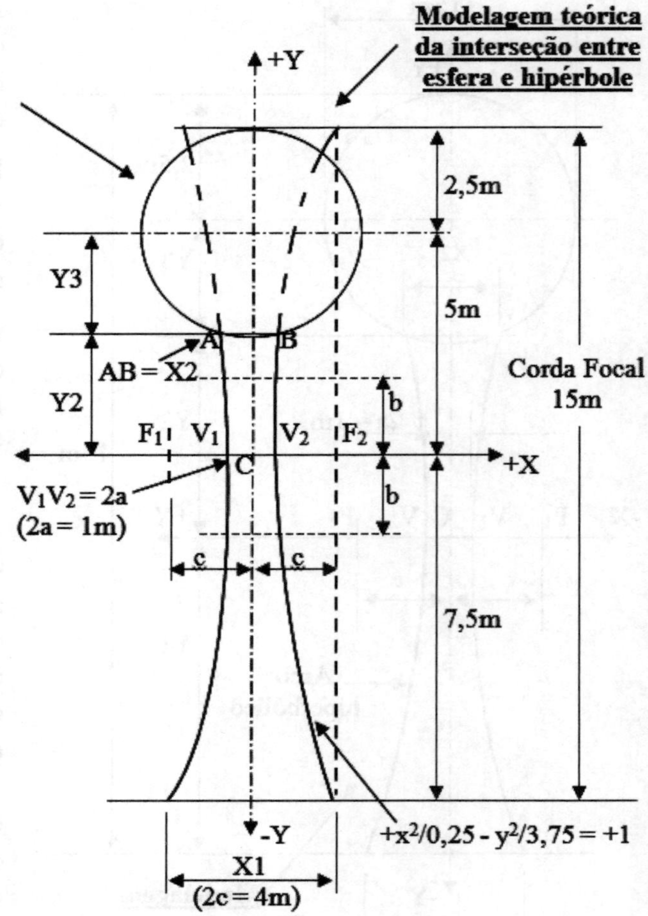

Essa circunferência tem o centro fora da Origem O(0; 0), logo sua equação fica:

$(x - h)^2 + (y - k)^2 = R^2$. h = 0; k = 5 e R = 2,5.

$$\begin{cases} (x - 0)^2 + (y - 5)^2 = 2{,}5^2\text{; ou seja: } x^2 + y^2 - 10y + 25 = 6{,}25\text{. Onde: } x^2 = (-y^2 + 10y - 18{,}75)\text{(A).} \\ +x^2/0{,}25 - y^2/3{,}75 = +1 \text{ (B)} \end{cases}$$

A em B: $(-y^2 + 10y - 18{,}75)/0{,}25 - y^2/3{,}75 = +1$. Ou seja: $-4{,}2667y^2 + 40y - 76 = 0$.

$y = \dfrac{-40 \pm \sqrt{40^2 - 4[(-4{,}2667).(-76)]}}{2.\ (-4{,}2667)}$: $y = \dfrac{-40 \pm 17{,}4047}{-8{,}5334}$: y1 = +6,727 e y2 = +2,648.

y^1 = +6,727m ou y1 = +6.727mm e y2 = +2,648m ou y2 = +2.648mm.

$x^2 = (-y^2 + 10y - 18{,}75) \Rightarrow x = \sqrt{(-y^2 + 10y - 18{,}75)}$. Para determinar A e B, faz-se y = +2,648.

$x^2 = \sqrt{-(2{,}648)^2 + 10(2{,}648) - 18{,}75} \Rightarrow x2 = \pm 0{,}8474$. Ou seja: |AB| = 2(0,8474) = 1,6948.

Do Eixo X até onde o hiperboloide intercepta a chapa metálica da base, tem-se: y = -7,2m.

Diâmetro da base do hiperboloide com y = -7,2: $x^2/0{,}25 - (-7{,}2)^2/3{,}75 = +1$: x = ±1,925;

Ou seja: diâmetro do hiperboloide na base metálica = 3,85 (retificado = π . 3,85 = 12,0948m = 12.094,8 mm).

Diâmetro da base do hiperboloide com y = -7,2: $x^2/0{,}25 - (-7{,}2)^2/3{,}75 = +1$: $x = \pm 1{,}925$;
Ou seja: diâmetro da base metálica = 3,85 (retificado = π . 3,85 = 12,0948m = 12.094,8 mm).

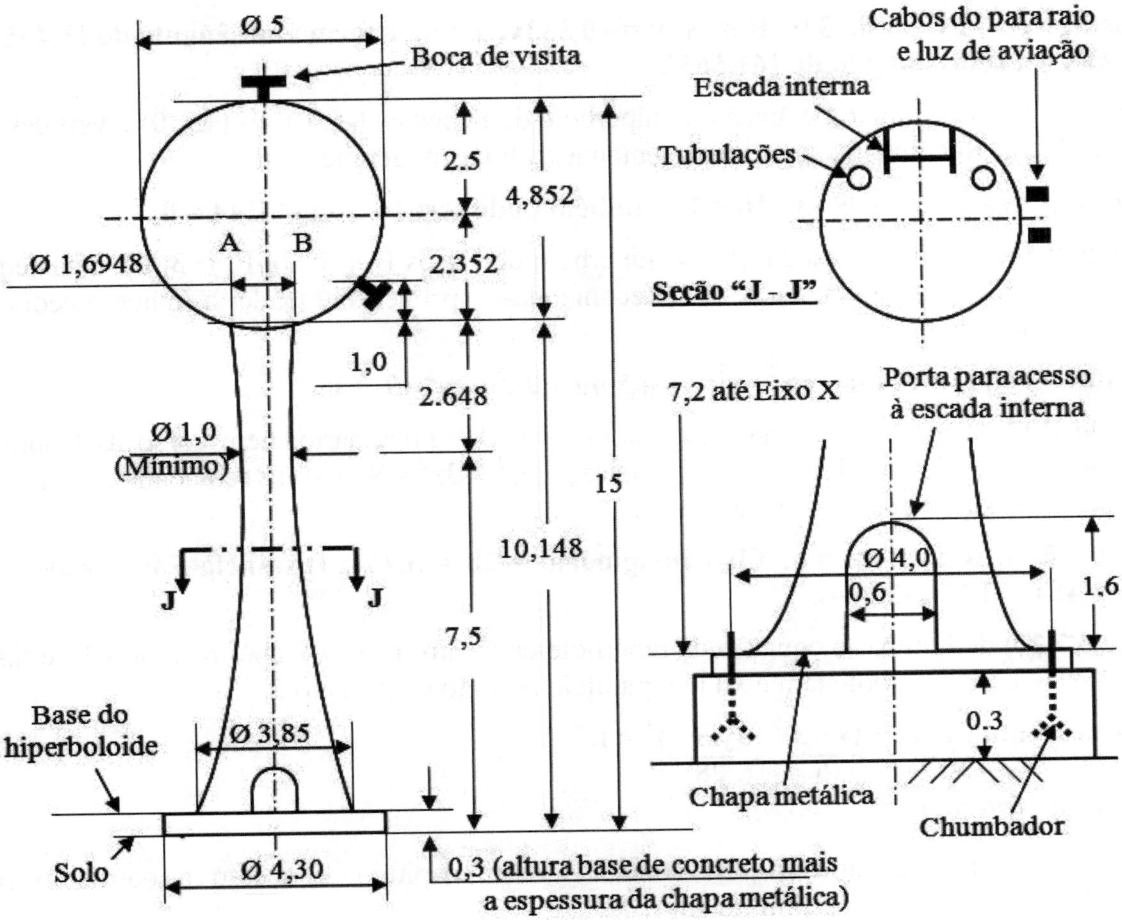

<u>**Observações gerais**</u>:

A) Haverá uma escada interna, tipo marinheiro, para acesso ao fundo do reservatório esférico, para inspeção e manutenção de bocais de entrada e saída de água, bem como do ladrão. B) Existirão duas bocas de visita, de diâmetro 24" (610 mm) uma superior e outra próxima ao fundo, que servirão para entrada no reservatório esférico, para manutenções. C) As tubulações de entrada, saída de água e ladrão, passarão por dentro da base em arco hiperbólico, bem como dos cabos de comando do nível de água.D) Para futuras manutenções, o acesso à boca de visita inferior, e externa, será por meio de andaimes montados desde a base. Ao lado dessa boca de visita, e ao longo da superfície da esfera, existirão degraus soldados, que permitirão acesso à boca de visita do topo. E) No parágrafo 10.1.2 é mostrada a planificação da esfera e no 11.4.1 a do hiperbolóide.

7.13 Exercícios propostos (Exercícios 7.15 a 7.20)

Exercício 7.15: para a hipérbole $9y^2 - x^2 - 36 = 0$, determinar as Coordenadas Cartesianas de: a) Focos F_1 e F_2 e b) Vértices A_1 e A_2. (Recomenda-se consultar o modelo geométrico da hipérbole do exercício 7.9 e analisar a equação na forma canônica).

Resposta: a) Focos F_1 (0; -6,325) e F_2 (0; +6,325) b) Vértices A_1 (0; -2) e A_2 (0; +2).

Exercício 7.16: para a hipérbole $9y^2 - x^2 - 36 = 0$, determinar as equações das suas retas assíntotas r e s, bem como o ângulo que cada uma forma com o Eixo X. (Recomenda-se consultar exercício 7.9, item g).

Resposta: Reta r: y = + 0,333x. Reta s: y = - 0,333x. A reta r forma um ângulo de 18,435°, com o eixo OX e a reta s ângulo de 161,565°.

Exercício 7.17: determinar a equação da hipérbole de Focos F_1 (-5; 0), F_2 (+5; 0) e vértices V_1 (-3; 0) e V_2 (+3; 0). (Recomenda-se, primeiro entender a Imagem geométrica).

Resposta: A equação é $x^2/9 - y^2/16 = 1$. Também pode ser: $16x^2 - 9y^2 - 144 = 0$.

Exercício 7.18: determinar a equação da hipérbole de Focos F_1 (-3; 0), F_2 (+3; 0), cujas equações das retas assíntotas são y = x e y = - x. (Recomenda-se, primeiro entender a Imagem geométrica e consultar o parágrafo 7.6).

Resposta: As equações são: $+ x^2 - y^2 = + 4,5$ ou $+ 2x^2 - 2y^2 - 9 = 0$.

Exercício 7.19: determinar as medidas dos eixos real e imaginário, bem como as Coordenadas Cartesianas dos Focos, da hipérbole de equação: $+y^2 - 3x^2 - 9 = 0$. (Recomenda-se inicialmente determinar a equação na sua forma canônica).

Resposta: Eixo Real = 2a = 6; Eixo Imaginário = 2b = 3,464; Distância Focal = 2c = 6,928; F1(0; +3,464) e F2(0; -3,464).

Exercício 7.20: determinar a equação da hipérbole de Centro (+3; -7), eixo real 2a = 12 e distância focal 2c = 16. Essa hipérbole tem eixo real paralelo ao Eixo Cartesiano X.

Resposta: a equação é: $+ \frac{(x - 3)^2}{36} - \frac{(y + 7)^2}{28} = 1$.

Pesquisas na *Internet*

Para um maior aprofundamento dos conceitos deste capítulo, e acesso a outros exercícios, recomenda-se a consulta aos seguintes *sites*:

http://ecalculo.if.usp.br/funcoes/inverso/links_hip/exercicios.htm
http://www.professores.uff.br/jorge_delgado/livros/geometria-analitica-ufma.pdf
https://pt.wikipedia.org/wiki/Hip%C3%A9rbole
http://www.ebah.com.br/content/ABAAABaR4AC/hiper-res
http://perazzoeducamat.comunidades.net/exercicios-sobre-conicas-geometria-analitica

Além destes *sites*, principalmente para mais exemplos de aplicações práticas e reais, recomenda-se a busca de outros, usando-se como palavras chave: "hipérboles", "dedução da equação de uma hipérbole", "lentes hiperbólicas", "propriedade refletora de uma hipérbole", "aplicações práticas de hipérboles".

Alerta-se que, como citado na Unidade Introdutória deste livro, para um bom aprendizado não se deve apenas estudar na forma digital, mas também na impressa e, especialmente, fazendo à mão livre resumos e exercícios, inclusive as Imagens Geométricas.

UNIDADE III

A Geometria Analítica no espaço tridimensional (X, Y, Z) ou espaço R^3. A Geometria Analítica Espacial. Vetores no R^3

Capítulo 8

Coordenadas Cartesianas tridimensionais (x; y; z). Ponto, retas e planos. Coordenadas Esféricas (r; θ; φ)

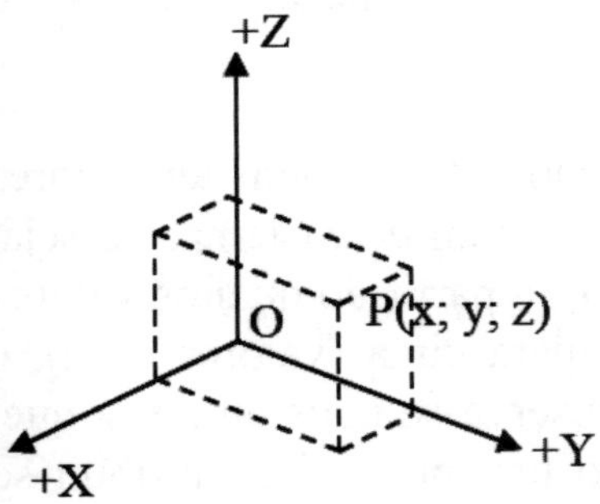

As Coordenadas Cartesianas Tridimensionais

***Tudo é tridimensional**, ou seja, têm comprimento, largura e profundidade, que na Geometria Analítica Espacial são representadas por três Coordenadas (x; y; z), segundo oito triedros, chamados de Octantes. Com esse sistema torna-se possível representar e estudar: pontos, retas e planos. Outra forma de representação de pontos é através das Coordenadas Esféricas, que localiza um ponto por uma distância, em relação à origem (0; 0; 0), chamada raio (r), bem como por dois ângulos θ e φ, relacionados a um plano e a um eixo. Com relação às Coordenadas esféricas, o autor criou o termo "Esfero-Octo-Triedro", para diferenciar dos Octantes, das Coordenadas Cartesianas. Este capítulo tem como grande objetivo o desenvolvimento da visão espacial, importantíssima, por exemplo, para engenheiros.*

Como o próprio nome sugere, e como estudado na Unidade I, a Geometria Plana, desenvolve seus estudos no espaço bidimensional, ou seja, eixos X e Y ou comprimento e largura ou ainda espaço R^2. Já a Geometria Espacial, estudada nessa Unidade III, considera o espaço tridimensional, ou seja, eixos X, Y e Z ou comprimento, largura e profundidade ou ainda espaço R^3.

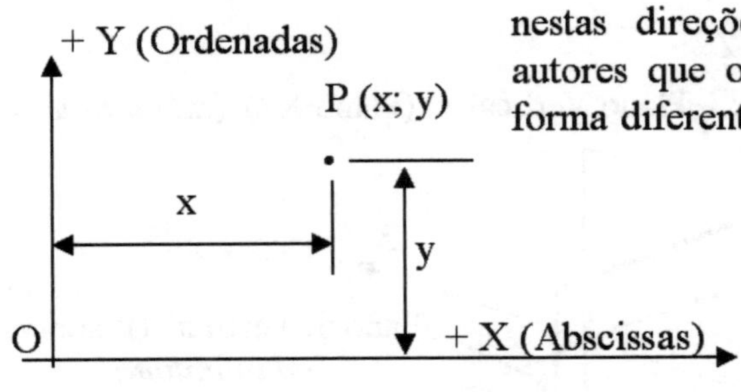

Ponto P no espaço bidimensional

Nesse livro os três eixos estão nestas direções, mas existem autores que os consideram de forma diferente.

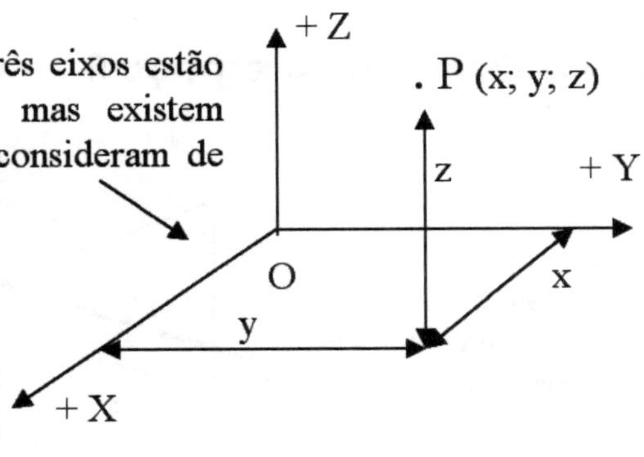

Ponto P no espaço tridimensional

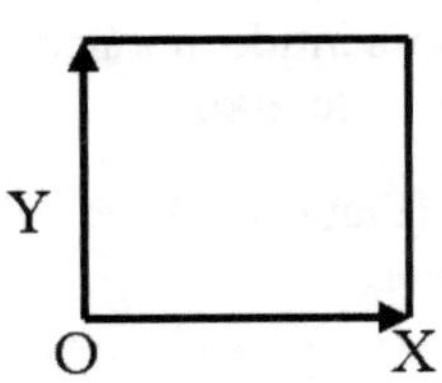

Um quadrado no espaço bidimensional

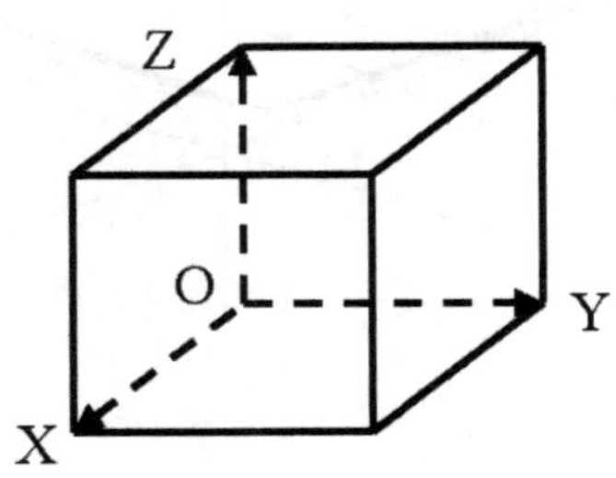

Um cubo no espaço tridimensional

8.1 Sistema de Coordenadas Cartesianas no espaço tridimensional ou R³, considerando os planos π (Horizontal), π' (Vertical) e π" (de Perfil)

No espaço bidimensional, as Coordenadas Cartesianas são nominadas como Abscissas, para valores no Eixo X e Ordenadas, para valores no Eixo Y, a partir da Origem O (0;0). No espaço tridimensional, segundo Lima (1975, p.23), semelhantemente à Geometria Descritiva, as três Coordenadas são nominadas como: x abscissa, y afastamento e z cota. Essas três Coordenadas também são chamadas de retangulares. Um P(+2; +1; +4), tem abscissa x = +2, afastamento y = 1 e cota z = +4.

À semelhança do espaço bidimensional, onde Abscissas (x) e Ordenadas (y) podem ter valores positivos e negativos, no tridimensional isso também ocorre, já que a Origem do Sistema, ou seja, no ponto de encontro dos três eixos X, Y, Z, encontra-se num ponto (O), a partir do qual os valores crescem para a frente (valores de x), para a direita (valores de y) e para cima (valores de z), e decrescem, ou melhor, têm valores negativos nos sentidos inversos. Observa-se mais uma vez que, na prática profissional aplicada da Geometria Analítica Espacial, não tem praticidade atribuir-se valores negativos para Coordenadas ou localizações de pontos, trabalhando-se sempre no 1° Octante, como será visto adiante.

O Sistema de Coordenadas Cartesianas tridimensionais X, Y, Z, deve ser entendido como composto por três planos: π (Horizontal), π' (Vertical) e π" (Perfil), como estudados na Geometria Descritiva. Esses Planos estendem-se *ad infinitum*, como mostrado na figura a seguir (8.1.1). Dessa forma, o espaço tridimensional fica subdividido em oito (8) setores, ou melhor, oito Triedros (Triedro significa três planos. Em grego *edro* significa plano), chamados de Octantes. Embora todos os oito setores possam ser utilizados, as demonstrações de fórmulas e conceitos são desenvolvidas no Triedro frontal, ou melhor, 1° Octante, como destacado na figura a seguir, considerando-se as partes positivas dos três eixos: + X, + Y, + Z.

8.1.1 Os Octantes do espaço R³

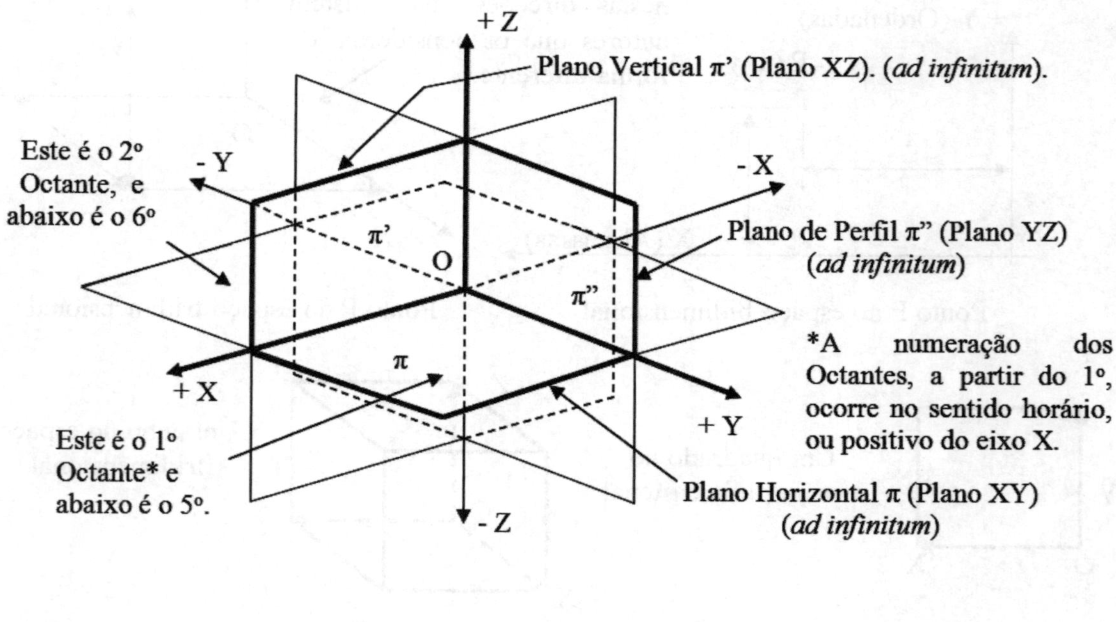

8.2 Localização de um ponto P (x_P, y_P, z_P). A reta OP e análises geométricas

Exercício 8.1: analisar o ponto P(+2; +4; +2), bem como atender às seguintes perguntas:

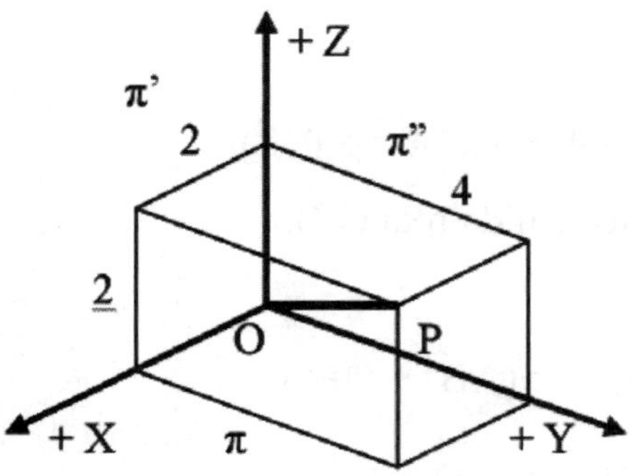

Qual o comprimento do segmento de reta OP?
Como a reta OP se "projeta*" em π, π' e π"?
Quais os comprimentos das "projeções*" de OP nos planos π, π' e π"?

A Imagem Geométrica do ponto P origina um poliedro, tipo prisma reto ou paralelepípedo.

(*poli* = vários; *edro* = plano. Poliedro = vários planos)

$$\begin{cases} AB = PC = ED = FO = +2 = z_P. \\ OB = FA = DC = EP = +2 = x_P. \\ BC = OD = AP = FE = +4 = y_P. \end{cases}$$

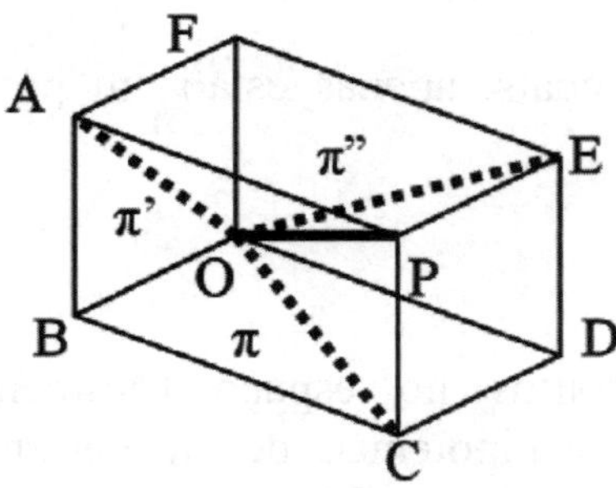

* A projeção de pontos, retas, figuras planas, sólidos e poliedros, sobre os planos π, π' e π", é um dos objetivos e estudos da Geometria Descritiva (através das Projeções Cilíndricas Ortogonais), constituindo-se na base conceitual do Desenho Técnico Projetivo, que é a linguagem universal gráfica, utilizada, por exemplo, por arquitetos, engenheiros e *designers*.

Isolando-se o paralelepípedo (poliedro), onde uma das diagonais principais é a reta OP, verifica-se que, com as três projeções, são formados vários triângulos retângulos, dentre os quais os a seguir mostrados, que permitem cálculos da Geometria Plana, para a determinação, tanto da reta OP, quanto das projeções em π (OC), π'(OA) e π"(OE).

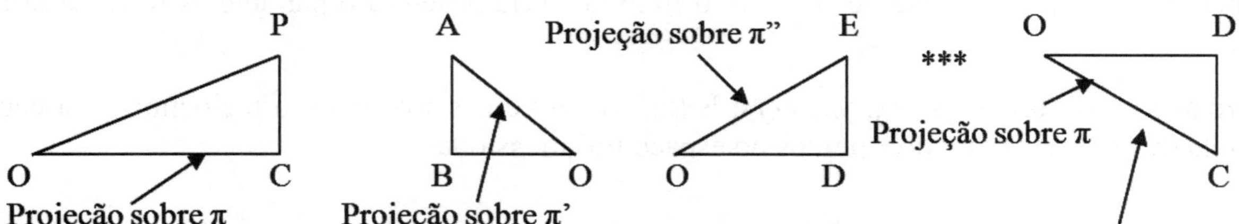

Este triângulo é a base para o cálculo de OC, facilitando o cálculo de OPC.

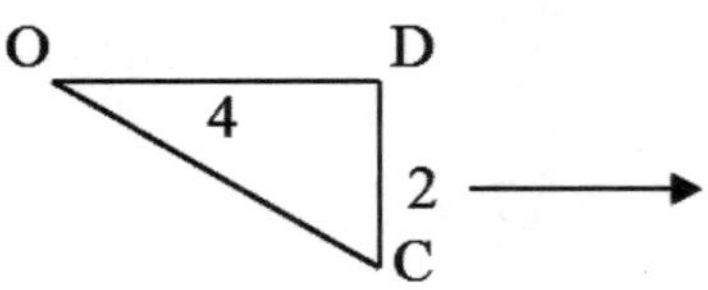

OD = 4; DC = 2. $OC^2 = OD^2 + DC^2$. OC = $\sqrt{(OD^2 + DC^2)}$.

OC = $\sqrt{20}$; OC = 4,472**. (Projeção de OP sobre π).

** Mais uma vez deve ser observado que, na prática profissional, valores de comprimento têm que ter uma determinada medida (metro, centímetro ou milímetro). Também deve ser lembrado que, não tem sentido prático profissional, dizer que OC é igual à raíz quadrada de 20. Na prática diz-se que seu comprimento é 4,472 m ou 4.472 mm ($\sqrt{20} = 4{,}472$).

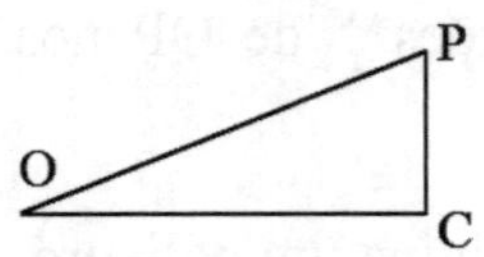

$$\begin{cases} OC = 4{,}472;\ PC = 2.\ OP^2 = OC^2 + PC^2.\ OP = \sqrt{(OC^2 + PC^2)}. \\ OP = \sqrt{24}\ ;\quad OP = 4{,}899.\ \text{(Comprimento real da reta OP).} \end{cases}$$

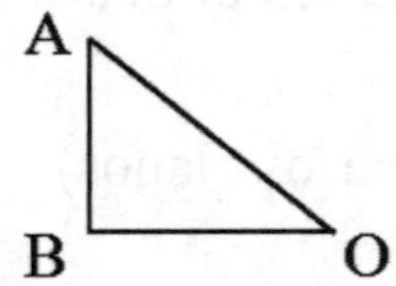

$$\begin{cases} AB = 2;\ OB = 2.\ AO^2 = AB^2 + OB^2.\ AO = \sqrt{(AB^2 + OB^2)}. \\ AB = \sqrt{8}\ ;\ AB = 2{,}828.\ \text{(Projeção de OP sobre } \pi'\text{).} \end{cases}$$

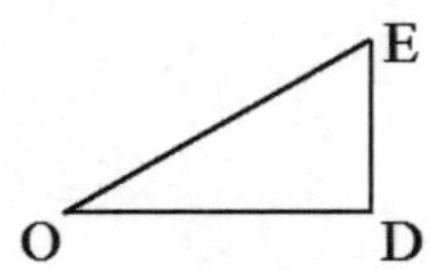

$$\begin{cases} OD = 4;\ DE = 2.\ OE^2 = OD^2 + ED^2.\ OE = \sqrt{(OD^2 + DE^2)}. \\ OE = \sqrt{20}\quad ;\ AB = 4{,}472.\ \text{(Projeção de OP sobre } \pi''\text{).} \end{cases}$$

***Os triângulos ODE e ODC são iguais, apenas estão em posições espaciais diferentes.

8.3 Distância entre dois pontos

O conceito básico do cálculo da distância entre dois pontos no espaço tridimensional (semelhantemente ao Bidimensional), é que esta distância é uma hipotenusa de um determinado triângulo retângulo. No parágrafo 8.2, o cálculo do comprimento OP, foi feito exatamente assim. Neste parágrafo, será demonstrada uma fórmula, utilizando diretamente as Coordenadas Cartesianas dos pontos, permitindo o cálculo de maneira mais prática e rápida.

Para que a imagem tridimensional fique mais clara, ou seja, melhor visível, a posição do Eixo Cartesiano Y será ligeiramente alterada. Essa alteração em nada invalida a análise. (Ao invés de inclinado, em relação à folha desse livro, o Eixo OY será desenhado paralelo às linhas escritas do livro).

Imaginam-se os pontos: A (x_A, y_A, z_A) e B (x_B, y_B, z_B) e desenvolve-se o raciocínio para chegar à fórmula da distância entre dois pontos no espaço tridimensional.

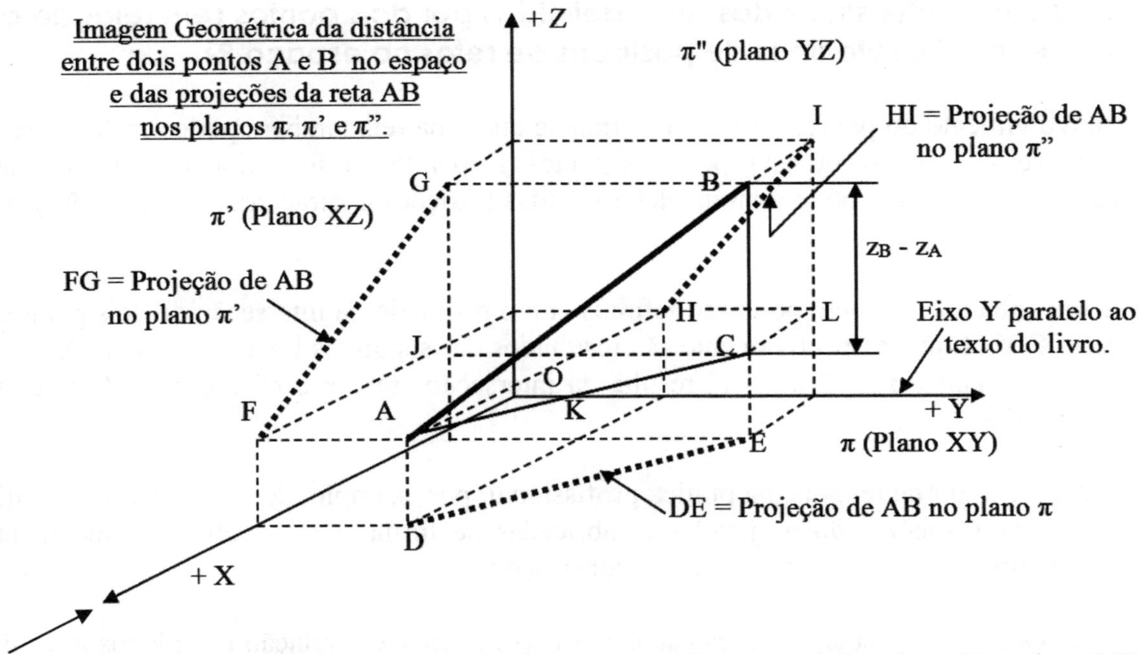

O eixo + X está perpendicular ao texto do livro, como estivesse "saindo" da folha de papel.

A análise geométrica dos triângulos: DEK, FGJ e HIL, permite obter os comprimentos das projeções da reta AB nos planos π (DE), π' (FG) e π" (HI).

$AB^2 = AC^2 + BC^2$.

$BC = (z_B - z_A)$, logo $BC^2 = (z_B - z_A)^2$. $AC^2 = (x_B - x_A)^2 + (y_B - y_A)^2$

$AB^2 = (x_B - x_A)^2 + (y_B - y_A)^2 + (z_B - z_A)^2$.

$AB = \sqrt{[(x_B - x_A)^2 + (y_B - y_A)^2 + (z_B - z_A)^2]}$ ⟸ Distância entre dois pontos no R^3.

Exercício 8.2: calcular a distância entre os Pontos: A (+5, +3, +1) e B (+2, +6, +5).

$AB = \sqrt{[(x_B - x_A)^2 + (y_B - y_A)^2 + (z_B - z_A)^2]}$ ⟵ Observa-se que, como são as diferenças elevadas ao quadrado, tanto faz: $x_B - x_A$ ou $x_A - x_B$

$AB = \sqrt{[(2 - 5)^2 + (6 - 3)^2 + (5 - 1)^2]}$ => $AB = \sqrt{34}$ => AB = 5,831.

Exercício 8.3: calcular a distância entre os pontos: C (- 3; + 5; + 4) e D (+ 6; - 2; - 7), informando em quais Octantes se encontram.

$CD = \sqrt{[6 - (-3)]^2 + [(-2) - 5]^2 + [(-7) - 4]^2}$ => $CD = \sqrt{251}$ => CD = 15,843 UC.

O ponto C está no 4° Octante (pois x é negativo, com y e z positivos), enquanto o ponto D está no 6° Octante (pois x é positivo, com y e z negativos).

8.4 Posições e características das retas definidas por dois pontos (em relação aos planos π, π' e π"). Os sete tipos de posições de retas no espaço R^3

Com o desenvolvimento do parágrafo 8.3, confirma-se que uma reta também pode ser definida pela localização de seus extremos, ou seja, por dois pontos. Dependendo dos valores das Coordenadas Cartesianas x, y, z, uma reta pode assumir determinadas posições e características, em relação aos planos π, π' e π".

Observa-se que uma reta também pode ser definida como resultado da interseção de dois planos, tal qual os Eixos X, Y, Z que, respectivamente são resultados das seguintes interseções: eixo X, resulta da interseção dos planos π e π'; eixo Y, resulta da interseção entre π e π" e o eixo Z, resulta da interseção entre π' e π".

Essa observação é importante, pois, na prática profissional, por exemplo, de engenheiros mecânicos e civis, peças e construções são projetadas e fabricadas de forma a ter, preferencialmente faces planas, o que facilita muito suas fabricações ou construções.

A seguir serão estudadas as sete posições características de retas, em relação aos planos π, π' e π". Lembra-se que na Geometria Descritiva essas retas são bem detalhadas, especialmente com suas projeções e têm nomes específicos. Também se observa que, na Geometria Descritiva, a interseção dos planos π e π', gera uma reta chamada Linha de Terra (abreviada como L.T.). As sete retas a seguir estão no 1º Octante, ou seja, todas as Coordenadas Cartesianas x; y; z, são positivas. Ainda observa-se que, na Geometria Descritiva o 1º Octante é chamado de 1º Triedro, bem como em todas as retas mostradas a seguir, a linha OX é chamada de Linha de Terra (L.T.)..

Reta RS paralela ao plano π, e inclinada aos planos π' e π"

A reta RS: R (+5; +3; +2), S (+2,5; +2,5; +2) é um exemplo.

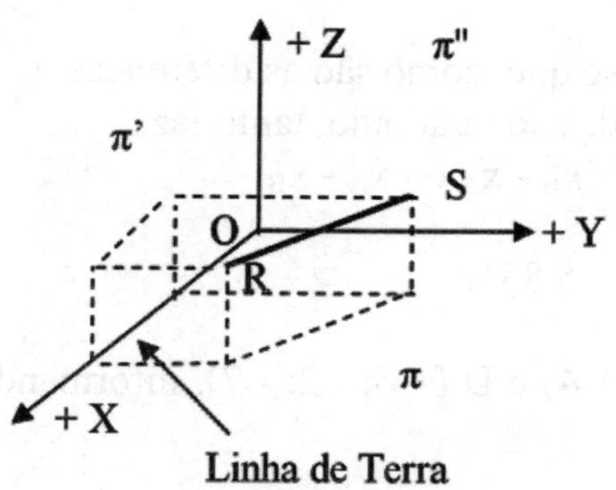

A característica principal dessa reta é ter valores iguais para a Coordenada Z (ambas iguais a +2).

Na Geometria Descritiva, essa reta é chamada de reta Horizontal ou de Nível.

Reta AB paralela aos planos π e π', e perpendicular ao plano π"

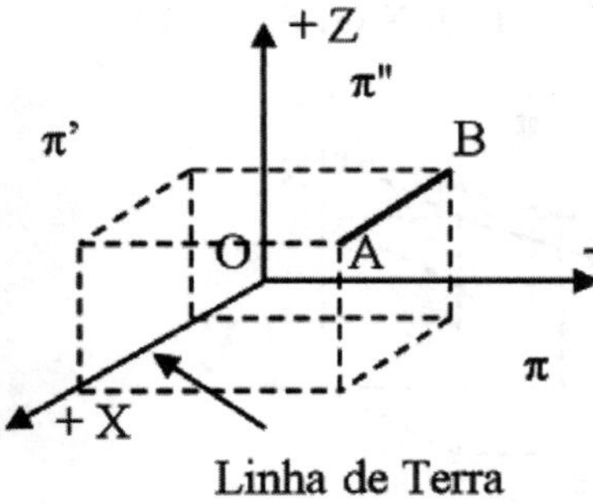

A reta AB: A (3, **3, 5, 2**), B (1, **3, 5, 2**) é um exemplo.

A característica principal dessa reta é ter valores iguais para as Coordenadas y (ambas = 3,5) e z (ambas = 2).

Na Geometria Descritiva, essa reta é chamada de: Reta Fronto Horizontal.

Retas CD e EF inclinadas em relação aos planos π e π", e paralela ao π'

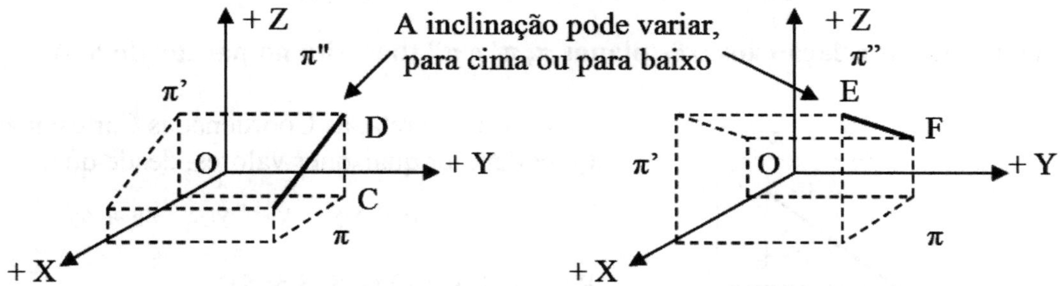

C (3, **3,5**, 0,5), D (1, **3,5**, 2)

E (3, **3,5**, 2,5), F (1, **3,5**, 1)

A característica principal dessa reta é ter valores iguais para as Coordenadas y (ambas = 3,5). Na Geometria Descritiva, essa reta é chamada de: Reta Frontal.

Reta GH perpendicular ao plano π e paralela aos planos π' e π"

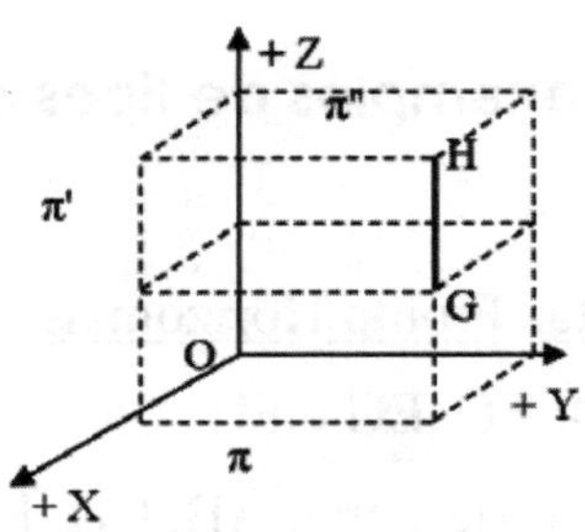

A reta GH: G (**1, 3**, 1,2), H (**1, 3**, 2,8) é um exemplo.

A característica principal dessa reta é ter valores iguais para as Coordenadas x (ambas = 1) e y (ambas = 3).

Na Geometria Descritiva, essa reta é chamada de: Reta Vertical.

Reta IJ paralela aos planos π e π" e perpendicular ao π'

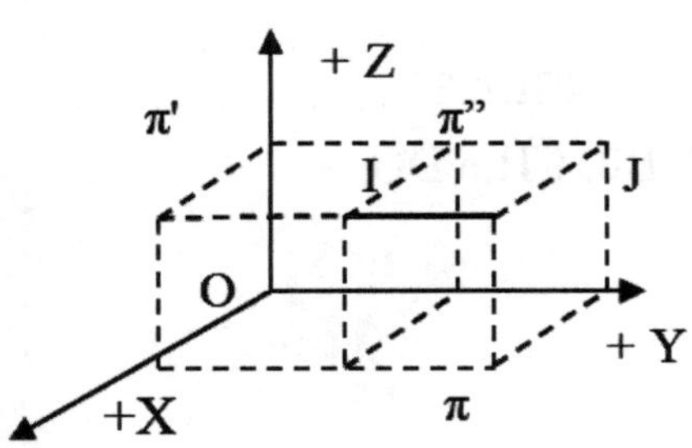

A reta I J: I (**1**, 1,2, **1,5**), J (**1**, 2,3, **1,5**) é um exemplo.

A característica principal dessa reta é ter valores iguais para as Coordenadas x (ambas = 1) e z (ambas = 1,5).

Na Geometria Descritiva, essa reta é chamada de: Reta de Topo.

Reta KL inclinada em relação aos planos π e π' e paralela ao π''

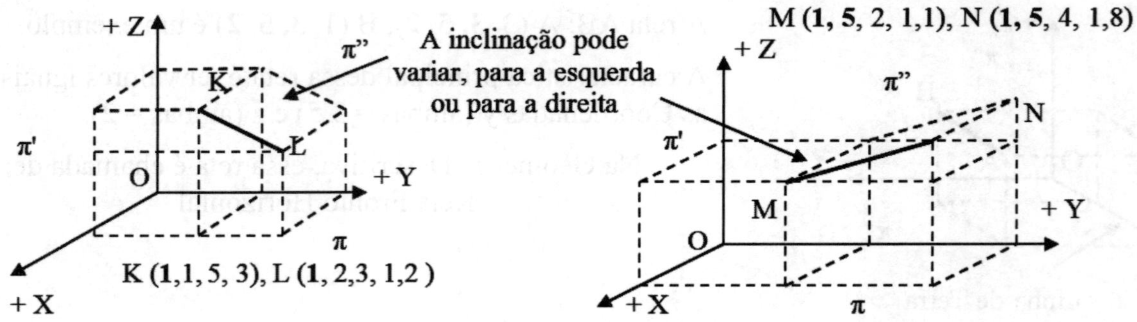

A característica principal dessa reta é ter valores iguais para as Coordenadas x (= 1, para KL e = 1,5 para MN). Na Geometria Descritiva, essa reta é chamada de: Reta de Perfil.

Reta PQ inclinada em relação aos três planos π, π' e π'' (descrita no parágrafo 8.3)

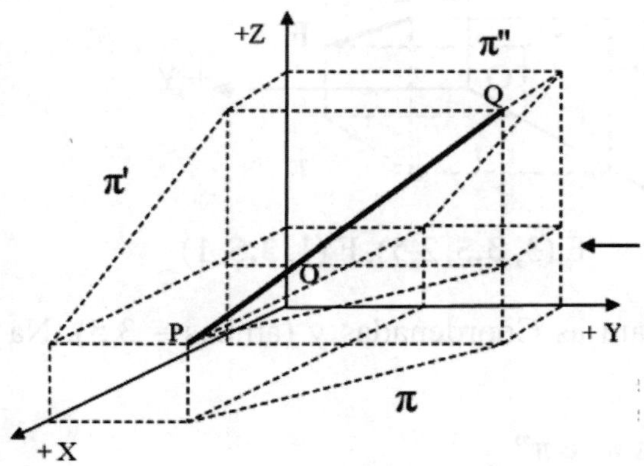

Nesse tipo de reta, as Coordenadas Cartesianas de P e Q, podem ter quaisquer valores, desde que:

$$x_P \neq x_Q; \quad y_P \neq y_Q; \quad z_P \neq z_Q$$

P (5; 3; 1,5) e Q (1,5; 5,5; 5)

Na Geometria Descritiva, essa reta é chamada de: Reta Genérica ou Qualquer

8.5 Imagens de poliedros compostos e irregulares, com exemplos de tipos de retas

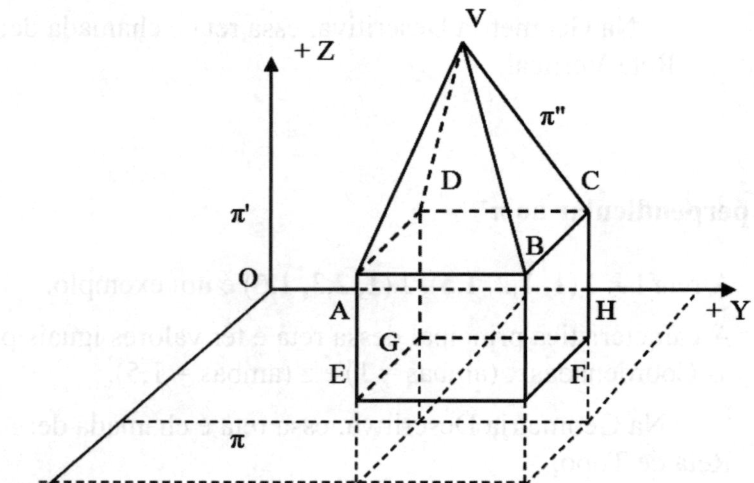

Retas Fronto Horizontais:

AD, BC, EG e FH

Retas de Topo: AB, CD, EF e GH

Retas Genéricas ou Quaisquer:

VA, VB, VC e VD

Retas Verticais

AE, BF, CH e DG

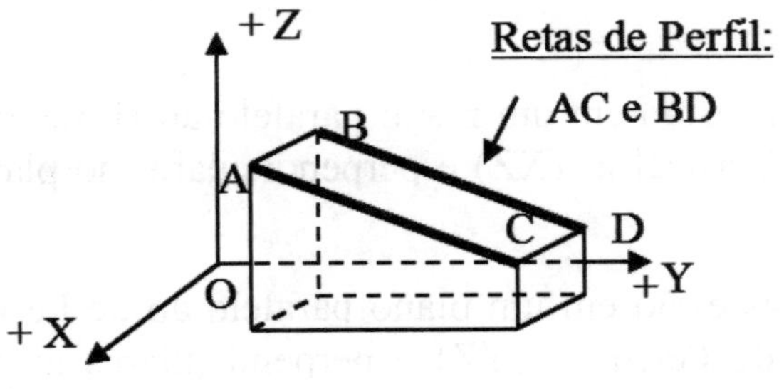

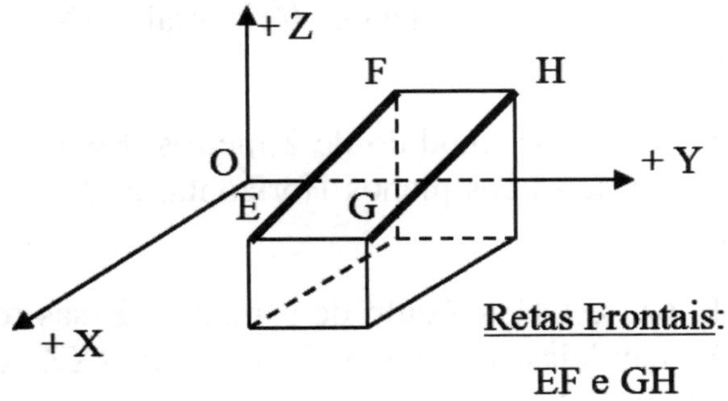

Exercício 8.4: um determinado poliedro é formado por oito (8) vértices* e 12 arestas*. Conhecendo-se as Coordenadas Cartesianas dos oito vértices determine: a) a plotagem dos oito (8) vértices; b) o módulo e características das retas formadas pelas arestas: AB, AC, BD, CD, AE, BF, CG, DH, EF, EG, FH e GH; c) as características do tipo de poliedro formado; d) o volume desse poliedro, considerando as medidas em metros. Coordenadas Cartesianas dos vértices: A (+4; +2; -6), B (+4; +4; -6), C (+2; +2; -6), D (+2; +4; -6), E (+4; +2; +3), F (+2; +2; +3), G (+2; +2; +3) e H (+2; +4; +3).

a) Plotagem dos pontos

*Vértices são pontos e arestas são retas.

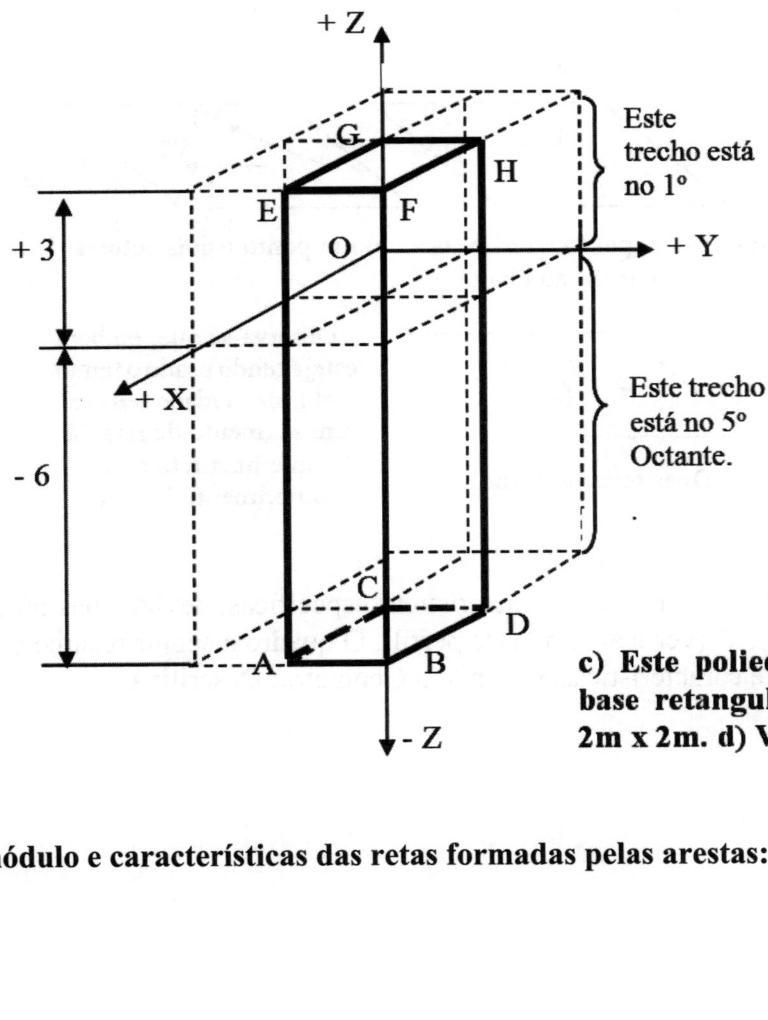

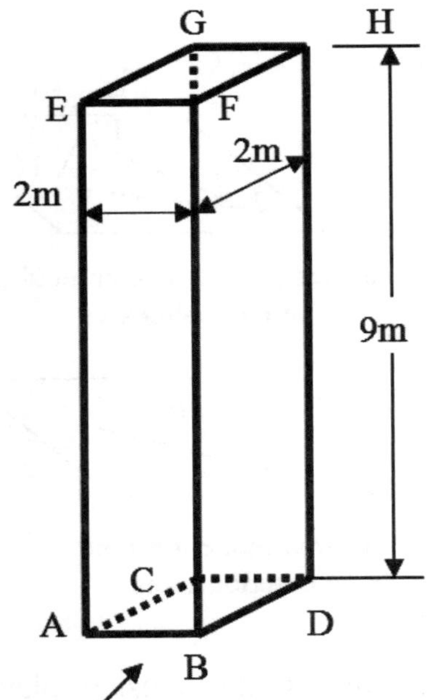

c) Este poliedro é um prisma reto de base retangular. Altura de 9m e base 2m x 2m. d) Volume de 36m³.

b) módulo e características das retas formadas pelas arestas:

AB, CD, EF e GH: módulo de 2 metros. Essas retas estão em um plano paralelo ao horizontal π. Elas são paralelas aos planos Horizontal π (XY) e de Perfil π" (YZ) e perpendiculares ao plano Vertical π' (XZ).

AC, BD, EG e FH: módulo de 2 metros. Essas retas estão em um plano paralelo ao Horizontal π. Elas são paralelas aos planos Horizontal π (XY) e Vertical π' (XZ) e perpendiculares ao plano de Perfil π" (YZ).

AE, BF, CG e DH: módulo de 9 metros. Essas retas estão em um plano paralelo ao de Perfil π". Elas são paralelas aos planos Vertical π' (XZ) e de Perfil π" (YZ) e perpendiculares ao plano Horizontal π (XY).

8.6 Determinações, posições e características de planos. Os oito tipos de posições de planos no espaço R^3

Existem várias formas de se determinar um plano, dentre as quais:

a) - Três pontos, não coincidentes e não colineares determinam um plano.
b) - Um ponto do plano e um vetor normal a esse plano;
c) - Um ponto do plano e dois vetores do plano;
d) - Uma reta* do plano e um ponto do plano exterior a essa reta;
e) - Duas retas do plano;

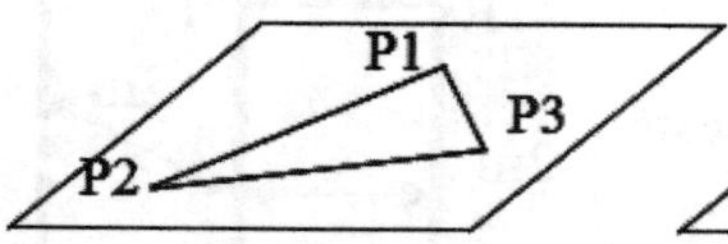

a) três pontos, não coincidentes e não colineares

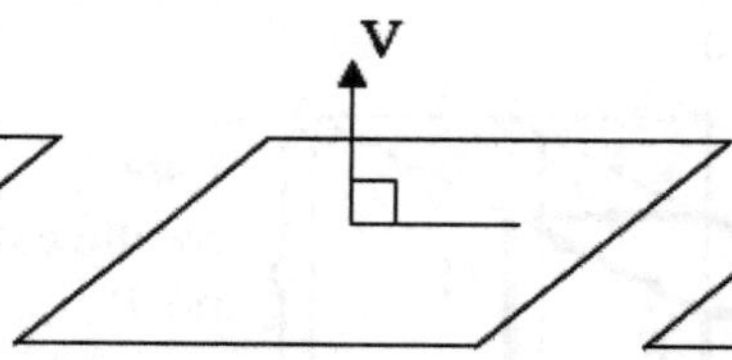

b) um ponto e um vetor normal ao Plano

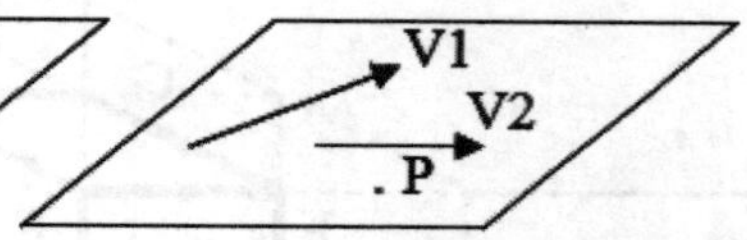

c) um ponto e dois vetores

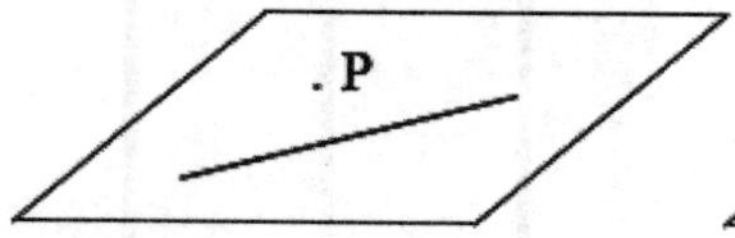

d) uma reta e um ponto exterior à reta

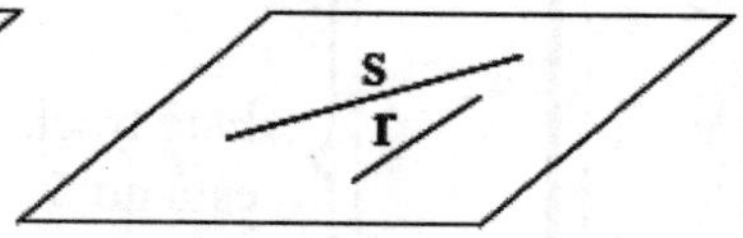

e) Duas retas do plano

*** Observa-se que, embora esteja sendo usado o termo reta, na verdade tem-se um segmento de reta, já que uma reta tem comprimento infinito.**

Assim como as retas, existem planos que possuem características específicas, devido suas posições em relação aos planos π (horizontal), π' (vertical) e π" (De perfil). O quadro a seguir resume os oito tipos de planos, com os seus nomes e características, segundo a Geometria Descritiva.

Nome do plano	Características do plano
Horizontal	Paralelo a π e perpendicular a π' e π".
Vertical	Perpendicular a π e inclinado a π' e π".
Frontal	Perpendicular a π e π" e paralelo a π'.
De Topo	Inclinado a π e π" e perpendicular a π'.
De Perfil	Perpendicular a π e π' e paralelo a π".
Paralelo à Linha de Terra ou plano de Rampa	Inclinado a π e π' e perpendicular a π".
Plano que passa pela Linha de Terra	Inclinado a π e π' e perpendicular a π". Quando o ângulo é de 45°, com o plano Horizontal π, esse plano chama-se Bissetor.
Genérico ou Qualquer	Inclinado a π, π' e π".

Observa-se que, assim como no caso das retas, dar o nome a um plano, em função de sua posição em relação a π, π' e π", é apenas uma questão semântica/teórica, já que, na prática profissional, se mudarmos o objeto de posição, mudam-se os nomes de retas e planos, mas o objeto ou peça continua o mesmo, ou seja, sem mudanças nas suas dimensões e geometria. Deve ser entendido que, esses estudos analíticos sobre posições de retas e planos, embora não sejam usados diretamente nas práticas profissionais, objetos deste livro, contribuem em muito para o desenvolvimento de habilidades importantíssimas, dos profissionais das áreas citadas no livro. Das várias habilidades que são beneficiadas, a que mais se destaca é a Viso Espacial.

8.7 Equação paramétrica de uma reta no espaço R^3

A determinação da equação de uma reta no espaço tridimensional tem características similares à equação da reta no espaço bidimensional, diferenciando-se no número de Coordenadas Cartesianas, que passam de duas (x, y) para três (x, y, z). Além disso, para se demonstrar a equação é necessário recorrer-se a um vetor auxiliar.

Imagine-se uma reta *r*, que passa pelos pontos P_0 (x_0; y_0; z_0) e P (x; y; z), sendo essa reta paralela ao vetor $\overrightarrow{V}$ (a; b; c), que passa pela Origem O (0; 0; 0). Existe o vetor $\overrightarrow{P_0P}$, paralelo a $\overrightarrow{V}$ e, portanto existindo um escalar *t* de forma que: $\overrightarrow{P_0\,P} = t\overrightarrow{V}$ (produto de um escalar por um vetor). Vejamos a Imagem Geométrica, do vetor $\overrightarrow{V}$ e da reta r (ou P_0P), antes da demonstração da equação paramétrica da reta.

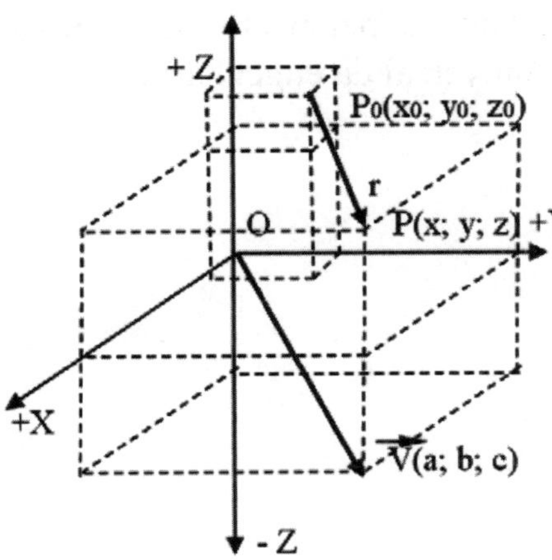

O vetor $\overrightarrow{V}$(a; b; c) passa pela Origem O (0; 0; 0).

Os vetores: $\overrightarrow{P_0P}$ e $\overrightarrow{V}$ são paralelos.

Como citado no parágrafo 3.2 tem-se: $\overrightarrow{P_0P} = (x - x_0; y - y_0; z - z_0)$

Como citado no parágrafo 3.6, dois vetores paralelos têm suas coordenadas cartesianas proporcionais a uma constante ou escalar, chamado de *t*. Ou seja: $\overrightarrow{P_0P} = t\overrightarrow{v}$.

$\overrightarrow{P_0P}$ é a reta r.

$\overrightarrow{P_0P} = (x - x_0; y - y_0; z - z_0)$ e $tV = (ta; tb; tc)$, segundo parágrafo 3.4.

Fazendo as substituições, igualdade $\overrightarrow{P_0P} = \overrightarrow{tv}$, pode ser escrita como:

$(x - x_0; y - y_0; z - z_0) = (ta; tb; tc)$. Ou seja:

$$\left.\begin{cases} x - x_0 = ta, & \text{logo: } x = x_0 + ta \\ y - y_0 = tb, & \text{logo: } y = y_0 + tb \\ z - z_0 = tc, & \text{logo: } z = z_0 + tc \end{cases}\right\}$$

Estas são as equações paramétricas da reta r (ou $\overrightarrow{P_0P}$).

(t é um escalar ou número Real) (ver parágrafo 3.4)

Exercício 8.5: a) determinar as equações paramétricas da reta r que passa pelo ponto P1 (+1, +2, -3) e é paralela ao vetor $\overrightarrow{V}$ (+4, +5, -7). b) Plotar a Imagem Geométrica da reta e do vetor. Observa-se que o vetor $\overrightarrow{V}$ passa pela Origem (0; 0; 0) e pelo ponto A (+4; +5; -7).

$\overrightarrow{V}$ (+4; +5; -7) e $\overrightarrow{V}$ (a; b; c), ou seja: a = +4; b = +5 e c = -7. Tem-se P (x; y; z)
A reta r pode ser expressa pelo vetor $\overrightarrow{PP1}$, que é paralelo ao vetor V. Segundo 8.7: $\overrightarrow{PP1} = t\overrightarrow{V}$.

$\overrightarrow{P1}$ $(x_{P1}; y_{P1}; z_{P1})$. $\overrightarrow{PP1} = (x - x_{P1}; y - y_{P1}; z - z_{P1})$.
$\overrightarrow{V}$ (+4; +5; +7) e $t\overrightarrow{V}$ (+4t; +5t; -7t).
$\overrightarrow{PP1} = t\overrightarrow{V}$ → $(x - x_{P1}; y - y_{P1}; z - z_{P1}) = (+4t; +5t; +7t)$: dessa igualdade, e P1(+1, +2, -3) tem-se:

$$\left.\begin{cases} x - x_P = +4t \text{ ou } x - 1 = +4t \text{ ou } \longrightarrow \mathbf{x = +1 + 4t} \\ y - y_P = +5t \text{ ou } y - 2 = +5t \text{ ou } \longrightarrow \mathbf{y = +2 + 5t} \\ z - z_P = -7t \text{ ou } z - (-3) = -7t \text{ ou } \longrightarrow \mathbf{z = -3 - 7t} \end{cases}\right\}$$

Essas são as equações paramétricas da reta r.

Para $t = 1$ temos: P1 (+5; +7; - 10). Com as Coordenadas de P e P1, consegue-se plotar a Imagem Geométrica da reta r e do vetor paralelo $\overrightarrow{OA} = \overrightarrow{V}$.

Mais uma vez observa-se a importância de se fazer a imagem geométrica, em especial de uma reta no espaço tridimensional. Especialmente estudantes de engenharia precisam desenvolver e aprimorar suas visões espaciais, pois a representação gráfica, tanto as perspectivas, quanto as vistas ortográficas, via desenhos técnicos projetivos, é a linguagem universal da engenharia.

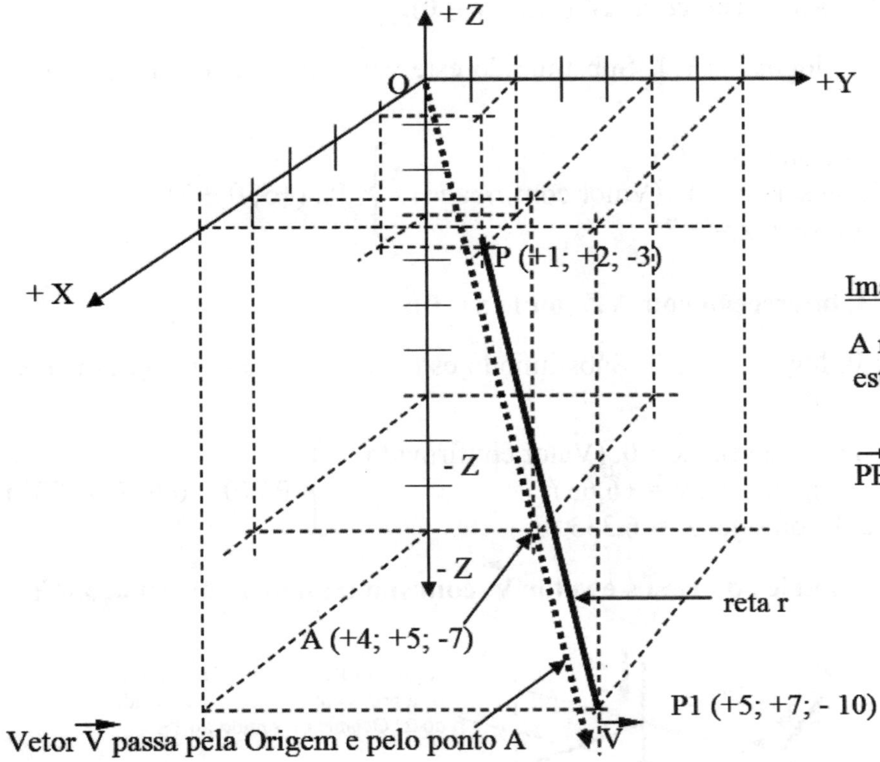

<u>Imagem Geométrica</u>

A reta r e o vetor $\vec{V}$ estão no 5° Octante

$\overrightarrow{PP1} = t\vec{V}$

Exercício 8.6: sabendo-se que uma reta s passa pelos pontos A (+2; +4; -1) e B (+5; 0; +7), pedem-se: a) as equações paramétricas da reta. b) As Coordenadas Cartesianas dos pontos onde a reta s corta os planos: XY, XZ e YZ. c) Um esboço da Imagem Geométrica da reta, com sua trajetória no espaço R^3.

a) Equações paramétricas:

Lembrando que $(x - x_0; y - y_0; z - z_0) = (ta; tb; tc)$, pode-se afirmar que o Vetor $\overrightarrow{AB}$ $(x_B - x_A; y_B - y_A; z_B - z_A)$ é paralelo à reta s*. Ou seja, $\overrightarrow{AB}$ (+3; -4; +8) é paralelo a s.

Como o ponto A (+2; +4; -1) pertence à reta s, suas equações paramétricas são: $\begin{cases} x - 2 = +3t \\ y - 4 = -4t \\ z - (-1) = +8t \end{cases}$

Ou seja: $x = +2 + 3t$; $y = +4 - 4t$; $z = -1 + 8t$.

*Em verdade, o vetor AB coincide com a reta s

b) Coordenadas Cartesianas dos pontos de interseção com os planos: XY, XZ e YZ.

A reta corta o plano XY, onde z = 0. Plano XZ, onde y = 0. Plano YZ, onde x = 0.
Coordenadas do ponto P1, interseção com XY (onde z = 0):

z = 0, significa: $-1 + 8t = 0$, logo: $t = +1/8$. Substituindo este valor de t nas equações paramétricas obtém-se:

$\left.\begin{array}{ll} x = +2 + 3t; & x = +2 + 3.\ 1/8, \text{ ou seja: } x = +19/8;\ x = +2{,}375. \\ y = +4 - 4t; & y = +4 - 4.\ 1/8, \text{ ou seja: } y = +28/8;\ y = +3{,}5. \\ z = -1 + 8t; & z = -1 + 8.\ 1/8, \text{ ou seja: } z = 0. \text{ (Valor confirmado).} \end{array}\right\}$ P1 (+2,375; +3,5; 0).

Coordenadas do ponto P2, interseção com XZ (onde y = 0):

y = 0, significa: +4 - 4t = 0, logo: t = + 1. Substituindo este valor de t nas equações paramétricas obtém-se:

$$\left.\begin{array}{ll} x = +2 + 3t; & x = +2 + 3.\ 1, \text{ ou seja: } x = +5. \\ y = +4 - 4t; & y = +4 - 4.\ 1, \text{ ou seja: } y = 0. \text{ (Valor confirmado)} \\ z = -1 + 8t; & z = -1 + 8.\ 1, \text{ ou seja: } z = +7. \end{array}\right\} \text{P2 } (+5; 0; +7).$$

Coordenadas do ponto P3, interseção com YZ (onde x = 0):

x = 0, significa: +2 + 3t = 0, logo: t = - 2/3. Substituindo este valor de t nas equações paramétricas obtém-se:

$$\left.\begin{array}{ll} x = +2 + 3t; & x = +2 + 3.\ (-2/3), \text{ ou seja: } x = 0. \text{ (Valor confirmado).} \\ y = +4 - 4t; & y = +4 - 4.\ (-2/3), \text{ ou seja: } y = +6{,}667. \\ z = -1 + 8t; & z = -1 + 8.\ (-2/3), \text{ ou seja: } z = -6{,}333. \end{array}\right\} \text{P3 } (0; +6{,}667; -6{,}333).$$

c) Esboço da Imagem Geométrica da reta s e vetor $\vec{V}$, com sua trajetória no espaço R^3:

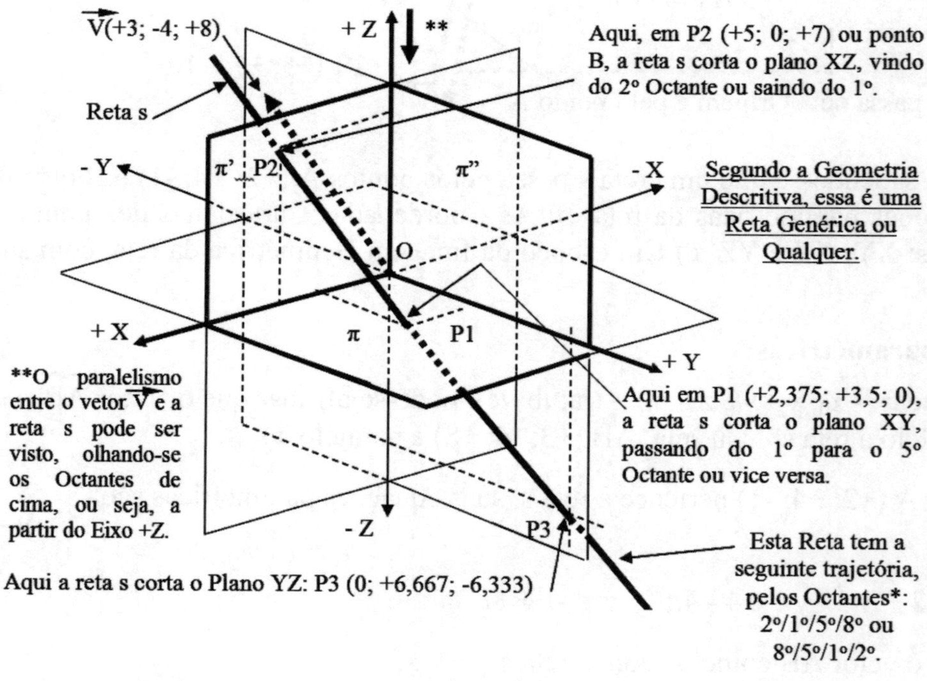

***Observação**: na Geometria Descritiva, uma Reta Genérica ou Qualquer, passa por até três Diedros. Na Geometria Analítica, espaço R^3, uma reta passa por até quatro Octantes, como a mostrada aqui.

8.8 Forma geral da equação de um plano no R³, considerando um ponto pertencente ao plano e um vetor perpendicular ao plano

Um plano no espaço tridimensional pode ser determinado tendo-se sua inclinação e um dos pontos que pertence a esse plano. Tradicionalmente, na Geometria Analítica, e como descrito no parágrafo

8.6.b, uma forma para determinar um plano é especificar um vetor normal, perpendicular ao plano e um ponto pertencente ao plano.

Imagine-se que se queira determinar a equação do plano que passa pelo ponto P_0 (x_0; y_0; z_0), que tenha o vetor normal $\vec{N}$ (a; b; c) passando por P_0 e que exista o vetor $\overrightarrow{P_0P}$, pertencente ao plano, obviamente perpendicular ao vetor $\vec{N}$, e que P (x; y; z).

Inicialmente sabe-se que, como os vetores $\overrightarrow{P_0P}$ e $\vec{N}$ são perpendiculares, significa que o seu produto vetorial é igual a zero, segundo o parágrafo 3.7, ou seja:

$$\begin{cases} \vec{N} \cdot \overrightarrow{P_0P} = 0 \\ \text{Como } \overrightarrow{P_0P} = (x - x_0;\ y - y_0;\ z - z_0)\text{, a equação acima pode ser escrita como:} \\ a\,(x - x_0) + b\,(y - y_0) + c\,(z - z_0) = 0 \quad \Longleftarrow \quad \text{Equação de um plano no espaço } R^3 \end{cases}$$

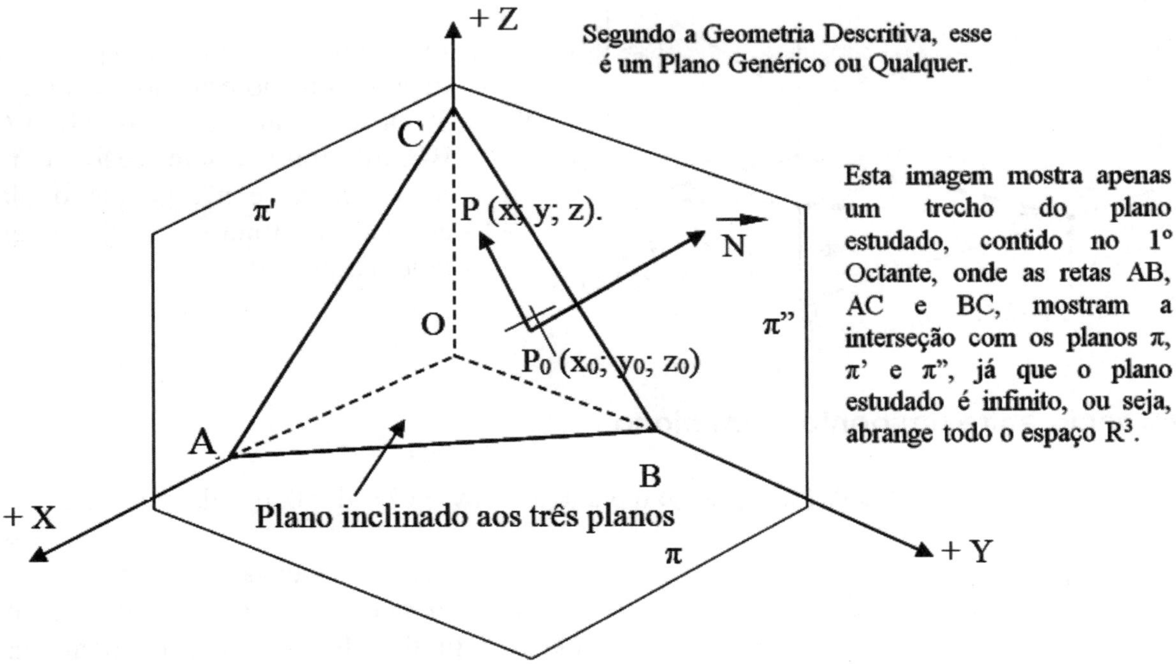

Exercício 8.7: determine a equação do plano que passa pelo ponto P_0 (+3; -1; +7) e que é perpendicular ao vetor $\vec{N}$ (+4; +2; -5).

Sabe-se que: $a\,(x - x_0) + b\,(y - y_0) + c\,(z - z_0) = 0$, bem como: $\vec{N}$ (a; b; c), logo a equação fica:

$4\,(x - 3) + 2\,(y + 1) - 5\,(z - 7) = 0$, ou: $4x - 12 + 2y + 2 - 5z + 35 = 0$ ou: $4x + 2y - 5z + 25 = 0$

A equação do plano é: $4x + 2y - 5z + 25 = 0$.

Ou seja, no espaço tridimensional, planos podem ser escritos da seguinte forma:

$ax + by + cz + d = 0 \quad \Longleftarrow$ Forma geral da equação de um plano, no espaço R^3.

Exercício 8.8: dado o plano anterior, ou seja: $4x + 2y - 5z + 25 = 0$, pedem-se: a) o valor de x, quando $y = 0$ e $z = 0$; o valor de y, quando $x = 0$ e $z = 0$ e o valor de z, quando $x = 0$ e $y = 0$. b) Representar a Imagem Geométrica do Plano.

a) Valores de x, y, z:

$$\begin{cases} \text{Quando } y = 0 \text{ e } z = 0,\ x = -25/4, \text{ ou seja: } x = -6{,}25. \text{ (Ponto A)} \\ \text{Quando } x = 0 \text{ e } z = 0,\ y = -25/2, \text{ ou seja: } y = -12{,}5. \text{ (Ponto B)} \\ \text{Quando } x = 0 \text{ e } y = 0,\ z = -25/-5, \text{ ou seja: } z = +5. \text{ (Ponto C)} \end{cases}$$

b) Imagem Geométrica do plano:

A Imagem aparece atrás, devido à região do R^3, onde estão os pontos de interseção.

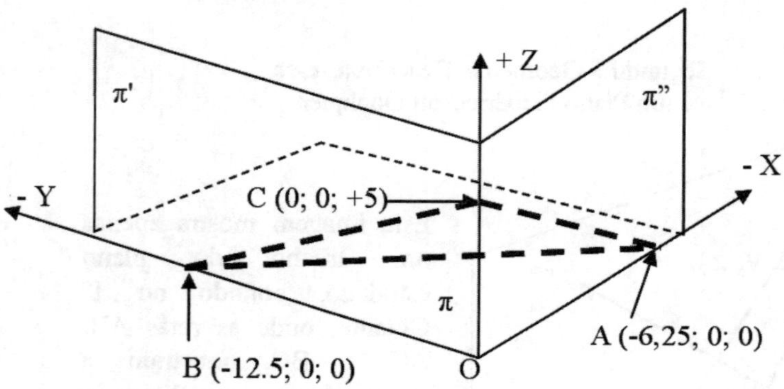

Esta imagem mostra apenas um trecho do plano estudado, contido no 3º Octante, onde as retas AB, AC e BC, mostram a interseção com os planos π, π' e π", já que o plano estudado é infinito, ou seja, abrange todo o espaço R^3.

8.9 Distância entre um ponto e um plano

A distância D, entre um ponto $P_0\ (x_0; y_0; z_0)$ e o plano $ax + by + cz + d = 0$, é dada por:

$$D = \frac{|ax_0 + by_0 + cz_0 + d|}{\sqrt{a^2 + b^2 + c^2}}$$

Observa-se que, a distância entre um ponto e um plano, é o módulo da reta perpendicular ao plano, definida pelo ponto dado e o ponto onde essa perpendicular fura o plano.

Exercício 8.9: calcular a distância entre a Origem O (0; 0; 0) e o plano do exercício 8.7, ou seja: $4x + 2y - 5z + 25 = 0$

Nesse caso: $x_0 = 0$; $y_0 = 0$ e $z_0 = 0$, então a distância fica:

$$D = \frac{|d|}{\sqrt{a^2 + b^2 + c^2}}$$; $a = +4$; $b = +2$ e $c = -5$; portanto: $D = 25 / \sqrt{45}$; $D = 3{,}727$.

8.10 Equação geral do plano: exemplos de casos particulares

Como visto no parágrafo 8.6, em alguns casos, os planos assumem posições particulares em relação aos planos π, π' e π". A seguir serão mostrados alguns exemplos, mas com os planos expressos na sua equação geral, e não apenas se são paralelos, perpendiculares e ou inclinados a π, π' e π".

Análise do plano + 4y + 2z - 12 = 0

A análise mostra que, considerando a equação geral: $ax + by + cz + d = 0$, vê-se que $ax = 0$, quando $y = 0$, $z = +6$ e quando $z = 0$, $y = +3$. Desse modo conclui-se que esse plano é paralelo ao eixo X, interceptando o eixo Y em (0; +3; 0) e o eixo Z em (0; 0; +6). Como também não existe nenhum valor de x que satisfaça à equação $4y + 2z - 12 = 0$, conclui-se que o plano não passa pelo eixo X. A figura a seguir mostra a Imagem Geométrica desse plano.

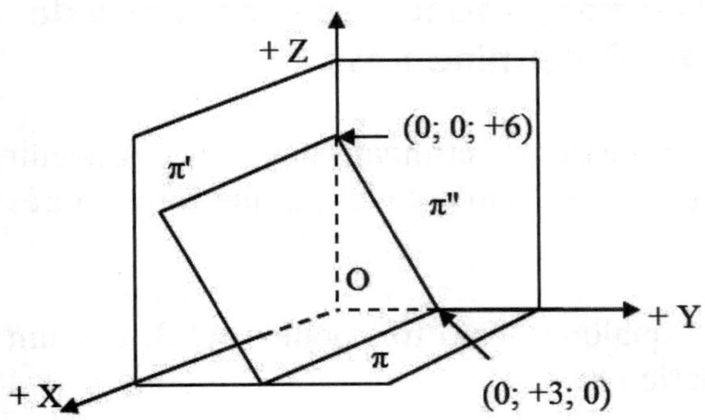

Pela Geometria Descritiva, este é um plano Paralelo à Linha de Terra ou plano de Rampa.

A interseção entre dois planos gera uma reta. Nesse caso o plano $4y + 2z - 12 = 0$, intercepta os três planos: π, π' e π", gerando três retas (duas iguais), já estudadas no parágrafo 8.4.

No exercício 8.13 é mostrado como a interseção de três planos pode gerar um ponto.

Análise do plano + 3x + 4y - 12 = 0

A análise mostra que, considerando a equação geral: $ax + by + cz + d = 0$, vê-se que $cz = 0$, ou seja, o plano não passa pelo eixo Z (plano é paralelo a Z). Quando $x = 0$, $y = +3$ e quando $y = 0$, $x = +4$. Desse modo conclui-se que esse plano intercepta o eixo Y em (0; +3; 0) e o eixo X em (+4; 0; 0). A figura a seguir mostra a Imagem Geométrica desse plano.

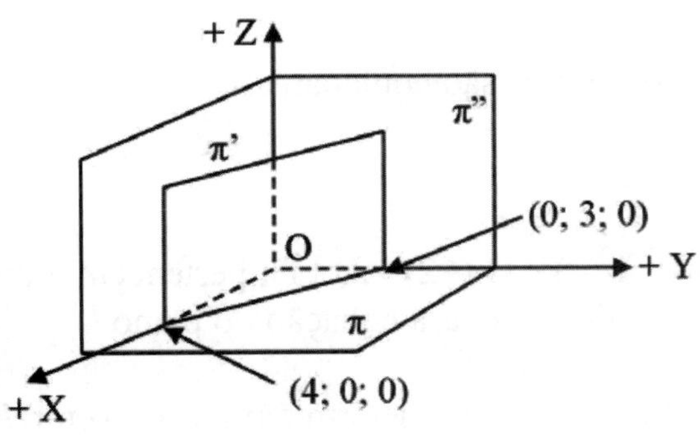

Pela Geometria Descritiva, este é um plano Vertical.

Análise dos planos: x = + 3, y = + 3, z = + 3, x = 0, y = 0 e z = 0

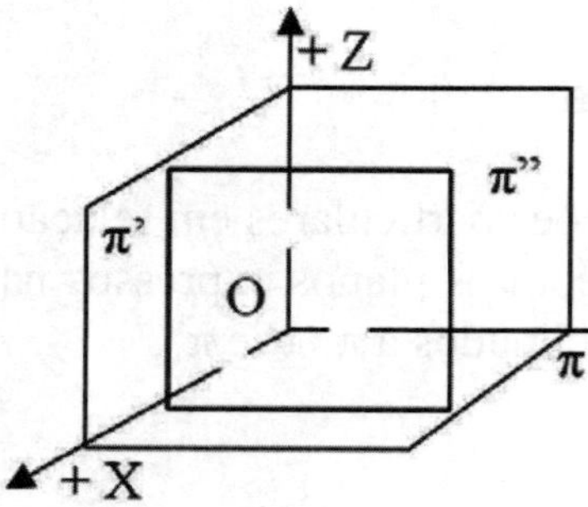

$x = +3$ e YZ: $x = 0$
(Plano paralelo a π")
(plano de Perfil)
Quando $x = 0$ é o plano π"

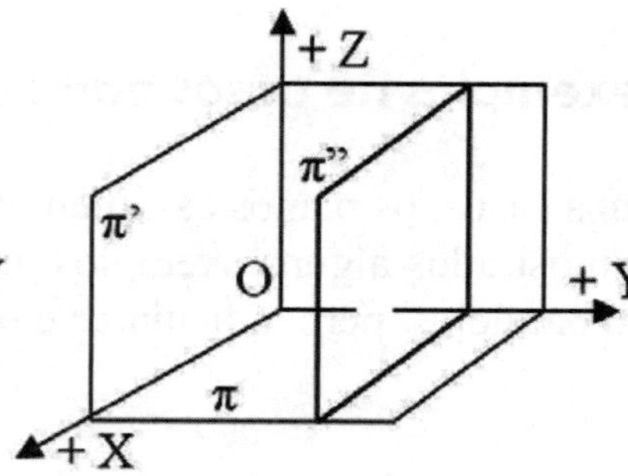

$y = +3$ e XZ: $y = 0$
(Plano paralelo a π')
(plano Frontal)
Quando $y = 0$ é o plano π'

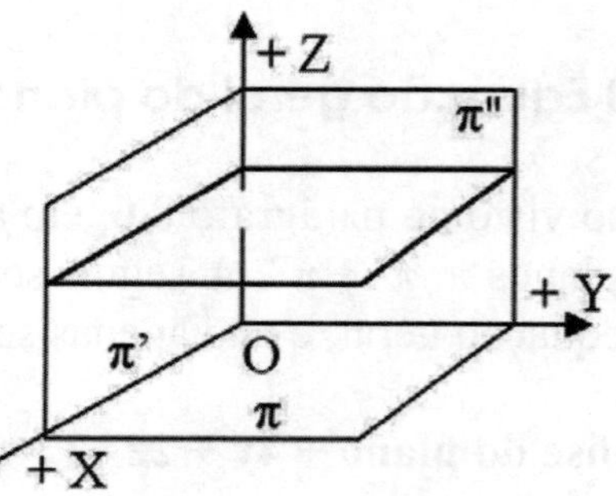

$z = +3$ e XY: $z = 0$
(Plano paralelo a π)
(plano Horizontal)
Quando $z = 0$ é o plano π

8.11 Um plano definido por três pontos (não colineares), usando-se o conceito de produto misto de vetores e a Regra de Sarrus para Determinantes

Como visto em 8.6, três pontos, não coincidentes e não colineares determinam um plano. A seguir será mostrada a equação de planos, a partir de três pontos A, B, C, não colineares, que formam três vetores com um ponto genérico P.

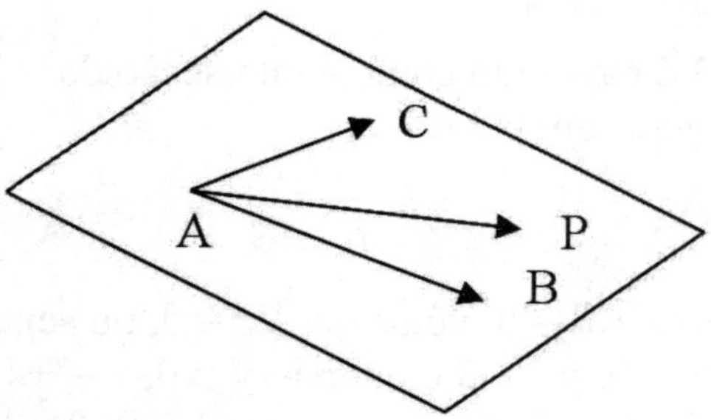

Tem-se um plano qualquer, com três pontos A, B, C e um quarto ponto genérico P:

A (x1; y1; z1), B (x2; y2; z2), C (x3; y3; z3) e P (x; y; z).

Como citado no parágrafo 9.11, os vetores $\overrightarrow{AB}$, $\overrightarrow{AC}$ e $\overrightarrow{AP}$ são coplanares, o seu Produto Misto é igual a zero, ou seja, não gera um paralelepípedo.

Produto Misto (ou produto triplo)

$$(\overrightarrow{AB}, \overrightarrow{AC}, \overrightarrow{AP}) = \begin{vmatrix} x1 & y1 & z1 \\ x2 & y2 & z2 \\ x3 & y3 & z3 \end{vmatrix} = 0 \longrightarrow \text{Significa que os pontos são coplanares.}$$

Exercício 8.10: verificar se os pontos A (+1; 0; +2), B (-1; -1; 0) e C (+2; +2; +1), pertencem a um mesmo plano (ou seja, são coplanares) e, em caso afirmativo, determinar a equação do plano.

Baseando-se na figura acima, considera-se um quarto ponto P (x; y; z) e determinam-se os vetores: $\overrightarrow{AB}$, $\overrightarrow{AC}$ e $\overrightarrow{AP}$. Faz-se o Produto Misto dos três vetores e, se este produto for igual a zero, significa que os quatro pontos estão no mesmo plano, ou seja, são coplanares.

$\overrightarrow{AB}$ = B - A = (xB - xA; yB - yA; zB - zA;)

$\overrightarrow{AB}$ = B - A = [(-1) - (+1); (-1) - 0; 0 - (+2)]; portanto: $\overrightarrow{AB}$ = (-2; -1; +2).

$\overrightarrow{AC} = C - A = [(+2) - (+1);\ (+2) - 0;\ +1 - (+2)]$; portanto: $\overrightarrow{AC} = (+1; +2; -1)$.

$\overrightarrow{AP} = P - A = [(x) - (+1);\ (y) - 0;\ (z) - (+2)]$; portanto: $\overrightarrow{AP} = (x - 1; y; z - 2)$.

Fazendo o Produto Misto tem-se:

$$(\overrightarrow{AB}, \overrightarrow{AC}, \overrightarrow{AP}) = \left|\begin{array}{ccc|cc} x-1 & y & z-2 & x-1 & y \\ +1 & +2 & -1 & +1 & +2 \\ -2 & -1 & +2 & -2 & -1 \end{array}\right| = \Delta = \Delta1(+) + \Delta2(-)$$

$$\underbrace{-\ \ -\ \ -}_{\Delta 2} \qquad \underbrace{+\ \ +\ \ +}_{\Delta 1}$$

$\Delta1 = +\ [(x-1).(+2).(+2)] + [(y).(-1).(-2)] + [(z-2).(+1).(-2)]$: $\Delta1 = +4x + 2y - z - 2$.

$\Delta2 = -\ [(y).(+1).(+2)] - [(x-1).(-1).(-1)] - [(z-2).(+2).(-2)]$: $\Delta2 = -\ x - 2y + 4z - 7$.

$\Delta1 + \Delta2 = (+4x + 2y - z - 2) + (-\ x - 2y + 4z - 7) = +\ 3x + 3z - 9 = \Delta$.

Como $\Delta \neq 0$, conclui-se que os pontos A, B e C, não pertencem ao mesmo plano.

8.12 Ângulo formado entre dois planos

Considerando dois planos α e β, formando um ângulo θ entre si, e considerando os vetores $\overrightarrow{N1}$ e $\overrightarrow{N2}$, este ângulo é definido da seguinte forma:

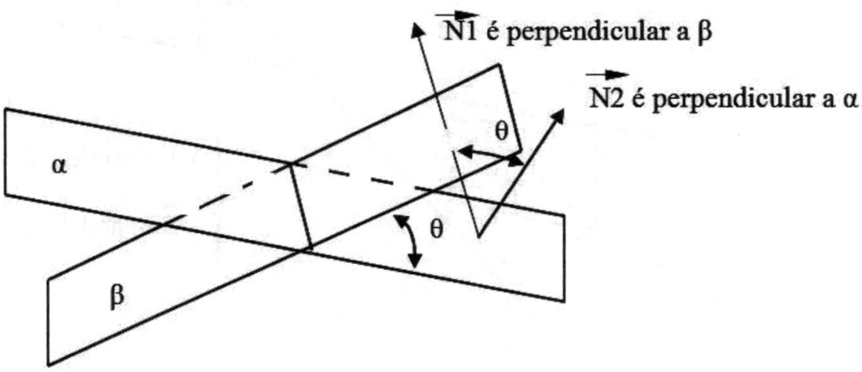

$$\cos\theta = \frac{|\overrightarrow{N1} . \overrightarrow{N2}|}{|\overrightarrow{N1}|\,|\overrightarrow{N2}|} \quad \begin{array}{l} \longrightarrow \text{Produto escalar dos vetores} \\ \longrightarrow \text{Produto do módulo dos vetores} \end{array} \Bigg\}\ 0^\circ \leq \theta \leq 90^\circ$$

Quando o produto escalar for igual a zero, significa que os vetores formam 90° entre si.

Exercício: 8.11: considerando os vetores $\overrightarrow{N1}$ (+3; +1; -4) e $\overrightarrow{N2}$ (+2; -5; +3), perpendiculares, respectivamente aos planos α e β, calcular o ângulo θ formado entre eles.

$\overrightarrow{N1} . \overrightarrow{N2} = (x_1 . x_2) + (y_1 . y_2) + (z_1 . z_2)$ (Conforme parágrafo 9.9).

$\vec{N1} \cdot \vec{N2} = (+3)(+2) + (+1)(-5) + (-4)(3) = +6 -5 -12 = -11$. Ou seja: $|\vec{N1} \cdot \vec{N2}| = +11$

$|\vec{N1}| = \sqrt{(x_1)^2 + (y_1)^2 + (z_1)^2}$ e $|\vec{N2}| = \sqrt{(x_2)^2 + (y_2)^2 + (z_2)^2}$ (Conforme parágrafo 9.4).

$$\left.\begin{array}{l} |\vec{N1}| = \sqrt{(x_1)^2 + (y_1)^2 + (z_1)^2} = \sqrt{26} = +5{,}100. \\ |\vec{N2}| = \sqrt{(x_2)^2 + (y_2)^2 + (z_2)^2} = \sqrt{38} = +6{,}164. \end{array}\right\} |N1||N2| = 5{,}100 \cdot 6{,}164 = +31{,}4364$$

cos $\theta = +11 / +31{,}4364$, ou seja: θ = arc cos 0,3499, portanto: $\theta = 69{,}5188^o$ = *69° 31' 8".

* 69,5188° = 69° 31' 8" = 0,3862 π Radianos. Mais uma vez se observa que, na prática profissional, notadamente daquelas para os quais este livro foi idealizado, não é comum se fazer referência a ângulos em Radianos. Algumas fórmulas específicas até usam os ângulos em Radianos, mas ao final se transforma para graus. Por exemplo, um engenheiro civil não vai pedir ao mestre da obra que faça uma escora a π/3 Radianos, mas sim a 60°!

8.13 Ângulo formado entre duas retas

O cálculo do ângulo formado por duas retas no espaço R^3 utiliza o conceito de vetores paralelos às retas ou vetores diretores, que têm origem no ponto O (0; 0; 0). A figura a seguir considera duas retas r e s, que formam um ângulo θ entre si, e com vetores $\vec{V1}$ e $\vec{V2}$, paralelos às retas.

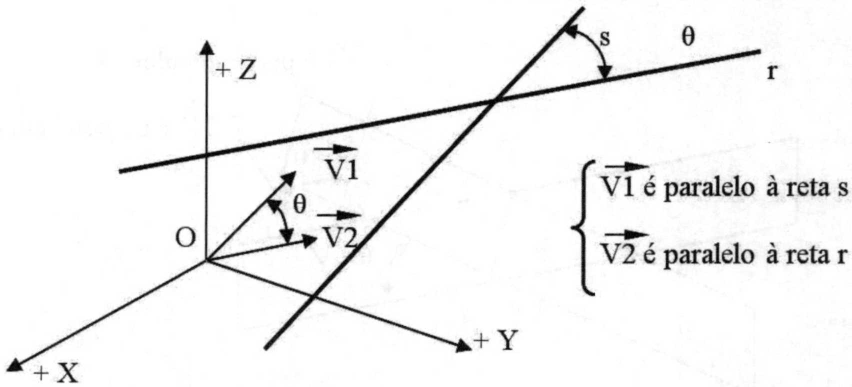

$$\cos\theta = \frac{|\vec{V1} \cdot \vec{V2}|}{|\vec{V1}||\vec{V2}|} \quad \begin{array}{l} \longrightarrow \text{Produto escalar dos vetores} \\ \longrightarrow \text{Produto do módulo dos vetores} \end{array} \Bigg\} \; 0^o \le \theta \le 90^o$$

Exercício 8.12: calcular o ângulo θ, formado entre as retas r e s, sabendo-se que: r = x = +2 + 3*t*; y = +4 - 4*t*; e z = -1 + 8*t*. s = x = +1 + 4*t*; y = +2 + 5*t* e z = -3 – 7*t*.

Segundo o parágrafo 8.2 e baseado no exercício 8.4, os vetores diretores $\vec{V1}$ e $\vec{V2}$, que definem as direções das retas s e r, respectivamente, são:

$\overrightarrow{V1}$ (+4; +5; -7) e $\overrightarrow{V2}$ (+3; -4; +8). $\overrightarrow{V1}$ é paralelo à s e $\overrightarrow{V2}$ é paralelo à r.

respectivamente aos planos α e β, calcular o ângulo θ formado entre eles.

$\overrightarrow{V1} \cdot \overrightarrow{V2} = (x_1 \cdot x_2) + (y_1 \cdot y_2) + (z_1 \cdot z_2)$ (Conforme capítulo 9).

$\overrightarrow{V1} \cdot \overrightarrow{V2} = (+4)(+3) + (+5)(-4) + (-7)(+8) = +12 -20 -56 = -64$. Ou seja: $|V1 \cdot V2| = +64$

$|\overrightarrow{V1}| = \sqrt{(x_1)^2 + (y_1)^2 + (z_1)^2}$ e $|\overrightarrow{V2}| = \sqrt{(x_2)^2 + (y_2)^2 + (z_2)^2}$ (Conforme capítulo 9).

$$\left.\begin{array}{l} |\overrightarrow{V1}| = \sqrt{(x_1)^2 + (y_1)^2 + (z_1)^2} = \sqrt{90} = +9{,}487. \\ |\overrightarrow{V2}| = \sqrt{(x_2)^2 + (y_2)^2 + (z_2)^2} = \sqrt{89} = +9{,}434. \end{array}\right\} |V1||V2| = 9{,}487 \cdot 9{,}434 = +89{,}500$$

cos θ = + 64 / + 89,500, ou seja: θ = arc cos 0,7151, portanto: θ = 44,3486° = 44° 20' 55".

Observa-se que o vetor $\overrightarrow{V1}$ está no 5° Octante e $\overrightarrow{V2}$ no 2° Octante.

8.14 Os planos e os sistemas de equações lineares

Equação linear é toda aquela da forma $a_1x_1 + a_2x_2 + a_3x_3 + ... + a_nx_n = b$, onde a_1, a_2, a_3, e a_n são números reais, chamados de coeficientes das incógnitas x_1, x_2, x_3 e x_n. b é um número real chamado termo independente. Quando b é nulo (igual a zero), a equação recebe o nome de equação linear homogênea. As equações a seguir são exemplos de equações lineares, e cada uma pertence a um tipo de plano:

$-2x + 5y - z = 0$; $5x - y - z = 8$; $3x - y + 2z = -5$.

Um conjunto de equações lineares pode constituir um "Sistema de Equações Lineares", que pode constituir uma matriz. Por exemplo, o sistema a seguir:

$$\begin{cases} 2x + 3y - z = 0 \\ 4x + y + z = 7 \\ -2x + y + z = 4 \end{cases} \longrightarrow \text{pode constituir a seguinte matriz completa*: } B = \begin{vmatrix} 2 & 3 & -1 & 0 \\ 4 & 1 & 1 & 7 \\ -2 & 1 & 1 & 4 \end{vmatrix}$$

*Uma matriz incompleta é aquela que não contém os termos independentes (b).

8.14.1 Classificação de um sistema linear, quanto à sua solução

Embora esses conceitos sejam abordados na disciplina Álgebra Linear, é importante citar os adiante expostos. De forma geral, um sistema de equações lineares, em relação ao número de soluções que apresenta, pode ser classificado como:

- Com uma única solução: é um sistema possível e determinado.
- Com infinitas soluções; é um sistema possível e indeterminado.
- Sem solução: é um sistema impossível.

É importante citar que na prática, por exemplo, de cálculos estruturais aplicados à Engenharia Civil, os sistemas surgem de análises de forças e reações, que constituem sistemas de equações lineares (bi ou tri dimensionais), obviamente com uma única solução.

8.14.2 Sistema linear normal. A Regra de Cramer

Um sistema de equações lineares é dito normal, quando tem o mesmo número de equações (m) e de incógnitas (n), bem como o determinante da matriz incompleta associada é diferente de zero. Todo sistema linear normal tem uma única solução que, por exemplo, pode ser resolvido pela Regra de Cramer, adiante descrita,

A Regra de Cramer só pode ser utilizada na resolução de sistemas onde o número de equações e o número de incógnitas sejam iguais. Para a solução primeiro se calcula o determinante (D) das equações incompletas do sistema ($a_1x_1 + a_2x_2 + a_3x_3 + ... + a_nx_n$) e, depois substitui-se os termos independentes em cada coluna, calculando-se os seus respectivos determinantes (D1, D2, D3, ... Dn) e, finalmente aplica-se a Regra de Cramer, que diz que os valores das incógnitas x_1, x_2, x_3, ... x_n, são calculados da seguinte forma:

$$x_1 = \frac{D1}{D} \;;\quad x_2 = \frac{D2}{D} \quad x_3 = \frac{D3}{D} \;;....\quad x_n = \frac{Dn}{D}$$

Exercício 8.13: encontrar os valores de x, y e z, para o seguinte sistema de equações lineares:

$$\begin{cases} x + 2y + z = 8 \\ 2x - y + z = 3 \\ 3x + y - z = 2 \end{cases} \longrightarrow \text{Inicialmente monta-se a matriz incompleta do sistema: } A = \begin{vmatrix} 1 & 2 & 1 \\ 2 & -1 & 1 \\ 3 & 1 & -1 \end{vmatrix}$$

A solução deste determinante é o valor de D:

$$D = \begin{vmatrix} 1 & 2 & 1 & 1 & 2 \\ 2 & -1 & 1 & 2 & -1 \\ 3 & 1 & -1 & 3 & 1 \end{vmatrix} \quad D = \{[1.(-1).(-1)]+(2.1.3)+(1.2.1)\}+\{-[2.2.(-1)] - (1.1.1) - [1.(-1).3]\}.$$

$$D = +1 + 6 + 2 + 4 - 1 + 3;\quad D = +15.$$

Na sequência são calculados os determinantes relativos às incógnitas: Dx, Dy e Dz:

$$Dx = \begin{vmatrix} 8 & 2 & 1 & 8 & 2 \\ 3 & -1 & 1 & 3 & -1 \\ 2 & 1 & -1 & 2 & 1 \end{vmatrix} \longrightarrow Dx = +15. \text{ (A 1}^a \text{ coluna, dos x, foi substituída pela coluna 8,3,2)}$$

$$Dy = \begin{vmatrix} 1 & 8 & 1 & 1 & 8 \\ 2 & 3 & 1 & 2 & 3 \\ 3 & 2 & -1 & 3 & 2 \end{vmatrix} \longrightarrow Dy = +30. \text{ (A 2}^a \text{ coluna, dos y, foi substituída pela coluna 8,3,2)}$$

$$Dz = \begin{vmatrix} 1 & 2 & 8 & 1 & 2 \\ 2 & -1 & 3 & 2 & -1 \\ 3 & 1 & 2 & 3 & 1 \end{vmatrix} \longrightarrow$$ Dz = + 45. (A 3ª coluna, dos z, foi substituída pela coluna 8,3,2)

Conhecendo-se o determinante D e o determinante de cada incógnita (Dx, Dy, Dz), podem ser calculadas cada uma das incógnitas.

$$\begin{cases} x = \dfrac{Dx}{D} \quad ; x = \dfrac{+15}{+15} \quad ; x = +1. \\ y = \dfrac{Dy}{D} \quad ; y = \dfrac{+30}{+15} \quad ; y = +2. \\ z = \dfrac{Dz}{D} \quad ; z = \dfrac{+45}{+15} \quad ; z = +3. \end{cases}$$

Essa é a solução do sistema, ou seja, com esses valores de x, y e z, as equações são satisfeitas. Geometricamente, o que isso significa?

Qual a Imagem Geométrica desse sistema de equações lineares?

Imagem Geométrica de planos, que constituem um sistema de equações lineares

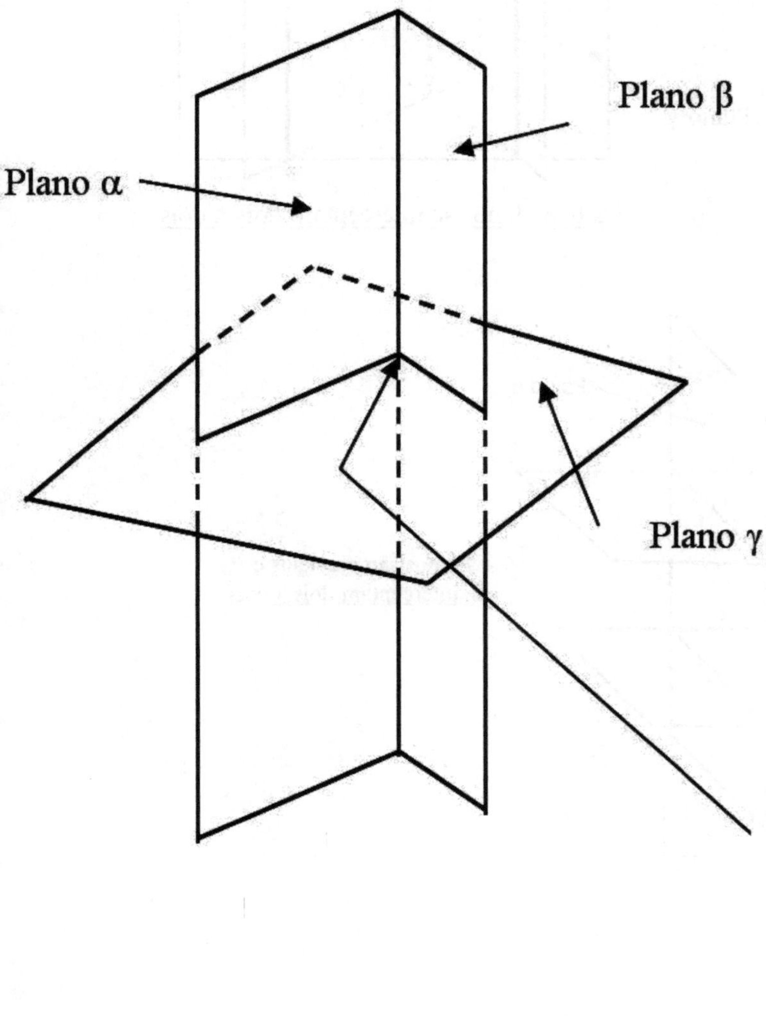

Como já visto, um plano pode ser expresso pela equação: ax + by + cz = d. No sistema de equações analisado e resolvido, cada equação representa um plano, ou seja, a solução, com o cálculo dos valores das Coordenadas Cartesianas x = +1, y = + 2 e z = + 3, significa que esses três planos estão em uma posição tal no espaço R^3, de forma que eles têm apenas um ponto em comum. A Imagem Geométrica ao lado dá uma ideia desses três planos e do ponto P (+1; +2; +3), solução do sistema.

Ponto P (+1; +2; +3) de interseção dos três planos.

Em alguns casos, os três planos se interceptam de tal forma a gerar uma reta. Nesses casos o sistema tem uma infinidade de soluções, já que existem infinitos pontos ao longo da reta interseção.

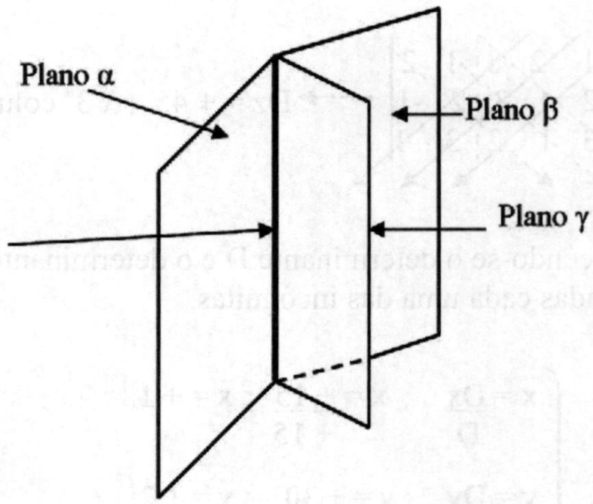

Também existem casos onde o sistema é impossível, ou seja, não tem solução. Três desses casos são mostrados nas figuras a seguir.

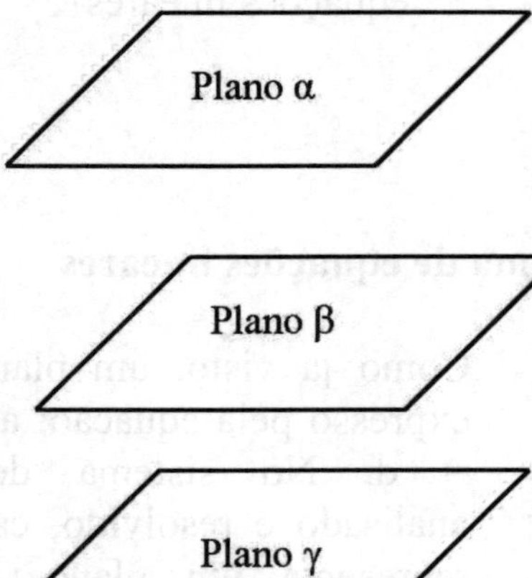

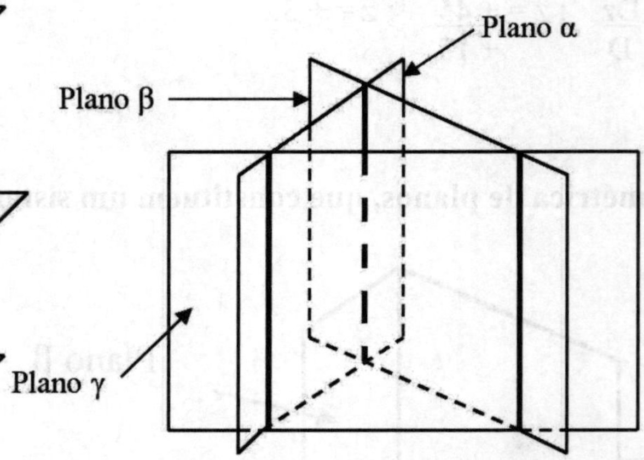

Os três planos se interceptam dois a dois

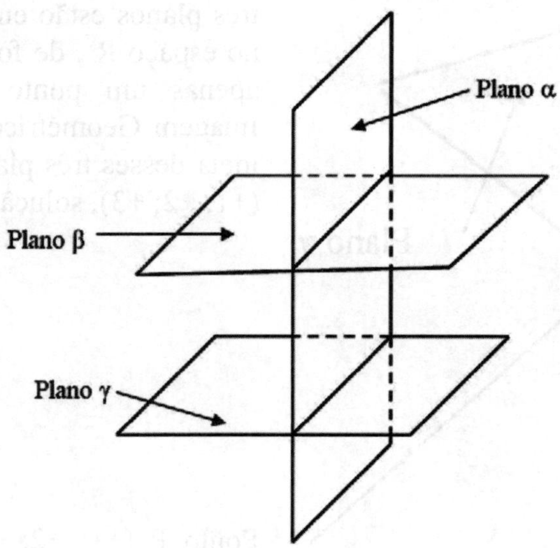

Planos são paralelos e se interceptam dois a dois

8.14.3 Aplicações práticas de sistemas de equações lineares

Embora esse capítulo apenas introduza os conceitos básicos de sistemas de equações lineares, normalmente estudados na disciplina Álgebra Linear, é importante citar algumas aplicações práticas de sistemas de equações lineares, até para que se entenda a importância desse estudo.

- O método húngaro para solução de matriz custo. - Matriz de transição da Cadeia de Markov.
- Teoria de Grafos. - Jogos de Estratégia. - Modelos Econômicos de Leontief.
- Administração de Florestas (via rendimento sustentável ótimo).
- Computação Gráfica (em especial para visualização de objetos tridimensionais).
- Sistemas criptográficos (em especial para codificar e decodificar mensagens).
- Estudos de genética (em especial sobre propagação de características hereditárias).
- Demografia (em especial sobre crescimento populacional por faixa etária).
- Colheita de populações animais.

8.15 Sistema de Coordenadas Esféricas ou Sistema Esférico de Coordenadas (r; θ; φ)

É um sistema de coordenadas no espaço R^3 (X, Y, Z), que permite a localização de um ponto qualquer em uma superfície (virtual) de formato esférico através de um conjunto de três valores, chamados de Coordenadas Esféricas. Por exemplo, um ponto P definido por suas Coordenadas Esféricas, pode ser representado por: P (r; θ; φ), onde r é o raio da esfera, de centro em O (0; 0; 0), θ é o ângulo no plano XY, a partir de O +Y, que aumenta no sentido horário, e φ é o ângulo em relação ao plano XY, que aumenta no sentido anti-horário, a partir do de uma projeção no plano XY. A figura a seguir mostra um ponto P, definido por suas Coordenadas Esféricas: P (r; θ; φ).

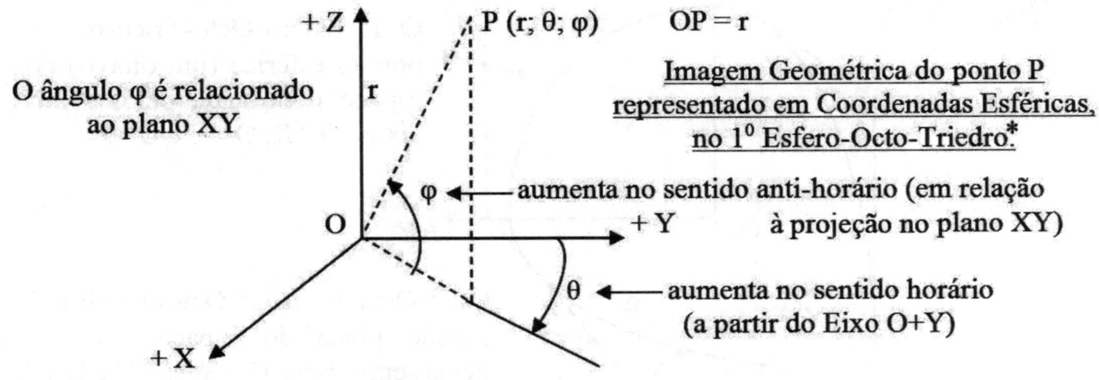

θ é o ângulo no plano XY, a partir de O+Y, crescente no sentido horário. Varia entre 0 e 360°.
φ é o ângulo em relação ao plano XY, crescente no sentido anti-horário. Varia entre 0 e 360°.

8.15.1 Conceito e definição de Esfero-Octo-Triedro

*Do ponto de vista teórico, como não existe uma regra fixa para a definição de como variam os ângulos θ e φ, o professor José Abrantes, propõe o conceito de Esfero-Octo-Triedro, onde o espaço R^3 é imaginado como constituído de uma infinidade de esferas de raio r, com centro na Origem O

(0; 0; 0) e subdividido em oito (8) partes, semelhantemente aos 8 Octantes do Sistema de Coordenadas Cartesianas no espaço R^3, como mostrados no parágrafo 8.1. Cada Esfero-Octo-Triedro é delimitado por porções positivas e negativas dos planos π, π' e π''. Os ângulos θ e φ variam de 0° a 360° ou 0π a 2π radianos, segundo o descrito em 8.15.2.

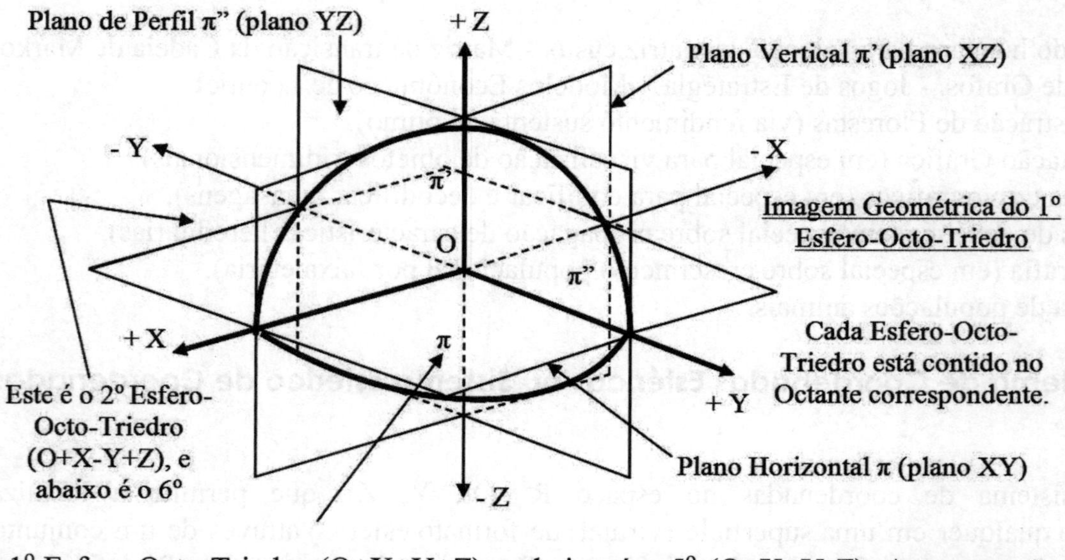

Este é o 1º Esfero-Octo-Triedro (O+X+Y+Z) e abaixo é o 5º (O+X+Y-Z). A numeração dos oito Octantes, a partir do 1º, ocorre no sentido positivo dos eixos, ou seja, sentido horário e de cima para baixo.

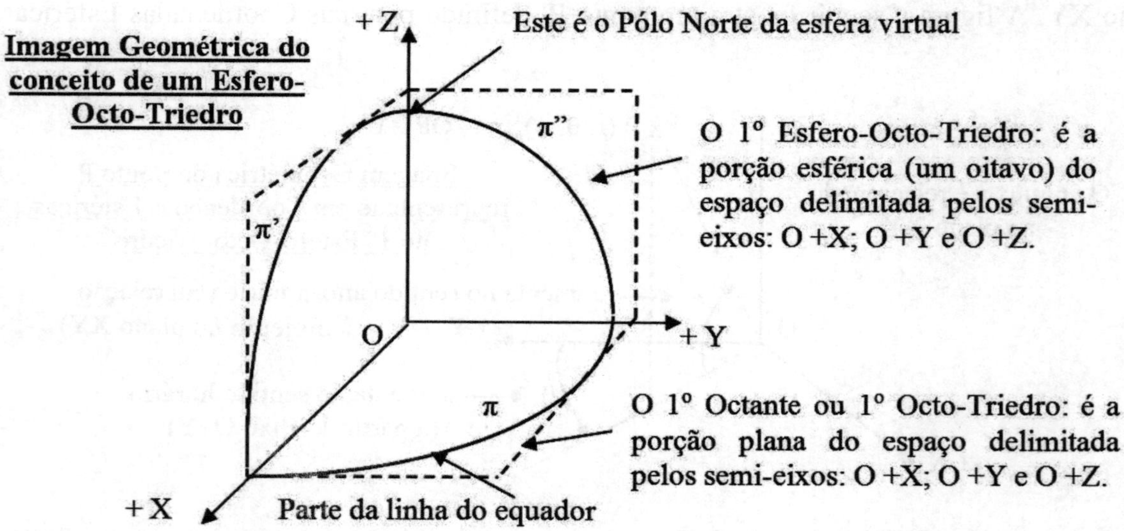

Cada Esfero-Octo-Triedro contém partes dos três planos π, π' e π'' (entendidos como um oitavo de uma esfera). A interseção perpendicular desses três planos delimita Oito Triedros, podendo-se criar o termo Octo-Triedro. Segundo o professor José Abrantes, como estão dentro de esferas, foram denominados como: Esfero-Octo-Triedros.

8.15.2 Conceituação visual dos ângulos θ e φ. Localização de pontos, nos Esfero-Octo-Triedros, em função de θ e φ

Considerando os ângulos θ e φ, o professor José Abrantes, propõe o conceito de Esfero-Octo-Triedro, onde o espaço R^3 é imaginado como constituído de uma infinidade de esferas de raio r, com centro na Origem O (0; 0; 0) e subdividido em oito (8) partes, semelhantemente aos 8 Octantes do Sistema de Coordenadas Cartesianas no espaço R^3, como mostrados no parágrafo 8.1. Cada Esfero-Octo-Triedro é delimitado por porções positivas e negativas dos planos π, π' e π". Os ângulos θ e φ variam de 0° a 360° ou 0π a 2π radianos.

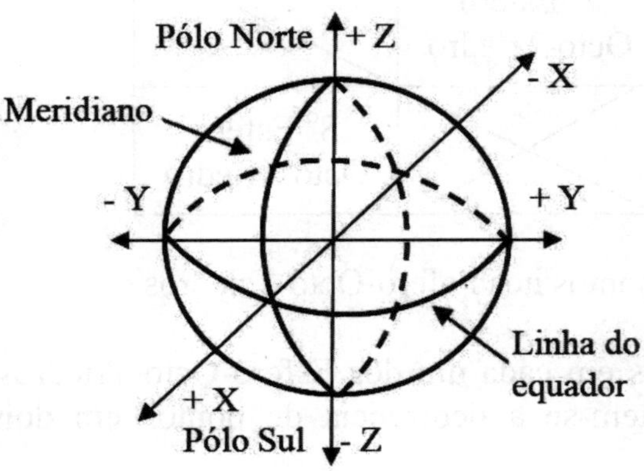

Esfera virtual do espaço R^3

O ângulo θ está sempre no plano XY e varia no sentido horário, com $0^o/360^o$ localizado no ponto + Y. O ângulo φ varia no sentido anti-horário e é em relação à projeção e extensão da reta OP no plano XY. Como φ está relacionado ao ângulo θ, varia a forma como se altera, ou seja, para cada Esfero-Octo-Triedro, altera-se a forma como deve ser interpretado. Observa-se que para um mesmo ângulo θ, tem-se a possibilidade de se ter um ponto em dois Esfero-Octo-Triedros. A tabela 8.1 mostra como a localização de um ponto P qualquer varia de Esfero-Octo-Triedro, em função dos ângulos θ e φ. Na sequência são mostrados pontos em cada um dos Esfero-Octo-Triedros.

Para cada ângulo θ, e com a variação de φ, pode-se ter um ponto acima ou abaixo do plano XY, ou seja em dois Esfero-Octo-Triedros, como a seguir mostrado:

$$\begin{cases} 1^o \text{ e } 5^o \text{ Esfero-Octantes: } & 0^o < \theta < 90^o. \\ 2^o \text{ e } 6^o \text{ Esfero-Octantes: } & 90^o < \theta < 180^o. \\ 3^o \text{ e } 7^o \text{ Esfero-Octantes: } & 180^o < \theta < 270^o. \\ 4^o \text{ e } 8^o \text{ Esfero-Octantes: } & 270^o < \theta < 360^o. \end{cases}$$

Tanto a origem, quanto o sentido de crescimento do ângulo θ, podem ser visualizados, quando se imagina uma vista de cima da esfera, a partir do Pólo Norte (+ Z).

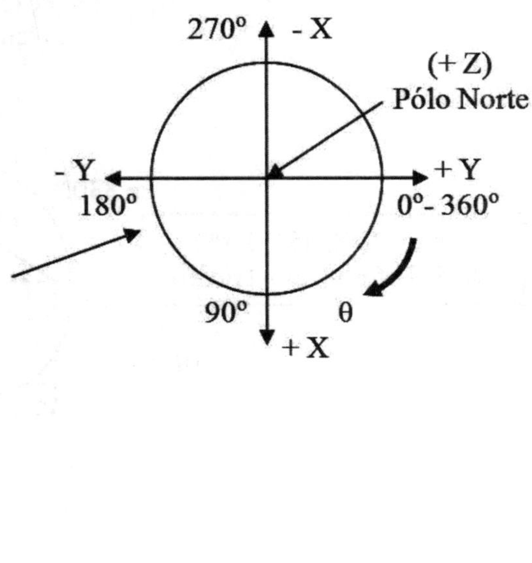

Ângulo φ / Ângulo θ	φ: 0° a 90°	φ: 90° a 180°	φ: 180° a 270°	φ: 270° a 360°
θ: 0° a 90°	1° Esfero Octo-Triedro	X	X	5° Esfero Octo-Triedro
θ: 90° a 180°	X	2° Esfero Octo-Triedro	6° Esfero Octo-Triedro	X
θ: 180° a 270°	X	3° Esfero Octo-Triedro	7° Esfero Octo-Triedro	X
θ: 270° a 360°	4° Esfero Octo-Triedro	X	X	8° Esfero Octo-Triedro

Tabela 8.1: Os ângulos θ e φ e a localização de pontos nos Esfero-Octo-Triedros

Baseando-se na tabela 8.1, a seguir são mostrados pontos em cada um dos Esfero-Octo-Triedros. Ressalta-se que, para um mesmo valor do ângulo θ, tem-se a ocorrência de pontos em dois diferentes Esfero-Octo-Triedros, em função do ângulo φ.

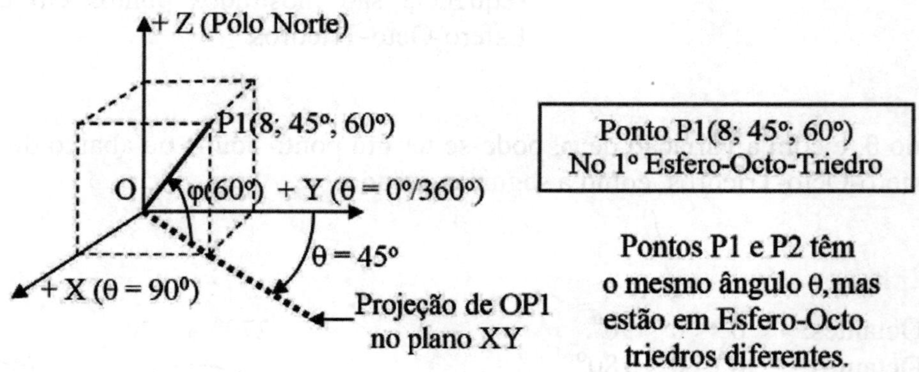

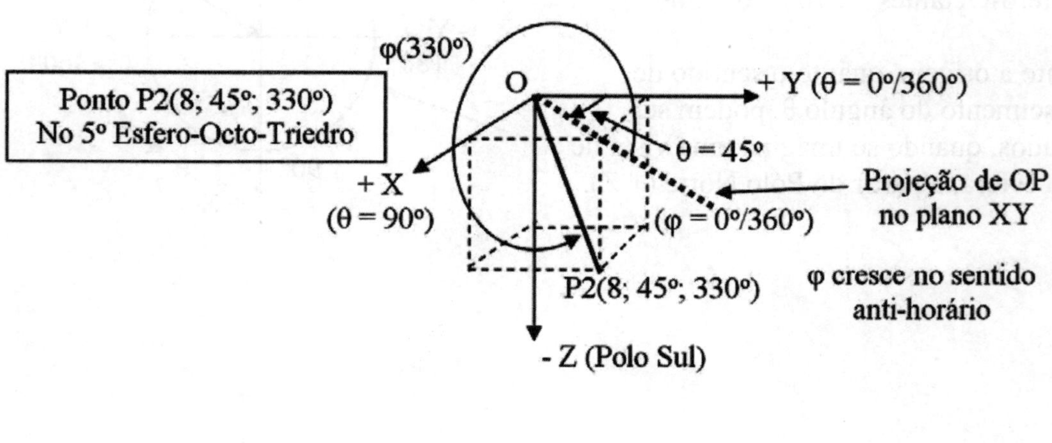

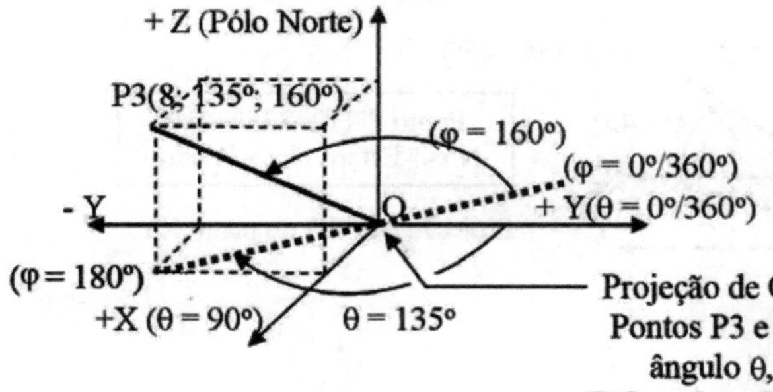

Ponto P3(8; 135°; 160°)
No 2° Esfero-Octo-Triedro

Projeção de OP3 no plano XY
Pontos P3 e P4 têm o mesmo ângulo θ, mas estão em Esfero-Octo-Triedros diferentes.

Projeção de OP4 no plano XY

Ponto P4(8; 135°; 220°)
No 6° Esfero-Octo-Triedro

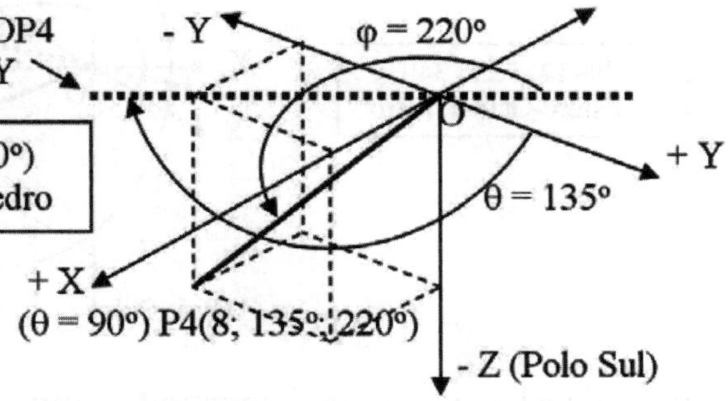

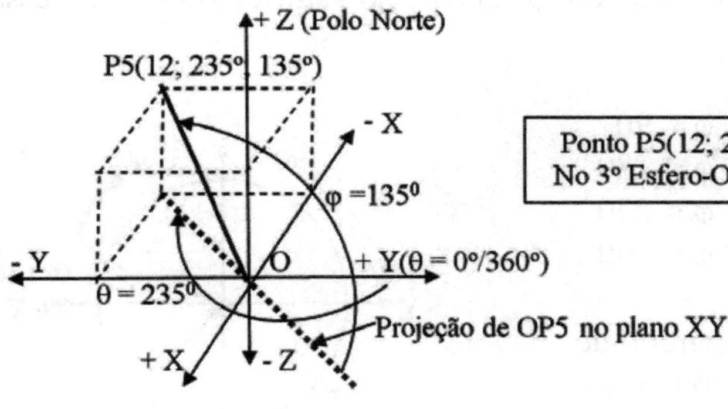

Ponto P5(12; 235°; 135°)
No 3° Esfero-Octo-Triedro

Pontos P5 e P6 têm o mesmo ângulo θ, mas estão em Esfero-Octo-Triedros diferentes.

Ponto P6(12; 235°; 240°)
No 7° Esfero-Octo-Triedro

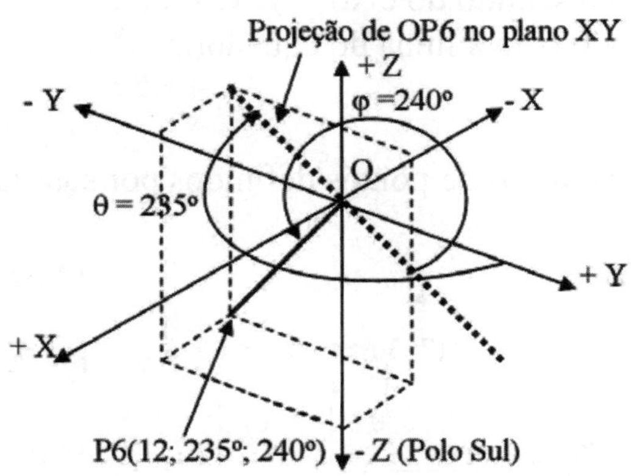

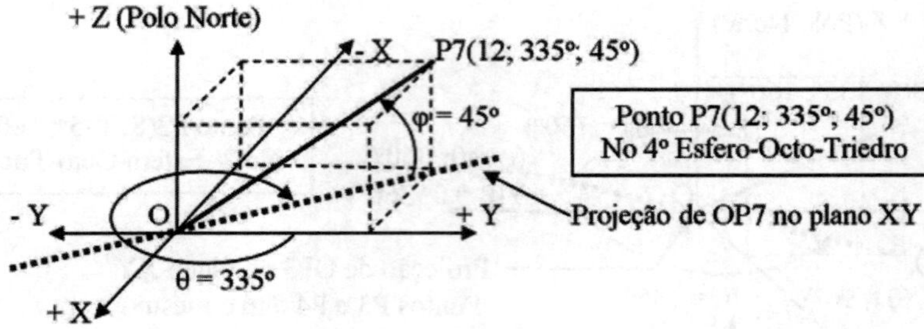

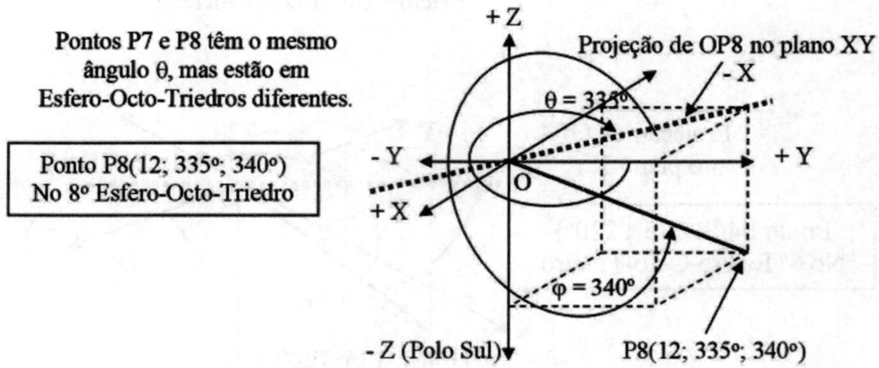

Para uma melhor visualização, a seguir é mostrado como o ângulo φ varia, segundo um plano perpendicular ao plano XY e segundo uma circunferência, portanto variando de 0 a 360°. O ângulo φ cresce em sentido anti-horário, com zero grau (0°) no semi-eixo O +Y. Dessa forma, o ângulo φ tem a seguinte variação:

1° e 4° Esfero-Octantes: $0^o < \varphi < 90^o$.
2° e 3° Esfero-Octantes: $90^o < \varphi < 180^o$.
6° e 7° Esfero-Octantes: $180^o < \varphi < 270^o$.
5° e 8° Esfero-Octantes: $270^o < \varphi < 360^o$.

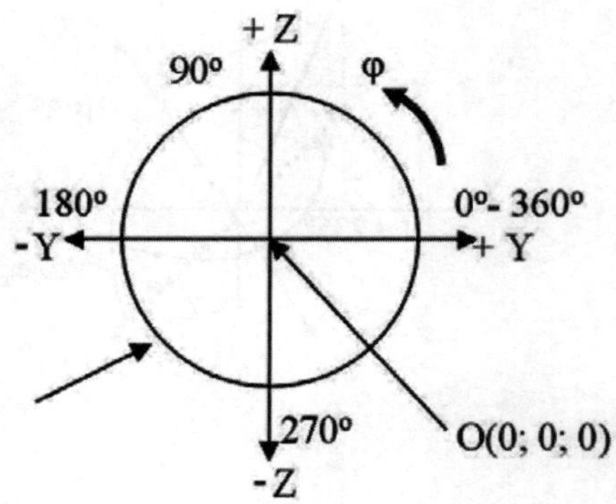

Tanto a origem, quanto o sentido de crescimento do ângulo φ, podem ser visualizados, quando se imagina uma vista de frente da esfera, no sentido do eixo + Y O - Y. Ou seja: olhando para a linha do equador.

Exercício 8.14: exemplos de pontos definidos por suas Coordenadas Esféricas

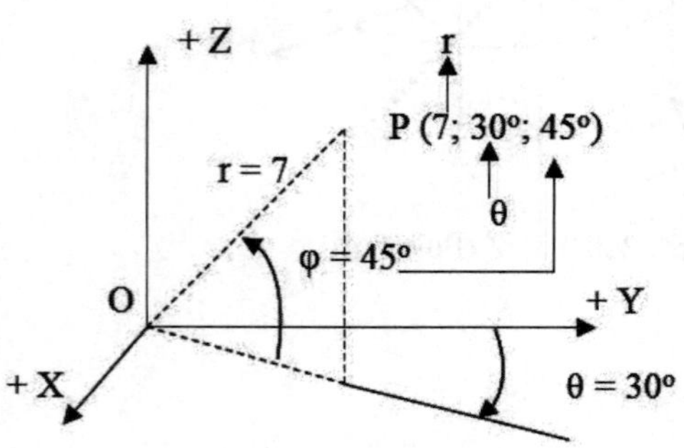

O ponto P (7; 30°; 45°), está no 1° Esfero-Octo-Triedro, pois θ = 30° e φ = 45°.
r = 7, significa que o raio da esfera, sobre a qual está o ponto P.
O ponto P está na superfície da esfera de raio 7.
Em termos de radianos, o ponto P fica:
P (7; π/6; π/4), pois: 30° = π/6 e 45° = π/4.

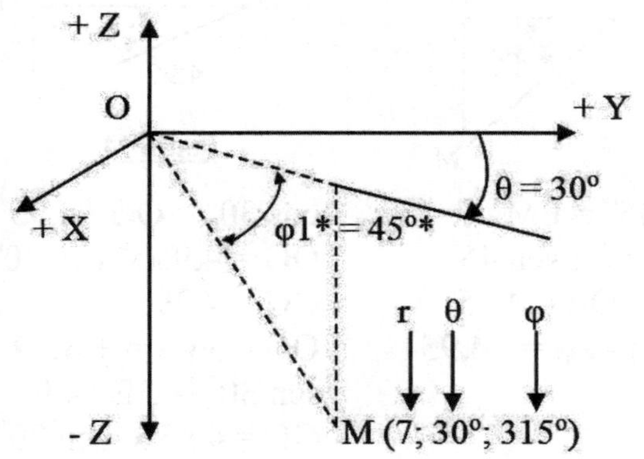

O ponto M (7; 30°; 315°), está no 5° Esfero-Octo-Triedro, pois θ = 30° e φ = 345°. r = 7, significa que o raio da esfera, sobre a qual está o ponto M. O Ponto P está na superfície da esfera de raio 7.

Em termos de radianos, o ponto P fica: P (7; π/6; 7π/4), pois: 30° = π/6 e 345° = 7π/4.

* O ângulo φ1 = 45° é o replemento do ângulo de 315°, pois: 360° - 45° = 315°.

8.15.3 Transformação de Coordenadas Esféricas em Coordenadas Cartesianas

Essa transformação é obtida, com cálculos trigonométricos de triângulos retângulos pertencentes e ou perpendiculares aos planos XY, XZ e YZ , quando obtém-se o equivalente às projeções do segmento de comprimento ou módulo r, em relação aos eixos X, Y e Z.

Exercício 8.15: Determinar as Coordenadas Cartesianas dos pontos P (7; 30°; 45°) e M (7; 30°; 315°), definindo em qual Esfero-Octo-Triedro estão localizados.

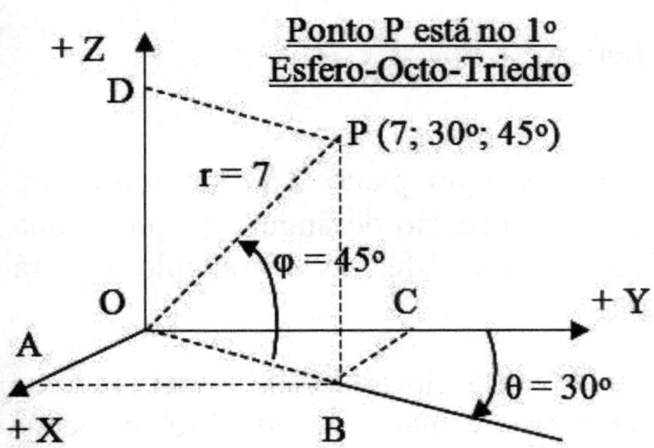

$OA = +x_P = BC$
$OC = +y_P = AB$
$OD = +z_P = BP$
} P ($+x_P$; $+y_P$; $+z_P$)

Considerando os triângulos OBP e OBC.

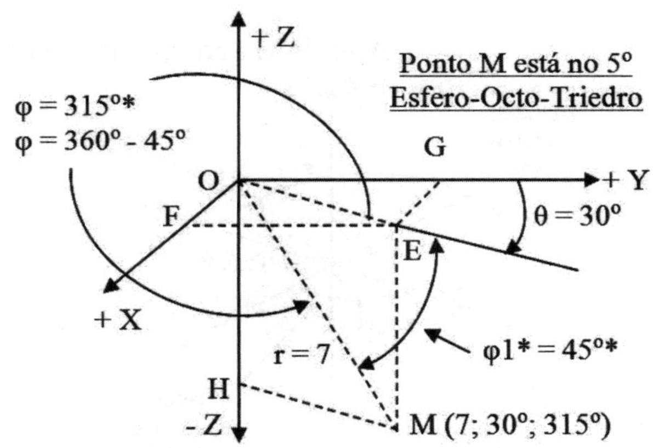

$OF = +x_M = EG$
$OG = +y_M = EF$
$OH = -z_M = EM$
} M ($+x_M$; $+y_M$; $-z_M$)

Considerando os triângulos OEM e OEG.

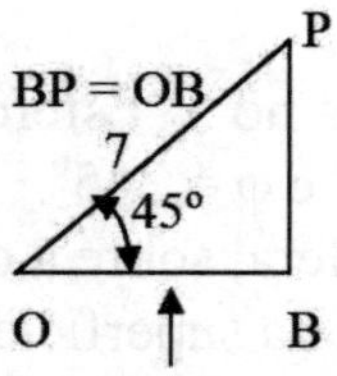

$\text{sen } 45^\circ = BP / 7$
$BP = 7 \times \text{sen } 45^\circ$
$BP = OB = 4{,}95$
$BP = \mathbf{z_P = +\ 4{,}95}$

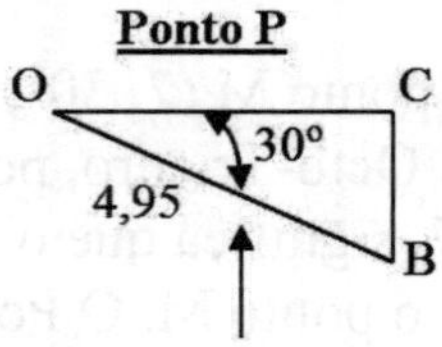

$\cos 30^\circ = OC / 4{,}95$
$OC = 4{,}95 \times \cos 30^\circ$
$OC = 4{,}29$
$OC = \mathbf{y_P = +\ 4{,}29}$
$\text{sen } 30^\circ = BC / 4{,}95$
$BC = 4{,}95 \times \text{sen } 30^\circ$
$BC = \mathbf{x_P = +\ 2{,}48}$

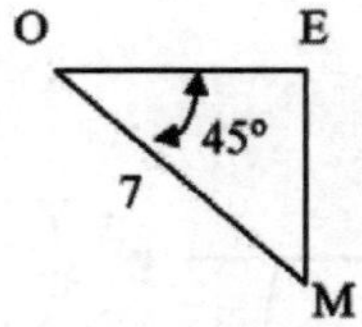

$\text{sen } 45^\circ = EM / 7$
$EM = 7 \times \text{sen } 45^\circ$
$EM = OE = 4{,}95$
$EM = \mathbf{-\ z_M = -\ 4{,}95}$

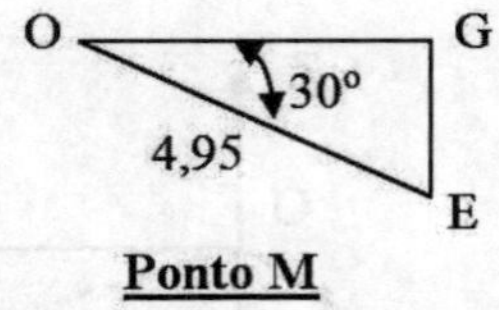

$\cos 30^\circ = OG / 4{,}95$
$OG = 4{,}95 \times \cos 30^\circ$
$OG = 4{,}29$
$OG = \mathbf{+y_M = +\ 4{,}29}$
$\text{sen } 30^\circ = GE / 4{,}95$
$GE = 4{,}95 \times \text{sen } 30^\circ$
$GE = \mathbf{x_M = +\ 2{,}48}$

Coordenadas Cartesianas ⟶ **P (+2,48; +4,29; +4,95)**

Coordenadas Cartesianas ⟶ **M (+2,48; +4,29; - 4,95)**

Exercício 8.16: Conhecendo-se o ponto N (+ 3; - 1; - 4) pedem-se: a) A determinação de sua Imagem Geométrica; b) Em qual Esfero-Octo-Triedro está e c) As suas Coordenadas Esféricas.
Como x = + 3, e são negativas as Coordenadas y = -1 e z = - 4, constata-se que:

b) Ponto N está no 6º Esfero-Octo-Triedro.

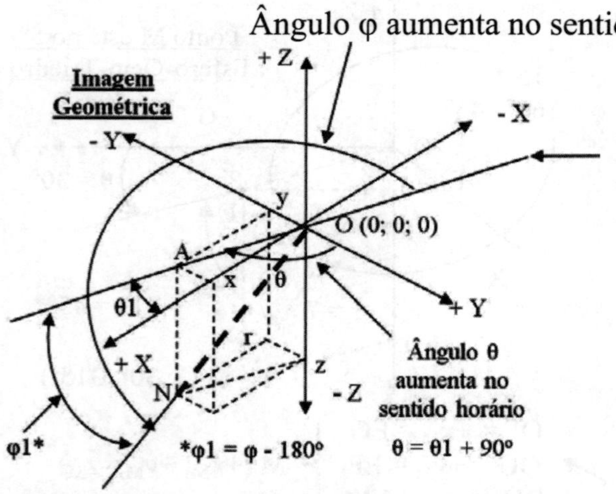

Esta linha está no plano XY, servindo para facilitar a visualização do ângulo φ, que é uma das Coordenadas Esféricas. O ângulo φ será igual a: φ = 180° + φ1.

Confirma-se esta localização, observando-se que o ângulo φ é maior do que 180° e menor que 270°, bem como o ângulo θ é maior do que 90° e menor que 180°. Ou seja, o ponto N está no 6º Esfero-Octo-Triecho.

Para determinação dos ângulos θ e φ, bem como do raio r do ponto N, serão resolvidos os triângulos OAN e OAx, a seguir detalhados:

$|Ox| = 3$; $|Oy| = 1$; $|Oz| = 4$ ⟵ Módulos das Coordenadas Cartesianas.

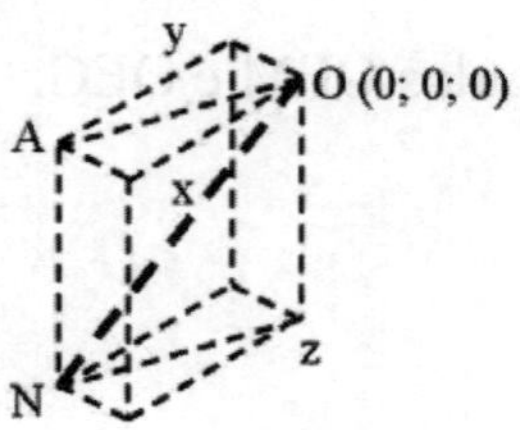

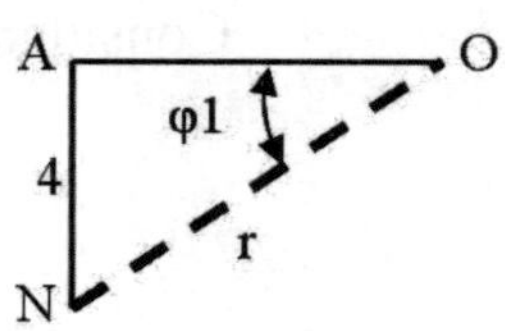

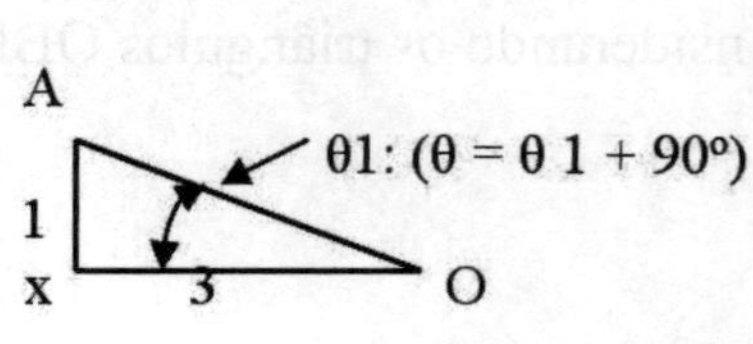

ON = r ; AN = Oz = 4; Ax = Oy = 1; Ox = 3.

$\begin{cases} Tg\ \theta 1 = Ax / Ox = 1 / 3 = 0{,}333;\ portanto\ \theta 1 = arc\ tg\ 0{,}333;\ logo\ \theta 1 = 18{,}435^o. \\ Como\ \theta = \theta 1 + 90^o;\ tem\text{-}se\ \theta = \mathbf{108{,}435^o}. \end{cases}$

$\begin{cases} (AO)^2 = (1)^2 + (3)^2: \quad AO = \sqrt{10};\ AO = 3{,}162. \\ (ON)^2 = (AN)^2 + (AO)^2: \quad ON = \sqrt{16 + 10};\quad ON = \mathbf{r} = \mathbf{5{,}1}. \end{cases}$

$\begin{cases} Tg\ \varphi 1 = AN / AO = 4 / 3{,}162 = 1{,}265;\ portanto\ \varphi 1 = arc\ tg\ 1{,}265;\ logo{:}\ \varphi 1 = 51{,}674^o. \\ Como\ \varphi = 180^o + \varphi 1;\ tem\text{-}se{:}\ \boldsymbol{\varphi} = \mathbf{231{,}674^o}. \end{cases}$

$\begin{cases} \text{As Coordenadas Esféricas do Ponto N são: } \mathbf{N\ (5{,}1;\ 108{,}435^o;\ 231{,}674^o)} \\ \text{Em radianos: } \mathbf{N\ (5{,}1;\ 0{,}6\pi;\ 1{,}287\pi)} \end{cases}$

Aplicações práticas do Sistema de Coordenadas Esféricas

Das várias aplicações as seguintes se destacam: no Sistema de Coordenadas Geográficas, onde o globo terrestre é dividido em latitudes e paralelos; no cálculo de volumes de superfícies, através de integrais triplas e na fundamentação do sistema de posicionamento global o GPS - *Global Positioning System*.

8.16 Exercícios complementares resolvidos (exercícios 8.17 a 8.23)

Exercício 8.17: um hexaedro (ou cubo) está posicionado no 1º Octante, conforme os Eixos X, Y e Z, da figura adiante. Conhecendo-se as Coordenadas Cartesianas dos pontos A (+4; +4; +2) e B (+4; +6; +2), pedem-se: a) as Coordenadas Cartesianas dos demais pontos; b) as dimensões das retas BE, BH e EH, supondo-se um corte no hexaedro, como mostrado; c) o tipo e dimensões do novo poliedro formado com a retirada da parte cortada e d) o volume do novo poliedro, considerando-se as dimensões em metros.

O plano ABCD é paralelo ao plano XY.

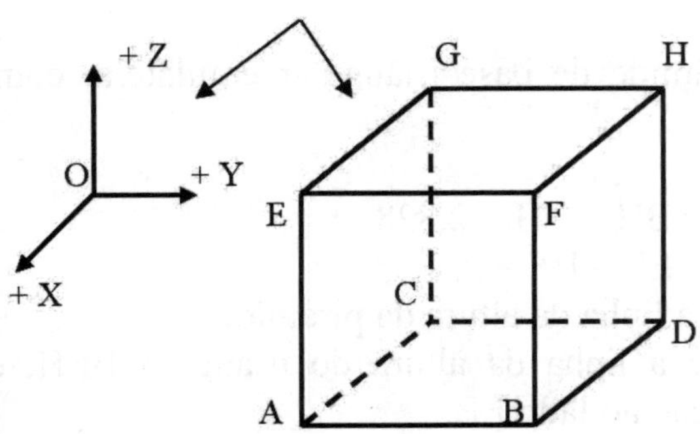

Este é o Hexaedro proposto

Este é o corte previsto, passando pelos pontos BEH.

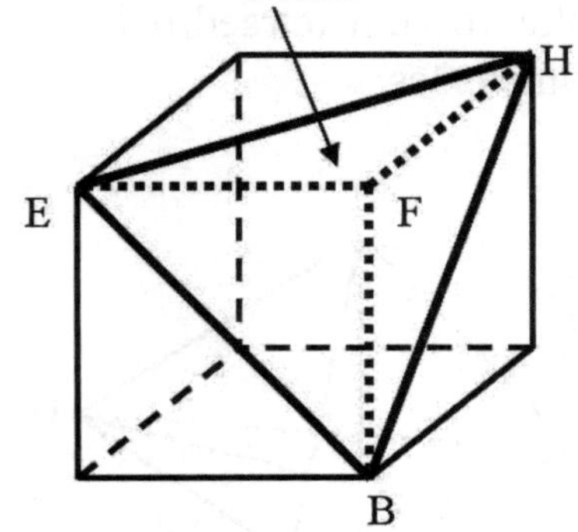

Esta é a seção ou corte proposto.
como os lados são iguais, as arestas BE, BH e EH são iguais

Fazendo-se o corte e retirando a parte cortada, obtém-se este tipo de poliedro.

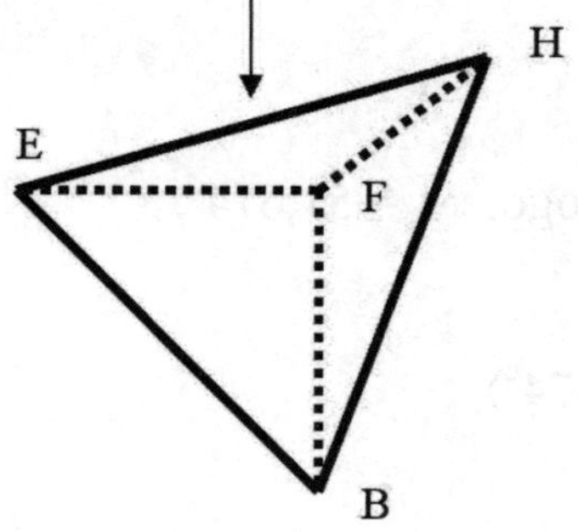

O corte gera um triângulo, base do novo poliedro.

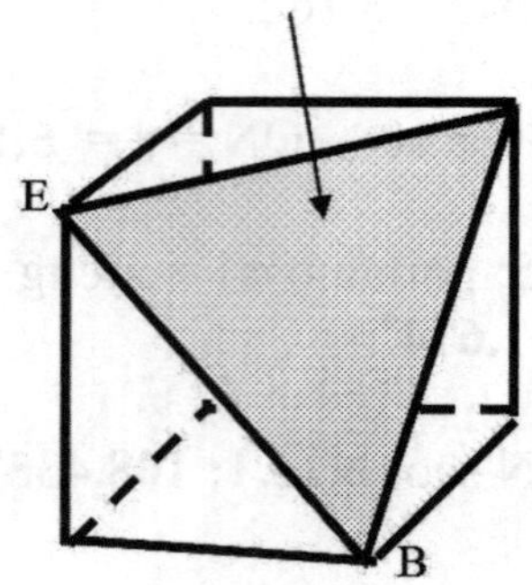

Nesta posição fica mais fácil entender o novo poliedro, em verdade um tetraedro*.

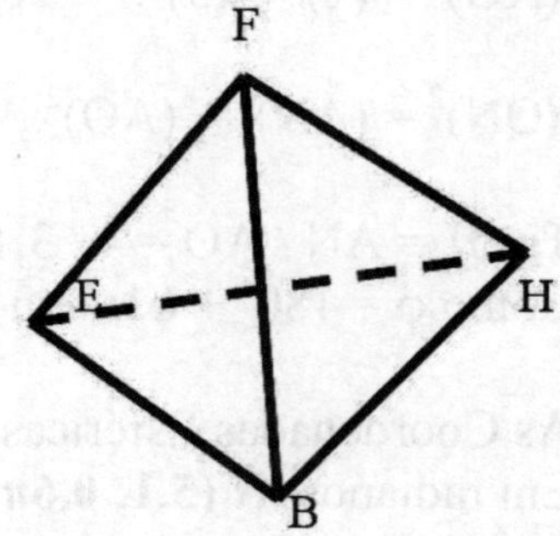

a) Coordenadas Cartesianas:

A (+4; +4; +2); B (+4; +6: +2); C (+2; +4; +2); D (+2; +6; +2); E (+4; +4; +4); F (+4; +6; +4); G (+2; +4; +4) e H (+2; +6; +4).

b) Dimensões das retas BE, BH e EH:

Este hexaedro ou cubo é formado por seis faces ou planos, no formato quadrado com lado igual a 2. Isto significa que as quatro retas têm o mesmo módulo ou comprimento. Basta analisar um dos quadrados:

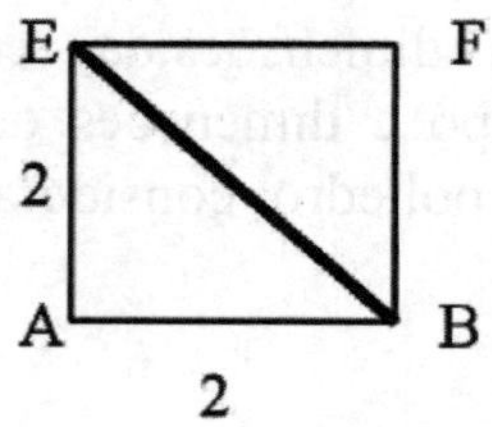

EB = $\sqrt{(2^2 + 2^2)}$: EB = 2,828.
EB = BH = EH = 2,828.

*Observa-se que, este novo poliedro não configura um tetraedro, pois não é regular, ou seja, os módulos de suas arestas não têm as mesmas dimensões.

c) Tipo e dimensões do novo poliedro:

O novo poliedro (um tetraedro irregular) é uma pirâmide de base triangular equilátera, com as seguintes dimensões:

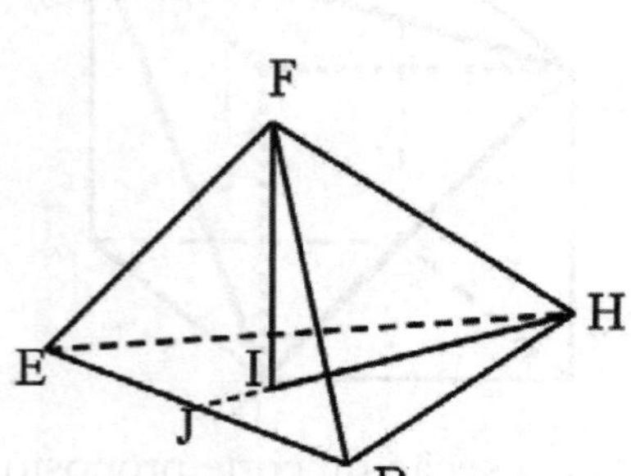

BE = BH = EH = 2,828.
BF = EF = HF = 2.
FI é a linha da altura da pirâmide.
HJ é a linha da altura do triângulo BEH, em relação ao lado EB.
O lado HI do triângulo FHI, vale 2/3 da altura HJ.

Cálculo da altura da pirâmide:

EBH é um Triângulo equilátero de lado = 2,828

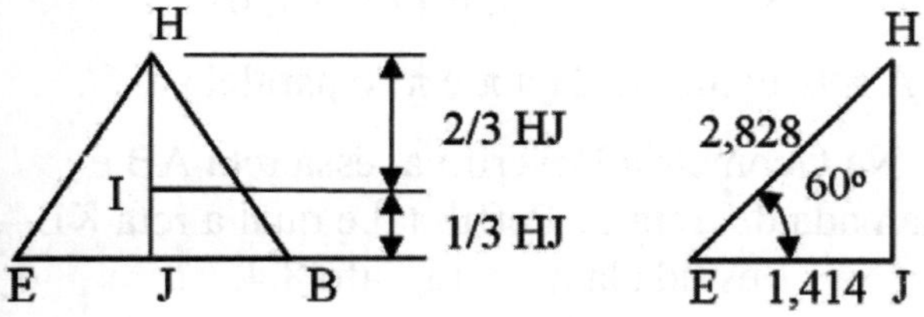

$$\begin{cases} \text{sen } 60^\circ = HJ / 2{,}828. \\ HJ = \text{sen } 60^\circ . 2{,}828. \\ HJ = 2{,}449. \\ HI = 1{,}633. \end{cases}$$

O triângulo FHI permite o cálculo da altura FI da pirâmide

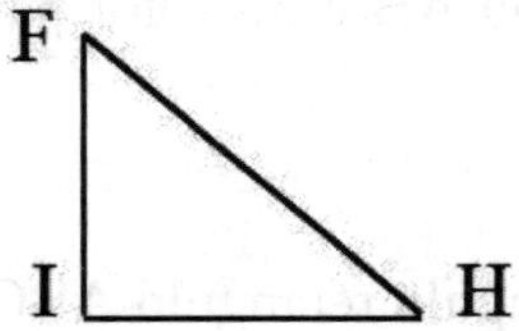

$FH^2 = FI^2 + HI^2 \Rightarrow FI = \sqrt{(FH^2 + HI^2)}$

$FI = \sqrt{(2^2)} - (1{,}633^2)$

FI = altura da pirâmide = 1,155

d) Volume da pirâmide: Área do triângulo BEH = (2,828 x 2,449) / 2 = 3,463 m^2.

$$\text{Volume} = \frac{\text{Área da Base x Altura}}{3} = \frac{3{,}463\ m^2 \times 1{,}155\ m}{3} = 1{,}333\ m^3.$$

Altura da pirâmide = 1,155 m.

Volume da pirâmide é igual a 1,333 m^3. (O volume total* do hexaedro é igual a 8 m^3).

*O Volume do tetraedro é igual a 1/6 do volume do hexaedro.

Exercício 8.18: estudar as características da interseção entre o plano 4y + 2z - 12 = 0 e o plano x = 3, com Plano YZ = 0. (Esses planos foram estudados no parágrafo 8.10).

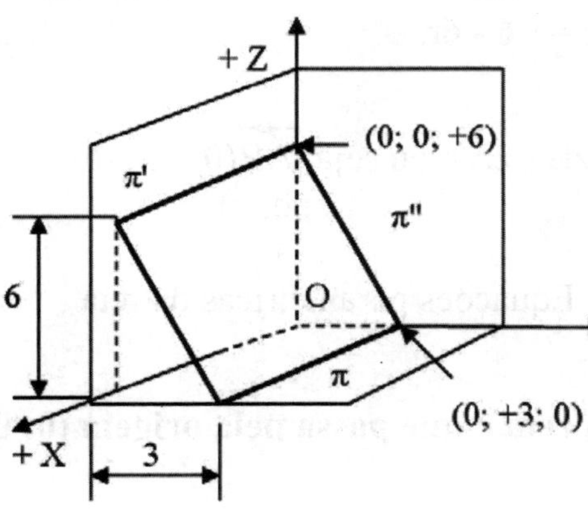

Imagem Geométrica do plano α: 4y + 2z – 12 = 0 (Plano em Rampa ou paralelo à Linha de Terra)

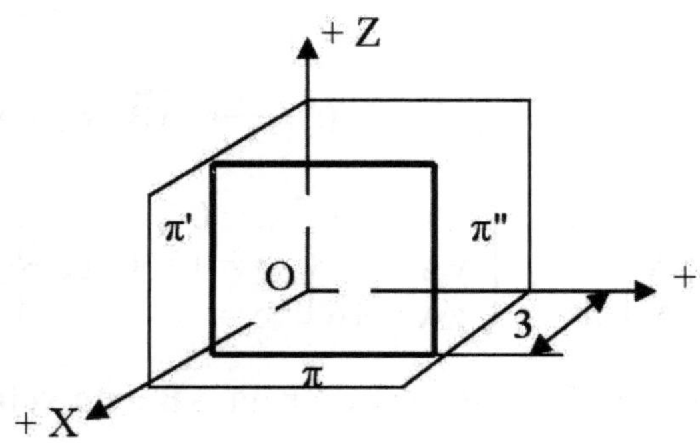

Imagem Geométrica do plano β: x = 3 e YZ = 0 (Plano de Perfil)

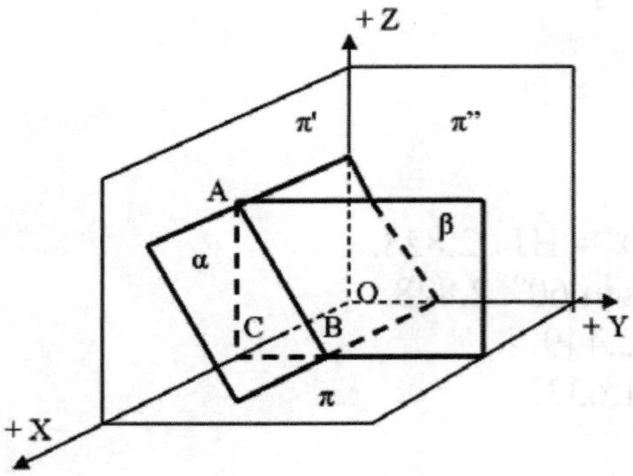

A interseção gera uma reta AB, com as seguintes características:

A (+3; +3; +6); B (+3; +3; 0).

A reta é: inclinada a π e π' e paralela a π".

Na Geometria Descritiva, essa reta AB é chamada de: reta de Perfil, tal e qual a reta KL, estudada no parágrafo 8.4.

Exercício 8.19: conhecendo-se os pontos A(+3; 0; +6) e B(+3; +3; 0), pedem-se: a) o comprimento da reta AB; b) A equação da reta AB e c) a Imagem Geométrica da reta AB e do vetor paralelo à reta e que passa pela origem (0; 0; 0).

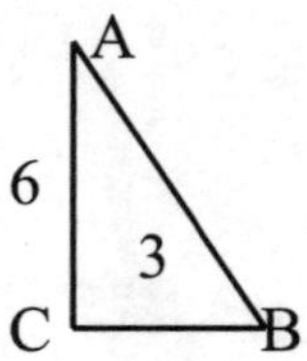

a) O comprimento é determinado pela resolução do triângulo retângulo ABC:

$AB^2 = 6^2 + 3^2$: **a) AB = 6,708.**

b) A equação da reta é determinada de forma similar ao exercício 8.5. sabendo-se que a reta AB passa pelos pontos A (+3; 0; +6) e B (+3; +3; 0).

Lembrando que $(x - x_0; y - y_0; z - z_0) = (ta; tb; tc)$, pode-se afirmar que o vetor $\overrightarrow{AB}$ $(x_B - x_A; y_B - y_A; z_B - z_A)$ é paralelo à uma reta s.

Ou seja, $\overrightarrow{AB}$ (+3 - 3; +3 - 0; 0 -6) é paralelo a s, ou: $\overrightarrow{AB}$ (0; +3; -6), que é paralelo à reta s.

Como o ponto A (+3; 0; +6) pertence à reta s, suas equações paramétricas são:

$x = +3 + 0t$; $y = 0 + 3t$; $z = +6 - 6t$. Ou melhor: $\begin{cases} \mathbf{x = +3;} \\ \mathbf{y = +3}\boldsymbol{t}\mathbf{;} \\ \mathbf{z = +6 - 6}\boldsymbol{t}\mathbf{.} \end{cases}$ Equações paramétricas da reta AB

A (+3; 0; +6) e B (+3; +3; 0) ⟶ $\overrightarrow{AB}$ (xB - Xa; yB - yA; zB - zA); ou seja: $\overrightarrow{AB}$(0; +3; -6).
(a ; b; c)

$\begin{cases} x = xA + ta \\ y = yA + tb \\ z = zA + tc \end{cases}$ $\begin{cases} xA = +3 \\ yA = 0 \\ zA = +6 \end{cases}$ $\begin{cases} a = 0 \\ b = +3 \\ c = -6 \end{cases}$ Logo: $\begin{cases} \mathbf{x = +3} \\ \mathbf{y = +3}\boldsymbol{t} \\ \mathbf{z = +6 - 6}\boldsymbol{t} \end{cases}$ Equações paramétricas da reta

c) Imagem Geométrica da reta AB e do vetor paralelo à reta e que passa pela origem (0; 0; 0).

Fazendo $t = +2$, tem-se: x = +3; y = +6 e z = - 6.

Ou seja, a reta AB passa pelo ponto (+3; +6; - 6).

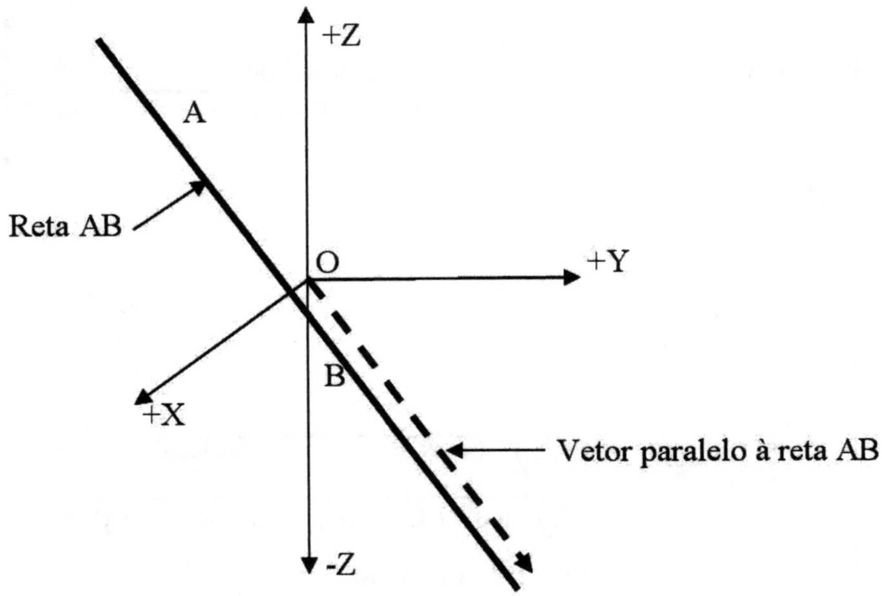

Exercício 8.20: analisar a interseção entre os planos α: 4y + 2z - 12 = 0 e β: 3x + 4y - 12 = 0.

O primeiro passo é fazer a Imagem Geométrica desses planos, que já foram estudados no parágrafo 8.10.

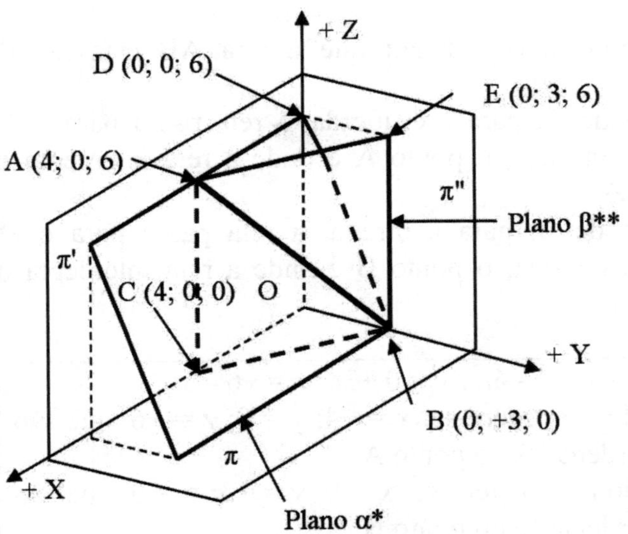

A interseção desses planos gera uma reta AB, que é inclinada em relação aos três planos: π, π' e π". Na Geometria Descritiva, essa reta é chamada de Genérica ou Qualquer.

Essa reta pode ser definida como passando pelos pontos: A (+4; 0; +6) e B (0; +3; 0).

A distância entre A e B é igual a:

$AB^2 = AC^2 + BC^2$. (AC = 6 e BC = 5).

AB = 7,81.

Para determinar a equação da reta AB, basta seguir o raciocínio do exercício 8.6.

*α = Plano em Rampa ou paralelo à Linha de Terra.
**β = Plano Vertical.

Exercício 8.21: fazer a Imagem Geométrica (plotagem) dos pontos A e B, bem como calcular a distância AB, sabendo que: A (+1; +3; -4) e B (+3; +1; -2).

Pelas Coordenadas Cartesianas constata-se que os pontos A e B estão no 5º Octante, logo abaixo do 1º.

Dessa forma, os Pontos A e B ficam melhores visíveis.

Forma habitual de representação

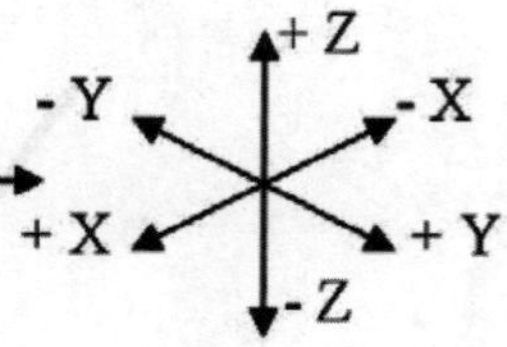

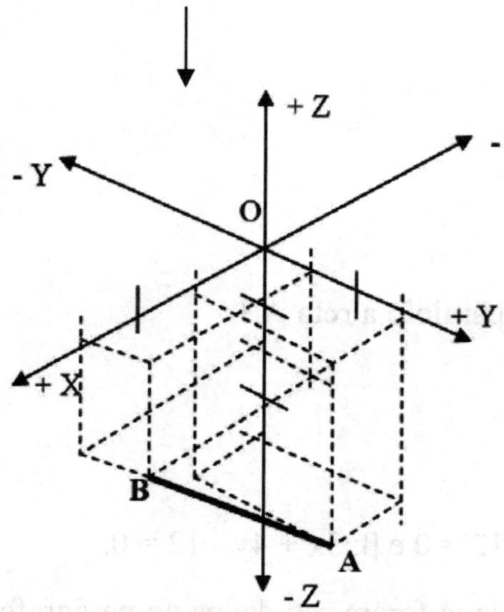

$$AB = \sqrt{(x_B - x_A)^2 + (y_B - y_A)^2 + (z_B - z_A)^2}.$$

$$AB = \sqrt{[(-3) - (-1)]^2 + [(-1) - (-3)]^2 + [(-2) - (-4)]^2}.$$

AB = √12 => AB = 3,464.

Exercício 8.22: determinar a equação da reta que passa pelos pontos A(+4; 0; +6) e B(0; +3; 0), fazendo análise da sua trajetória.

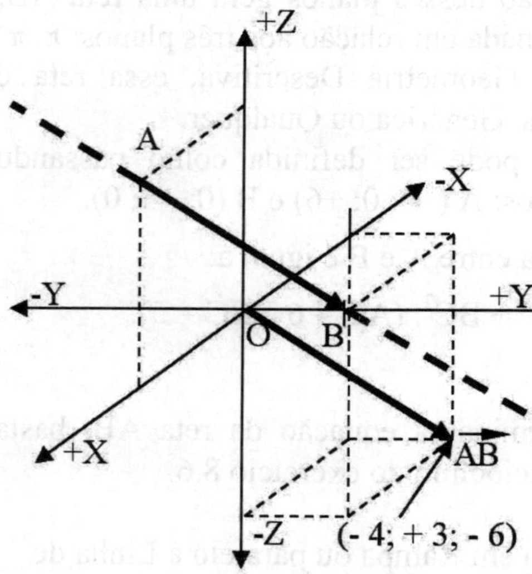

As Coordenadas indicam que a reta AB está no 1º Octante.

A partir de A, para a esquerda, a reta passa para o 2º Octante, ou seja, o ponto A é onde a reta intercepta o plano XZ.

A partir de B, para a direita, a reta passa para o 8º Octante, ou seja, o ponto B é onde a reta intercepta o plano XY.

*Com: x = +4 - 4t ; y = 0 +3t ; z = +6 - 6t
Fazendo t = 0, tem-se: x = +4; y = 0; z = +6, que são as Coordenadas do ponto A.
Fazendo t = +1, tem-se: x = 0; y = +3; z = 0, que são as Coordenadas do ponto B.

$\overrightarrow{AB}$ (xB - Xa; yB - yA; zB - zA) e $\overrightarrow{AB}$ (a; b; c); $\overrightarrow{AB}$ (0 - 4; +3 0; 0 - 6); logo: a = - 4; b = + 3; c = - 6. Portanto $\overrightarrow{AB}$ (- 4; + 3; - 6). O vetor $\overrightarrow{AB}$ é paralelo à reta AB e passa pela Origem (0; 0; 0).

$$\begin{cases} x = xA + ta \\ y = yA + tb \\ z = zA + tc \end{cases} \quad \begin{cases} xA = +4 \\ yA = 0 \\ zA = +6 \end{cases} \quad \begin{cases} a = -4 \\ b = +3 \\ c = -6 \end{cases} \quad \begin{cases} \mathbf{x = +4 - 4t} \\ \mathbf{y = 0 + 3t} \\ \mathbf{z = +6 - 6t} \end{cases} \Leftarrow$$ *Equações paramétricas da reta AB.

Exercício 8.23: a) determinar as Coordenadas Esféricas (r; θ; φ) do ponto P (+3; - 5; +4), fazendo a sua Imagem Geométrica. Lembra-se que: r é o raio da esfera virtual, sobre a qual está o ponto P, ou seja, r = OP, sendo O a Origem (0; 0; 0); θ é o ângulo que a projeção de OP forma no plano XY, em relação ao Eixo +OY, crescendo no sentido horário; φ é o ângulo que a reta OP forma com o plano XY, considerando-se a projeção e extensão de OP no plano XY e considerando que φ cresce no sentido anti-horário. b) Em qual Esfero-Octo-Triedro está o ponto P?

<u>**Imagem Geométrica do ponto P**</u>

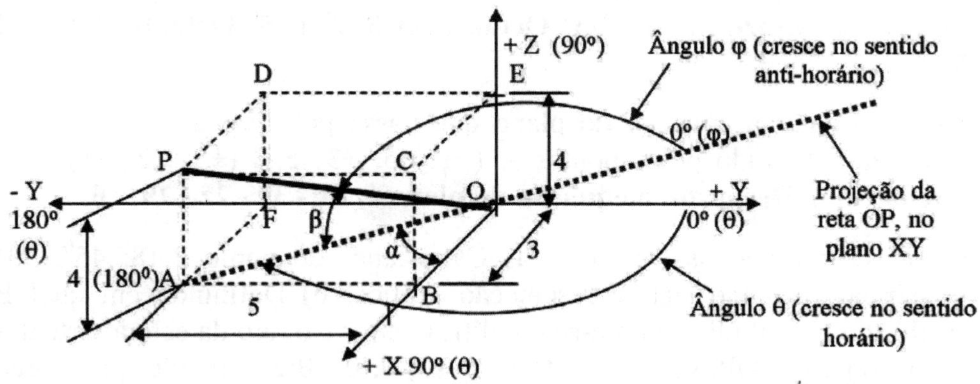

OP = r. OP = $\sqrt{(4)^2 + (5,831)^2}$

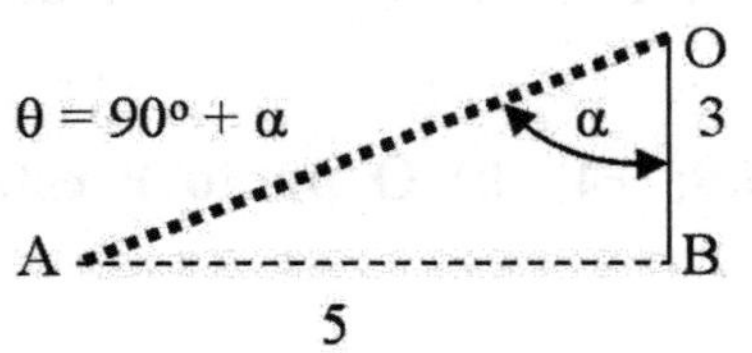

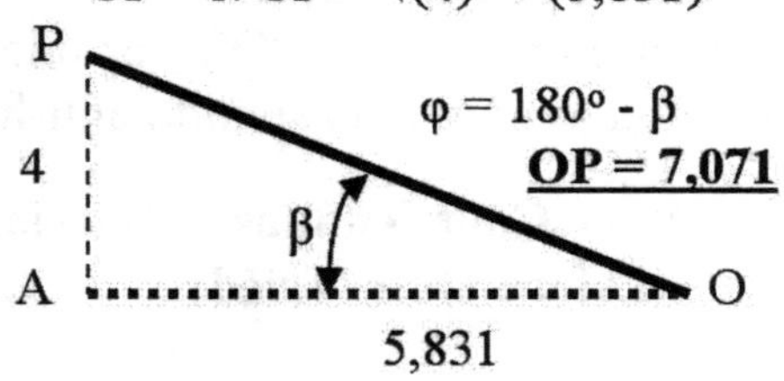

$OA^2 = AB^2 + OB^2$. $OA = \sqrt{(AB^2) + (OB^2)}$.
$OA = \sqrt{(25 + 9)}$: OA = 5,831
Tg α = 5/3 = 1,6666667: α = Arctg1,6666667: α = 59,036°.
θ = 90° + α: θ = 90° + 59,036°.
θ = 149,036°.

Tg β = 4/5,831 = 0,6859886.
β = Arc tg 0,6859886.
β = 34,45°.
φ = 180° - β: φ = 180° - 34,45°
φ = 145,55°.

b) O ponto P está no 2° Esfero-Octo-Triedro, e tem as seguintes Coordenadas Esféricas: a) P(7,071; 149,036°; 145,55°).

8.17 Exercícios propostos (exercícios 8.24 a 8.27)

Exercício 8.24: dados os pontos A (+1; -5; +6) e B (-7; +2; -3), pedem-se a) determinar a trajetória da reta que passa pelos pontos. b) As equações paramétricas da reta AB. c) As Coordenadas Cartesianas dos pontos onde a reta muda de Octante. (Recomenda-se fazer a Imagem Geométrica e consultar o exercício 8.5).

Respostas: a) a reta tem a seguinte trajetória: 2°/3°/7°/8° Octantes ou 8°/7°/3°/2° Octantes. b) as equações paramétricas são: x = +1 - 8*t*; y = -5 + 7*t* e z = +6 - 9*t*. c) a reta "fura" os planos, mudando de Octante nos seguintes pontos: C(0; -4,125; +4,875), passando do 2° para o 3°

Octante. D(-4,333; -0,333; 0), passando do 3º para o 7º Octante. E(-4,74; 0; -0,429) passando do 7º para o 8º Octante.

Exercício 8.25: dados os pontos A (+2; +1; +4) e B (+4; +5; +1), pedem-se: a) determinar o ângulo formado entre a reta que passa por A e B e o plano Horizontal π ou plano OXY: b) a distância entre A e B e c) a trajetória da reta que passa por A e B. (Recomenda-se fazer a Imagem Geométrica e consultar o exercício 8.6).

Respostas: a) o ângulo é igual a 33,855º; b) a distância entre A e B é igual a 5,385 UC* e c) a reta tem a seguinte trajetória: 5º/1º/2º/3º Octante ou 3º/2º/1º/5º Octante. (UC = Unidade de Comprimento).

Exercício 8.26: determinar a equação do plano que passa pelo ponto P (+2; +3; +4), e que é perpendicular ao vetor definido pelos pontos A (+1; +5; +3) e B (+5; +2; +1). (Recomenda-se consultar o exercício 8.7). **Resposta: a equação do plano é: 4x - 3y - 2z - 29 = 0:**

Exercício 8.27: a) Determinar as Coordenadas Cartesianas do ponto P (8; 45⁰; 30⁰), dado em Coordenadas Esféricas, fazendo sua representação gráfica; b) Definindo em qual Esfero-Octo-Triedro está localizado o ponto P. Lembra-se que P(r; θ; φ). r é o raio da esfera virtual, sobre a qual está o Ponto P, ou seja, r = OP, sendo O a Origem (0; 0; 0); θ é o ângulo que a projeção de OP forma no Plano XY, em relação ao Eixo +OY, crescendo no sentido horário; φ é o ângulo que a Reta OP forma com o Plano XY, considerando-se a projeção e extensão de OP no Plano XY e considerando que φ cresce no sentido anti-horário.

Respostas: **a) As Coordenadas Cartesianas são**: **(+4,9; +4,9; +4). b) O ponto P está no 1º Esfero-Octo-Triedro**.

Pesquisas na *Internet*

Para um maior aprofundamento dos conceitos deste capítulo, e acesso a outros exercícios, recomenda-se a consulta aos seguintes *sites*:

http://www.somatematica.com.br/emedio/espacial/espacial8.php
http://www.mat.ufmg.br/~rodney/notas_de_aula/retas_e_planos.pdf
http://conteudo.icmc.usp.br/pessoas/ton/aulas2012/PontoRetaPlano2.pdf
http://www.im.ufrj.br/waldecir/calculo2/capitulo3_espaco.pdf
https://www.colegioweb.com.br/retas-e-planos-no-espaco/interseccao-de-planos.html
http://fma.if.usp.br/~fleming/diffeo/node4.html
http://www2.sorocaba.unesp.br/professor/roveda/notas%20calc%20IV/secao%2012-6b.pdf
https://www.mar.mil.br/dhn/dhn/ead/pages/matematica/unidade13/explica.htm

Além destes *sites*, principalmente para mais exemplos de aplicações práticas e reais, recomenda-se a busca de outros, usando-se como palavras chave: "coordenadas cartesianas no espaço R3", "octantes", "retas no espaço R3", "equações de planos", "sistemas de equações lineares".

Alerta-se que, como citado na Unidade Introdutória deste livro, para um bom aprendizado não se deve apenas estudar na forma digital, mas também na impressa e, especialmente, fazendo à mão livre resumos e exercícios, inclusive as Imagens Geométricas.

Capítulo 9

Os vetores e o cálculo vetorial no espaço R^3

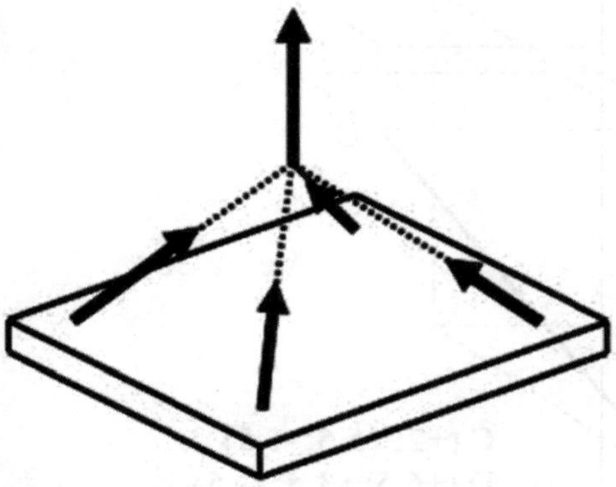

Forças atuantes no levantamento de uma laje pré moldada

O cálculo vetorial aplicado *é básico, por exemplo, para a análise, projeto, cálculos e fabricação/construção de estruturas, equipamentos e obras civis (e militares). Arquitetos, Designers, Engenheiros e militares da área das ciências exatas, têm a análise e o cálculo vetorial, como uma das bases das suas atuações profissionais. Nesse capítulo, além da fundamentação matemática, os vetores são utilizados em diversos cálculos, basicamente envolvendo forças e momentos, como definidos pela Física. Especialmente com os exemplos práticos e reais, também se pode afirmar que este capítulo muito ajuda a aperfeiçoar a visão espacial.*

No espaço bidimensional X, Y, ou R^2, um vetor é definido por duas Coordenadas Cartesianas: Abscissas no Eixo X e Ordenadas no Eixo Y. No espaço tridimensional X, Y, Z, ou R^3, um vetor é definido por três Coordenadas: x, y, z, que não têm nomes específicos.

9.1 Vetores definidos por dois pontos, com início na Origem (0; 0; 0), e suas Coordenadas Cartesianas (x, y, z)

$\overrightarrow{V}$ (x; y; z): é a forma geral deste tipo de Vetor.

$\overrightarrow{Vx}$, $\overrightarrow{Vy}$ e $\overrightarrow{Vz}$, são os vetores componentes do Vetor $\overrightarrow{OV}$

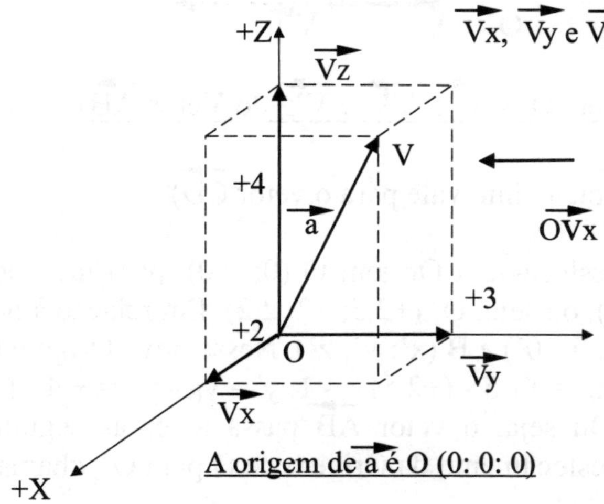

Ponto O Ponto V

$\overrightarrow{OV} = \overrightarrow{a}$ = O (0; 0; 0) e V (+2; +3; +4)

$\overrightarrow{OVx}$ = (+2; 0; 0). $\overrightarrow{OVy}$ = (0; +3; 0). $\overrightarrow{OVz}$ = (0; 0; +4).

$\overrightarrow{OV} = \overrightarrow{Vx} + \overrightarrow{Vy} + \overrightarrow{Vz}$

A origem de $\overrightarrow{a}$ é O (0: 0: 0)

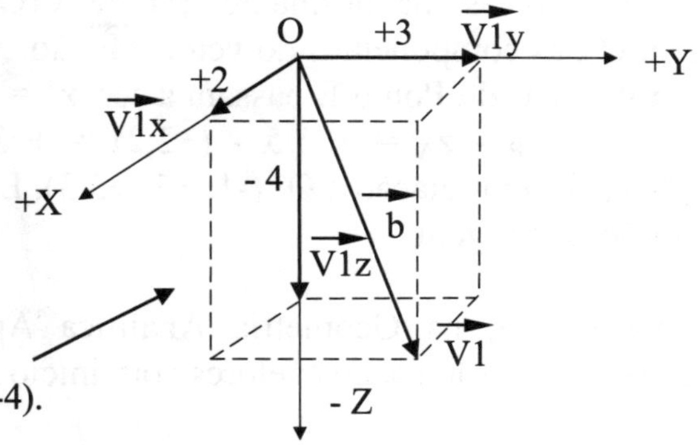

$\overrightarrow{OV1} = \overrightarrow{b}$ = O (0; 0; 0) e V1 (+2; +3; -4)

$\overrightarrow{OV1x}$ = (+2; 0; 0). $\overrightarrow{OV1y}$ = (0; +3; 0). $\overrightarrow{OV1z}$ = (0; 0; -4).

$\overrightarrow{OV1} = \overrightarrow{V1x} + \overrightarrow{V1y} + \overrightarrow{V1z}$

A origem de $\overrightarrow{b}$ é O (0: 0: 0)

9.1.1 Vetores definidos por dois pontos, com início fora da Origem (0; 0; 0) e seus componentes $\vec{V'x}$, $\vec{V'y}$ e $\vec{V'z}$, devido translação de Origem

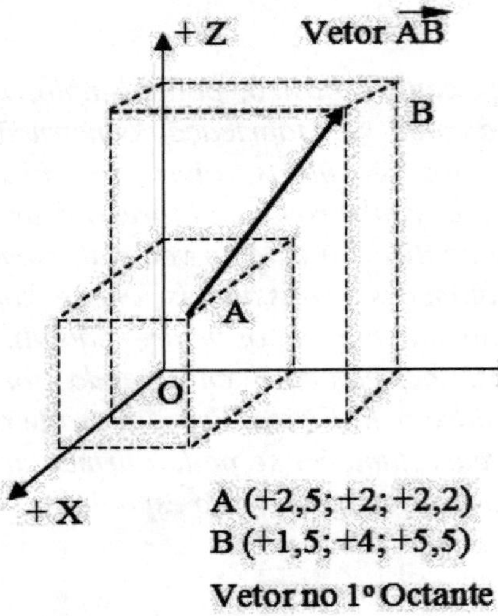

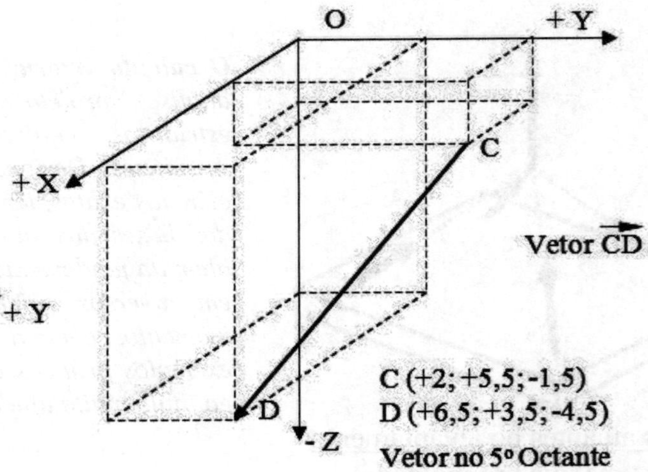

Imagem do Vetor $\vec{AB}$, que sofreu uma translação (de O para O')

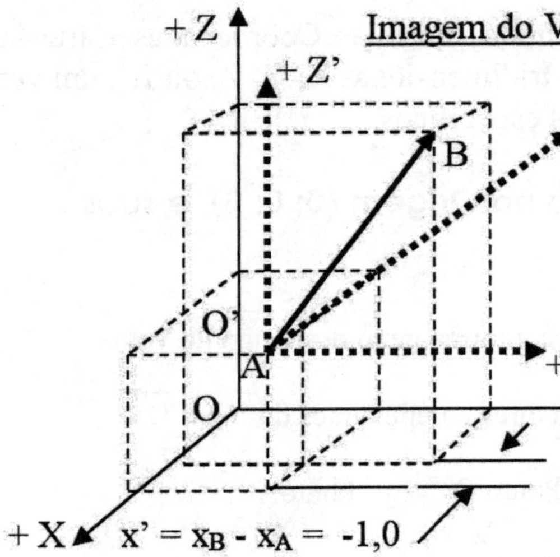

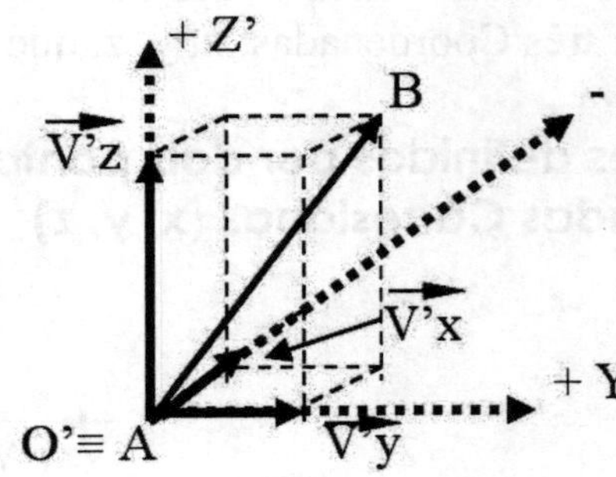

Componentes $\vec{V'x}$, $\vec{V'y}$ e $\vec{V'z}$ do Vetor $\vec{AB}$

(O mesmo raciocínio vale para o vetor $\vec{CD}$)

Para determinar os vetores componentes de $\vec{AB}$, desloca-se a Origem O (0; 0;0), para uma nova Origem O', no caso na mesma posição de A (O'≡ A), ou seja: O' (+2,5; +2; 2,2). Em relação à nova Origem O', as componentes do vetor $\vec{AB}$ são: A (0'; 0'; 0') e B (x'; y'; z'). Nessa nova Origem O', as Coordenadas do Ponto B passam a ser: x' = x_B - x_A = +1,5 - (+2,5) = - 1. y' = y_B - y_A = + 4 - (+2) = + 2. z' = z_B - z_A = + 5,5 - (+2,2) = + 3,3. Ou seja, o vetor $\vec{AB}$ passa a ter as seguintes Coordenadas, em relação a O' (-1; +2; +3,3). Esse deslocamento da Origem de O para O', chama-se translação de Origem.

Observa-se que, na Geometria Analítica Aplicada, por exemplo, em cálculos estruturais de Engenharia, não são usados vetores com início fora da Origem (0; 0; 0).

9.2 Soma de vetores partindo da Origem O (0; 0; 0)

O conceito da soma de vetores em R^3 é similar à do R^2 (Regra do Paralelogramo), apenas acrescentando-se a terceira Coordenada z. Tomemos dois vetores: $\vec{V1} = (x_1,y_1,z_1)$ e $\vec{V2} = (x_2,y_2,z_2)$, a soma é dada por: $\vec{V1} + \vec{V2} = (x_1 + x_2;\ y_1 + y_2;\ z_1 + z_2)$. Por exemplo, calcular e representar graficamente a soma dos vetores $\vec{V1}$ (+2; +3; +4) e $\vec{V2}$ (-3; +4; +5). Nos cálculos estruturais práticos, as forças, representadas por vetores, partem da mesma Origem.

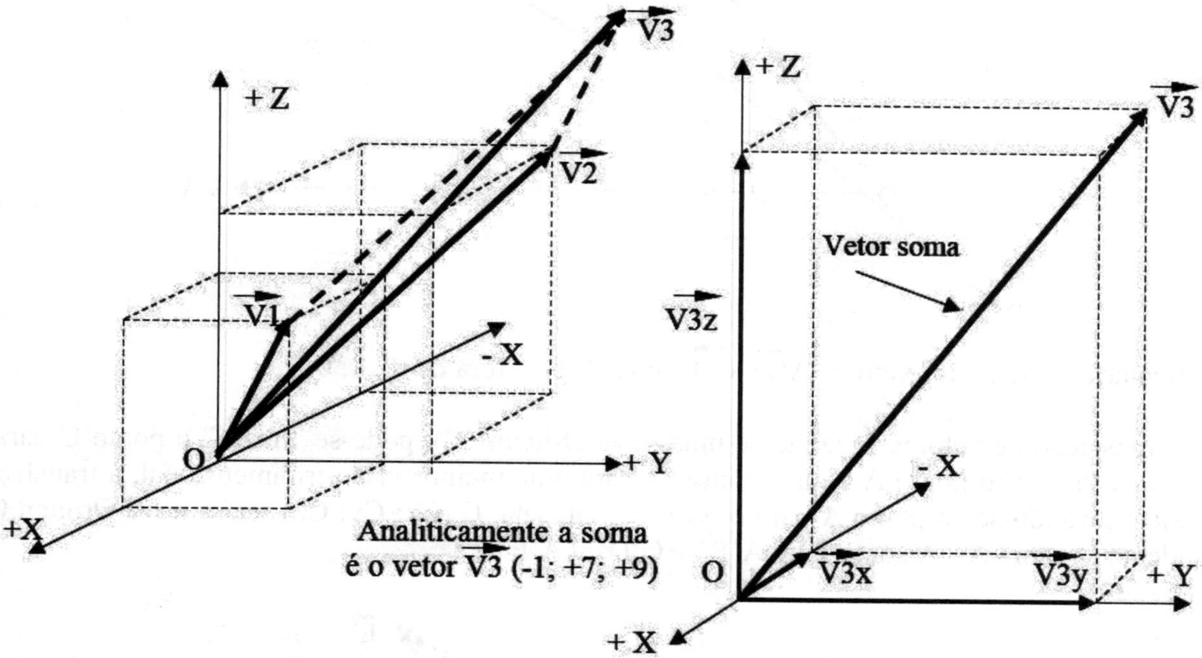

$\vec{V3x}$, $\vec{V3y}$ e $\vec{V3z}$, são componentes de $\vec{V3}$: $\vec{V3x} = -1$, $\vec{V3y} = +7$ e $\vec{V3z} = +9$.

9.3 Soma de vetores partindo de pontos diferentes da Origem O (0; 0; 0)

Nesses casos, existem duas soluções: 1) com translação dos vetores e criação de uma nova Origem O', para então fazer-se a soma analítica ou 2) sem translação dos vetores, ou seja, Origem O (0; 0; 0), considera-se a extremidade de um vetor unida ao início do outro vetor. Em ambos, aplica-se a Regra do Paralelogramo. Observa-se que na prática, em especial em cálculos de engenharia, com forças e momentos aplicados a determinados pontos, é usual e constante concentrar as forças (vetores) em um único ponto, ou seja, com translação de vetores. Por exemplo: representar graficamente a soma dos vetores $\vec{AB}$ e $\vec{CD}$, a seguir mostrados, onde: A(+3; +2; +2), B(+2; +4; +5), C(-2; +4; +2) e D(0; +9; +6).

9.3.1 Soma com translação de vetores, com nova Origem O' (0'; 0'; 0')

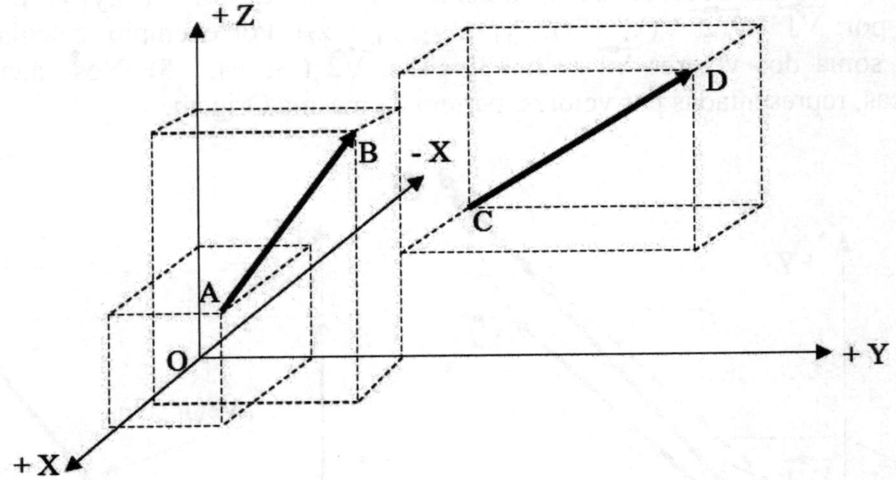

Representação gráfica dos vetores $\overrightarrow{AB}$ e $\overrightarrow{CD}$, com Origem fora de (0; 0; 0).

Para a translação de vetores (criando-se uma nova Origem O'), pode-se "trazer" o ponto C para o ponto A ou "levar" o ponto A para o ponto C. Para uma melhor visão tridimensional, a translação será feita "levando-se" o ponto A para o ponto C. Ou seja, C (Cx; Cy; Cz) será a nova Origem O', coincidente (≡) com A'. A soma será: $\overrightarrow{A'B'} + \overrightarrow{C'D'} = \overrightarrow{A'E'}$.

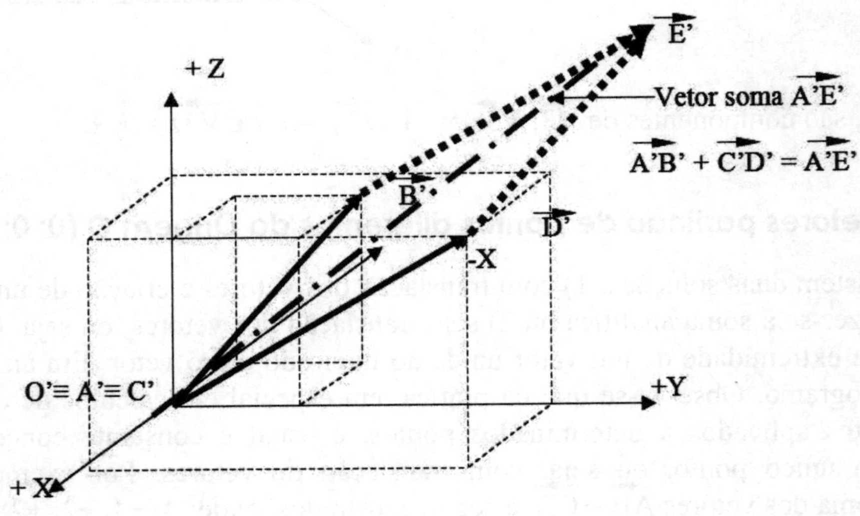

9.3.2 Soma sem translação, com vetores partindo de pontos diferentes da Origem O (0; 0; 0)

Nesse caso, a soma é feita considerando-se a extremidade de um vetor unida ao início do outro vetor.

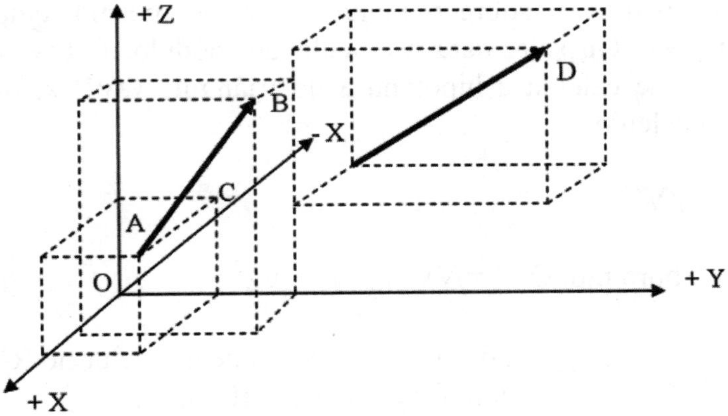

O vetor $\overrightarrow{C'D'}$ é o $\overrightarrow{CD}$, com C deslocado para B, gerando C'

Mais uma vez, ressalta-se que, na prática, especialmente em cálculos de Engenharia, o cálculo vetorial tem como princípio aplicar todos os vetores (forças) em um único ponto.

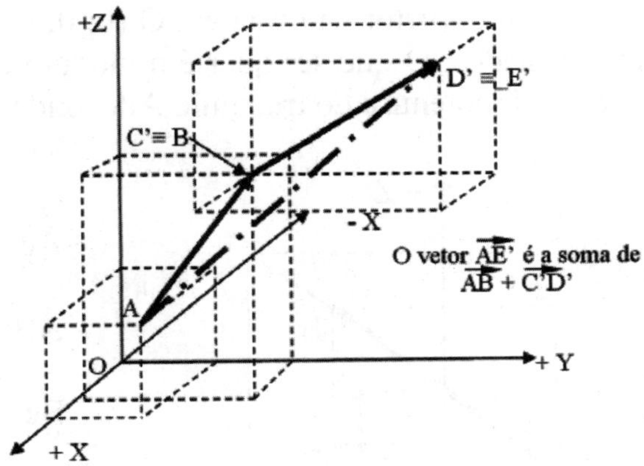

9.4 Módulo ou comprimento de um vetor

Semelhantemente ao espaço bidimensional X, Y, o cálculo do módulo ou comprimento de um vetor no espaço tridimensional X, Y, Z, também utiliza o conceito do cálculo da hipotenusa, de um triângulo retângulo, com a diferença de que, devido um terceiro eixo, o Z, a cálculo exige a análise de um triângulo auxiliar.

Imagine-se que se queira calcular o módulo do vetor $\overrightarrow{V}$ (x_V; y_V; z_V), como adiante representado.

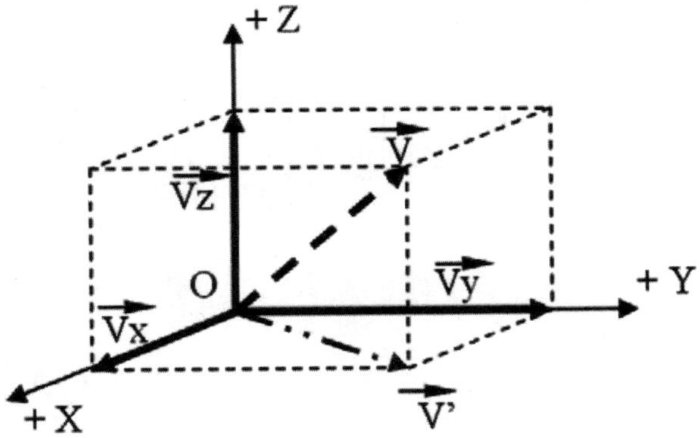

O vetor $\overrightarrow{OV'}$ é a projeção de $\overrightarrow{OV}$ sobre o Plano XY e, ao mesmo tempo é a hipotenusa dos triângulos OV'Vx e OV'Vy. Ou seja, para o cálculo do módulo de $\overrightarrow{OV}$, que é a hipotenusa do triângulo OVV', primeiro se calcula a hipotenusa do triângulo OV'Vx, que é igual ao OV'Vy. Vejamos o raciocínio e o cálculo.

$OV^2 = OV'^2 + Vz^2$; pois: VV' = Vz.

Como $OV'^2 = Vx^2 + Vy^2$; portanto: $OV^2 = Vx^2 + Vy^2 + Vz^2$.

$$|OV| = \sqrt{Vx^2 + Vy^2 + Vz^2} \Leftarrow$$ Fórmula do módulo de um vetor no R^3, com Origem em O (0; 0; 0).

Exercício 9.1: calcular o módulo do vetor $\overrightarrow{AB}$, sabendo que: A (+4; +1; +2) e B (+2; +3; +4).

Nesse caso a Origem do vetor não está em O (0; 0; 0). Isso significa que serão necessárias análises dos triângulos formados. O que ser quer é o módulo de $\overrightarrow{AB}$, que é a hipotenusa do triângulo ABc. Por sua vez, Ac é a hipotenusa do triângulo Adc, onde $Ad = x_A - x_B = 2$ e $dc = y_B - y_A = 2$.

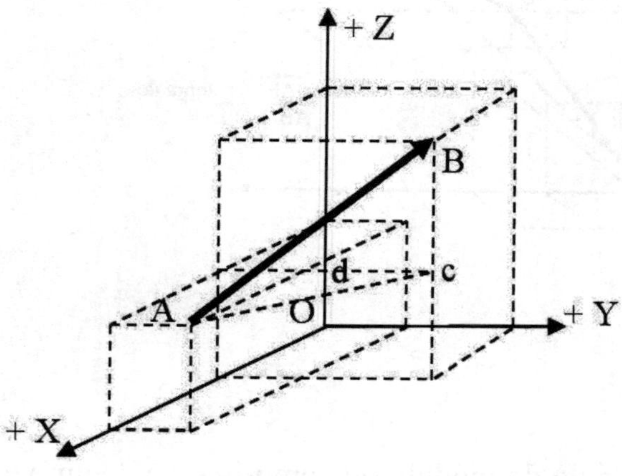

$Ac = \sqrt{(Ad^2 + dc^2)} = 2{,}828$

$AB = \sqrt{(Ac^2 + Bc^2)}$.

$Bc = z_B - z_A$; $Bc = 2$.

$AB = \sqrt{(2{,}828^2 + 2^2)} = \sqrt{12}$.

AB = 3,464. (Módulo do vetor).

9.5 Ângulos formados entre um vetor, com os planos e com os Eixos Cartesianos

No espaço R^3, vetores podem formar ângulos, tanto com os planos XY, XZ e YZ, quanto com os Eixos Cartesianos X, Y e Z. Esses ângulos também são chamados de ângulos diretores. Todos esses ângulos são calculados a partir da resolução de triângulos retângulos, como mostrados adiante e no exercício 9.2.

Ângulo α com o plano XY

Triângulo auxiliar OCB

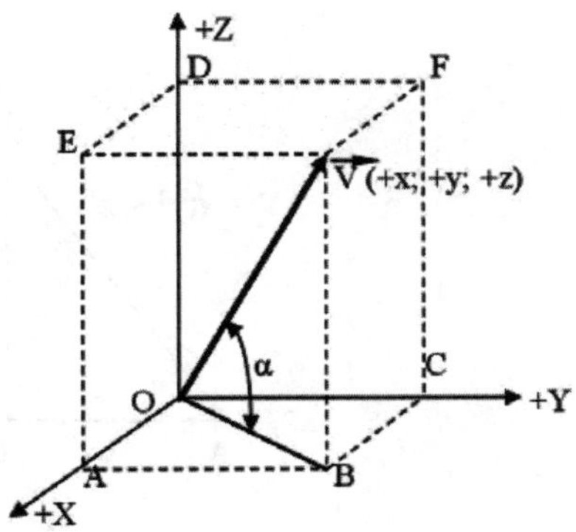

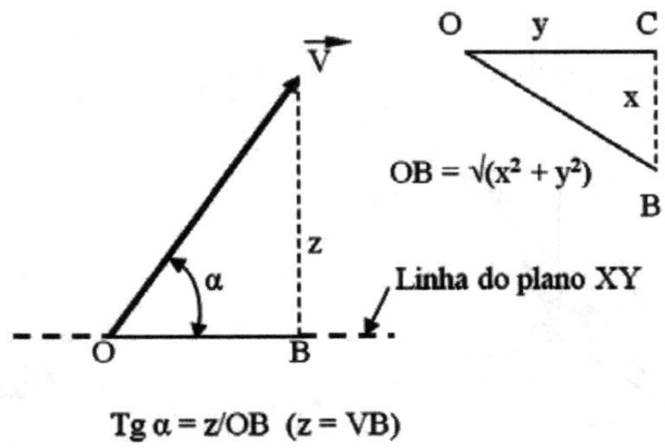

Ângulo β com o plano XZ

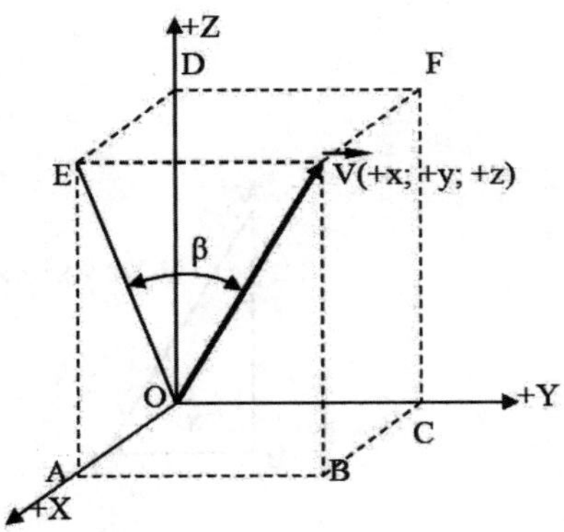

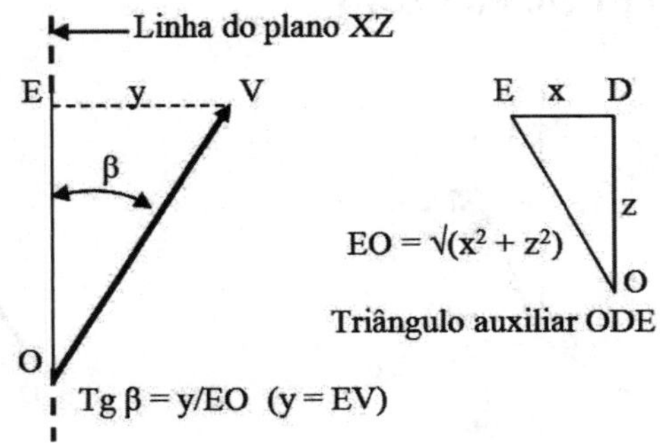

Ângulo γ com o plano YZ

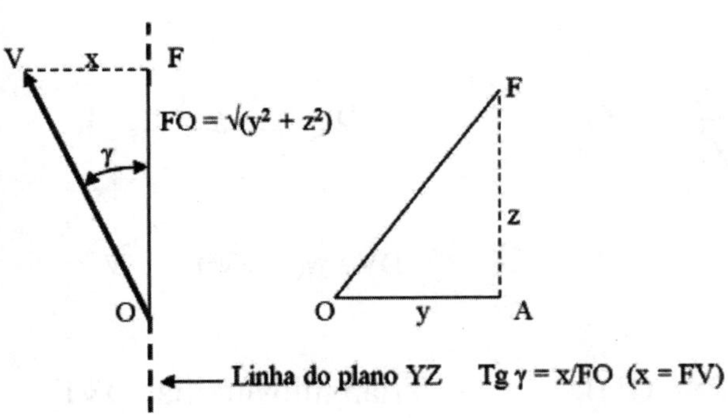

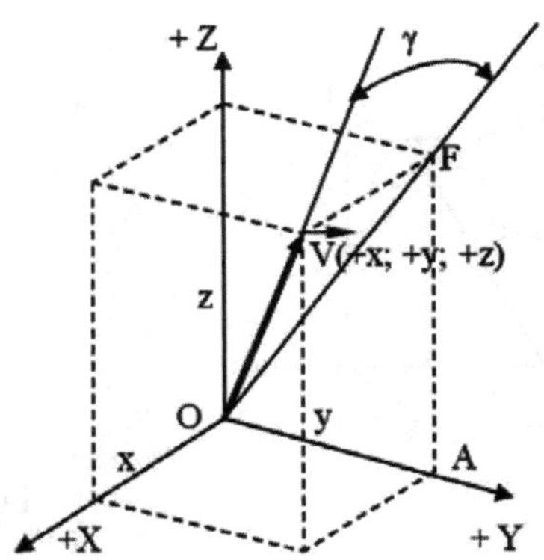

Ângulo α1 com o Eixo X

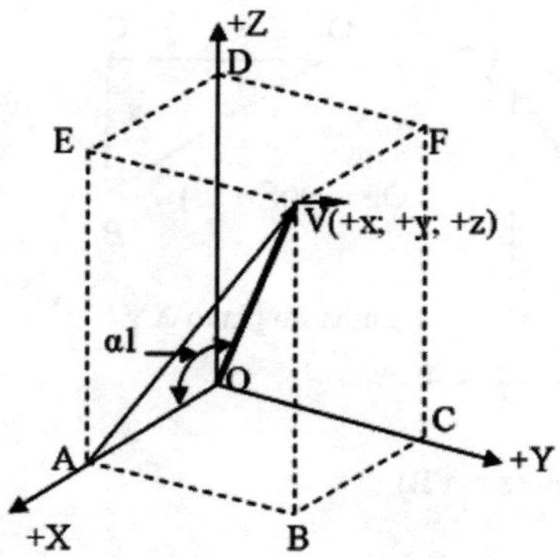

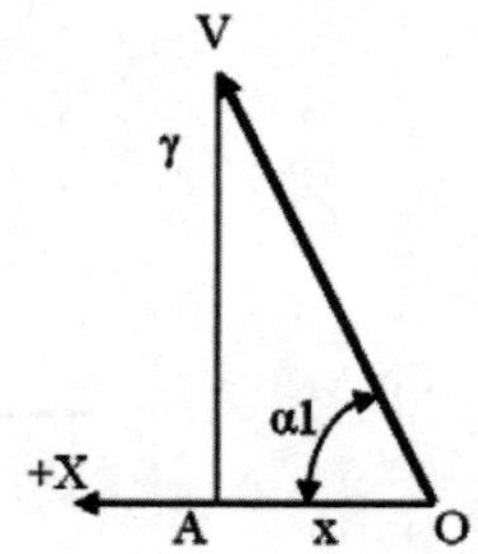

Tg α1 = AV/x (x = OA)

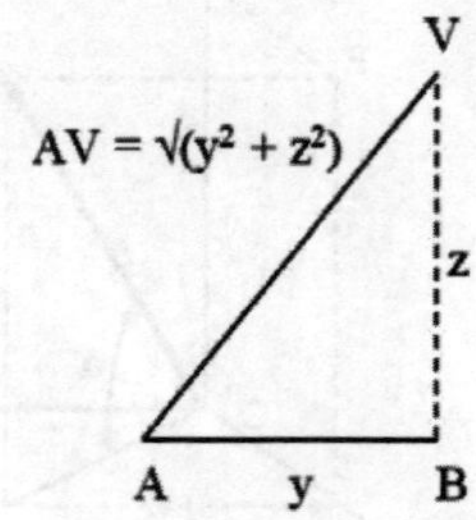

Triângulo auxiliar ABV

Ângulo β1 com o Eixo Y

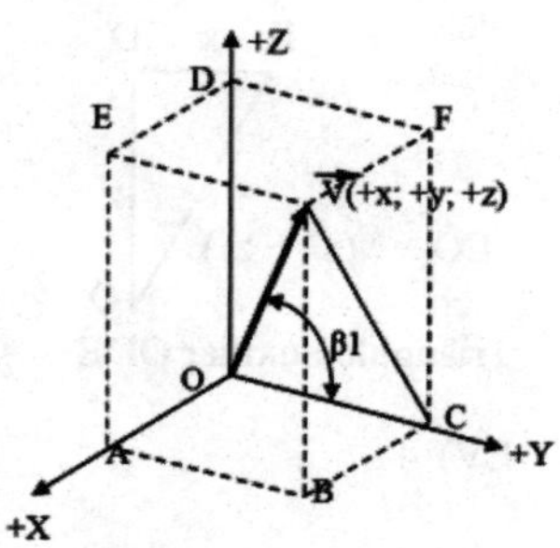

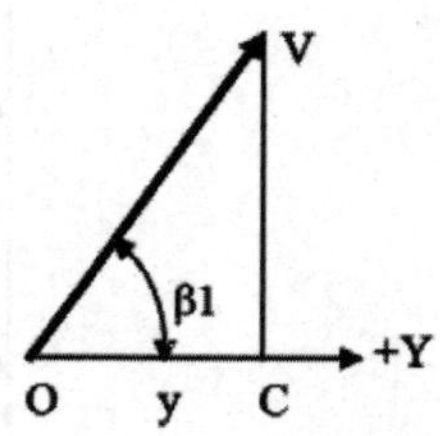

Tg β1 = VC/y (y = OC)

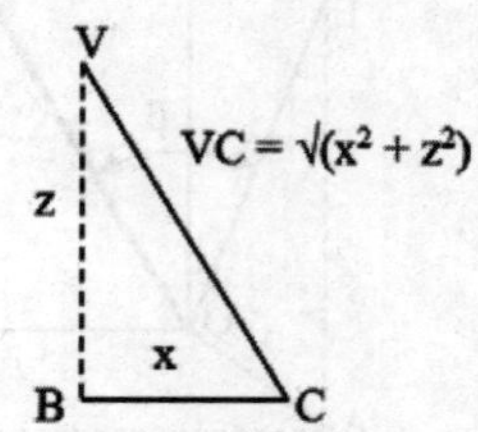

Triângulo auxiliar BCV

Ângulo γ1 com o Eixo Z

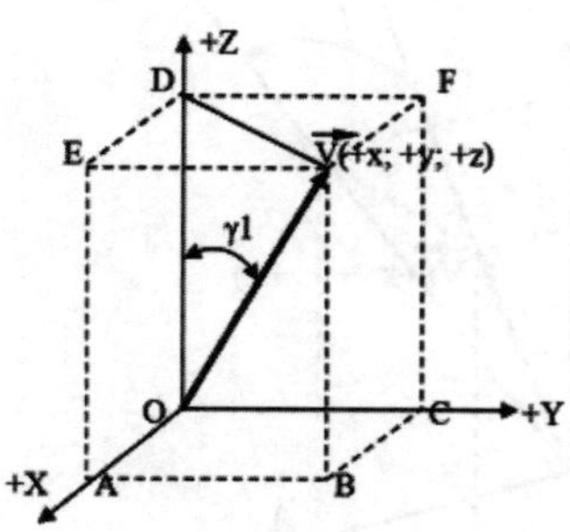

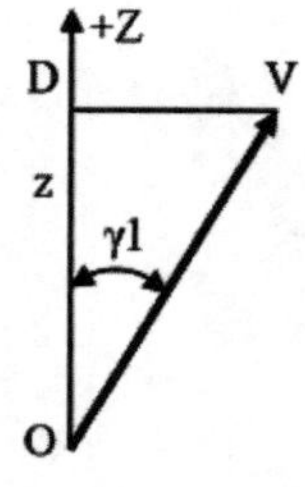

Tg γ1 = DV/z (z = OD)

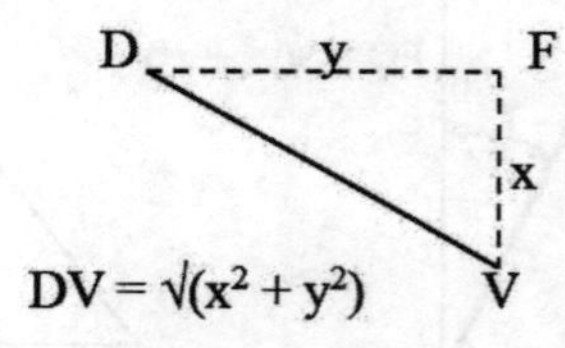

Triângulo auxiliar DVF

Exercício 9.2: Dado o vetor $\overrightarrow{F}$ (+3; +4; +5), pedem-se: a) o seu módulo. b) os ângulos em relação aos Eixos X, Y, Z.

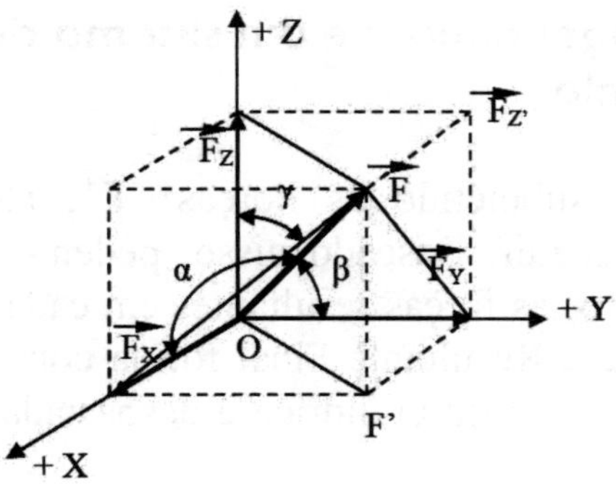

$|F_X| = +3$; $|F_Y| = +4$; $|F_Z| = +5$.

Módulo = $\sqrt{(3^2 + 4^2 + 5^2)} = 7{,}071$.

Para calcular os ângulos diretores α, β e γ, serão resolvidos três triângulos retângulos. Para resolver esses três, precisamos resolver outros três auxiliares.

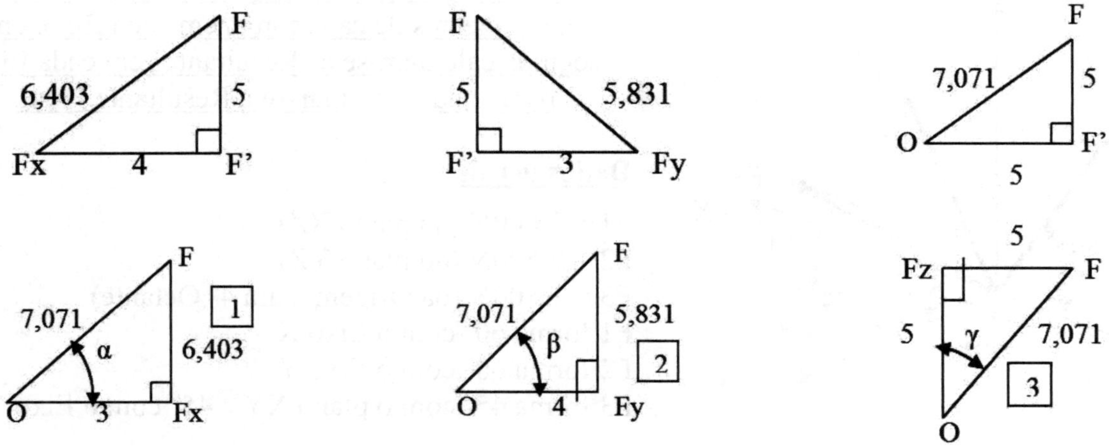

Triângulo 1:

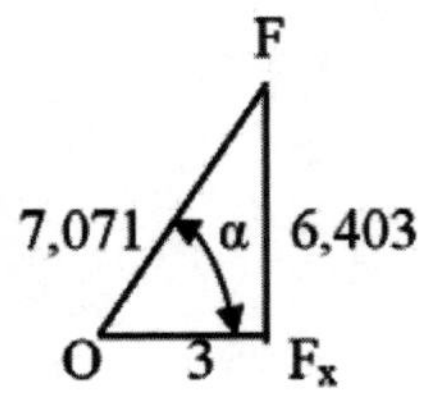

$\text{tg}\ \alpha = 6{,}403/3$; $\alpha = \text{arctg}\ 6{,}403/3 \Rightarrow \alpha = 64{,}895^\circ$

Triângulo 2;

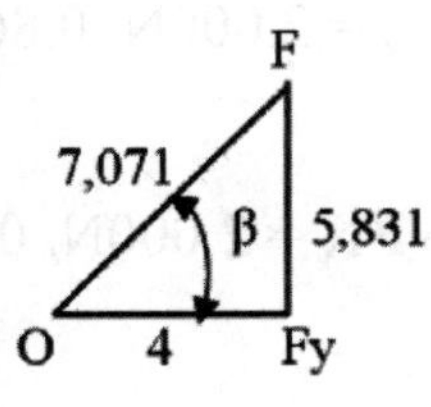

$\text{tg}\ \beta = 5{,}831/4$; $\beta = \text{arctg}\ 5{,}831/4 \Rightarrow \beta = 55{,}55^\circ$

Triângulo 3:

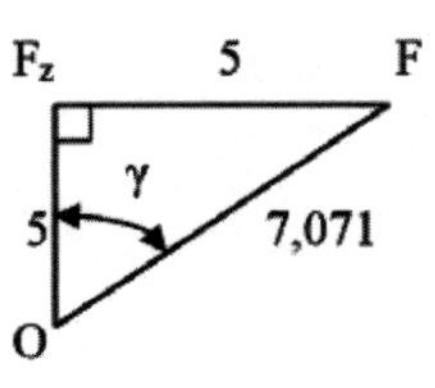

$\text{tg}\ \gamma = 5/5$; $\gamma = \text{arctg}\ 1 \Rightarrow \gamma = 45^\circ$

9.6 Exemplo de aplicação prática, na área de Engenharia, de um sistema de forças no R^3, com todas aplicadas no mesmo ponto

Exercício 9.3: Um determinado suporte mecânico está submetido às Forças* F1, F2 e F3, distribuídas espacialmente como descritas no desenho a seguir. Baseado nisso, pedem-se: a) as componentes de cada força em cada um dos eixos X, Y, Z. b) as forças resultantes em cada um dos eixos. c) a Resultante Final das três forças. d) ângulos que a Resultante Final forma com o plano XY. (O parágrafo 9.12, mostra um exemplo real, quando uma peça cilíndrica é desbastada em um torno mecânico).

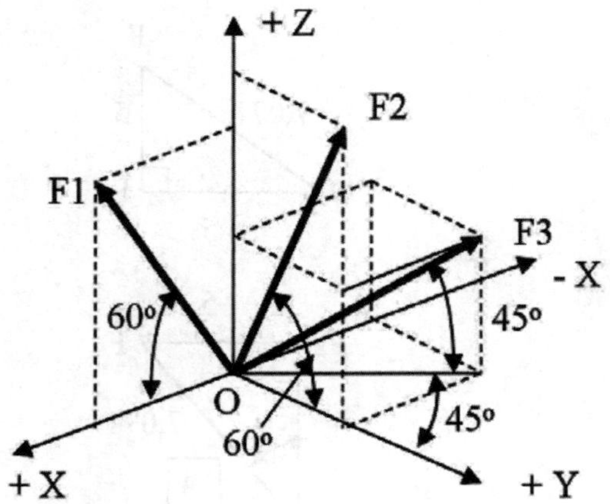

Observa-se que, na prática, primeiro calculam-se as componentes de cada força, em cada Eixo, em seguida calculam-se as Resultantes em cada Eixo para, então, calcular-se a Resultante Final.

Dados gerais:

F1 = 2.000N (no plano XZ)
F2 = 2.500N (no plano YZ)
F3 = 1.800N (da Origem, para 4° Octante)
F1 forma 60° com o Eixo X
F2 forma 60° com o Eixo Y
F3 forma 45° com o plano XY e 45° com o Eixo Y

a) análise das componentes em cada eixo, ou seja: F_x, F_y, F_z (*)

Essa análise será feita com cada força separadamente e depois as componentes serão mostradas agrupadamente.

a.1) Análise das componentes da força F1

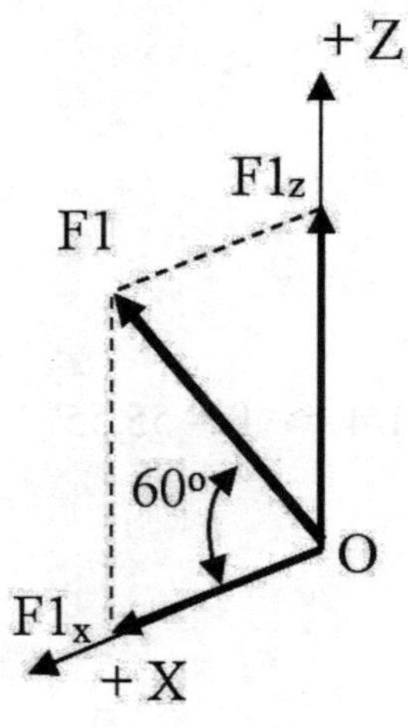

F1 = 2.000 N, só tem componentes positivas nos Eixos X e Z.

sen 60° = $F1_z$ /F1; $F1_z$ = F1.sen 60° => $F1_z$ = 2.000N. 0,866 => $F1_z$ = + 1.732N.

cos 60° = $F1_x$/F1 => $F1_x$ = F1. cos 60° => $F1_x$ = 2.000N. 0,5 => $F1_x$ = + 1.000N.

a.2) Análise das componentes da força F2

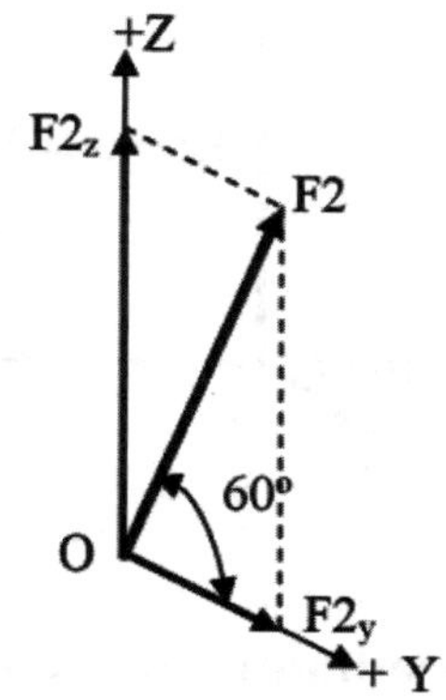

F2 = 2.500N, só tem componentes positivas nos Eixos Y e Z.

sen 60° = $F2_z$ /F2 => $F2_z$ = F2 . sen 60° => $F2_z$ = 2.500N. 0,866 =>

$F2_z$ = + 2.165N.

cos 60° = $F2_y$/F1 => $F2_y$ = F1 . cos 60° => $F2_y$ = 2.500N. 0,5 =>

$F2_y$ = + 1.250N.

(*) Observação: na prática dos cálculos vetoriais, na área da Engenharia, envolvendo Forças, omitem-se as setinhas sobre os vetores.

a.3) Análise das componentes da força F3

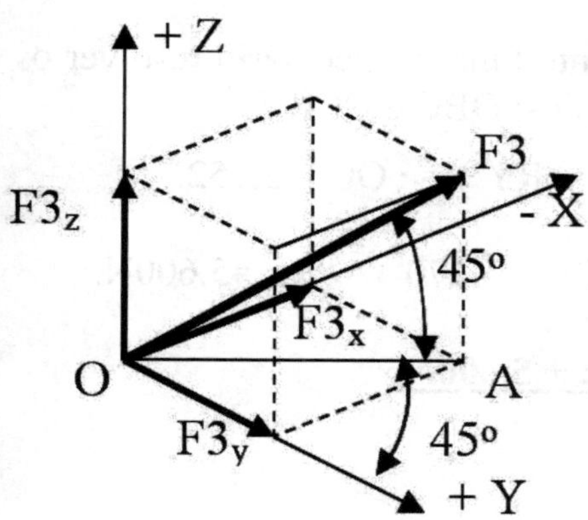

F3 = 1.800 N, tem componentes nos três Eixos X, Y, Z.

A componente do Eixo x será negativa e as demais positivas. A componente $F3_z$ é obtida diretamente do triângulo OAF3. As componentes $F3_x$ e $F3_y$ serão obtidas, após o cálculo do cateto OA, do triângulo OAF3, sendo que F3A é igual a $F3_z$.

sen 45° = $F3_z$/F3 => $F3_z$ = sen 45° . F3 =>
$F3_z$ = 1.800 N. 0,707 => $F3_z$ = + 1.273 N.
OA = 1.273, pois OA = $F3_z$, devido os 45°.

Pelo triângulo $OF3_yA$ tem-se que $F3_y = F3_x$.

sen 45° = $F3_x$ /OA => $|F3_x|$ = 1.273N.sen 45° => $F3_x$ = 900N.

$F3_x$ = - 900N (pois, está no sentido - X).
$F3_y$ = + 900N.

b) Resumo das componentes e Resultantes em cada eixo

Uma vez que já são conhecidas todas as componentes das três forças, faz-se um gráfico com todas as forças atuantes, em cada eixo, de forma a se poder calcular a força Resultante final.

$$\text{Eixo X} \begin{cases} F1_x = +1.000N \\ F3_x = -900N \end{cases} \quad \text{Eixo Y} \begin{cases} F2_y = +1.250N \\ F3_y = +900N \end{cases} \quad \text{Eixo Z} \begin{cases} F1_z = +1.732N \\ F2_z = +2.165N \\ F3_z = +1.273N \end{cases}$$

A resultante sobre cada eixo é obtida com a soma de vetores de cada eixo.
Resultante eixo X = + 100N; Resultante eixo Y = + 2.150N; Resultante eixo Z = 5.170N.

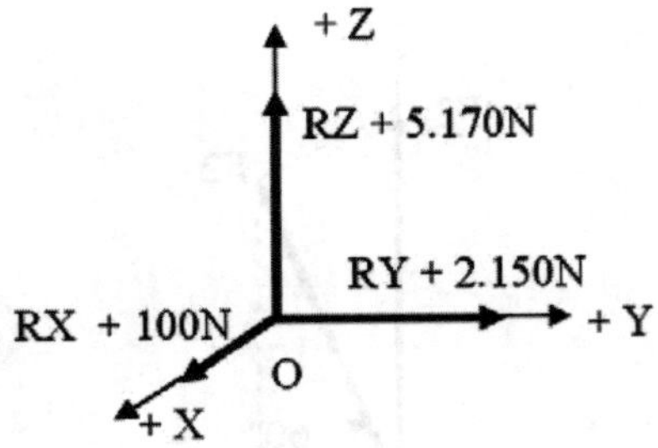

Este é o gráfico com as Resultantes sobre cada eixo. A Resultante final será obtida com a soma destas três forças: RX + RY + RZ. Esta soma será feita duas a duas. Primeiro faz-se a Resultante entre RX e RZ e depois, faz-se a Resultante de RX + RZ, com RY.

c) Resultante Final das três forças

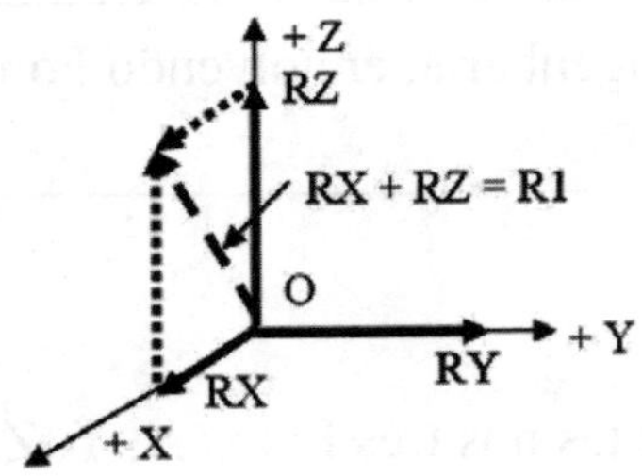

<u>Resultante dos eixos X e Z</u>

$R1^2 = RX^2 + RZ^2$
$R1 = \sqrt{(RX^2 + RZ^2)} \Rightarrow R1 = + 5.171N.$

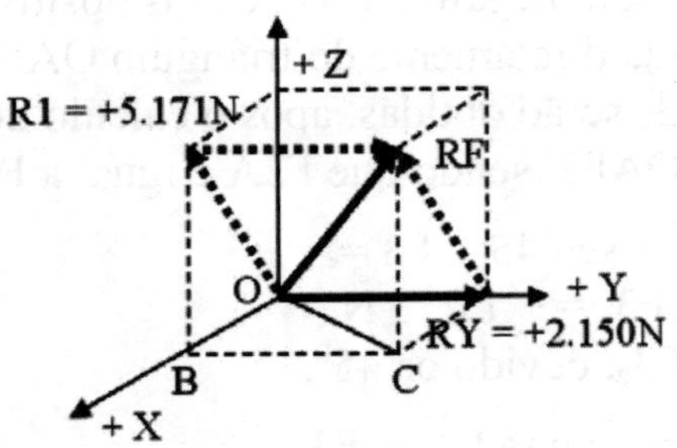

Para chegar à Resultante Final é necessário resolver os dois triângulos retângulos: OBC e OCRY.

Δ OBC: $OC = \sqrt{(RX^2 + RY^2)} \Rightarrow OC = 2.152.$

Δ OCRF: $RF = \sqrt{(2.152^2 + 5.170^2)} \Rightarrow RF = 5.600N.$

<u>**A Resultante Final é: + 5.600N.**</u>

d) Ângulo que a Resultante Final forma com o plano XY

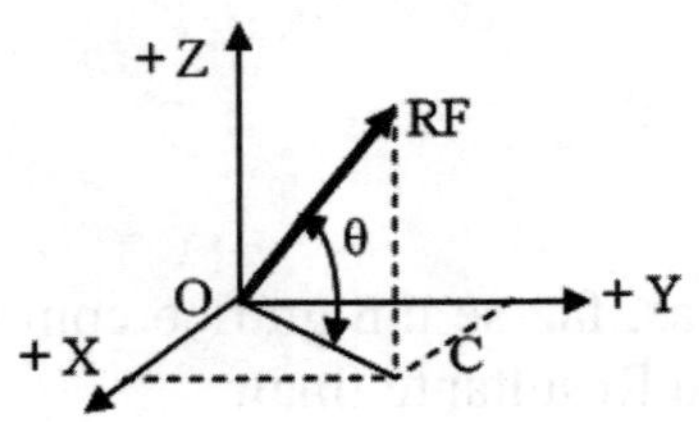

ORF = 5.600; OC = 2.152;

$\cos \theta = OC/ORF \Rightarrow \cos \theta = 2.152/5.600 \Rightarrow$
$\cos \theta = 0,3843$

$\theta = 67,4^o$: ângulo da Resultante Final com plano XY

9.7 Centroide de um triângulo

Considerando os vértices de um triângulo (qualquer tipo), dados pelas extremidades dos vetores $V_1 = (x_1, y_1, z_1)$, $V_2 = (x_2, y_2, z_2)$ e $V_3 = (x_3, y_3, z_3)$. O centroide deste triângulo é dado pelo vetor G = (x, y, z) onde:

$$x = (x_1 + x_2 + x_3) / 3; \qquad y = (y_1 + y_2 + y_3) / 3; \qquad z = (z_1 + z_2 + z_3) / 3;$$

Exercício 9.4: considerando os Pontos ABC, como vértices de um triângulo, sendo estes Pontos as extremidades dos vetores VA (+5; +2; +1), VB (+1; +3; +3), VC (+3; 0; +5), pedem-se: a) as

Coordenadas Cartesianas do Centroide (ponto G) do triângulo. b) a Imagem Geométrica tridimensional do triângulo.

a) Cálculo das Coordenadas Cartesianas

$x = (x_1 + y_1 + z_1) / 3 \Rightarrow x = (+5 +1 +3) / 3 \Rightarrow x = +3.$
$y = (y_1 + y_2 + y_3) / 3 \Rightarrow y = (+2 +3 + 0) / 3 \Rightarrow y = +1{,}667.$ } G (+3; +1,667; +3).
$z = (z_1 + z_2 + z_3) / 3 \Rightarrow z = (+1 + 3 + 5) / 3 \Rightarrow z = +3.$

b) Imagem geométrica tridimensional do triângulo e seu Centroide (G)

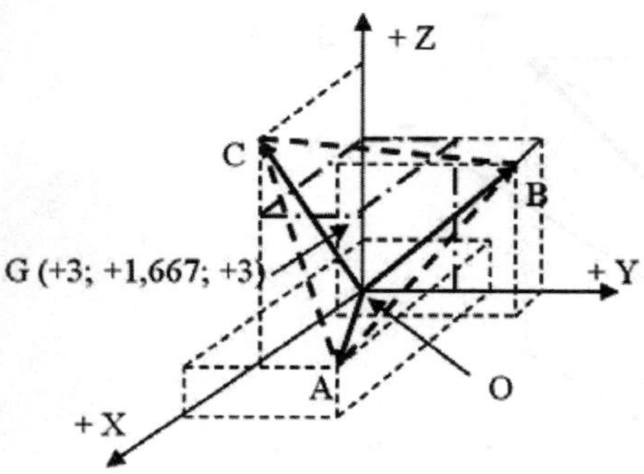

Observa-se que, nesse caso, a força Resultante passa pela origem e pelo Centroide, projetando-se para fora do plano formado pelos vértices dos três vetores.

9.8 Produto de um vetor por um escalar (número real)

Na prática, especialmente nos cálculos estruturais de Engenharia Civil, é comum ter-se que multiplicar uma determinada força (por exemplo, um peso) por uma determinada constante, para se descobrir o que ocorre com o sistema de forças como um todo. Por exemplo, no exercício visto no parágrafo 9.6, o que ocorre com a Resultante Final, quando se multiplica a força F1 por dois? Qual será o novo valor da Resultante?

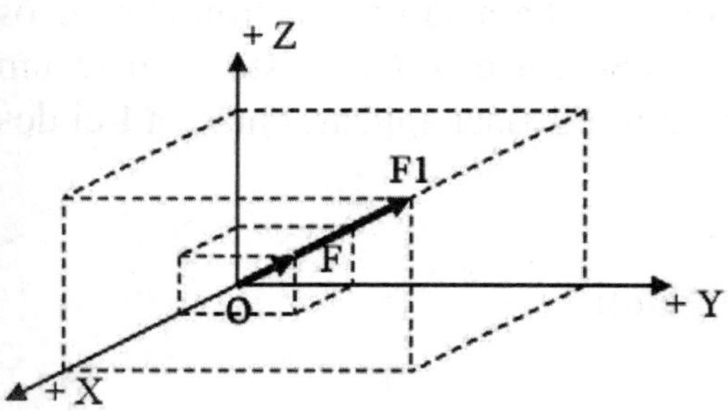

Se F (+1; +1,5; +1); então: 3 . F = F1 (+3; +4,5; +3)

Quando temos o vetor F (x; y; z) e o multiplicamos por três, passamos a ter um novo vetor F1 (3x; 3y; 3z).

9.9 Produto escalar de vetores (produto interno)

Considerando-se os vetores $\vec{a}$ $(x_a; y_a; z_a)$ e $\vec{b}$ $(x_b; y_b; z_b)$, o produto escalar entre eles, ou seja, $\vec{a} \cdot \vec{b}$ é um número real obtido como: $\vec{a} \cdot \vec{b} = (x_a \cdot x_b) + (y_a \cdot y_b) + (z_a \cdot z_b)$. Por exemplo: **Exercício 9.5**: sejam os vetores: $\vec{a}$ (+ 2; + 5; -5) e $\vec{b}$ (- 3; + 4; +5), o produto escalar entre eles é igual a: $\vec{a} \cdot \vec{b}$ = (+ 2 . - 3) + (+ 5 . + 4) + (-5 . +5) = - 6 + 20 - 25 = - 11.

O produto escalar entre dois vetores $\vec{a}$ $(x_a; y_a; z_a)$ e $\vec{b}$ $(x_b; y_b; z_b)$ e que formam um ângulo α entre si, também pode ser expresso por:

$$\vec{a} \cdot \vec{b} = |a| \cdot |b| \cdot \cos\alpha; \text{ onde: } |a| = \sqrt{x_a^2 + y_a^2 + z_a^2} \text{ e } |b| = \sqrt{x_b^2 + y_b^2 + z_b^2}.$$

Ou seja: o produto escalar é igual ao produto dos módulos dos vetores pelo produto do cosseno do ângulo formado pelos mesmos. Isto significa que, o produto escalar de dois vetores perpendiculares é nulo (igual a zero), pois, o cosseno de $90^0 = 0$.

Vamos analisar os mesmos vetores já estudados, fazendo o produto escalar e considerando o ângulo entre eles: $\vec{a}$ (+2; +5; -5) e $\vec{b}$ (-3; +4; +5).

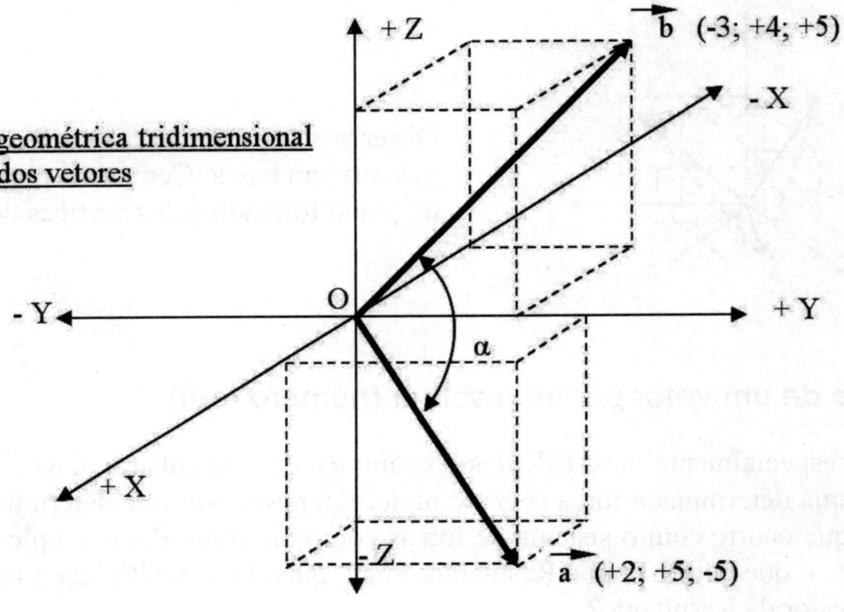

Imagem geométrica tridimensional dos vetores

Para fazer o produto escalar, inicialmente calcula-se o ângulo α. Para tanto, determinam-se os módulos dos vetores a e b, bem como a distância entre os Pontos a e b. Com isto, tem-se um triângulo, onde os três lados são conhecidos, ou seja, para calcular α, basta aplicar, então, a Lei dos Cossenos.

Cálculo dos módulos dos vetores (iguais aos lados do triângulo):

$$|a| = \sqrt{x_a^2 + y_a^2 + z_a^2} = \sqrt{(+2)^2 + (+5)^2 + (-5)^2} = 7{,}348 = \text{lado Oa.}$$

$$|b| = \sqrt{x_b^2 + y_b^2 + z_b^2} = \sqrt{(-3)^2 + (+4)^2 + (+5)^2} = 7{,}071 = \text{lado Ob.}$$

Cálculo da distância entre os Pontos a e b:

Como visto no parágrafo 8.3, a distância entre dois Pontos no espaço R_3 é dada por:

$$AB = \sqrt{(x_B - x_A)^2 + (y_B - y_A)^2 + (z_B - z_A)^2}.$$

$$ab = \sqrt{(x_b - x_a)^2 + (y_b - y_a)^2 + (z_b - z_a)^2} = \sqrt{[(-3) - (+2)]^2 + [(+4) - (+5)]^2 + [(+5) - (-5)]^2}$$

ab = 11,225

Cálculo do ângulo α:

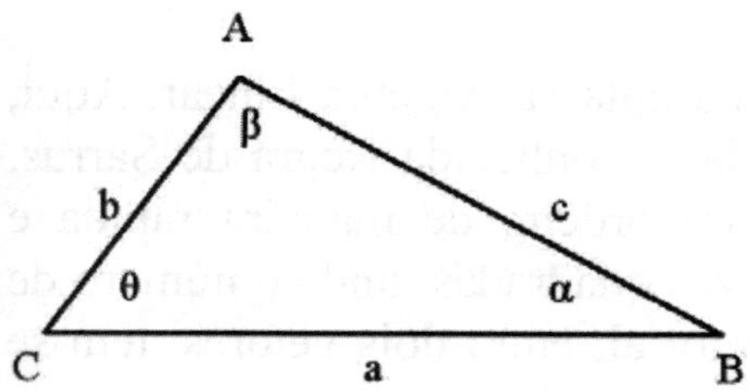

Segundo a Lei dos cossenos:

$$\begin{cases} a^2 = b^2 + c^2 - 2.b.c.\cos\beta \\ b^2 = a^2 + c^2 - 2.a.c.\cos\alpha \\ c^2 = a^2 + b^2 - 2.a.b.\cos\theta \end{cases}$$

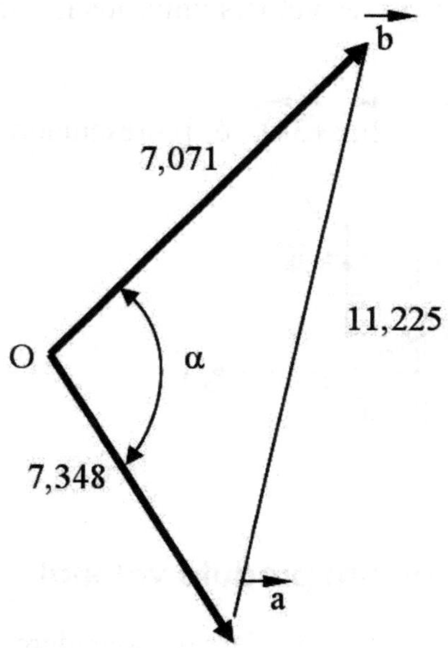

$Ab^2 = (Ob)^2 + (Oa)^2 - 2.\ (Ob).\ (Oa).\ \cos\alpha.$

$\cos\alpha = \dfrac{-(Ab)^2 + (Ob)^2 + (Oa)^2}{2.\ (Ob).\ (Oa).} \Rightarrow \cos\alpha = -0,2117$

$\alpha = \arccos(-0,2117) \Rightarrow \alpha = 102,222^o.$

Finalmente podemos calcular o produto escalar que é:

$\vec{a}\,.\,\vec{b} = |a|.\ |b|\cos\alpha;$

$\vec{a}\,.\,\vec{b} = 7,348\ .\ 7,071.\ \cos 102,222^o \Rightarrow a\ .\ b = -11.$

Esse foi praticamente o mesmo valor encontrado pela fórmula direta, usando a soma das Coordenadas Cartesianas. Cabe observar que, o produto escalar entre dois vetores é um número real e adimensional, ou seja, não gera um outro vetor. Ressalta-se que não existe aplicação prática profissional do produto escalar de vetores, no espaço R^3.

9.10 Produto vetorial ou produto externo de dois vetores

Diferentemente do produto escalar (produto interno), o produto vetorial entre dois vetores origina um terceiro vetor, como resultado, sendo esse vetor perpendicular ao plano formado pelos dois vetores. Considerando-se os vetores $\vec{a}\,(x_a;\ y_a;\ z_a)$ e $\vec{b}\,(x_b;\ y_b;\ z_b)$, o produto vetorial entre eles é escrito como $\vec{a} \times \vec{b}$, sendo igual a um vetor $\vec{V}$, calculado segundo o determinante* a seguir, em verdade uma matriz quadrada de terceira ordem (com três linhas e três colunas):

$$\vec{a} \times \vec{b} = \begin{vmatrix} i & j & k \\ x_a & y_a & z_a \\ x_b & y_b & z_b \end{vmatrix} = \vec{V}\,(x; y; z)$$

O vetor $\vec{V}$, resultado do produto vetorial, é perpendicular aos vetores $\vec{a}$ e $\vec{b}$

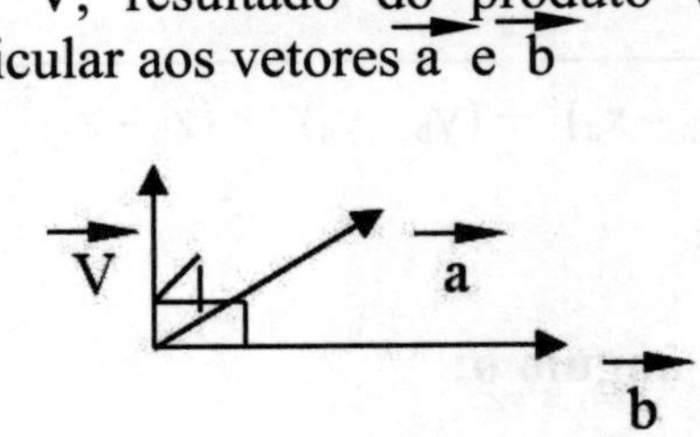

* Determinante, é um tipo de matriz quadrada, estudada de forma ampla na Álgebra Linear. Aqui, nesse parágrafo será mostrado apenas, de forma prática e aplicada, a conhecida Regra de Sarrus, (vista no parágrafo 2.8) que resolve um determinante de terceira ordem, de maneira rápida e simples. Observa-se que a Regra de Sarrus** só se aplica às matrizes quadradas, onde o número de incógnitas é igual ao número de equações. No caso de produto vetorial, entre dois vetores, tem-se para cada vetor três incógnitas. A terceira "equação" é obtida acrescentando-se os vetores unitários $\vec{i}$, $\vec{j}$, $\vec{k}$, que são as componentes coincidentes aos Eixos X, Y, Z. Esses vetores unitários $\vec{i}$, $\vec{j}$, $\vec{k}$ são chamados de Base Ortonormal, a seguir mostrada.

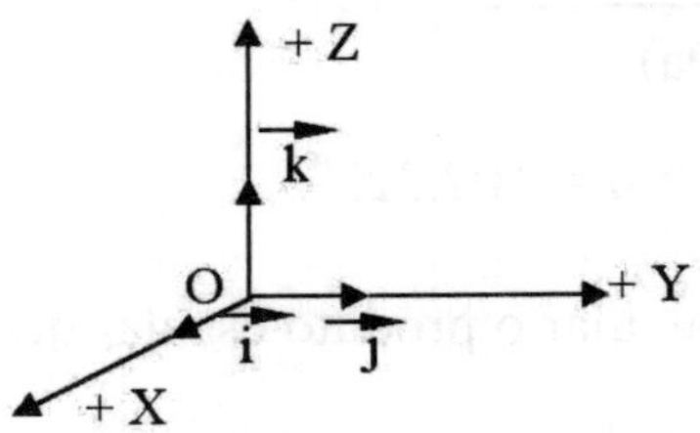

Base Ortonormal de Vetores $\vec{i}$, $\vec{j}$, $\vec{k}$

Um vetor $\vec{V}$ $(+2\vec{i};\ -2\vec{j};\ +3\vec{k})$, é representado da seguinte forma:

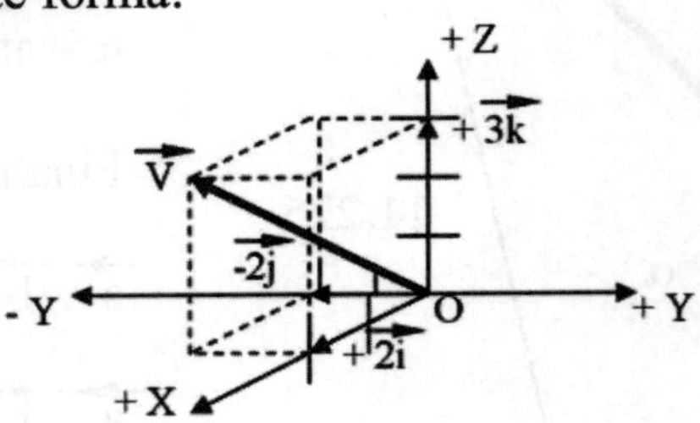

9.10.1 A Regra de Sarrus para resolver o determinante de um produto vetorial

Para explicar como é feito o cálculo de um determinante com a regra de Sarrus, considere-se a seguinte matriz de terceira ordem:

$$\begin{vmatrix} i & j & k \\ x_a & y_a & z_a \\ x_b & y_b & z_b \end{vmatrix}$$

O primeiro passo é repetir as duas primeiras colunas à direita da matriz. ⟶

$$\begin{vmatrix} i & j & k & i & j \\ x_a & y_a & z_a & x_a & y_a \\ x_b & y_b & z_b & x_b & y_b \end{vmatrix}$$

O passo seguinte é multiplicar as duas diagonais, como mostrado a seguir.

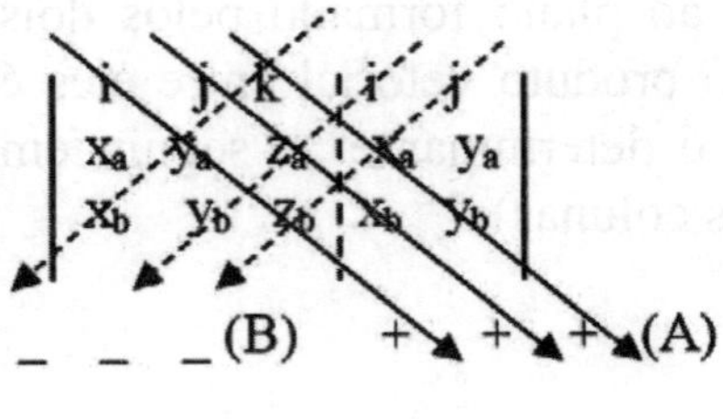

Nas diagonais para a direita, as multiplicações ficam com o sinal positivo e recebem o nome de Determinante A.

Nas diagonais para a esquerda, as multiplicações ficam com o sinal negativo e recebem o nome de Determinante B.

O Determinante resultado fica: Det. = Det. A + (- Det. B.).

<u>Observação</u>: até para simplificar os cálculos, omite-se a colocação da setinha sobre os vetores unitários i, j, k.

** Pierre Frédéric Sarrus (1798-1861), foi um matemático francês que, entre outras descobertas, criou um método prático para a resolução de determinantes de uma matriz com 3 linhas e 3 colunas.

Det. A = $(i \cdot y_a \cdot z_b) + (j \cdot z_a \cdot x_b) + (k \cdot x_a \cdot y_b)$.

Det. B = $(j \cdot x_a \cdot z_b) + (i \cdot z_a \cdot y_b) + (k \cdot y_a \cdot x_b)$.

Det. Res. = $[(i \cdot y_a \cdot z_b) + (j \cdot z_a \cdot x_b) + (k \cdot x_a \cdot y_b)] - [(j \cdot x_a \cdot z_b) + (i \cdot z_a \cdot y_b) + (k \cdot y_a \cdot x_b)]$.

Exercício 9.6: dados os vetores $\vec{a}$ (+2i; - 2j; +3k) e $\vec{b}$ (+3i; +4j; +5k), pedem-se: a) o produto vetorial dos vetores. b) confirmar que o vetor do produto vetorial é perpendicular aos vetores $\vec{a}$ e $\vec{b}$. c) a representação geométrica tridimensional dos vetores e do vetor resultante do produto vetorial.

a) Produto vetorial:

$$\vec{a} \times \vec{b} = \begin{vmatrix} i & j & k \\ x_a & y_a & z_a \\ x_b & y_b & z_b \end{vmatrix} = \vec{V}\,(x; y; z)$$

$$\vec{a} \times \vec{b} = \begin{vmatrix} i & j & k \\ 2 & -2 & 3 \\ 3 & 4 & 5 \end{vmatrix} =$$

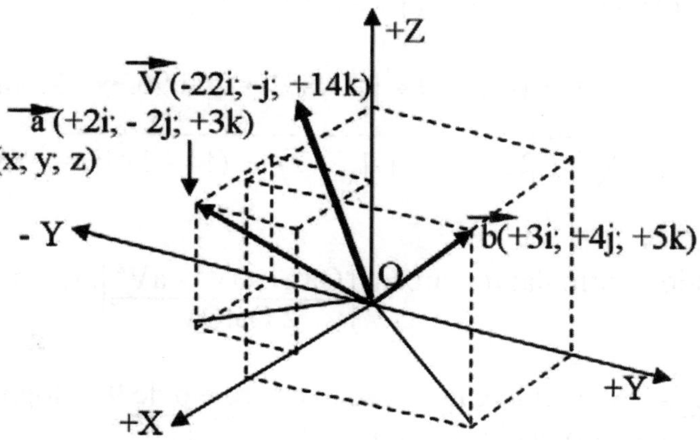

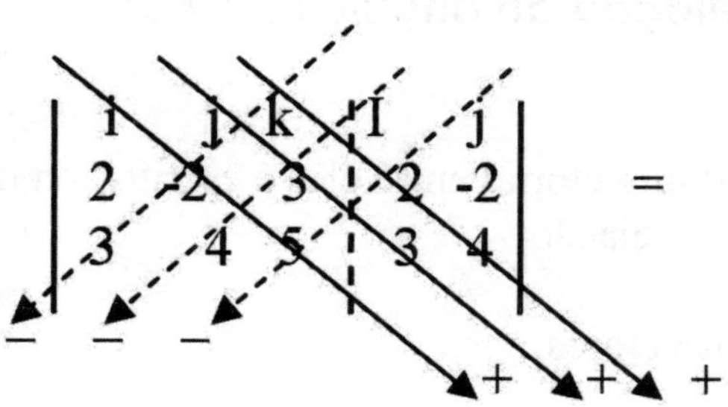

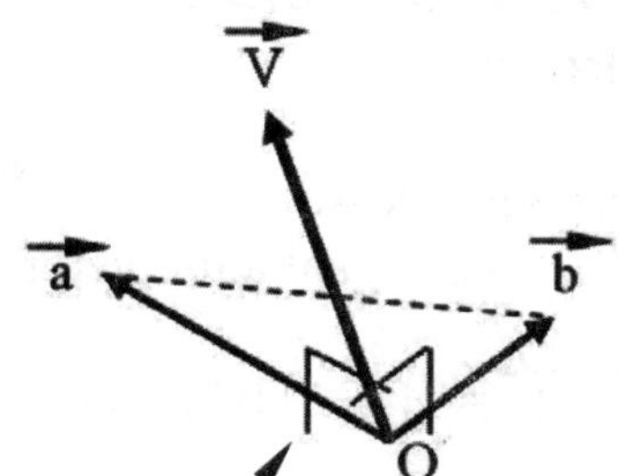

O vetor V é perpendicular ao plano formado pelo triângulo de vértices Oab.

Det. A = +(i . -2 . 5) + (j . 3 . 3) + (k . 2 . 4) = -10i + 9j + 8k.

Det. B = - (j . 2 . 5) - (i . 3 . 4) - (k . -2 . 3) = - 10j - 12i + 6k.

Det. Res. = (-10i + 9j + 8k) + (- 10j - 12i + 6k).

Det. Res. = -22i -j +14k. Este é o vetor resultado: $\vec{V}$ (-22i; -j; +14k).

b) Confirmação que o vetor V do produto vetorial é perpendicular aos vetores $\vec{a}$ e $\vec{b}$:

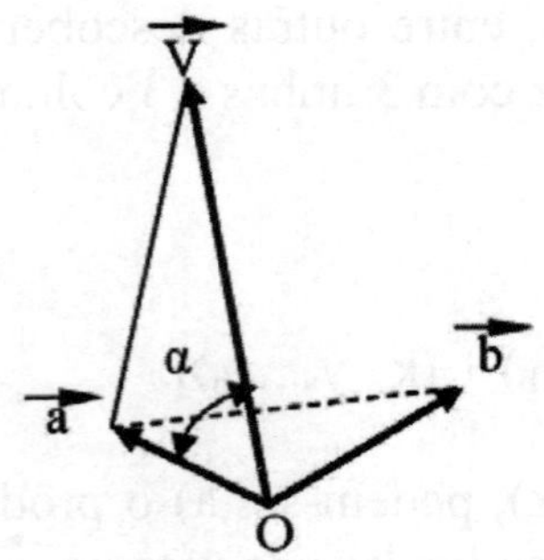

Uma forma de comprovar essa perpendicularidade é através da análise do triângulo OaV. Primeiro calculam-se os lados do triângulo, depois aplica-se a Lei dos Cossenos, da seguinte forma:

$$aV^2 = Oa^2 + OV^2 - 2.Oa.OV.\cos\alpha$$

$$\cos\alpha = \frac{Oa^2 + OV^2 - aV^2}{2.Oa.OV} \Rightarrow \alpha = \arccos\left[\frac{Oa^2 + OV^2 - aV^2}{2.Oa.OV}\right]$$

Os lados Oa e Ob serão obtidos com o cálculo dos módulos dos vetores $\vec{a}$ e $\vec{b}$. O lado aV será obtido com o cálculo da distância entre $\vec{a}$ e $\vec{V}$.

$$|a| = \sqrt{(2^2 + (-2)^2 + 3^2)} = \sqrt{17} = 4{,}123 = Oa.$$

$$|OV| = \sqrt{[(-22)^2 + (-1)^2 + 14^2]} = \sqrt{681} = 26{,}096.$$ ⟵ Módulo do vetor, produto vetorial

$$\text{Dist. a e V} = \sqrt{[(-22 - 2)^2 + (-1 - (-2))^2 + (14 - 3)^2]} = \sqrt{698} = 26{,}42 = aV.$$

Aplicando a fórmula: $\alpha = \arccos\left|\frac{Oa^2 + OV^2 - aV^2}{2.Oa.OV}\right|$: $\alpha = \arccos\ (17 + 681 - 698) / 215{,}19.$

$\alpha = \arccos 0$; o ângulo cujo cosseno é zero é o de 90°, logo confirma-se a perpendicularidade entre o vetor $\vec{V}$ e o plano que contém os vetores $\vec{a}$ e $\vec{b}$.

9.10.2 O produto vetorial, entre dois vetores, e em relação ao ângulo formado entre eles

Considerando-se os vetores $\vec{a}$ $(x_a; y_a; z_a)$ e $\vec{b}$ $(x_b; y_b; z_b)$, o produto vetorial entre eles é escrito como $\vec{a} \times \vec{b}$, sendo igual a um vetor (V), calculado segundo a seguinte relação:

$\vec{a} \times \vec{b} = |a|.|b|.\operatorname{sen}\alpha$, onde α é o ângulo formado entre os vetores.

A análise desta equação mostra que se pode calcular o ângulo formado entre dois vetores, quando são conhecidas as Coordenadas dos vetores, ou seja:

$$\operatorname{sen}\alpha = \frac{\vec{a} \times \vec{b}}{|a|.|b|}\ ;\ \text{portanto } \alpha = \operatorname{arcsen} \frac{\vec{a} \times \vec{b}}{|a|.|b|}$$

9.10.3 Interpretação geométrica do produto vetorial (área do paralelogramo)

O módulo do produto vetorial entre dois vetores é igual à área do paralelogramo, formado pelos módulos dos vetores, como mostrado a seguir.

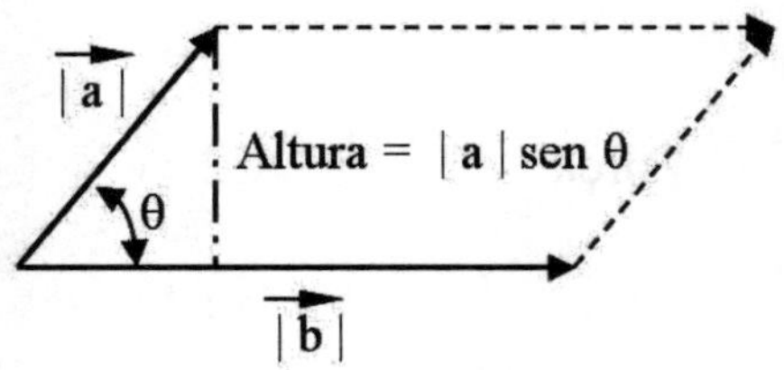

A área de um paralelogramo é igual ao produto da base pela altura. Considerando os vetores $\vec{a}$ e $\vec{b}$, tem-se:

Área = $|\vec{b}|$ x $|\vec{a}|$ sen θ. Ou seja:

Área = $|\vec{a} \times \vec{b}|$ (Produto misto dos vetores).

Exercício 9.7: dados os vetores $\vec{a}$ (+2i; - 2j; +3k) e $\vec{b}$ (+3i; +4j; +5k), pedem-se: a) a área do paralelogramo formado pelos vetores. b) a Imagem geométrica deste paralelogramo.

a) Área do paralelogramo:

Como visto a área é dada pelo módulo do produto vetorial dos vetores. Estes vetores foram analisados no exercício anterior, o 9.6. O vetor do produto vetorial foi: $\vec{V}$ (-22i; -j; +14k) e o seu módulo foi 26,096. Ou seja, a área do paralelogramo é igual a 26,096.

b) Imagem Geométrica do paralelogramo:

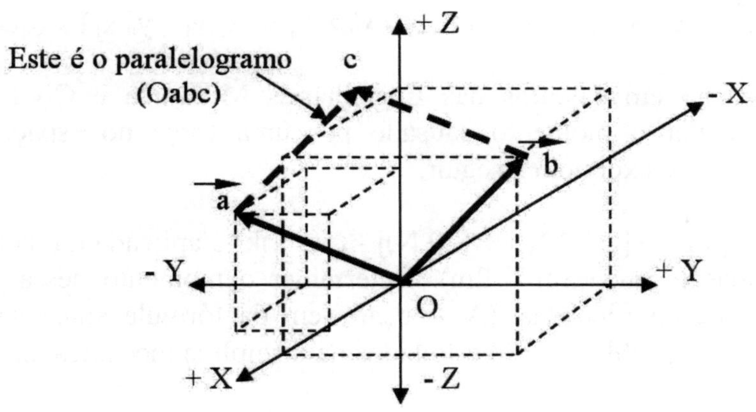

9.10.4 O produto vetorial e o cálculo do momento de uma força em relação à Origem (0; 0; 0) do Sistema de Coordenadas Cartesianas

Considerando a figura a seguir, tem-se o vetor Força $\vec{F}$ (x_F; y_F; z_F), atuando no ponto P do vetor $\vec{u}$ (x_u; y_u; z_u). O momento ($\vec{M_O}$) da Força $\vec{F}$, em relação à Origem (0; 0; 0) é dado pelo seguinte produto vetorial (ou seja, o momento é um vetor): $\vec{M_O} = \vec{u} \times \vec{F}$.

$\vec{OP} = \vec{u}$ (x_u; y_u; z_u).

$\vec{F}$ = (x_F; y_F; z_F).

A força $\vec{F}$ é dada pelas suas componentes x, y, z ou i, j, k.

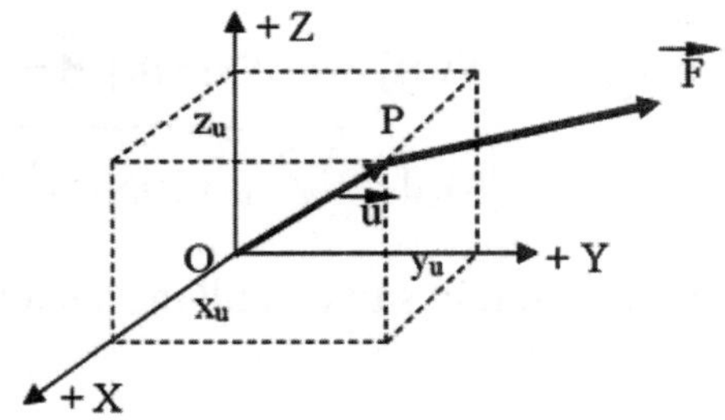

Distância → $M_O = u \times F$ ← Força

Observe-se que, por definição, o momento é igual ao produto de uma força por uma distância. Aqui, tanto a força, quanto a distância são expressas por vetores

$$\overrightarrow{M_O} = \begin{vmatrix} i & j & k \\ x_u & y_u & z_u \\ x_F & y_F & z_F \end{vmatrix} \; ; \; \overrightarrow{M_O} = \begin{vmatrix} i & j & k & i & j \\ x_u & y_u & z_u & x_u & y_u \\ x_F & y_F & z_F & x_F & y_F \end{vmatrix} = \text{um vetor}$$

$$- \quad - \quad - \qquad + \quad + \quad +$$

Finalmente tem-se: $\overrightarrow{M_O} = (y_u.z_F - z_u.y_F)\,i + (z_u.x_F - x_u.z_F)\,j + (x_u.y_F - y_u.x_F)\,k$ (que é um vetor).

Na prática, especialmente em cálculos das Engenharias Mecânica e Civil, costuma ocorrer a necessidade de se calcular o momento causado por uma força no espaço R^3, em relação a determinado ponto, como no exercício a seguir.

Exercício 9.8: uma força $\overrightarrow{F} = [(+30\text{ N})i + (20\text{ N})j - (50\text{ N})k]$ é aplicada numa estrutura espacial no ponto P de coordenadas (+5m; +3m – 2m). Determinar o momento dessa força, em relação à origem, desse sistema de coordenadas. (A solução vem da fórmula anterior). Normalmente, em cursos de engenharia, estes problemas são estudados na disciplina mecânica técnica.

$$\overrightarrow{M_O} = \begin{vmatrix} i & j & k \\ 5m & 3m & -2m \\ 30N & 20N & -50N \end{vmatrix} \; ; \; \overrightarrow{M_O} = \begin{vmatrix} i & j & k & i & j \\ 5m & 3m & -2m & 5m & 3m \\ 30N & 20N & -50N & 30N & 20N \end{vmatrix}$$

$$- \quad - \quad - \qquad + \quad + \quad +$$

$\overrightarrow{M_O} = \{[3m.(-50N)] - [(-2m).20N]\}i + \{[(-2m).30N] - [5m.(-50N)]\}j + [(5m.20N) - (3m.30N)]k.$

$\overrightarrow{M_O} = [(-150Nm) + (40Nm)]i + [(-60Nm) + 250Nm]j + [(100Nm - 90Nm)]k.$

$\overrightarrow{\mathbf{M_O}} = \mathbf{[(-110Nm)i + (+190Nm)j + (10Nm)k]}$. ← Este é o momento pedido.

O módulo do momento é: $|\mathbf{M_O}| = \sqrt{(-110Nm)^2 + (+190Nm)^2 + (+10Nm)^2} = 219{,}78\ Nm^2$.

É com o valor do módulo que são calculadas as tensões no ponto da aplicação do momento.

9.10.5 O produto vetorial e o cálculo do momento de uma força (F) em relação a um ponto qualquer (A) no espaço R³

Considerando um Ponto qualquer A (x_A; y_A; z_A) e um Ponto B (x_B; y_B; z_B), pertencente à Força $\vec{F}$ (F_x; F_y; F_z), o momento $\vec{M_A}$, da Força $\vec{F}$, em relação ao Ponto A, é dado pelo produto vetorial do vetor $\vec{AB}$ ($\vec{V_{AB}}$) com o vetor $\vec{F}$, ou seja:

$$\vec{M_A} = \vec{V_{AB}} \text{ x } \vec{F} \quad ; \text{sendo } \vec{V_{AB}} \ (\Delta_x; \Delta_y; \Delta_z) \quad \text{e} \quad \begin{cases} \Delta_x = x_B - x_A \\ \Delta_y = y_B - y_A \\ \Delta_z = z_B - z_A \end{cases}$$

Ou seja: $\vec{V_{AB}}$ [($x_B - x_A$); ($y_B - y_A$); ($z_B - z_A$)]

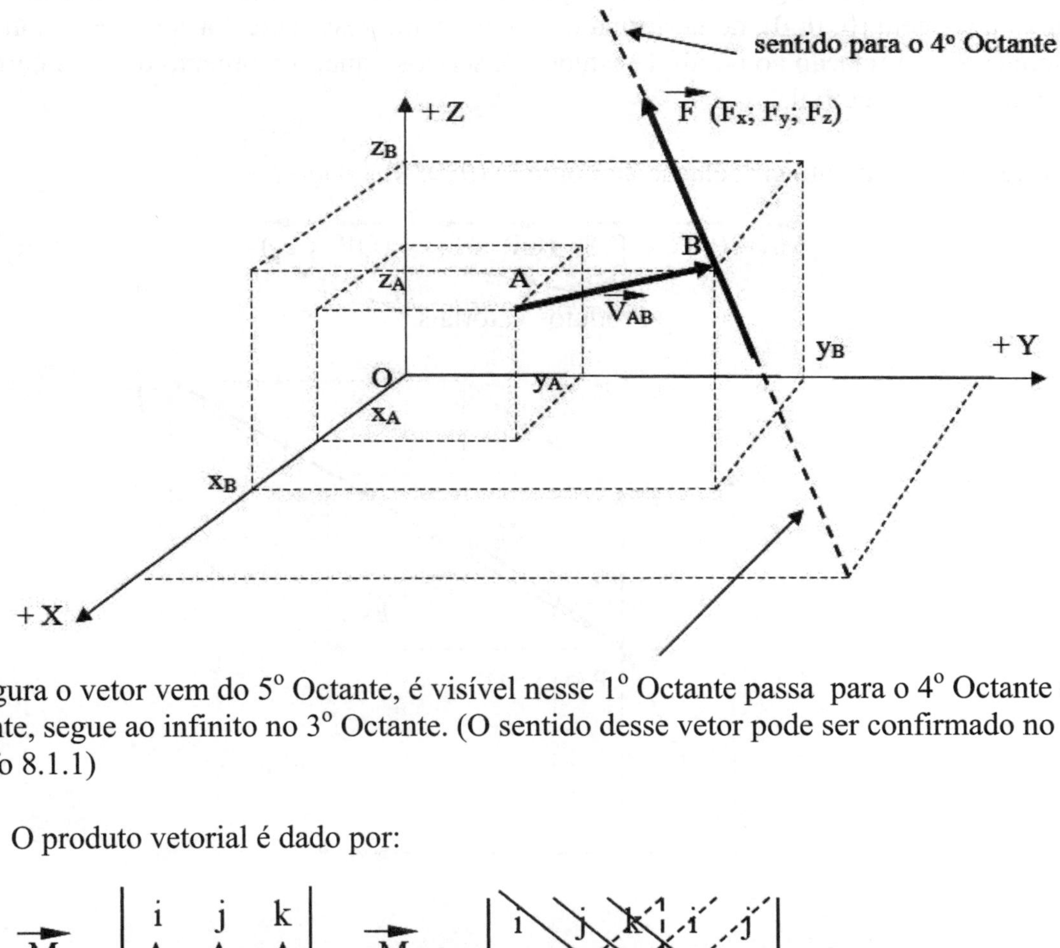

Nesta figura o vetor vem do 5° Octante, é visível nesse 1° Octante passa para o 4° Octante e finalmente, segue ao infinito no 3° Octante. (O sentido desse vetor pode ser confirmado no parágrafo 8.1.1)

O produto vetorial é dado por:

$$\vec{M_A} = \begin{vmatrix} i & j & k \\ \Delta_x & \Delta_y & \Delta_z \\ F_x & F_y & F_z \end{vmatrix} \quad ; \quad \vec{M_A} = \begin{vmatrix} i & j & k & i & j \\ \Delta_x & \Delta_y & \Delta_z & \Delta_x & \Delta_y \\ F_x & F_y & F_z & F_x & F_y \end{vmatrix} \quad ; \text{logo:}$$

$$- \quad - \quad - \qquad + \quad + \quad +$$

$$\vec{M_A} = (\Delta_y . F_z - \Delta_z . F_y)\, i - (\Delta_x . F_z - \Delta_z . F_x)\, j + (\Delta_x . F_y - \Delta_y . F_x)\, k \,.$$

9.10.6 O produto vetorial e o teorema de Varignon, aplicado à Mecânica

Em 1687, o matemático francês Pierre Varignon (1654-1722), enunciou um Teorema, em verdade um aperfeiçoamento dos estudos do engenheiro, físico e matemático belga Simon Stevin (1548-1620), relacionado a momentos gerados por forças, em relação a um determinado ponto. Observa-se que existem outros Teoremas enunciados por Varignon, por exemplo, aplicado aos quadriláteros.
"O momento resultante, em relação a um ponto, da aplicação de diversas forças concorrentes, é igual à soma dos momentos de cada força, em relação ao mesmo ponto". Este Teorema facilita muito o cálculo de forças e momentos aplicados a elementos estruturais, especialmente nas Engenharias Civil e Mecânica.

Segundo este Teorema, uma determinada Força $\overrightarrow{F}$, no espaço R^3, aplicada ao ponto P (x; y; z), com suas componentes Fx, Fy, Fz, gera momentos (por cada força), em relação a um determinado ponto, por exemplo, a Origem (0; 0; 0), de tal forma que o momento resultante é a soma dos momentos de cada componente, em relação ao ponto de estudo. Observa-se que, o momento de cada componente advém de um produto vetorial.

Segundo a figura, o Momento em relação ao ponto O (0; 0; 0) é dado por:

$$\overrightarrow{M_O} = (\overrightarrow{OP} \times \overrightarrow{F_x}) + (\overrightarrow{OP} \times \overrightarrow{F_y}) + (\overrightarrow{OP} \times \overrightarrow{F_z})$$

Produtos vetoriais

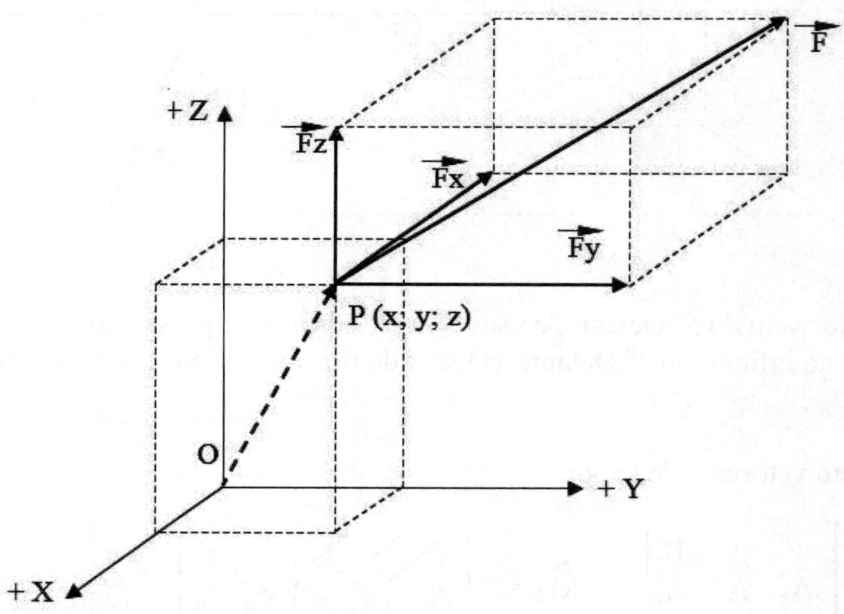

9.11 Produto misto de três vetores

O produto misto (ou produto triplo) de três vetores é um número real e consiste na combinação de produtos escalares e vetoriais. Sejam os vetores: $\overrightarrow{a}$, $\overrightarrow{b}$ e $\overrightarrow{c}$, o produto misto deles pode ser representado por $(\overrightarrow{a}, \overrightarrow{b}, \overrightarrow{c})$ ou $\overrightarrow{a} \cdot (\overrightarrow{b} \times \overrightarrow{c})$. Sejam: $\overrightarrow{a}$ $(x_a; y_a; z_a)$, $\overrightarrow{b}$ $(x_b; y_b; z_b)$ e $\overrightarrow{c}$ $(x_c; y_c; z_c)$, o produto misto destes vetores é o resultado (um número real), do seguinte determinante:

$$(\vec{a}, \vec{b}, \vec{c}) = \begin{vmatrix} x_a & y_a & z_a \\ x_b & y_b & z_b \\ x_c & y_c & z_c \end{vmatrix} = \text{um número real.}$$

(Como citado no parágrafo 8.11, se os três vetores são coplanares, esse determinante é igual a zero.)

9.11.1 Interpretação geométrica do produto misto (volume do paralelepípedo)

Geometricamente, o módulo do produto misto (um número real) entre três vetores não coplanares representa o volume do paralelepípedo que tem as três arestas básicas iguais aos módulos dos vetores, sendo que esses três vetores têm a mesma origem.

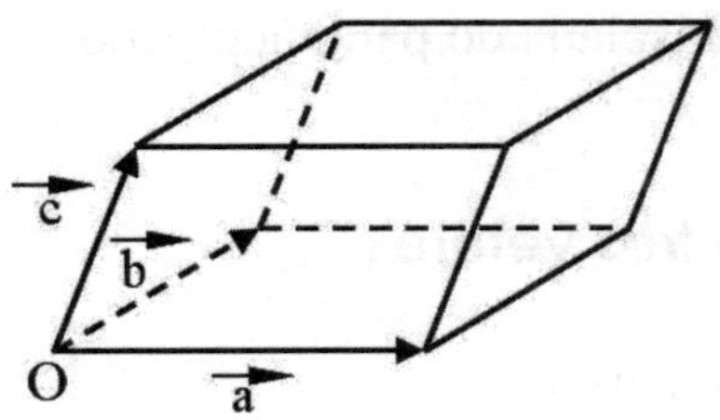

$|(\vec{a}, \vec{b}, \vec{c})|$ = Volume do paralelepípedo

(observa-se, que embora o resultado do determinante possa ser negativo, por óbvio não existem volumes negativos)

Geometricamente, um sexto do módulo do produto misto entre três vetores representa o volume do tetraedro (pirâmide com base triangular) que tem as três arestas básicas iguais aos módulos dos vetores, sendo que estes três vetores têm a mesma origem.

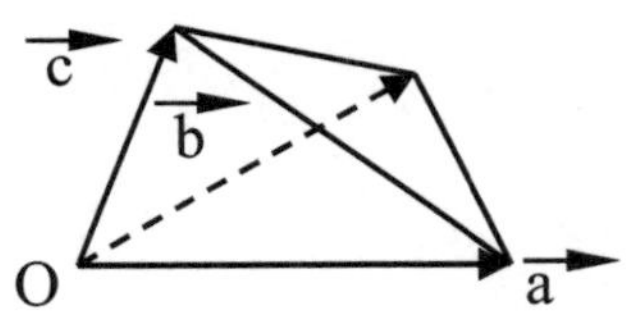

$$\frac{|(\vec{a}, \vec{b}, \vec{c})|}{6} = \text{Volume do tetraedro}$$

Exercício 9.9: dados os vetores: $\vec{a}$ (+3; -1; +1), $\vec{b}$ (+1; +2; +2) e $\vec{c}$ (+2; 0; -3), pedem-se: a) calcular o produto misto. b) representar a Imagem Geométrica tridimensional dos três vetores.

a) Cálculo do produto misto:

$$(\vec{a}, \vec{b}, \vec{c}) = \begin{vmatrix} 3 & -1 & 1 \\ 1 & 2 & 2 \\ 2 & 0 & -3 \end{vmatrix} = \begin{vmatrix} 3 & -1 & 1 & 3 & -1 \\ 1 & 2 & 2 & 1 & 2 \\ 2 & 0 & -3 & 2 & 0 \end{vmatrix} =$$

(Este determinante é resolvido pela regra de sarrus, vista no parágrafo 2.8)

= + [(1x1x0) + (-1x2x2) + (3x2x-3)] - [(-1x1x-3) + (3x2x0) + (1x2x2)] =

= + [0 + (-4) + (-18)] - [3 + 0 + 4] = -22 - 7 = - 29 ⟵ Este é o valor do produto misto.

O volume do paralelepípedo formado pelos três vetores é igual a 29 unidades de volume.

b) Imagem Geométrica tridimensional dos três vetores (incluindo o paralelepípedo):

$\vec{a}$ (+3; -1; +1), $\vec{b}$ (+1; +2; +2) e $\vec{c}$ (+2; 0; -3):

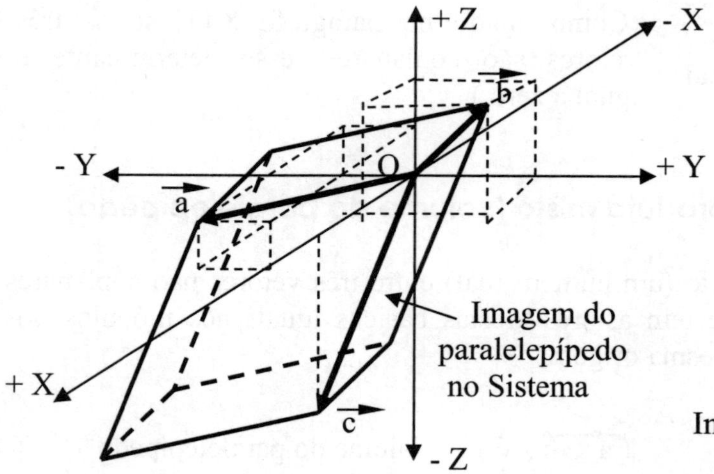

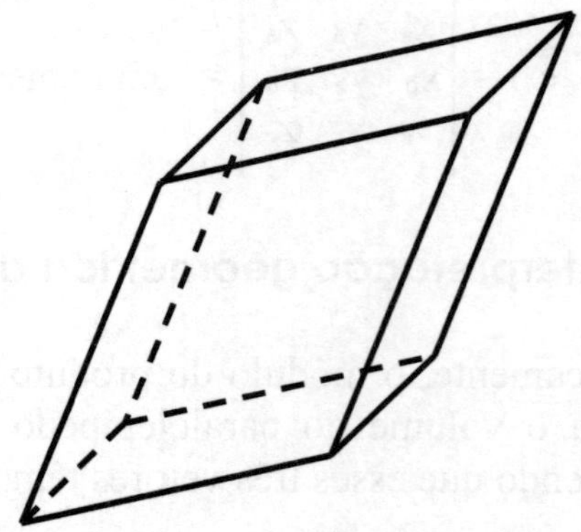

Imagem isolada do paralelepípedo

9.11.2 Principais propriedades do produto misto de três vetores

O produto misto apresenta várias propriedades, sendo as principais:

1ª: O produto misto muda de sinal (o número real), quando se troca a posição de dois vetores:

Para o caso do exercício 9.9: $(\vec{a}, \vec{b}, \vec{c}) = -29$. Trocando a posição dos vetores tem-se:

$(\vec{b}, \vec{a}, \vec{c}) = +29$.

$(\vec{c}, \vec{b}, \vec{a}) = +29$.

$(\vec{a}, \vec{c}, \vec{b}) = +29$.

Observa-se que a mudança de sinal é puramente "teórica", uma vez que os vetores continuam na mesma posição, bem como não muda o valor do módulo do volume do paralelepípedo.

2ª: O produto misto é nulo se, e apenas se, os três vetores forem coplanares:

Vamos supor: $\vec{a}$ (+3; +1; 0), $\vec{b}$ (+2; +2; 0) e $\vec{c}$ (+1; +3; 0):

Observa-se que, como a Coordenada z é igual a zero nos três vetores, os três estão sobre o Plano Horizontal π. Montando o determinante tem-se a confirmação:

$$(\vec{a}, \vec{b}, \vec{c}) = \begin{vmatrix} 3 & 1 & 0 \\ 2 & 2 & 0 \\ 1 & 3 & 0 \end{vmatrix} = \begin{vmatrix} 3 & 1 & 0 & 3 & 1 \\ 2 & 2 & 0 & 2 & 2 \\ 1 & 3 & 0 & 1 & 3 \end{vmatrix} = \text{zero}$$

$$\begin{matrix} - & - & - & & + & + & + \\ 0 & 0 & 0 & & 0 & 0 & 0 \end{matrix}$$

9.12 Detalhes das forças tridimensionais que atuam na usinagem de uma peça metálica, ao ser desbastada, por exemplo, num torno mecânico

Quando um cilindro metálico é colocado em um torno mecânico (um tipo de máquina operatriz), para sofrer uma usinagem, por exemplo, para reduzir seu diâmetro, o processo ocorre da seguinte forma: o cilindro metálico gira e uma ferramenta em metal especial, ao avançar no sentido radial, desbasta o metal, ou seja, reduz o seu diâmetro. Em verdade, a peça gira e a ferramenta se movimenta linearmente para frente (para reduzir o diâmetro) e para o lado ao longo do comprimento. As informações a seguir foram extraídas de Machado et al (2012, p.93 a 95).

Conforme mostrado na figura a seguir, a Força de usinagem $\vec{F}$ é a resultante de três forças: Força passiva $\vec{F_p}$, ao longo do eixo X, Força de avanço F_f, ao longo do eixo $\vec{Y}$ e a força de corte F_c, ao longo do eixo $\vec{Z}$.

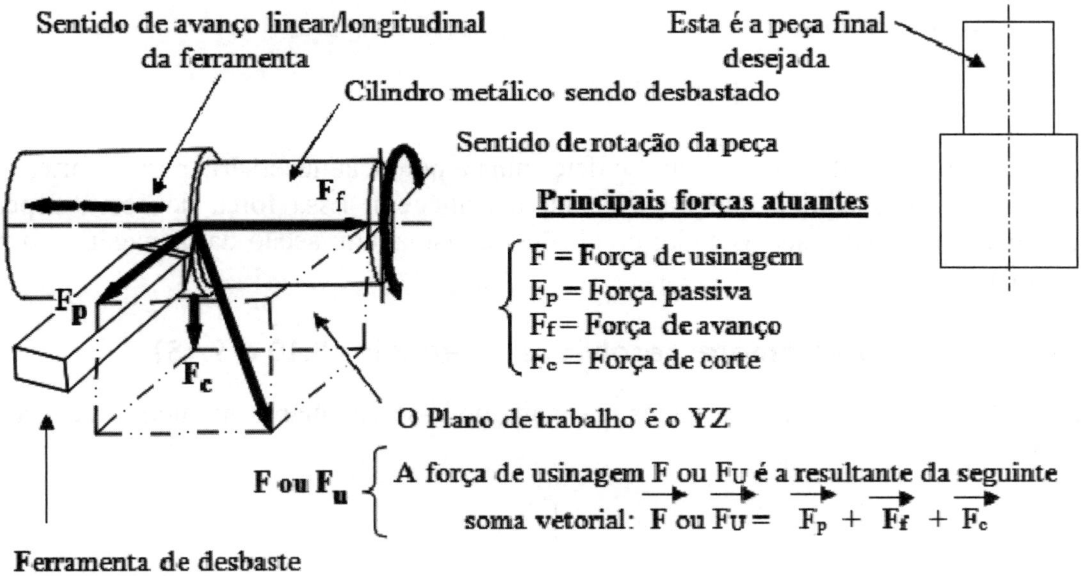

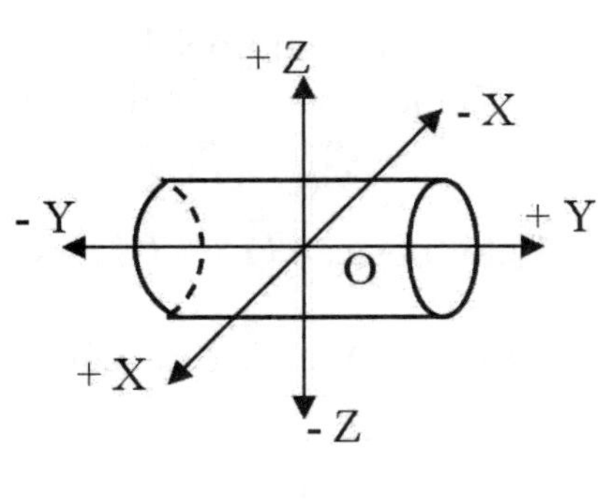

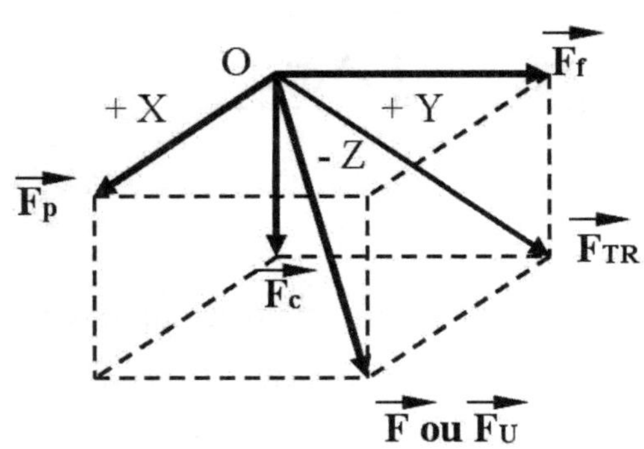

Detalhes da principais forças atuantes numa usinagem

F_c = Força de corte ou força principal de corte: é a projeção da força de usinagem sobre o plano de trabalho, na direção de corte, dada pela velocidade de corte.

F_f = Força de avanço: é a projeção da força de usinagem sobre o plano de trabalho, na direção de avanço, dada pela velocidade de avanço.
F_p = Força passiva ou força de profundidade: é a projeção da força de usinagem perpendicular ao plano de trabalho.

Além das três principais forças atuantes, também existem:

F_{TR} = Força ativa, é a projeção da força de usinagem F, sobre o Plano de trabalho (YZ).
F_n = Força de compressão, é a projeção da força de usinagem F, sobre uma direção perpendicular à superfície principal de corte.
F_{ap} = Força de apoio: é a projeção da força de usinagem sobre uma direção perpendicular à direção de avanço, situada no Plano de trabalho.

Considerando a força de usinagem F ou F_U decomposta nas suas três componentes principais, pode-se escrever a seguinte equação:

$$\vec{F} \text{ ou } \vec{F_U} = \sqrt{(|F_{ap}|)^2 + (|F_f|)^2 + (|F_P|)^2}$$

É com o cálculo da Força de corte $\vec{F_c}$, que se determina a potência necessária para o corte, ou seja, a potência do motor da máquina que irá executar a usinagem. Essa força de corte, depende dos seguintes fatores: material a ser usinado; condições da usinagem; seção da usinagem e o processo utilizado para a usinagem.

9.13 Exercícios complementares resolvidos (exercícios 9.10 a 9.15)

Exercício 9.10: dada a figura, e os dados a seguir, pede-se calcular o momento da força A, em relação ao ponto O (0; 0; 0).

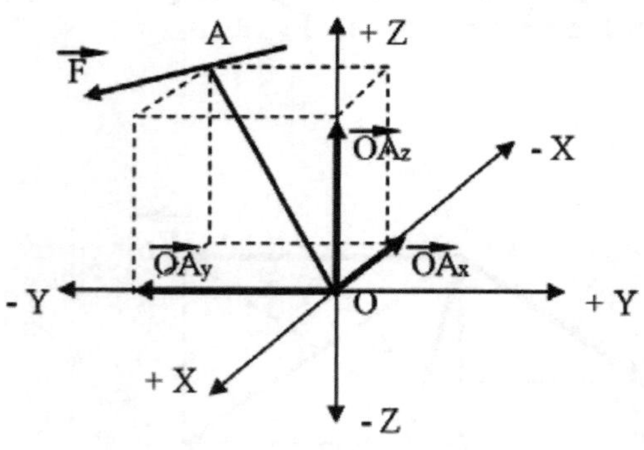

$$\begin{cases} A\,(-2; -4; +5) \\ \vec{F} = (+40\,i\,N; -30\,j\,N; -20\,k\,N). \end{cases}$$

Como visto no parágrafo 9.10.4 e exercício 9.6, o momento $\vec{M_O}$ é dado por;

$$\vec{M_O} = \vec{OA} \times \vec{F}.$$

Vetor posição $\vec{OA} = (-2i - 4j + 5k)$.

Ou seja, o momento é dado pelo produto vetorial dos vetores $\vec{OA}$ e $\vec{F}$, cujo cálculo, segundo o parágrafo 9.10, é:

$$\vec{M_O} = \begin{vmatrix} i & j & k \\ OA_x & OA_y & OA_z \\ 40N & -30N & -20N \end{vmatrix} = \begin{vmatrix} i & j & k & i & j \\ -2 & -4 & 5 & -2 & -4 \\ 40N & -30N & -20N & 40N & -30N \end{vmatrix}$$

$$- \quad - \quad - \quad + \quad + \quad +$$

$\vec{M_O}$ = (+ 230 i N; - 20 j N; + 220 k N) ⟵ **Este é o momento pedido.**

Exercício 9.11: uma força F de 150N, passa pelos pontos A (-2m; +3m; +4m) e B (+5m; +6m; 0). Determinar o momento gerado por esta força F em relação à Origem (0; 0; 0).

O primeiro passo é entender espacialmente o problema, com sua Imagem geométrica:

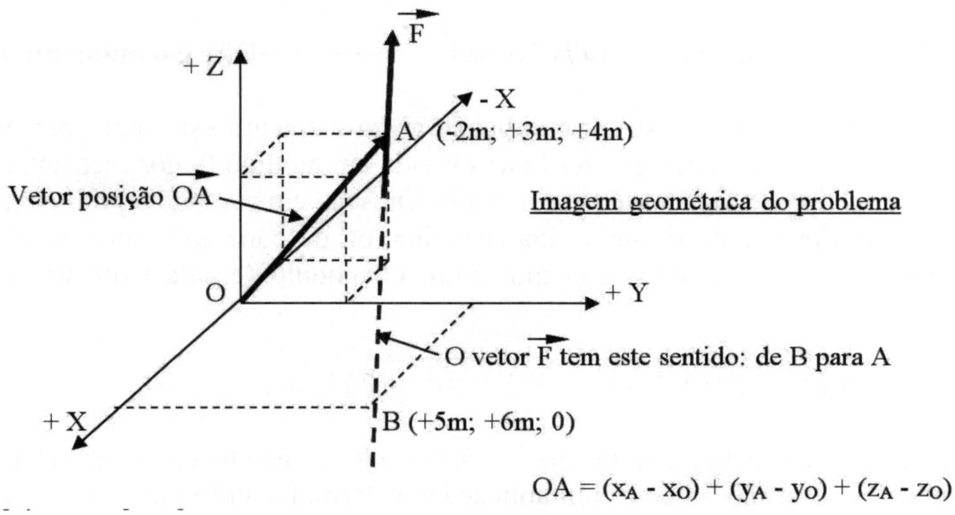

Desenvolvimento da solução:

O momento $\vec{M_O}$ é dado por: $\vec{M_O} = \vec{OA} \times \vec{F}$.

Vetor posição $\vec{OA}$ = -2mi + 3mj + 4mk

Força F = 150 $\vec{N}$

Vetor posição BA, sobre o qual atua a força $\vec{F}$ é: $\vec{BA}$ = (-2m -5m)i; (+3m - 6m)j; (+4m -0)k.

$\vec{BA}$ = (-7mi; -3mj; +4mk)

Para fazer o produto vetorial, para cálculo do momento, tem-se que obter o vetor Força $\vec{F}$, na forma vetorial Cartesiana. Isto é obtido multiplicando-se escalarmente o vetor unitário $\vec{BA}$ (que é o sentido onde atua a força F) pela força F = 150 N. O vetor unitário BA é obtido dividindo-se o vetor $\vec{BA}$ = -7mi -3mj +4mk, pelo módulo da distância BA (|BA|). Ou seja, o próximo passo é calcular |BA| para, na sequência calcular o restante.

$|BA| = \sqrt{(-7m)^2 + (-3m)^2 + (+4m)^2}$; |BA| = 8,6m.

Vetor unitário de $\vec{BA} = \vec{V_{BA}} = \dfrac{\vec{BA}}{|BA|}$ = [(-7m/8,6m)i; (-3m/8,6m)j; (+4m/8,6m)k].

$\vec{V_{BA}}$ = [- 0,814i - 0,349j + 0,465k].

O vetor, na forma Cartesiana da Força $\vec{F}$ = 150 N, é obtido pelo produto do escalar 150N, pelo vetor unitário $\vec{BA}$. Ou seja:

$\vec{F}$ = 150N. $\vec{BA}$ => $\vec{F}$ = 150N (- 0,814i; - 0,349j; + 0,465k);

Logo: $\vec{F}$ = [(-122,1N)i; (-52,35N)j; (+69,75N)k].

Finalmente, pode-se calcular o momento da força F, em relação à Origem: $M_O = OA \times \vec{F}$

$$\vec{M_O} = \begin{vmatrix} i & j & k \\ OA_x & OA_y & OA_z \\ -122{,}1N & -52{,}35N & +69{,}75N \end{vmatrix} = \begin{vmatrix} i & j & k \\ -2m & +3m & +4m \\ -122{,}1N & -52{,}35N & +69{,}75N \end{vmatrix} =$$

$\vec{M_O}$ = [(+418,65 Nm)i; (-348,9 Nm)j; (+471 Nm)k] ⟵ **Este é o momento pedido.**

<u>**Observação**</u>: caso esse momento estivesse aplicado a um elemento estrutural, por exemplo, uma viga metálica, a forma vetorial teria que ser transformada em módulo (valor escalar), para então ser feita a análise de qual tipo de viga teria que ser usada. Ou seja, em verdade o problema aqui exposto é parte de um dimensionamento de uma viga (metálica ou de concreto), submetida a uma força, num ponto tal que gera um determinado momento. O módulo (escalar) do momento obtido é calculado por:

$$|M_O| = \sqrt{(418{,}65\ Nm)^2 + (348{,}9\ Nm)^2 + (471\ Nm)^2} = 720\ Nm.$$

Uma vez conhecido o momento e o material a ser usado (concreto ou aço), um engenheiro de cálculo estrutural (civil ou mecânico), com aplicação de fórmulas próprias e específicas, consegue facilmente fazer o seu dimensionamento. O "específico" estar em modelar qual tipo de força aplicada e seu efeito, sobre a estrutura. Isso é "Engenharia".

Exercício 9.12: a) calcular a Força Resultante aplicada sobre o bloco a seguir e b) calcular o ângulo β que a resultante forma com o Eixo Y. Observa-se que, tanto a Força $\vec{F1}$ = 600 N, quanto a $\vec{F2}$ = 300 N, estão no plano XY e formam ângulos de 30° com o eixo Y.

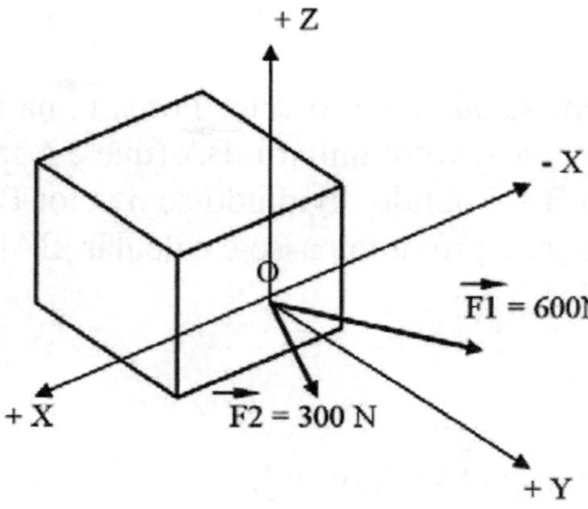

β é o ângulo entre a Resultante e o Eixo +Y.
β = α – 30°.

Desenvolvimento da solução*:

Como as forças são coplanares, estando no Plano XY, o sistema de forças pode ser assim resumido:

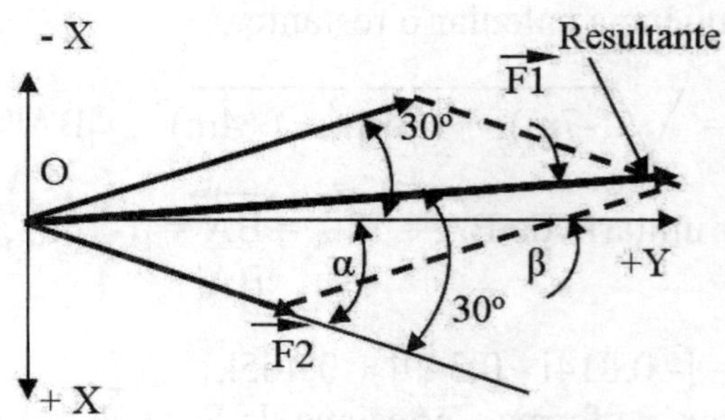

<u>***Observação**</u>: na prática da Engenharia, os cálculos são desenvolvidos sem colocar as setinhas sobre os vetores.

As forças $\vec{F1}$ e $\vec{F2}$ formam um ângulo de 60° entre si. Com o triângulo a seguir detalhado, acha-se a Resultante.
α = ângulo entre $\vec{F2}$ e a Resultante.
β = ângulo entre a Resultante e o Eixo +Y.

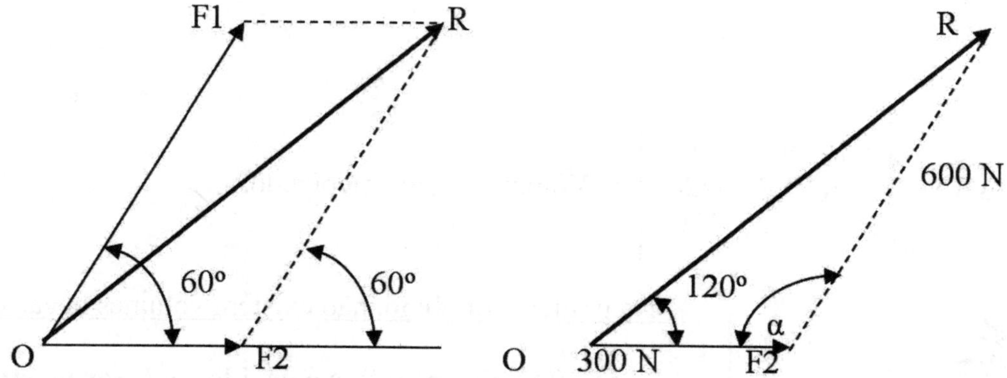

Com a Lei dos Cossenos, acham-se, tanto o valor da Resultante, quanto o ângulo que ela forma com a Força F2.

$600^2 = OR^2 + 300^2 - 2.OR.300.\cos\alpha \Rightarrow 360.000 = 630.000 + 90.000 - 2793{,}73.300.\ \cos\alpha.$

$\cos\alpha = -\ 360.000/-476.238 \Rightarrow \cos\alpha = +\ 0{,}7559245 \Rightarrow \alpha = 40{,}9^o.$

Como: $\beta = \alpha - 30^o \Rightarrow \beta = 10{,}9^o.$

$OR^2 = OF2^2 + FR2^2 - 2.OF2.F2R.\cos120^o.\ (\cos120^o = -\ 0{,}5).$

$OR = 793{,}73N.$

a) A Resultante é igual a 793,73N e b) O ângulo entre a Resultante e o Eixo Y é $\beta = 10{,}9^o$.

Exercício 9.13: determinar o volume do paralelepípedo, formado pelo posicionamento dos seguintes três vetores, onde dois a dois formam planos paralelos: $\vec{V1}$ (0; +1; +2), $\vec{V2}$ (-3; 0; 0) e $\vec{V3}$ (0; +4; 0). A unidade de medida é o metro (m).

Inicialmente faz-se a Imagem Geométrica dos vetores e do paralelepípedo que surge.

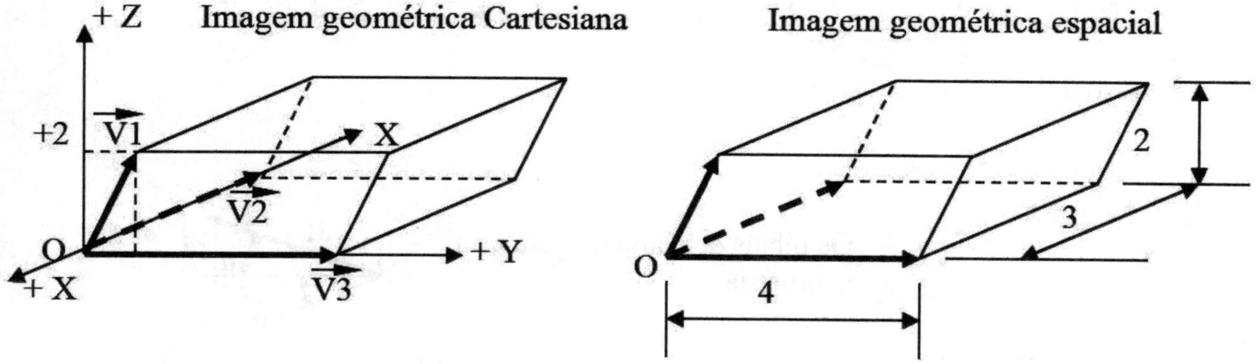

O volume deste paralelepípedo pode ser calculado, tanto pela geometria espacial, quanto pelo conceito do produto misto de três vetores, como visto no parágrafo 9.11.

$$(\overrightarrow{V1}\,,\ \overrightarrow{V2}\,,\ \overrightarrow{V3}\,) = \begin{vmatrix} V1_x & V1_y & V1_z \\ V2_x & V2_y & V2_z \\ V3_x & V3_y & V3_z \end{vmatrix} = \text{Volume do paralelepípedo.}$$

*Na prática, por óbvio, não existem volumes negativos.

$$(\overrightarrow{V1}\,,\ \overrightarrow{V2}\,,\ \overrightarrow{V3}\,) = \begin{vmatrix} 0 & 1 & 2 \\ -3 & 0 & 0 \\ 0 & 4 & 0 \end{vmatrix} = \mathbf{-\ 24\ m^3}.$$ **(O valor negativo é devido *$V2_x$ ser negativo).**

Pela Geometria espacial: Volume = 4m. 3m.2m; logo: **Volume = 24 m³**. (De forma simplificada pode-se dizer que, esse volume é igual à área do paralelogramo frontal, vezes a profundidade ou no caso, a medida de $V2_x$).

Exercício 9.14: como mostrado nas figuras a seguir, uma laje pré moldada de concreto está sendo içada, com quatro apoios em olhais nas bordas da laje. Considerando que em cada cabo atua uma força de 200N, considerando os ângulos de aplicação desta força (iguais nos quatro olhais), pede-se calcular as componentes Fx, Fy e Fz, no olhal do cabo 1. (Observa-se que, em módulo as componentes são iguais nos quatro olhais).

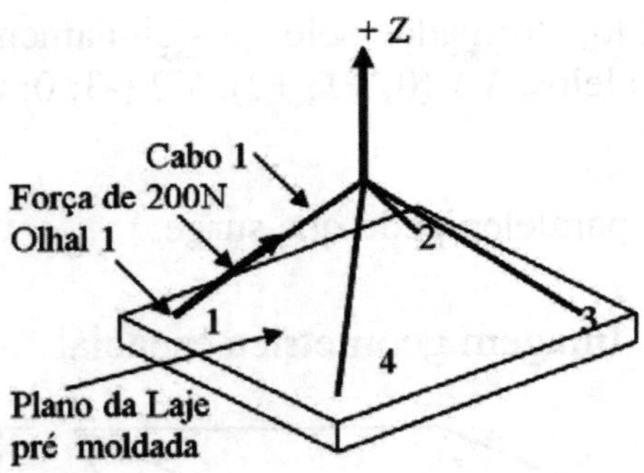

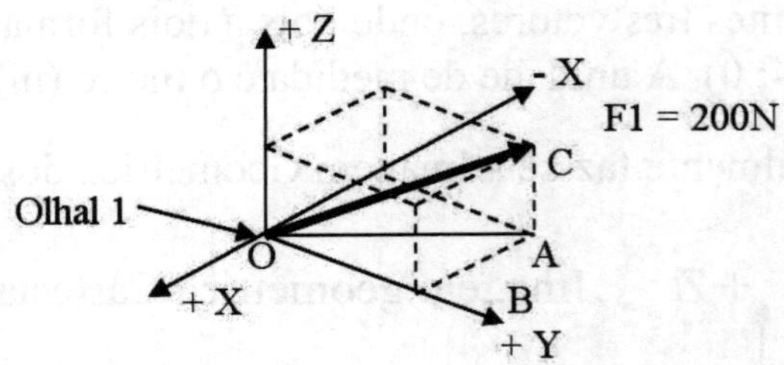

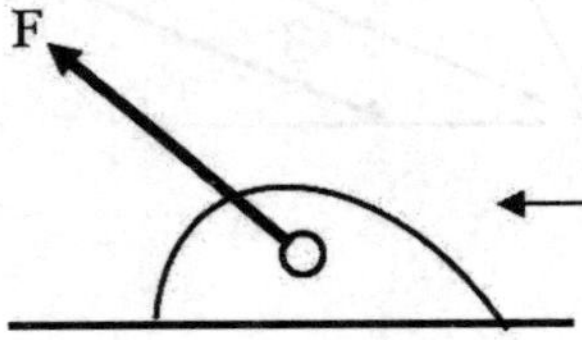

Os olhais de içamento têm esta geometria

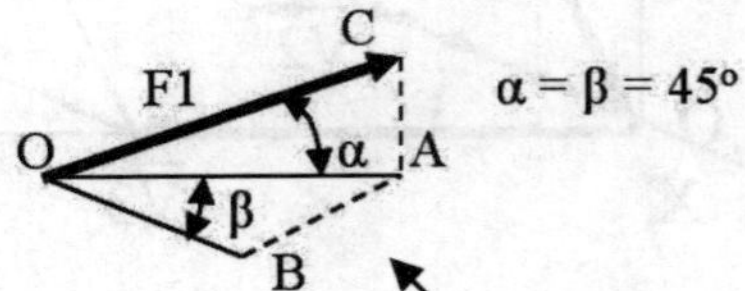

Ângulos que a força F1 faz com o plano da laje e o Eixo Y

Desenvolvimento da solução:

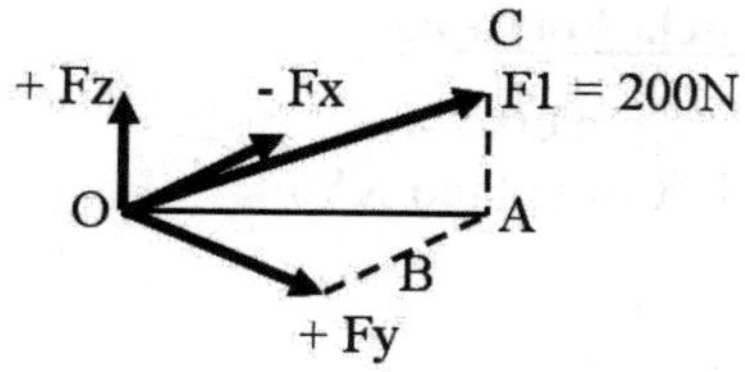

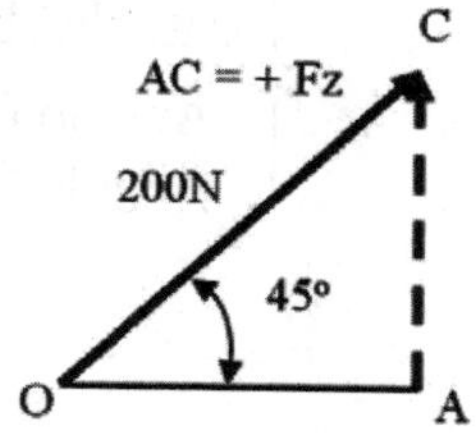

sen 45° = AC / 200N
AC = sen 45°. 200N

AC = + Fz = 141,4N
cos 45° = OA / 200N
OA = cos 45°. 200N

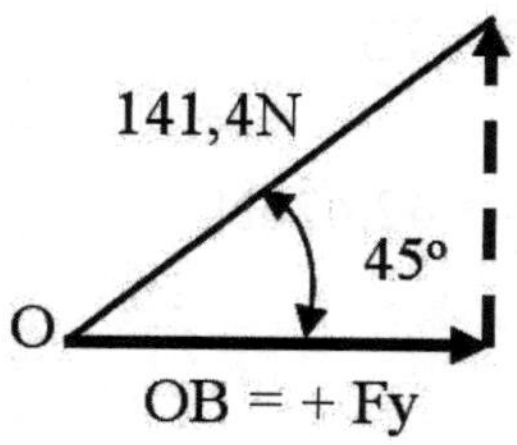

OA = 141,4N

sen 45° = BA / 141,4N
BA = sen 45°. 141,4N
BA = - Fx = - 99,97N

cos 45° = OB / 141,4N ; OB = cos 45°.141,4N; OB = 99,97N
Fy = 99,97N

Resposta: as componentes no olhal do cabo 1 são: Fx = - 99,97N; Fy = 99,97N e Fz = 141,4N. Essas forças aplicadas no olhal geram esforços de tração, cizalhamento e flexão, que são utilizados para o projeto e dimensionamento do olhal. (O exercício 3.3 dá ideia sobre o dimensionamento desse tipo de olhal).

Exercício 9.15: um suporte em concreto, vertical, tem um olhal onde estão aplicadas três Forças: F1 = 50N; F2 = 40N e F3 = 60N. Considerando os sentidos e direções das forças, conforme os desenhos adiante, pedem-se: a) Analise as Forças e calcule o valor da Resultante Final - RF. b) Calcule o valor do ângulo que a Resultante Final - RF, forma com um dos planos: XY, YZ ou XZ. c) Detalhe a direção e o sentido da Força Resultante Final - RF, em relação aos Octantes.

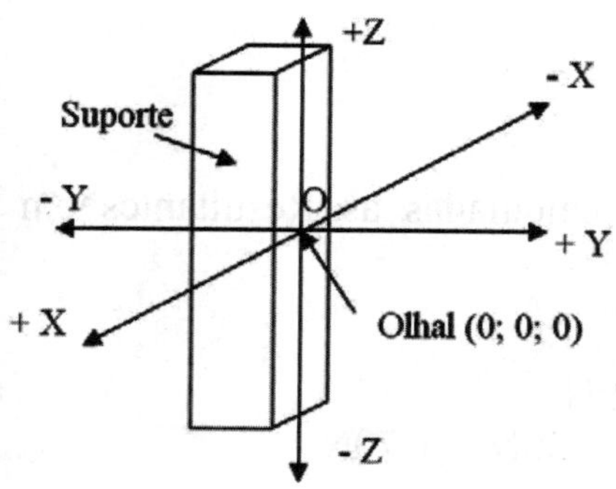

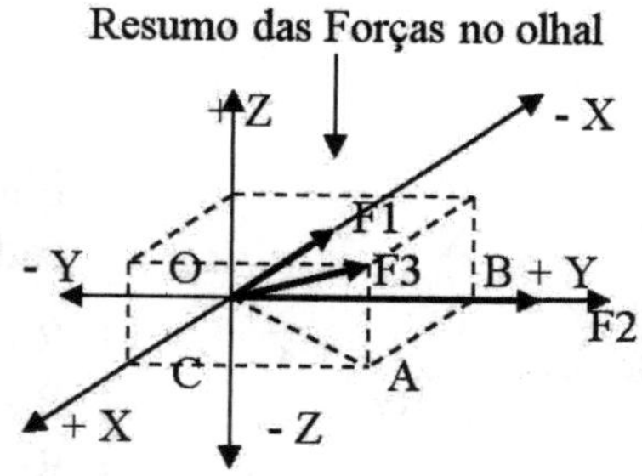

A Força F1 tem a direção do eixo X e sentido - X.
A Força F2 tem a direção do eixo Y e sentido + Y.
A Força F3 está no 1° Octante e sentido para fora da folha.

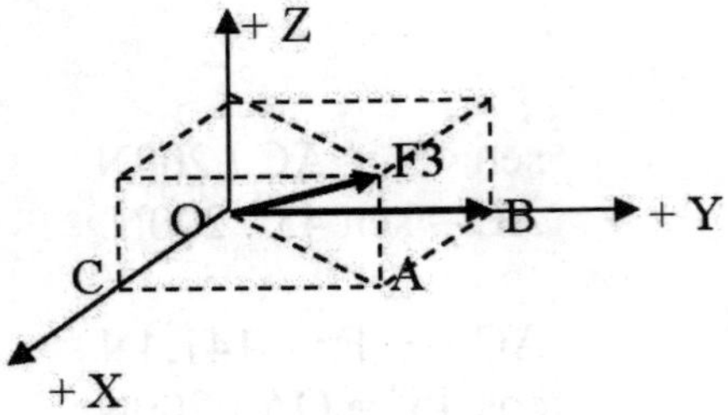

Ângulos formados pela Força F3

Ângulo OAB = 45° (Com eixo X).
Ângulo OF3A = 45° (Com plano XY)

A Força F3 apresenta três componentes ou projeções: $F3_X$, $F3_Y$ e $F3_Z$; pois: ($F3_X + F3_Y + F3_Z = F3$)
Cálculo de OA, como projeção de F3 sobre o Plano XY. Observa-se que: $AF3 = F3_Z$.

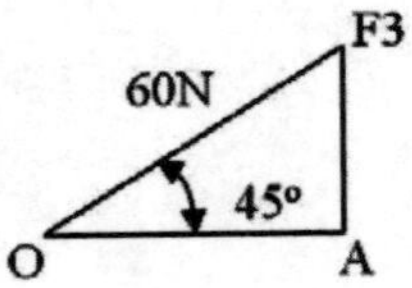

Cos 45° = OA / 60N => OA = 60N x (+0,707) => OA = + 42,426N.
Como OA = AF3 = $F3_Z$ => $F3_Z$ = + 42,426N.

Cálculo da projeção de F3 sobre o eixo Y (ou seja, OB) ou $F3_Y$ e sobre o eixo X (ou seja, AB) ou $F3_X$.

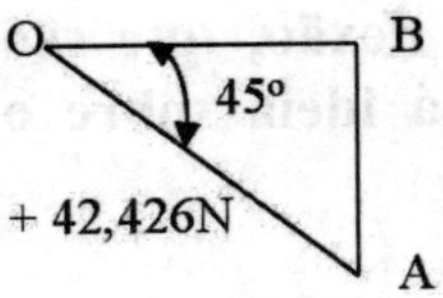

Cos 45° = OB / 42,426N => OB = 42,426N x (+0,707) => OB = + 30N.
Como OB = $F3_Y$ = = $F3_Z$ => $F3_Y$ = + 30N.
Como OB = AB = $F3_X$ => $F3_X$ = + 30N.

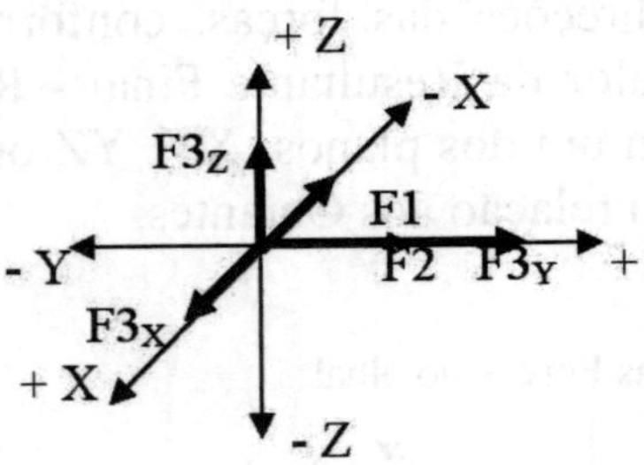

As Forças F1 e F2, mais as três componentes de F3, resultam neste sistema.

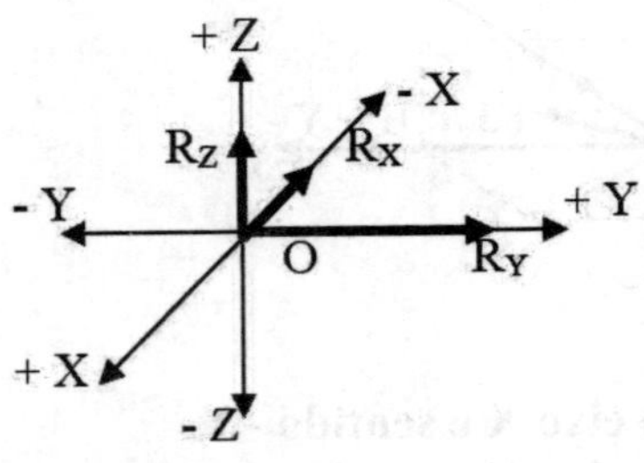

Finalmente podem ser calculadas as Resultantes*em cada Eixo:

$R_X = F1 + F3_X$.
R_X = - 50N + 30N = - 20N
$R_Y = F2 + F3_Y$ = + 40N + 30N = + 70N.
$R_Z = F3_Z$ = + 42,426N.

* O dimensionamento mecânico do olhal é feito considerando-se estes três componentes.

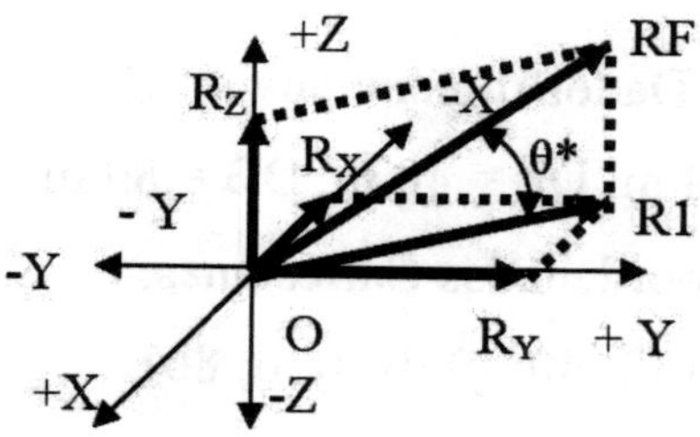

A Resultante Final = RF, é a soma vetorial das três Forças: R_X, R_Y e R_Z.

A Resultante R1 é a soma vetorial de $R_X + R_Y$ e a Resultante Final é igual a: $RF = R1 + R_Z$. Essas somas seguem a Regra do Paralelogramo, com a solução de duas hipotenusas de dois triângulos retângulos.
* θ é o ângulo entre RF e o plano XY.

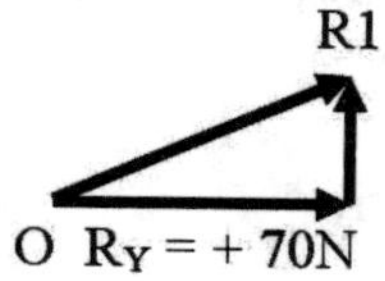

$R_X = -20N$ $\left\{ \begin{array}{l} (R1)^2 = (R_X)^2 + (R_Y)^2 \\ R1 = 72{,}801N. \end{array} \right.$

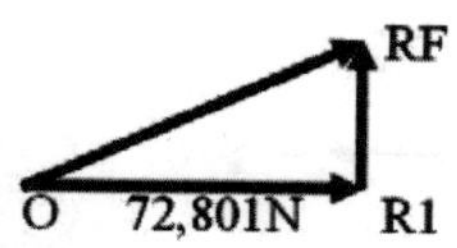

$R_Z = +42{,}426N$ $\left\{ \begin{array}{l} (RF)^2 = (R_Z)^2 + (R1)^2 \\ RF = 84{,}26N. \end{array} \right.$

Finalmente:

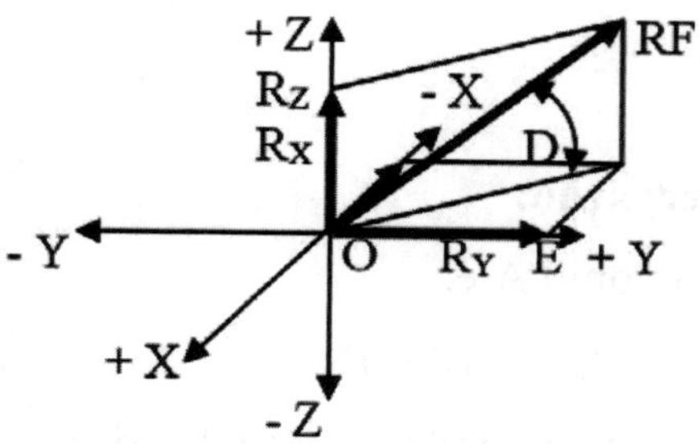

Cálculo do ângulo θ entre RF e o Plano XY.

$OD^2 = (R_X)^2 + (R_Y)^2$
$OD = 72{,}80 = R1$
$Tg\ \theta = R_Z / OD = 42{,}426 / 72{,}80 = 0{,}583$
$\theta = 30{,}242^o$.

Respostas: a) O valor da Resultante Final – RF é 84,26N. b) O valor do ângulo que a Resultante Final - RF, forma com o Plano XY é θ = 30,242°. c) A direção e o sentido da Força Resultante Final - RF é da Origem para o 4° Octante.

9.14 Exercícios propostos (exercício 9.16 a 9.20)

Exercício 9.16: um suporte tubular metálico vertical (comprimento BD = 80 m), que suporta um painel, está apoiado na rótula D. O cabo AB está ancorado, ou seja, fixado, no ponto A. Devido ação da força do vento, e com a instalação de um dinamômetro* no cabo AB, constatou-se que existe (em determinado momento de vento muito forte) uma força de tração de 2.500 N, no cabo AB. Nessas condições, pede-se calcular o vetor força que o cabo exerce no ponto A. *Dinamômetro é um instrumento que mede forças diretamente da deformação por elas causada num sistema elástico. O cabo AB, deste exercício, é considerado um sistema elástico.

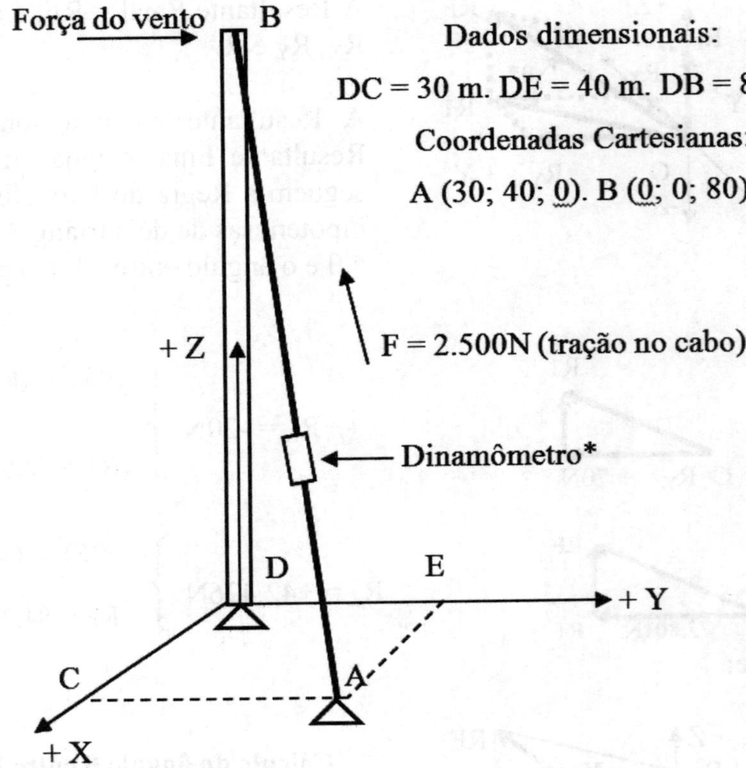

Dados dimensionais:

DC = 30 m. DE = 40 m. DB = 80 m.

Coordenadas Cartesianas:

A (30; 40; 0). B (0; 0; 80).

Recomenda-se consultar o exercício 9.11.

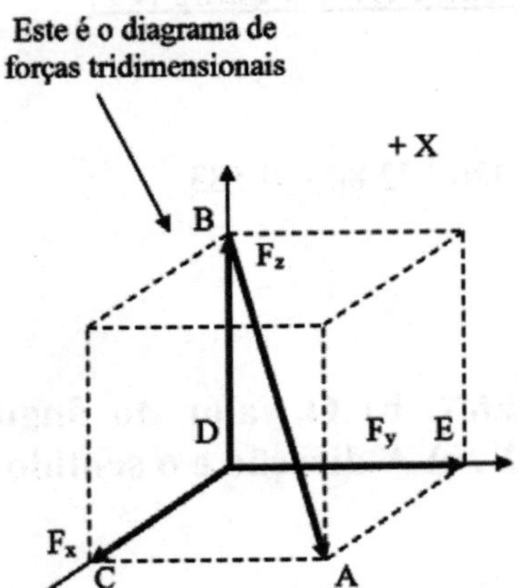

Resposta e observação:

O vetor Força no ponto A é:

F_A = (+795i; + 1.060j; - 2.120k)N.

Observa-se que, considerando os módulos das três componentes:
Fx = 795N; Fy = 1.060N e
Fz = 2.120N, ao se fazer a soma vetorial, obtém-se a Força Resultante igual a 2.500N

Exercício 9.17: uma força F passa pelo ponto A (-3m; -2m; -4m). Sabendo que a Força é definida pelo vetor F (10i - 20j - 30k)N, pedem-se: a) o momento, na forma vetorial, da força em relação à Origem (0; 0; 0); b) o módulo em Nm desse momento. Recomenda-se consultar o exercício 9.8.

Respostas: a) o momento M_O = (- 20i; - 130j; + 80k); b) o módulo do momento é: $|M_O|$ = 153,95Nm.

Exercício 9.18: um bloco maciço de peso P = 1.000N, está apoiado sobre um plano inclinado que forma um ângulo de 30° com a horizontal. Sabendo que, entre o plano inclinado e o bloco, o coeficiente de atrito estático ($\mu_{est.}$) é igual a 0,4, considerando que as forças F1 e F2 formam ângulos de 45° com o eixo -X e que têm o mesmo valor, pede-se analisar e calcular: a) Nessas condições, o bloco fica estático ou desce o plano inclinado? b) qual deve ser o valor mínimo de cada força F1 e

F2, para que o bloco se mantenha estático (parado)? Recomenda-se consultar o capítulo 3, parágrafo 3.8. e o exercício 3.13.

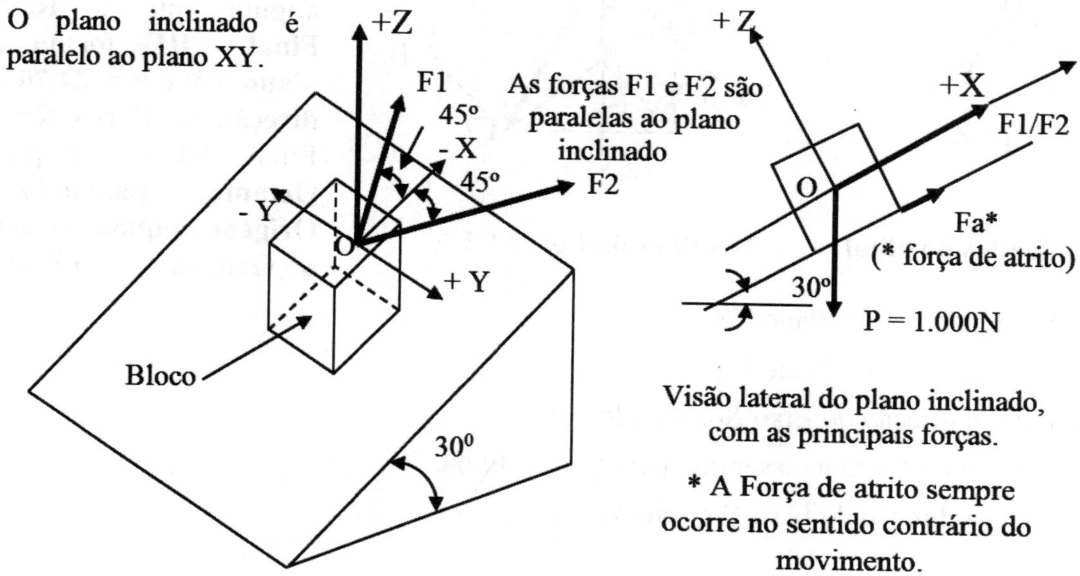

Visão lateral do plano inclinado, com as principais forças.

* A Força de atrito sempre ocorre no sentido contrário do movimento.

Respostas: a) nessas condições, o bloco desce o plano inclinado, uma vez que a força no eixo OX, para baixo, componente devido peso do bloco, é de 500N e a força de atrito (devido reação de apoio) é 346,4N. b) para o bloco não descer o plano inclinado, cada força F1 e F2, deve ter o valor mínimo de 598,59N.

Exercício 9.19: sabendo que o produto misto de três vetores representa o volume de um paralelepípedo, cujas arestas têm comprimentos iguais ao módulo de cada vetor, pede-se calcular o diâmetro D da esfera, cujo volume seja igual ao volume do paralelepípedo definido pelos vetores: V1 (-1m; +1m; +3m), V2 (-3m; +2m; +4m) e V3 (+2m; +4m; +5m). Lembra-se que o volume de uma esfera é: $V_{esfera} = \pi D^3/6$. Recomenda-se consultar o exercício 9.13. Alerta-se que: na prática não existem volumes negativos, isso só ocorrendo em função da posição do sólido, em relação ao sistema Cartesiano considerado.

Resposta: o diâmetro da esfera é de 3,311 metros (3.311 mm), para um volume de 19 m³.

Exercício 9.20: um suporte metálico, tipo pendural, tem um olhal onde estão aplicadas três Forças: F1 = 30N; F2 = 60N e F3 = 40N. Considerando os sentidos e direções das forças, conforme os desenhos abaixo, pedem-se: a) Analise as Forças e calcule o valor da Resultante Final - RF. b) Calcule o valor do ângulo que a Resultante Final - RF, forma com um dos planos: XY, YZ ou XZ. c) Detalhe a direção e o sentido da Força Resultante Final - RF, em relação aos Octantes. Recomenda-se consultar o exercício 9.15.

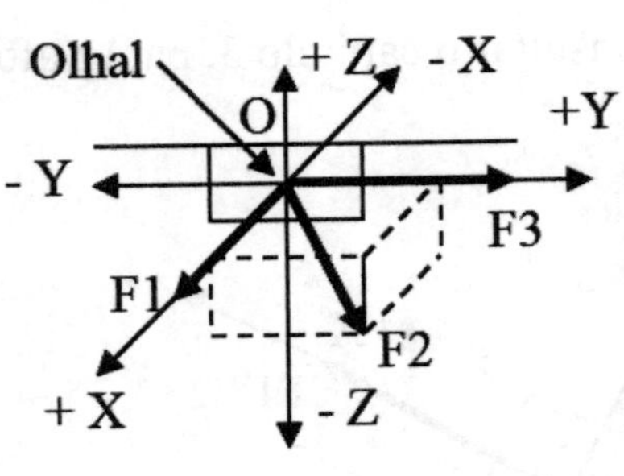

Forças aplicadas no olhal

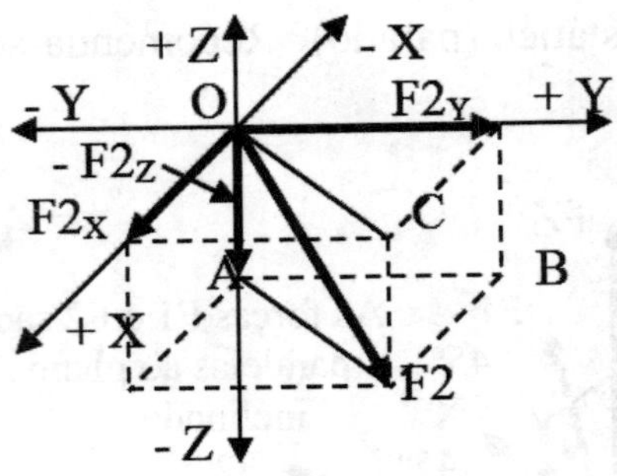

Detalhes da Força F2

Respostas: a) O valor da Resultante Final - RF é 101,489N. b) O valor do ângulo que a Resultante Final - RF, forma com o plano XY é θ = 24,702°. c) A direção da Força Resultante Final - RF é do 3° para o 5° Octante, passando pela Origem, enquanto o sentido é da Origem para o 5° Octante.

AF2B = 45°, ângulo com o Plano YZ.

F2OC = 45°, ângulo com o Plano XY.

A Força F1 tem a direção do Eixo X e sentido + X.

A Força F2 está no 5° Octante e sentido para fora da folha.

A Força F3 tem a direção do Eixo Y e sentido + Y.

Pesquisas na *Internet*

Para um maior aprofundamento dos conceitos deste capítulo, e acesso a outros exercícios, recomenda-se a consulta aos seguintes *sites*:

http://www.iq.unesp.br/Home/Departamentos/FisicoQuimica/jorgecapela/vetoresespaco.pdf
http://pessoal.sercomtel.com.br/matematica/geometria/vetor3d/vetor3d.htm
http://www.labest.eng.ufba.br/sites/labest.eng.ufba.br/files/Momento%202015.1.pdf
http://www.engbrasil.eng.br/pp/mt/aula11.pdf
http://www.professores.uff.br/kowada/ga/ead/ga2V1aula3.pdf

Além destes *sites*, principalmente para mais exemplos de aplicações práticas e reais, recomenda-se a busca de outros, usando-se como palavras chave: "vetores tridimensionais", "cálculo vetorial no espaço R3", "vetores na mecânica", "mecânica técnica" e "mecânica técnica aplicada".

Alerta-se que, como citado na Unidade Introdutória deste livro, para um bom aprendizado não se deve apenas estudar na forma digital, mas também na impressa e, especialmente, fazendo à mão livre resumos e exercícios, inclusive as Imagens Geométricas.

UNIDADE IV

Superfícies quádricas

Superfície quádrica, algebricamente, é o conjunto dos pontos do espaço tridimensional (X, Y, Z), cujas coordenadas formam um polinômio de segundo grau, de no máximo três variáveis (x, y, z), denominada equação cartesiana da superfície, onde pelo menos um dos coeficientes A, B, C, D, e ou F é diferente de zero, representando assim uma superfície quádrica, ou simplesmente, uma quádrica. Quando uma superfície quádrica é cortada por um dos Planos Coordenados (XY ou XZ ou YZ) ou por planos paralelos a eles, a curva de interseção será uma cônica. A interseção de uma superfície com um plano é chamada de traço da superfície no plano.

$$\mathbf{Ax^2 + By^2 + Cz^2 + Dxy + Exz + Fyz + Gx + Hy + Iz + J = 0}$$ { Equação cartesiana geral da superfície quádrica

$$\mathbf{Ax^2 + By^2 + Cz^2 + J = 0}$$ ⟵ Equação reduzida da superfície quádrica*

Classificação geral das superfícies no espaço R^3

- Cilíndricas
  - Circular
  - Elíptica
  - Parabólica
  - Hiperbólica
- Cônicas
  - Cone (superfície cônica)
  - Elipsoide (esferoide e esfera)
  - Elipsoide de revolução
  - Paraboloide elíptico
  - Paraboloide de revolução
  - Paraboloide hiperbólico
  - Hiperboloide de uma folha
  - Hiperboloide de duas folhas
- Especiais
  - Toroide (Toro)**
  - Helicoide (Hélice)
    - Cilíndrico
    - Cônico
    - Esférico

(Cilíndricas e Cônicas: Quádricas)

* Como será visto nos capítulos 10 e 11, para as aplicações práticas, especialmente na Engenharia, é mais comum que as equações sejam apresentadas na forma canônica.

** Embora o Toroide (Toro) seja gerado a partir da cônica tipo circunferência, nesse livro será estudado, junto com o Helicoide (Hélice), no capítulo 12, como superfície especial.

Capítulo 10

A esfera e as superfícies quádricas cilíndricas: circular, elíptica, parabólica e hiperbólica

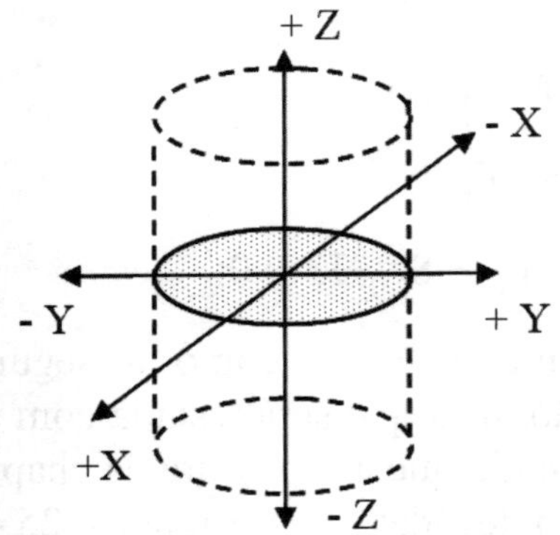

Um cilindro elíptico

***Superfícies são áreas laterais**, oriundas das várias funções e seções já estudadas no capítulo 4, da circunferência, que gera a esfera, no capítulo 5, da elipse, que gera os cilindros circulares e elípticos, no capítulo 6, da parábola, que gera o cilindro parabólico e no capítulo 7, da hipérbole, que gera o cilindro hiperbólico. Dentre as várias aplicações, citam-se: a esfera, utilizada, particularmente, para armazenagem de fluidos; cilindros circulares e elípticos, utilizados como tubulações e dutos e cilindros parabólicos, utilizados em usinas solares, para produção de energia elétrica*

10.1 Superfície esférica (esfera)

Superfície esférica (esfera) é aquela de centro C e raio r > 0, sendo o lugar geométrico dos pontos do espaço que mantêm a mesma distância r do centro C. Sendo um ponto P (x; y; z) situado na superfície esférica de centro C (x_0; y_0; z_0), a distância entre P e C, origina a seguinte equação da superfície:

$$(\mathbf{x} - \mathbf{x_0})^2 + (\mathbf{y} - \mathbf{y_0})^2 + (\mathbf{z} - \mathbf{z_0})^2 = \mathbf{r}^2$$ ⟵ Equação geral cartesiana da superfície esférica.

x_0; y_0; z_0 são as Coordenadas Cartesianas do centro, que não coincide com a Origem (0; 0; 0).

Em termos de características geométricas e nomenclatura uma esfera apresenta os seguintes elementos principais:

Diâmetro d = 2r

Volume de uma Esfera:

Vesf. = $(4/3)\pi r^3 = (\pi/6)d^3$

Área lateral da Superfície:

Sesf. = $4\pi r^2 = \pi d^2$

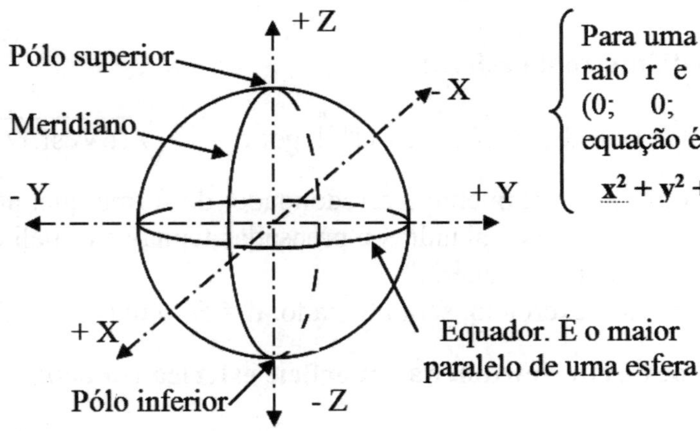

Para uma Esfera de raio r e centro C (0; 0; 0), sua equação é igual a:

$$\mathbf{x^2 + y^2 + z^2 = r^2}$$

Exercício 10.1: determinar as equações das seguintes superfícies esféricas: a) com centro C (0; 0; 0) e raio r = 3. b) com centro C (-2; +3; -4) e raio r = 4.

a) Equação da superfície esférica de centro C (0; 0; 0) e raio r = 3:

$$x^2 + y^2 + z^2 = r^2 \longrightarrow x^2 + y^2 + z^2 = (3)^2 \longrightarrow x^2 + y^2 + z^2 = 9 \text{ ou } x^2 + y^2 + z^2 - 9 = 0$$

b) Equação da superfície esférica de centro C (-2; +3; -4) e raio r = 4:

$(x - x_0)^2 + (y - y_0)^2 + (z - z_0)^2 = r^2 \longleftarrow$ (Nesse caso usa-se a equação geral).

$[(x - (-2)]^2 + (y - 3)^2 + [(z - (-4)]^2 = (4)^2$; $(x + 2)^2 + (y - 3)^2 + (z + 4)^2 = 16$;

$(x^2 + 4x + 4) + (y^2 - 6y + 9) + (z^2 + 8z + 16) = 16$; $x^2 + y^2 + z^2 + 4x - 6y + 8z - 13 = 0$;

Exercício 10.2: um engenheiro precisa dimensionar um recipiente esférico, como a seguir mostrado, para conter um volume de 100 m^3, de um gás sobre pressão, mas que será testada com a esfera cheia de água (peso específico da água igual a 10 KN/m^3). Sabendo que a espessura da chapa de aço utilizada para fabricar essa esfera será de 2,54 cm (ou uma polegada*, que é igual a 25,4 mm), que essa chapa de aço tem um peso específico de 80 KN/m^3 e que essa esfera será apoiada em 6 patas** cilíndricas metálicas, pedem-se: a) Qual o diâmetro da esfera? b) Qual o peso, em Newton, da superfície esférica em aço? c) Qual o peso, em Newton, da esfera cheia de água, mais o seu peso próprio? d) Qual a força Fc de compressão, em Newton, sobre cada pata, quando a esfera estiver cheia de água?

***Polegada ou *inch* é uma medida inglesa de comprimento e equivale a: 1" ou *one inch* = 25,4 mm.**
**** Patas, são os suportes feitos em tubos metálicos circulares.**

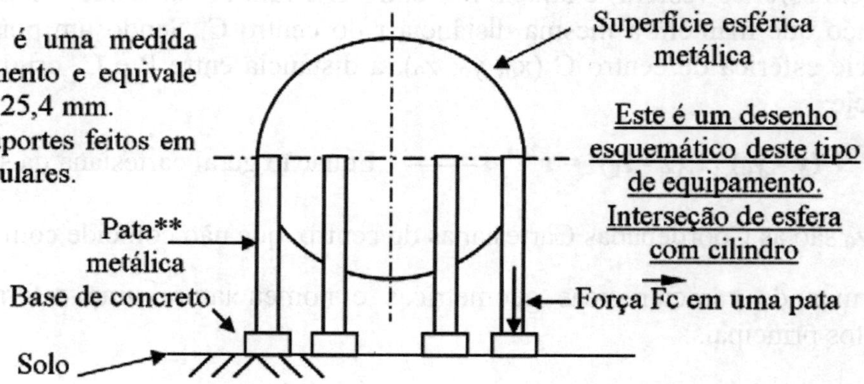

a) Cálculo do diâmetro da esfera:

Vesf. = $(4/3)\pi r^3 = (\pi/6)d^3$; Vesf. = $(\pi/6)d^3$; logo: $d = \sqrt[3]{(6\text{Vesf.}) / \pi}$; d*** = 5,7589 m.

*** Esse diâmetro, posteriormente é arredondado, de forma que, ao se fabricar a esfera a partir de chapas de aços dobradas em calandras e prensadas tenha-se o melhor aproveitamento, ou seja, com o mínimo de desperdício de material.
Para os cálculos desse exercício, será utilizado: d = 5,76 m (igual a 5.760 mm).

b) Cálculo do peso, em Newton, da superfície esférica em aço;

Sesf. = $4\pi r^2 = \pi d^2 \longleftarrow$ Essa é a área da superfície da esfera, ou seja, a área da chapa metálica.

Sesf. = $\pi d^2 = \pi.\ (5{,}76\ m)^2$; logo: área = 104, 23 m^2.

O peso de toda a superfície de aço é: 104,23 m^2 . 0,0254 m . 80 KN/m^3. (0,0254 m = espessura da chapa em metros). Ou seja: Peso da chapa da superfície esférica = 211,8 KN.

c) Cálculo do peso total, em Newton, da esfera cheia de água, mais o seu peso próprio:

É importante citar que, esse peso é obtido, considerando: peso da chapa da superfície esférica + peso da água para todo o volume + peso das seis patas + peso de escadas, bocais e acessórios. Como se trata de um exercício acadêmico, da área de Geometria Analítica Aplicada, o peso das patas mais o restante será considerado como cerca de 10% do peso da chapa, ou seja, 21,2 KN.

Peso do volume de água = 100 m^3 . 10 KN/m^3 = 1.000 KN.
Peso próprio = 211,8 KN + 21,2 KN = 233 KN.
Peso total = 1.233 KN.

d) Cálculo da força de compressão Fc, em cada pata, considerando o peso total:

Fc = peso total / 6 patas; Fc = 1.233 KN / 6 patas; Fc = 205,5 KN por pata.

Exercício 10.3: determinar a equação geral do plano τ, tangente à seguinte superfície esférica, no ponto P (+4; +3; +2): $x^2 + y^2 + z^2 - 4x + 6y + 2z - 35 = 0$.

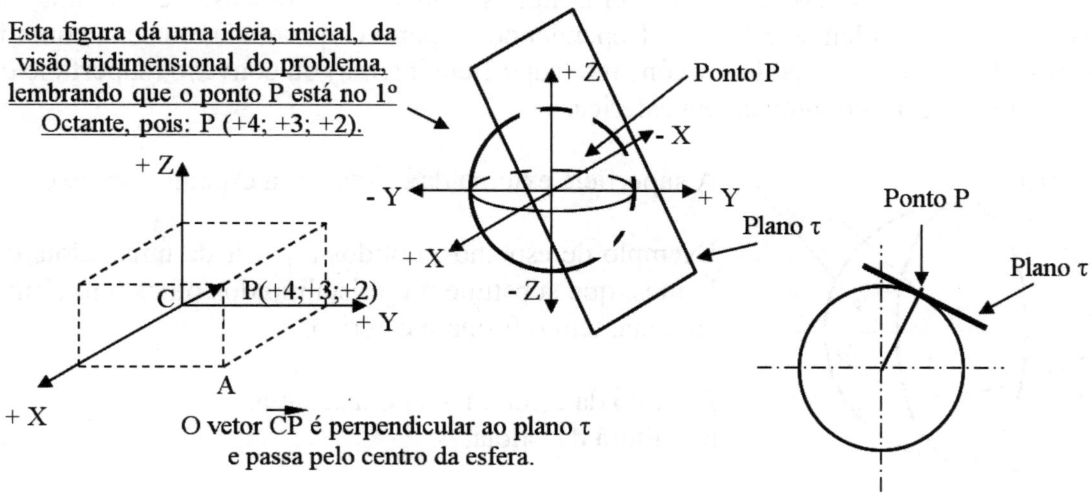

O vetor $\overrightarrow{CP}$ é perpendicular ao plano τ e passa pelo centro da esfera.

Como o plano τ é tangente à superfície esférica, de centro C (x_0; y_0; z_0), pode-se afirmar que a distância entre o centro C e o plano τ é igual ao raio r, e o vetor CP é normal (perpendicular) ao plano τ. Dessa forma, primeiro se determinam as Coordenadas Cartesianas do centro C. Para isso, deve-se trabalhar algebricamente a equação da superfície esférica:

$x^2 + y^2 + z^2 - 4x + 6y + 2z = 35$: essa equação pode ser escrita como:

$$(x^2 - 4x) + \quad (y^2 + 6y) + \quad (z^2 + 2z) = 35.$$

A adição desses números* "equilibra" a equação

$$\updownarrow \qquad \updownarrow \qquad \updownarrow$$

$$(x^2 - 4x + 4^*) + (y^2 + 6y + 9^*) + (z^2 + 2z + 1^*) = 35 + \overbrace{4^* + 9^* + 1^*}.$$

$$\updownarrow \qquad \updownarrow \qquad \updownarrow \qquad \updownarrow$$

$$(x - 2)^2 \quad + \quad (y + 3)^2 \quad + \quad (z + 1)^2 \quad = \quad +49$$

$(x - 2)^2 + (y + 3)^2 + (z + 1)^2 = + 49$: significa que C (+2; -3; -1) e o raio da esfera é 7.

O vetor $\overrightarrow{CP}$ é igual a P - C = P (+4; +3; +2) - C (+2; -3; -1); logo $\overrightarrow{CP}$ (4-2; 3-(-3); 2-(-1));

$\overrightarrow{CP}$ (+2; +6; +3), é normal ao plano τ.

ax + by + cz + d = 0 ⟸ Forma geral da equação de um plano (Parágrafo 8.8).

2x + 6y + 3z + d = 0 é uma equação geral do plano τ. Como P (+4; +3; +2) pertence ao plano (e à superfície esférica), logo tem que satisfazer à equação, ou seja:

2x + 6y + 3z + d = 0 => (2.4) + (6.3) + (3.2) + d = 0 => d = -32. A equação do plano τ fica:

2x + 6y + 3z - 32 = 0 ⟵ Equação do plano τ.

10.1.1 Particularidades e usos práticos da superfície esférica

Qualquer corte em uma esfera maciça gera um círculo, com o perímetro sendo uma circunferência. Dois cortes se destacam em uma esfera: quando passa pelo eixo dividi-a em duas metades ou hemisferas e quando passa por outro ponto gera uma calota esférica, como a seguir mostrada. Esferas, hemisferas e calotas esféricas, têm muitas aplicações práticas, sendo uma delas na produção de espelhos ou lentes esféricas. Dependendo da parte considerada, ou seja, como incide o que se quer refletir, o espelho pode ser côncavo (superfície interna) ou convexo (superfície externa), como mostrado a seguir, em uma calota esférica.

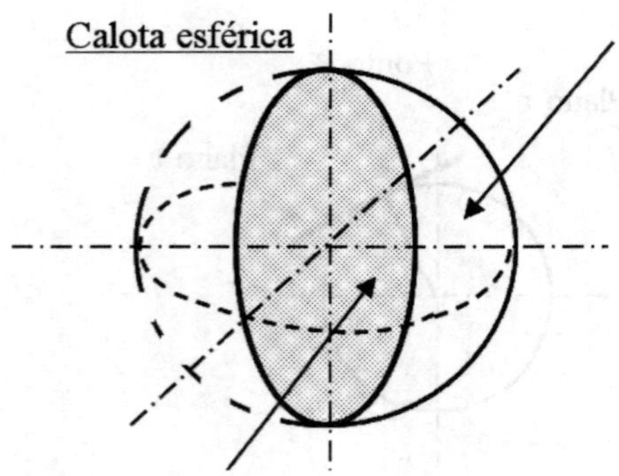

A superfície externa da calota é um espelho convexo

Exemplo de espelhos, obtidos a partir de uma calota esférica. Lentes, que substituem o cristalino dos olhos, em cirurgias de catarata, têm o formato esférico.

R = raio da esfera; r = raio da calota;
h = altura da calota.

A superfície interna da calota é um espelho côncavo

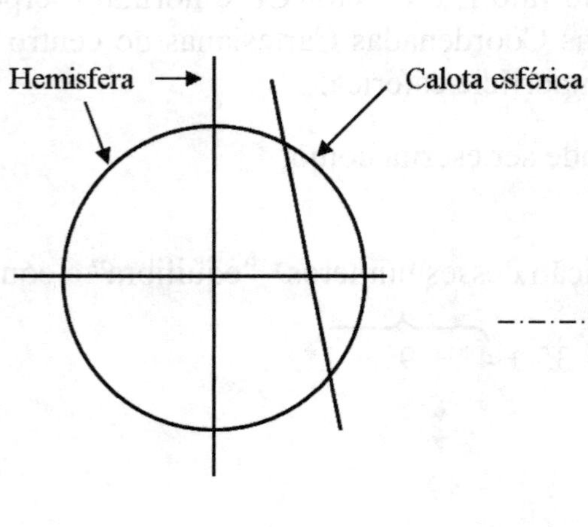

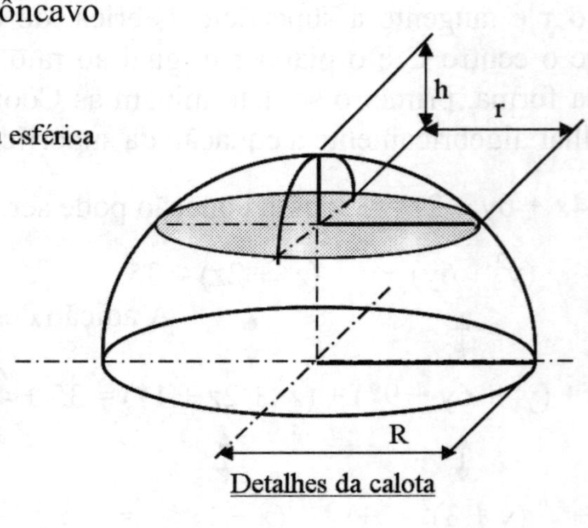

Detalhes da calota

Um exemplo prático e icônico do uso de calotas esféricas, na Arquitetura/Engenharia, está no prédio do Congresso Nacional, em Brasília, onde existem duas cúpulas na forma de calotas esféricas e posicionadas de formas opostas, ou seja, uma com a concavidade para cima e a outra para baixo. Quando teve essa ideia, na década de 1960, Oscar Niemayer não as colocou assim por acaso, mas sim com todo um significado filosófico. O Senado, que se encontra abaixo da cúpula côncava (virada para baixo), pretende transmitir e prevalecer a reflexão, a ponderação, o equilíbrio e o peso da experiência (já que o mandato dos senadores é de 8 anos) àqueles que o seu interior ocupar. Também pode representar a mais alta "cúpula" do país, sendo aquela que irá validar as regras e leis da nação. Já a cúpula convexa (virada para cima), localizada acima da Câmara dos Deputados, é maior e mais aberta; seu vértice vasto está aberto a todas as ideias e ideologias, tendências, anseios e opiniões que compõem o povo brasileiro, representados no interior do edifício pelos deputados.

Outro exemplo prático, de uso de esferas, na área de Engenharia, são as esferas metálicas utilizadas para armazenamento de gases sobre pressão (já citadas no exercício 10.2), por exemplo, o gás utilizado em fogões e aquecimento. Além desses existem muitos outros exemplos do uso de superfícies esféricas e de sólidos esféricos, tais como: bolas de bilhar, bolas de futebol e outros esportes.

10.1.2 Planificação de superfícies esféricas

Existem diversas formas de se imaginar a planificação de uma superfície esférica, inclusive imaginando-se as bolas de futebol, onde classicamente se faz a planificação a partir de pentágonos e hexágonos, como a seguir mostrado.

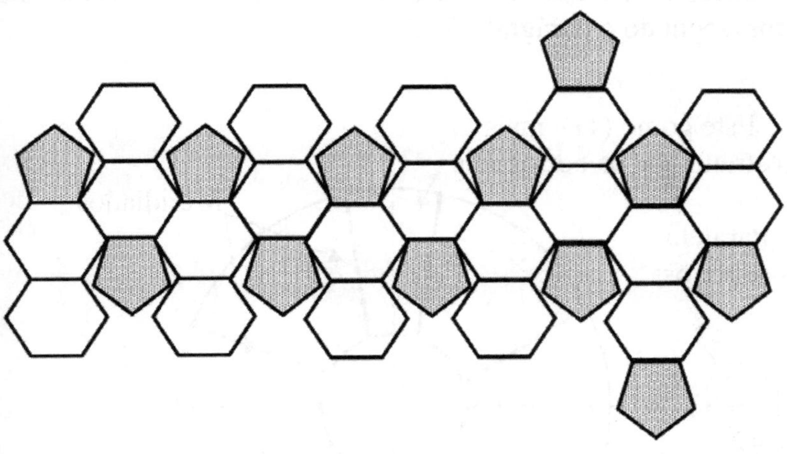

Observe-se que, a forma clássica de se planificar uma esfera, usada como bola de futebol, com gomos em couro, é com a construção de 12 pentágonos regulares e 20 hexágonos regulares.

Também se observa que, mesmo com essa construção, existem outras formas de se unir os gomos pentagonais e hexagonais.

Outra forma é dividindo-se a esfera em gomos, segundo os meridianos, e de forma semelhante a como se corta, por exemplo, uma laranja em gomos.

O perímetro dessas curvas equivale à metade da retificação da esfera, de diâmetro D.

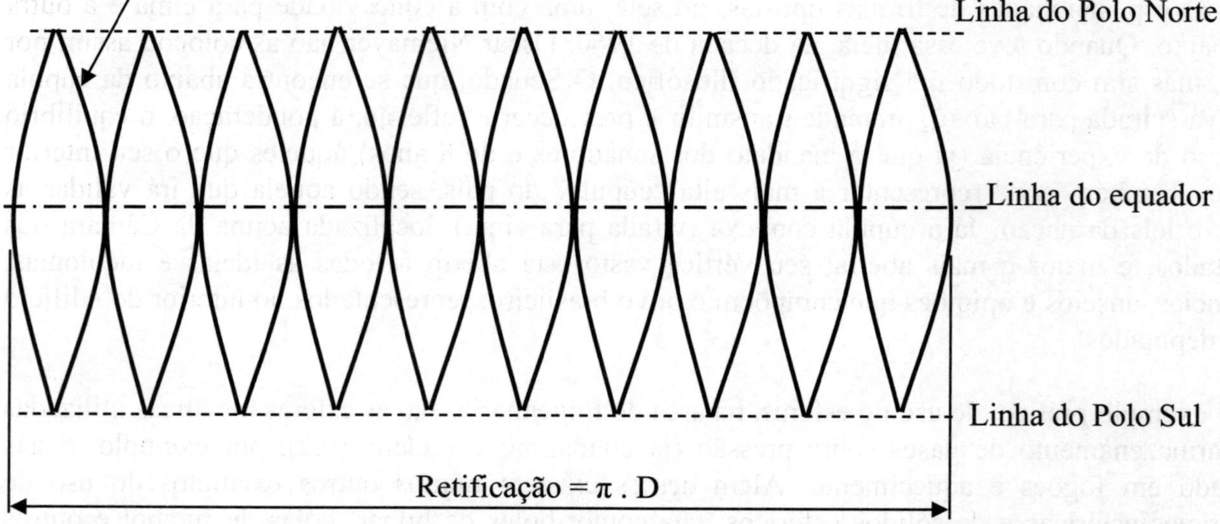

Quando a esfera é utilizada, por exemplo, como um reservatório esférico metálico (como no exercício 10.2), devido às soldas entre os gomos, a planificação não permite, por exemplo, que seja segundo os cortes de gomos anteriormente mostrados, pois nos Polos ocorreria uma junção de várias soldas num único ponto, o que não é possível do ponto de vista da engenharia de fabricação mecânica (pois concentraria muitas tensões térmicas).

Para esses tipos de esferas, também existem variações na forma de se planificar, dependendo do diâmetro e da espessura das chapas metálicas utilizadas. A planificação a seguir foi utilizada para uma esfera metálica de diâmetro 5 metros, segundo o parágrafo 7.12.

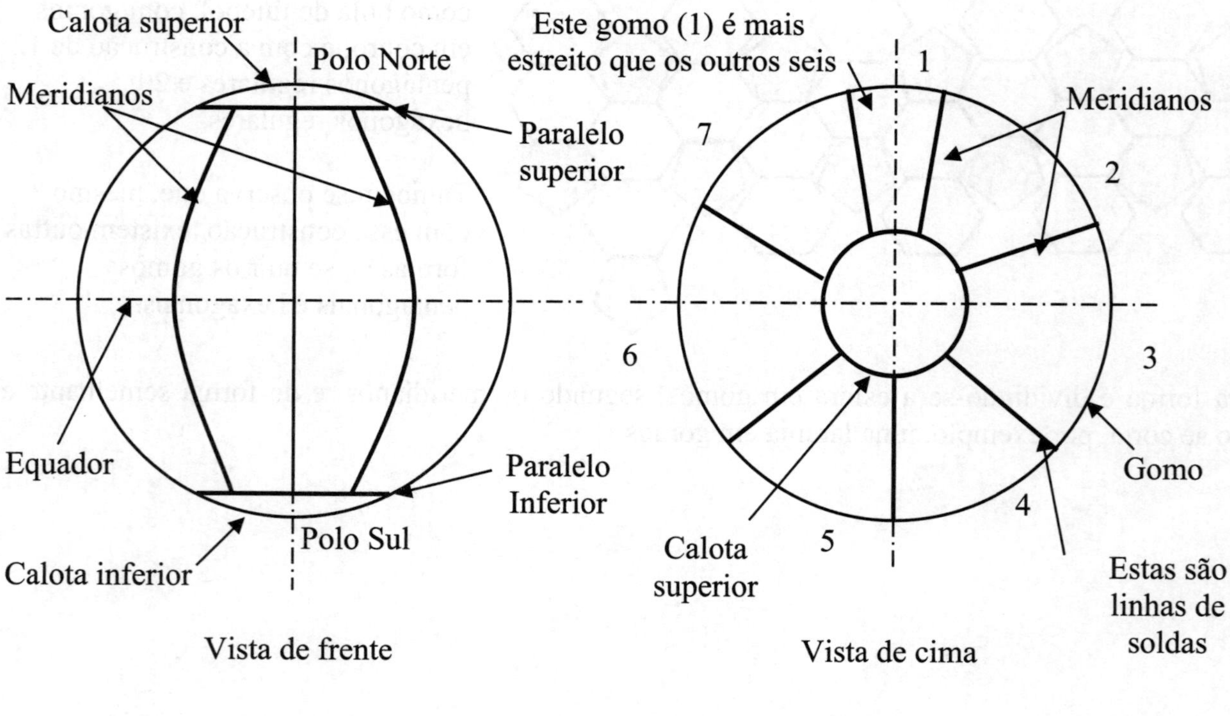

Com diâmetro interno de 5.000 mm, considerando a vista de frente, a circunferência planificada (perímetro) dessa esfera é igual a 15.707,5 mm. Em geral, chapas metálicas são fornecidas com 6.100 mm de comprimento por 2.400 mm de largura. As figuras a seguir mostram as imagens gerais da planificação dessa esfera. Na prática, cada gomo é dimensionado e detalhado, permitindo uma perfeita montagem.

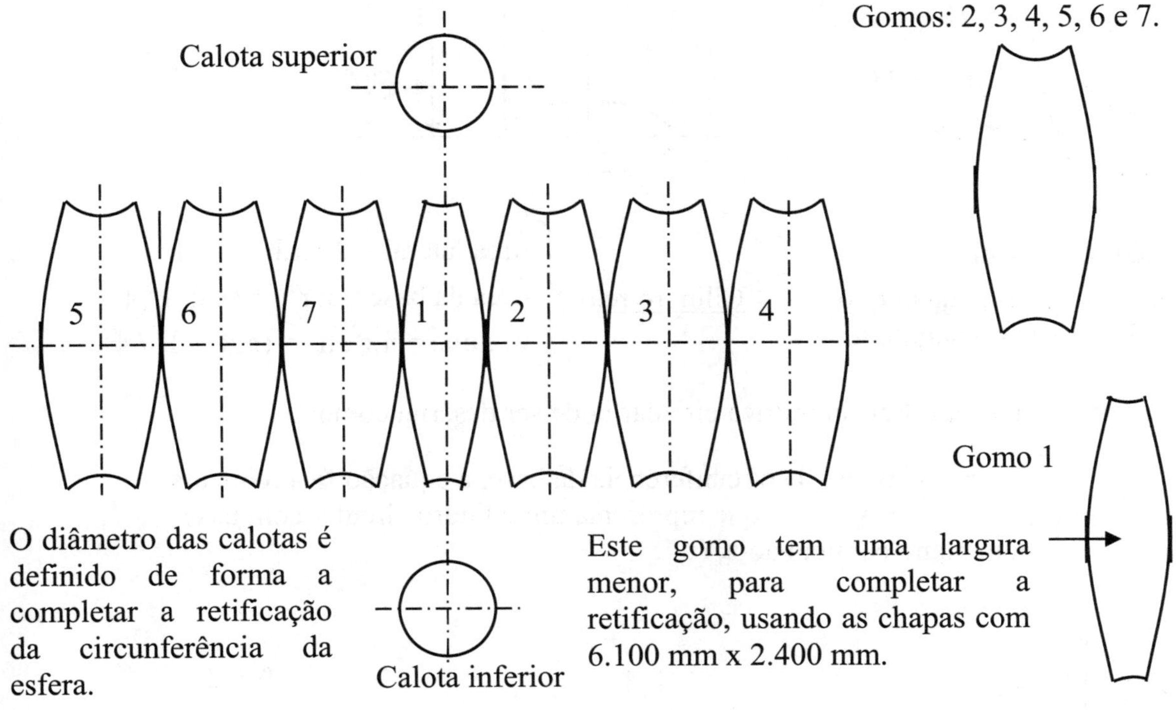

10.2 Superfícies cilíndricas

São superfícies geradas por uma reta móvel (denominada geratriz) que se apóia sobre uma curva fixa (denominada diretriz), conservando-se paralela a uma direção dada. Toda superfície cuja equação é da forma F (x, y, z) = 0, que tenha solução no espaço R_3, na qual aparecem apenas duas das variáveis espaciais x , y e z é um cilindro, cuja diretriz é uma curva no Plano Cartesiano, determinado pelas duas variáveis que aparecem na equação e dada pela equação F (x; y; z) = 0 . Suas geratrizes são paralelas ao eixo da variável que não aparece na equação. A superfície cilíndrica pode ser circular, parabólica, elíptica ou hiperbólica, conforme a diretriz seja um círculo, uma parábola, uma elipse ou uma hipérbole.

10.2.1 Superfície cilíndrica circular (cilindros circulares)

Cilindros circulares podem ser retos ou oblíquos, conforme seus eixos sejam perpendiculares ou inclinados em relação ao plano de base. g = geratriz; h = altura; r = raio e d = diâmetro.

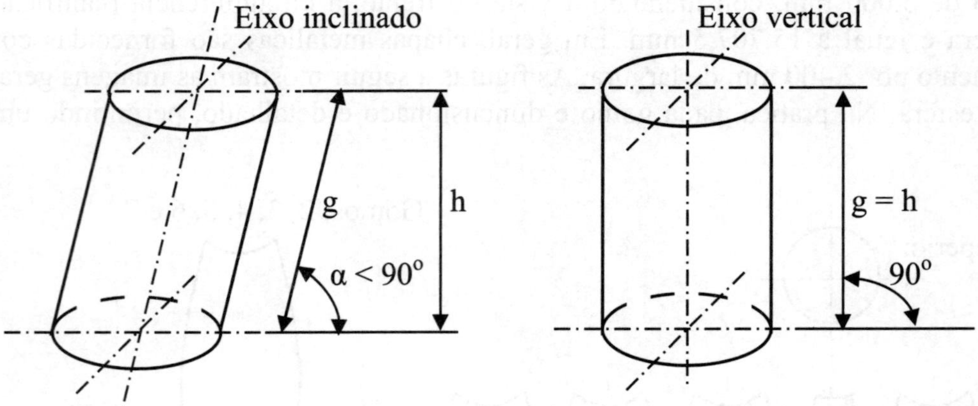

Cilindro oblíquo

Tanto a área lateral, quanto o volume, dependem do ângulo α

Cilindro reto:
- Área lateral = 2.π.r.h = π.d.h
- Área da base = $\pi . r^2 = (\pi . d^2) / 4$
- Volume = $\pi . r^2 . h = (\pi . d^2) . H / 4$

A equação geral de uma superfície cilíndrica circular pode ser descrita como:

$$\frac{x^2}{a^2} + \frac{y^2}{a^2} = 1$$

Sendo "a" o raio da circunferência da base, a equação fica reduzida para: $x^2 + y^2 = a^2$, que representa um cilindro circular com base num plano paralelo ao XY.

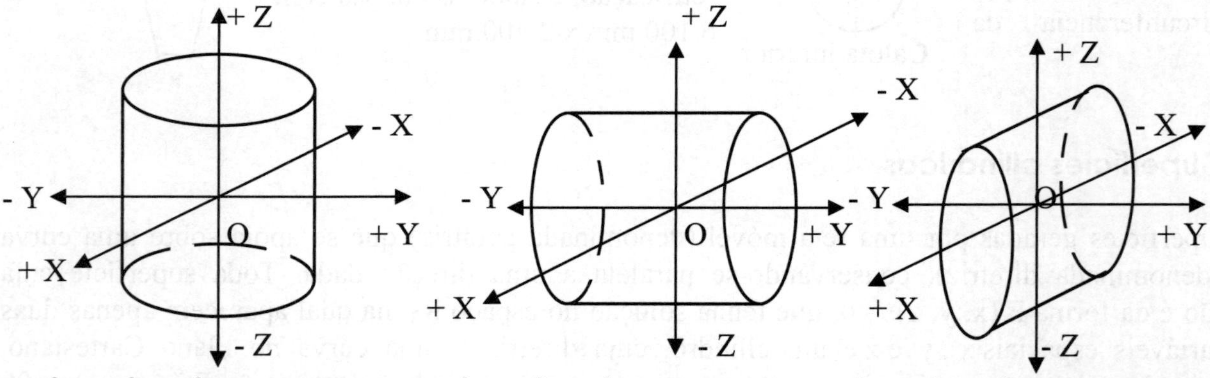

$x^2 + y^2 = a^2$ (base ∥ XY) $\quad x^2 + z^2 = a^2$ (base ∥ XZ) $\quad y^2 + z^2 = a^2$ (base ∥ YZ)

Essas são as equações reduzidas para Superfícies Cilíndricas Circulares.

10.2.2 Planificação/interseção de superfícies cilíndricas

Em diversas aplicações industriais ocorre a necessidade de se fabricar uma superfície cilíndrica, a partir de chapas planas de aço (daí o termo planificação). Na Engenharia Mecânica, especialmente, nas áreas de caldeiraria e tubulações é comum a necessidade de planificação de superfícies cilíndricas, tanto para a construção de tanques de estocagem, quanto para vasos de pressão, bem como de tubulações e dutos de grandes diâmetros. Os exemplos a seguir mostram algumas dessas aplicações.

Cilindros circulares

Observação: medidas em centímetros

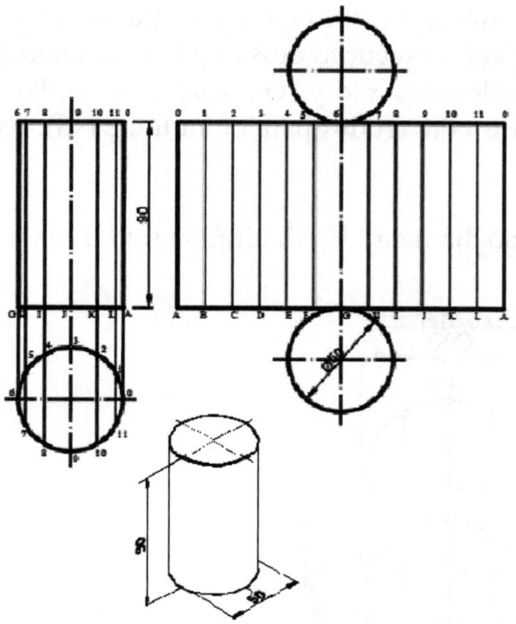

Um exemplo prático da necessidade de se fazer a planificação de uma superfície cilíndrica é para a fabricação de um tubo metálico. A partir de uma chapa plana, de altura h e comprimento 2.π.r, procede-se a curvatura, numa máquina chamada calandra. Após a curvatura faz-se a soldagem das bordas, obtendo-se o tubo.

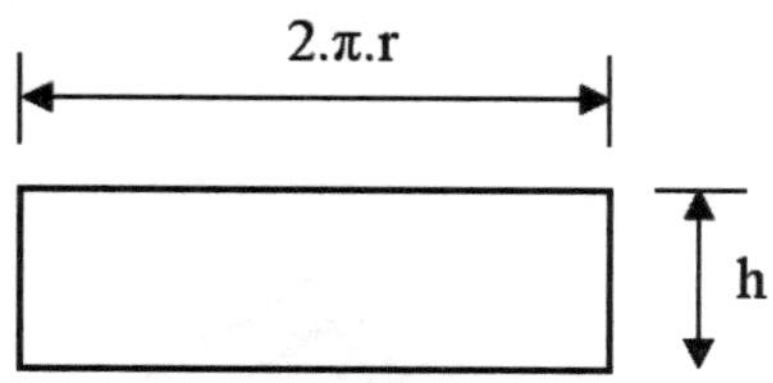

Troncos de cilindros circulares

Ao se cortar ou truncar um cilindro, por um plano paralelo à sua base, é óbvio que, surge um círculo. Ao se truncar um cilindro, por um plano inclinado à base, surge uma elipse, como a seguir mostrado.

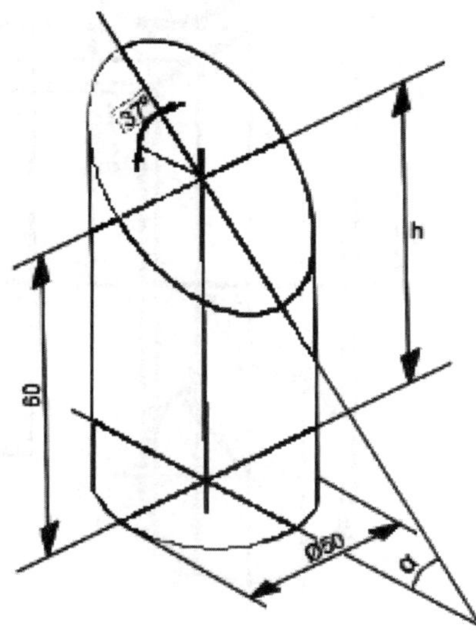

Troncos de cilindros, ou melhor, o corte de cilindros por um plano inclinado, têm várias aplicações práticas, principalmente em dutos de exaustão em unidades industriais. O desenho da página seguinte mostra todo o detalhamento da planificação desse tronco de cilindro.

Para tubulações de grande diâmetro é mais econômico fabricar-se curvas em gomos, a partir de cilindros retos, do que ter-se a curva forjada.

Planificação de tronco de cilindro circular

O desenho a seguir mostra a planificação do tronco de cilindro circular, como mostrado na página anterior. Esse tipo de desenho técnico, baseado em conceitos da Geometria Descritiva, é típico da área de projetos de tubulações industriais e caldeiraria, ambos da área de Engenharia Mecânica. Já há muitos anos que existem programas de computador para a execução desse tipo de desenho, bem como máquinas que cortam as chapas segundo as coordenadas x e y. Ou seja, os desenhos são gerados em um tipo de fonte (por exemplo, dwg) e depois convertidos para outra fonte (stl), para a máquina cortar. Observação: medidas em centímetros.

A é igual ao eixo maior da elipse. O eixo menor é igual ao diâmetro do cilindro, ou seja, 50 cm.

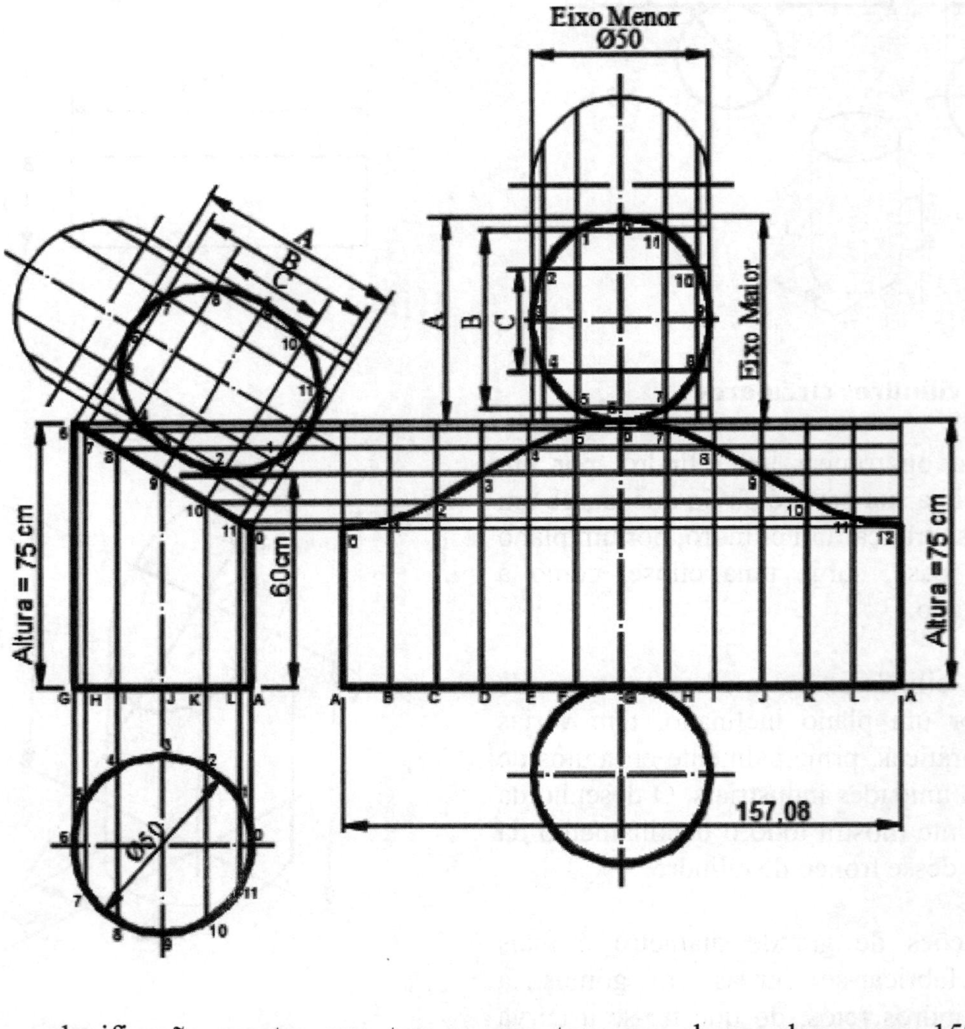

Nesse caso, a planificação mostra que tem-se que ter uma chapa plana com 157,08 cm de comprimento, por 75 cm de altura.

Na prática, tubos e dutos com diâmetros externos acima de 305 mm (ou 12") são fabricados a partir de chapas planas dobradas e soldadas. No caso acima, este tronco de cilindro pode ser fabricado a partir de uma chapa com altura de 75 cm e comprimento igual a 157,08 cm.

Interseção entre cilindros circulares, com diâmetros diferentes e coincidentes com os centros. Detalhes da planificação

Esse tipo de interseção é chamado de "Te de redução", já que os diâmetros são diferentes: D = 80 cm e d = 60 cm. É utilizado em sistemas de tubulações de grandes diâmetros. Observação: medidas em centímetros.

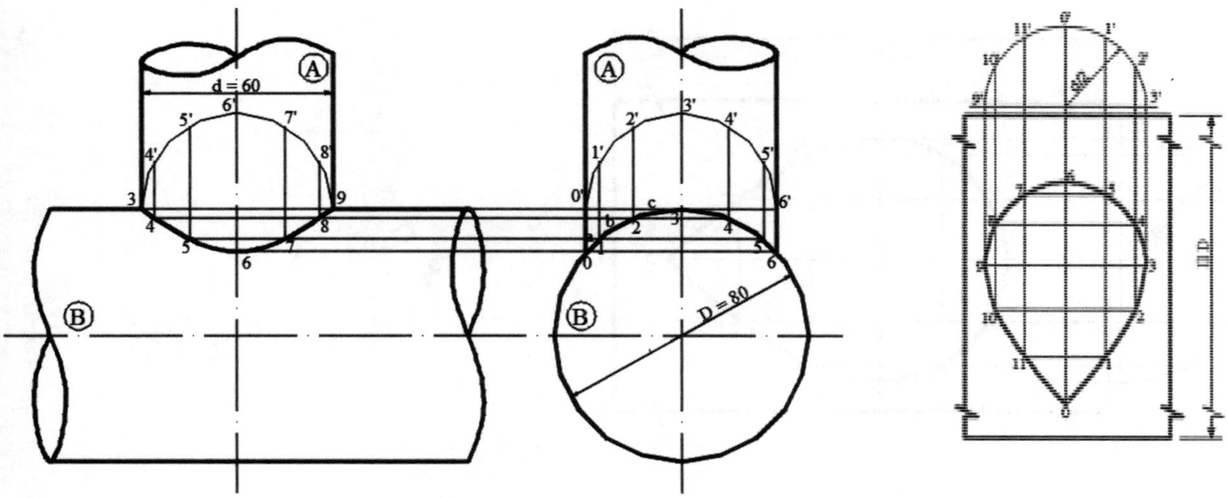

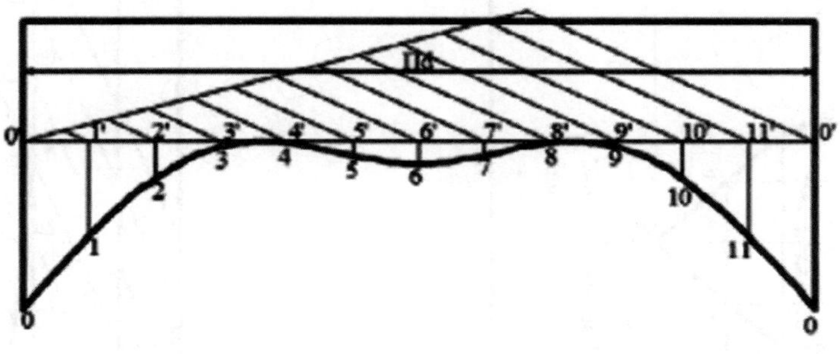

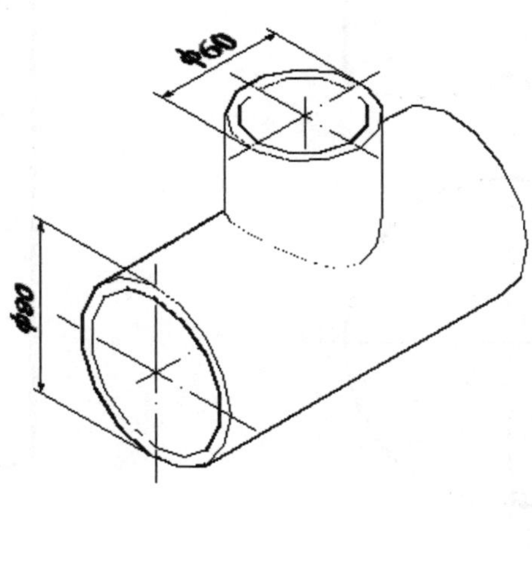

Interseção entre cilindros circulares, com diâmetros diferentes, não coincidentes com os centros e de forma tangencial. Detalhes da planificação

Esse tipo de interseção é muito comum em sistemas de exaustão de gases de grandes diâmetros, bem como em tubulações onde não se pode ter uma entrada direta, já que a entrada tangencial diminui o impacto sobre a parede do tubo. Observação: medidas em centímetros.

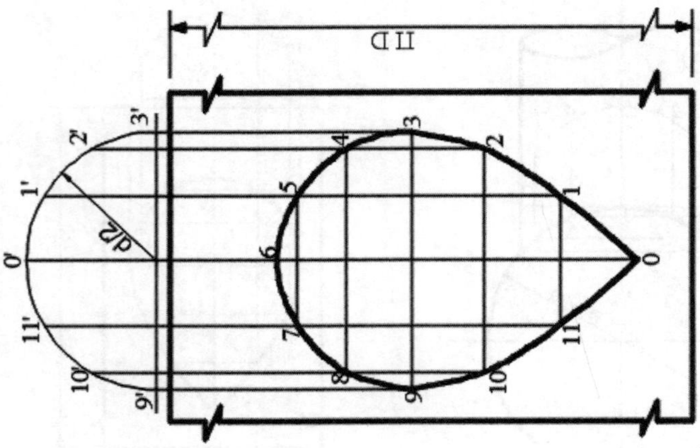

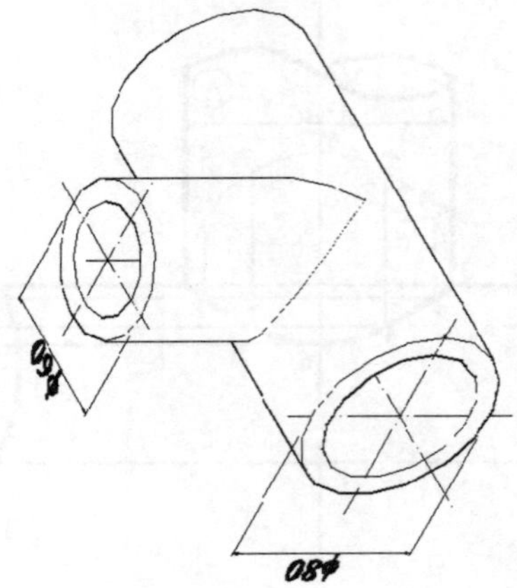

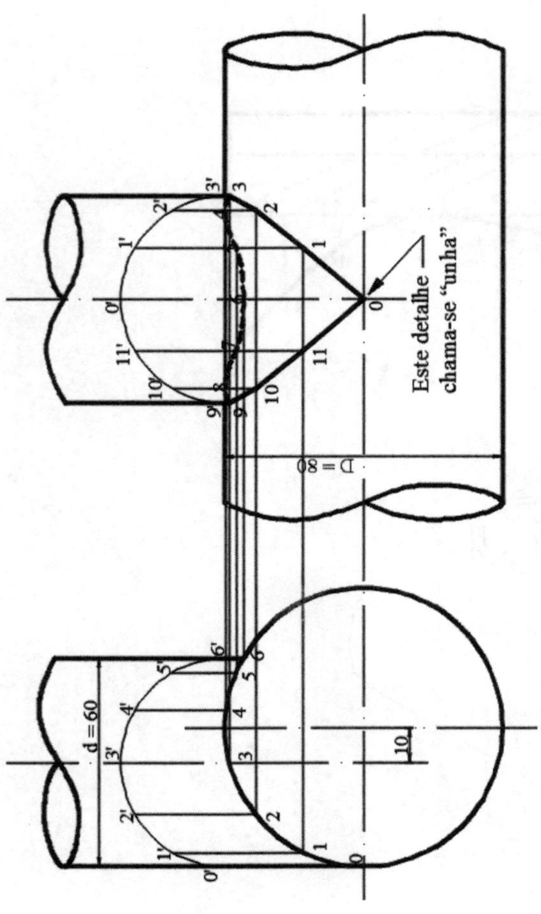

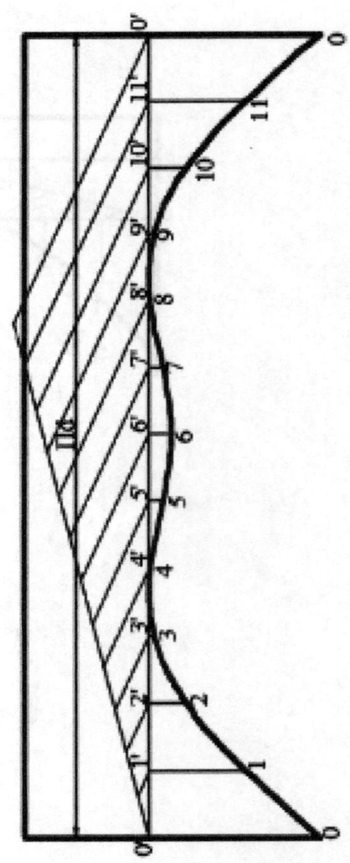

Interseção oblíqua entre cilindros circulares, com diâmetros diferentes e coincidentes com os centros (derivação em Y). Detalhes da planificação

Observação: medidas em centímetros.

Essa interseção é chamada de derivação em Y, com redução. É muito comum, por exemplo, em sistemas de tubulações de grandes diâmetros em instalações sanitárias.

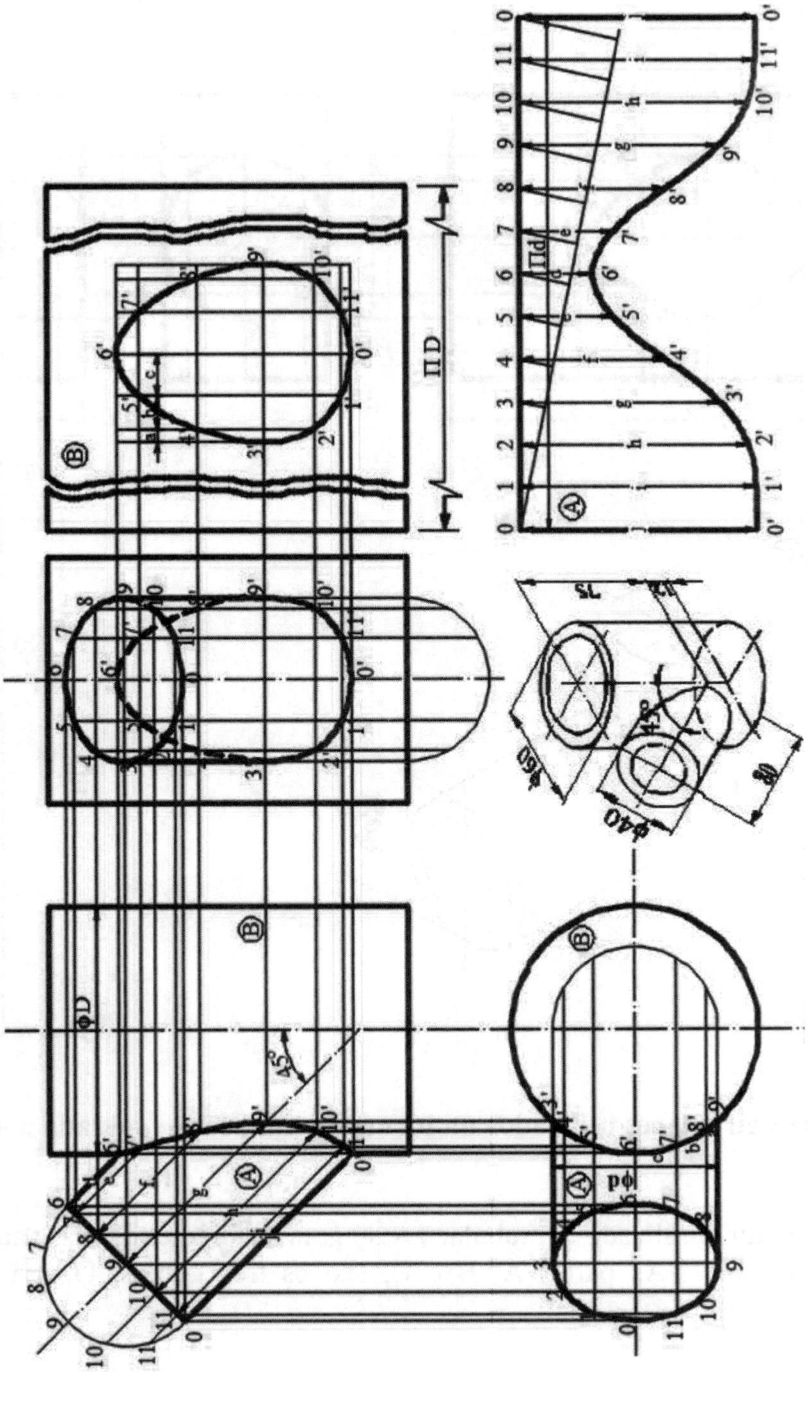

Interseção perpendicular entre cilindros circulares, com mesmo diâmetro (derivação tipo T). Detalhes da planificação

Observação: medidas em centímetros.

Esse tipo de derivação é chamado de "T", sendo usado para tubulações de grandes diâmetros.

O corte da chapa é feito em máquinas computadorizadas, segundo as Coordenadas Cartesianas x e y.

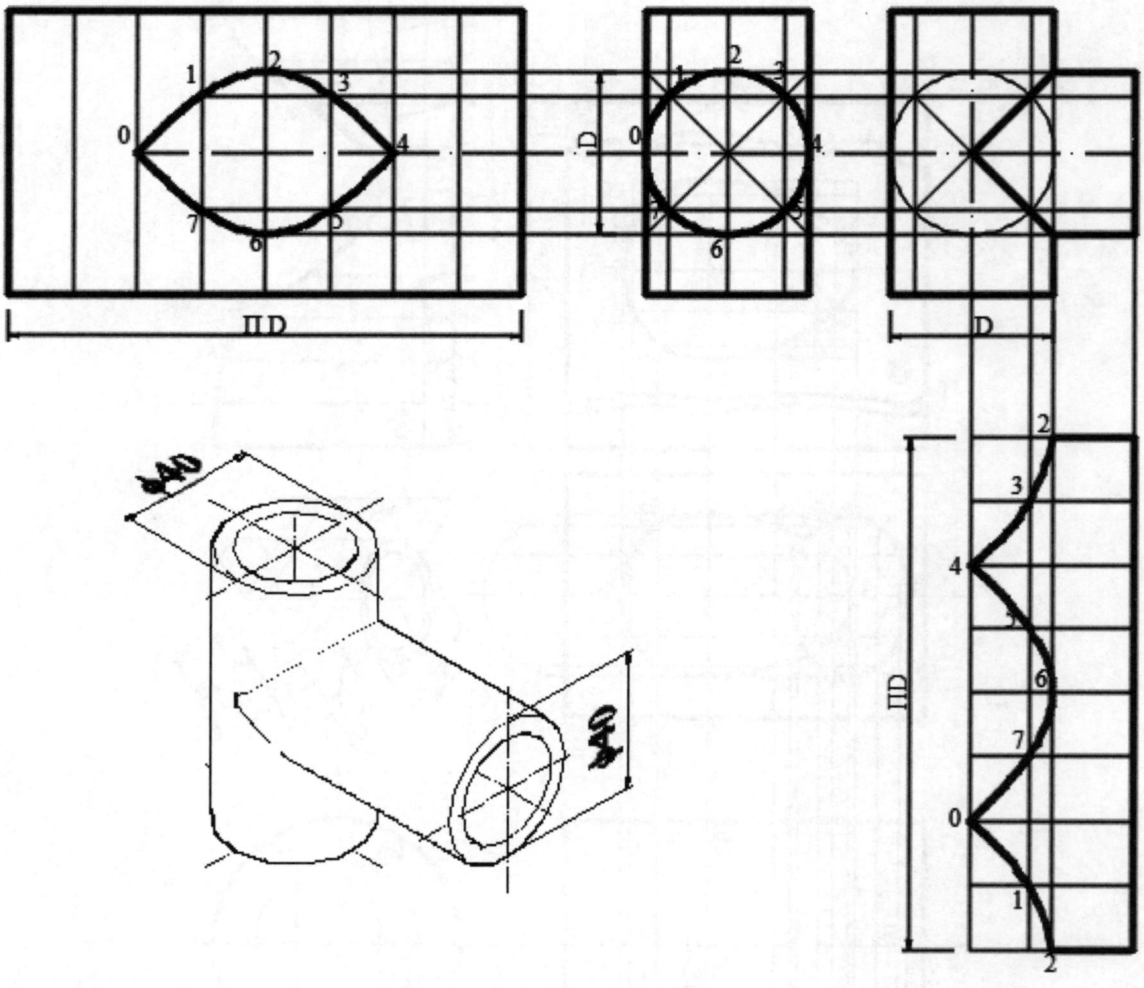

Trechos de cilindros circulares utilizados na forma de uma curva soldada a 45° (curva em três gomos)

Esse tipo de curva é muito utilizado em tubulações de grandes diâmetros. Esse acessório é chamado de curva em gomos a 45°. As partes A, B e C, são os três gomos. Observação: medidas em centímetros.

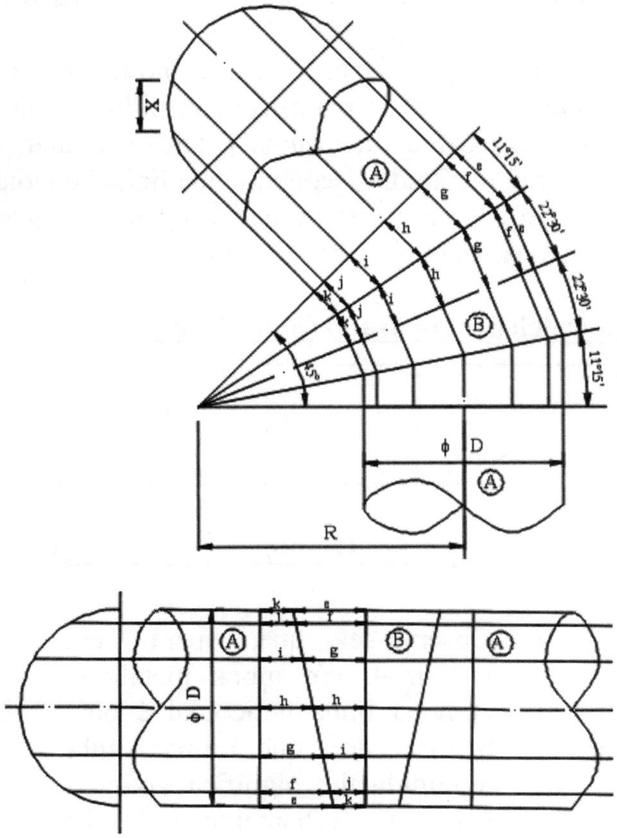

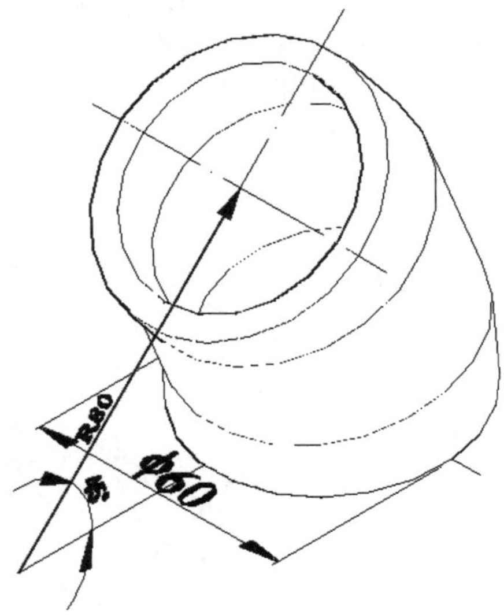

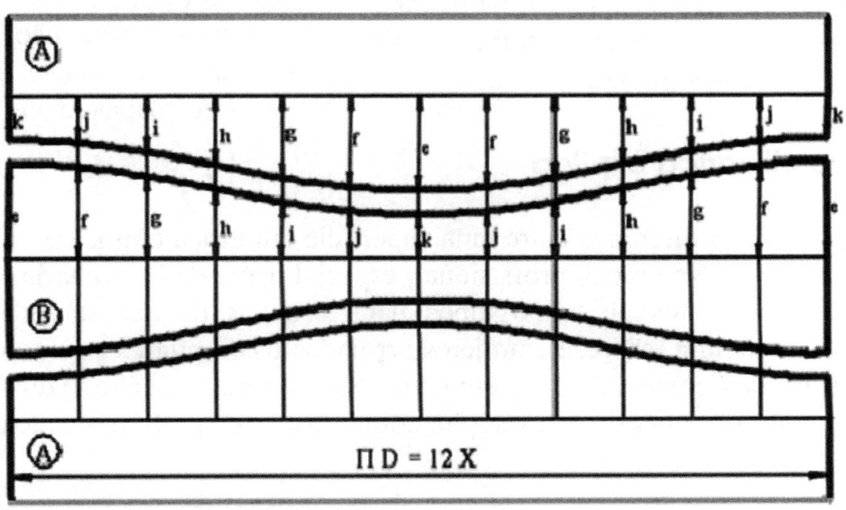

Exemplo prático de uso de cilindros circulares na Arquitetura/Engenharia Civil

A arquitetura e a engenharia civil usam muito o conceito de cilindros, principalmente na forma de colunas de sustentação ou pilotis. Essas áreas também utilizam cilindros metálicos, no formato de tubulações, fabricados a partir de chapas planas. No Rio de Janeiro existe um belo exemplo de como a arquitetura utiliza estruturas metálicas, com tubos metálicos, aqui se fala da estação Cidade Nova, do Metrô, no Centro da Cidade e em frente à sede da Prefeitura do município.

10.2.3 A fabricação/planificação de cilindros, com desenvolvimento helicoidal

Em geral, a fabricação de cilindros metálicos, a partir de chapas planas, é feita como mostrada no início do parágrafo 10.2.2, entretanto existe uma outra maneira de planificar um cilindro, muito utilizada quando se usa o papel ou papelão. Nesses casos, recorta-se uma placa retangular, no formato de um paralelogramo que, uma vez curvada gera um cilindro, segundo uma linha helicoidal de fechamento. O exemplo a seguir foi retirado do centro de um rolo de papel higiênico, onde o cilindro central, para dar firmeza ao rolo, é fabricado em papelão fino, dessa forma.

Dimensões do cilindro (rolo)

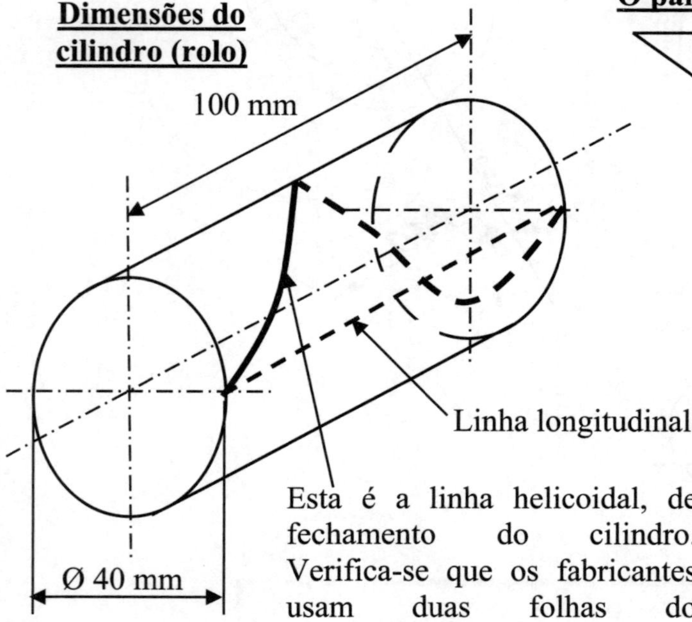

Esta é a linha helicoidal, de fechamento do cilindro. Verifica-se que os fabricantes usam duas folhas do paralelogramo.

O paralelogramo usado (planificação)

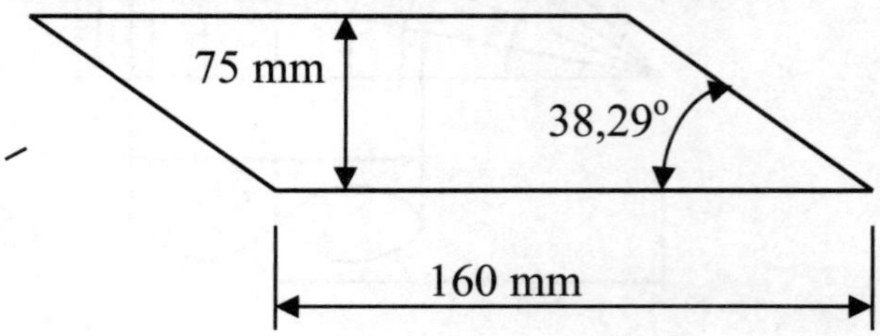

Observa-se que, para uso industrial, em tubos metálicos, como a linha helicoidal é 60% maior, do que uma linha longitudinal, significa que a solda de fechamento teria um comprimento 60% maior, ou seja, um custo maior. É por isso que, para metais, não se faz esse tipo de planificação, mas sim a partir de chapas retangulares.

10.2.4 Superfície cilíndrica elíptica

Do Ponto de vista visual, a diferença entre uma superfície cilíndrica elíptica e uma circular está na geratriz, que é uma elipse. Na prática profissional, especialmente da Engenharia, cilindros elípticos são utilizados ou como dutos ou como tubos para sistemas de exaustão de gases ou de ar condicionado. Na Arquitetura, às vezes, projetos arrojados usam pilares ou colunas elípticas, bem como prédios construídos como cilindros elípticos. Na área do Desenho Industrial ou *Design*, é comum o uso de cilindros elípticos, por exemplo, como frascos de perfumes e até de bebidas.

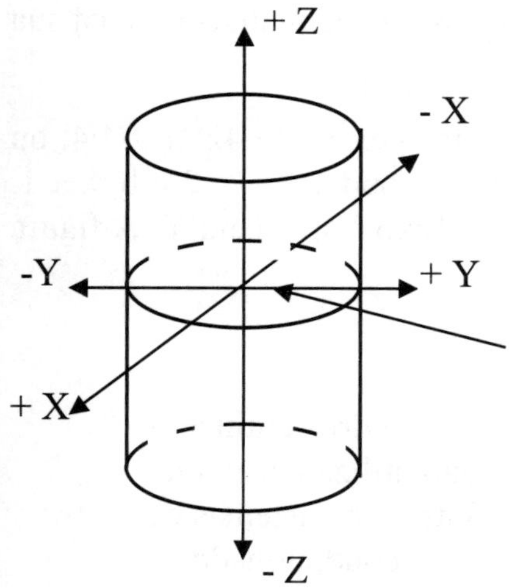

A exemplo da superfície cilíndrica circular, a elíptica também pode assumir várias posições no espaço, especialmente as três clássicas com a base elíptica paralela a um dos três Planos: XY, XZ ou YZ. (Parágrafo 10.2.1).

Nas equações, a seguir descritas, a e b são os semi eixos das elipses, e referem-se aos cilindros elípticos, com o centro da elipse coincidindo com a Origem O (0; 0; 0).

$\frac{x^2}{a^2} + \frac{y^2}{b^2} = 1$ ⟵ Equação da superfície cilíndrica elíptica, com base paralela ao XY. (A coordenada z, pode variar de - Z até + Z)

$\frac{x^2}{a^2} + \frac{z^2}{b^2} = 1$ ⟵ Equação da superfície cilíndrica elíptica, com base paralela ao XZ. (A coordenada y, pode variar de -Y até + Y)

$\frac{y^2}{a^2} + \frac{z^2}{b^2} = 1$ ⟵ Equação da superfície cilíndrica elíptica, com base paralela ao YZ. (A coordenada x, pode variar de - X até + X)

Exercício 10.4: analisar e fazer a Imagem Geométrica da superfície cilíndrica elíptica, a seguir descrita:

$\frac{x^2}{9} + \frac{y^2}{16} = 1$ e $z = 0$.
$\begin{cases} \text{Para } x = 0\text{: } y = +/- 4\text{; valor máximo de x é + 3 e o é mínimo - 3.} \\ \text{Para } y = 0\text{: } x = +/- 3\text{; valor máximo de y é + 4 e o mínimo é - 4.} \end{cases}$

$\frac{x^2}{a^2} + \frac{y^2}{b^2} = 1$ ⟵ Pela fórmula a = +/- 3 e b = =/- 4 e com base paralela ao Plano XY. a e b são os semieixos da elipse de base. z = 0: Origem O (0; 0; 0).

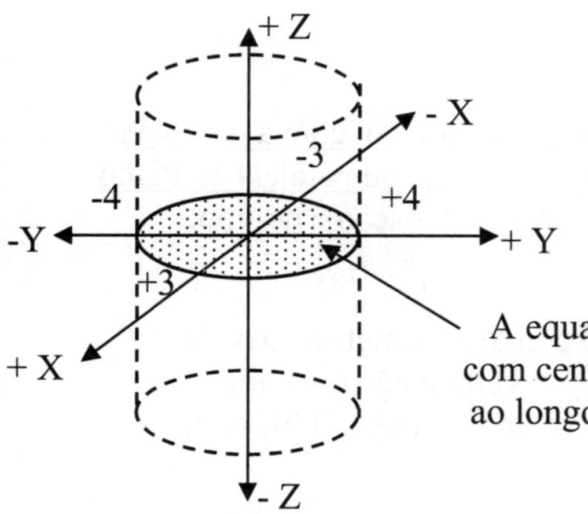

Exercício 10.5: considerando a equação: $x^2 + 4z^2 = 4$, como de uma superfície, analise-a e faça sua Imagem Geométrica.

Como tridimensional, tem-se que y = 0. Dividindo-se a equação por 4 tem-se: $x^2/4 + 4z^2/4 = 4/4$; ou seja: $x^2/4 + z^2/1 = 1$. Que representa uma elipse do tipo: $x^2/a^2 + z^2/b^2 = 1$, onde: a = ± 2 e b = ± 1. Essa equação representa um cilindro elíptico* cujo eixo de simetria é o Eixo Cartesiano Y. A figura a seguir mostra a Imagem Geométrica de um trecho desse cilindro.

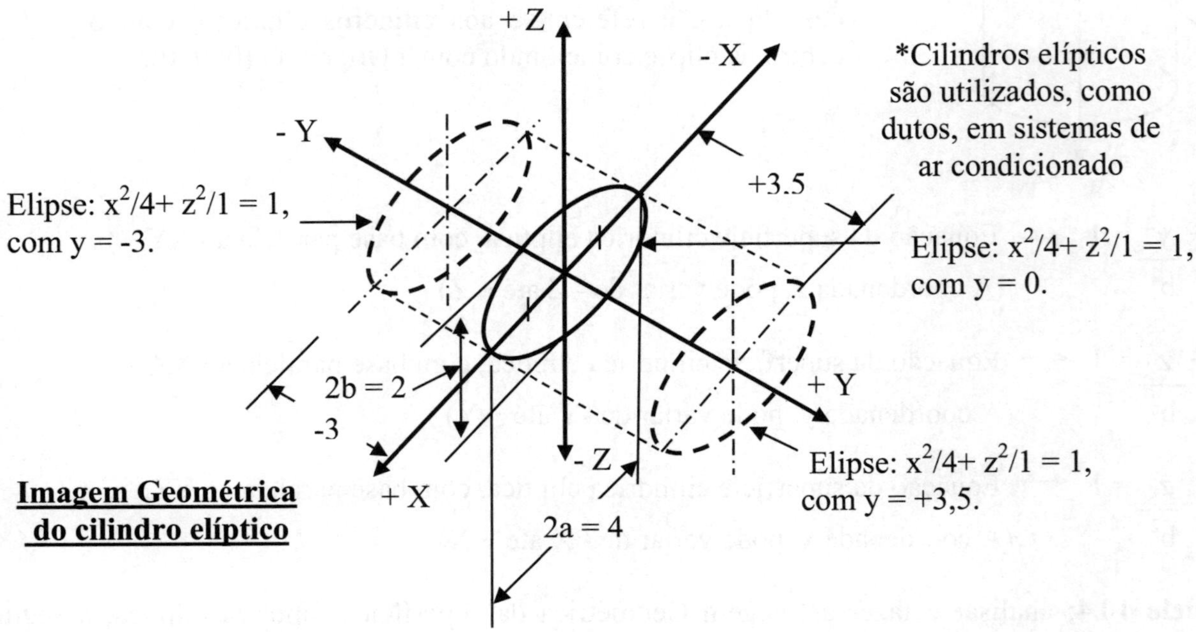

Imagem Geométrica do cilindro elíptico

10.2.5 Superfície cilíndrica parabólica

É uma Lâmina ou folha ou construção cilíndrica, cuja geratriz é uma curva parabólica que, em princípio pode ocupar diversas posições no espaço, como algumas mostradas adiante.

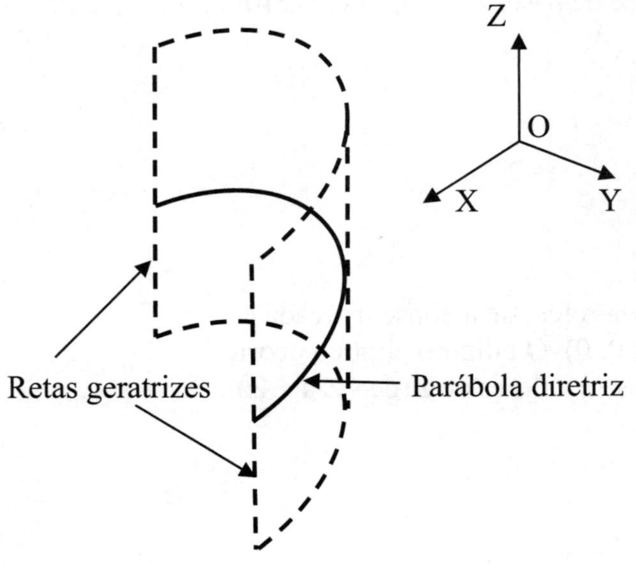

Para essa posição, com a parábola geratriz apoiada ou paralela ao Plano XY, a equação é do tipo:

$$y^2 = 4ax$$

X é o eixo de simetria. Devido "a", vértice não coincide com a Origem O (0; 0; 0)

Para essa posição, com a parábola geratriz apoiada ou paralela ao Plano YZ, a equação é do tipo:

$$z^2 = 4ay$$

Y é o eixo de simetria

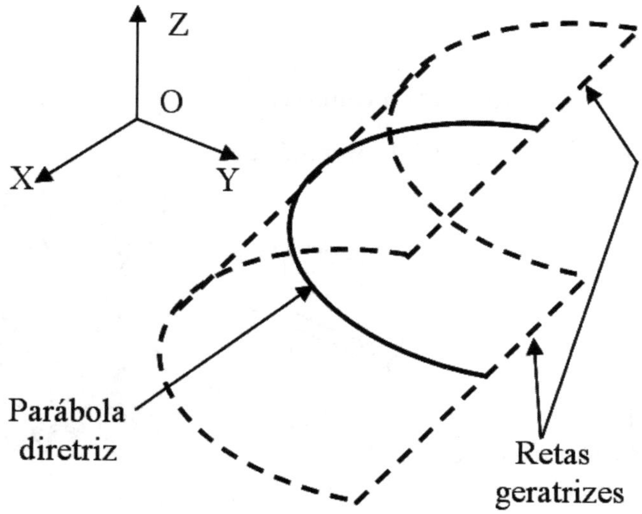

Exemplos de aplicações práticas de cilindros parabólicos na Engenharia Mecânica

Existem eixos com ressaltos chamados "cames", que funcionam transformando movimentos circulares em lineares e alternativos. O exemplo clássico é o eixo comando de válvulas de motores de combustão interna, típico de automóveis.

Detalhes do ressalto tipo "came"

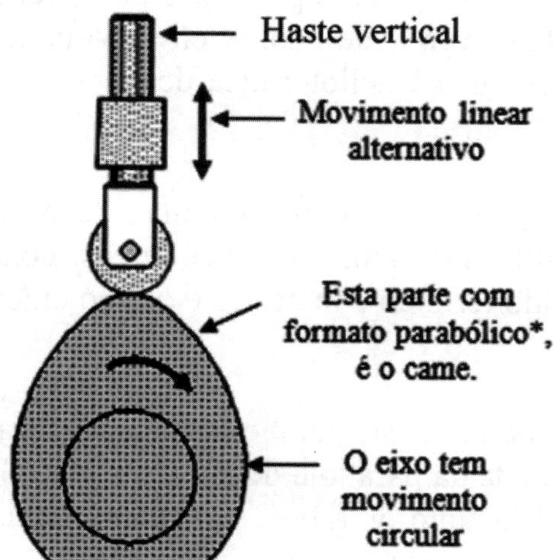

Enquanto o eixo came, com uma parte no formato parabólico, gira (movimento circular) no sentido horário, a haste vertical se movimenta para cima e para baixo, ou seja, no sentido linear alternativo.

Deve ser observado que, a parte parabólica causa uma "excentricidade" no eixo, permitindo então que a haste se movimente na vertical.

Exemplo de aplicação prática de superfícies cilíndricas parabólicas na geração de energia elétrica (espelhos parabólicos captando raios solares)

Desde a década de 1980, usam-se espelhos no formato cilíndrico parabólico, de forma a gerar energia elétrica, usando a luz solar. Tecnicamente esse processo chama-se "tecnologia heliotérmica". A imagem a seguir mostra como funcionam estes espelhos cilíndricos parabólicos.

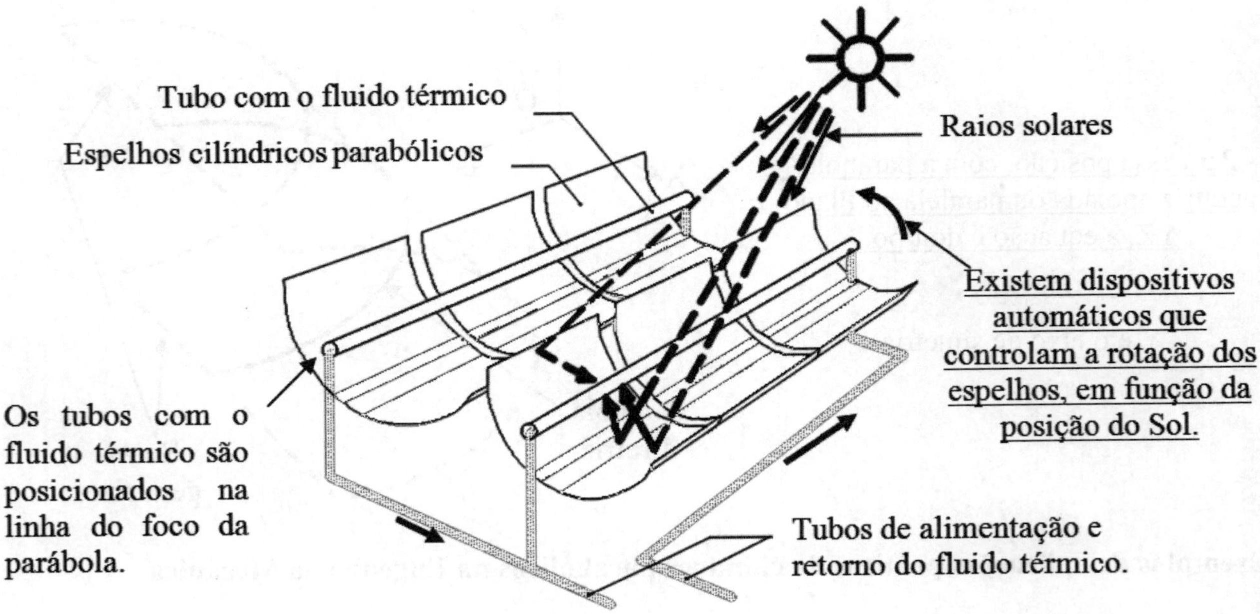

Em verdade a luz solar incide sobre a superfície espelhada e parabólica, com os raios sendo refletidos para o foco da parábola (propriedade refletora da parábola, estudada no parágrafo 6.11). Exatamente sobre a linha do foco, passa um tubo circular (cilindro circular), que contém um fluido térmico (sal fundido), que tem a capacidade de se aquecer bastante e transmitir este aquecimento (nesses casos a temperatura chega a 450° C). Esse fluido térmico aquecido passa por um gerador de vapor (um intercambiador de calor) vaporizando a água. Esse vapor de água é enviado para uma turbina a vapor que, finalmente, gera a energia elétrica. Uma usina heliotérmica desse tipo possuí milhares de cilindros parabólicos.

As placas cilíndricas parabólicas são fabricadas em vidro, revestido com películas de prata ou alumínio. O tubo, por onde circula o fluido térmico, possui duas camadas concêntricas, com um espaço vazio a vácuo. O tubo menor, por onde circula o fluido térmico é metálico e o tubo externo é de um tipo de vidro cristal especial.

Apenas como curiosidade, informa-se que essas superfícies cilíndricas parabólicas são de grandes dimensões, com cordas de até cerca de 5 metros e profundidade da parábola de até 1,5 metro. Tanto as placas cilíndricas parabólicas, que refletem a luz do sol, quanto os tubos, por onde circulam o fluido térmico, exigem sofisticados processos de fabricação, de alta tecnologia.

10.2.6 Superfície cilíndrica hiperbólica

É formada a partir de folhas de uma hipérbole. Tal como as outras, a superfície cilíndrica hiperbólica, em princípio pode assumir qualquer posição no espaço, embora na prática, especialmente na Arquitetura e Engenharia Civil, seja usada como cobertura ou telhado de construções modernas, principalmente em museus e igrejas cristãs.

Para a hipérbole abaixo, a equação é:

$$\frac{y^2}{a^2} - \frac{x^2}{b^2} = 1 \quad ; \text{com } z = 0.$$

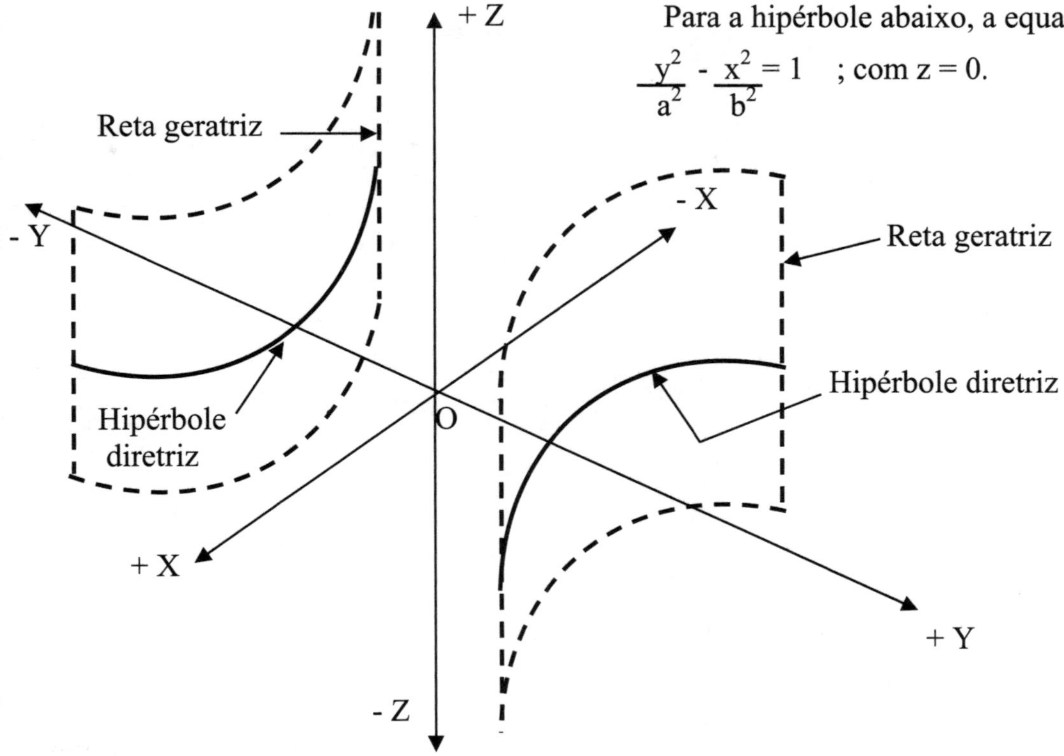

Pesquisas na *Internet*

Para um maior aprofundamento dos conceitos deste capítulo, acesso a outros exercícios e, principalmente para aplicações práticas e reais, recomenda-se a consulta aos seguintes *sites*:

http://www.hergen.com.br/servicos/caldeiraria/ (Mostra como se curva um cilindro metálico)
http://www.abraman.org.br/arquivos/22/22.pdf (apostila sobre caldeiraria)
http://www.ebah.com.br/content/ABAAAA6U4AF/tracado-caldeiraria?part=5
http://www.professores.uff.br/kowada/ga/ead/ga2V1aula18.pdf
ftp://ftp.ufrn.br/pub/biblioteca/ext/bdtd/JOSERSF.pdf
https://repositorio.ufsc.br/handle/123456789/106707
http://www.ibilce.unesp.br/Home/Departamentos/Matematica/labmat/Conicas-e-Quadricas-Maples_Erminia-SEMAT2012.pdf
http://www.mat.ufrgs.br/~calculo/quadrica/cilind.htm

Além destes *sites*, principalmente para mais exemplos de aplicações práticas e reais, recomenda-se a busca de outros, usando-se como palavras chave: "quádricas", "cilindro parabólico aplicações", "equipamentos de caldeiraria" e "calandragem de chapas".

Alerta-se que, como citado na Unidade Introdutória deste livro, para um bom aprendizado não se deve apenas estudar na forma digital, mas também na impressa e, especialmente, fazendo à mão livre resumos e exercícios, inclusive as Imagens Geométricas.

Capítulo 11

Superfícies quádricas cônicas. Cone, elipsoide, paraboloide e hiperboloide

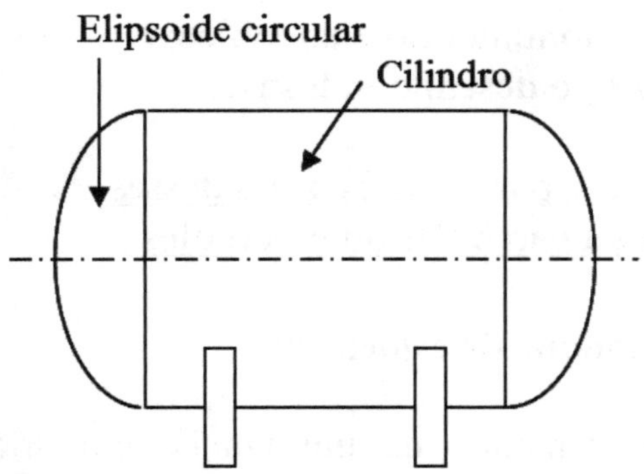

Exemplo de um vaso de pressão, cilíndrico horizontal, com tampos fabricados a partir de elipsoides circulares. São utilizados em vários tipos de indústrias.
(Esse é um exemplo da junção de superfícies quádricas circular e elipsoidal)

Superfícies quádricas *cônicas são as regiões formadas quando as seções cônicas (circunferência, elipse, parábola e hipérbole) se movimentam no espaço, ou seja, as cônicas pertencem ao espaço R^2, já as superfícies quádricas pertencem ao espaço R^3. Especialmente a Arquitetura e a Engenharia muito utilizam superfícies quádricas, tanto como telhados e fachadas, quanto como equipamentos. Um pavilhão de exposições com telhado tipo paraboloide hiperbólico, pode muito bem ser classificado como um elemento de Arte Geométrica. Muitos equipamentos de indústrias químicas e petroquímicas são construídos a partir de cones e tampos elipsoidais.*

Uma superfície quádrica pode ser representada por uma equação geral do segundo grau nas três variáveis x, y e z. Quando a superfície quádrica é cortada por um plano, em determinada posição, a curva de interseção será uma cônica.

11.1 Superfície cônica (cone)

Uma superfície cônica (genericamente um cone) é uma superfície gerada por uma reta que se move ao longo de uma curva e que passa por um ponto fixo, fora da curva. A reta móvel é chamada de geratriz, a curva denominada de diretriz e o ponto fixo de vértice do cone. Ou seja, um cone é a reunião de retas passando por pontos de uma curva e por um ponto fixo (vértice) fora da curva. O vértice separa o cone em duas partes opostas pelo vértice, denominadas folhas embora, usualmente, representa-se apenas uma das folhas. A superfície cônica assume diversas formas, segundo sua diretriz, podendo-se ter cones: circulares, parabólicos, elípticos ou hiperbólicos.

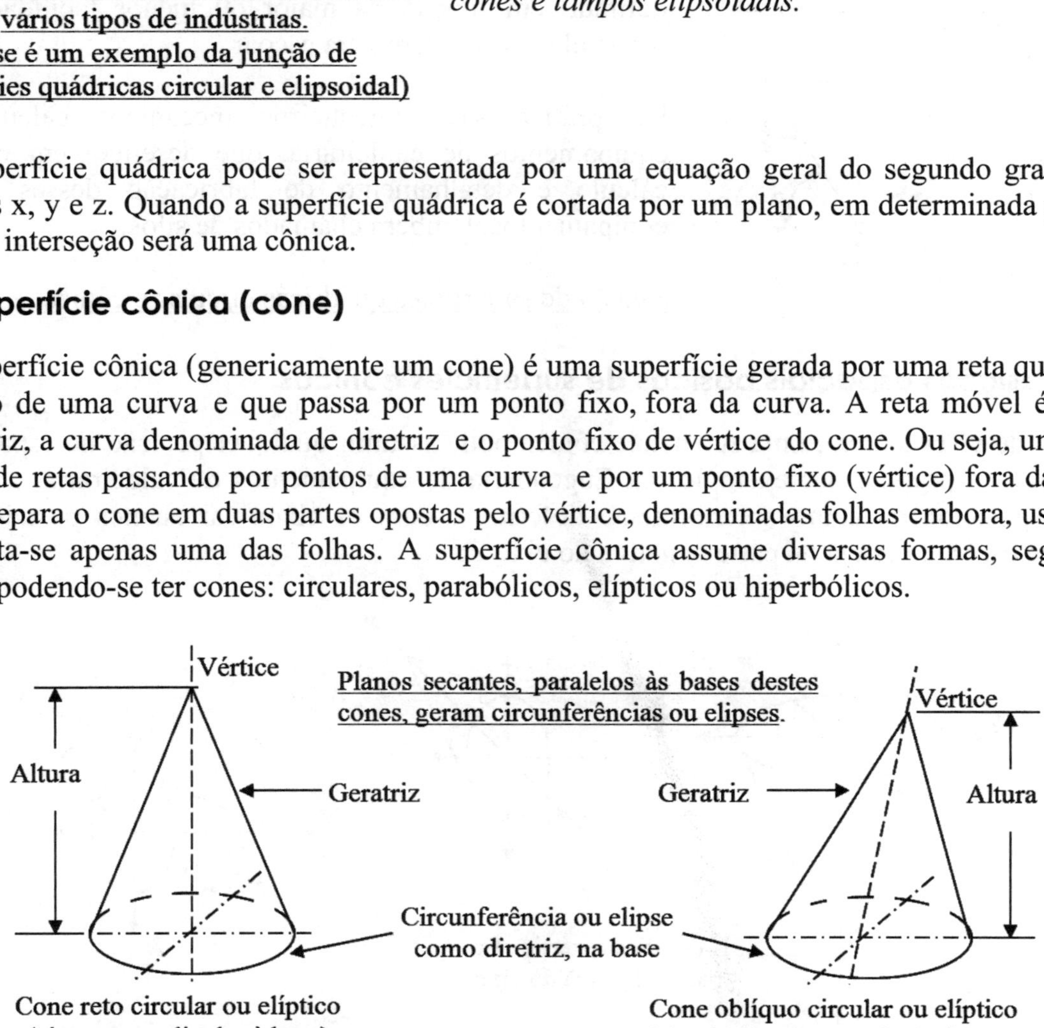

Cone reto circular ou elíptico (eixo perpendicular à base)

Cone oblíquo circular ou elíptico (eixo inclinado em relação à base)

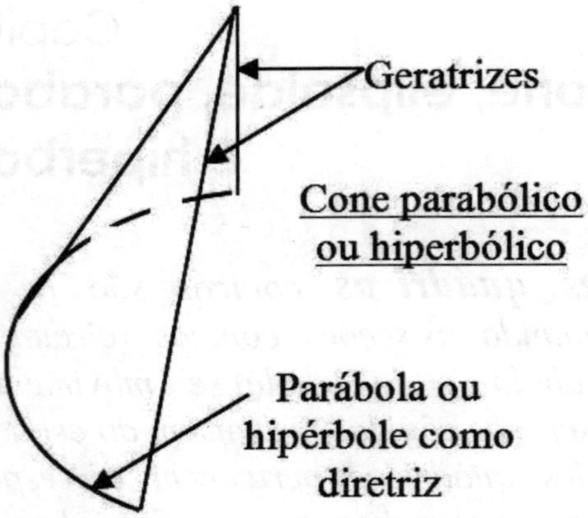

Na prática, superfícies cônicas circulares são usadas como funis e como recipientes para estocagem de graus e particulados. Superfícies cônicas elípticas, parabólicas e hiperbólicas são usadas em Arquitetura, esculturas, monumentos e em objetos especiais do desenho industrial.

<u>Planos secantes, paralelos às bases desses cones, geram parábolas ou hipérboles</u>

Exemplo de aplicação prática de superfície cônica, como tanque de estocagem

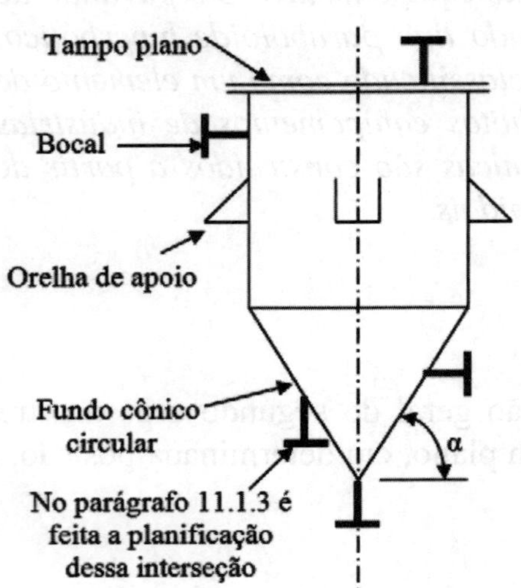

Esse é o desenho esquemático de um tanque cilíndrico vertical, com tampo plano e fundo cônico circular, muito utilizado para a estocagem de materiais granulados ou em pó, inclusive cereais como milho, soja, feijão, etc. O ângulo α é definido em função da maior ou menor facilidade que o material estocado tem para escoar.

Na prática são engenheiros mecânicos calculistas de equipamentos de caldeiraria, que desenvolvem o projeto, cálculo e detalhamento de fabricação desses tipos de equipamentos, também chamados de silos.

<u>Junção de superfícies quádricas circular e cônica</u>

11.1.1 Posições espaciais básicas de superfícies cônicas

Do ponto de vista teórico, uma superfície cônica pode assumir qualquer posição no espaço R^3. Do ponto de vista prático, por exemplo, na Engenharia de equipamentos de caldeiraria, a superfície cônica é posicionada como anteriormente descrita, e com os eixos cartesianos posicionados de forma que o vértice esteja na parte negativa do eixo Z:

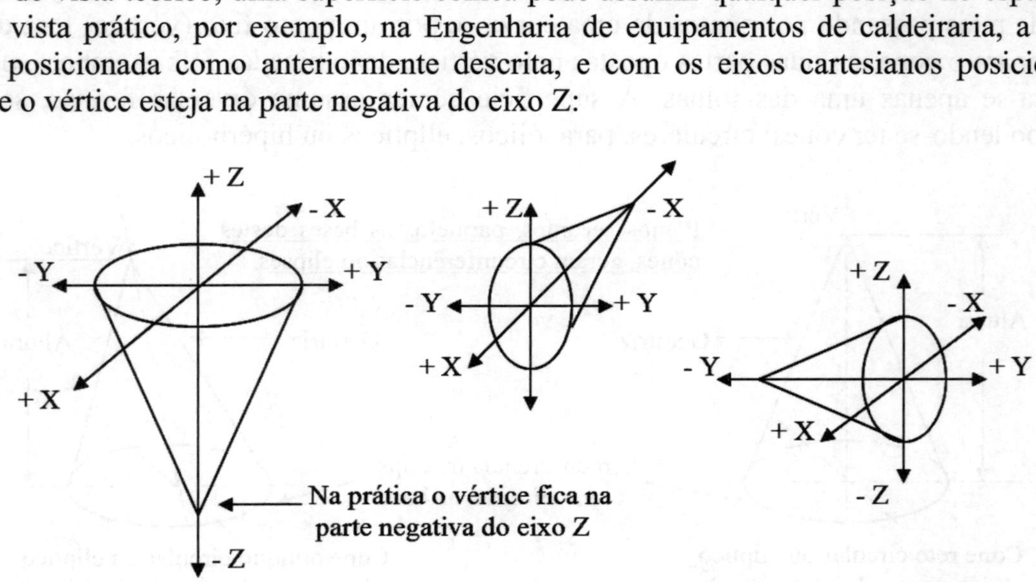

11.1.2 Equações de superfícies cônicas

Serão citadas as equações, tanto para o vértice do cone localizado na Origem (0; 0; 0), e com a figura cônica em um plano paralelo a um dos três Planos Cartesianos: XY, XZ ou YZ, no caso das superfícies cônicas circulares e elípticas, quanto para o vértice da parábola na Origem (0; 0; 0), bem como para os focos da hipérbole sobre um dos Eixos X, Y ou Z.

Um cone circular reto, com vértice em O (0; 0; 0), apresenta as seguintes equações:

$x^2 + y^2 = z^2$; neste caso o vértice estará na Origem (0; 0; 0), o círculo básico é paralelo ao Plano Cartesiano XY e z pode assumir qualquer valor, positivo ou negativo.

$x^2 + z^2 = y^2$; neste caso o vértice estará na Origem (0; 0; 0), o círculo básico é paralelo ao Plano Cartesiano XZ e y pode assumir qualquer valor, positivo ou negativo.

$y^2 + z^2 = x^2$; neste caso o vértice estará na Origem (0; 0; 0), o círculo básico é paralelo ao Plano Cartesiano YZ e x pode assumir qualquer valor, positivo ou negativo.

Um cone circular elíptico, com vértice em O (0; 0; 0), apresenta as seguintes equações (a e b são os semi eixos maior e menor):

$\frac{x^2}{a^2} + \frac{y^2}{b^2} = z^2$; neste caso o vértice estará na Origem (0; 0; 0), a elipse básica é paralela ao Plano Cartesiano XY e z pode assumir qualquer valor, positivo ou negativo.

$\frac{x^2}{a^2} + \frac{z^2}{b^2} = y^2$; neste caso o vértice estará na Origem (0; 0; 0), a elipse básica é paralela ao Plano Cartesiano XZ e y pode assumir qualquer valor, positivo ou negativo.

$\frac{y^2}{a^2} + \frac{z^2}{b^2} = x^2$; neste caso o vértice estará na Origem (0; 0; 0), a elipse básica é paralela ao Plano Cartesiano YZ e x pode assumir qualquer valor, positivo ou negativo.

Imagens de cones circulares/elípticos, com vértices coincidindo com a Origem (0; 0; 0)

Cônica paralela ao Plano XY

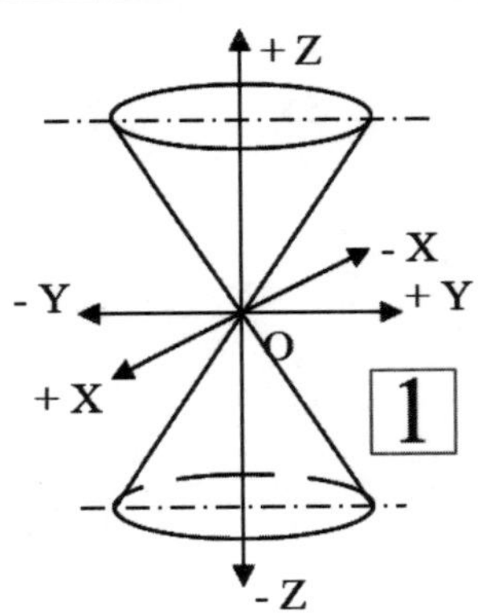

Cônica paralela ao Plano YZ

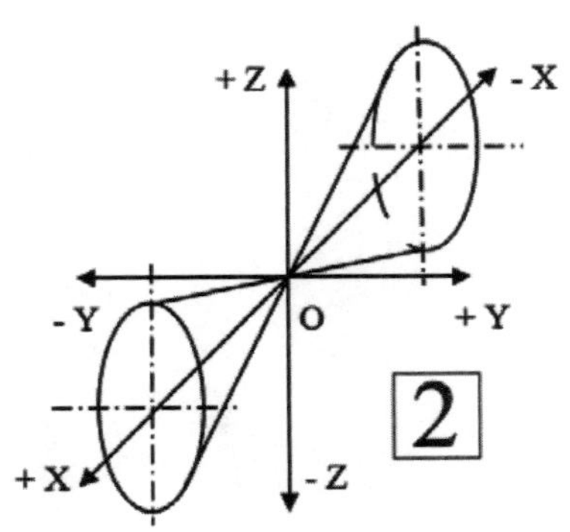

Cônica paralela ao Plano XZ

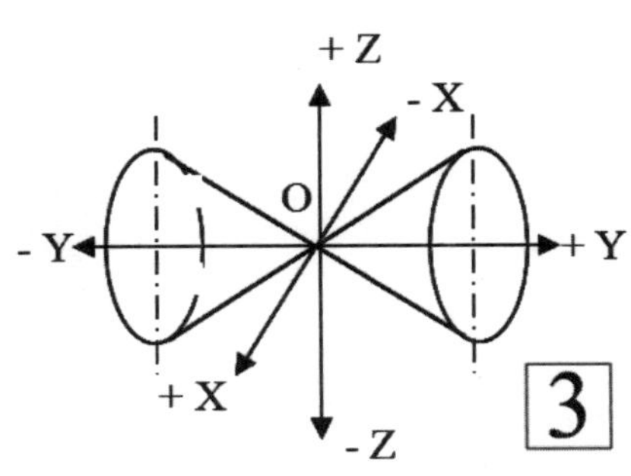

$$\underbrace{\begin{array}{l} x^2+y^2=z^2 \longrightarrow \text{Circular} \\ \dfrac{x^2}{a^2}+\dfrac{y^2}{b^2}=z^2 \longrightarrow \text{Elíptico} \end{array}}_{\text{Equações } \boxed{1}} \qquad \underbrace{\begin{array}{l} y^2+z^2=x^2 \longrightarrow \text{Circular} \\ \dfrac{y^2}{a^2}+\dfrac{z^2}{b^2}=x^2 \longrightarrow \text{Elíptico} \end{array}}_{\text{Equações } \boxed{2}} \qquad \underbrace{\begin{array}{l} x^2+z^2=y^2 \longrightarrow \text{Circular} \\ \dfrac{x^2}{a^2}+\dfrac{z^2}{b^2}=y^2 \longrightarrow \text{Elíptico} \end{array}}_{\text{Equações } \boxed{3}}$$

Um cone parabólico, com vértice do cone na Origem (0; 0; 0), pode apresentar as seguintes equações (p é a distância do foco à reta diretriz):

- $y^2 = 2px$; neste caso a parábola básica é paralela ao Plano Cartesiano XY e z pode assumir qualquer valor, positivo ou negativo.
- $x^2 = 2pz$; neste caso a parábola básica é paralela ao Plano Cartesiano XZ e y pode assumir qualquer valor, positivo ou negativo.
- $z^2 = 2py$; neste caso a parábola básica é paralela ao Plano Cartesiano YZ e x pode assumir qualquer valor, positivo ou negativo.

Um cone hiperbólico, com vértice do cone na metade da distância entre os vértices da hipérbole, pode apresentar as seguintes equações (a é metade da medida do eixo real e b é metade da medida do eixo imaginário):

- $\dfrac{x^2}{a^2} - \dfrac{y^2}{b^2} = 1$; neste caso a hipérbole básica é paralela ao Plano Cartesiano XZ e y pode assumir qualquer valor, positivo ou negativo.
- $\dfrac{y^2}{a^2} - \dfrac{x^2}{b^2} = 1$; neste caso a hipérbole básica é paralela ao Plano Cartesiano XY e z pode assumir qualquer valor, positivo ou negativo, definindo a superfície cônica.
- $\dfrac{y^2}{a^2} - \dfrac{z^2}{b^2} = 1$; neste caso a hipérbole básica é paralela ao Plano Cartesiano YZ e y pode assumir qualquer valor, positivo ou negativo, definindo a superfície cônica.

Imagem Geométrica de um cone parabólico, com a figura da parábola paralela ao Plano XY

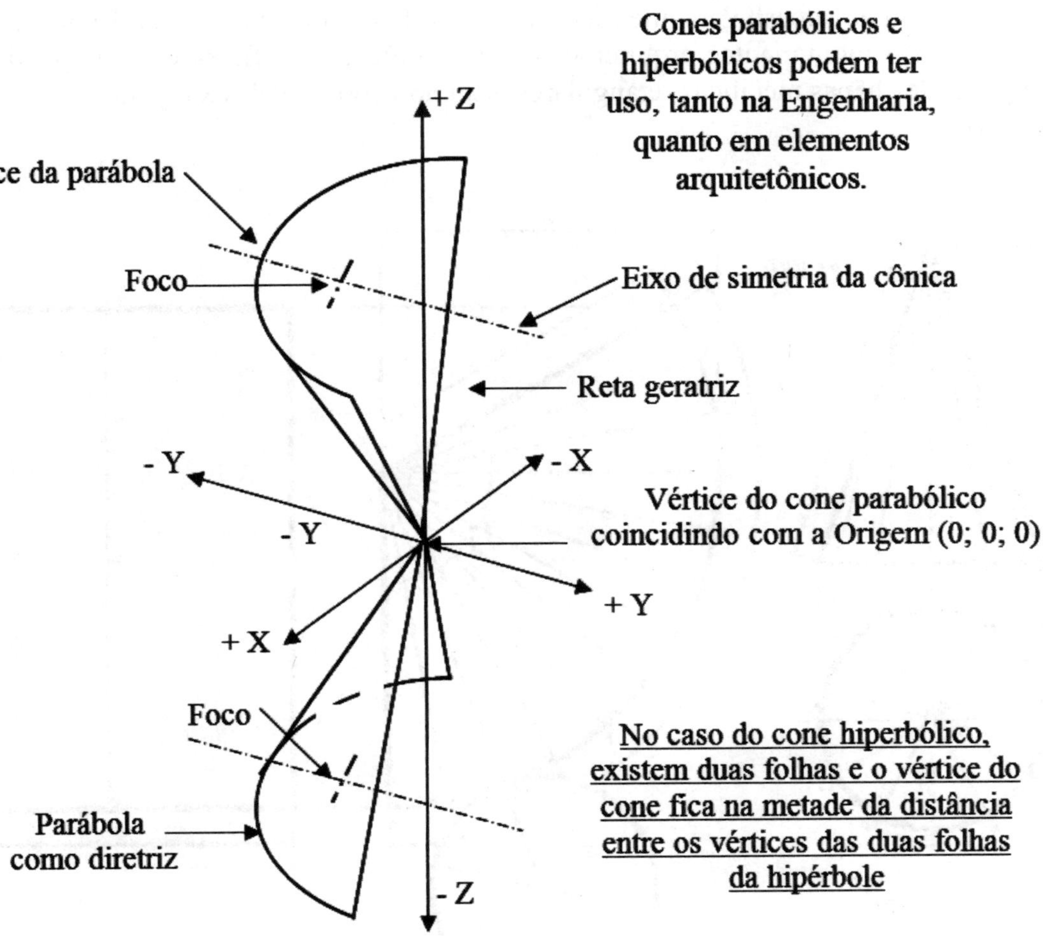

11.1.3 Detalhes de superfícies quádricas cônicas circulares. Cortes, planificações e interseções

Na prática, especialmente nas áreas de caldeiraria e dutos de exaustão, é comum o uso de superfícies cônicas, fabricadas a partir de chapas planas que, após calandragem*, adquire o formato cônico. Os desenhos a seguir mostram os detalhes de algumas aplicações práticas sobre superfícies cônicas circulares. Observa-se que, já há alguns anos existem programas (*softwares*) de computador específicos e profissionais, que fazem todo o desenvolvimento da planificação, permitindo o corte, a calandragem e a soldagem das superfícies. Ou seja, transforma-se uma chapa bidimensional (X, Y) em um corpo tridimensional (X, Y, Z). * calandragem é um processo de fabricação mecânica que permite curvar uma chapa plana, inclusive com uma volta completa, formando um cilindro.

Planificação de uma superfície quádrica cônica circular fechada

Na prática, esse tipo de superfície cônica fechada, é usado como elemento de decoração, objeto de arte e, ás vezes, em monumentos arquitetônicos. Na prática, superfícies cônicas planificadas são cortadas a partir de chapas metálicas retangulares, segundo coordenadas x e y. Observação: medidas em centímetros.

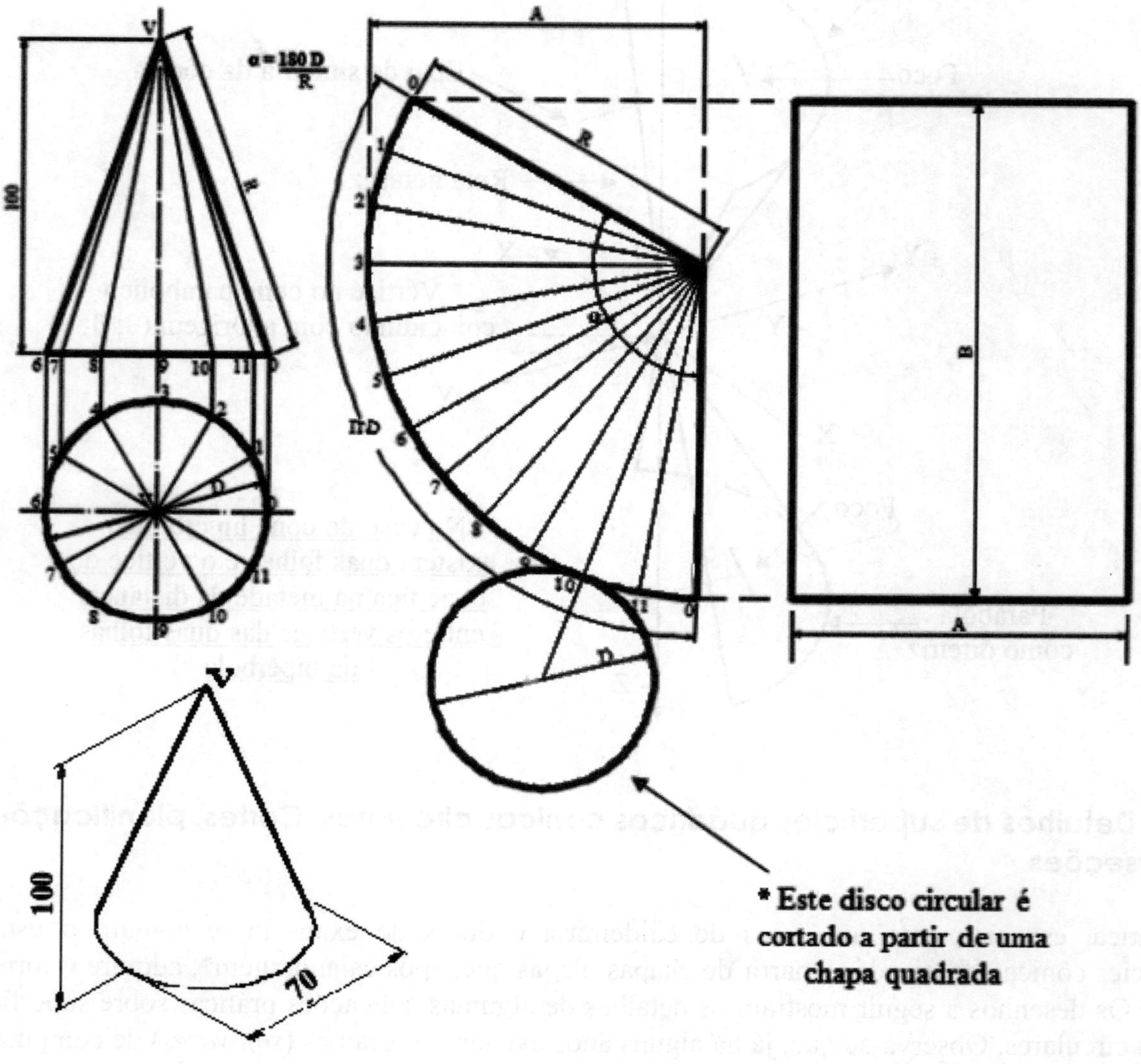

* Quando uma superfície cônica é utilizada como equipamento de estocagem, como mostrada no parágrafo 11.1, por óbvio não existe esse disco circular. Ou seja, tem-se uma superfície cônica aberta.

Planificação da superfície quádrica de um tronco de cone circular fechado

Em verdade, na prática, não são fabricadas superfícies cônicas fechadas, mas sim trechos de troncos de cones, como a seguir mostrado. O tronco de cone, aqui detalhado, é parte da superfície cônica fechada já mostrada.

Esse tipo de tronco de cone, mas aberto, é muito utilizado como reduções concêntricas em sistemas de tubulações, especialmente de grandes diâmetros (acima de 305 mm ou 12"). Observação: medidas em centímetros.

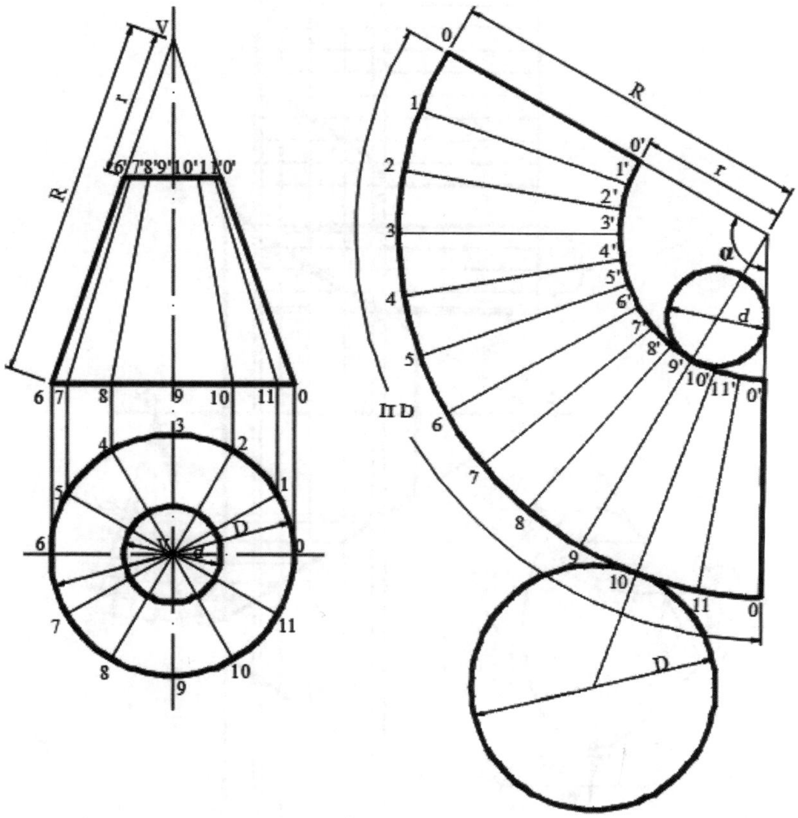

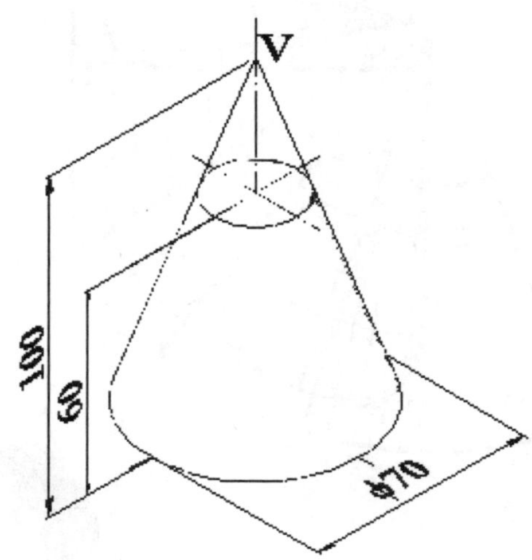

Planificação de uma interseção entre uma superfície de um tronco de cone circular e um cilindro reto paralelo ao eixo do cone

Esse tipo de interseção ocorre, por exemplo, em equipamentos de estocagem de produtos granulados e alimentícios, onde por questões de processo a entrada cilíndrica não pode ser no centro. Observação: medidas em centímetros.

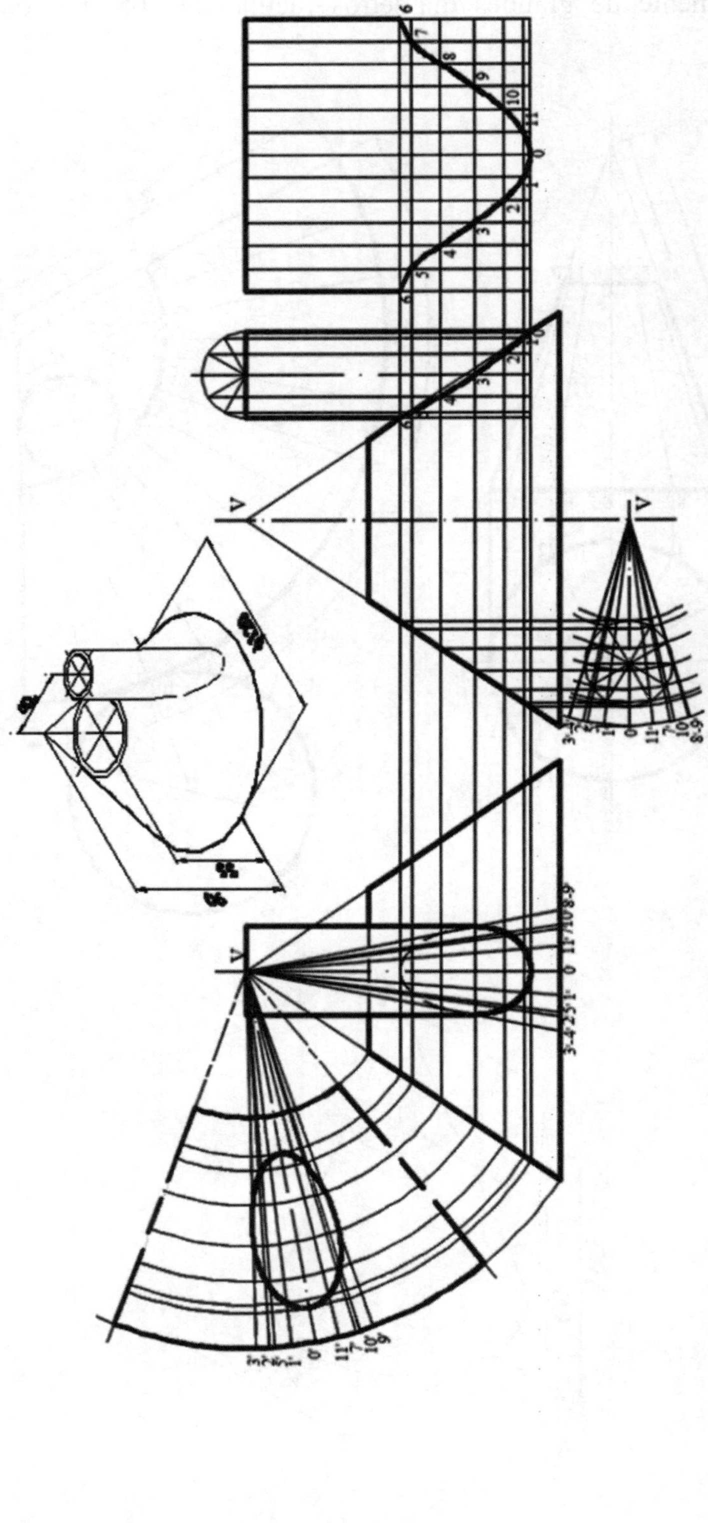

Planificação/Desenvolvimento de um tronco de cone circular, com parte inferior oblíqua

Esse tipo de tronco de cone é utilizado em sistemas de exaustão de gases industriais. Observação: medidas em centímetros.

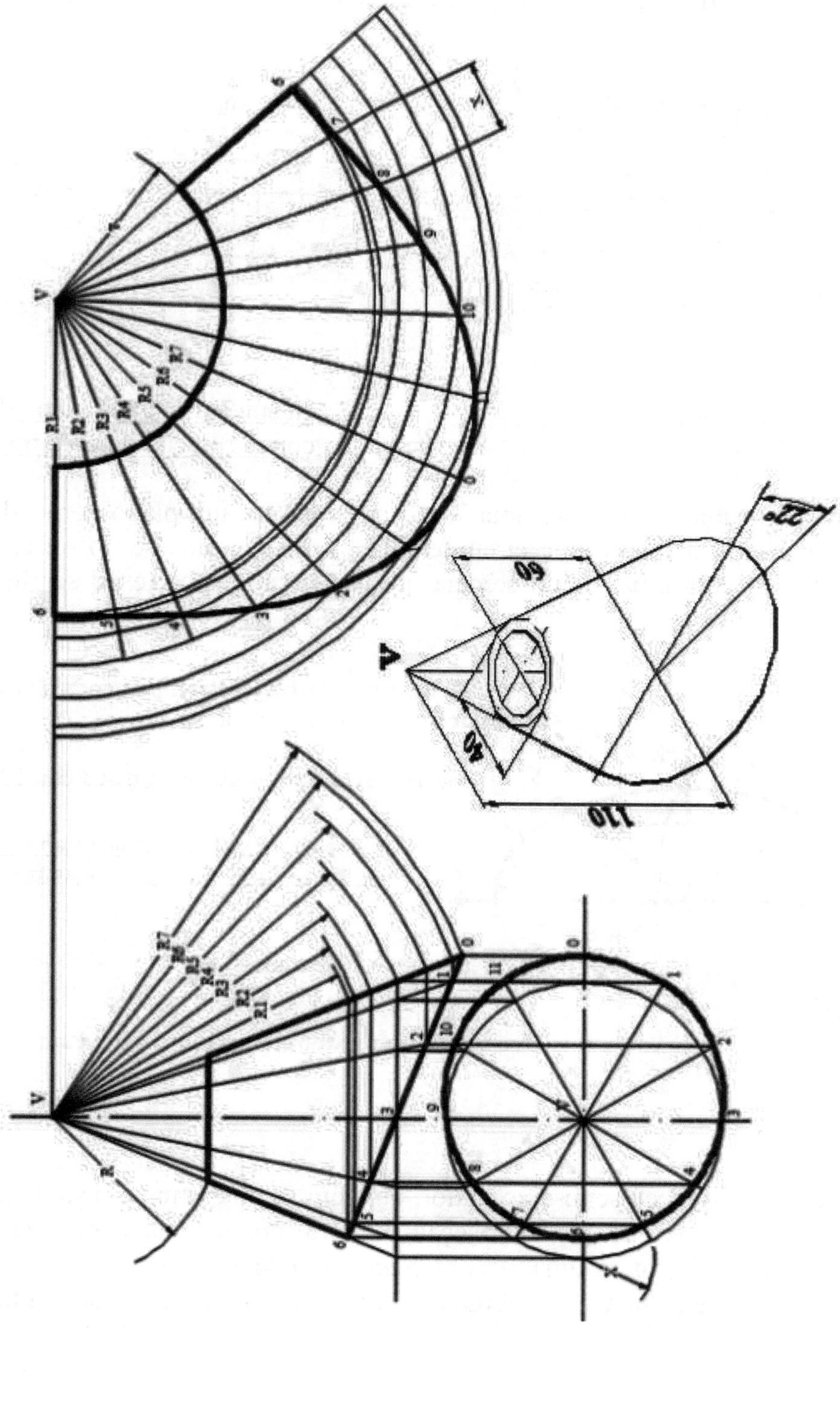

11.2 O Elipsoide

O elipsoide (em verdade um esferoide) é um sólido que se pode obter pela rotação de uma elipse pelo seu semi-eixo menor ou do semi-eixo maior, como mostrado na figura a seguir. O elipsoide pode ser alongado ou achatado, conforme a rotação se efetue em torno do eixo maior ou do eixo menor. Apenas como curiosidade, cita-se que a "bola de futebol americano" é um ovóide (formato de uma oval específica) e não um elipsoide alongado.

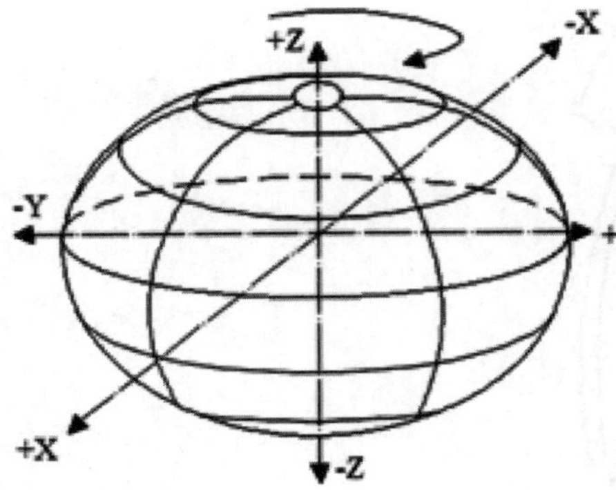

Elipsoide achatado, com a rotação do eixo maior

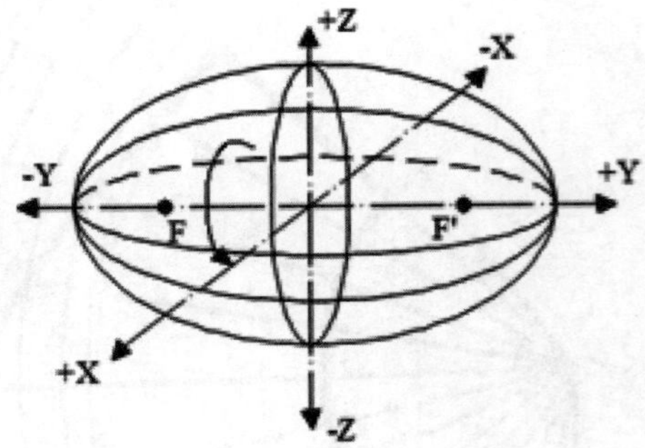

Elipsoide alongado ou ovalado, com a rotação do eixo menor

Observa-se que, num elipsoide alongado, uma seção ou corte por um plano perpendicular ao eixo maior (em qualquer distância), gera uma circunferência. Ou seja, uma seção ou corte no sentido transversal (eixo menor) gera uma circunferência, já uma seção ou corte no sentido longitudinal (eixo maior) gera uma elipse.

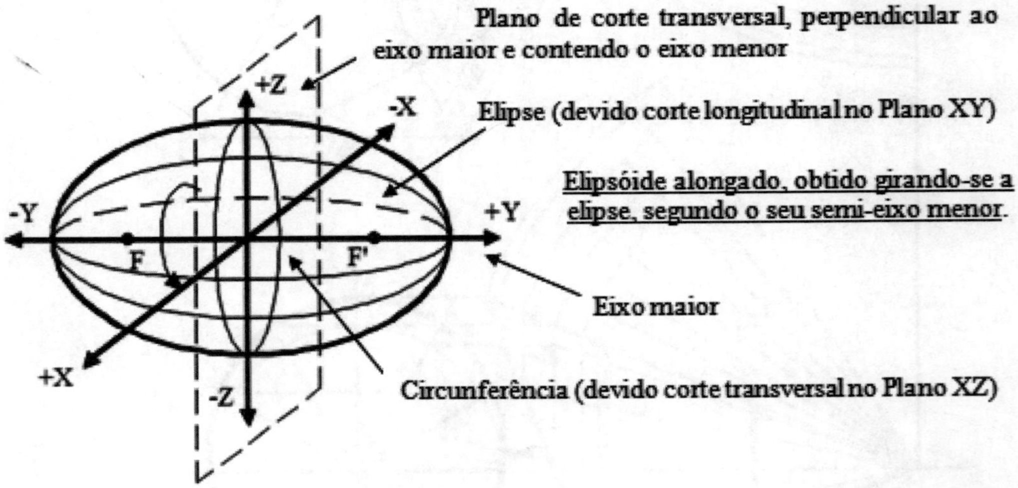

Girando-se a elipse segundo o seu semi-eixo maior, também se obtém um elipsóide achatado (mais volumoso). Nesse caso, observa-se que uma seção ou corte por um plano perpendicular ao eixo menor (em qualquer distância), gera uma circunferência. Ou seja, uma seção ou corte no sentido longitudinal (eixo maior) gera uma circunferência, já uma seção ou corte no sentido transversal (eixo menor) gera uma elipse.

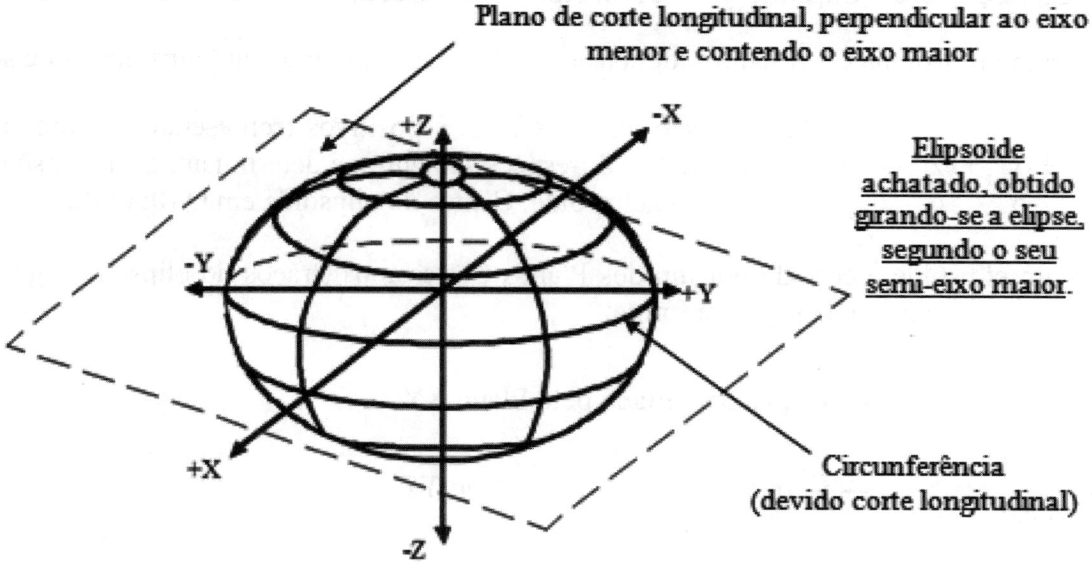

Usos práticos de elipsoides na Engenharia e na Cartografia

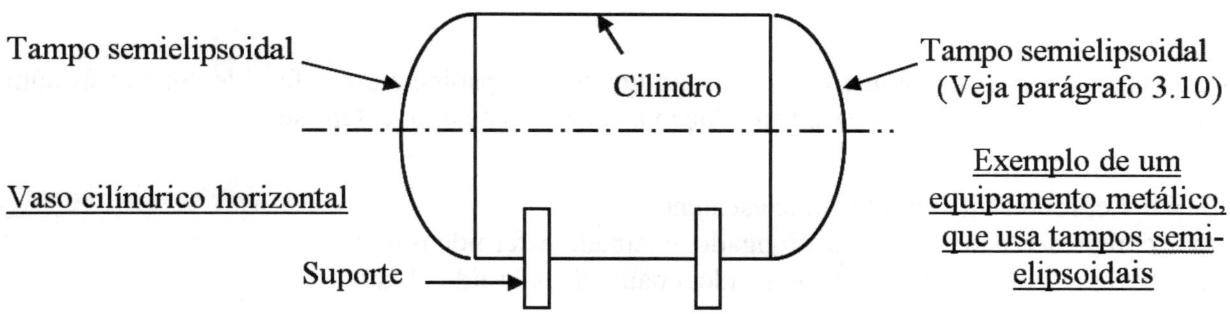

Na engenharia cartográfica, os elipsoides achatados são utilizados como aproximação da forma irregular da Terra, já que representam o achatamento nos Pólos, ao contrário das esferas (o planeta Terra não é uma esfera perfeita, mas sim um geoide). As projeções cartográficas têm como domínio as coordenadas elipsoidais.

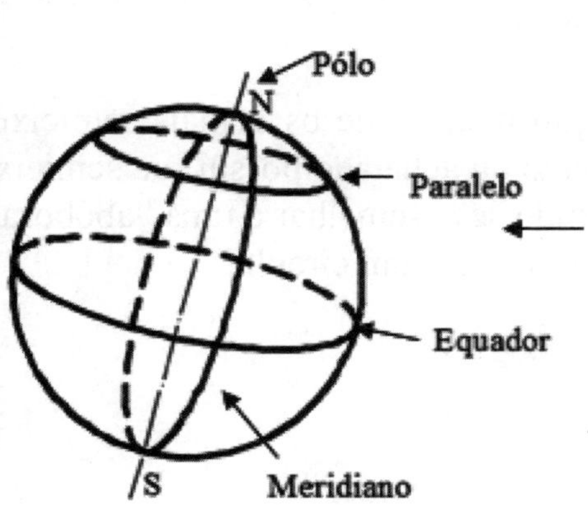

Esta imagem representa de forma esquemática, o planeta Terra, vendo-se o seu eixo ligeiramente inclinado e os principais elementos. A Terra gira em torno deste eixo, que tem uma inclinação variável entre 22,5° e 24,5°. É o giro completo, e constante, em torno deste eixo que define o dia e a noite. Este giro completo dura exata e precisamente: 23 horas, 56 minutos, 4 segundos e 9 centésimos.

11.2.1 Equações do elipsoide. O esferoide e a esfera, derivados do elipsoide

Considerando o Sistema Cartesiano tridimensional, a equação geral de um elipsoide pode ser escrita como:

$$+\frac{x^2}{a^2}+\frac{y^2}{b^2}+\frac{z^2}{c^2}=+1$$

a, b, c são números reais e positivos (representam valores nos Eixos X, Y e Z, respectivamente), e determinam as dimensões e a forma do elipsoide. Centro do elipsoide em O (0; 0; 0).

Quando um elipsoide é cortado por um dos Planos Cartesianos (traços do elipsoide), gera-se uma elipse, com uma equação da seguinte forma:

$+\frac{x^2}{a^2}+\frac{y^2}{b^2}=+1$ ⟶ quando cortado pelo Plano XY

$+\frac{y^2}{b^2}+\frac{z^2}{c^2}=+1$ ⟶ quando cortado pelo Plano YZ

$+\frac{x^2}{a^2}+\frac{z^2}{c^2}=+1$ ⟶ quando cortado pelo Plano XZ

Tipos de Elipsoides: escaleno, esferoide prolato, esferoide oblato e esfera

Se, na equação, dois dos números a, b, c, são iguais, o elipsoide é um esferoide. Se os três números são iguais, trata-se de uma esfera. Em relação aos valores de a, b, c, tem-se:

- $a \neq b \neq c$: representa um elipsoide escaleno.
- $b = c$: representa um esferoide alongado, chamado esferoide prolato.
- $a = b$: representa um esferoide achatado, chamado esferoide oblato.
- $a = b = c$: representa uma esfera.

Esferoide é uma superfície quádrica em três dimensões obtida através da rotação de uma elipse ao redor de um de seus eixos principais. Se a elipse for rotacionada ao redor de seu eixo maior, a superfície gerada é chamada de esferoide prolato ou alongado. Se a rotação for ao redor do eixo menor, a superfície gerada é chamada de esferoide oblato ou achatado.

Um esferoide prolato ou alongado possui o semieixo de rotação menor que os demais semieixos ($a > b$, c), podendo se assemelhar a um "kibe", e o esferoide oblato ou achatado possui seu semieixo de rotação mais longo que os demais semieixos ($a < b$, c), podendo se assemelhar a uma "abóbora". A esfera é um caso especial do esferoide no qual a "elipse" rotacionada é um círculo.

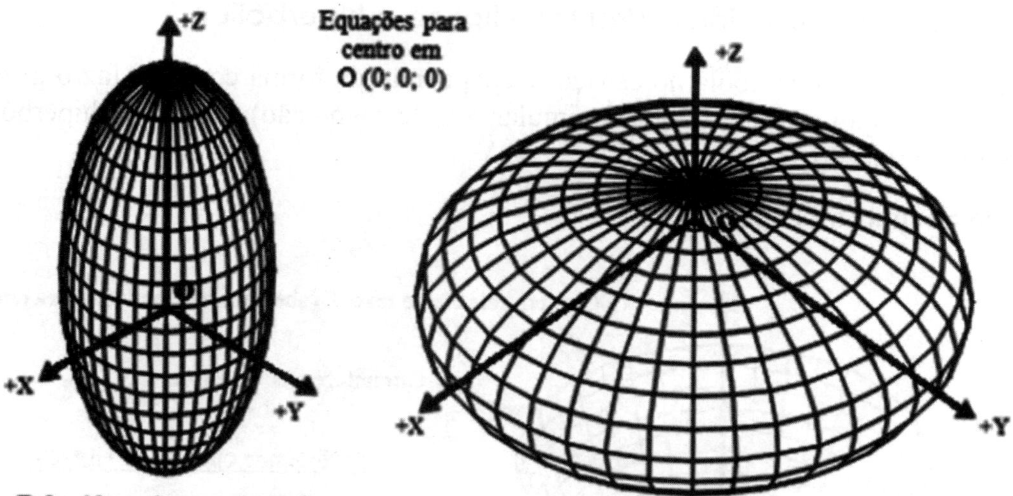

Esferoide prolato ou alongado

$$+\frac{x^2}{a^2}+\frac{y^2}{b^2}+\frac{z^2}{b^2}=+1$$

Esferoide oblato ou achatado

$$+\frac{x^2}{a^2}+\frac{y^2}{a^2}+\frac{z^2}{c^2}=+1$$

Uma esfera com centro C em (x_1; y_1; z_1), não coincidente com a Origem dos Eixos Cartesianos O (0; 0; 0), apresenta a seguinte equação:

$$(x - x_1)^2 + (y - y_1)^2 + (z - z_1)^2 = r^2 \text{ ; onde r é o raio da esfera.}$$

Exercício 11.1: dada a equação: $2x^2 + 4y^2 + z^2 - 16 = 0$, identificar o tipo de superfície e fazer sua Imagem Geométrica.

$2x^2 + 4y^2 + z^2 = 16$ ou: $\frac{2x^2 + 4y^2 + z^2 = 16}{16}$ => $x^2/8 + y^2/4 + z^2/16 = 1$.

Trata-se de um elipsoide do tipo: $x^2/a^2 + y^2/b^2 + z^2/c^2 = 1$. Onde: 2a = 5,66; 2b = 4 e 2c = 8. É um elipsoide com o eixo maior 2c = 8, no sentido do Eixo Cartesiano Z e no Plano XY, tem-se a elipse: $x^2/8 + y^2/4 = 1$.

<u>Equações das elipses</u>:

$$*\begin{cases}\text{Plano XY: } x^2/8 + y^2/4 = 1.\\ \text{Plano XZ: } x^2/8 + z^2/16 = 1.\\ \text{Plano YZ: } y^2/4 + z^2/16 = 1.\end{cases}$$

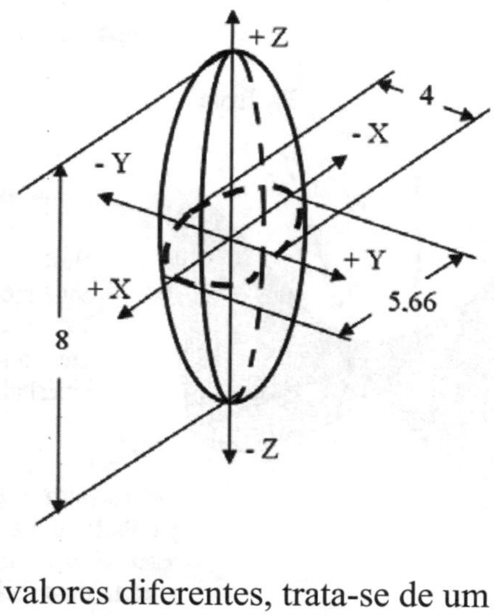

$$*\begin{cases}\text{No plano XY} \Rightarrow z = 0\\ \text{No plano XZ} \Rightarrow y = 0\\ \text{No plano YZ} \Rightarrow x = 0\end{cases}$$

<u>Imagem Geométrica do elipsoide escaleno</u>

Em geral, elipsoides desses tipos são utilizados como objetos de decoração e monumentos, projetados por *designers* e arquitetos.

Como os parâmetros a, b e c têm valores diferentes, trata-se de um elipsoide escaleno.

11.3 Estudo dos paraboloides: circular, elíptico e hiperbólico

É obtido girando-se uma parábola no espaço. Dependendo da forma como se faz o giro no espaço, podem existir três tipos de paraboloides: circular (ou de revolução), elíptico e hiperbólico. O giro pode ser feito em relação a um dos três Eixos: X, Y, Z.

Paraboloide circular ou elíptico

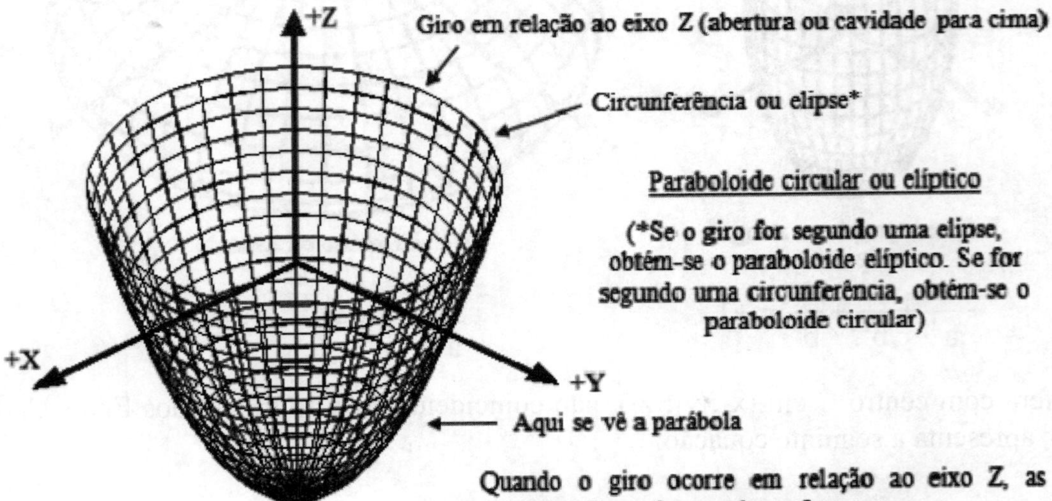

Paraboloide circular ou elíptico

(*Se o giro for segundo uma elipse, obtém-se o paraboloide elíptico. Se for segundo uma circunferência, obtém-se o paraboloide circular)

Quando o giro ocorre em relação ao eixo Z, as equações ficam das seguintes formas:

$$\begin{cases} \frac{y^2}{a^2} - \frac{x^2}{a^2} = \frac{z}{c} \longrightarrow \text{paraboloide circular} \\ \frac{y^2}{b^2} + \frac{x^2}{a^2} = \frac{z}{c} \longrightarrow \text{paraboloide elíptico} \end{cases}$$

Paraboloide hiperbólico

A equação do paraboloide hiperbólico é:

$$+\frac{y^2}{b^2} - \frac{x^2}{a^2} = +\frac{z}{c}$$

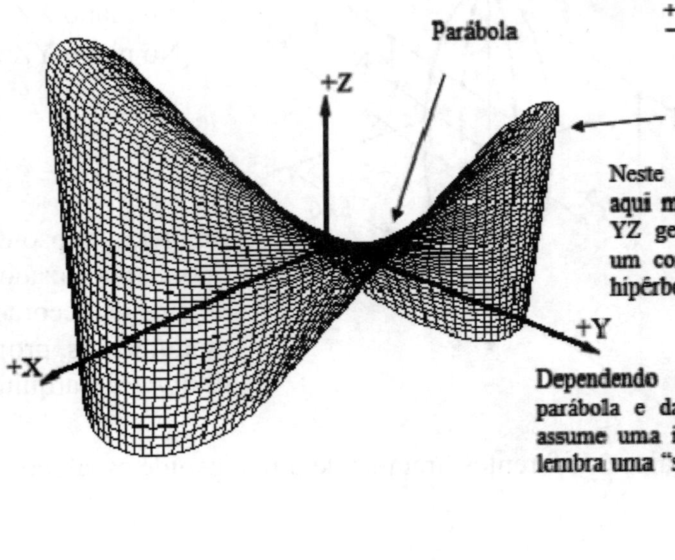

Neste paraboloide hiperbólico, aqui mostrado, um corte no Plano YZ gera uma parábola, enquanto um corte no Plano XZ gera uma hipérbole.

Dependendo das excentricidades da parábola e da hipérbole, esta superfície assume uma imagem tridimensional, que lembra uma "sela de cavalo".

O paraboloide hiperbólico pode ser entendido ou como uma folha de uma hipérbole que gira segundo a curva de uma parábola ou uma parábola que gira, segundo uma folha de uma hipérbole.

Exemplo de aplicação do paraboloide hiperbólico na Arquitetura/Engenharia

O formato do paraboloide de revolução pode ter aplicações no projeto de aviões (o bico, onde fica a cabine). Também tem aplicações em arquitetura, por exemplo, como cobertura (telhado) de grandes centros de exposições. O Centro de Tradições Nordestinas, antigo Pavilhão de São Cristóvão, no Rio de Janeiro, projetado e construído na década de 1970, tinha a sua cobertura original no formato de um paraboloide hiperbólico. O saudoso arquiteto Oscar Niemayer utilizou coberturas no formato de paraboloides hiperbólicos, em diversas de suas obras.

Exercício 11.2: estudar a equação: $4y^2 + z^2 - 4x = 0$, fazendo sua Imagem Geométrica.

$4y^2 + z^2 - 4x = 0$ ou $4y^2 + z^2 = 4x$. Dividindo-se os dois membros por 4 => $y^2 + z^2/4 = x$.

Trata-se da equação de elipses do tipo: $y^2/b^2 + z^2/a^2 = x$, que variam ao longo do Eixo X. Essas elipses estão em planos paralelos ao Plano YZ.

Atribuindo-se valores a x, consegue-se determinar valores de x, y e z, podendo-se fazer a Imagem Geométrica das elipses.

$x = 0$: não existe elipse, pois a equação fica: $y^2 + z^2/4 = 0$. Da mesma forma infere-se que x não admite valores negativos, ou seja, esta curva passa pela Origem (0; 0; 0).

$x = 1$: $y^2 + z^2/4 = 1$: $b^2 = 1$; $b = \pm 1$ e $a^2 = 4$; $a = \pm 2$. Dessa forma: $2a = 4$ e $2b = 2$.

$x = 2$: $y^2 + z^2/4 = 2$ => $y^2/2 + z^2/8 = 1$. $b^2 = 2$; $b = \pm 1{,}414$ e $a^2 = 8$; $a = \pm 2{,}828$. Dessa forma: $2a = 5{,}656$ e $2b = 2{,}828$.

$x = 3$: $y^2 + z^2/4 = 3$ => $y^2/3 + z^2/12 = 1$. $b^2 = 3$; $b = \pm 1{,}732$ e $a^2 = 12$; $a = \pm 3{,}464$. Dessa forma: $2a = 6{,}928$ e $2b = 3{,}464$.

$x = 4$: $y^2 + z^2/4 = 3$: . $b^2 = 4$; $b = \pm 2$ e $a^2 = 16$; $a = \pm 4$. Dessa forma: $2a = 8$ e $2b = 4$.

Com a equação: $y^2 + z^2/4 = x$, considerando-se $y = 0$, tem-se $z^2/4 = x$ ou $z^2 = 4x$, que é uma parábola no Plano XZ, com vértice na Origem (0; 0; 0), e só existente na parte positiva de x. Nessa mesma equação, considerando $z = 0$, tem-se $y^2 = x$, que é uma parábola no Plano XY, com vértice na Origem (0; 0; 0).

Essas análises levam à conclusão de que a equação $4y^2 + z^2 - 4x = 0$, refere-se à superfície quádrica de um paraboloide elíptico.

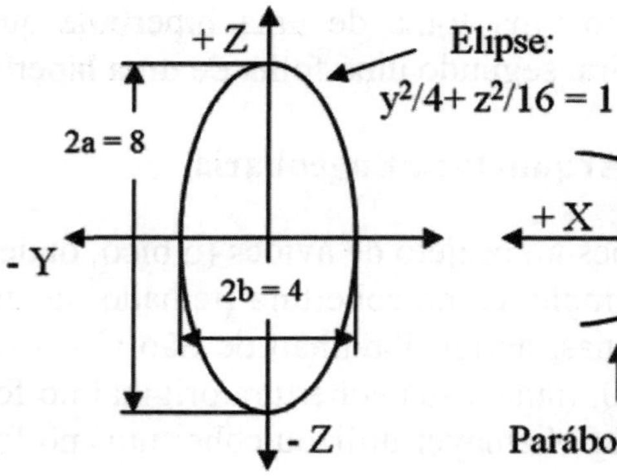

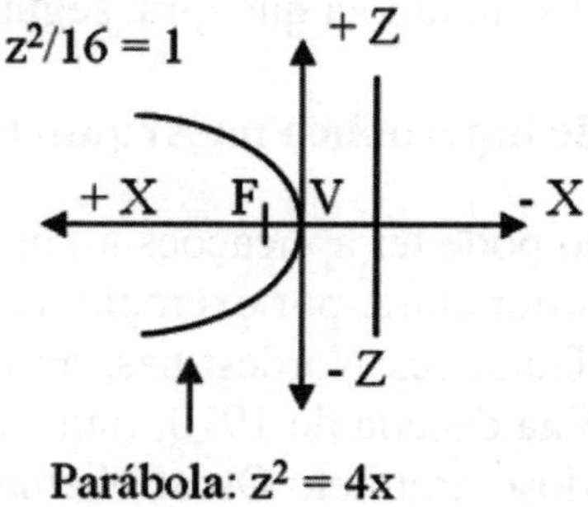

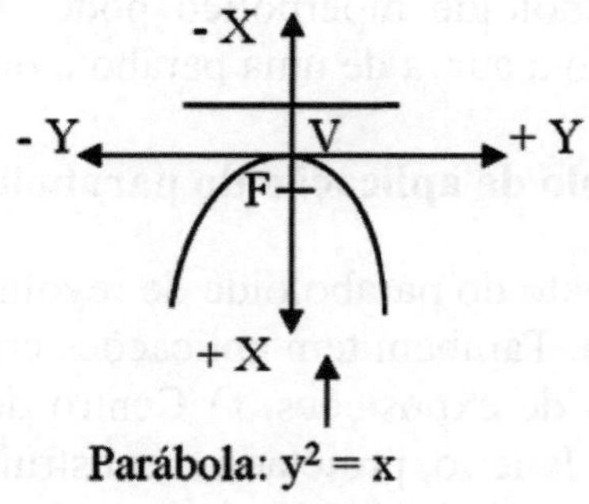

Imagem Geométrica do Paraboloide elíptico

Esta Imagem Geométrica representa, esquematicamente, o paraboloide elíptico, com elipses paralelas ao Plano YZ e a parábola no Plano XZ, com y = 0.

Alguns aviões comerciais têm parte do seu bico no formato de um paraboloide elíptico.

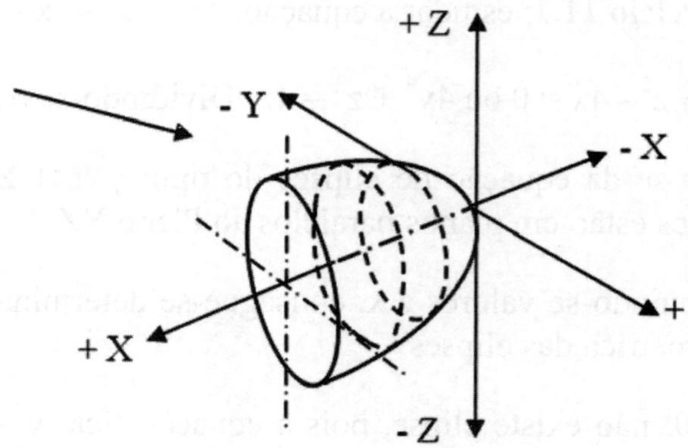

11.4 Os hiperboloides (de uma e duas folhas)

São obtidos pelo giro de uma hipérbole no espaço. Dependendo da forma como se faz o giro, podem ser obtidos dois tipos de hiperboloides: de uma folha e de duas folhas, como mostrados a seguir. Também em função de como se gira pode-se ter o hiperboloide circular ou elíptico (ou hiperbólico, como no exercício 11.3). Como exemplos práticos do uso de hiperboloides circulares, podemos citar um tipo de banco de sentar, as grandes chaminés de usinas termoelétricas (veja exercício 7.14) e a belíssima estrutura da Catedral de Brasília.

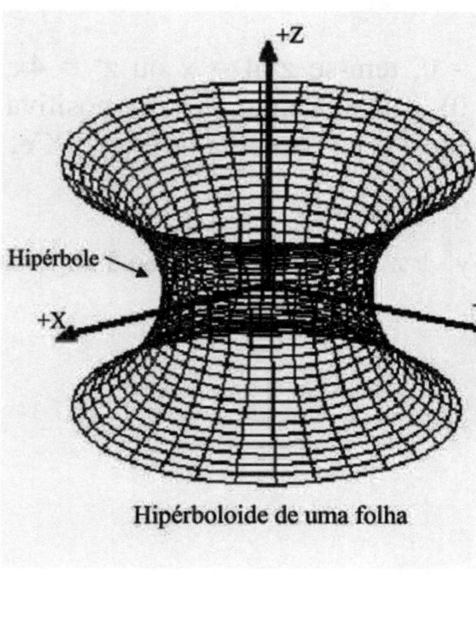

Hipérboloide de uma folha

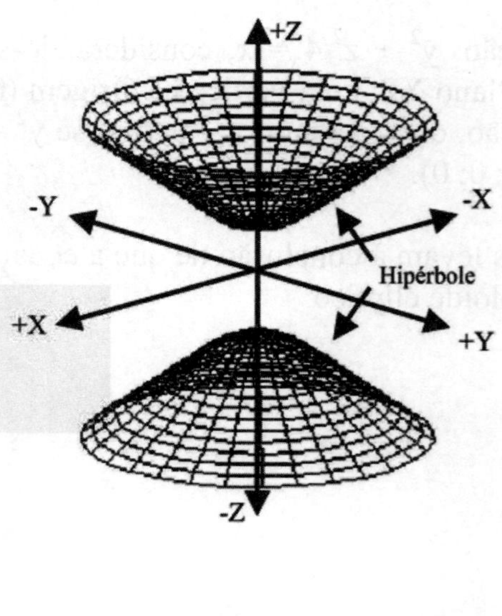

Exercício 11.3: analise a equação: $-x^2/4 + z^2/9 - y^2/4 = 1$, fazendo sua Imagem Geométrica.

1) Fazendo $x = 0$, obtém-se: $z^2/9 - y^2/4 = 1$, que é a equação de uma hipérbole do tipo: $z^2/a^2 - y^2/b^2 = 1$, no Plano YZ, com o eixo coincidente com o Eixo Z.
$a^2 = 9$; $a = \pm 3$. $b^2 = 4$; $b = \pm 2$. Como: $c = \sqrt{(a^2 + b^2)}$; tem-se $c = 3{,}6$ e distância focal $2c = 7{,}2$.

2) Fazendo $y = 0$, obtém-se: $-x^2/4 + z^2/9 = 1$, que é a equação de uma hipérbole do tipo: $z^2/a^2 - x^2/b^2 = 1$, no Plano XZ, com o eixo coincidente com o Eixo Z.
$a^2 = 9$; $a = \pm 3$. $b^2 = 4$; $b = \pm 2$. Como: $c = \sqrt{(a^2 + b^2)}$; tem-se $c = 3{,}6$ e distância focal $2c = 7{,}2$.

Como para $z = 0$, a equação não tem solução, conclui-se que a curva não passa pela Origem.

Conclusão: trata-se de um hiperboloide de duas folhas, com a seguinte Imagem esquemática:

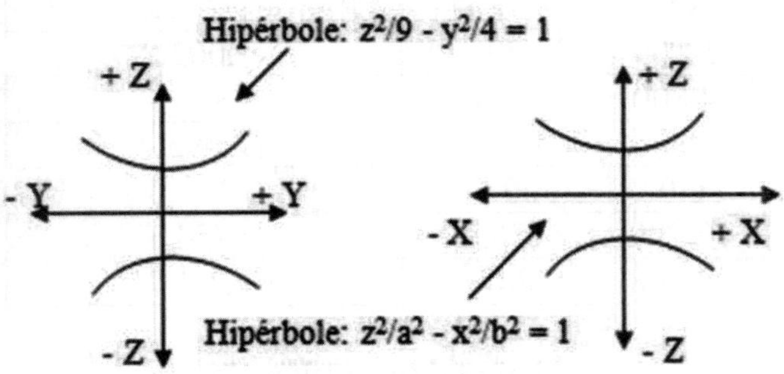

Imagem Geométrica do Hiperboloide de duas folhas

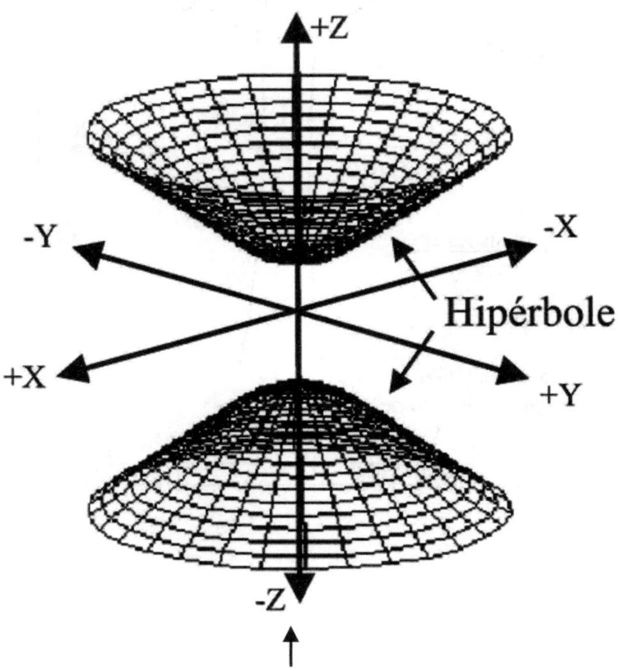

Um dos Pavilhões de Exposições do parque Ibirapuera, em São Paulo, tem a sua cúpula neste formato, ou seta, de um hiperboloide, com a folha inferior, sendo um dos belos projetos do grande arquiteto Oscar Niemeyer.

11.4.1 Planificação de um hiperboloide circular

No parágrafo 7.12 foi desenvolvida toda a análise de um reservatório esférico de diâmetro 5 metros, suportado por um hiperboloide circular, de equação: $+x^2/0{,}25 - y^2/3{,}75 = +1$. O desenho a seguir resume as dimensões gerais do conjunto esfera/hiperboloide, e na sequência é feita a planificação apenas da parte do hiperboloide que, conforme citado, será fabricado a partir de chapas de aço, que serão cortadas, curvadas e soldadas, de forma a ter-se o hiperboloide circular, como solicitado.

Como citado no capítulo 7, este hiperboloide é utilizado como suporte de reservatórios esféricos que armazenam água, também conhecidos como castelo de água. Observa-se que este tipo de suporte também pode ser construído em concreto.

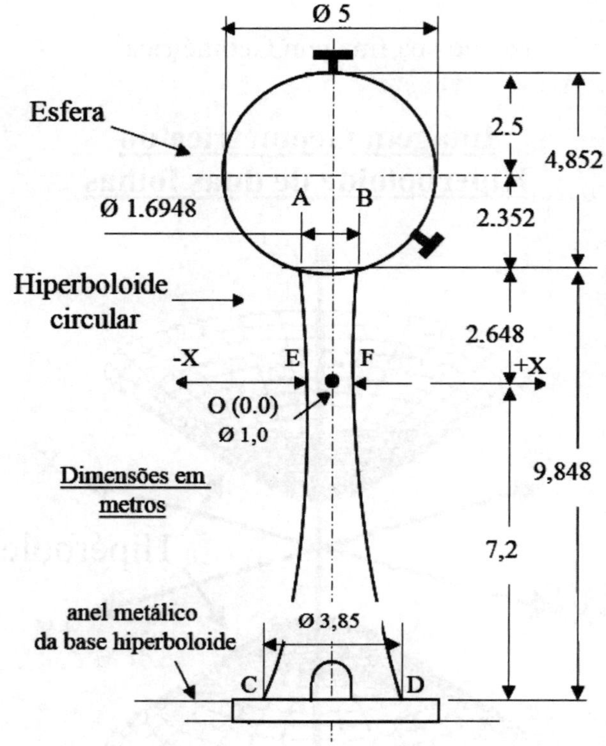

Estudos da planificação do hiperboloide

Os desenhos a seguir mostram a planificação de todo o suporte metálico, no formato de um hiperboloide circular, ou seja, uma hipérbole girada segundo uma circunferência. Tendo como base a equação da hipérbole ($+x^2/0,25 - y^2/3,75 = +1$), sabe-se que para cada valor de y, correspondem dois de x, ou seja, a partir do Eixo de simetria da hipérbole, são estipulados os valores de y, para cima e para baixo, em função da largura das chapas metálicas utilizadas, quais sejam: 2400 mm de largura e 6100 mm de comprimento. Substituindo cada valor de y, na equação acham-se doi para x (±), onde o dobro do valor de x é o diâmetro do hiperboloide naquela altura. Esse diâmetro multiplicado por π (3,1415) resulta no compr men o (retificação) da circunferência naquela altura (y), como mostrada na tabela a seguir.

$$x = \pm \sqrt{(0,25 + 0,0667y^2)}$$

As medidas (mm) desta tabela estão calculadas pela equação da hipérbole: $+x^2/0,25 - y^2/3,75 = +1$. Onde para cada valor de y correspondem dois de x, sendo esse o valor do raio da circunferência naquele ponto do hiperboloide.

y*	x = (raio)	Retificação (π.2x)**
-2.400	79	.002,8
-4.800	1.336	8.396,7
-7.200	1.925	12.095,4
0,0	500 (a)	3.141,5
+2.200	756,7	4.754,3
+2.648	847	5.321,7

Tabela de retificação

*Para cada valor de y, tem-se dois de x.

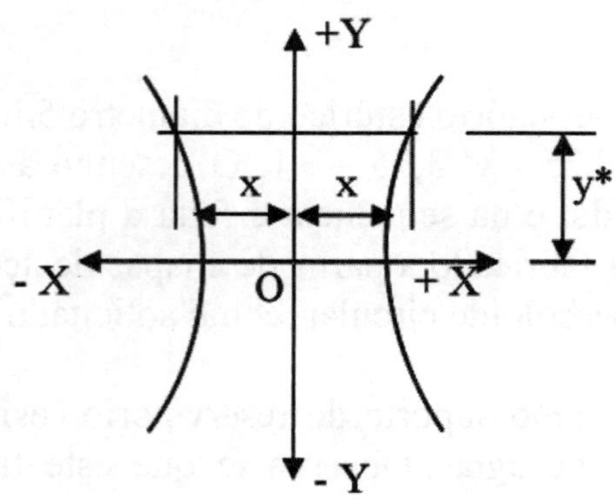

**Observa-se que, por ser hiperboloide circular, cada valor de y, corresponde a um diâmetro, multiplicado por π, resulta num comprimento, naquele ponto.

Os desenhos a seguir mostram os estudos sobre o aproveitamento de chapas, considerando cada chapa tendo 2.400 mm de largura, por 6.100 mm de comprimento, que é o padrão de fornecimento das siderúrgicas. Observa-se que, por mais que se análise, de forma a evitar desperdícios (retalhos ou sobras) de chapas, os mesmos ocorrerão. Observa-se que cada chapa de 2.400 x 6.100, na espessura de 9,5 mm (3/8"), pesa 1.070 Kg.

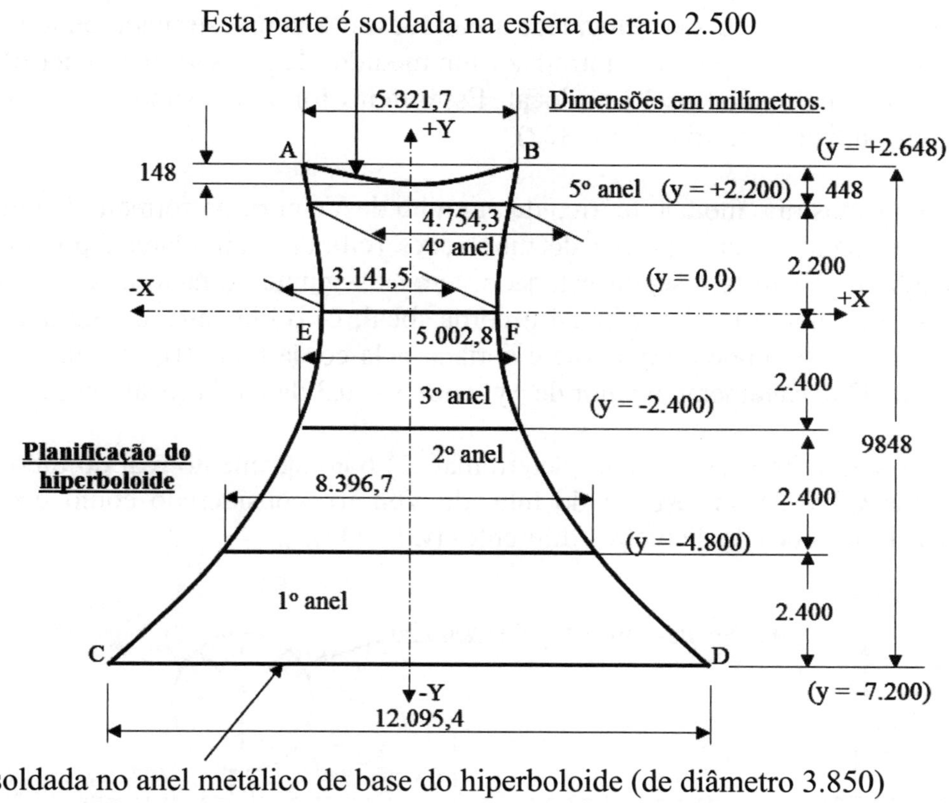

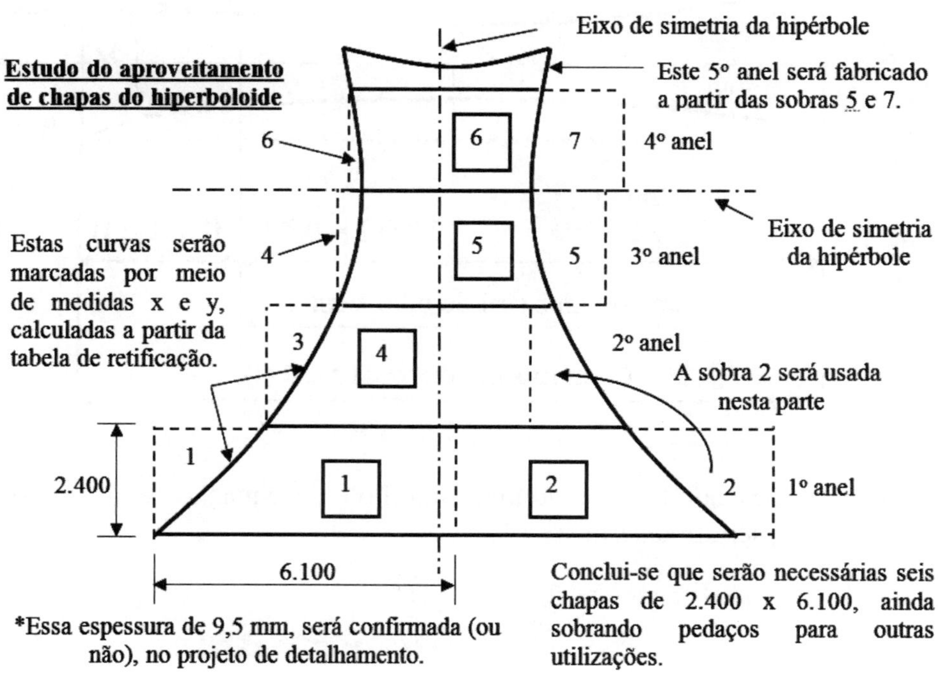

11.4.2 Estudo de um hiperboloide circular, utilizado como medidor de pressão, segundo o princípio do "tubo de Venturi"

O efeito Venturi, também conhecido como "tubo de Venturi", ocorre, quando num sistema de escoamento em tubulações, o fluido em movimento dentro de um tubo comprime-se momentaneamente ao encontrar uma zona de estreitamento diminuindo sua pressão e consequentemente aumentando sua velocidade ao atravessar a zona estreitada onde ocorre também uma baixa pressão, e se nesse ponto se introduzir um medidor de pressão (manômetro), conseguem-se obter dados como pressão e vazão no local. Esse efeito foi demonstrado em 1797, pelo físico italiano Giovanni Battista Venturi (1746-1822).

O desenho a seguir mostra o modelo teórico de um tubo de Venturi, no formato de um hiperboloide circular, que é conectado a um sistema de tubulações (cilindros circulares), por meio de bocais flangeados. O tubo de Venturi, a seguir estudado, tem as seguintes características: a) Ø mínimo de 5,00 cm; b) o comprimento total L é igual à corda focal; c) o diâmetro de entrada Ø1 é 10 cm, exatamente o valor de ±y, onde a hipérbole é cortada pela corda focal (l), ou seja x1 = - l/2 e d) o diâmetro de saída Ø2 é exatamente o valor de ±y, onde x = 0,3 da corda focal, ou seja: x2 = +0,3 l.

Com esses dados será feito o estudo para determinar: 1) o comprimento real do tubo Venturi; 2) o diâmetro de saída Ø2 e 3) um esboço do tubo de Venturi, considerado como um equipamento flangeado a duas tubulações de diâmetros diferentes (Ø1 e Ø2).

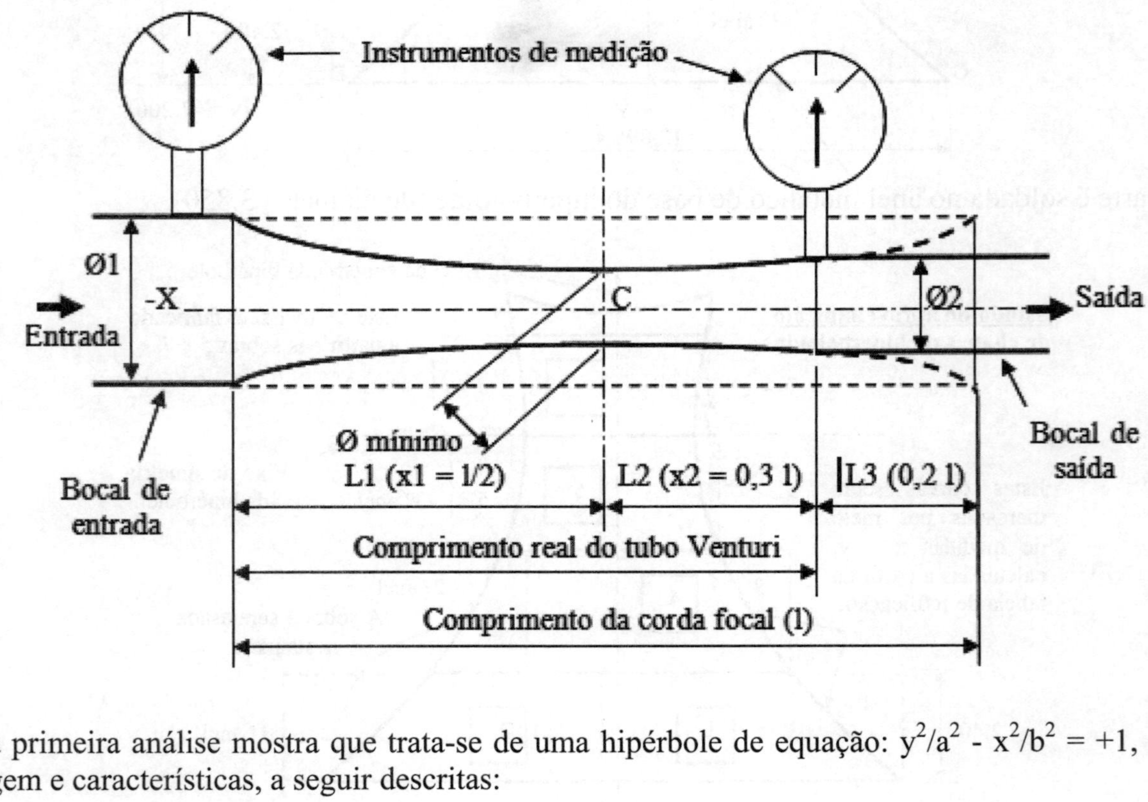

Uma primeira análise mostra que trata-se de uma hipérbole de equação: $y^2/a^2 - x^2/b^2 = +1$, com a imagem e características, a seguir descritas:

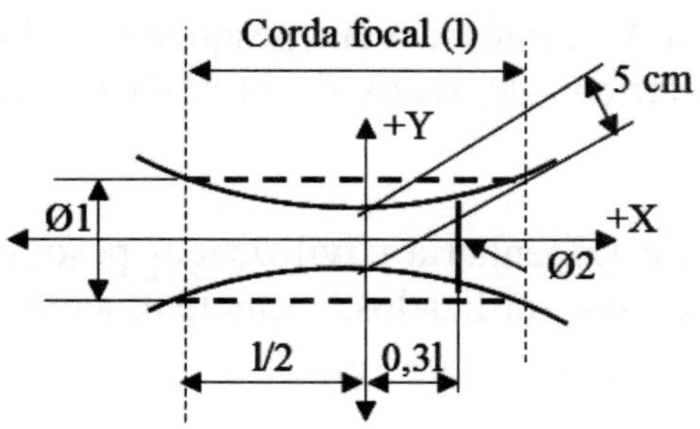

Ø1 = 10 cm = 2c. Ø mínimo = 5 cm = 2a.
Com esses dados calculam-se:
$c^2 = a^2 + b^2$. $b = \sqrt{(c^2 - a^2)}$; logo: b = 4,33.
$l = 2b^2/a$; logo: l = 15.
l/2 = 7,5 e 0,3 l = 4,5.
O comprimento real do Venturi é 12 cm.

Cálculo do diâmetro do bocal de saída (Ø2)

A equação teórica $y^2/a^2 - x^2/b^2 = +1$, com os valores encontrados fica: $y^2/6{,}25 - x^2/18{,}75 = +1$.

Nessa equação, faz-se x = +4,5 (0,3 l). Ou seja: $y^2/6{,}25 - 4{,}5^2/18{,}75 = +1$. Ou seja: y = ±3,61.

Ø2 = 2|y|; Ø2 = 7,21 cm.

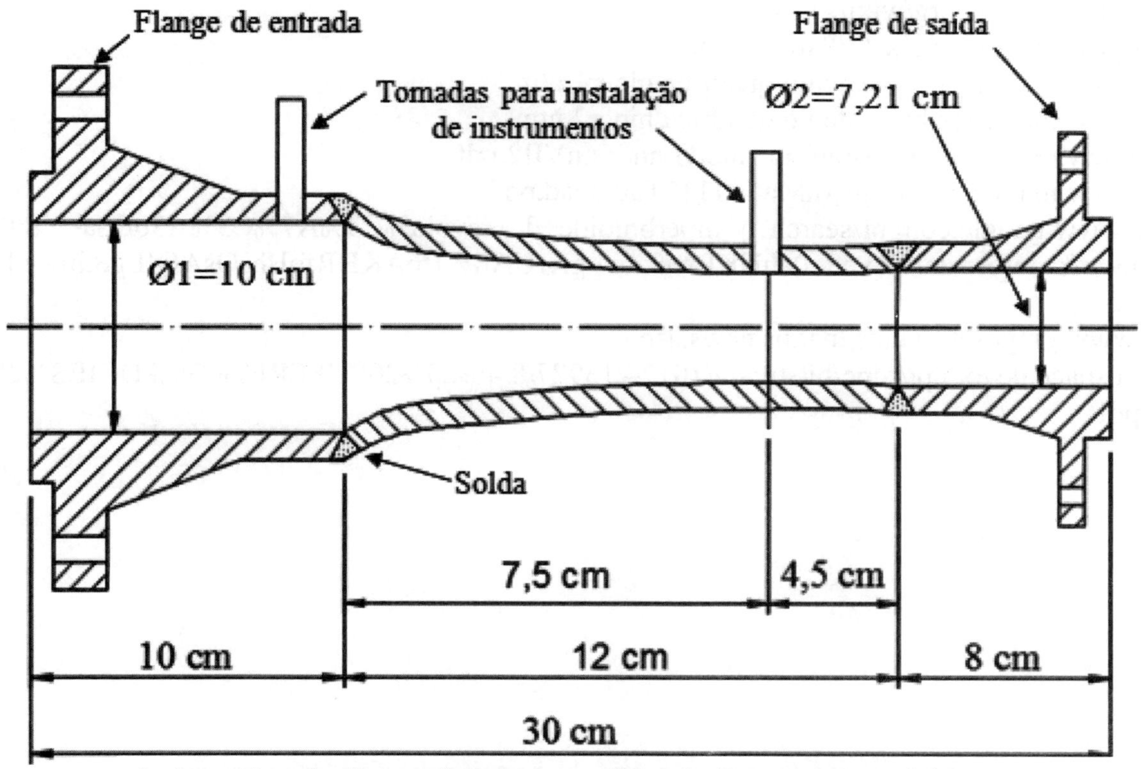

(valor estimado, baseando-se em medidas de flanges comerciais)

__**Dimensões gerais do tubo de Venturi, considerado como um equipamento**__

11.5 – Exercícios propostos

Exercícios 11.4: especialmente estudantes de Engenharia Mecânica devem pesquisar na Internet como são feitos os cálculos estruturais de tampos torisféricos de vasos de pressão (consulte o parágrafo 11.2).

Exercício 11.5: especialmente estudantes de Arquitetura e Engenharia Civil devem pesquisar na Internet onde elipsoides, paraboloides e hiperboloides são utilizados, principalmente como coberturas (telhados).

Pesquisas na *Internet*

As superfícies quádricas, mostradas neste capítulo, permitem uma série de exercícios e cálculos matemáticos específicos e complexos, que extrapolam os objetivos deste livro. Para um maior aprofundamento dos conceitos, recomenda-se a consulta aos seguintes *sites*:

http://professor.pucgoias.edu.br/SiteDocente/admin/arquivosUpload/3176/material/Quadricas%20(novo).pdf
https://pt.wikipedia.org/wiki/Elipsoide
https://pt.wikipedia.org/wiki/Paraboloide
http://www.mat.ufrgs.br/~calculo/quadrica/hiper1.htm
http://www.mat.ufrgs.br/~calculo/quadrica/hiper2.htm
http://www.mat.ufmg.br/~israel/Ensino/G-an/g-anVII2.pdf
http://www.mat.uc.pt/~adsg/AnMat2-1112TabQuad.pdf
https://www.google.com.br/search?q=hiperboloide+de+revolu%C3%A7%C3%A3o&sa=X&tbm=isch&tbo=u&source=univ&ved=0ahUKEwi9z6n_gKrUAhWIfpAKHRfoBhsQsAQILg&biw=1024&bih=715
http://www.gregosetroianos.mat.br/news.asp
https://dspace.uevora.pt/rdpc/bitstream/10174/13927/8/4%20%20SUPERF%C3%8DCIES%20CURVAS.pdf

Capítulo 12

Toroide ou toro. Helicoides ou hélices: cilíndrica, cônica e esférica

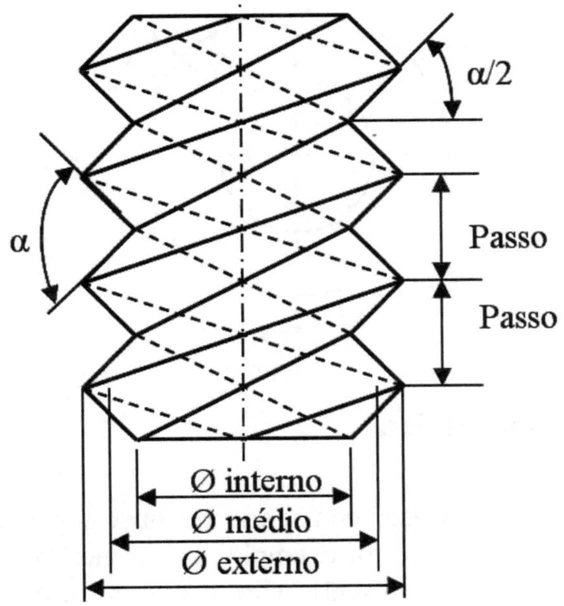

Exemplo de um helicoide cilíndrico reto (um fuso com rosca triangular)

***Superfícies tóricas e helicoidais**, para além de suas origens e parametrizações matemática, são muito utilizadas na prática, especialmente por engenheiros, arquitetos e designers. Helicoides são utilizados como: roscas (vários tipos), transportadores de massas e granulados (na indústria alimentícia), escadas em caracol (bom recurso arquitetônico, para pequenos espaços), bem como em hélices de embarcações, aviões e aparelhos eletrodomésticos. Os toroides, que lembram um pneumático de veículo ou até "rosquinhas" doces, são utilizados tanto pela Arquitetura, quanto pelo Design, bem como pela Engenharia Mecânica, na fabricação de tampos toroesféricos de vasos de pressão, ao invés de tampos elipsoidais (vistos no capítulo 11). Como citado, logo no início desse capítulo, algumas lentes oftalmológicas são produzidas a partir de uma superfície tórica.*

12.1 O toro ou toroide

Toro ou toroide pode ser definido como o lugar geométrico tridimensional formado pela rotação de uma superfície circular plana (círculo) de raio r, em torno de uma circunferência de raio R. Visualmente, um toro é a imagem de um pneumático, que era utilizado em veículos automotores. +Z

Um dos usos práticos de uma superfície tórica é como lente de contato usada, por exemplo, na correção do astigmatismo. Esse tipo de lente tem curvaturas, segundo um tipo de corte especial, sobre uma superfície tórica. Outro uso é na construção de espiras de transformadores de potência elétrica, para a geração de campos magnéticos.

Um toroide com simetria de rotação em relação ao eixo Z, tem a seguinte equação:

$$r^2 = [R - \sqrt{(x^2 + y^2)^2}] + z^2$$

Área da superfície tórica: $A = 4.\pi^2.R.r$

Volume do toroide: $V = 2.\pi^2.R.r^2$

Superfície tórica tridimensional
(parece uma câmara de pneu ou boia)

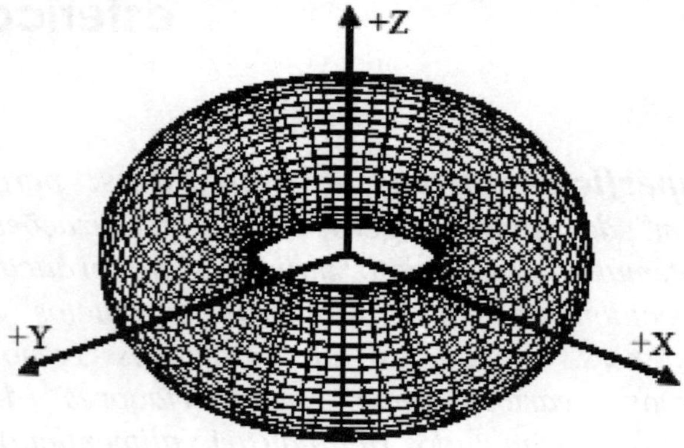

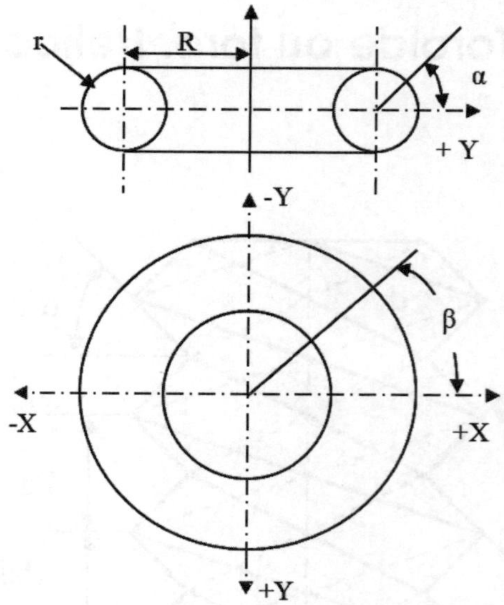

A literatura cita que, existem prédios, construídos em concreto e no formato de toro.

12.1.1 A superfície toroesférica na Engenharia Mecânica

É obtida a partir da "junção" de parte de uma superfície tórica, com parte de uma superfície esférica. Tem grandes utilizações na Engenharia Mecânica, como, por exemplo, tampo metálico de equipamentos ou vasos de pressão cilíndricos horizontais e verticais. Um tampo toroesférico também é chamado de falsa elipse. A imagem a seguir mostra um tampo toroesférico em corte radial.

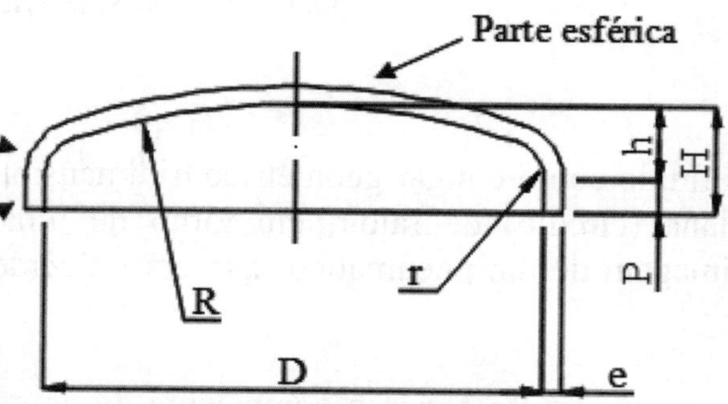

R = raio esférico
r = raio tórico*
D = diâmetro da parte cilíndrica
e = espessura de metal
H = altura total do tampo
H = altura da parte toroesférica
P = altura da parte cilíndrica do tampo**

***Na prática, o raio da parte tórica (r) é 10% do raio da parte esférica: r = 0,1R.**

****Na prática, a altura da parte cilíndrica do tampo (P) é no mínimo 3,5 vezes a espessura de metal (e).**

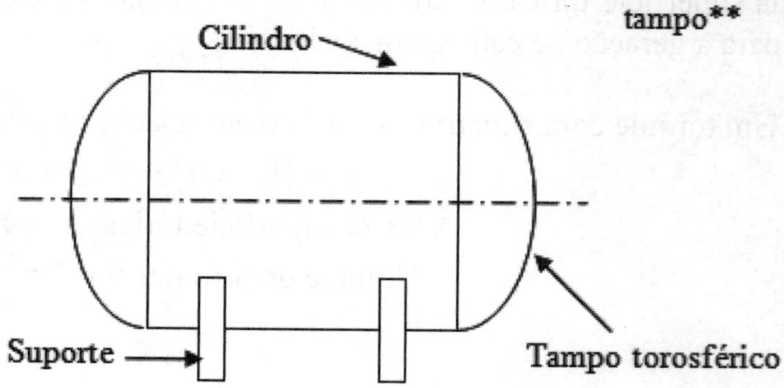

Exemplo de um vaso de pressão cilíndrico horizontal, com tampos toroesféricos.

12.1.2 A superfície tórica utilizada na geração de campos magnéticos

Uma das aplicações do conceito do toroide é na geração de campos magnéticos constantes, por exemplo, utilizados em motores elétricos. Nesses casos o toroide é formado a partir de um solenoide curvado em forma de círculo fechado. Um solenoide é um condutor, por exemplo, fio de cobre, enrolado em forma de espiral (um helicoide cilíndrico). O campo magnético (B) dentro de um solenoide é aproximadamente uniforme e vale:

$$B = \frac{\mu_0 . N . i}{2.\pi.r} \text{ ; onde:}$$

B = intensidade do vetor campo magnético em um ponto, expressa em Tesla* (T).
μ_0 = permeabilidade magnética do meio, expressa em T.m/A (no vácuo)
N = número de espiras, que compõem o toroide.
i = corrente que atravessa o solenoide.(em Ampére)
l = comprimento do solenoide, em metro (l = 2. π.r. Onde r é o raio médio do toro).
$\mu_0 = 4.\ \pi.\ 10^{-7}$ (T.m) /A (no vácuo).

*Tesla é a unidade de medida de indução magnética ou campo magnético.

12.2 helicoides ou hélices: cilíndrica, cônica e esférica

A hélice ou hélix (plural: hélices) é uma "linha" tridimensional que pode ser encontrada, por exemplo, em molas e na chamada "rosca" de parafusos e porcas. Matematicamente, a hélice é descrita como uma curva no espaço tridimensional que combina um movimento de rotação (curvo) em torno de um ponto com um movimento de translação (linear) desse ponto. Quando esta "linha" ganha área ou superfície, então pode ser literalmente chamada de helicoide. Em resumo: hélice é a linha, helicoide é a superfície ou área. Uma hélice também pode ser definida como o lugar geométrico de um ponto (P) que, em relação a um eixo (Z), executa um movimento de rotação uniforme na direção radial (a) e um movimento de translação uniforme na direção axial (b). O desenvolvimento de um helicoide pode ocorrer ao redor de um cilindro, de uma superfície cônica ou ainda ao redor de uma esfera.

Além das molas e parafusos, outro exemplo de helicoide é uma escada helicoidal ou em caracol, cujos degraus são colocados segundo o trajeto de uma hélice. Deve ser citado que, a escada em caracol, matematicamente, não é exatamente um helicoide, uma vez que cada degrau fica paralelo à uma base, enquanto num helicoide, que é uma superfície regrada, ou seja, "formada" por segmentos de reta inclinados, conforme o ângulo da hélice. Ou seja, em uma escada helicoidal perfeita, os degraus ficam inclinados.

Hélices também são muito utilizadas para a construção de roscas transportadoras, tanto para elevar água de um nível para outro, baseado no conceito do parafuso de Arquimedes, quanto em transportadores helicoidais, muito utilizados para o transporte de sólidos, granulados e massas, especialmente em indústrias químicas, alimentícias, farmacêuticas e siderúrgicas. Brocas para a furação de metais, são bons exemplos de hélices cilíndricas circulares. Engrenagens helicoidais são utilizadas para a transmissão de movimentos, especialmente em veículos automotores (nos diferenciais). Outro uso prático de hélices, são as perfuratrizes de solo, para a construção de estacas de fundação, para obras civis. A literatura cita que algumas destas perfuratrizes furam 30 metros, abaixo do solo, e com diâmetros de até 800 milímetros (0,8 metros).

As hélices podem ser desenvolvidas tanto sobre uma superfície cilíndrica, como no caso de parafusos, quanto de forma cônica, quando a hélice se desenvolve sobre uma superfície cônica. Molas cônicas, muito utilizadas em máquinas, são exemplos de hélice cônica. Também existem as hélices esféricas, desenvolvidas sobre esferas.

12.2.1 Hélices cilíndricas

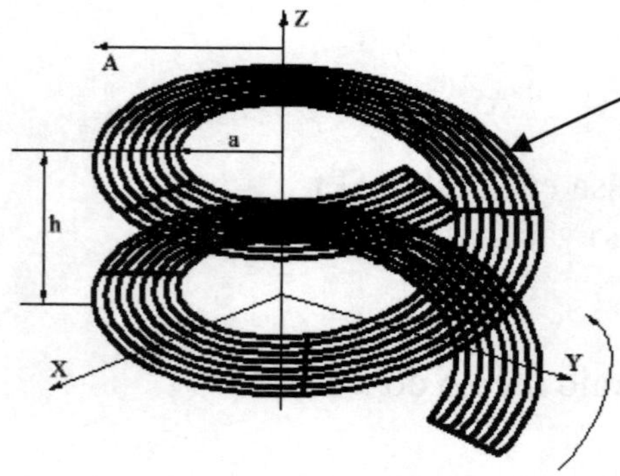

Deve ser observado que os segmentos de reta são inclinados, segundo a inclinação da hélice.

<u>Imagem teórica de uma superfície em hélice circular, ou seja, um helicoide verdadeiro</u>

Observe-se que, quando a rotação é no sentido anti-horário, o movimento linear de translação é para cima. Se a rotação for no sentido horário, a translação será para baixo.

Sentido de rotação anti-horário (a translação é para cima).

Detalhes geométricos espaciais e equação de uma hélice cilíndrica

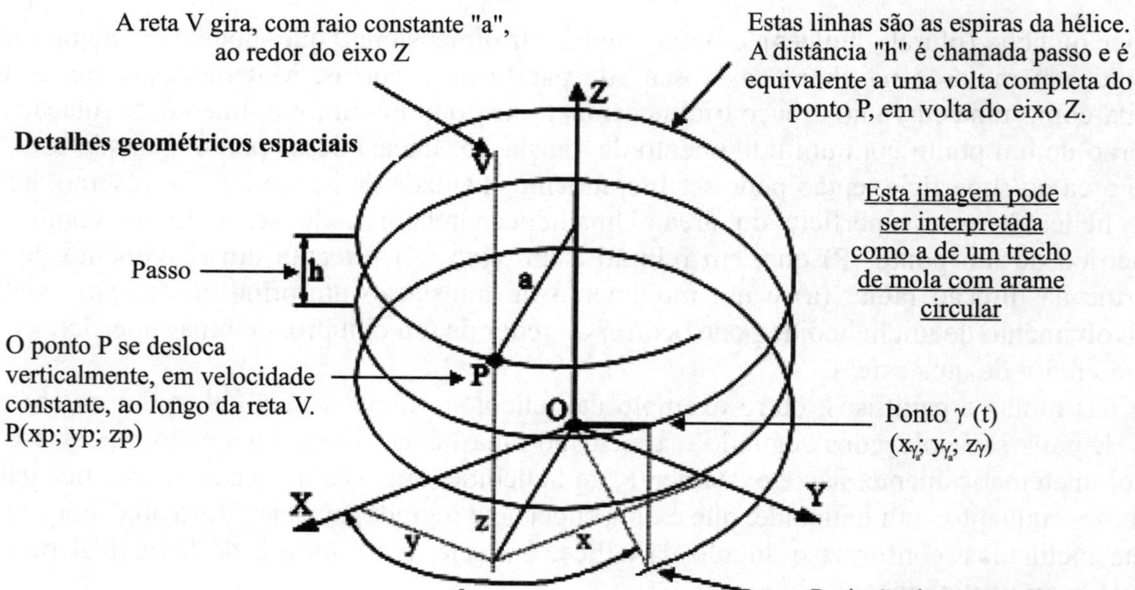

O ponto P executa dois movimentos concomitantes, e velocidades constantes: um de rotação, movimento circular, ao redor do Eixo Z e outro de translação, movimento retilíneo, ao longo da reta V. Da combinação desses movimentos surge a curva helicoidal, mostrada na forma de um hélice. Ao girar no sentido anti-horário, o ponto P sobe. Ao girar no senti horário, o ponto P desce. É a partir dessas características, que fica definido se uma hélice é para a direita ou para a esquerda. Com a geração da hélice, surge um ângulo constante, chamado ângulo da hélice, como visível na rosca quadrada de um parafuso, a seguir mostrado.

Equação da hélice cilíndrica

A partir da definição, dos detalhes e movimentos envolvidos, a equação paramétrica da hélice pode ser escrita da seguinte forma:

x = a cos t*; ← y = a sen t*; ← z = b t* Onde: a = raio da hélice; b = h / 2π e h = passo da hélice.

* O parâmetro t mede o ângulo que o Eixo X faz com a reta que liga a origem O (0; 0; 0) à projeção (cos t; sen t; 0), do ponto γ (t) sobre o Plano XY. Observa-se que o parâmetro t, não é igual ao ângulo da rosca (α).

12.2.2 As roscas e parafusos, como uso prático de superfícies helicoidais cilíndricas

As roscas formam um conjunto de filetes (ou sulcos) helicoidais em torno de uma superfície cilíndrica, podendo ser externa, rosca macho, como em uma barra ou interna, rosca fêmea, como em um furo. As roscas promovem a união (temporária) entre duas partes. As roscas também são usadas para a transmissão de movimentos e potência, como ocorre em máquinas operatrizes. Nesses casos, devido ao efeito helicoidal, a rosca transforma um movimento circular ou rotativo em movimento linear.

Os filetes das roscas apresentam vários perfis, que são definidos segundo o uso na prática. Os principais são: 1) Triangular; 2) Trapezoidal; 3) Redonda; 4) Quadrada e 5) Dente de Serra.

Dependendo do sentido da inclinação dos filetes em relação ao eixo do parafuso, as roscas ainda podem ser à direita ou à esquerda. Colocando-se a parte roscada na vertical e olhando-se de frente, na rosca à direita, o filete sobe da esquerda para a direita e o seu aperto ou movimento linear ocorre no sentido horário. Na rosca à esquerda, o filete sobe da direita para a esquerda e o aperto ou movimento linear se dá no sentido anti-horário.

Em um parafuso, o movimento circular,* devido formato helicoidal, é transformado em movimento linear. **Isso serve, tanto para promover o aperto entre duas partes, quanto para transmitir movimento.

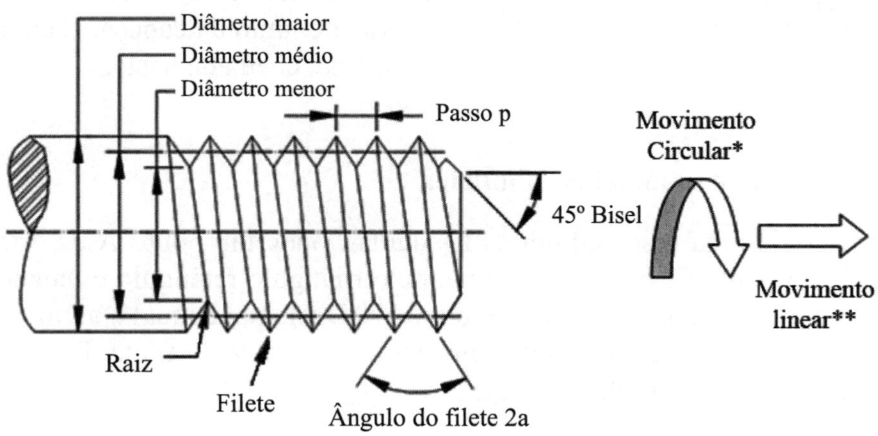

O avanço de uma rosca ou distância entre dois filetes, chamado passo, é igual ao avanço axial ou retilíneo, ao se dar uma volta completa. Isso para roscas de uma entrada. Para duas entradas o avanço é o dobro e assim sucessivamente. Ou seja, para um mesmo passo, aumenta-se o avanço axial ou retilíneo, aumentando-se o número de entradas.

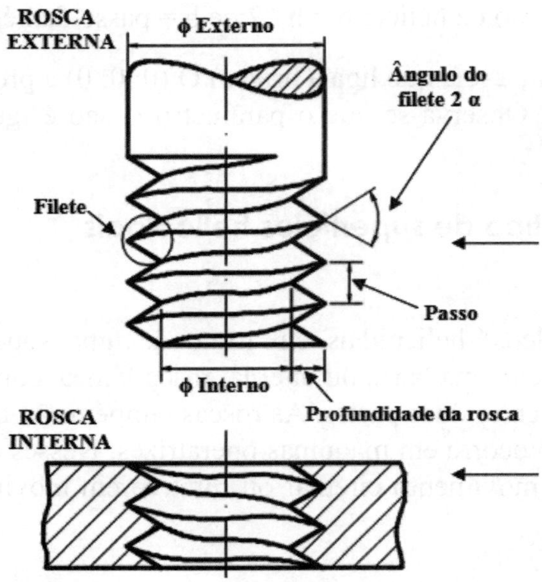

Rosca externa ou macho. Pode ser aberta, tanto em uma barra circular maciça, quanto em um tubo ou cilindro oco.

Aqui tem-se uma rosca macho triangular à direita, pois o filete sobe da esquerda para a direita.

Rosca interna ou fêmea. É aberta a partir de um furo. Observe-se que a rosca dessa porca tem que estar em sentido oposto ao do parafuso, para que ocorra o enroscamento.

O parafuso é uma peça em formato cilíndrico, com rasgos ou entalhes em hélice ao longo de sua face externa e com uma cabeça com formatos diversos, adaptada a diferentes ferramentas de fixação como chave de fenda ou outros modelos.

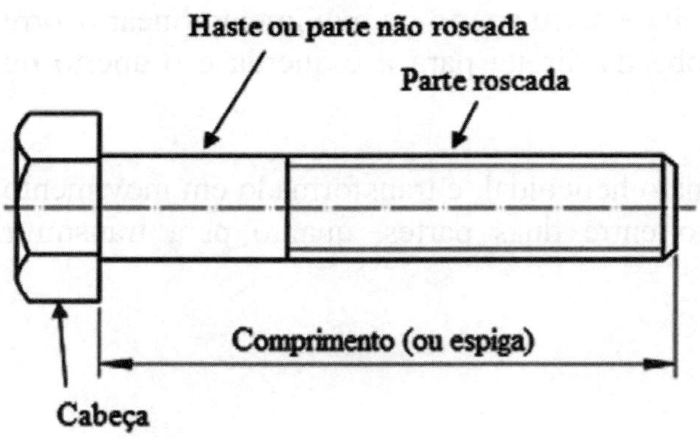

Desenho técnico de um parafuso de máquina, cabeça hexagonal. Observe-se que a rosca é representada de forma simplificada, ou seja, os filetes não são desenhados (como hélice), um a um.

Também deve ser observado que, por questões de resistência mecânica, a rosca não deve ser aberta até junto da cabeça. Tem que existir uma parte lisa, chamada haste.

Planificação (perímetro) de uma hélice cilíndrica

Analisando um trecho de uma rosca cilíndrica triangular, onde um ponto A da crista de um filete, gira 360°, chegando ao ponto C, confirma-se que, pelo triângulo retângulo escaleno ACD, o cateto AD é a retificação da circunferência de Diâmetro médio (Dm), que é igual a πDm. A hipotenusa AC é exatamente o perímetro da hélice da rosca, considerando a crista do filete. Exemplo de um trecho de uma rosca triangular, para efeito de cálculos.

Na prática, por exemplo, calcula-se a planificação de um hélice, quando se quer saber o comprimento do tubo usado como corrimão de uma escada helicoidal.

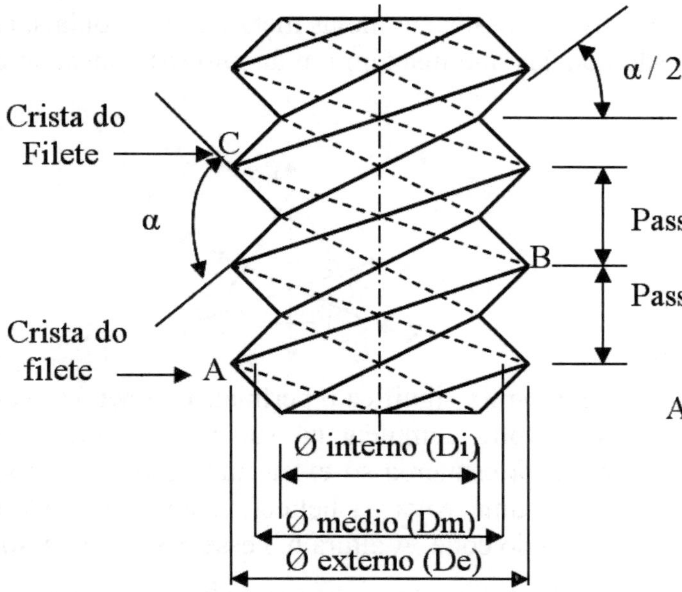

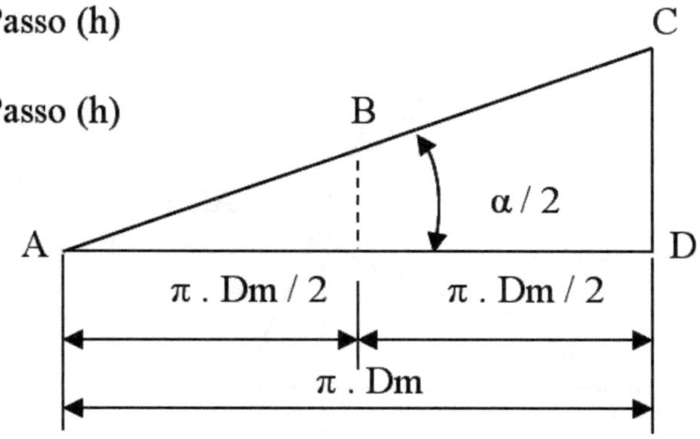

Trigonometricamente pode-se fazer a seguinte análise: cos (α / 2) = π . Dm / AC; logo:

AC = π . Dm / cos (α / 2) ⟵ Este é o perímetro de uma volta completa da hélice.

Exercício 12.1: considerando a hélice cilíndrica reta a seguir, pedem-se: a) determinar o comprimento retificado entre os pontos A e B e b) o Passo h da hélice.

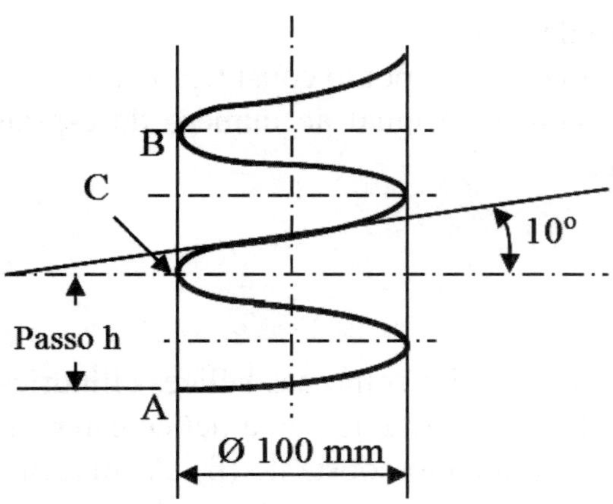

O Passo h desta hélice é igual a 55,38 mm.

Observa-se que, entre A e B, a hélice completa duas voltas ou duas espiras.

Da equação: L = (π.Dm) / cos(α/2), vista em 12.2.2, sabe-se que L é o comprimento para uma volta completa. Adaptando-se para este exercício, onde a hélice completa duas voltas, pode-se escrever: L_{AB} = 2. π . Ø / cos10°.

L_{AB} = 2. π .100.0,9848.

L_{AB} = 618,77 mm, é o comprimento retificado.

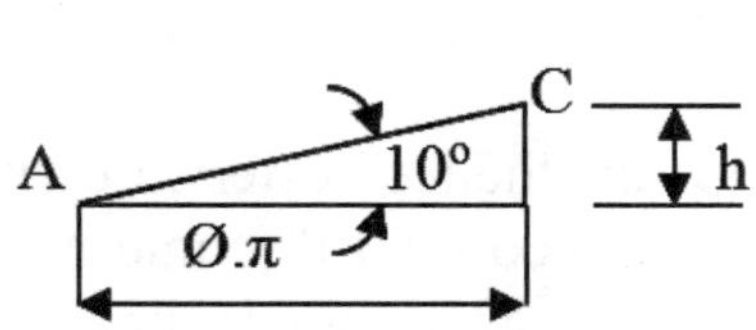

$$\begin{cases} tg10^o = h/ Ø.\pi \\ h = tg10^o.\ Ø.\pi \end{cases}$$

h = 0,1763 .100. π; h = 55,38.

12.3 Hélice cônica

São hélices que se desenvolvem ao redor de uma superfície cônica reta. Existem vários tipos de hélices cônicas, sendo que a mais comum, por exemplo, a usada em molas metálicas helicoidais, em determinadas partes de veículos automotores, são aquelas que mantém um ângulo (α) constante de subida ao longo da superfície reta cilíndrica.

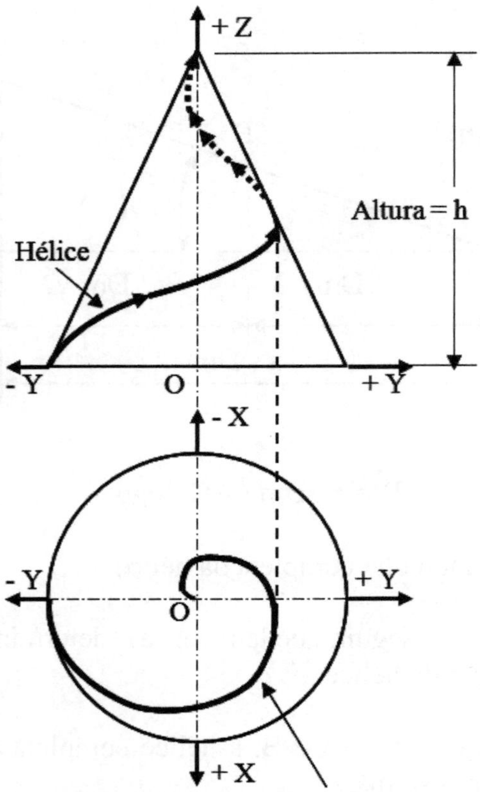

Esta projeção da hélice, no Plano XY, representa uma espiral de Arquimedes

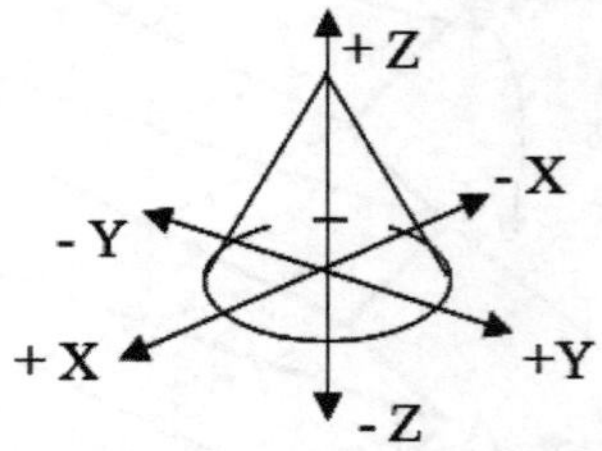

Uma espira significa o perímetro ou percurso de uma volta completa na superfície cônica. Na hélice à esquerda só existe uma espira, pois só existe uma volta da hélice, ao longo de toda a altura do cone. A altura h, nesse caso, é o Passo.

Equações paramétricas da hélice cônica:

$$\begin{cases} x = \dfrac{(h - z)}{h}.\ R.\cos(a.z) \\ y = \dfrac{(h - z)}{h}.\ R.\text{sen}(a.z) \\ z = z \text{ (varia de zero, até o máximo da altura)} \end{cases}$$

h = altura do cone
R = raio do cone, no ponto considerado ou z.
a = uma constante igual ao número de espiras por altura.

12.4 A hélice esférica (e a curva loxodrômica)

Essa hélice é aquela desenvolvida sobre uma superfície esférica. Assim como nas hélices cilíndricas e cônicas, a reta tangente à superfície esférica mantém um ângulo constante. Uma hélice esférica é uma curva que corta os meridianos de uma esfera, segundo um ângulo constante (β). A imagem a seguir mostra uma hélice esférica. É como se estivesse cortando a "casca de uma laranja".

Um exemplo prático do uso de "hélice" esférica é em equipamentos de armazenamento de gases, como o Gás Liquefeito de Petróleo – GLP (como mostrado no exercício 10.2). Em verdade, como cada degrau fica na horizontal, pois se for inclinado dificulta a subida/descida, não é exatamente uma hélice esférica, mas algo muito parecido, a exemplo da escada cilíndrica helicoidal, usada entre pisos de casas e edifícios. Ainda pode ser citado um tipo de batedor de ovos manual, onde na ponta existe uma hélice esférica, com cerca de 6 centímetros de diâmetro.

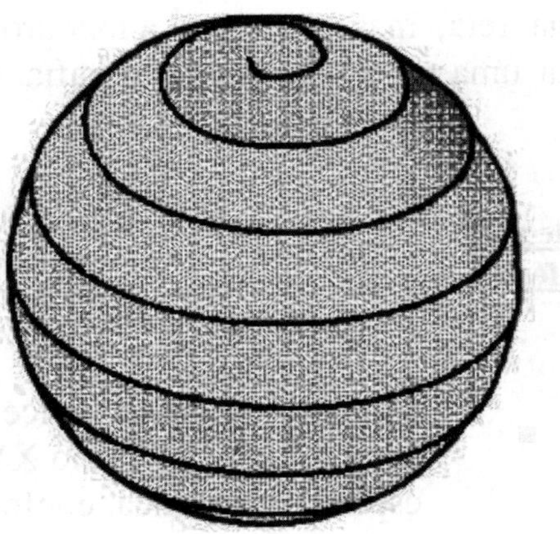

Outro exemplo real de hélice esférica é a construção civil do *reischstag*, ou parlamento alemão, localizado na cidade de Berlim. A rampa de acesso aos andares é na realidade uma superfície desenvolvida sobre a cúpula semi-esférica da construção.

De formato esférico, a cúpula de vidro foi o ponto de partida das obras internas e possibilitou abrir o edifício à luz natural e à paisagem. O recurso arquitetônico funciona como componente essencial nas estratégias de economia energética e iluminação natural, concebida como uma espécie de "lanterna". No núcleo do domo foi disposto um cone invertido de espelhos em ângulos, para refletir a luz do horizonte no interior do edifício. Atua também como importante componente do sistema de ventilação natural: o ar do interior do edifício sobe através dele pelo efeito chaminé. O cone extrai o ar quente nos níveis mais elevados e os ventiladores axiais e trocadores de calor reciclam a energia do ar liberado.

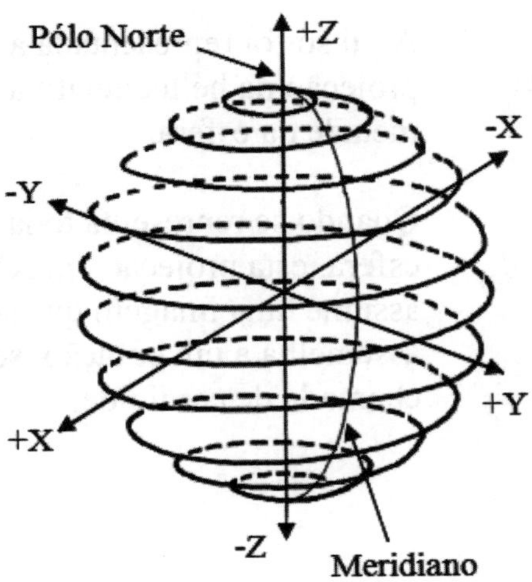

A forma esférica do vidro é complementada por uma rampa em espiral (hélice esférica), no interior do domo, pela qual os visitantes podem subir e contemplar o horizonte de Berlim durante todo o trajeto. A cúpula também permite que a luz solar ilumine claramente o piso do parlamento, reforçando a conotação de transparência política que o projeto pretendia adotar.

A curva loxodrômica

A curva loxodrômica é a trajetória seguida por um objeto que se move ao longo da superfície de uma esfera fazendo um ângulo constante com o equador. Isso equivale ao percurso de uma hélice esférica. Foi o matemático e navegador português Pedro Nunes (1502-1579) quem publicou os primeiros estudos sobre essa curva.

Na navegação do século XVI (1501 a 1600) os navios seguiam uma trajetória tal que o ângulo da direção do movimento com o meridiano se conservasse constante. A essa curva dava-se então o nome de linha do rumo, na atualidade conhecida com o nome de loxodromia. Naqueles tempos, os pilotos seguiam regras que diziam que as linhas de rumo coincidiam com os círculos máximos da esfera terrestre. Foi Pedro Nunes quem mostrou que as linhas de rumo são geralmente espirais esféricas que dão um número infinito de voltas ao redor dos Pólos da Terra, e que as únicas linhas de rumo circulares são os meridianos e os paralelos, que correspondem evidentemente aos ângulos de rumo de zero e de noventa graus. Tal e qual na hélice esférica, a distância mínima a percorrer por um barco entre dois pontos da Terra não é uma linha reta, mas um arco, a loxodrômica. Foi Gerardus Mercator (1512-1594) quem haveria de originar uma revolução em cartografia, com base na descoberta de Pedro Nunes.

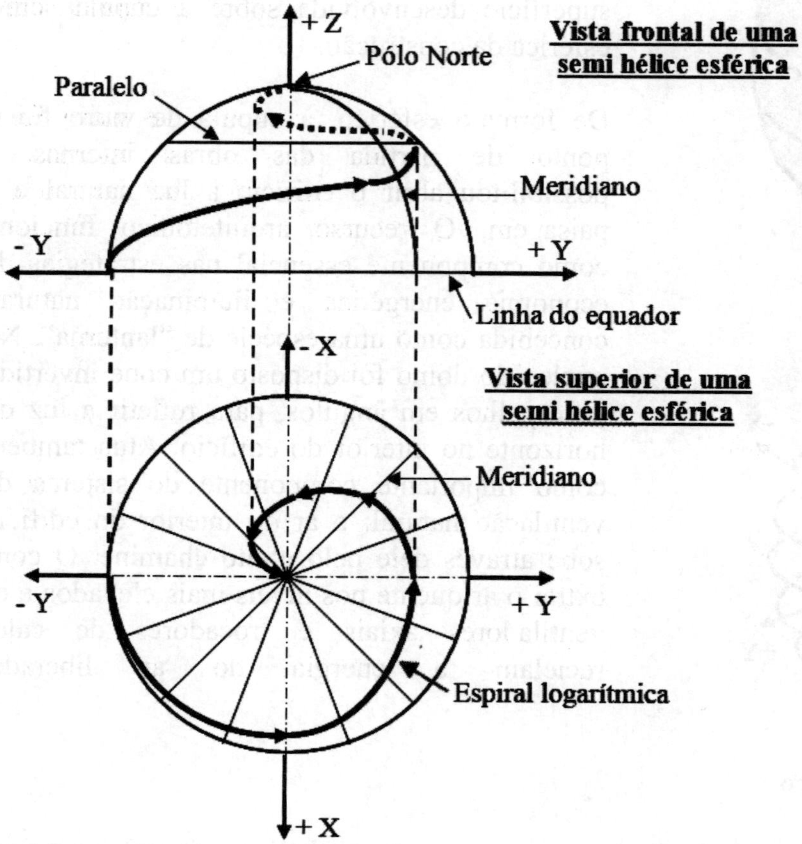

A projeção de uma hélice esférica, por exemplo, no Plano XY, é uma espiral logarítmica, conforme mostrada à esquerda e abaixo.

Aqui só foi representada a projeção da hélice relativa à metade da esfera.

Quando se representa toda a esfera, esta projeção em XY, assume uma imagem que se assemelha a um coração, sendo chamada de cardioide.

Equações paramétricas da hélice esférica (VILLABOIM FILHO, 1997, p.139)

$x = R.\text{sen}\varphi.\cos\alpha.$
$y = R.\text{sen}\varphi.\text{sen}\alpha.$
$z = R.\cos\varphi.$
$\alpha = \text{tg}\beta.\log[\text{tg}(\varphi/2)]$

α é o ângulo entre o ponto e a linha do equador, sendo esse ponto sobre o meridiano considerado.
β é o ângulo da hélice com os meridianos.
φ ângulo em relação ao Pólo Norte.

Exercício 12.2: analisar o trecho de uma hélice esférica, compreendido entre os pontos A (+8; 0; +6) e B (+5; yB; +8), determinando o valor da coordenada y do ponto B (yB).

Fazendo-se a Imagem Geométrica, com os dados disponíveis, observa-se que as distâncias OA e OB são iguais ao raio da esfera. Essas distâncias serão calculadas, a partir das análises dos triângulos OAC, ODB e ODE.

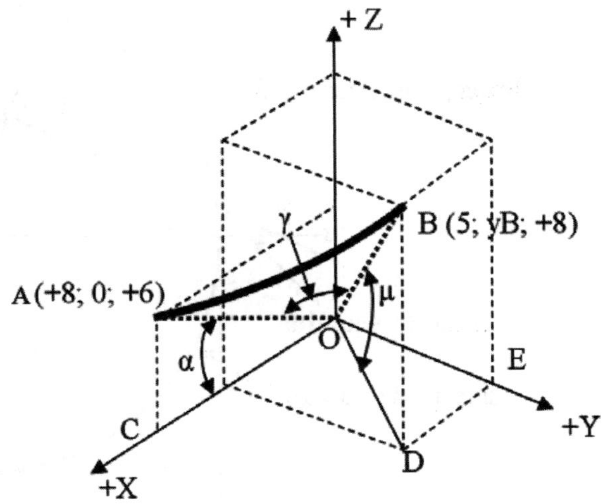

$OA^2 = AC^2 + OC^2$. $OA = \sqrt{AC^2 + OC^2}$;

$OA = \sqrt{36 + 64}$. $OA = 10$. $(OB = OA = 10)$.

$OB^2 = OD^2 + BD^2$. $OD = \sqrt{OB^2 - BD^2}$;

$OD = \sqrt{100 - 64}$. $OD = 6$.

$OD^2 = OE^2 + DE^2$. $OE = \sqrt{OD^2 - DE^2}$;

$OE = \sqrt{36 - 25}$. $OE = 3{,}317 = yB$. Ou seja:

A (+8; 0; +6) e B (+5; +3,317; +8).

$\text{tg}\ \alpha = AC/OC = 6/8$; $\text{tg}\ \alpha = +0{,}75$. $\alpha = 36{,}87^\circ$.

$\text{tg}\ \mu = BD/OD = 8/6$; $\text{tg}\ \mu = 1{,}333$. $\mu = 53{,}123^\circ$.

$$|AB| = \sqrt{(xA - xB)^2 + (yA - yB)^2 + (zA - zB)^2}$$

O Real comprimento do trecho da hélice esférica, entre os pontos A e B, é calculado através de uma integral, que extrapola os objetivos deste livro.

$|AB| = \sqrt{(8 - 5)^2 + (0 - 3{,}317)^2 + (6 - 8)^2}$; $|AB| = \sqrt{24}$; $|AB| = 4{,}9$.

Análise do triângulo isosceles OAB:
OA = OB = 10; AB = 4,9.

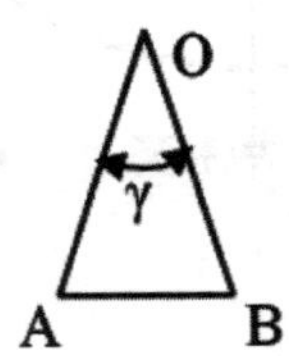

$$\begin{cases} AB^2 = OA^2 + OB^2 - 2.OA.OB.\cos\gamma \\ \cos\gamma = -\dfrac{AB^2 + (OA^2 + OB^2)}{2.OA.OB} \\ \cos\gamma = -\dfrac{24 + (100 + 100)}{2.10.10};\ \cos\gamma = +0{,}88. \\ \gamma = 41{,}35^\circ. \end{cases}$$

Pesquisas na *Internet*

A seguir são mostradas as projeções do trecho de hélice nos Planos YZ e XY, do exercício 12.2

As superfícies especiais, toroides e helicoides, foram mostradas nesse capítulo, com objetivos ilustrativos e de algumas citações de aplicações práticas, uma vez que exercícios, com cálculos de Geometria Analítica (em verdade de Geometria Diferencial), utilizando equações destas superfícies, em especial das hélices esféricas, extrapolam os objetivos desse livro. Para um maior aprofundamento dos conceitos desse capítulo e, principalmente, para aplicações práticas e reais, recomenda-se a consulta a sites específicos na WEB.

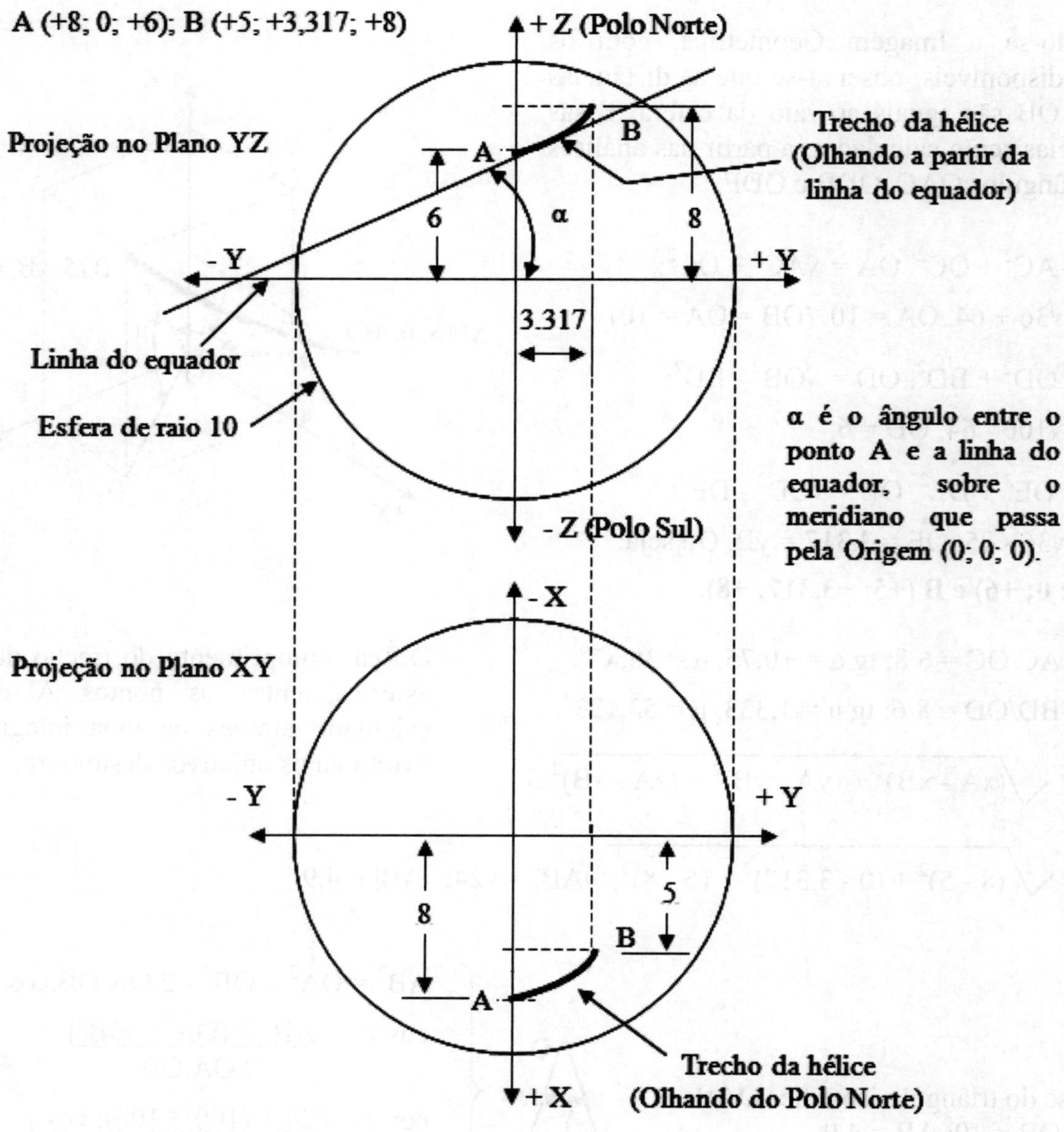

Exercícios propostos:

Exercício 12.3: pesquisar na *Internet* os diversos tipos de parafusos e porcas que existem, para as mais diversas aplicações.

Exercício 12.4: pesquisar na *Internet* projetos de construções no formato esférico.

Referências

ABRANTES, José; LENA, Abrantes. **Por que as mulheres são mais inteligentes que os homens?** Uma análise baseada no rendimento escolar e no conceito das Inteligências Múltiplas de Howard Gardner. Rio de Janeiro: WAK, 2009.

ANTUNES, Celso. **As inteligências múltiplas e seus estímulos**. 6 ed. Campinas, SP: Papirus, 2000.

ANTON, Howard; RORRES, Chris. 8.ed. Tradução de Claus Ivo Doering. **Álgebra Linear com aplicações**. Porto Alegre: Bookman, 2001.

CAMARGO, Ivan de; BOULOS, Paulo. **Geometria Analítica: um tratamento vetorial**. 3.ed. São Paulo: Prentice Hall, 2005.

CAROLI, Alésio de; CALLIOLI, Carlos Alberto e FEITOSA, Miguel Oliva. **Matrizes, Vetores, Geometria Analítica**. Reimp. São Paulo, 2006.

CARVALHO, José Rodrigues de; MORAES, Paulo. **Órgãos de Máquinas: dimensionamento**. Rio de Janeiro: Livros Técnicos e Científicos Ltda, 1970.

CARVALHO, Benjamin de Araújo. 3.ed. 32 Reimp. **Desenho Geométrico**. Rio de Janeiro: Imperial Novo Milênio, 2005.

CORRÊA, Paulo Sérgio Quilelli. **Álgebra Linear e Geometria Analítica**. Rio de Janeiro: Interciência, 2006.

CUNHA, Sueli Ferreira; SILVA, Jaime Velasco Câmara da. **Introdução à Gramática da Linguagem Matemática**. Rio de Janeiro: Ciência Moderna Ltda, 2019.

GERLING, Heinrich. **A volta da Máquina Ferramenta**. Rio de Janeiro: Livro Ibero Americano, 1967.

GIBILISCO, Stan. **Geometria sem mistério: é mais fácil do que você imagina**. 2.ed. Tradução de Geometry demystified. Rio de Janeiro: Alta Books, 2013.

GONÇALVES, Zózimo Menna. **Geometria Analítica: tratamento vetorial**. Rio de Janeiro: Livros Técnicos e Científicos, 1978.

LEHMANN, Charles H. **Geometria Analítica**. 7.ed. Rio de Janeiro: Editora Globo, 1991.

LEITHOLD, Louis. **O Cálculo com Geometria Analítica**. Vol. 1. 3.ed. Tradução: Cyro de Carvalho Patarra. São Paulo: HARBRA, 1994.

LIMA, Elon L. **Geometria Analítica e Álgebra Linear**. 2.ed. Rio de Janeiro: CMU, Nº 10. IMPA, 2005.

LIMA, Roberto de Barros. **Elementos de Geometria Analítica**. 5.ed. São Paulo: Companhia Editora Nacional, 1975.

JANUÁRIO, Antônio Jaime. **Desenho Geométrico**. 2.ed. Florianópolis: Editora da UFSC, 2006.

KOLMAN, Bernard; HILL, David R. **Álgebra Linear com Aplicações**. 9.ed.reimp. Rio de Janeiro: LTC, 2014.

LIPSCHUTZ, Seymour Saul; LIPSON, Marc Lars. **Álgebra Linear**. 4.ed. Porto Alegre: Bookman, 2011.

MACHADO, Antonio dos Santos. **Álgebra Linear e Geometria Analítica**. 2.ed. São Paulo: Atual, 1982.

MACHADO, Álisson Rocha *et al*. **Teoria da Usinagem dos Materiais.** 2.ed. 1ª reimp. São Paulo: Blucher, 2012.

MEDEIROS, Luiz Adauto; ANDRADE, Nirzi Gonçalves de; WANDERLEY, Augusto Maurício. **Álgebra Vetorial e Geometria**. Rio de Janeiro: Campus, 1981.

MELLO, Dorival A. de; WATANABE, Renate G. **Vetores e uma iniciação à Geometria Analítica**. São Paulo: Livraria da Física, 2009.

MURDOCH, David C. **Geometria Analítica, com introdução sobre cálculo vetorial e matrizes**. Tradução de Saulo Diniz Swerts. Rio de Janeiro: LTC, 1969.

PFEIL, Walter; PFEIL, Michèle. 8.ed. Reimp. **Estruturas de Aço**. Rio de Janeiro: LTC, 2014.

PRÍNCIPE JÚNIOR, Alfredo dos Reis. **Noções de Geometria Descritiva**. Vol. 1. Reimp. São Paulo: Nobel, 2012.

PROVENZA, Francesco. **Desenhista de Máquinas - Pro-Tec**. 47. ed. São Paulo: Editora F. Provenza, 1976.

REIS, Genésio Lima dos; SILVA, Valdir Vilmar da. **Geometria Analítica**. 2.ed. Rio de Janeiro: LTC, 1996.

RODRIGUES, Antônio. **Curso de Geometria Analítica**. Cálculo Vetorial. Aplicação à Geometria Analítica do Espaço. Vol. 1. Porto Alegre, RS: Meridional, 1963.

SANTOS, N. M. dos. **Vetores e matrizes.** 4. ed. Rio de Janeiro: LTC, 2007.

SIMMONS, George F. **Cálculo com Geometria Analítica**. Tradução Seiji Hariki. São Paulo: McGraw-Hill, 1987.

SMITH, Percey F.; GALE, Arthur Sullivan; NEELLEY, Jhon Haven. **Geometria Analítica**. Tradução de Washington Sylvio Fonseca. Rio de Janeiro: Ao Livro Técnico, 1960.

SORIANO, Humberto Lima. **Estática das Estruturas**. 3.ed. Rio de Janeiro: Ciência Moderna, 2014.

STEINBRUCH, Alfredo; WINTERLE, Paulo. **Geometria Analítica**. 2.ed. São Paulo: Makron Books, 1987.

TAN, S. T. **Matemática Aplicada à Administração e Economia**. 2.ed. Tradução: Fábio Armando Tal. São Paulo: Cengage Learning, 2008.

TELLES, Pedro Carlos da Silva. **Vasos de Pressão**. 2.ed. Rio de Janeiro: LTC, Livros Técnicos e Científicos, 1996.

THOMAS JR, George B.; FINNEY, Ross L. vol.2. **Cálculo e Geometria Analítica**. Tradução de Denise Paravato. Rio de Janeiro: LTC, 1988.

VILLABOIM FILHO, Paschoal. **O Hiperespaço Tetradimensional**. Rio de Janeiro: Universidade do Estado do Rio de Janeiro, 1997.

WICKERT, Jonathan; LEWIS, Kemper. **Introdução à Engenharia Mecânica**. Tradução Noveritis do Brasil. São Paulo: Cencage Learning, 2015.

WINTERLE, Paulo. **Vetores e Geometria Analítica**. 2.ed. São Paulo: Pearson Education do Brasil, 2014.

Anotações

Anotações

Anotações

Anotações

Impressão e acabamento
Gráfica da Editora Ciência Moderna Ltda.
Tel: (21) 2201 - 6662